*Der Herausgeberin
der Gesammelten Werke,
Renate Albrecht,
gewidmet*

INHALT

Vorwort des Verlags 13
Vorbemerkung des Herausgebers 15

I. STUDIENJAHRE 1904–1914 19
   a) Der Student 21
     1. Der Werdegang eines deutschen Theologen. Ein Brief an Thomas Mann 22
     2. Erinnerungen an den Freund Hermann Schafft 27
   b) Der Vikar und Hilfsprediger 33
     3. Kirchliche Apologetik 34
        I. Begriff der Apologetik 34
        II. Die geschichtliche Lage 35
        III. Ziele und Methoden der Apologetik 38
        IV. Die Objekte der Apologetik 43
        V. Die Grenzen der Apologetik 45
        VI. Der apologetische Stoff 47
        VII. Die apologetische Praxis 50
          1. Apologetik und Pfarramt 50
          2. Apologetik und Schule 51
          3. Apologetik und Gesellschaft 52
          4. Apologetik und Vereine 54
          5. Apologetik und Öffentlichkeit 54
          6. Apologetik und Literatur 55
        VIII. Der Apologet 57
        Anhang I: Bericht über die apologetische Vortragstätigkeit im Winter 1912/13 in Berlin 59
        Anhang II: Einladung zu den „Vernunft-Abenden" 61
     4. Über die Einsamkeit. Predigt, gehalten in Berlin-Moabit im Jahre 1913 64

II. DER ERSTE WELTKRIEG 1914–1918 69
   Der Feldprediger 69
     5. Bericht an den Herrn Feldpropst 71
        a) Meine Tätigkeit im IV. Reserve-Korps im Oktober 1914   71
          I. Statistisches (Aus meinem Kriegstagebuch) 71
          II. Orte und Zeiten der Gottesdienste 71
          III. Gelegenheiten und Vorbereitungen der Gottesdienste 73
          IV. Form und Inhalt der Gottesdienste 74

	V. Außergottesdienstliche Gelegenheiten	75
	VI. Sonstige Bemerkungen	75
	b) Bericht über die Monate Mai und Juni 1915	76
	c) Bericht über die Monate November und Dezember 1915	77
	I. Von den Kämpfen bei Tahure bis zum Totenfest	77
	II. Von Advent bis Neujahr	78
	6. Silvester 1914/15. Predigt, gehalten bei der 7. Reserve-Division	80

III. DIE DEUTSCHEN UNIVERSITÄTSJAHRE 1919–1933 83

a) Der Theologe 84
   7. Religiöse Krisis 86
   8. Neue Formen christlicher Verwirklichung. Eine Betrachtung über Sinn und Grenzen evangelischer Katholizität 92
   9. Natur und Geist im Protestantismus 95
  10. Die religiöse Bedeutung des Wassers 102
  11. Der Glaube an den Sinn: 105
     a) Weihnachten 105
     b) Ostern 109

b) Der theologische Kritiker der Kultur 112
  12. Das Christentum und die Moderne 113
     I. Das Geschichtsproblem 113
     II. Das Ewigkeitsproblem 123
     III. Das Gegenwartsproblem 127
  13. Jugendbewegung und Religion 130
  14. Tanz und Religion 134
     a) Was mir der Tanz bedeutet 134
     b) Beitrag zu einem Prospekt der Tanzgruppe Gertrud Steinweg 134
  15. Renaissance und Reformation. Zur Einführung in die Bibliothek Warburg 137
  16. Gotteslästerung. Zum Prozeß gegen Karl Einstein 140

c) Der Hochschullehrer 143
  17. Fachhochschulen und Universität. Zur Universitätsreform 144
  18. Freiheit der Wissenschaft 150

d) Der religiöse Sozialist 153
  19. Christentum und Sozialismus. Bericht an das Konsistorium der Mark Brandenburg 154
  20. Christentum, Sozialismus und Nationalismus. Eine Auseinandersetzung mit der „Marburger Erklärung" des Wingolf 161
  21. Zum Fall Eckert. Eine Stellungnahme 166
  22. Mensch und Staat. Acht Leitartikel aus der Zeitschrift: „Der Staat seid Ihr" 167
     a) Mensch und Staat 167
     b) Kunstpolitik 169
     c) Die Einheit des Widerspruchs 170
     d) Neue Schöpfung 171

  e) Utopie 172
  f) Drei Stadien 173
  g) Menschliche Möglichkeiten 175
  h) Menschheit 176
 23. Die Kirche und das Dritte Reich. Zehn Thesen 177
 24. Christentum als Ideologie. Eine Stellungnahme zur Erklärung des Kabinetts v. Papen 179
 e) Der Prediger 181
 25. Über das Wagnis. Predigt, gehalten zum Semesterschluß vor der Theologenschaft der Universität Marburg im Juli 1925 181

IV. DIE AMERIKANISCHE ZEIT NACH DER EMIGRATION 1933–1939 185
 a) Der Emigrant 185
 26. Christentum und Emigration. Rede vor dem „American Committee for German Christian Refugees" in New York am 6. 10. 1936 187
 27. Geist und Wanderung. Rede vor der „Graduate Faculty" der „New School for Social Research" in New York am 13. 4. 1937 191
 28. Die politische und geistige Aufgabe der deutschen Emigration. Thesen zur Standortsbestimmung der deutschen Emigration vom Juni 1938 200
  Einleitende Thesen 201
   I. Zur politisch-sozialen Deutung der Weltlage 201
   II. Zur religiös-kulturellen Deutung der Weltlage 205
   III. Zur Deutung der deutschen Lage 207
   IV. Zur Lage der deutschen Emigration 210
   V. Praktische Folgerungen 213
 29. Die Bedeutung des Antisemitismus. Rede anläßlich einer Protestversammlung gegen Hitlers Judenverfolgung in New York am 21. 11. 1938 216
 b) Der Vorsitzende der „Selfhelp" 220
 30. Ethische Grundsätze der sozialen Arbeit. Rede zum 25jährigen Bestehen der „Selfhelp" im Jahre 1961 221
 c) Der Beobachter der europäischen Situation 226
 31. Die religiöse Lage im heutigen Deutschland – 1936 227
   I. Der Kirchenkampf 227
   II. Die einander widerstreitenden Ideen 230
 32. Eine geschichtliche Diagnose: Eindrücke von einer Europareise – 1936 238
   I. Diagnose 239
   II. Symptome 240
   III. Therapie 246
 d) Der Prediger 248
 33. Liebe ist stärker als der Tod. Predigt, gehalten anläßlich eines Fürbittgottesdienstes in der „Riverside Church", New York, am 12. 3. 1940 249

V. DER ZWEITE WELTKRIEG 1939–1945 253
a) Der politische Kritiker 253
1. Kriegsprobleme
34. Kriegsziele 254
    a) Warum Kriegsziele? 254
    b) Welche Kriegsziele? 259
    c) Wessen Kriegsziele? 264
35. Der europäische Krieg und die christlichen Kirchen 269
36. Läuterndes Feuer. Rede zum Goethe-Tag am 18. 5. 1942 .. 275
37. Was soll mit Deutschland geschehen? 278
    a) Gegen Emil Ludwigs neueste Rede 278
    b) Es geht um die Methode. Antwort Paul Tillichs an die Kritiker im „Aufbau" 279

2. Nachkriegsprobleme
38. Geistige Probleme des Wiederaufbaus nach dem Kriege .. 282
    I. Analyse 284
    II. Forderungen und Möglichkeiten 287
39. Die christlichen Kirchen und die aufkommende Gesellschaftsordnung in Europa. Vortrag vor der „Divinity School" der „Yale University" in New Haven im Sommer 1945 291
    I. Tendenzen in der gegenwärtigen Situation, die eine künftige europäische Gesellschaftsordnung mitformen werden 292
        1. Der internationale Rahmen 292
        2. Das wirtschaftliche Problem 293
        3. Verfassungsprobleme 294
        4. Probleme menschlicher Beziehungen 295
    II. Tendenzen in den christlichen Kirchen, die die künftige europäische Gesellschaftsordnung beeinflussen werden 296
        Einleitung 296
        1. Die katholischen Kirchen 296
        2. Die protestantischen Kirchen 300
40. Marxismus und Religiöser Sozialismus 303
    I. Die theologische Bejahung des Marxismus 304
    II. Die theologische Kritik am Marxismus 307
    III. Religiöser Sozialismus und wissenschaftlicher Marxismus 309
    IV. Der Marxismus als bleibendes Prinzip und der Religiöse Sozialismus 311

b) Der Vorsitzende des „Council for a Democratic Germany" 312
41. Programm für ein demokratisches Deutschland 313
42. Rede des „Chairman" Paul Tillich bei der Gründung des „Council" am 17. 6. 1944 318
43. Zur Gründung des „Council". Eine Erklärung 322

c) Der Prediger 324
44. Ostern 1944. Radioansprache über „Die Stimme Amerikas" an das deutsche Volk 324

VI. Die Nachkriegszeit bis zur Pensionierung am „Union Theological Seminary" 1945–1955 329
    a) *Der theologische Kritiker von Religion und Kultur* 330
        45. Religion und Erziehung 331
        46. Zur Frage christlicher Grundbegriffe. Ein Beitrag in Form eines Briefes 335
        47. Die Religion und ihre intellektuellen Kritiker. Ansprache an die Studentinnen des „Union Theological Seminary" am 25. 1. 1954 336
    b) *Der Zeitkritiker* 344
        48. Wie ist das Dilemma unserer Zeit zu überwinden? 345
    c) *Der Hochschullehrer* 351
        49. Ansprache zum Semesterbeginn des „Union Theological Seminary" 352
        50. Ansprache zur 425jährigen Gründungsfeier der Universität Marburg am 26. 5. 1952 359
    d) *Der Beobachter der europäischen Situation* 363
        51. Besuch in Deutschland – 1948 364
        52. Europäische Impressionen – 1956. Ansprache vor der „Colgate Rochester Divinity Faculty" am 9. 10. 1956 370
    e) *Der Prediger* 379
        53. Das Ja zum Kreuze. Radioansprache über „Die Stimme Amerikas" an die deutschen Freunde im Jahre 1949 379

VII. Universitätsjahre in Cambridge und Chicago 1956 bis 1965 383
    a) *Der theologische Kritiker von Religion und Kultur* 385
        54. Das Verhältnis von Naturwissenschaft und Religion 386
            I. Grundlagen 386
            II. Beispiele 392
                1. Das Symbol der Schöpfung und die ontologische Beziehung zwischen Gott und Welt 392
                2. Das Symbol des Weltendes und die Beziehung von Zeit und Ewigkeit 393
                3. Das Symbol der Vorsehung und die Wechselbeziehung zwischen Gott und Welt 393
                4. Das Symbol der Offenbarung und die wissenschaftliche Behandlung der Religion 394
        55. Der Einfluß der modernen Wissenschaft auf den Gottesgedanken. Vortrag in der „Church of Our Father (Unitarian)" in Lancaster/Penn. am 27. 11. 1957 395
        56. Meine veränderte Stellung zum Zionismus. Vortrag beim christlich-jüdischen Kolloquium über „Israels Wiedergeburt im Mittleren Osten" in Chicago am 21. 1. 1959 403
        57. Die Grundgedanken des Religiösen Sozialismus. Vortrag

vor dem „Japan Committee for Intellectual Interchange"
in Tokio im Sommer 1960 408
58. Grenzen. Rede bei der Verleihung des „Friedenspreises des
Deutschen Buchhandels" in Frankfurt am 23. 9. 1962 419
59. Die Situation des Menschen. Rede zum 40jährigen Bestehen
des „Time Magazine" in New York am 6. 5. 1963 429
60. Der schöpferische Durchbruch. Rede zur Eröffnung des
Neubaus im „Museum of Modern Art" in New York am
25. 5. 1964 433
61. Probleme des Friedens. Rede anläßlich der Konferenz „Pacem in Terris" in New York am 18. 2. 1965 436
62. Wahrhaftigkeit und Weihe in der religiösen Kunst und
Architektur. Vortrag vor der „National Conference on
Church Architecture" in Chicago im Jahre 1965 444

b) *Der Zeitkritiker* 453

63. Die Atombombe. Beitrag zu einem Symposium „Die Wasserstoff-Kobalt-Bombe" im Jahre 1954 454
64. Was bedeutet die Eroberung des Mondes für unser religiöses Bewußtsein? Beitrag zum Symposium „Die Theologen
und der Mond" im Jahre 1958 455
65. Das Problem des Atomkrieges. Beitrag zu einem Symposium „Das Dilemma der Atomforschung" im Jahre 1961 .. 456
66. Das Problem der Geburtenkontrolle. Erklärung für die
„Planned Parenthood Association" in Chicago am 6. 3.1961 458

c) *Der Hochschullehrer* 458

67. Gefahren des Konformismus. Semesterrede an der „New
School for Social Research" in New York am 11. 6. 1957 .. 459
68. Die Rolle der Religion im Leben der Universität. Vortrag
vor dem „Board of Overseers" der „Harvard University"
in Cambridge am 24. 11. 1959 466
69. Schöpferisches Zuhören. Rede anläßlich der Verleihung der
Ehrendoktorwürde der „Bucknell University" in Lewisburg/Penn. am 21. 9. 1960 471
70. Der philosophische Hintergrund meiner Theologie. Vortrag
an der „St. Paul's University" in Tokio am 17. 5. 1960 .. 477

d) *Der Beobachter des Nahen und Fernen Osten* 489

71. Meine Vortragsreise nach Japan – 1960 490
72. Eindrücke von einer Israelreise – 1963 517

e) *Der Prediger* 528

73. Das Recht auf Hoffnung. Predigt, gehalten in der „Grace
Cathedral" der „Protestant Episcopal Church" in San
Francisco im Jahre 1965 528

Anhang 539
    Freundesberichte 541
    Ehrendoktorverleihungen 582
    Bibliographische Anmerkungen 585
Namen- und Sachregister 591

VORWORT DES VERLAGS

Im I. Band der „Gesammelten Werke" (G. W.) Paul Tillichs, der im Jahre 1959 erschien, hat Paul Tillich selbst das Vorwort übernommen und angemerkt, daß dieses Unternehmen ein Wagnis bedeute. Ein Wagnis war es, blieb und bleibt es in mancherlei Hinsicht, da es sich um eine große und uns verpflichtende verlegerische Aufgabe handelte, für die keinerlei finanzielle oder sonstige Förderung von anderer Seite zur Verfügung stand.

Tillichs Dank in diesem ersten Vorwort der „Gesammelten Werke" galt damals nicht zuletzt der Herausgeberin, Frau Renate Albrecht, „die mit Energie und Hingabe den Plan des Ganzen entwickelt und zahllose Hindernisse (unter anderem im Autor selbst) überwunden hat". Diese Energie und Hingabe an dieses umfassende Werk wurde von Frau Albrecht durchgehalten bis zum heutigen Tage. In jedem Jahr konnte einer der projektierten Bände entsprechend dem mit Paul Tillich abgesprochenen Plan erscheinen. Und nur wer die großen Schwierigkeiten kennt, die mit der Herausgabe dieses Werks verbunden waren und nach dem Tode Tillichs (Herbst 1965) vermehrt auftraten, kann ermessen, was die Herausgeberin in Verbindung mit den Übersetzern und Übersetzerinnen und vielen anderen Helfern geleistet hat.

Wir wissen, daß Paul Tillich den letzten Band der „Gesammelten Werke" der Herausgeberin widmen wollte. Da Paul Tillich diesen Tag leider nicht mehr erleben durfte, obliegt es dem Verlag, seinen Auftrag auszuführen. Mit der Widmung dieses Bandes an Frau Renate Albrecht verbinden wir unseren Dank an die Herausgeberin und an alle, die ihr mit Rat und Tat zur Seite standen. Sie sind mehr oder minder vollständig in jedem der Bände in der Vorbemerkung namentlich genannt. Wir danken für die stets gute Zusammenarbeit, für allen Einsatz, der viel Idealismus voraussetzte, und für alle Mühe und Arbeit an diesen Bänden der Gesammelten Werke. Der Verlag weiß sich mit allen – Herausgeberin, Mitarbeitern und Übersetzern – einig in dem verpflichtenden Auftrag, das Gesamtwerk Paul Tillichs, das über den Tag hinaus seine Bedeutung behält, dem deutschsprachigen Leser zu erschließen und zugänglich zu machen.

Mit den 13 Bänden der Gesammelten Werke, die ja noch durch einen

Bibliographie- und Registerband (XIV) ergänzt werden sollen, sowie der dreibändigen Systematischen Theologie und den drei Folgen der Religiösen Reden ist Tillichs Werk weitgehend publiziert. Den vollen Abschluß findet der Auftrag allerdings erst, wenn auch die geplanten fünf bis sechs Nachlaß- und Ergänzungsbände vorliegen werden. Zwei dieser Bände („Vorlesungen über die Geschichte des christlichen Denkens") sind inzwischen schon erschienen, der dritte Band folgt 1973 (Die politischen Reden Paul Tillichs während des 2. Weltkriegs über die „Stimme Amerikas"). Weitere Bände sollen 1974 und 1975 erscheinen. Der Leser wird es uns aber sicher zugute halten, daß wir an dieser entscheidenden Station Rückblick und Ausblick hielten.

Im Frühjahr 1972

Evangelisches Verlagswerk

VORBEMERKUNG DES HERAUSGEBERS

Anlage und Ausführung des vorliegenden (XIII.) Bandes der „Gesammelten Werke" von Paul Tillich bedürfen einer besonderen Erläuterung. Mit ihm schließt die Reihe der „Gesammelten Werke" ab. (Der letzte reguläre (XIV.) Band wird die Bibliographie, ein Sach-, Namens- und Bibelstellenregister und ein alphabetisches Gesamtinhaltsverzeichnis enthalten.) Der Gesamtplan der „Gesammelten Werke", der im Jahre 1958 mit Paul Tillich gemeinsam erstellt wurde, sah von vornherein eine Einteilung nach Sachgebieten vor. Dabei hatte der Autor weitgehend selbst die Auswahl der Texte und deren Verteilung auf die einzelnen Bände bestimmt. Erst nach seinem Tode (Oktober 1965) mußten von Verlag und Herausgeberin einige eigenständige Entscheidungen getroffen werden.

Als mit Band XII die Sachgebiete abgeschlossen waren, kam das Problem auf, was mit den vielen Aufsätzen und kleineren Artikeln geschehen sollte, die keinem der bisherigen Bände zuzuordnen waren. So verschiedenartig auch ihr Inhalt war, etwas hatten sie fast alle gemeinsam: nämlich einen wie auch immer gearteten Bezug zu Tillichs Leben. Was zunächst als ihr Nachteil erschien – keine bestimmte Sachbeziehung –, erwies sich im Verlauf der weiteren Überlegungen als ihr Vorteil. Man konnte aus den Texten, wenn sie nach biographischen Gesichtspunkten zusammengestellt wurden, eine Biographie Tillichs ganz eigener Art gewinnen. Keine Biographie im herkömmlichen Sinn, jedoch einen Spiegel, in dem das Leben Paul Tillichs im Lichte seiner eigenen Äußerungen ablesbar wurde. Überfliegt man die Titel der Texte, erkennt man rasch, daß sie diesen Plan geradezu herausforderten.

In der Durchführung ergaben sich naturgemäß eine Reihe von Schwierigkeiten. Nicht jede Lebensperiode und nicht jedes Interessengebiet Tillichs war durch einen entsprechenden Text ausreichend belegt. Diesem Mangel konnte an manchen Stellen durch einen Vorgriff auf den literarischen Nachlaß abgeholfen werden. Der Nachlaßverwaltung sei für die Erteilung der Druckerlaubnis für solche Artikel an dieser Stelle besonders gedankt.

Jedoch blieb das Dilemma bestehen, daß der Philosoph und Theo-

loge, der Soziologe und Kulturtheologe Paul Tillich in diesem Bande kaum, der Zeitkritiker nur in beschränktem Maße zur Sprache kommen würde, denn in den Bänden 1–12 waren schon alle wesentlichen, zu den Sachgebieten gehörenden Arbeiten erschienen. Aber die große Zahl verbliebener kleiner Aufsätze, kurzer Stellungnahmen und Kontroversen, Gelegenheitsreden, Äußerungen zu politischen Ereignissen und Anmerkungen rechtfertigten gleichwohl die Herausgabe eines eigenen, biographisch orientierten Bandes. Mitunter konnte man allerdings nicht immer streng chronologisch verfahren, z. B. wurde der Brief an Thomas Mann, der in der amerikanischen Zeit entstanden war, in die Jugendperiode hineingenommen.

Im Laufe der Überlegungen entstand der Plan, einen kurzen Überblick über Tillichs Leben zu geben, damit der Leser den biographischen Ort des betreffenden Textes besser erkennen könne. Um einer später erscheinenden Biographie keine unnötige Konkurrenz zu machen, bringen die Beschreibungen der sieben Lebensperioden nur die notwendigsten Daten und beschränken sich auf die Darstellung lediglich solcher Ereignisse, die einen deutlichen Bezug zu den Texten haben. Sie beanspruchen also keinerlei Vollständigkeit. In der Beschreibung der Lebensperioden gehen eine Reihe von Informationen auf Äußerungen zurück, die der Autor gegenüber der Herausgeberin persönlich gemacht hat.

Die nächste Schwierigkeit ergab sich für die Herausgeberin dadurch, daß sie über Lebensperioden berichten sollte, die ihr nahezu unbekannt waren. So bot sich der Ausweg an, einige Freunde Tillichs zu bitten, von ihren persönlichen Begegnungen mit ihm zu berichten. Dieser Aufforderung kamen fast alle nach, an die diese Bitte erging. Ihnen sei ganz besonders gedankt; ihre Berichte haben Lebendigkeit und Farbe in die „Biographie" Tillichs gebracht, wie es nicht schöner erhofft werden konnte. Um den Rahmen des Buches nicht zu sprengen und Überschneidungen zu vermeiden, waren Kürzungen der Freundesberichte leider nicht zu umgehen, wofür Verlag und Herausgeberin alle Beteiligten um ihr Verständnis bitten.

Eine letzte Schwierigkeit bestand darin, daß die einzelnen Texte ohne Kommentar nicht unmittelbar verständlich waren. Viele zurückliegende Zeitumstände sind dem heutigen Leser oft unbekannt, und so ergab sich ganz von selbst die Notwendigkeit, nicht nur die sieben Kapitel, sondern auch die einzelnen Texte mit einem Kommentar zu versehen. Trotz gründlicher Nachforschung glückte es nicht immer, den „Sitz im Leben" des betreffenden Textes befriedigend zu klären. Sollte der eine oder andere Leser dieses Bandes zur weiteren Erhellung bei-

tragen können, sind Verlag und Herausgeberin für jede Berichtigung dankbar. Sie wird dann bei einer Neuauflage gern berücksichtigt.

Dem kritischen Leser wird auffallen, daß Wert und Gewicht der einzelnen Beiträge oft erhebliche Unterschiede aufweisen. Für die Aufnahme eines sehr kurzen oder nicht genügend bedeutsam erscheinenden Textes sprach oft *ein* Gedanke oder *ein* biographischer Faktor, die bisher im Gesamtwerk Tillichs nicht zur Sprache gekommen waren, aber zum Mosaik des Ganzen einen Beitrag leisten. Oft war es auch nur eine gelungene Zusammenfassung eines bestimmten Gedankens oder die gute Ausfaltung eines Begriffs, die Anlaß waren, auch eine Gelegenheitsarbeit Tillichs mit in den Band aufzunehmen. Zu erwähnen ist schließlich noch, daß Herausgeber und Verlag sich nicht immer an den Originaltitel gehalten haben, sondern, wo es angezeigt war, neue Titel gewählt haben.

Gerade dieser Band ist – zusammen mit den autobiographischen Arbeiten des XII. Bandes – besonders geeignet, allen denen, die Tillich kennenlernen möchten, einen interessanten Einstieg in dessen reiches und umfassendes Lebenswerk zu vermitteln. Nicht zuletzt den Subskribenten und Kennern der „Gesammelten Werke" wird dieser Abschlußband vor allem durch den biographischen Bezug und zur notwendigen Abrundung des Tillichbildes überhaupt willkommen sein.

Der vorliegende Band erhielt den Titel *„Impressionen und Reflexionen"*. Beide Begriffe sollen in ihrer ursprünglichen Wortbedeutung verstanden werden: als das, was sich dem Menschen *eindrückt* und wie ein Lichtstrahl beim Eintauchen in ein anderes Medium teils gebrochen, teils *reflektiert* wird. So wie der Lichtstrahl bei Brechung und Reflexion eine Verwandlung erfährt, so wird alles Erlebte und Erfahrene im schöpferischen Menschen einem Wandel unterworfen. Paul Tillich hat in ähnlicher Weise den Erkenntnisprozeß beschrieben und vielleicht selbst die Begriffe derart verstanden wissen wollen, als er einem Vortrag, den er 1948 bei seiner ersten Deutschlandreise nach dem zweiten Weltkrieg hielt, den Titel „Impressionen und Reflexionen" gab.

Verlag und Herausgeberin hoffen, daß es durch die ungewöhnliche Zusammenstellung dieses Bandes gelungen ist, einen porträtartigen Eindruck von der Persönlichkeit Tillichs zu vermitteln. Sie folgten damit einer Anregung von Herrn Professor Ratschow, der einmal äußerte, daß sich das Werk Tillichs nur über den Menschen Tillich voll erschließe.

Zur Technik der Herausgabe sei angemerkt, daß auf den sogenannten wissenschaftlichen Apparat um des hier beschriebenen beabsichtig-

ten Zweckes willen fast vollständig verzichtet wurde. Die bibliographischen Anmerkungen (am Schluß des Bandes) können den Leser ein Stück weiterführen. Verwiesen sei in diesem Zusammenhang auch auf den Registerband (XIV). Zu hoffen ist außerdem, daß für den wissenschaftlich Arbeitenden noch ergänzende Angaben zugänglich gemacht werden können. (Siehe dazu das Vorwort von Band VIII.)

Für Mitarbeit an diesem Band sei gedankt:
Herrn Professor D. Dr. Carl Heinz Ratschow für seine Ratschläge bei der Auswahl der Texte,
Herrn Pfarrer Walter Schmidt, dem Lektor des Evangelischen Verlagswerks, für bedeutsame Hinweise während des ganzen Entstehungsprozesses, für Beratung bei wichtigen Entscheidungen und für viele mühselige Kleinarbeit – nicht nur an diesem letzten Band der G. W.
Herrn Dr. Herbert Drube für seine wertvolle Hilfe bei der Bearbeitung der Übersetzungen,
Frau Gertraut Stöber für die unschätzbare Hilfe, die sie als Sachwalterin der Texte und Leiterin des deutschen Paul-Tillich-Archivs geleistet hat, ebenso Frau Dr. M. Großmann, der Leiterin des Tillich-Archivs in Harvard,
dem Evangelischen Verlagswerk insgesamt, das ganz wesentlich bei der Gesamtplanung beteiligt war.

Für die Beibringung bisher unbekannter Texte gilt der Dank:
Frau Cora Wächter, Frau Dr. Maria Rhine, Frau Gertrud Steinweg.

Für mühevolle Entzifferung oft kaum lesbarer Handschriften sei wärmstens gedankt:
Frau Hildegard von Gumppenberg,
für Mithilfe beim Korrekturlesen:
Frau Hildegard Behrmann und Frau Dr. Gertie Siemsen.

Düren, im Januar 1972　　　　　　　　　　　　　　Renate Albrecht

I. STUDIENJAHRE 1904–1914

Seine Jugend- und Studienjahre hat Paul Tillich im Schlußteil seiner Lizentiaten-Dissertation „Mystik und Schuldbewußtsein in Schellings philosophischer Entwicklung" mit folgenden Worten selbst beschrieben: „Am 20. August 1886 wurde ich, Paul Johannes Oskar Tillich, evangelisch-lutherischen Religionsbekenntnisses, zu Starzeddel bei Guben als Sohn des Pfarrers Johannes Tillich daselbst geboren. Im Jahre 1891 wurde mein Vater als Superintendent nach Schönfließ in der Neumark versetzt. Dort empfing ich meinen ersten Unterricht teils in der Volksschule, teils privat zur Vorbereitung auf das Gymnasium. 1898 kam ich auf das Gymnasium zu Königsberg in der Neumark und besuchte dort die Klassen Untertertia bis Untersekunda. Im Jahre 1900 wurde mein Vater nach Berlin berufen. Hier besuchte ich das Königliche Friedrich-Wilhelm-Gymnasium, an dem ich im Herbst 1904 die Reife-Prüfung bestand. Als Studierender der evangelischen Theologie wurde ich immatrikuliert an den Universitäten zu Berlin, Tübingen, Halle, Berlin. Vom Wintersemester 1905/06 bis zum Sommersemester 1907 war ich in Halle und hörte Vorlesungen bei den Professoren Bornhäuser, Haupt, Kähler, Kattenbusch, Kautzsch, Loofs, Lütgert sowie bei dem Privatdozenten der Philosophie Medicus. Neben der Theologie beschäftigten mich stark philosophische Studien, speziell die deutsche idealistische Philosophie. Im Frühjahr 1909 bestand ich das 1. theologische Examen vor dem Konsistorium der Provinz Brandenburg. Im August 1910 erwarb ich in Breslau den philosophischen Doktorgrad mit einer Dissertation über ‚Die religionsgeschichtliche Konstruktion in Schellings positiver Philosophie, ihre Voraussetzungen und Prinzipien'. Seit 1.4.1911 bin ich Lehrvikar in Nauen. Nach Annahme vorliegender Dissertation durch die Theologische Fakultät der Universität Halle/Wittenberg bestand ich am 16. 12. 1911 die Lizentiaten-Prüfung."
Noch bevor Tillich im Frühjahr 1909 sein erstes theologisches Examen ablegte, bat ihn Pfarrer Klein von der Gemeinde Lichtenrade bei Berlin, ihn für ein paar Monate in seiner Gemeindearbeit zu entlasten, da er ein kirchliches Nebenamt übernommen hatte. Mit den Passionsan-

*dachten begann Tillich seine neue Aufgabe. Zur Gemeinde Lichtenrade gehörte damals als Außenstelle das Dorf Mahlow. Die in Tillichs literarischem Nachlaß vorhandenen Lichtenrader und Mahlower Predigten entstanden in dieser Zeit. – Die Sommermonate im ländlichen Pfarrhaus wurden genutzt zu einem intensiven Schellingstudium und bereichert durch die neugeknüpften Freundschaften mit den jungen Theologen Richard Wegener und Kurt Leese. Wie fruchtbar Tillich selbst diese Zeit empfand, kommt in seinem Dankesbrief an die Pfarrfrau zum Ausdruck, als er im Herbst 1909 Lichtenrade verließ. Er schreibt: „Ich möchte Ihnen und Herrn Pastor noch einmal meinen herzlichsten Dank aussprechen für die schöne Erinnerung, um die ich durch Sie reicher geworden bin, und den Vorrat an Kraft, aus dem ich hoffentlich noch lange schöpfen kann. Die Zeit in Lichtenrade erscheint mir immer als eine Art Goldenes Zeitalter weit ungetrübten Naturgenusses und seliger Sorglosigkeit..."
Nach den Lichtenrader Monaten kehrte Tillich nach Berlin zurück, wo er sich auf seinen philosophischen Doktor vorbereitete. Daran schloß sich ein Lehrvikariat in Nauen (1911/12), das ihm noch genügend Zeit für seine Lizentiaten-Dissertation ließ. Im Anschluß an die Vikariatszeit legte er im Frühjahr 1912 sein zweites theologisches Examen ab und wurde im August ordiniert. Im gleichen Jahr begann seine Hilfspredigertätigkeit in Berlin-Moabit und damit verbunden seine Beschäftigung mit praktischen Möglichkeiten kirchlicher Apologetik. Darüber berichtet Maria Rhine in einem Brief an die Herausgeberin: „Spannungen und Grenzsituationen sind schon während der letzten Jahre vor dem ersten Weltkrieg in Tillichs Leben deutlich sichtbar. Mochte auch manches tiefere Problem zugrundeliegen, so äußerten sie sich wohl am stärksten in folgenden Fragen: Sollte er der Kirche dienen wie sein politisch und theologisch konservativer Vater, der Konsistorialrat Tillich? Oder sollte er eine wissenschaftliche Laufbahn einschlagen? So kämpfte er einerseits in einer Berliner Kirchenaustrittsversammlung (1. 12. 1913) stundenlang leidenschaftlich gegen führende Sozialdemokraten, darunter Karl Liebknecht. Auf der anderen Seite verhandelte er tage- und wochenlang mit den Universitäten Halle und Bonn wegen seiner Habilitation. Eine Synthese glaubte er zu finden in seinem schließlich doch vergeblichen Versuch, Apologet für ganz Berlin zu werden".* (Vgl. dazu auch: Maria Rhine, Tillich, der Apologet, Anhang III.) *– Da unterbrach der erste Weltkrieg alle beruflichen Überlegungen und führte Tillich als Feldprediger an die Westfront. Vier Jahre nahm er am Krieg teil – schwerwiegende Jahre geistigen Umbruchs und neuer Orientierung.*

a) Der Student

Tillich hat niemals Erinnerungen an seine Jugend- oder Studentenzeit geschrieben. Einem glücklichen Zufall verdanken wir es, daß er ein halbes Jahrhundert später veranlaßt wurde, sich seiner Studentenzeit zu erinnern und einige Aufzeichnungen zu machen. Als Thomas Mann Vorstudien zu seinem „Dr. Faustus" trieb, bat er den ebenfalls in Amerika lebenden Paul Tillich, den üblichen Werdegang eines deutschen Theologen zu beschreiben. Tillich beantwortet die Bitte mit einem ausführlichen Brief Der Werdegang eines deutschen Theologen *(1). Wir erfahren daraus nicht nur den äußeren Ablauf des damaligen Theologie-Studiums, auch sein Verhältnis zum Verbindungsstudententum wird gestreift. Tillich war Wingolfit. Was ihm das Leben in der studentischen Gemeinschaft einer Verbindung bedeutete, hat er in den Erinnerungen an Hermann Schafft (2) geschildert. Einige ergänzende Bemerkungen finden sich in seinen beiden Autobiographien[1]. In diesen schriftlichen Darstellungen erfahren wir leider nicht sehr viel über ihn als Studenten. So sind die Aufzeichnungen seines Kommilitonen und späteren Schwagers Alfred Fritz* Erinnerungen an Paul Tillich *(Anhang I) und der Nachruf seines Leibfuxes Heinrich Meinhof* Paul Tillich im Wingolf *(Anhang II) – gerade wegen ihrer Gegensätzlichkeit – eine wertvolle Bereicherung des Bildes, das wir von ihm aus seiner Studentenzeit haben. Sollte Tillichs Briefwechsel einmal zur Veröffentlichung freigegeben werden, wird das Bild stärkere Konturen erhalten. Ein aufschlußreicher Brief an den älteren Kommilitonen Friedrich Büchsel aus dem Jahre 1908 zeigt, wie Tillich schon als Zweiundzwanzigjähriger mit schwierigen theologischen und philosophischen Problemen ringt. Sein systematisches Denken und seine Kritik an der ausschließlich biblizistischen Fundierung der Theologie kündigen sich darin ebenso an wie die Lösungen, die er 50 Jahre später in seiner „Systematischen Theologie" gefunden hat.*

---

[1] G.W. 12.

1. DER WERDEGANG EINES DEUTSCHEN THEOLOGEN

Ein Brief an Thomas Mann

Union Theological Seminary
Broadway at 120th Street
New York

Mr. Thomas Mann May 23. 1943
1550 San Remo Drive
Pacific Palisades, Calif.

Lieber Herr Thomas Mann:

Herzlichen Dank für Ihren Brief. Nachdem ich gestern meine *student papers* beendet habe, beginne ich heute meine Antwort. Obgleich es für mich befriedigender wäre, Ihre Fragen in Form eines biographischen Essays zu beantworten, glaube ich doch, daß Ihnen mehr mit einer „stückhaften" Beantwortung Ihrer Fragen gedient ist. Außerdem nimmt sie weniger Zeit in Anspruch.

Der theologische Studiengang auf den deutschen Universitäten um die Jahrhundertwende begann nach bestandenem Abiturientenexamen von einem humanistischen Gymnasium. Griechisch und Latein und meistens auch Hebräisch waren vorausgesetzt, wenn man das Studium begann.

Ich selber wurde im Herbst 1904 in Berlin immatrikuliert, im Frühjahr 1905 ging ich nach Tübingen und im Herbst 1905 nach Halle, wo ich vier Semester studierte. Herbst 1907 kehrte ich nach Berlin zurück und machte im Winter 1909 mein erstes theologisches Examen vor dem Konsistorium der Provinz Brandenburg, 1912 mein zweites theologisches Examen vor derselben Behörde; im August 1912 wurde ich von dem General-Superintendenten der Provinz Brandenburg ordiniert. Dazwischen machte ich 1910 meinen Doktor der Philosophie in Breslau und 1911 meinen Lic. der Theologie in Halle. Ich schreibe dies, weil es ein typischer Studiengang für den evangelischen Theologen war, der sich gleichzeitig für den praktischen Dienst und für die akademische Laufbahn vorbereitete.

Das Studium selbst mußte mindestens 3 Jahre dauern, wurde aber meistens auf vier Jahre verlängert. Nach der Exmatrikulation folgte die Vorbereitung zum ersten theologischen Examen, die ein Jahr und

mehr dauerte, wovon ein halbes Jahr auf die großen schriftlichen Arbeiten fiel. Das theologische Studium wurde im allgemeinen so vorgenommen, daß in den ersten Jahren die exegetischen und historischen Fächer entscheidend waren, in den mittleren die systematischen und am Ende die praktischen (Predigtlehre, Seelsorge, religiöse Erziehung usw.). Doch ermöglichte die akademische Freiheit, daß man je nach seiner Vorliebe für bestimmte Fächer oder bestimmte Professoren diese Ordnung umwarf. Wie in allen andern Gebieten gab es in der Theologie Vorlesungen und Seminare. Die Seminare bei Harnack und Troeltsch und Holl haben einen weltweiten Einfluß gehabt, dessen Wirkung ich noch täglich hier in Amerika spüre. Ich selber habe als Privatdozent der Theologie in Berlin die Diskussionspausen auch während der Vorlesungen eingeführt, die zu meiner Zeit noch nicht üblich waren. Auf das Philosophie-Studium wurde nicht überall gleicher Wert gelegt, doch war Philosophie durchweg reguläres Prüfungsfach im ersten theologischen Examen. Das zweite theologische Examen, das nach dem ersten oder zweiten praktischen Jahr abzulegen war, hatte naturgemäß sein Gewicht auf praktischen Fächern. Am meisten Bedeutung hatte Philosophie in Württemberg, wo das Tübinger Stift mit zwei Jahren philosophischem Studium nach guter, alter Tradition begann. Die normalen Prüfungsfächer sind außer Philosophie Altes Testament, Neues Testament (in beiden exegetisches Verständnis der Urtexte, historische Einleitung und theologische Begriffsgeschichte der beiden Testamente), alte, mittlere und neuere Kirchengeschichte (die sehr viel profan-geschichtliches Material eingeschlossen hat), Systematische Theologie (einschließlich Dogmengeschichte), Ethik (philosophische und theologische), praktische Theologie in den verschiedenen Gebieten des kirchlichen Handelns. Das musikalische Gebiet wurde berührt bei der Geschichte der Liturgie, und zwar sehr erheblich.

Die Theologische Fakultät Halle war beim Beginn meines Studiums die bedeutendste nach Berlin, weit besser als das konfessionell gebundene Leipzig und in Konkurrenz nur mit dem liberalen Marburg. In Halle berührten sich zwei Traditionen, die pietistische, die von August Hermann Francke und seinen Hallenser Waisenhäusern herkommt, und die rationalistische, die aus der Zeit Wolff's und der Aufklärung stammt. Der Typus der Hallenser Theologie zu meiner Zeit war eine Mischung von konservativer Vermittlungs-Theologie und Ritschlianismus. Die überragende Persönlichkeit des ersten Typus war Martin Kaehler, in seiner Jugend ein begeisterter Student der klassischen Dichtung und Philosophie, der sich uns gegenüber rühmte, alle wichtigeren Werke Goethes auswendig gekonnt zu haben, der dann durch die Erweckungsbewegung

der Mitte des vorigen Jahrhunderts ergriffen wurde und die Paulinische Botschaft von Sünde und Rechtfertigung dem ästhetischen Humanismus des großen „Heiden" Goethe, wie er ihn nannte, gegenüberstellte. Gegenüber der Wucht dieses Mannes erschienen uns alle andern klein. Wir gingen in seine Kollegs nicht wegen der etwas trockenen und nach einem gedruckten Lehrbuch vorgetragenen Systematik, sondern wegen dessen, was wir als Studenten „Ex-Pauken" nannten, seine Reden außer dem Zusammenhang, von denen wir alle bis in unsere reifen Jahre auf das Tiefste beeinflußt wurden. Ihm verdanken ich und meine Freunde die Einsicht, daß auch unser Denken gebrochen ist und der „Rechtfertigung" bedarf, und daß darum Dogmatismus die intellektuelle Form des Pharisäismus ist. – Die sogenannte liberale Theologie hatte ihre stärksten Vertreter in Berlin und Marburg. Wilhelm Hermann in Marburg war das persönliche Gegenstück zu Martin Kaehler in Halle. Er war weit mehr als Harnack und Troeltsch eine Persönlichkeit von sittlich-religiöser Wucht und wird noch heute von Männern wie meinem Präsidenten Coffin von Union Theological Seminary, der bei ihm studiert hat, in ähnlicher Weise verehrt wie Martin Kähler von mir. Der Gegensatz bewegte sich im wesentlichen in zwei Gebieten. Die liberale Theologie, wie man sie damals nannte, repräsentiert durch die Namen Ritschl, Harnack und Troeltsch, hatte die historisch-kritische Methode der profanen Geschichtswissenschaft akzeptiert, während die konservative vermittlungstheologische Schule sich an den strengeren Offenbarungs-Begriff hielt und die traditionelle Exegese zu verteidigen suchte. Ich selbst und viele meiner Freunde folgten in dieser Beziehung der liberalen Theologie, deren wissenschaftliche Überlegenheit unbestreitbar war. Dagegen war es uns unmöglich, der theologischen Position der Liberalen zuzustimmen. Es fehlte uns in ihr die Einsicht in den „dämonischen" Charakter der menschlichen Existenz (in dem Sinne, wie ich es in meiner zwischen den Weltkriegen entwickelten Theologie dargestellt habe und wie es sich, zum Teil mit Hilfe von Reinhold Niebuhr, gegenüber dem liberalen Moralismus und Humanismus zur Zeit weithin durchgesetzt hat). Wir fanden, daß die konservative Tradition mehr von einem wahren Verständnis der menschlichen Natur und der Tragik der Existenz bewahrt hat als die liberale fortschrittlich-bürgerliche Ideologie; auch hatte schon damals Kierkegaard einen starken Einfluß auf eine kleine Gruppe von Hallenser Theologie-Studenten. Uns fehlte in der liberalen Theologie die Tiefe und das Paradox; und ich glaube, die Weltgeschichte hat uns recht gegeben.

Diese Bemerkungen führen zur Beantwortung Ihrer Frage über den anti-metaphysisch-ethisch-erkenntnistheoretischen Charakter der

Ritschlschen Theologie. All das stammt in der Tat von Kant. Aber von Kant in der völlig einseitigen, nämlich neu-Kantischen Interpretation, die man als das Ergebnis des großen Schock-Erlebnisses der 40er Jahre des vorigen Jahrhunderts betrachten muß. Ich meine den Schock über den Zusammenbruch des Hegelschen Versuches einer ontologischen Synthesis von Christentum und Philosophie. Die Ritschlsche Theologie ist eine typische „*Escape*"-Theologie. Sie versucht, in der sittlichen Persönlichkeit eine sichere Festung gegenüber dem sonst überall siegreichen Naturalismus zu finden. Sie wagt es nicht, diesen Naturalismus anzugreifen. Er ist vorausgesetzt, soll aber an *einem* Punkt keine Macht haben, nämlich in der Sphäre der Werte (die weitere Ritschlsche Schule hat sich im engsten Zusammenhang mit der Wertphilosophie entwickelt). Daß man auf diese Weise die gesamte Wirklichkeit, Natur und Geschichte, dem Mechanismus der bürgerlichen Weltanschauung überließ, bemerkte man kaum in der Freude, eine scheinbar sichere Insel gefunden zu haben. Marx, Nietzsche, Freud etc. bewiesen, daß es nur eine scheinbare Sicherheit war. Ich forderte als Hallenser Student demgegenüber die „Theologie des Angriffs" an Stelle der Verteidigung; und das bedeutet natürlich Metaphysik, vor allem Interpretation der Geschichte. Die Ritschlianer beriefen sich nur mit teilweisem Recht auf die Reformatoren. Obwohl weder Luther noch Calvin eine explizite Metaphysik haben und die scholastische Metaphysik zerstörten, haben sie doch beide in ihrer Gotteslehre eine implizite Metaphysik. Ohne Luthers Stellung zur Natur kann die ganze deutsche Geistesgeschichte einschließlich Böhme, Schelling, Nietzsche nicht verstanden werden. Das schließt naturgemäß eine bestimmte Form der Mystik ein, die von Ritschl und seinen Nachfolgern geradezu fanatisch verfolgt wurde. Daher das kalt-Moralistische, was, mit der einzigen Ausnahme von Hermann, dieser ganzen Theologie anhaftet.

Auf Ihre Frage nach dem Kulturbejahenden der liberalen Theologie kann ich nur sagen, daß sie in der Tat eine weitgehende Anpassung an die Ideale der bürgerlichen Gesellschaft war, vor allem das ethisch fundierte Persönlichkeitsideal auf das stärkste betonte. Das Religiöse wurde sozusagen eine Funktion der menschlichen Humanität und an dem Maße der entwickelten sittlichen Persönlichkeit gemessen. Das Ekstatische und Paradoxe des Religiösen wurde herabgedämpft zu einem ethischen Fortschrittsglauben. Ich würde wagen zu behaupten, daß die Theologen vom Typus Kählers und Dorners und unsere Gruppe, die damals die klassische deutsche Philosophie zu erneuern suchte, viel leidenschaftlicher der Kultur zugewandt war als die nüchtern konventionelle Ritschlsche Bürgerlichkeit.

Die sogenannte dialektische Theologie ist völlig das Produkt der Nachkriegszeit und kommt für den Entwicklungsgang eines Studenten vor dem ersten Weltkrieg nicht in Frage. Kierkegaard wurde erst zwischen den Kriegen wirksam, in Theologie sowohl als in Philosophie. Vielleicht kann man die sogenannte dialektische, in Wirklichkeit paradoxale und später supra-naturalistische Theologie von Barth als den Ausdruck der Katastrophen-Erfahrung nach dem ersten Weltkrieg deuten für solche, die in der liberalen Tradition aufgewachsen waren. Ihre Wirkung auf die Studenten in der Mitte der 20er war außerordentlich. Man kann sagen, daß in der Mitte der 20er der eigentliche Liberalismus in den deutschen Universitäten tot oder transformiert war. Was davon übrig blieb, war allzu leicht geneigt, ins Lager der „Deutschen Christen" herüberzugehen (schon im ersten Weltkrieg wurde beobachtet, daß die liberalen Theologen nationalistisch und dadurch hoffähig für die Kirchenbehörden wurden).

Vielleicht mag es für Ihre Darstellung von Interesse sein, daß ich der christlichen Studenten-Verbindung „Wingolf" angehörte und daß der Sommer 1907, wo ich „1er Chargierter" dieser etwa 70 Mann starken Verbindung war, mir bis heute als der größte Abschnitt meines Lebens erscheint. Was ich theologisch, philosophisch und menschlich geworden bin, verdanke ich nur zum Teil den Professoren, in überragendem Maße dagegen der Verbindung, wo die theologischen und philosophischen Debatten nach Mitternacht und die persönlichen Gespräche vor Sonnenaufgang für das ganze Leben entscheidend blieben. Musik spielte dabei eine große Rolle, und das romantische Verhältnis zur Natur, das ich der calvinistisch-amerikanischen Naturfremdheit in all meinen hiesigen Kollegs gegenüberstelle, verdanke ich vor allem den Wanderungen durch Thüringen und zur Wartburg in jenen Jahren, in Gemeinschaft mit den Verbindungsbrüdern.

Ihre Frage nach einer massiven Orthodoxie mit Teufels-, Wunder-, Höllen- und Himmelsglauben in mythologischem Sinn ist für mich nicht ganz leicht zu beantworten. Zweifellos hat die orthodox-lutherische Theologie jener Tage, wie sie in Leipzig, Erlangen, Greifswald vertreten war, alle Elemente der biblischen Religion, soweit es irgend möglich war, zu retten versucht. Doch spielte der Teufelsglaube in jener Zeit überhaupt keine Rolle; auch wenn man für ein irgendwie persönlich gedachtes satanisches Prinzip plädierte, kümmerte man sich nicht viel darum. Daß man natürliche Vorgänge und Gegenstände, etwa schädliche Tiere und dergleichen, auf den Teufel zurückführte, ist mir nie vorgekommen und wäre von konservativen Theologen als eine Verneinung des Schöpfungsgedankens abgelehnt worden. Dagegen

spielte der Wunderglaube, die Frage der Berechtigung der historischen Kritik, das christologische Problem, eine große Rolle. Hier standen sich die positive (orthodoxe) und liberale Theologie scharf gegenüber. Aber beide nahmen Begriffe wie Himmel und Hölle symbolisch (Hölle mit Gottesferne und Himmel mit Gottesgemeinschaft identifizierend). Eine große Rolle spielte die Frage der leiblichen Auferstehung Jesu, weil sich hier dogmatische, historisch-kritische und Frömmigkeitsmotive vereinigten. Der Sieg der historisch-kritischen Schule hat in allen Fragen, wo historische Probleme eingeschlossen waren, für die liberale Auffassung entschieden. In der Mitte der 20er spielten Fragen wie die leibliche Auferstehung Jesu keine Rolle mehr, und selbst Leute wie Barth erklärten deutlich, daß sie das Historische der wissenschaftlichen Kritik preisgaben. Mein Kollege Bultmann in Marburg vereinigte den größten Radikalismus in historischer Kritik (weit über Harnack und Troeltsch hinausgehend) mit leidenschaftlicher Vertretung der Barthschen Theologie. In all diesen Dingen kann man sich die Wendung, die der erste Weltkrieg gebracht hat, gar nicht groß genug denken. Auch äußerlich kam das darin zum Ausdruck, daß kurz vor, während und unmittelbar nach dem ersten Weltkrieg eine ganze Generation von Theologen, die die Zeit von 1890–1914 beherrschten, starb.

Ich glaube, daß ich damit die meisten Ihrer Fragen beantwortet habe, wenn nicht, wäre ich mit größter Freude bereit, auf jede weitere Frage zu antworten.

Ich sehe mit Spannung dem Abschnitt entgegen, in dem Sie dieses Material verwerten.

Mit herzlichem Gruß Ihr
gez. *Paul Tillich*

2. ERINNERUNGEN AN DEN FREUND HERMANN SCHAFFT

Dieses ist keine Darstellung von Hermann Schaffts Leben, es ist keine Würdigung seines Werkes, und es ist keine Untersuchung seiner Gedanken. Sondern es ist eine Beschreibung des Bildes, das er in mir gelassen hat und das unauslöschlich ist, solange ich bin. Es entstammt einer 55jährigen Freundschaft, die trotz aller äußeren Unterbrechungen durch Kriege und Auswanderung niemals innerlich gefährdet war. Sie gehört zu dem Wertvollsten in meinem Leben, und es ist die Dank-

barkeit für das, was sie mir gegeben hat, die mich treibt, zu diesem Buch des Gedenkens beizutragen.

Unvergeßlich ist die erste Begegnung: Es war die Antrittskneipe des Berliner Wingolfs im Winter-Semester 1904, mein erstes Semester als Student der Theologie an der Berliner Universität. Unter den vielen, zum Teil nicht uninteressanten Gesichtern traf mich eins mit unmittelbarer Gewalt, ein viertes Semester, unerreichbar in Würde und Autorität für ein erstes Semester. Der Name seines Trägers war Hermann Schafft. Legale Schwierigkeiten verhinderten, daß ich ihn bat, mein „Leibbursch" zu werden. Er wurde es im Geiste; und in späteren Briefen redete ich ihn manchmal an: πατὴρ ἐν πνεύματι, „Vater im Geistigen." Er blieb es noch lange, nachdem der „Sohn" wie der „Vater" „Alte Herren" geworden waren. Und selbst Zurechtweisungen, die von seiner Seite nie ganz fehlten, zeigten bis in die letzten Jahre diese Grundstruktur an. Wir trafen uns wieder im Tübinger und dann, in entscheidender Weise, im Hallenser Wingolf. Inzwischen war ein dritter in unseren Freundschaftsbund eingetreten, Alfred Fritz, der später mein Schwager wurde und jetzt mit mir um die „Mitte" unserer Dreiheit trauert. Für die Kraft, die von Schafft schon damals ausging, zeugt die Tatsache, daß, obwohl er aus technischen Gründen nie erster Chargierter des Hallenser Wingolf wurde, wir ihn mindestens für drei Jahre als *paparum papa*, den Geist hinter den Chargierten, betrachteten.

Wir drei gehörten einer „Familie" an, einer Gruppe von acht bis zehn Studenten innerhalb der 50 bis 60 Mitglieder zählenden Verbindung. Der Name unserer Familie war „Zwar – Aber". Ich erwähne das, weil eines der Wesenselemente in Hermann Schafft durch diesen Namen aufs beste charakterisiert ist. Und ich möchte dieses „Dennoch" in seinem Wesen schon hier mit Worten beschreiben, die aus dem persönlichsten der Paulinischen Briefe, dem zweiten Korintherbrief, stammen: „Als die Traurigen, aber allezeit fröhlich, als die Armen, aber die doch viele reich machen."

Diese Paradoxe drücken Hermann Schaffts Wesen aus; sie wurden ihm bewußt gemacht durch unseren großen Hallenser Lehrer, Martin Kähler. Seine Vorlesungen, seine „Expauken", seine Reden auf Wingolfabenden, entschieden unser beider theologisches Fundament: das protestantische Prinzip der *sola gratia, sola fide*, das Kähler gegen alle Versuche verteidigte, den Glauben auf Moral oder historische Wissenschaft zu gründen. Aus dieser Haltung leiteten wir die Übertragung des Prinzips der Rechtfertigung auf das Denken ab und sprachen von der „Rechtfertigung des Zweiflers". Keiner von uns ist je von diesem Prinzip abgewichen, es liegt hinter dem paulinischen Wort, das Her-

mann Schafft sich (1. Kor. 3, 15 b) als Grabtext gewählt hat: „Er selbst aber wird selig werden, so doch als durchs Feuer." Es liegt hinter seiner gesamten praktischen Wirksamkeit, wie hinter meiner theologischen Arbeit in der Alten und Neuen Welt.

Das Leben in der Verbindung brachte, wie in einem Verkleinerungsglas, die meisten Probleme, mit denen das erwachsene Leben fertig werden mußte. In einer verhältnismäßig so engen Gemeinschaft, wie es eine, selbst sehr große, Korporation ist, unterscheiden sich bald verschiedene Typen. Wenn wir einen Typ nicht liebten, hatten wir kräftige Namen für ihn, z. B. „Bier-Orthodoxie" für eine geistlose theologische Orthodoxie, verbunden – nicht mit Biertrinken, das wir alle taten, sondern – mit Bier-Stumpfsinn, gegen den wir unter Führung von Hermann Schafft aufs schärfste kämpften. – Eine feinere Unterscheidung war die zwischen Studenten, die nach unserer Meinung zu früh der Ehe zusteuerten, und denen, die durch einen Mann-männlichen, platonischen Eros verbunden waren und sich vorzüglich geistigen Werten widmeten. Auch hier war Hermann Schafft repräsentativ; und ich glaube, daß sein ungeheurer pädagogischer Eros ein bleibender Ausdruck dieser Haltung in ihm war. – Die geistigen Dinge, für die er vor allem stand, waren Musik, besonders Gesang, und Dichtung. Auf den Familien-Abenden las er die Dichter, die er liebte, z. B. Conrad Ferdinand Meyer. Auf den Kneipen dirigierte er Quartette, und in mancher späten Nachtstunde spielte er für die wenigen, die geblieben waren, auf dem Klavier.

Es war vor allem sein Verdienst, daß wir Sören Kierkegaard lange, ehe er der „Vater des Existentialismus" wurde, lasen und in ihm eine Bestätigung des großen Paradox fanden, das wir durch Kähler von Paulus und Luther gelernt hatten. Hermann Schafft leistete aber – und wir mit ihm – entschiedenen Widerstand gegen alle pietistischen Konsequenzen, die man aus Kierkegaard hätte ziehen können. An Punkten, in denen er zeitweise enthaltsam war, z. B. Trinken, rechtfertigte er seine Haltung niemals dogmatisch, sondern ausschließlich durch soziale Verantwortlichkeit; er war darum frei von jedem Fanatismus. Dagegen konnte er auf gewisse unfröhlich-fanatische Formen des Pietismus mit einem heilig-unheiligen Zorn reagieren.

Nach den Examina – die er alle glänzend bestand – blieben wir in ständiger theologischer Diskussion. Ich erinnere mich, wie er oft, wenn ich scharfe Antithesen formulierte, mit großer Betonung „*et – et*", „sowohl – als auch" sagte. Darin kam seine praktisch-seelsorgerische und kirchlich-gemäßigte Haltung zum Ausdruck, die sich von meiner eigenen Neigung zu theologisch zugespitzten Formulierungen unterschied. Der Gegensatz zeigte sich in einer von ihm arrangierten Konferenz

jüngerer Theologen unseres von Kähler beeinflußten Kreises, in der wir mehrere Tage auf Grund meines radikalen Referats das Problem des „historischen Jesus" debattierten und er eine vermittelnde, kirchlich akzeptablere Stellung einnahm als ich. Das war symbolisch für seine Haltung zur Kirche überhaupt. Trotz schärfster Kritik und tiefster Sorge um die Kirche dachte er nie daran, sie zu verlassen, und diente ihr in vielerlei Weisen, in unscheinbaren und weithin sichtbaren Aufgaben.

Und doch waren seine Ausstrahlung und seine Leistung nie auf die Kirche beschränkt, wie sie auch nicht auf den Wingolf und den „Hallenser Geist" beschränkt waren. Er war ein Glied und Führer der allgemeinen Jugendbewegung, die ungefähr seit 1905 die fortschrittlichsten Kreise der Jugend ergriffen hatte und die in der Tagung auf dem Hohen Meißner ihren Höhepunkt fand.

Es war nie ohne tiefste Ergriffenheit, daß Hermann Schafft von dem Hohen-Meißner-Erlebnis sprach. Da ich selbst nicht an diesen Dingen teilgenommen habe, kann ich nur sagen, daß es nach meinem Gefühl die Einheit von Geist und Vitalität war, die Hermann Schafft in der Jugendbewegung mehr als in den alten Korporationen fand und die ihn zu ihr geführt hat. Jedenfalls war die Teilnahme an ihr zugleich die Grundlegung seiner Aktivitäten als Jugendführer und Jugenderzieher. Seine eigene Geistigkeit war immer in Einheit mit seiner unbesiegbaren Vitalität. Das fühlten die Jungen und Mädchen, und darum glaubten sie an das, was er ihnen geistig zu geben hatte.

Sie alle wie wir, seine Freunde, wußten, daß seine Kirchlichkeit ihn nie zur Beugung unter Autoritäten verführen konnte. Mit großer Freude übernahm er die Dreiheit von Autonomie, Heteronomie und Theonomie, die für die Entwicklung meines eigenen Denkens überaus wichtig geworden war; und oft veranlaßte er mich, auch gegen meinen Wunsch, zu größeren und kleineren Gruppen über diese Begriffe zu sprechen. Er war eine durch und durch autonome Persönlichkeit, aber er wußte auch, daß eine von der vertikalen Dimension abgeschnittene Autonomie leer war und heteronomen Mächten zum Opfer fallen mußte, wie es dann durch die deutsche Entwicklung bestätigt wurde. Darum rang er, oft verzweifelt, um eine Theonomie, nämlich um eine Erfüllung der autonomen Formen des Denkens und Handelns mit Gehalt aus der vertikalen Dimension, d. h. mit religiöser Substanz. Die Gefahr, daß eine solche Theonomie leicht zur Heteronomie herabsinkt, zur Aufrichtung von dogmatischen Autoritäten, kirchlichen oder biblischen, sah er deutlich. Aber die Zumutung um dieser Gefahr willen, sich einem endlichkeitsgebundenen Humanismus in die Arme zu werfen, hätte er mit religiöser Leidenschaft abgelehnt.

Wir haben Ihnen, als der vorhergehende Band XII ausgeliefert wurde, schon mitgeteilt, daß wir uns entschlossen haben, die Ergänzungs- und Nachlaßbände in einer neuen gesonderten Reihe zu veröffentlichen. Diese Reihe ist inzwischen angelaufen, viele von Ihnen haben sie ebenfalls subskribiert und die beiden ersten Bände erhalten. Herzlichen Dank!

Andere Subskribenten der Ges. Werke haben diese neue Reihe noch nicht subskribiert. Sie möchten wir heute erneut zur Subskription einladen. Auch bei den Nachlaßbänden handelt es sich nur um Schriften, Vorträge und Vorlesungen Tillichs. Allerdings hat er diese – im Gegensatz zu den Arbeiten in den Gesammelten Werken – nicht mehr selbst zum Druck fertig machen können. Die Bände werden aber sorgfältig ediert und wer den ganzen Tillich haben möchte, sollte auf diese Bände nicht verzichten.

bitte wenden

An die
Buchhandlung

Subskriptions-Bestellung

Ich / wir subskribiere(n) hiermit die Reihe "Ergänzungs- und Nachlaßbände der Gesammelten Werke Paul Tillichs" und bitten um Zusendung
der schon erschienenen Bände 1 und 2 zum Subskriptionspreis. Ich /
wir verpflichte(n) uns, die weiteren Bände nach Erscheinen abzunehmen.

(Name) Bitte mit Schreibmaschine oder Druckschrift

(Wohnort)   (Datum)

(Straße)   (Unterschrift)

Erschienen sind bis jetzt zwei Bände:

Band 1: Vorlesungen über die Geschichte des christlichen Denkens
Teil 1: Urchristentum bis Nachreformation
310 Seiten, Leinen DM 35,--, Subskr.Preis DM 30.80

Band 2: Vorlesungen über die Geschichte des christlichen Denkens
Teil 2: Aspekte des Protestantismus im 19. und 20. Jahrhundert
208 Seiten, Leinen DM 28.40, Subskr.Preis DM 25,--
Studienausgabe brosch. DM 23.50

Der nächste (3.) Band erscheint im Frühjahr 1973:

"An meine deutschen Freunde"
Die politischen Reden Paul Tillichs während
des 2. Weltkriegs über die Stimme Amerikas

In den noch folgenden 1 - 2 Bänden sollen dann Vorträge und Vorlesungen aus den letzten Lebensjahren Tillichs und unveröffentlichtes Material aus dem Nachlaß vorgelegt werden. Die Subskription gilt bis zum Erscheinen des letzten Bandes. Benützen Sie bitte den untenstehenden Bestellschein.

EVANGELISCHES VERLAGSWERK GMBH.

EVANGELISCHES VERLAGSWERK

GESELLSCHAFT MIT BESCHRÄNKTER HAFTUNG

7 STUTTGART 1
Postfach 927 · Stafflenbergstr. 44
Fernruf (0711) 241495
Postscheckkonto Stgt. Nr. 109 52
Dresdner Bank Konto Nr. 12 821
Deutsche Bank Konto Nr. 13 264

Postanschrift: Evangelisches Verlagswerk · 7 Stuttgart 1, Postfach 927

Den 11.9.1972

An alle Subskribenten der
Gesammelten Werke Paul Tillichs

Sehr geehrte Damen und Herren!

Sie erhalten mit diesem Band XIII der Gesammelten Werke Paul
Tillichs den letzten Textband dieser Reihe. Wir hoffen, daß dieser
Band, der mit besonderer Sorgfalt vorbereitet und zusammengetragen
wurde, Ihre Zustimmung findet. Die Reihe der Gesammelten Werke

Von hier aus ist vielleicht am besten seine starke Betonung der Lehre vom Heiligen Geist zu verstehen. Ich erinnere mich an Spaziergänge, auf denen er zum erstenmal auf die Bedeutung hinwies, die das kirchlich von jeher verdächtige Symbol des Göttlichen Geistes für ihn erlangt hatte. Die Erkenntnis, daß Gott Geist ist und weder Willkür noch Gesetz, war für ihn die Antwort auf die Frage nach der Theonomie. Sie gab ihm ein Prinzip innerkirchlicher Kritik an der Kirche und ihren gesetzlich-heteronomen Lehren und Einrichtungen. Im Namen des Geistes verwarf er die unwahrhaftige Konfirmationspraxis und brachte diesen Kampf kurz vor seinem Tod dem Siege nah. Seine Lehre von Gott als Geist schützte ihn gegen einen sentimental-pietistischen oder autoritär-moralistischen Jesus-Kult und gegen einen unwahrhaftigen, gesetzlichen Bibel-Kult. Jede seiner Reden, wie sein Buch über die Kirche, zeugen von dieser Einheit von Freiheit und Gebundenheit, die, im paulinischen Geistbegriff enthalten, das beste Erbe der Reformation ist.

Aber die Bedeutung des Geistbegriffs für ihn ging noch weiter. In einem mich tief bewegenden Gespräch über das Gebet machte er deutlich, daß er ganz, wie Paulus im 8. Kapitel des Römerbriefs, fühlte, daß „wir nicht wissen, wie wir beten sollen, und daß der Geist uns vor Gott vertritt mit unaussprechlichem Seufzen". Nicht die Worte des Gebets machen das Gebet, sondern die Verbindung mit Gott, die es schafft, auch wenn es wortlos ist: das war die Erfahrung, die in diesem Gespräch von ihm bezeugt wurde.

In seinem Geistbegriff vereinte er das Geistige und das Vitale. Überaus eindrucksvoll war die Art, wie er mit den einfachen Menschen seiner Gemeinden umging. Es war durch und durch natürlich, ohne einen Schatten von Herablassung und ohne die Möglichkeit des Sich-gemein-Machens. Wenn wir auf Fahrten von Kassel nach Marburg bei einer hessischen Bauersfrau einkehrten, die er von früher her kannte, und er sie um ein Glas frischer Milch für uns bat, dann war das ein religiöses Erlebnis für mich. Es war eine echte Einheit von Eros und Agape, die über alle künstlichen „Diastasen" der Theologen triumphierte. – Oder wenn wir durch die hessischen Berge wanderten und er mir eine Caspar-David-Friedrich-Landschaft zeigte und wir auf einem Hügel ankamen, wo ich heidnisch-christlich ausrief: „Du hast mich zu einem Sitz des Absoluten geführt" – dann war diese Einheit von Geist und Vitalität sichtbar. Und sie war sichtbar, wenn sein Pfarrhaus eine Stätte der Gemeinschaft für viele, eine Stätte der Andacht und ein Tempel der Kunst, vor allem der Musik, war. Immer wieder trafen wir uns, erst zusammen mit seinen verehrungswürdigen Eltern, dann zusammen mit der Mutter allein, dann wir beide allein ... und dazwischen kam der erste Weltkrieg. Wir wurden Militärpfarrer. Und wieder war es die Einheit von Vitalität und Geist, erscheinend als Einheit von Tapferkeit und Weisheit, die ihn zu dem vielleicht eindrucksvollsten Militärgeistlichen der deutschen Armeen machte. Er selbst wußte

nichts davon und würde nie erlaubt haben, es zu sagen. Statt dessen sagte er zu mir: „An wie viele Momente erinnere ich mich, in denen ich feige war." Aber der Kaiser selbst überreichte ihm das Eiserne Kreuz.

Nach dem Krieg begegneten wir uns wieder mitten in den Problemen des deutschen Wiederaufbaues, den wir von einer religiös-sozialistischen Grundlage aus versuchten. Es waren die Erfahrungen des ersten Weltkrieges, die uns beide in die politischen Probleme hineinstießen. Weder der Wingolf noch die Jugendbewegung hatten das geleistet. Jetzt war es unausweichlich. Und in dem Moment, in dem Deutschland gespalten war zwischen einem ausschließlich vertikal gerichteten Luthertum und einem ausschließlich horizontal gerichteten Sozialismus, war es für uns klar, daß eine Wandlung beider in Richtung eines religiös begründeten Sozialismus die Forderung des „Kairos" (des providentiellen Augenblicks) war. Darin waren wir einig. Aber die Wege waren verschieden. Der Berliner Kreis, zu dem ich gehörte, war „religiös"-sozialistisch, die westdeutschen Kreise, zu denen Hermann Schafft gehörte, waren „christlich"-sozialistisch. Der Unterschied ist mehr eine Nuance als ein Gegensatz. Und doch ist er charakteristisch. Der Religiöse Sozialismus war betont politisch, indifferent gegen die konkreten Ausprägungen der Religiösen, offen für Juden, Christen und Humanisten ohne Unterschied. Der Christliche Sozialismus war unmittelbar praktisch in Formen von Gemeinschaften, Bewegungen, Siedlungen auf christlicher Grundlage, hinter denen zwar eine politische Idee stand, die aber nie im Zentrum politisch waren. Es ist nicht nur Schicksal, sondern auch Charakter, daß Hermann Schafft sich dieser Form der Bewegung anschloß und ich der anderen. Wir haben hier aber nie einen wirklichen Gegensatz gefühlt. Die grundlegende Intention war die gleiche, wie sich darin zeigte, daß die Mitglieder des Berliner Kreises an „Neuwerk", wo Hermann Schafft einflußreich war, mitarbeiteten.

Beide Gruppen wurden vom Nationalsozialismus zerstört. Aber die in höherem Maße politische Berliner Gruppe wurde schärfer angegriffen. Die meisten ihrer Mitglieder mußten in die Emigration gehen, manche wurden ermordet, die religiös-sozialistische Bewegung wurde in Deutschland zertreten. Im Oktober 1933 nahmen Hermann Schafft und ich auf der Insel Spiekeroog in der Nordsee Abschied voneinander, er schon von den Nazis seiner Professur an einer Pädagogischen Akademie beraubt, ich in die Emigration nach Amerika getrieben. Auch in diesen Stunden siegte die Einheit von Geist und Vitalität in Hermann Schafft über die Schwermut des Abschieds und die Dunkelheit der Zukunft. Noch einmal sahen wir uns in der Hitler-Zeit, in Ascona im Tessin, wo er mir meinen 50. Geburtstag mit allem zurichtete, was in ihm an Musik, Phantasie und Lebensfreude wirklich war. Und dann kam das Dunkel über die Welt, das auch uns voreinander verbarg, bis eines Tages einer meiner früheren Studenten, der in der Intelligenz-Abteilung der amerikanischen Armee in Deutschland gekämpft hatte, zu mir kam und mir erzählte, wie er den Pfarrer Schafft auf einem Fahrrad nach Kassel angehalten, auf sein Auto geladen und als Regierungsdirektor in das Ministerium in Kassel gesetzt hätte. So fanden wir uns wieder und haben uns seit 1948 jährlich oder zweijährlich um Kassel herum getroffen, er allein, dann er mit seiner Frau Ursula und seinen erst sechs und dann neun Kindern als Patriarch auf Wilhelmshöhe, das letzte Mal im August 1958.

Doch ich bin vorausgeeilt. Eine Szene, die uns beiden in allen Einzelheiten in Erinnerung geblieben ist, ereignete sich auf der regelmäßigen Konferenz

der Berneuchener Gruppe im Schlosse Pätzig bei Schönfließ in der Neumark. Wir waren beide Mitglieder dieser Bewegung, die sich um liturgische Wiedergeburt in den deutschen Kirchen bemüht. Hermann Schafft und ich vertraten die „Linke" der Bewegung. Uns war es darum zu tun, die Liturgie nicht nur reicher und tiefer – wie wir alle es wollten –, sondern auch verständlicher für die Kirchenfremden der Gegenwart zu machen. Naturgemäß führte das zu heftigen Diskussionen über den Wert oder Unwert der liturgischen Schätze der Vergangenheit und unsere Fähigkeit, Neues zu schaffen. Aber mitten in diese Diskussion fiel der Schatten des kommenden Nationalsozialismus. Hermann Schafft sang Lieder aus dem Bauernkrieg des 16. Jahrhunderts; und wie in einer Vision sah unsere Wirtin, Frau von Wedemeyer, ein Bild von unserer Gruppe, gespalten auf entgegengesetzten Barrikaden, Hermann Schafft als Führer auf der einen.

Eine andere Erinnerung aus der späteren Zeit war eine Fahrt, in der wir Nacht und Tag in seinem Auto von dem zerstörten Kassel in das zerstörte Bremen fuhren, er jünger als ein Junger im Überstehen der Strapaze. Es war eine sozialistische Kulturkonferenz, und wir hatten die Genugtuung, daß trotz des Widerstands alter Gewerkschaftler unsere religiös-sozialistischen Ideen bei vielen Eingang gefunden hatten.

In Marburg sprachen wir nach meinen Vorlesungen wie Jahrzehnte früher im Hause Claudia Baders über Probleme der Gegenwart und Symbole der Ewigkeit im Kreis alter Freunde. Oft brach seine Fröhlichkeit durch einen Schleier der Schwermut, aber nicht immer; wir machten uns Sorge um ihn, wie er sich Sorge machte um Familie, Jugend, Volk und Menschheit. Zu allen Zeiten war beides in ihm, die Sorge und die Freude, die Schwermut und der Mut, das vorletzte Nein und das letzte Ja.

Das ist sein Bild in mir. Es ist mir in den Jahren der Trennung wieder und wieder in Träumen erschienen. Es erhebt keinen Anspruch auf biographische Objektivität; aber es erhebt Anspruch auf Wahrheit, als wahrer Ausdruck der Gemeinschaft, in der es erlebt und aus der heraus es gesehen ist [1].

b) Der Vikar und Hilfsprediger

Aus Tillichs Kirchlicher Apologetik (3) *und den Aufzeichnungen von Maria Rhine über* „Tillich, der Apologet" *(Anhang III) erkennen wir eine Grundposition Tillichs, die er später in seiner* „Systematischen Theologie" *folgendermaßen formuliert hat:* „Die christliche Botschaft gibt die Antworten auf die in der menschlichen Existenz liegenden Fragen... Der Mensch kann aber Antworten auf Fragen, die er niemals gestellt hat, nicht entgegennehmen. Er hat jedoch gefragt, und er fragt immer weiter – seine Existenz selbst und jede seiner geistigen Schöpfungen stellen diese Frage –, und die christliche Botschaft ist die Antwort

---

[1] Da der zweite Teil dieses Artikels sich nicht mehr auf den Freund der Jugendzeit, sondern ausschließlich auf den späteren Hermann Schafft bezieht, wurde er in Kleindruck gesetzt. (D. Hrsg.)

auf seine Fragen."[2] *Die Erkenntnis, daß menschliche Frage und christliche Botschaft aufeinander bezogen sein müssen, geht zurück bis in Tillichs Hilfspredigerzeit in Berlin-Moabit. Damals machte er an seinen Konfirmanden die Erfahrung, daß das Wort „Glaube" gänzlich entleert sei und sich deshalb als Antwort auf jede vom Unterweisenden gestellte Frage gebrauchen – oder besser – mißbrauchen ließ. Er erkannte, daß die christliche Botschaft den Menschen nicht „wie ein Stein an den Kopf geschleudert werden dürfe", und das hieß für ihn, der Theologe müsse sich apologetisch verhalten, er müsse Apologet werden. Darum suchte Tillich das Gespräch mit den Menschen „draußen"; er gewahrte den gemeinsamen Boden mit ihnen: die von beiden Seiten anerkannte menschliche Vernunft. Vor ihr haben sich beide, der „Kläger" (der Christ) und der „Angeklagte" (der Draußenstehende) zu verteidigen. Aus diesem Grund nannten Tillich und Richard Wegener ihre apologetischen Veranstaltungen scherzhaft „Vernunft-Abende". Sie waren in die Praxis umgesetzte Apologetik, während die Theorie der Apologetik in der 62 Seiten langen* Kirchlichen Apologetik *(3) niedergelegt ist. Sie hat zwei Anhänge. Der erste (a) enthält die Beschreibung der verschiedenen Vortragskreise und des Ablaufs der jeweiligen Abende, der zweite (b) das von den Veranstaltern entworfene Einladungsschreiben.*

Aus dem Jahre 1909, Tillichs Lichtenrader Zeit, stammen seine ersten Predigten. Sie sind, wenn wir von seinen Examensarbeiten absehen, das Früheste, was literarisch von ihm erhalten ist, und bewegen sich noch stark im Rahmen konventioneller Gemeindepredigt. Die für diesen Band ausgewählte Predigt Über die Einsamkeit *(4) zeigt schon eigenständige Gedankengänge. Sie ist in Berlin-Moabit, während Tillichs Hilfspredigerzeit, im Jahre 1913 entstanden.*

3. KIRCHLICHE APOLOGETIK

I. Begriff der Apologetik

Die wissenschaftliche Apologetik hat die Aufgabe, das theologische System in das System der Wissenschaften überhaupt methodisch und inhaltlich einzuordnen und dadurch das wissenschaftliche Recht der Theologie zu begründen.

Die praktische Apologetik hat die Aufgabe, von dem vorhandenen

---
[2] S. Th., I, S. 78 f.

Wahrheitsbesitz auf dem Wege des Denkens zu der christlichen Wahrheit hinzuführen.

Die wissenschaftliche Apologetik ist also jederzeit die Voraussetzung der praktischen. Nur die Möglichkeit, in jedem Augenblick bis auf die Fundamente der wissenschaftlichen Apologetik zurückzugehen, gibt der praktischen Apologetik Kraft und Halt. Die wissenschaftliche Apologetik folgt als wissenschaftliche rein den immanenten Gesetzen aller Wissenschaft. Die praktische folgt als praktische der jeweiligen Lage, in der sie angewandt werden soll. Damit ist natürlich nicht ausgeschlossen, daß es eine Theorie der praktischen Apologetik gibt als einen Teil der praktischen Theologie überhaupt. Vielmehr soll im folgenden eine solche Theorie versucht werden. – Wissenschaftliche Apologetik ist so alt wie die Theologie überhaupt, ja, die älteste Theologie ist aus der Apologetik herausgewachsen; und es würde nicht schwer sein zu zeigen, daß z. B. die Theologie des 19. Jahrhunderts fast ausschließlich apologetischen Motiven ihre Entwicklung verdankt. Ebenso hat es allezeit eine praktische Apologetik gegeben. Die kirchliche Verkündung hat niemals ohne sie sein können. Aber diese Apologetik trägt den Charakter des Gelegentlichen, Zufälligen, Individuellen. Sie ist nie eine eigentliche kirchliche Apologetik geworden und hat es darum auch noch zu keiner eigentlichen Theorie gebracht. Das ist in der Geschichte begründet. Solange die christliche Wahrheit in dem Sinne herrschte, daß jeder Widerspruch gegen sie als Ketzerei empfunden wurde, war eine Theorie der Apologetik, eine organisierte Apologetik nicht möglich. Der Ketzer ist Gegenstand der Seelsorge, wie jeder andere Sünder, oder Gegenstand der Verfolgung. Das erste ist auch heute noch, wo das zweite nicht mehr in Betracht kommt, in weiten Kreisen die Meinung. Widerspruch gegen die christliche Lehre ist Abfall, Unglaube, Sünde. Voraussetzung für eine organisierte kirchliche Apologetik ist die Anerkennung, daß der ernste Gegner der christlichen Lehre nicht sowohl als Ungläubiger, der zu bekehren ist, sondern zuerst einmal als Irrender, der nicht ohne Wahrheitsbesitz ist, behandelt werden muß. Wird dies anerkannt, so muß die organisierte kirchliche Apologetik eine notwendige Stelle im System der kirchlichen Handlungen einnehmen. Diese Anerkennung aber erzwingt die geschichtliche Lage.

II. Die geschichtliche Lage

Durch die großen Denker des 17. Jahrhunderts ist der Grund gelegt worden zu einer Weltanschauung, deren Fundament Mathematik und

Naturwissenschaft, deren Prinzip die freie Denknotwendigkeit, deren Ziel die Begründung einer von aller Tradition und Autorität unabhängigen allgemeingültigen Gewißheit war. Im englischen Deismus wandte sich diese Weltanschauung kritisch gegen alles Autoritative und Übervernünftige in der Religion. Die Aufklärung ist der Prozeß der Popularisierung der naturwissenschaftlichen Weltanschauung und ihrer Kritik. Dabei wurde aus der Kritik gegen das Übernatürliche vielfach eine Kritik gegen die Religion und Geistigkeit überhaupt: der Rationalismus ging über in Materialismus.

Weitergeführt wurde die ganze Entwicklung durch die Prüfung der Voraussetzungen des Rationalismus in ausschließlich negativem Sinn bei den englischen Philosophen, in negativem und zugleich eminent positivem Sinne bei Kant; zugleich aber durch den Widerspruch der Kunst und Literatur, vor allem Goethes, gegen die Flachheit und Gefühlsarmut der Aufklärung, endlich durch die Heroen der Tat, welche die Französische Revolution und ihre Folgeerscheinungen bis hin zu den Freiheitskriegen produzierte. Aus alledem ergab sich die realistisch-romantische Geistesbewegung, d. h. der Zusammenschluß der freien naturwissenschaftlichen Weltanschauung mit den alten Traditionen, vor allem in der Religion, auf dem Boden der neu gefundenen Innerlichkeit des Geistigen. Es ist dies die große, außerordentlich mannigfaltige und im Grunde doch einheitliche Synthese der modernen Geisteskultur, auf der das geistige Leben der Gegenwart durchaus beruht. Alles, was darauf folgt, sind entweder direkte Konsequenzen oder Reaktionen, in beiden Fällen aber durchaus abhängig von jener Zeit. Das Eigentümliche aber jener Bewegung und ihrer Folgeerscheinungen ist der Mut, durch freies, allein von wissenschaftlicher Notwendigkeit geleitetes Erfassen der Wirklichkeit eine eigene Weltanschauung zu begründen. Dabei bleibt völlig unentschieden, in welches Verhältnis diese Weltanschauung zum Christentum tritt. Von der innigsten Verschmelzung bis zum schroffsten Gegensatz sind alle Schattierungen vertreten. Aber ganz gleich, ob sie sich als Antichristentum oder als wahres Christentum ausgeben, immer ist ihre Grundlage autonom und hat die Befreiung von der Autorität der kirchlichen Verkündigung zur Voraussetzung. Daß sie faktisch in der christlichen Kultur wurzeln und selbst in ihren schärfsten antichristlichen Ausprägungen eine Fülle christlicher Elemente in sich tragen, bedeutet keine Einschränkung ihrer Autonomie, die ja keineswegs geschichtslos rationalistisch gedacht ist. Vielmehr gewinnt der Grundsatz gerade dadurch an Schärfe, daß die selbständig produzierten Weltanschauungen der kirchlichen Verkündigung vorwerfen können, ihr wirklich wertvolles Material in sich verarbeitet zu

haben. Daß dem Christentum nicht Heidentum, sondern christianisierte Kultur gegenübersteht, macht das Eigenartige und Schwierige der Lage aus.

Dieser verhängnisvolle Gegensatz von kirchlicher Verkündigung und christianisierter Kultur wurzelt in der Tatsache, daß die mathematisch-naturwissenschaftliche Weltanschauung im Kampf mit der Kirche emporgewachsen ist und sich daran gewöhnt hat, die kirchliche Verkündigung als ihren Erbfeind zu betrachten. Das hatte solange sein gutes Recht, als die herrschende Kirche ihre Existenz an die Gültigkeit der antiken Weltanschauung kettete, von der die biblische Vorstellungswelt und das Dogma weithin abhängig sind. Denn nun war ihr Kampf gegen die moderne Wissenschaft ein Kampf um ihre eigene Existenz. Dadurch aber verlor sie die Führung im Geistesleben, und als sie dann in der Zeit des Rationalismus ihren Widerstand aufgab, konnte sie die Führung nicht wiedergewinnen. Diese ging über auf Wissenschaft und Literatur. Und das ist so geblieben. Die kirchliche Verkündigung geht nicht voran, sondern folgt nach, teils mit äußerstem Widerstreben, aber doch langsam vorwärts gezwungen, teils mit übereilter Schnelligkeit, aber doch immer einen Schritt hinter der übrigen Kultur hinterher. So kommt es denn, daß die Menge der geistig angeregten Gebildeten der Kirche und ihrer Verkündung vollständig fernsteht. Teils stehen sie in totalem Gegensatz zu ihr, teils hat sie ihnen nichts Neues zu sagen, teils bietet die Form unüberwindliche Anstöße: die ordnungsmäßige christliche Predigt erreicht die Menge der Gebildeten nicht mehr, das ist das Resultat.

Aus der Erkenntnis, daß die kirchliche Beeinflussung die Massen des Volkes nicht erreicht, ist die innere Mission gegeben, die, prinzipiell betrachtet, eine Arbeit der organisierten Kirche sein sollte und deren Aufgaben allmählich von der Kirche übernommen werden müssen. Aus der Erkenntnis, daß die kirchliche Predigt die Gebildeten nicht erreicht, muß die Apologetik geboren werden, und zwar von vornherein als kirchliche Apologetik. Die Kirche darf nicht warten, bis Vereine für Apologetik das Werk in die Hand nehmen und es schließlich zu einem Zweige der inneren Mission machen: organisierte kirchliche Apologetik ist die Forderung der Lage. Und ist vor allem auch Forderung des Augenblicks: die Zeit des Materialismus ist auf den Höhen der Bildung zu Ende. Geisteswissenschaftliche Probleme haben auch die naturwissenschaftlich-entwicklungsgeschichtlichen in den ihnen zukommenden Hintergrund gedrängt. Ein gewaltiges Ringen um neuen geistigen Gehalt hat begonnen; freilich nicht mit dem stürmenden Vorwärtsdrängen und der unbegrenzten Siegeszuversicht der idealistisch-romantischen

Periode, sondern durchsetzt mit Elementen der Skepsis, immer durchaus individualistisch und doch innerlich und unbewußt hinausstrebend über Individualismus und Skepsis, meistens orientiert an einem ästhetisch-aristokratischen Persönlichkeitsideal und doch außerstande, sich der Gewalt des sozialen Gedankens zu entziehen, unbegrenzt kritisch gegen alles Gedankliche und doch weit offen für Tiefe und Mystik. Nun aber ist es allein der Religion gegeben, diese Widersprüche in sich zu vereinigen und so zu umspannen, daß ein Zerreißen unserer Geisteskultur verhindert werden kann. Und darum ist der Religion, dem Christentum, der Kirche die Aufgabe gestellt, mit den ihr allein gegebenen Kräften die Synthese der modernen Geisteskultur zu schaffen, wieder die Führerrolle zu übernehmen. Eine Form aber, in der sie dieser Aufgabe gerecht werden muß, ist die kirchliche Apologetik.

III. Ziele und Methoden der Apologetik

Es hat sich eine Kluft aufgetan zwischen Kirche und Bildungswelt, so daß die Gebildeten von der kirchlichen Verkündigung nicht mehr erreicht werden: das ist die erste Voraussetzung für die Bestimmung des Ziels; denn aus dieser Sachlage ergibt sich die Notwendigkeit, zunächst einmal wieder Fühlung miteinander zu gewinnen, im äußeren und inneren Sinn. – Zunächst ist zu fordern, daß Vertreter des Christentums und der Kirche wieder in äußere Berührung kommen mit dem kirchenfremden Gebildeten, daß z. B. der Geistliche nicht von vornherein als Mensch aus einer anderen Welt erscheine, den man sich in irgendeiner Form – ohne Verletzung der Formen – fernzuhalten weiß. Das Gespenst des engherzigen, beschränkten, fanatischen Christen muß aus der Vorstellung vieler vertrieben werden. Es muß deutlich gemacht werden, daß der gebildete Christ auf demselben Kulturboden steht, mit denselben Problemen ringt und dieselben Antworten kennt – verwirft oder annimmt, wie jeder geistig lebendige Gebildete. Es muß eindrücklich gemacht werden, daß auch die Vertreter des Christentums nicht eine einheitliche Masse sind, die man als Ganzes ablehnen kann, sondern daß die tiefgehendsten Unterschiede bestehen – nicht die zwischen positiv und liberal, dieser Unterschied ist hier zunächst bedeutungslos – sondern zwischen solchen, die umfassende Bildung und einen ebensoweiten Horizont haben wie die Gebildeten, und solchen, die in der Tat ungebildet oder beschränkt sind. Es muß wieder zum Bewußtsein gebracht werden, daß es ungebildet ist, eine ganze Kulturfunktion als solche abzulehnen, und das Gesetz aller wahren Bildung, nicht ohne

Kenntnis und nicht allgemein zu urteilen, in religiösen und kirchlichen Dingen außer Kraft zu setzen.

Ist das erreicht, so ist die Basis für eine innere Fühlungnahme, für ein gegenseitiges Kennen- und Verstehenlernen gegeben. Und diese Aufgabe ist durchaus wechselseitig zu fassen. Der kirchliche Apologet braucht eine eingehende, differenzierte Kenntnis des geistigen Lebens derer, an denen er arbeiten will. So notwendig es einerseits ist, zur Beurteilung der ihm entgegentretenden Bewegungen gewisse allgemeine Kategorien zur Verfügung zu haben, so notwendig er selbst ein System und systematische Prinzipien haben muß, so wenig darf er sich doch den Zuzug durch derartige Allgemeinheiten, wie Ästhetizismus, Moralismus, Skeptizismus, Subjektivismus, die man natürlich immer anwenden kann, verbauen. Er würde dann nicht viel mehr erreichen wie diejenigen, welche mit dem Urteil: „Unglaube und Sünde" überhaupt jede Apologetik unmöglich machen. Das moderne Geistesleben und vor allem seine einzelnen Vertreter sind so außerordentlich kompliziert, weisen so überraschende Kombinationen auf, daß das Verstehen und Eindringen auf seiten des Apologeten eine unendliche, aber außerordentlich wertvolle Aufgabe bleibt. – Das Umgekehrte, das Verstandenwerden ist natürlich die notwendige Kehrseite. Der Apologet darf nicht als Lehrer auftreten, der noch viel mehr weiß, als er dem Schüler sagt und ihm dadurch Autorität bleibt, sondern er muß sich als Mitsuchenden geben, weil er es eben ist, und er muß hineinblicken lassen in die Wege, die er gegangen ist und geht, und auf denen er nicht nur gesucht hat und noch sucht, sondern auch gefunden hat und noch findet. Pädagogisch verhält er sich dabei nur insofern, als er das zeigt, was der andere verstehen kann, und das verbirgt, was dem andern nur Anstoß geben und ihn fernhalten würde, was ihn nicht zum Verstehen, sondern zum Mißverstehen veranlassen würde. Natürlich gibt es ein Nicht-mehr-Verstehen, das auf einem Gegensatz im Innersten der Persönlichkeit beruht und wo die Grenze des Pädagogischen liegt. Aber dieser Fall darf niemals vorausgesetzt und nur, wenn kein Zweifel mehr sein kann, angenommen werden. Aber auch in diesem Fall darf der Versuch nicht aufgegeben werden, weiterzuführen, zu überzeugen.

Denn dies ist die zweite Aufgabe der Apologetik: zu überzeugen. Sie baut sich unmittelbar auf das Resultat der ersten auf, ja sie steht mit ihm in unlöslicher Wechselwirkung. In jedem Verstehen liegt schon ein Moment des Überzeugtseins und – absolut gesprochen – decken sich vollkommenes Überzeugtsein und vollkommenes Verstehen. Praktisch dagegen sind beide Aufgaben zu unterscheiden, ist erst einmal die Basis gegenseitigen Verstehens, persönlicher und sachlicher Fühlung zu schaf-

fen und dann das Weiterführen anzustreben. – Das Überzeugen geschieht in verschiedener Form. Eine auch bei unseren Gebildeten erstaunlich große Rolle spielt die Autorität, sei es des Apologeten, sei es anerkannter Autoritäten, auf die der Apologet sich beruft. Weil aber die Voraussetzung der Apologetik die freie, prinzipiell autoritätslose Geistigkeit ist, so darf die Berufung auf Autoritäten niemals an Stelle der eigentlichen gedanklichen Arbeit treten, sondern sie nur erläutern, geschichtlich einordnen und – unter der Hand – psychologisch unterstützen.

Das gleiche gilt von dem Zeugnis. Es hat die höchst richtige Bedeutung, zu zeigen, daß ein Gedanke nicht bloß das Resultat einer abstrakten Deduktion ist, sondern der Ausdruck einer lebendigen Wirklichkeit. So entsteht von vornherein ein günstiges Vorurteil für den Gedankengang, durch das seine Aufnahme außerordentlich erleichtert wird. Demnach darf die Apologetik nicht zu einer Reihe von Zeugnissen werden, sondern das Ideal ist eine systematisch-logische Gedankenarbeit, die in all ihren Punkten bei vollkommener wissenschaftlicher Geschlossenheit Zeugnischarakter hat. – Endlich liegt in dieser Richtung die Bekräftigung eines Gedankens durch den Hinweis auf seine geschichtliche Wirksamkeit und seine praktischen Konsequenzen. Auch das erweckt ein günstiges Vorurteil, aber es hat im letzten Grunde, ebensowenig wie Zeugnis und Autorität, die Kraft zu überzeugen. Die Apologetik geht hier, wie bei allem nachher Gesagten, über in Pädagogik, aber sie darf nie in diesem Gewande auftreten. Die Wahrheit ruht auf sich selbst und der ihr innewohnenden Evidenz. Das darf der Apologet, namentlich hochstehenden Geistern gegenüber, nicht außer acht lassen, sonst stößt er schließlich doch nur ab.

Die Gedankenarbeit des Apologeten ist immer negativ und positiv zugleich. Er muß die Voraussetzungen der gegnerischen Position erschüttern, und seine erste Aufgabe in dieser Beziehung ist, irrezumachen, scheinbar Selbstverständliches als problematisch zu erweisen, Vorurteile zu zerstören. So wird z. B. der Apologet in der Gegenwart einen unablässigen Kampf gegen die Dogmen der Skepsis und des Subjektivismus zu führen haben. Sokratische Ironie muß das allzeit gezückte Schwert des Apologeten sein. – Aus der Negation entsteht dann durch die innere Bewegung des Gedankens die Position; denn alle Negation ist nur möglich auf Grund einer Position. Das zu zeigen, aus der Negation die Position zu entwickeln, auszubreiten und zu begründen, ist nun die schwere und entscheidende Aufgabe. Sie kann mehr dialektisch und mehr konstruktiv gelöst werden. Die dialektische Methode führt von dem vorhandenen geistigen Tatbestand durch konsequentes

Weiterdenken zu den Überzeugungen, die geschaffen werden sollen; sie zeigt, wie sämtliche Positionen eine innere Beziehung zur Wahrheit selbst haben, wie alle geistigen Strömungen zuletzt ihr Ziel im Christentum finden müssen. Sie stellt alles in ein neues Licht, überrascht durch neue Zusammenhänge, zeigt allenthalben neue Pforten zur alten Wahrheit. Sie überläßt dem Gegner keine Wahrheit als Privatbesitz, beansprucht die gesamte Geisteskultur für sich, kennt kein gleichberechtigtes Nebeneinander, kein ausschließendes Gegeneinander, sondern nur ein In- und Untereinander. Sie ist ihrer Idee nach Synthese und Organismus der Geisteskultur auf dem Boden des Christentums. Sie ist überall da anzuwenden, wo Überzeugungen vorhanden sind, wo Geistesströmungen Gewalt gewonnen haben, wo wirkliches, bewußtes und vertieftes Geistesleben sich findet. – Die konstruktive Methode legt die Wahrheit organisch dar; sie geht vom Prinzip aus, sie behauptet und beweist. Sie ist da wirksam, wo Unklarheit und Verworrenheit die Weiterentwicklung hemmen, wo müde Skepsis sich nach Überzeugungen sehnt, wo keimhafte Anfänge von vornherein in die rechte Bahn geleitet werden müssen. Sie ist aber auch der Abschluß der dialektischen Methode und hat auf die Frage zu antworten, wie denn nun eigentlich das System der Wahrheit aussehe.

Das System der Wahrheit – eben dies Wort kennzeichnet zugleich eine Schwierigkeit, die sich diesen ganzen Erwägungen in den Weg stellt: der Apologet soll überzeugen – wovon? Von der Wahrheit, vom Christentum, ist zweifellos die erste Antwort. Aber der Apologet hat beides nur in individuell bedingter Form; und je größer die günstige Freiheit und Universalität ist, die seine Wirksamkeit verlangt, um so bestimmter wird sich diese Individualität bemerkbar machen. Dadurch aber wird der Charakter seiner Arbeit als kirchlicher gefährdet. Soweit es sich dabei um die Spannung handelt, die in aller kirchlichen Tätigkeit unvermeidlich ist, kann hier nicht weiter davon gesprochen werden. Nur das ist von dem Apologeten unbedingt zu verlangen, daß er unter den großen Gegensätzen des Geisteslebens Wurzel gefaßt hat in der christlichen Welt- und Lebensstellung, daß er in ihr Gewißheit findet, daß er ein Christ sein will und reden will aus dem Geiste der christlichen Gemeinde. Auch dann freilich werden Spannungen nicht ausbleiben; bei Angriffen auf spezielle Punkte der kirchlichen Lehre wird er oft weder verteidigen können noch wollen. Dann ist es Sache seines Taktes, deutlich zu machen, daß er hier als einzelner spricht, daß es sich um Punkte handelt, die die christliche Wahrheit nicht berühren, daß auf dem Boden des Protestantismus, des Glaubens an die Gemeinschaft mit Gott durch Gottes Gnade und nicht durch unser Werk, auch jedes einzelne

System des Denkens, ob eines Theologen, ob einer Kirchengemeinschaft, nicht die vollkommene Form der Wahrheit ist, sondern ein Stückwerk, das uns dennoch durch die Gnade Gottes in Gemeinschaft bringt mit der Wahrheit selbst. Stellt so der Apologet seine eigne Arbeit und die theologische Arbeit seiner Kirche gemeinsam unter das Nein und Ja des Rechtfertigungsglaubens – der höchsten Überzeugung, zu der er führen kann –, so überwindet er die Schwierigkeiten, die aus seiner individuellen Gedankenbildung entstehen. Nur auf dem Boden des Rechtfertigungsglaubens, auch dem Denken gegenüber, ist Apologetik möglich. Kirchliche Arbeit ist die Apologetik. Ihr letztes Ziel ist darum nichts anderes als die Kirche. Verständnis erwecken – überzeugen – Gemeinschaft stiften: das ist das dreifache Ziel der Apologetik. Praktisch-persönlich beginnt sie: Fühlung nehmen, Vertrauen gewinnen, gegenseitig achten und verstehen lernen. Theoretisch-objektiv nimmt sie ihren Fortgang: Meinungen zerstörend, Überzeugung schaffend, zur Wahrheit führend: ihre Hauptaufgabe. Wieder praktisch-persönlich endet sie: Hineinführen in die kirchliche Gemeinschaft, ihre Aufgaben und Bedürfnisse, ihre Organisationen und Institutionen. Die Apologetik kann sich nicht damit begnügen, einzelne Christen zu gewinnen; sie soll den Zusammenhang zwischen Kirche und Bildung herstellen, sie soll die geistigen Kräfte, die neben der Kirche hergehen, in ihren Dienst stellen, sie soll an ihrem Teil dazu beitragen, daß die Kirche wieder der Brennpunkt des geistigen Lebens der Zeit wird. – Schon die Tatsache kirchlicher Apologetik wäre in dieser Beziehung bedeutungsvoll: Die Apologetik ist das aggressive Organ der Kirche gegenüber der Bildung; im Angriff liegt ihre Verteidigung. „Apologetik oder Lehre vom Angriff" könnte man es paradox formulieren. Den Angreifer kann man nicht einfach ignorieren. Er zwingt zur Auseinandersetzung. Und eben damit werden religiöse Gedanken, Anregungen, Probleme hineingetragen in die Kreise der Indifferenz; es wird eine kirchlich beeinflußte Atmosphäre geschaffen. Das ist an sich schon ein Erfolg, den die tatkräftige Apologetik durch ihre bloße Existenz erringt. Aber eben dieses Ziel nimmt sie nun in höherem Sinn als unbewußte Arbeit auf, als ihr letztes, höchstes Ziel. Sie will die Gebildeten zurückführen zur Gemeinde. Die apologetische Arbeit geht über in die gemeindeorganisatorische. Der Apologet wird Organisator.

IV. Die Objekte der Apologetik

Der Kreis derer, die als Gegenstand der Apologetik direkt in Betracht kommen, ist bezeichnet durch die Formel: die geistig lebendigen, kirchenfremden Gebildeten. Darin liegt eine doppelte Negation. Ausgeschlossen werden erstens die Ungebildeten. Unter Gebildeten wird hier nicht eine gesellschaftliche Klasse verstanden, sondern alle diejenigen, die imstande sind, abstrakte Gedankengänge und umfassende Problemstellungen innerlich zu verarbeiten, denen die rein geistige Sphäre vertraut ist, die die innere Freiheit haben, allein objektiven Erwägungen nachzugehen, und die ein selbständiges, bewußtes Geistesleben führen. Nur ihnen gegenüber hat systematische, rein gedankliche Arbeit einen Wert. Daß die Masse der Ungebildeten namentlich in unserer Zeit starke intellektuelle Probleme hat und in hohem Maße Kritik an Kirchenlehre und Kircheninstitutionen übt, kann zwar nicht zweifelhaft sein. Aber hier ist der intellektuelle Gegensatz infolge der Unfähigkeit zu einer Objektivität unlöslich verbunden mit praktischen, persönlichen, politischen Gegensätzen. Die apologetische Aufgabe wird hier infolgedessen niemals selbständig werden können, sondern immer nur ein wichtiges Moment der Seelsorge oder Sozialpolitik bleiben. Und selbst wenn eine eigene Organisation dafür geschaffen wäre, so würde es nicht systematische Apologetik, sondern Aufklärungsarbeit, Befreiung von Vorurteilen, Widerlegung einzelner Einwände, rhetorischer Kampf mit den Autoritäten der Gegner sein müssen. Der Boden des Autoritativen wird nicht verlassen; aber erst da, wo prinzipiell Freiheit von Autorität errungen ist, kann systematische Apologetik einsetzen.

Und doch ist auch diese Umgrenzung noch zu weit. Faktisch nicht in Betracht kommen alle diejenigen, die durch Beruf oder Geselligkeit vollständig absorbiert werden, und auch die, welche in der Kunst die ausreichende Befriedigung ihrer geistigen Bedürfnisse zu finden glauben. Selbstverständlich wird es dann und wann gelingen, auch solche anzuregen und weiterzuführen, aber als Gesamtanschauung scheiden sie aus. Endlich gibt es unter den geistig Lebendigen eine große Anzahl Individualisten, die jede Besprechung tieferer Probleme scheuen, obgleich sie an sich wertvolle Beiträge liefern könnten. An sie ist besonders schwer heranzukommen, zumal wenn sich ihr Individualismus mit einer prinzipiellen Abneigung gegen alles Gedankliche verbindet.

Ferner ist an dieser Stelle die Frage zu beantworten, inwieweit christliche Kreise Gegenstand der apologetischen Arbeit sind. Zunächst dient ja Predigt, Seelsorge, Theologie ihren apologetischen Bedürfnis-

sen. Dann können Gemeindeabende, Männerversammlungen, biblische Besprechungen das apologetische Moment in den Vordergrund stellen. Auch ist es wünschenswert, daß möglichst viele gebildete Christen in den Stand gesetzt werden, sich apologetisch zu verhalten, wo immer Gelegenheit dazu ist. Die Kluft zwischen Gebildeten und Kirche kann nur dann überbrückt werden, wenn die gebildeten Christen in viel höherem Maße inneres Verständnis für die Strömungen der Zeit gewinnen, um bei den tausend Gelegenheiten des beruflichen und gesellschaftlichen Lebens die Arbeit des Apologeten zu unterstützen. Darum ist es niemals ein Schaden, wenn bei apologetischen Versammlungen auch wirkliche Christen anwesend sind. – „Wirkliche Christen" – dies Wort bringt eine Voraussetzung zum Ausdruck, die allen Ausführungen zugrunde liegt und nun einmal ausdrücklich ausgesprochen und begründet werden muß. Es ist die prinzipielle Unterscheidung von bewußten Gliedern der Gemeinde und kirchen- und christentumsfremden Gebildeten mit ebenfalls bewußtem Geistesleben. Die ersten sind prinzipiell das Subjekt, die zweiten das Objekt der Apologetik. Die kirchliche Apologetik darf also nicht bezeichnet werden als außergottesdienstliche Wortverkündigung an die Gemeinde, sondern als die geschichtlich begründete Form der Wortverkündigung an die Träger der außergemeindlichen christianisierten Kultur und Bildung. In diesem Sinne ist die Apologetik eine Seite der inneren Mission. Dabei braucht natürlich die Tatsache nicht übersehen zu werden, daß der aufgestellte Gegensatz in der Praxis durch Übergänge vermittelt ist. Im Gegenteil: Gerade für die Schwankenden und Ringenden wird die Apologetik von hohem Wert sein; aber gerade deswegen, weil sie nicht hier und da einen rettenden Gedanken hinwirft, sondern weil sie sich systematisch mit dem Gegner auseinandersetzt und so zu grundlegenden Entscheidungen führt. – Da das *docere* eine Aufgabe jeder Predigt ist und es sich dabei doch nicht um äußerliche, rein autoritative Mitteilung, sondern um Darlegung innerer Zusammenhänge handelt, so darf die apologetische Arbeit damit nicht verwechselt werden, sonst wird aller christliche Unterricht Apologetik. Das ergäbe aber eine falsche, rationalistische Orientierung. Die christliche Lehre ist ein thetischer, in sich geschlossener Kreis, der dargelegt, im einzelnen begründet, in seiner Gesamtheit vorausgesetzt wird. Die Apologetik ist eine kritisch-dialektische Auseinandersetzung mit gegnerischen Positionen. Da nun aber die gebildeten Christen mit diesen Strömungen zum großen Teil in direkter Berührung stehen und die ganze Last der Widersprüche, die daraus folgen, in sich erleben, so müssen sie in den Stand gesetzt werden, jederzeit in sich selbst apologetisch zu arbeiten, d. h. den Kampf für sich

selbst durchzukämpfen, den die Kirche gegen die antikirchliche Bildung führt. So wird durch die Lage der Zeit die Apologetik aus einer Missionsarbeit zu einer Gemeindearbeit, und der Kreis derer, die Gegenstand der Apologetik sind, erweitert sich bis weit hinein in die christliche Gemeinde. Orientiert aber ist der Begriff der Apologetik immer an der nichtkirchlichen Religion und Geisteskultur.

V. Die Grenzen der Apologetik

Mit dem Ziel der Apologetik sind auch ihre Grenzen gegeben. Die entscheidende Grenze ist die: die Apologetik will nicht bekehren. Sie will Hindernisse aus dem Wege räumen, sie will das Denken beeinflussen, sie will Überzeugungen schaffen, sie will die praktischen Konsequenzen dieser Überzeugungen zeigen. Aber sie will nicht predigen, weder Buße noch Glaube, und sie will nicht Seelsorge treiben. Ihre Sphäre ist und bleibt trotz aller persönlichen Voraussetzungen und Konsequenzen die Theorie. Sie ist Dienst am Denken, nicht mehr, und sie weiß, welche faktischen Grenzen diese prinzipielle Begrenzung ihr zieht. – Der rein gedankliche Charakter der Apologetik schafft zunächst ein Mißtrauen aller mehr gefühlsbestimmten Geister gegen ihren Wert, dann aber auch eine Reihe von Schwierigkeiten in der Verständigung. Je abstrakter, dialektischer, systematischer eine Darlegung, desto größer ist ihre sachliche Überzeugungskraft, aber desto geringer der Kreis derer, die zu folgen imstande sind. Daraus wird sich immer eine Spannung zwischen dem theoretischen und dem praktischen Wert eines apologetischen Vortrages ergeben; das nie ganz erreichbare Ideal der Apologetik ist jedenfalls die Verbindung theoretischer Vollendung mit allgemeiner Verständlichkeit. – Im Vorübergehen sei es ausgesprochen, daß dies Ideal viel leichter zu erreichen wäre, wenn unsere Bildung weniger ausschließlich ästhetisch-literarisch wäre, sondern schon von der Schule an eine gewisse philosophische Propädeutik zu den notwendigen Bestandteilen der Bildung gerechnet würde. Die evangelische Kirche hat ein Interesse daran, daß die gedanklichen Fähigkeiten nicht nur zu der Aufnahme polemischer Schlagworte gegen das Christentum, sondern auch zur Überwindung dieser Oberflächlichkeiten ausreichen; nachdem man einmal angefangen hat, selbständig zu denken, heißt es, auf Durchdenken zu dringen. Nur so ist der Geist und die Tiefe, die in der Unmittelbarkeit vorhanden waren, wieder zu vermitteln.

Aber das Problem der Grenzen des Intellektuellen liegt noch viel tiefer; es ist ein Hauptproblem aller Apologetik; es spitzt sich zu in

der Frage: Gibt es überhaupt einen gedanklichen Weg zum Christentum? Die Antwort ist zugleich ein Nein und ein Ja: ein Nein, denn das Wesen des Christentums liegt im absoluten Paradox, ein Ja, denn das Denken in seiner Tiefe ruht auf dem gleichen Paradox; ein Nein, denn es gibt kein Mittel, die Gedankengänge, die zum Christentum hinführen, allgemein zwingend zu gestalten, ein Ja, denn das radikale Denken stürzt in seinen eigenen Abgrund, wenn es nicht im Christentum sein Fundament findet; ein Nein, denn den Gängen des Gedankens braucht die lebendige Erfassung nicht zu folgen, ein Ja, denn wahres Denken ist lebendiges, tätiges, schauendes Denken. Nein, denn die Logik ist Gesetz und das Christentum Freiheit. Ja, denn die Wahrheit wird nur gefunden durch die Tat der inneren Freiheit. Mit anderen Worten: Die Apologetik kann den, der den Entschluß gefaßt hat, rücksichtslos und konsequent zu denken, zu der Erkenntnis führen, daß die Paradoxie des Christentums identisch ist mit der Paradoxie des Denkens; aber sie kann ihn nicht zwingen, diese Erkenntnis als freie Tat zu erfassen, sich hineinzustellen in die lebendige Paradoxie der Gemeinschaft mit dem, der die Wahrheit ist. Zwei Widerstände also stellen sich dem Apologeten entgegen. Der erste ist die Unfähigkeit zu dem Entschluß, radikal zu denken, d. h. sich loszulösen von allen Meinungen, Vorurteilen, Subjektivismen; der Schmerz des Individuums, das sich selbst verneinen muß bei dem Entschluß, absolut zu denken, ist der erste große Feind der Wahrheit. Und dieser Feind weiß sich in mancherlei Weise zu verkleiden: bald als Lobpreis des Gefühls gegenüber dem Gedanken, bald als Berufung auf die Tat, bald als Vorwurf der Scholastik gegen das konsequente Denken, bald als ästhetisierender Subjektivismus, bald als Skepsis – immer aber verbunden mit einer völlig selbstgewissen gedanklichen Kritik des Christentums und gedanklichen Begründung des eignen Subjektivismus, dadurch seine innere Unwahrheit erweisend. Der Kampf gegen diesen Feind in all seinen Verkleidungen ist eine nie endende, schwere Aufgabe des Apologeten. In ihrer Erfüllung wird er zum Psychologen und Ethiker, dessen ständige Predigt das γνῶθι σεαυτόν ist.

Wo er an das Paradox geführt hat, da hört die reine apologetische Arbeit auf; er kann nur noch sagen, daß die Paradoxie Leben und Freiheit ist, daß, wo der Gedanke aufhört, die Tat beginnt, die Tat, die auch von dem Gesetz des Denkens befreit, das bis zu ihr hingeführt hat, weil sie Glaube ist. Diese Tat aber, sie liegt weder in der Macht des Apologeten, noch in der Macht des Menschen selbst; sie ist Gottes Tat; das ist die absolute Grenze der Apologetik. – Mit dieser absoluten Grenze, die die Apologetik mit der Evangelisation gemeinsam hat,

hängt nun aber noch eine relative zusammen, durch die sie sich von jener unterscheidet. Die Evangelisationspredigt muß die Tat, von der die Rede ist, dem Menschen näherbringen durch Beeinflussung des Gefühls und dadurch indirekten Druck auf den Willen. Das liegt der Apologetik an und für sich fern. Sie hat die intellektuellen Hindernisse aus dem Wege zu räumen, aber nicht dem Willen Motive zu geben. Sobald sie es täte, würde leicht ihre gedankliche Reinheit und damit ihr Ansehen leiden. Was sie wirken kann, das soll sie nur durch die Kraft der ihr innewohnenden Wahrheit, und das ist nicht gering. Ein Doppeltes aber ist möglich: entweder daß in die rein objektive Darstellung der Wahrheit durch Form und Darstellungsmittel wirksame, Gefühl und Willen bewegende Motive hereinkommen oder daß der Apologet für einzelne Teilnehmer eine Vertrauensstellung gewinnt, die ihm die Einführung derartiger Motive ermöglicht. Hier wird er direkt oder indirekt zum Evangelisator – die Apologetik geht über in Evangelisation.

VI. Der apologetische Stoff

Der Stoff der Apologetik ist prinzipiell unbegrenzt. Denn es gibt keine Sphäre der Wirklichkeit, die nicht in Beziehung stände mit dem Religiösen. Weil Gott die Wahrheit ist, ist in allem so viel Göttliches, wie es Wahrheit hat. Und durch die Wahrheit gibt es einen direkten Weg von allem Wirklichen zu Gott. Eine prinzipielle Grenze aufrichten hieße ein Absolutes neben Gott zu stellen, das zu Gott kein Verhältnis hätte. Das aber ist unreligiös und unwahr.

So bleiben allein praktische Gesichtspunkte, die die Auswahl leiten müssen. Da ist zunächst zu unterscheiden zwischen der Sphäre des natürlichen und der des geistigen Lebens und der zweiten für die Apologetik unbedingt der Vorzug zu geben. Das richtet sich gegen einen großen Teil der bisherigen Apologetik, die auf naturwissenschaftlichem Gebiet ihre Hauptaufgabe sah, etwa die Frage stellte: „Bibel und Naturwissenschaft" oder gar: „Schöpfungsgeschichte und Darwinismus" und in „Rettungen" des Schriftbuchstabens ein der Apologetik würdiges Ziel sah. Es ist ja zweifellos, daß es eine Zeit gab, wo von diesen Dingen die im Schema der Verbalinspiration zu denken gewohnten Geister tatsächlich erregt wurden und die Apologetik darauf eingehen mußte und bei vielen, die nicht tiefer gruben, auch mit Erfolg darauf eingegangen ist. Aber eben wegen der Oberflächlichkeit der ganzen Fragestellungen kann das Ganze doch nur als Notbehelf für bestimmte Situationen, nicht als systematische Apologetik betrachtet werden. Für die Gegenwart vol-

lends haben die genannten Fragestellungen in den Kreisen höherer Bildung jedes Interesse verloren. Die völlige innere Befreiung von der Inspirationslehre einerseits, die literarische und philosophische Bewegung andererseits haben ganz andere, tiefere Probleme in den Vordergrund gerückt. Die Natur kommt für eine moderne systematische Apologetik allein in Betracht unter dem Gesichtspunkte der großen philosophischen Probleme: Mechanismus und Vitalismus, Determinismus und Zufall, Rationales und Irrationales, Materie und Geist, Naturentwicklung und Geschichtsentwicklung, Gott und Welt etc...., aber diese Probleme haben anderswo ihre Wurzel als in der Naturerfassung; sie gehören durchaus den Geisteswissenschaften an. – Sämtliche Geisteswissenschaften sind geschichtlich orientiert. Dementsprechend spielt die Geschichte für die Apologetik eine hervorragende Rolle. Sie ist, wie kaum etwas anderes, durch die Weite ihres Blickes geeignet, aus der engen Sphäre der subjektiven Meinungen und Vorurteile herauszuführen, sie gibt die großen Veranschaulichungen des prinzipiell Ausgeführten; sie zeigt, was erledigt, was problematisch ist; sie ordnet die Gegenwart in den großen Zusammenhang der Gesamtentwicklung ein; sie liefert die Autoritäten und macht dennoch den Geist weit und frei. Je eindringlicher und souveräner der Apologet den geschichtlichen Stoff beherrscht, desto wirksamer wird er reden. – An die Geschichte schließt sich an die Literatur und zwar in weit überwiegendem Maße die ästhetische. Sie ist die hauptsächlichste geistige Nahrung der Gebildeten, aus ihr schöpfen sie ihre Probleme, ihre Ethik, ihre Religion; sie wirkt unbewußt in ihnen und treibt sie zu Gedanken, deren Begründung und Tragweite sie nicht von ferne übersehen. Goethe, die Realistik, die Romantik, alte und neue, das sind die drei entscheidenden Faktoren. Es ist kaum zu viel gesagt, wenn man als Hauptaufgabe der Apologetik die Auseinandersetzung mit Goethe bezeichnet. Daß Goethe kein „Christ" war, schafft die Not unserer Zeit, kann man es paradox formulieren; hierin liegt ein unübersehbarer Stoff, der aufs dringendste der apologetischen Verwendung bedarf. – Von den übrigen Künsten kommt vor allem das Schauspiel in Betracht; das Verhältnis von Musik und bildender Kunst zu den Fragen der Weltanschauung ist zu fein, um mehr als gelegentlich apologetischen Stoff zu bieten. – Dagegen ist von großer Wichtigkeit das Gebiet der Popularphilosophie, Aphoristik und Sozialethik. Johannes Müller, Carlyle, Kierkegaard, Tolstoi, Naumann, Ellen Key, Maeterlinck, Chamberlain, Nietzsche, Bölsche u. a. m. bieten einen reichen apologetischen Stoff. – An erster Stelle aber muß die systematische Philosophie stehen: Erkenntnistheorie, Metaphysik, Ethik, Ästhetik, Religionsphilosophie: all das bietet der Apologetik das

Fundament und Gerüst. Hier muß der Apologet absolut zu Hause sein; der kleinste Mangel hier stört die Wirkung empfindlicher als die größten Lücken in der Literatur- und Geschichtskenntnis; denn hier geht es um die Sache selbst. Und wenn der Vortrag noch so populär und noch so reich geschmückt ist, seine Substanz muß strengste wissenschaftlich unantastbare Philosophie sein; sonst empfindet selbst der ganz unphilosophische Laie, daß geschwatzt, im besten Fall behauptet, aber nicht begründet wird. – Eine besondere Berücksichtigung verdienen Richtungen, die es zu einer Gemeinschaftsbildung gebracht haben, da meistens Glieder von Gemeinschaften anwesend sein werden: Monisten, Vertreter der ethischen Kultur, Theosophen, Szientisten – und auch Erscheinungen wie der Spiritismus. Das alles bietet höchst aktuelle apologetische Stoffe. – Ein besonderes Problem bietet die Theologie. Die Gebildeten schwanken zwischen ausgesprochener Abneigung gegen theologische Debatten und einem starken, heimlichen Interesse an ihnen, beides aber verbunden mit einer erstaunlichen Unwissenheit über die wirklichen theologischen Probleme. Daraus ergibt sich die Behandlung des theologischen Stoffes. Er darf sich nicht aufdrängen und muß am Anfang stark in den Hintergrund treten, zugleich aber immer vorbereitet werden. Ist eine genügende philosophische und literarische Grundlage geschaffen, so soll der theologische Stoff gewissermaßen als Krönung des Ganzen auftreten, aber auch dann nicht in traditioneller Form, sondern originell, unter ganz ungewohnter Beleuchtung, von ungewohnten Seiten her, so daß zunächst der Unterschied gegen das Vorhergehende nicht hervortritt. Und am Schluß muß klar werden, daß im Grunde nicht nur das letzte, sondern auch alles andere Theologie war, daß man sich ein ganz falsches Bild von der Theologie gemacht hatte, und daß sie in der Tat das Höchste und Tiefste zugleich ist, was den Menschengeist beschäftigen kann.

Das ist der apologetische Stoff in seinem unendlichen Reichtum. Unsere Aufzählung könnte noch beliebig vermehrt und detailliert werden. Philosophie, Pädagogik, Soziologie, Politik, sie alle – die gesamte Geisteskultur ist der apologetische Stoff. Über die Auswahl hat allein der Apologet zu entscheiden. Bald werden mehr die großen systematischen Grundgedanken, bald konkrete Probleme, bald ein Spezialgebiet, bald eine besondere Persönlichkeit in den Vordergrund treten und – das sei zum Schluß dieses Abschnittes noch betont – nicht nur die Frage: „Was ist?" hat der Apologet zu stellen, sondern auch: „Was soll sein?" Das rein Theoretische wirkt auf die Dauer abstrakt, wenn es nicht ergänzt wird durch rein praktische Fragen. Die Menschen wollen Konsequenzen sehen. Speziell handelt es sich hier um die praktischen Gemein-

schaftsprobleme, um die Stellung zu den großen Sozietäten, in denen jeder steht und die meisten eine bewußte Stellung einnehmen müssen: Gesellschaft, Staat, Kirche. Es werden hier Antworten verlangt auf die Frage, wie man sich als Christ zu stellen habe zu den kulturellen, sozialen, politischen, kirchlichen Problemen, die die Gegenwart uns aufgibt. Und noch mehr: es werden Tagesfragen und die praktische Stellungnahme zu ihnen behandelt werden müssen. Der Apologet muß Kultur-, Kirchen-, Sozialpolitiker werden und denen vor allem helfen, die sich hineinführen lassen wollen in die praktische kirchliche Arbeit. Und auch das gehört zum apologetischen Stoff.

VII. Die apologetische Praxis

1. Apologetik und Pfarramt

Der Pfarrer als solcher kann nicht Träger der systematischen kirchlichen Apologetik sein. Die Gründe ergeben sich zum Teil aus dem Gesagten. Wenn die Ausführungen über den apologetischen Stoff zu Recht bestehen, so ist ohne weiteres klar, daß, besondere Fälle ausgenommen, die Beherrschung dieses Stoffes, die ja nicht nur ein einmaliges Erwerben, sondern ein dauerndes Vermehren bedeutet, für den im Dienst befindlichen Pfarrer völlig ausgeschlossen ist. Hierzu kommt, daß die Verwendung dieses Stoffes, d. h. die apologetische Praxis, eine so vielseitige Arbeit ist, daß auch sie die freien Kräfte eines Stadtpfarrers bei weitem übersteigt. Endlich aber ist der Pfarrer insofern für die systematische Apologetik ungeeignet, als er in den Augen der Gegner in dem Maße den kirchlichen Interessen dient, daß er von vornherein dem stärksten Mißtrauen bezüglich der Objektivität seiner Gedanken und der Echtheit seiner Überzeugungen begegnen würde, und ja auch faktisch sich in einer prononcierten Stellung befindet, die ihn dauernd zu einer in diesem Fall unangebrachten Reserve zwingt. Die Trennung von Pfarramt und Apologetik ist aber auch sachlich darin begründet, daß die Gemeindeorganisation für die Organisation der Apologetik in keiner Weise maßgebend sein kann, wie alles Folgende zeigen wird. – Etwas ganz anderes ist es natürlich und sogar sehr erwünscht, wenn ein Pfarrer sich in den Dienst der schon organisierten Apologetik stellt, dauernd oder gelegentlich, als Diskussionsredner oder als Vortragender über ein Thema, das er beherrscht. – Kann das Pfarramt als solches nicht in den Dienst der Apologetik treten, so doch umgekehrt die Apologetik in den Dienst des Pfarramts. Es war gesagt, daß auch der Pfarrer

apologetisches Material zur Verfügung haben muß und es verwenden muß in Predigt, Unterricht, Bibelstunde und Gemeindeversammlung. In dem letzten Fall können der Apologet und seine Mitarbeiter eintreten und ohne große Schwierigkeiten reiche Anregungen geben. Die Apologetik tritt in den Dienst der Gemeinde. Der Apologet wird „Gemeindehelfer". Und wenn es gelänge, apologetische Gemeindeabende zu einer regelmäßigen Einrichtung zu machen, so würde indirekt durch persönliche Arbeit der gebildeten Christen die systematische Apologetik den größten Anteil daran haben. Pfarramt und Apologetik sollen prinzipiell getrennt sein und sich gegenseitig in die Hände arbeiten. Das ist das normale Verhältnis. – Für die Vermittlung des apologetischen Stoffes, die der Pfarrer nötig hat, sind gelegentliche Instruktionskurse von Wichtigkeit, in denen die genannten Stoffe in einer für apologetische Zwecke brauchbaren Form dargeboten werden. Die bisherigen Instruktionskurse scheinen mir zu theologisch gewesen zu sein. Erforderlich ist die Einrichtung eines apologetischen Seminars an der Universität, damit jeder Theologe von vornherein in lebendige Berührung mit der Geisteskultur seiner Zeit kommt; für den Einfluß der Professoren für praktische Theologie auf Studenten wäre eine solche Erweiterung ihres Gebietes jedenfalls höchst bedeutungsvoll; hierfür wäre immer Verständnis vorhanden, was von den übrigen Seiten der praktischen Theologie nicht gesagt werden kann.

2. Apologetik und Schule

Es handelt sich hierbei wesentlich um die Einrichtung philosophischer Kränzchen für Primaner. Die Tatsache, daß das Schülerbibelkränzchen nur einen ganz geringen Bruchteil der höheren Schüler erreicht, kann ja nicht bestritten werden, ebenso sicher aber ist, daß in den höheren Klassen ein äußerst lebendiges Interesse an Weltanschauungsfragen bei der Mehrzahl vorhanden ist; wer da weiß, in wie oberflächlicher, zufälliger, meist rein negativer Weise dieses Interesse befriedigt wird und wie leicht es wäre, hier tiefer zu führen und zu positiven Ergebnissen zu leiten, für den kann kein Zweifel bestehen, eine wie große Aufgabe hier liegt. Daß der Religionsunterricht ihr im allgemeinen nicht gerecht wird, ist notorisch. Das liegt zum Teil an der Stoffauswahl, die bewältigt werden muß, zum Teil an der Art des Unterrichts, zum Teil daran, daß ein Gegenstand, der in Zeugnis und Examen eine Rolle spielt, eben damit aus dem freien Interesse der meisten ausscheidet. Ideal wäre es, wenn der Religionslehrer die inneren und äußeren Fähigkeiten, den Willen und das Vertrauen seiner Schüler hätte, um wöchentlich einmal

seine Primaner zu einer völlig ungezwungenen Besprechung von ethischen, religiösen und philosophischen Fragen zu versammeln. Wo aber das nicht der Fall ist, muß der Apologet diese Aufgabe energisch in die Hand nehmen. Wenn daran gedacht wird, daß es sich ja um die Träger der zukünftigen Geisteskultur handelt, so kann man vielleicht sagen, daß dies seine allerwichtigste Aufgabe und überhaupt eines der dringendsten kirchlichen und nationalen Probleme ist. – Erleichtert würde ihm diese Arbeit werden, wenn in jeder höheren Schule philosophische Propädeutik zu den Unterrichtsgegenständen gehörte. Weil es wahr ist, daß nur das oberflächliche Denken von Gott entfernt, das tiefere aber je tiefer, desto mehr zu ihm hinführt, darum soll die Kirche gerade darauf drängen, daß auf diese Weise philosophische Bildung Allgemeingut würde.

3. Apologetik und Gesellschaft

Wir sind damit bei dem Hauptteil dieses Abschnittes angekommen. Denn der normale Weg der Apologetik ist der, daß sie zu einer gesellschaftlichen Form wird. Das wäre eine Gefahr, wenn die gesellige Form den Inhalt und Zweck überwuchern würde. Aber es ist leicht, dieser Gefahr zu entgehen. – Wir sehen hier ab von der Gelegenheitsapologetik, die in jeder Unterhaltung, beim steifen Diner so gut wie bei der gemütlichen Zigarre Anknüpfungen finden kann und je nach dem Takt des Apologeten gern gesehen wird. Vielmehr handelt es sich hier um Veranstaltungen, die allein dem Zweck dienen, geistige Fragen zu behandeln.

Die grundlegende dieser Veranstaltungen ist der Vortrags- und Diskussionsabend in geschlossenem Kreis; eine geeignete Persönlichkeit wird gebeten, ihren Salon zu derartigen Abenden zur Verfügung zu stellen, Einladungen an irgend interessierte Bekannte ergehen zu lassen, die Einführung neuer Teilnehmer durch die Geladenen zu gestatten. Es bildet sich ein Kreis von zirka 50 festen Teilnehmern; die Zahl 70 soll möglichst nicht überschritten, hinter der Zahl 30 nicht zurückgeblieben werden. Weitere gesellschaftliche Verpflichtungen ergeben sich aus der Veranstaltung nicht. Der Abend wird eingeleitet durch einen nicht zu langen Vortrag und im übrigen ausgefüllt durch eine möglichst allgemeine Diskussion, auf der das Hauptgewicht ruhen muß. Die Leitung hat der Apologet; den Vortrag hat er oder ein Mitarbeiter oder wer sonst von ihm aufgefordert ist und gelegentlich ein Gegner aus dem Kreise derer, die sich an der Diskussion beteiligen. Die Abende haben prinzipiell vierzehntägig stattzufinden; größere Pausen sind

möglichst zu vermeiden; das Weihnachtsfest und die Gesellschaftssaison werden sie erforderlich machen. Der früheste Termin ist der 1. Oktober, der späteste der 15. Mai. In größeren Städten sind je nach Gesellschaftskreisen mehrere solcher Kreise einzurichten, damit möglichst viele derer, die ein Interesse haben, auch eine Gelegenheit bekommen. Vorträge und Redner können in den verschiedenen Kreisen die gleichen sein oder verschiedene je nach den Kräften, die zur Verfügung stehen. Ideal ist eine möglichst große Mannigfaltigkeit, gewissermaßen eine Organisation der lebendigen geistigen Kräfte unter religiösem Gesichtspunkte im Dienste der Kirche; der Apologet ist der Organisator; er selbst kann in bezug auf Vorträge, Diskussionsreden etc. relativ zurücktreten, ohne doch seine leitende Stellung zu verlieren. Da die Diskussion die Hauptsache ist, sind Autoritäten als Vortragende im allgemeinen nicht geeignet, wohl aber als Diskussionsredner äußerst wertvoll und unentbehrlich. – Daß der weibliche Teil überwiegt, ist nicht zu vermeiden und in gewissen Grenzen kein Schaden; es darf nicht vergessen werden, daß die Wirkung eines gut gelungenen Abends weit über den Kreis der unmittelbaren Teilnehmer hinausreicht. – Der größere Teil der Teilnehmer werden junge Leute sein: mit Recht, denn die Wahrscheinlichkeit einer neuen Stellungnahme zu den zentralen Lebensproblemen wird mit dem Alter immer geringer.

Obgleich die Kreise geschlossen sind, ist ihre Zusammensetzung doch zu mannigfaltig und die notwendige Rücksichtnahme auf Unverständnis zu groß, um allen Aufgaben gerecht zu werden. Daher ist es nötig, daß der Apologet einen kleinen Kreis aus dem großen auswählt, der bereit ist, unter seiner Leitung ganz in die Tiefe der Probleme zu gehen, zu lernen ohne Vorurteil und Rechthaberei. Diesen Kreis hat der Apologet allein zu leiten; zugrundezulegen ist kein Vortrag, sondern ein Buch. Das Ganze hat den Charakter einer akademischen Sozietät.

Die persönlichen und gesellschaftlichen Anknüpfungen, die sich aus all dem ergeben, hat der Apologet soweit als möglich zu benutzen, erst in der Aussprache von Mensch zu Mensch fallen die letzten Schranken, und nur so können die tiefsten Wirkungen ausgeübt werden. Der Apologet wird Seelsorger. – Sein letztes Ziel erreicht der Apologet, wo es ihm gelingt, Teilnehmer hereinzubringen in die lebendige Arbeit der Gemeinde, in Kirche, Verwaltung und Liebestätigkeit. Dann hat die Apologetik sich selbst überflüssig gemacht, und mehr will sie nicht erreichen.

4. Apologetik und Vereine

Verein ist hier im weitesten Sinne zu verstehen als jede Art von Organisation, die dem Apologeten Gelegenheit zu seiner Tätigkeit gibt. Gedacht ist zunächst an Berufsvereine oder Vereine mit allgemeinen Zwecken. Der Apologet muß dafür sorgen, daß mit Hilfe der studentischen Vereine, zu denen er direkt oder indirekt Beziehungen hat, in jedem Jahr ein apologetischer Vortragszyklus für Studierende zustande kommt, weiter, daß er oder seine Mitarbeiter zu Vorträgen auf den Diskussionsabenden der studentischen Korporationen aufgefordert werden; er muß Vorträge halten in Lehrervereinen, in Klubs, kurz in allen Organisationen, die für allgemeine kulturelle Fragen Redner brauchen; er darf keinen derartigen Antrag ablehnen, sondern selbst oder durch einen Mitarbeiter die Gelegenheit ergreifen, in einen neuen Kreis zu dringen.

Gedacht ist an dieser Stelle auch an die schon genannten Organisationen auf Grund bestimmter Weltanschauungen. Da alle diese Gruppen Diskussionsabende haben, so ist es Pflicht der Kirche, durch ihre Apologeten in diese Kämpfe einzugreifen, zu zeigen, daß sie Interesse an allen Suchenden hat, daß sie ihre Anschauungen kennt, selbst aber mehr und Besseres zu geben hat. Viele feinen und tiefen Geister könnten dadurch vom Banne einseitiger und phantastischer Bewegungen befreit werden. Den Eingang findet der Apologet leicht durch diejenigen seiner Zuhörer, die zu solchen Gesellschaften gehören. Sie wünschen geradezu, daß er nun auch ihre Autorität einmal hört, und mit Recht.

5. Apologetik und Öffentlichkeit

Öffentliche apologetische Vorträge sind in gewisser Beziehung der Gipfel der ganzen apologetischen Tätigkeit. Aber dieser Gipfel ist nur möglich auf Grund aller übrigen Arbeit. Sonst würden diese Vorträge vollständig in der Luft schweben und mit der Saison verrauschen. Wo aber in mehrjähriger Arbeit eine gute Grundlage gelegt ist, da sind öffentliche Vorträge für die bisherigen Teilnehmer der Beweis, daß die besprochenen Gedanken auch die weiteste Öffentlichkeit nicht zu scheuen brauchen, für die Öffentlichkeit ein Beweis, daß die Kirche noch da ist und in nichts den Trägern der höchsten Geisteskultur nachsteht, für den Apologeten ein Feldzug im Großen und ein Stellen unter die öffentliche Kritik, für manche Zuhörer der Anstoß zu einer kleinen oder großen Bewegung. – Diskussionen wären möglichst zu vermeiden; da aber die Gegner leicht Furcht dahinter vermuten, so werden sie doch

in den meisten Fällen zugelassen werden müssen. – Die äußere Anordnung muß unbedingt großzügig und das Ganze nach Form und Inhalt erstklassig sein. Das fordert die Ehre der Kirche und die Bedeutung der Dinge, um die es sich handelt.

Öffentliche Versammlungen gegen Kirche und Christentum, Religionsgespräche und dergleichen muß der Apologet natürlich besuchen. Er muß mit Macht in Diskussionen eingreifen und den Schwerpunkt der Diskussion auf das verlegen, was er gesagt hat. Das wird in den meisten Fällen nicht schwer sein. Überlegene, sachliche Ausführungen ohne viel Spitzen und Schlagworte und Effekte werden schließlich doch am meisten gewürdigt; und in jeder derartigen Versammlung ist eine große Anzahl, die danach hungert, eine sachliche Widerlegung des religionsfeindlichen Vortrags zu hören. Wer hier den richtigen Ton trifft, kann viel ernstgemeinten Dank ernten und manchen schwankenden Geist wieder festigen. Die Kirche ist verpflichtet, diesen ihren Gliedern, die einer Massensuggestion zu erliegen drohen, zu helfen – und zwar durch den Apologeten.

6. Apologetik und Literatur

Es liegt nahe, an eine Beeinflussung der Öffentlichkeit durch apologetische Literatur zu denken. Doch hat diese Methode starke Bedenken gegen sich. Mit apologetischer Literatur wäre ja zunächst eine Literatur gemeint, die direkt aus der apologetischen Arbeit hervorgewachsen ist, also etwa die Drucklegung einzelner Vorträge und ganzer Vortragszyklen oder die Ausarbeitung eines bestimmten Problems zu einer Broschüre oder auch eine apologetische Zeitschrift. Dies alles existiert ja. Über die naturwissenschaftlichen Probleme der älteren Apologetik gibt es eine kaum übersehbare Menge Schriften; jedermann fühlte sich berufen, einen Beitrag zu geben. Und doch trägt diese ganze Literatur einen so ephemeren Charakter, daß es zweifelhaft ist, ob der Nutzen oder der Schaden größer ist. Es ist ja ein begreiflicher Reiz, über diese Dinge zu schreiben, die scheinbar nichts anderes erfordern als eine eigene Meinung und einen erträglichen Stil, aber der Sache ist damit nicht gedient. Es liegt eine große Täuschung darin zu meinen, daß für gesprochenes oder gedrucktes Wort derselbe Maßstab gelte. Was dort in einer bestimmten Situation, unterstützt durch die Kraft der Persönlichkeit höchst wirksam war, klingt hier matt, unbedeutend, alltäglich. Es wird also wie für den Prediger so für den Apologeten im allgemeinen die Regel gelten, das gesprochene Wort dem Druck vorzuenthalten. Für den Druck geeignet ist nur etwas zugleich Originelles

und Allgemeingültiges. Eine neue wissenschaftliche Erkenntnis, die ausgesprochen und begründet wird, eine geistreiche Idee, durch die auf mancherlei Dinge ein neues Licht fällt, Erlebnisse und Empfindungen, die wert sind, Allgemeingut zu werden etc. Das heißt: Nur bleibend Wertvolles kommt als apologetische Literatur in Betracht. Alles andere stößt ab und schädigt die Wahrheit. Daraus aber folgt weiter, daß es sich nicht darum handeln kann, eine apologetische Literatur zu schaffen, sondern aus dem wirklich wertvollen Vorhandenen das zu sammeln, was der Apologetik dienen kann. Und hier liegt allerdings eine wichtige Aufgabe des Apologeten; die Nachfrage nach solchen verständlichen, tiefen und bleibenden Schriften über Weltanschauungsfragen ist außerordentlich stark. Das Angebot hält damit nicht Schritt. Oft genug ist der Apologet in Verlegenheit, was er empfehlen soll. Das liegt aber vor allem daran, daß diese Literatur zu zerstreut ist durch die Zeiten, Sprachen und Literaturformen, weniger daran, daß sie nicht vorhanden ist. Es ist also ein wesentliches Erfordernis für den Apologeten, daß er ein Verzeichnis dieser Literatur sich anfertigt, um je nach dem Fall empfehlen zu können. Es wäre sogar erwünscht, wenn ein solches Verzeichnis mit erläuternden Bemerkungen veröffentlicht würde, da an jeden gebildeten Christen dauernd Anfragen in dieser Richtung herantreten. Es gibt kein Gebiet der Literatur, das prinzipiell ausgeschlossen wäre.

Es würde zu weit führen, an dieser Stelle auch nur beispielsweise darauf einzugehen. Erfordernisse sind Tiefe, Geist, bleibender Rat, Wahrheit, Verständlichkeit, nicht aber notwendig bewußte Christlichkeit. Im Gegenteil: der Apologet wird selbst „Antichristen" empfehlen unter bestimmten Umständen. Denn wenn er ein solches Buch empfiehlt, so nimmt er ihm eben damit den antichristlichen Stachel, und das Christliche, d. h. Wahre, wird ungehindert wirksam, z. B. bei Nietzsche ist dieses Verfahren allein anwendbar. – Wie vorsichtig dagegen theologische Literatur zu verwenden ist, zeigt die Tatsache, daß die beiden großen Serien, die im apologetischen Interesse herausgegeben sind, die religionsgeschichtlichen Volksbücher und die biblischen Zeit- und Streitfragen, einen wesentlichen apologetischen Erfolg nicht zu verzeichnen haben. Sie stellen sich beide zu unmittelbar auf die theologische Voraussetzung, deren Fehlen gerade der Grund aller Apologetik ist. Danach muß natürlich theologische Literatur das Ziel bleiben, aber nur die allerbeste, die zugleich zwei Forderungen erfüllt: einen guten Stil und festen Zusammenhang mit den Hauptproblemen des Geisteslebens, denn es handelt sich um Laien und nicht um Theologen. – Endlich wäre darauf hinzuarbeiten, daß eine Zeitschrift, etwa

„Der Geisteskampf der Gegenwart" sich ganz in den Dienst der apologetischen Arbeit stellt; sie hätte eine dreifache Aufgabe zu erfüllen: erstens über Methode und Praxis der Apologetik unter den Trägern der apologetischen Arbeit eine dauernde Debatte und Austausch der Erfahrungen zu unterhalten, zweitens den Pfarrer und allen, die indirekt an der apologetischen Arbeit beteiligt sind, Stoff und Methoden darzubieten, endlich die geförderten Teilnehmer mit neuesten wertvollen Untersuchungen über spezielle Probleme auf dem Gesamtgebiet der Geisteskultur in Berührung zu bringen. Eine Zeitschrift, die diese dreifache Aufgabe erfüllt, könnte der Apologetik die größten Dienste leisten.

VIII. Der Apologet

Daß die Arbeitsleistung, die vom Apologeten gefordert werden muß, eine volle Kraft in Anspruch nimmt, kann nicht zweifelhaft sein. Andererseits ist nichts gefährlicher als Berufsapologetik, die nach einer gewissen Zeit in Berufsgeschwätz über geistige Dinge übergehen muß, denn niemand kann dauernd produzieren. Diese kaum zu überschätzende Schwierigkeit veranlaßt drei Grundforderungen bezüglich des Apologeten: Die erste ist die ja auch sachlich begründete Forderung, daß die apologetische Saison höchstens 7 Monate dauert. Vom Mai bis September muß unbedingte Ruhezeit sein, so daß dem Apologeten jede derartige Arbeit geradezu verboten sein müßte. Unvermeidlich, aber auch unschädlich ist natürlich, daß in dieser Zeit die Organisation für den nächsten Winter vorbereitet wird. Ein Apologet aber, der in dieser Zeit nicht jedwede Produktion einstellt, ist schon nach 2 Jahren als Apologet erledigt.

Die zweite Forderung ist die, daß der Apologet einen Beruf hat, der ihm einerseits genügend Zeit läßt, andererseits zu dauerndem Lernen, Durcharbeiten neuer Stoffe, Sammeln zwingt und ihm außerdem eine berufliche Basis gibt, durch welche verhindert wird, daß seine apologetische Tätigkeit den Eindruck beruflichen Zwanges macht und dadurch von vornherein an Wirkung einbüßt. In Betracht kommen vor allem Privatgelehrte, Dozenten, Schriftsteller, Herausgeber von Zeitschriften, aber im allgemeinen nur aus der Philosophischen und Theologischen Fakultät.

Die dritte Forderung ist die, daß der Apologet Mitarbeiter bekommt oder vielmehr, daß er alle verfügbaren geistigen Kräfte in den Dienst der Apologetik stellt. Organisation der geistigen Kräfte unter christ-

lich-religiösem Gesichtspunkt muß sein Ziel sein. Das ergibt eine kirchliche Laienarbeit in großem Stil, und hätte die Apologetik keinen andern Erfolg als die Mitarbeiter in den Dienst der Kirche zu stellen, sie wäre nicht überflüssig.

Da es sich um kirchliche Apologetik handelt, so muß der Apologet in irgendeiner Beziehung zur organisierten Kirche stehen, er muß einen kirchlichen Auftrag haben und von der Kirche erhalten werden. In den evangelischen Kirchen wird dies infolge ihrer Organisation im allgemeinen nur indirekt möglich sein. Das ist im Grunde gleichgültig. Vermieden aber werden muß unter allen Umständen die Abhängigkeit von synodalen Instanzen, denn das hätte zur Folge, daß über die Tätigkeit des Apologeten öffentlich diskutiert würde. Die Objekte der Apologetik würden öffentlich als solche gekennzeichnet werden, man würde die Absicht merken und verstimmt werden. Das aber würde für eine so zarte, rein geistige Sache tödlich sein.

Es war an verschiedenen Stellen darauf hingewiesen worden, daß die apologetische Arbeit übergeht in eine andere kirchliche oder kulturelle. Der Apologet wird Psychologe, Pädagoge, Ethiker, Kirchen-, Sozial-Kulturpolitiker, Organisator, Gemeindehelfer, Evangelist, Seelsorger, er muß Ästhetiker, Theologe, Philosoph sein. Das ist natürlich nicht so gemeint, daß er all dies in sich vereint, eine Art Universalgenie sein muß; sondern es ist so gemeint, daß er für all diese Dinge ein Verständnis haben muß, daß er vor allem erkennen muß, wo seine eigentliche Arbeit übergeht in die Arbeit der genannten Berufe, er muß dann unter Umständen von sich selbst wegführen, jedenfalls immer trotz allen Verständnisses für die übrigen Aufgaben die Ziele oder Grenzen seiner eigenen Arbeit im Auge behalten und sich auf sie absolut konzentrieren. Immerhin zeigen diese Übergänge ganz deutlich, eine wie notwendige Rolle der Apologet im Gesamtsystem der kirchlichen Handlungen einnimmt.

Es handelt sich um eine ebenso umfassende wie wichtige Aufgabe, vor die die Kirche durch die Zeitlage gestellt ist. Die Einsicht in die Notwendigkeit dieser Arbeit beginnt überall durchzudringen. Aber umfassend und großzügig, wie es dem Wesen der Sache entspricht, kann sie allein durchgeführt werden, wenn die Gesamtkirche mit ihrem Willen dahintersteht. An sie richtet sich die vorliegende Forderung einer kirchlichen Apologetik.

Anhang I: Bericht über die apologetische Vortragstätigkeit im Winter 1912/13 in Berlin

Auf Grund der ausgeführten Gedanken, die den Verfasser seit Jahren beschäftigten, begann er im Herbst 1912 zum ersten Male mit der Einrichtung von Vortrags- und Diskussionsabenden in geschlossenen Kreisen, derart, wie es in dem Abschnitt „Apologetik und Gesellschaft" beschrieben ist. Die Korrektur, welche seinen ursprünglichen Ideen durch die dabei gesammelten Erfahrungen zuteil geworden ist, ist in den obigen Ausführungen schon verwertet. Dennoch wird es von Interesse sein, über die erstmalige Durchführung einiges zu hören. Nach Gewinnung zweier Mitarbeiter, Herrn Pastor Dr. Wegener, Jugendpastor der Synode Berlin-Stadt III, und Herrn Pastor Le Seur, Hilfsprediger in Berlin-Lichterfelde, wurden vier Familien gebeten, uns ihren Salon und Bekanntenkreis zur Verfügung zu stellen. Alle vier gingen mit großer Bereitwilligkeit darauf ein. Der erste und größte Kreis sammelte sich bei einer Familie Schweitzer im Tiergartenviertel. Die Teilnehmer waren zum größten Teil junge Künstler und Künstlerinnen, aber auch ältere Künstler, Kaufleute, Damen aus der großen Gesellschaft, Studentinnen, Philosophen, Juristen waren vertreten. Die Diskussion war jedesmal äußerst scharf und antithetisch. Das Interesse war bei den meisten sehr stark. Auch Katholiken und Juden fehlten nicht ganz.

Der zweite Kreis sammelte sich in Berlin-Lichterfelde bei einer Frau Dr. Friedländer im „monistischen Hauptquartier". Dementsprechend gehörte auch eine ganze Anzahl Monisten zu den Teilnehmern, z. B. war der Vorsitzende des Berliner Monistenvereins ständiger Zuhörer und Hauptgegner in den Diskussionen. Auch eine Anzahl Theosophen kam regelmäßig. Goethe spielte hier eine stark autoritative Rolle. Der dritte Kreis war bei Geheimrat Leese in Charlottenburg zusammengekommen, das juristische Element überwog hier stark und gab der Diskussion eine scharfe logisch-dialektische Zuspitzung, auch Offiziere gehörten hier zu den regelmäßigen Teilnehmern.

Der vierte Kreis wurde bei Pastor Burckhardt, Charlottenburg, gegründet. Er war in gewisser Beziehung der christlichste von allen, so daß die Debatten sich zuweilen innerchristlichen Problemen zuwenden konnten. Johannes Müller war hier zum Teil die erste Autorität.

Nachdem diese Häuser gewonnen waren, ließen die Veranstalter einen Aufruf[3] drucken, der Zweck, Wesen und Methode der Veranstaltung erkennen ließ und von den Wirten mit einem Begleitschreiben

---
[3] Siehe S. 61.

an alle Bekannten verschickt wurde, bei denen Interesse und Verständnis für derartiges vorauszusetzen war. Jeder einzelne erhielt zugleich das Recht, Bekannte von sich aus einzuführen. Gesellschaftliche Verpflichtungen irgendwelcher Art sollten nicht daraus hervorgehen.

Da das Hauptgewicht auf die Diskussion gelegt werden sollte, waren ältere autoritative Persönlichkeiten absichtlich nicht eingeladen worden, doch hat sich diese Vorsicht als nicht unbedingt erforderlich gezeigt. – Die Diskussion, die der Unterzeichnete zu leiten hatte, war immer sehr angeregt; um sie von vornherein ins richtige Gleis zu bringen, wurden zu Anfang jedes Abends hektographierte Thesen verteilt. Persönliche Schärfen sind mit verschwindenden Ausnahmen vermieden worden. Die Abende begannen zwischen halb neun und neun und endeten zwischen elf und halb zwölf Uhr. Sie fanden in jedem Kreis vierzehntägig statt, so daß für den Veranstalter wöchentlich zwei Abende dadurch besetzt waren. Es wurde über folgende Themen gesprochen: 1. Die gegenwärtige Lage des Denkens und ihre geschichtlichen Voraussetzungen. 2. Der Mut zur Wahrheit. 3. Die Einwände des Zweifels. 4. Kunstmystik und religiöse Mystik. 5. Mystik und Schuldbewußtsein. 6. Erlösung. 7. – –. 8. Kultur und Religion. Das 7. Thema war offengelassen für einen Gegner aus jedem Kreis. Es wurden an allen vier Stellen ethische Fragen gewählt, außerdem noch an zwei Stellen eingeschoben Vorträge über „Das Dogma" und „Monismus und Dualismus" – auch von Gegnern. Leider hatte infolge sonstiger Arbeitsbelastung der Mitarbeiter der Unterzeichnete fünf von den acht Vorträgen zu halten, was um der Sache willen in Zukunft unbedingt zu vermeiden ist. Auch ist in Zukunft durch Heranziehung von Mitarbeitern möglichst zu verhindern, daß, wie bisher, jeder Vortrag viermal gehalten wird.

Über den Erfolg ein Urteil abzugeben, ist natürlich kaum möglich; daß in einer öffentlichen Diskussion einer der beiden Gegner sich für überwunden erklärt, ist so selten, daß es als Maßstab für die Nachwirkungen einer Diskussion nicht in Betracht kommt. – Die Beurteilung des ganzen Unternehmens war fast durchweg günstig; eine Reihe Zuschriften, besonders an die Wirte, bezeugen das. Das Interesse war sehr rege, und der Besuch – außer in der gesellschaftlichen Hochsaison – gleichmäßig. Die indirekten Wirkungen gingen weit über den unmittelbaren Kreis der Teilnehmer hinaus: die Unternehmung erregte überall Aufsehen und Interesse. – Mit einer Anzahl von Teilnehmern ist der Unterzeichnete in ein persönliches Verhältnis getreten, das zum Teil auch praktische Wirkungen im Dienst der kirchlichen Liebesarbeit zur Folge hatte. – Der Wunsch nach Wiederholung der ganzen Arbeit

ist überall ausgesprochen. – Die kritischen Urteile bezogen sich vor allem auf die oben erwähnten und in der Gesamtdarstellung schon berücksichtigten Mängel. Die schärfste und wohl auch sachlichste Kritik üben natürlich die Mitarbeiter selbst, vor allem auch gegen ihre eigenen Leistungen, die ja nie dem Ideal wirklich entsprechen werden, das sie sich gestellt haben.

Anhang II: Einladung zu den „Vernunft-Abenden"

Erkenntnis der Wahrheit wollen wir suchen in gemeinsamer Arbeit. Durch kein Vorurteil wollen wir uns hindern lassen, aber auch nicht durch zaghaften oder hochmütigen Verzicht auf Wahrheit. Vom Denken selbst wollen wir uns zeigen lassen, was es kann und was es nicht kann, vom Denken – nicht von der Gedankenlosigkeit, auch wenn sie in geistreichem Gewande auftritt. Wir wollen erst einmal an die Wahrheit glauben, ehe wir sie bestreiten: Den Mut zur Wahrheit wollen wir wiedergewinnen.

Die Zeitlage selbst stellt uns unsere Aufgabe.

Wo kirchliche Autorität das Denken leitet und das Dogma die Wahrheit ist, die allem Suchen im voraus ihr Ziel gibt, ist eine Arbeit wie die unsere unmöglich. Im mittelalterlich-katholischen Kulturideal hat freies Suchen der Wahrheit keinen Platz. Kirchliche Verkündigung und kirchliche Wissenschaft genügen dem Erkenntnistrieb. Nicht gesucht, sondern übernommen wird die Wahrheit: Beugung ist Verdienst, Zweifel Sünde. *Die Wahrheit herrscht – um den Preis der Wahrhaftigkeit.*

Dieser Zustand gehört prinzipiell der Vergangenheit an: es hat sich eine Kluft aufgetan zwischen kirchlicher Verkündigung und modernem Denken, die auch dadurch nicht überbrückt wird, daß die Kirche den Zwiespalt in sich selbst aufnimmt. Denn das Denken der Gegenwart hat keine Autoritäten und kann keine haben. Aus dem Kampf der freien Wissenschaften gegen kirchliche Bevormundung ist es geboren und diesen seinen Ursprung kann es nicht vergessen, ohne sich selbst aufzugeben. Freie Forschung, Beugung allein unter die Konsequenz des Denkens ist sein Ideal, bedingungslose Wahrhaftigkeit seine höchste Forderung, das ist seine Größe – und seine Schwäche.

Die Zeit der Aufklärung, in der das freie Denken zum ersten Mal siegreich gegen die kirchliche Tradition kämpfte – sie war zugleich eine Zeit der Verflachung und Auflösung. Das letzte Jahrhundert mit seinem gewaltigen Ringen um neuen Inhalt und neue Tiefe – es war zugleich ein Jahrhundert der vollkommenen Verwirrung, des Verzichts

auf Wahrheit, der Abwendung vom Geistesleben. Es ist dem freien Denken nicht gelungen, Allgemeingültiges zu schaffen. Verzicht auf Wahrheit scheint Gebot der Wahrhaftigkeit zu sein. *Die Wahrhaftigkeit herrscht – um den Preis der Wahrheit.*

Aus dieser Lage folgt unsere Aufgabe.

Wir sind der Überzeugung, daß es trotz aller Verwirrung der Wahrhaftigkeit jederzeit möglich sein muß, die Wahrheit zu erkennen. Nicht von der Genialität eines Einzelnen, auch nicht von dem vollendeten System der Wissenschaft hängt die Erkenntnis der Wahrheit ab. Denn die Wahrheit ist nicht totes Wissen, sondern Leben. Sie lebt in jedem Akt lebendigen Erkennens, d. h. eines Erkennens, das eins ist mit seinem Gegenstand. Darum ist jede lebensvolle Erkenntnis eine *wirkliche* Erkenntnis der Wahrheit: *in ihr wird die Wahrheit eins mit der Wahrhaftigkeit.*

Und dennoch: jede einzelne Erkenntnis ist nicht nur eine Offenbarung, sondern auch eine Verhüllung der Wahrheit. Denn die Wahrheit ist ein Ganzes und größer als alles Einzelne. Sie fordert mehr als einzelne Akte des Erkennens, so inhaltsvoll sie auch sein mögen. An jede einzelne Erkenntnis heftet sich der Zweifel; und einem Erkennen, das nichts ist als eine Summe einzelner Erkenntnisse, steht der prinzipielle Zweifel, die Skepsis, gegenüber. Erst in dem, was jenseits alles Einzelnen steht, wo das Erkennen ganz eins ist mit der Wahrheit, findet der Trieb zur Wahrheit Ruhe, d. h. in der Religion. Religion ist das vollkommene, lebendige, persönliche Einswerden mit der Wahrheit – mit *der* Wahrheit, die nicht nur Gedanke, sondern Leben und Geist ist.

Jede einzelne Erkenntnis treibt über sich selbst hinaus; von jeder einzelnen Erkenntnis führt ein Weg zur vollkommenen Erkenntnis. Es ist ein Gebot der Wahrhaftigkeit, diesen Weg zu gehen. *So wird in der vollkommenen Erkenntnis die Wahrhaftigkeit eins mit der Wahrheit.*

Weil aber die Wahrheit Leben ist, so ist sie zugleich Sache der Gemeinschaft. Isolierung des Denkens führt zu seiner Erstarrung; nur in der Gemeinsamkeit, in der steten Wechselwirkung mit anderem Denken bleibt es lebendig. Zu solch gemeinsamer Arbeit wollen wir die Anregung geben.

Wir wenden uns an Gebildete. Wir wollen sie nicht führen, sondern mit ihnen gemeinsam suchen; wir wollen nicht einseitig geben, sondern austauschen.

Einer Arbeit, wie wir sie planen, ist eine breite Öffentlichkeit aus

inneren Gründen von vornherein versagt. Die Breite widerstrebt der Tiefe. Statt eines weiten Arbeitsfeldes erstreben wir eine Anzahl engerer Arbeitskreise.

Wir haben einige Persönlichkeiten gewonnen, die uns ihre Häuser freundlich öffnen. Sie laden zu zwanglosen Zusammenkünften in denselben ein, aus denen keinerlei gesellschaftliche Verpflichtungen abgeleitet werden. Soweit es der verfügbare Raum erlaubt, steht den Geladenen frei, auf ihre Verantwortung Gäste einzuführen, die sie dem Hausherrn bzw. der Hausfrau vorzustellen gebeten werden.

Jede derartige Zusammenkunft wird durch einen kurzen Vortrag eines der Unterzeichneten, bzw. neu hinzutretender Mitarbeiter, eingeleitet werden. Doch wird der Hauptwert auf die Diskussionen gelegt werden müssen, die unter der Leitung des jeweiligen Referenten folgen werden. Unter anderem sollen diese Diskussionen auch dazu dienen, die Wünsche der Teilnehmer zu offenbaren, nach denen die ferneren Vortragsthemen zu bestimmen sind.

Für den Anfang sind folgende Referate in Aussicht genommen:
1. Die gegenwärtige Lage des Denkens und ihre geschichtlichen Voraussetzungen.
Referent: Lic. Dr. Tillich.
2. Der Mut zur Wahrheit.
Referent: Lic. Dr. Tillich.
3. Die Einwände des Zweifels.
Referent: Pastor Dr. Wegener.
4. Kunstmystik und religiöse Mystik.
Referent: Pastor Eduard Le Seur.

Pastor Eduard Le Seur, Berlin-Lichterfelde, Neue Dorf-Straße 9.

Lic. theol. Dr. phil. Paul Tillich, Berlin NW, Wikingerufer 9.

Pastor Dr. phil. Richard Wegener, Berlin N, Rheinsbergerstraße 44.

4. ÜBER DIE EINSAMKEIT

Predigt, gehalten in Berlin-Moabit im Jahre 1913
Text: Joh. 5,7

Von Jesu Einsamkeit in der Wüste und von Jesu Einsamkeit in Gethsemane erzählen uns die evangelischen Geschichten des heutigen ersten Passionssonntages. An der Spitze der Leidensgeschichte die Geschichte von der Einsamkeit; von den Leiden der Einsamkeit, von den Versuchungen der Einsamkeit, von dem Triumph über die Versuchung und die Einsamkeit durch das Einswerden mit Gott. Je höher ein Wesen steht, je selbständiger, je persönlicher es ist, um so einsamer ist es. Die ganze Natur, sie gehört zusammen, kein Wesen in ihr ist ohne das andere; der Mensch aber steht einsam in der Natur, einsamer in seiner Herrschergröße. Und unter den Menschen ist der der einsamste, der am meisten herausragt aus der Menge und größer ist als sie alle. Und unter den Geistern ist der der einsamste, der sich hinstellt vor Gottes Angesicht in der furchtbaren Einsamkeit seiner Heiligen Majestät und es wagt, ihm ins Angesicht zu schauen; und unter allen, die Gott ins Angesicht schauen, war der der einsamste, der allein vollkommene Gemeinschaft mit ihm hatte und doch in Gottverlassenheit zu Gott schrie. – So wollen wir denn heute, am ersten Sonntag der Leidenszeit, vom Leiden der Einsamkeit reden, und jeder, der mehr ist als einer unter vielen, jeder, der etwas für sich ist, jeder, der Geist, jeder, der Christ ist, blicke in sein Herz und erkenne, wie einsam er ist. Drei Arten der Einsamkeit wollen wir unterscheiden: die äußere Einsamkeit, die innere Einsamkeit und die vollkommene Einsamkeit vor Gott, die uns zugleich tötet und lebendig macht.

„Herr, ich habe keinen Menschen!" Dieser erschütternde Schrei eines Einsamen, den wir dieser Predigt zugrunde gelegt haben, er wird von jenem Kranken am Teich Bethesda ausgestoßen, der niemand hatte, der ihn ins Wasser tragen konnte, wenn der heilkräftige Sprudel hervorbrach. Er ist das rechte Bild für das, was wir äußere Einsamkeit nennen wollen. „Ich habe keinen Menschen!" Aus allen Lebensaltern, aus allen Städten und Kreisen klingt uns dieser Ruf entgegen: da ist ein Kind, das Vater und Mutter verloren hat und um das sich niemand recht kümmert, das niemand wahrhaft liebt, dort ein anderes, das krank und häßlich und abstoßend ist, das keinen Freund und keine Freundin findet, immer zurückgestoßen wird, wenn es die Arme der Liebe sehnsüchtig ausstreckt und dann verschlossen und furchtbar einsam wird.

Dort ein Jüngling, ein Mädchen, die hinausgetreten sind ins Leben, in fremde Umgebung, ungewohnte Verhältnisse, vielleicht in Not geraten, und niemand hilft ihnen, vielleicht in Schuld und Sünde geraten, und jeder stößt sie von sich, tiefer in die Einsamkeit und ihre Schuld. Dort eine Witwe, ein Witwer, denen der Gedanke an vergangene Zeiten der Gemeinschaft die Einsamkeit doppelt tief und schwer macht, dort die Alten, die allein übriggeblieben sind, nachdem sie alle, mit denen sie einst Gemeinschaft hatten, einen nach dem anderen hinausgetragen haben auf den Kirchhof. Und endlich dort das Bild eines einsam Sterbenden in dunkler Kammer oder im hellen Krankensaal unter vielen anderen Kranken, dennoch verlassen und allein, einsam in der Einsamkeit des Todes, und der letzte Seufzer, er trägt in sich den Hauch: „Herr, ich habe keinen Menschen."

Was ist es denn, was die Einsamkeit all dieser Einsamen so schwer macht? Was ist die Not der äußeren Einsamkeit? Liebe Freunde, wir alle sind daraufhin geschaffen, uns zu spiegeln in einem anderen, uns selbst wiederzufinden in einem Ebenbilde von uns selbst. Wie das Licht nicht leuchtet, wenn es durch den unendlichen Raum eilt, wo nichts sich ihm entgegenstellt, aber herrlich strahlt, wenn es auf etwas fällt, das seine Fülle aufnimmt, so kann auch die reichste Seele sich nicht finden, nicht leuchten und wärmen, wenn niemand ist, in dem sie sich spiegelt, den sie erleuchtet. Und die Gluten der Liebe selbst, sie müssen verlöschen, wenn niemand ist, dem sie lodern, an dem sie sich weiter entflammen können. Und dann wird Bitterkeit aus der Liebe – und Verschlossenheit und Haß und Kälte, die Versuchungen der Einsamkeit, denen erlegen zu sein so manches Menschenauge deutlich spricht. Ja, unzählig sind die, deren bitterer Zug im Antlitz uns entgegenschreit: Ich hatte keinen Menschen, keinen, in dem ich mich finden, keinen, dem ich mich hingeben konnte. Ich hatte Sehnsucht zu lieben, aber niemand war, den ich lieben konnte; da fing ich an, mich selbst zu lieben mit der Liebe des Hohnes und der Bitterkeit.

Und mancher, den sie einen Toren und Sonderling nennen und verspotten, wo sie ihn sehen, und durch den Spott immer einsamer machen, der könnte antworten: Die Einsamkeit war es, die mich so gemacht hat. Ich hatte keinen Menschen, der mir sagte: Das darfst du nicht, das ist Torheit und bringt Spott; ich hatte keinen Menschen, der mir die Wahrheit sagte, und nun bin ich, was ich bin.

Leider ist die Einsamkeit eine Versuchung, und dennoch, Ihr Einsamen, laßt mich einen Rat Euch sagen, der Euch nicht Trost, aber Kraft und Tapferkeit geben kann. Größe ist Eure Einsamkeit; ein Hauch göttlicher Erhabenheit macht Euch zu Einsamen und weckt eine

Regung der Ehrfurcht vor Euch, auch in denen, die Euer spotten. Größe ist in Eurer Einsamkeit, Ihr Waisen und geschlagenen und gestoßenen Kinder, viel mehr Größe als in der größten Rede derer, die Euch quälen und einsam machen. Größe ist in Eurer Einsamkeit, Ihr Jünglinge und Jungfrauen, die Ihr mit dem Leben ringt, die ihr mit der Schuld einsam kämpfen müßt und ausgestoßen werdet von denen, die Euch doppelt lieben sollten um Eurer Schuld willen. Größe ist in Euch, Euch allen, Ihr Kranken und Alten und Verwitweten, mehr Größe als damals, wo ihr mitten im Wirbel des Lebens standet. – Und diese Eure Größe, sie wird anerkannt von der Christenheit, die wahrhaft gegründet ist auf den einsamen Christus, und eine echte Gemeinde duldet es nicht, daß auch nur ein Einsamer ganz einsam in ihr ist, sondern sie trägt das Leid der Jesusliebe, wo alle anderen Bande gerissen sind. Was deine Einsamen einst von dir sagen werden vor Gottes Angesicht, das wird dir zum Segen oder Fluch werden, Christengemeinde! Wohl dem, der einsam wird und dann sagen muß: Herr, ich hatte keinen Menschen!

Nun aber fragen wir uns, wenn es keine Einsamen mehr gäbe, wenn alle äußere Einsamkeit überwunden wäre durch die suchende Liebe, würde dann der Ruf verstummen können: „Ich habe keinen Menschen?" Nein, nur viel tiefer und ernster würde er klingen! Der Ausruf würde sein für die innere Einsamkeit, und einstimmen müßten in ihn alle Menschen, die ihre eigene Tiefe kennen.

Ja, Einsamkeit ist jedes Menschen Teil; wir alle sind sehr einsam. Ein unendliches Rätsel ist jede Menschenseele, eine unendliche Tiefe, eine unendliche Verschlossenheit. Nur Gleiches kann Gleiches erkennen; weil aber kein Wesen dem anderen gleicht, kann keines des anderen Innerstes schauen. Und die klarsten Seelen, die am wenigsten getrübt sind durch Schmutz oder Sturm, sie sind die unergründlichsten. Wir sehen tief in sie hinein, tiefer als in die anderen, aber je tiefer wir schauen, desto tiefer wird der Abgrund, der noch darunter liegt und uns verborgen bleibt. Und dieser Abgrund ist die Stätte der Einsamkeit, wo niemand ist und wo niemand sein kann als wir selbst, wohin wir uns immer wieder zurückziehen, wenn wir uns allzu tief enthüllt hatten. Der Ort, wo die heilige Scheu der Seele sie immer wieder hintreibt, wenn sie sich in der Sehnsucht nach Gemeinschaft, in der Sehnsucht, der Einsamkeit zu entgehen, fremden Blicken allzu bloß dargestellt hat. Es ist etwas Erschütterndes in diesem Hin und Her der Seele, die in brennender Liebe ganz eins werden will mit dem, den sie liebt, und sich ihm ganz offenbaren will bis in ihre innerste Tiefe, und der andere schreckt zurück vor dieser allzu unverhüllten Blöße, und an-

stelle der brennenden Liebe tritt brennende und quälende und einsamer denn zuvor machende Scham. – Das ist, was die Kinder stumm macht, wenn die Eltern in ihr Inneres dringen wollen, das ist es, was sie einsam macht, schon im Elternhaus. Ihr innerstes Leben leben sie von Anfang an für sich, und auch das schärfste Elternauge vermag nicht ganz hineinzudringen, sie zu befreien von ihrer Einsamkeit, auch nicht bei dem besten Willen. – Das ist es, was den Freundschaften die ganze Tiefe und Größe gibt, das aber auch in einem Augenblick, wenn ein Wort zuviel gesprochen ist, die Bande der Freundschaft zerreißen kann, weil die heilige Scham verletzt ist. – Das ist es, was der Ehe, der Gemeinschaft zwischen Mann und Weib, immer neue Aufgaben stellt, daß eine Einsamkeit auch in der besten Ehe nicht überwunden werden kann; auch das Zwei-Sein, es ist nicht ganz befreit von dem Allein-Sein; oft genug aber kann es Einsamkeit schaffen, die schrecklicher ist als jede andere.

Wir sind alle sehr einsam, und wir müssen es sein; denn versuchen wir es, der Einsamkeit ganz zu entrinnen, so werden wir noch einsamer. Die Not der Einsamkeit, sie ist zugleich Pflicht zur Einsamkeit. „Herr, ich habe keinen Menschen!", der erschütternde Ruf unser aller, der Ruf der inneren Einsamkeit!

In voller Größe aber empfinden wir diese Not der inneren Einsamkeit, wenn das Leben an uns herantritt, furchtbar, übermächtig, als Rätsel, das wir lösen müssen, um leben zu können, und das uns doch zu schwer ist, so daß wir uns nach anderen um uns umsehen, nach Rat und Licht; und dann müssen wir erkennen: Wir sind einsam, niemand kann es uns abnehmen, wir selbst müssen es überwinden oder von ihm überwunden werden. Denn wenn das Leben an uns herantritt und schwere Entscheidungen fordert, so schwer, daß wir uns umsehen nach Rat und Hilfe und dann erkennen müssen: Soviel Rat uns auch gegeben ist, die Entscheidung steht allein bei uns; einsam sind wir in jeder großen Entscheidung und haben keinen Menschen. Oder wenn das Leben uns überschüttet mit der Fülle der Freude oder mit der Last der Qual und wir suchen nach einem, der mittragen könnte, dann erfahren wir es: Die höchste Freude und der tiefste Schmerz – sie sind einsam. „Ich habe keinen Menschen", so klingt es in der Tiefe der Seele allezeit.

Und nun laßt uns noch einen Schritt weiter gehen, noch einen Gipfel erklimmen, der höher ist als alle anderen, nach der Einsamkeit zu schauen, die einsamer ist als alle, wo die ganze Welt und Menschen und Dinge und Freude und Schmerz und Lärm und Kampf weit unten liegen in nebliger Tiefe und über uns und in uns nichts ist als der klare, schweigende Äther, durchflutet vom Licht der Sonne, überstrahlt von

der Himmelsbläue, voll erhabener Majestät, voll vom Schrecken der tiefsten Einsamkeit. Das aber ist die vollkommene Einsamkeit, daß wir unter uns lassen die Welt und die Menschen und uns selbst und sehen über uns das Angesicht des Ewigen, ganz einsam, allein mit ihm. Und aus dem Antlitz des Ewigen antwortet Schweigen, und wir rufen und sehnen uns und wollen mit ihm reden und ihn anfassen und auf ihn hören und in ihm wohnen, um nicht mehr einsam zu sein in Ewigkeit; aber aus dem Antlitz des Ewigen antwortet Schweigen, und wir sinken nieder und brechen zusammen, vernichtet von dieser furchtbaren Einsamkeit. Und dann, wenn wir zerbrochen unsere Augen schließen, um nicht zu sehen des Ewigen Antlitz, dessen Schweigen uns überweht hat, dann hören wir eine leise Stimme in uns, leise und doch vernehmbar: Du bist nicht einsam. Du bist zerbrochen, durch meinen Anblick in den Staub gesunken; nun denn, blicke auf und sieh, was Neues sich begeben hat im Staube: da geht ein Einsamer von Ort zu Ort, und niemand kennt ihn. Sein Name aber heißt: der Ewige; da kämpft ein Einsamer in der Wüste, und niemand sieht ihn, sein Antlitz aber ist des Ewigen Antlitz. Da zittert ein Einsamer im nächtlichen Garten, und alle, die ihn liebten, haben ihn verlassen; sein Name aber heißt: von Ewigkeit zu Ewigkeit. Da verzweifelt ein Einsamer unter dem Schatten der verfinsterten Sonne am Stamm des Kreuzes, weil auch sein Himmel ihn verlassen hat; und nun gibt es keinen Einsamen mehr in dieser Welt. Bei ihnen allen ist der, der einsam wurde um ihretwillen. Ob in der Wüste der äußeren Einsamkeit – er ist bei ihm, der einsam kämpft in der Wüste; ob im Zittern der inneren Einsamkeit – er ist bei ihm, der einsam kämpft, da alle ihn verließen; ob in der Verzweiflung der gottverlassenen Einsamkeit – er ist mit ihm, den Gott verließ in der Einsamkeit am Kreuz. Ob sie es wissen oder nicht, er ist bei ihnen; der es aber weiß, der ist nimmermehr einsam, sondern zweisam, eins mit Gott. Er hat, in denen er sich finden kann; er hat, die er lieben kann mit ewiger Liebe; er hat, der ihn liebt und führt und tröstet; er ist nicht einsam, auch nicht im Angesicht der ewigen Majestät; er kann sprechen: Ich habe einen Menschen, der einsam wurde um meinetwillen. Gott selbst ward einsam, um ewig eins zu werden mit mir. Nun ist die Einsamkeit gestorben. Amen!

II. DER ERSTE WELTKRIEG 1914-1918

Der Feldprediger

Tillich schreibt in seinen „Autobiographischen Betrachtungen": „Als der erste Weltkrieg begann, war meine Ausbildung vollendet. Wie meine ganze Generation wurde nun auch ich nach einer lediglich individualistischen und vorherrschend theoretischen Existenz durch das überwältigende Erlebnis einer die Nation umfassenden Gemeinschaft gepackt. Ich meldete mich freiwillig und wurde als Feldprediger eingestellt, eine Aufgabe, die ich von September 1914 bis September 1918 erfüllte. Schon nach den ersten Wochen war meine ursprüngliche Begeisterung vorüber. Nach wenigen Monaten war ich überzeugt, daß der Krieg unabsehbar lange dauern und ganz Europa vernichten würde. Überdies merkte ich, daß die Einigkeit der ersten Wochen eine Illusion und die Nation in Klassen zersplittert war. Ich erkannte, daß die Arbeiter die Kirche als bedingungslose Verbündete der herrschenden Gruppen ansahen. Gegen Kriegsende wurde diese Situation immer mehr offenbar. Sie rief die Revolution hervor, in der das imperialistische Deutschland zusammenbrach."[1]
Wie sich Tillichs Tätigkeit als Feldprediger abspielte und welche Wirkung im einzelnen das Kriegsgeschehen auf ihn ausübte, geht aus persönlichen Briefen und aus Berichten hervor, die er von Zeit zu Zeit seinem Vorgesetzten einzureichen hatte. Leider wissen wir nicht, wieviele solcher Berichte er verfaßt hat. Auf der ersten Seite des ersten Berichtes steht das Wort „Kladde". Möglicherweise hat er die späteren Berichte nicht erst ins Unreine geschrieben, und wohl darum haben sich keine weiteren in seinem Nachlaß gefunden. Der erste und zweite Teil seines Berichtes an den Herrn Feldpropst (5), die beide im ersten Kriegsjahr verfaßt sind, erörtern organisatorische Fragen. Die ernste Problematik des Krieges hat Tillich noch nicht ergriffen. Der dritte Teil stammt aus dem zweiten Kriegsjahr. Er läßt gegenüber den beiden ersten Teilen die veränderte Situation des Krieges deutlich erkennen, und Tillich selbst sieht den Krieg jetzt mit anderen Augen an. Das kommt auch in einem privaten Brief an Maria Rhine zum Ausdruck.

---
[1] G. W. 12, S. 67.

Er schreibt ihr am 15. Oktober: „Jetzt sind wir seit 14 Tagen in der Champagne im Gewühl der wüstesten Schlacht dieses Krieges, die noch immer andauert und zu dem Schrecklichsten gehört, was er gebracht hat. Wir liegen in einem ziemlich üblen Quartier zu dreien in einem Zimmer. Tag und Nacht ein ungeheures Getriebe vor unserem Haus... Es ist ein riesiges Feldlager von vielen Quadratkilometern, Lager an Lager, Stellung neben Stellung. Dabei alles öde, unfruchtbare Gegend, Kalkwellen, Kiefernwäldchen, zertretene Täler. Es fließt täglich Blut, sehr viel Blut in diesen dürren Kalk... Was hat man doch alles in der Kultur an Geist und Menschen... und hier! Und so aussichtslos ist der Krieg!..."
Aber der Krieg geht weiter – verschärft, unerbittlich. Einem Brief an die gleiche Adressatin vom 27. November 1916 entnehmen wir: „... In jeder Resignation ist Bitterkeit. Wir müssen uns aber hüten, in dieser Zeit bitter zu werden, wie die meisten. Freilich kann ich eine empirische Hoffnung nicht verkündigen, tue es auch meinen Leuten gegenüber nicht, auch mir selbst nicht. Ich habe sie, aber ich hänge auch nicht daran. Ich reiße mich jeweilig unter Schmerzen davon los. Ich habe immer die unmittelbarste und stärkste Empfindung, nicht mehr eigentlich im Leben zu stehen. Darum nehme ich es auch nicht so wichtig... Aber das Leben ist ja selbst kein Boden, der tragfähig ist. Nicht nur, daß man jeden Tag sterben kann, sondern, daß alle sterben, wirklich sterben, diese unerhörte Tatsache, die jetzt tägliches Erlebnis ist. Und dann das Leiden der Menschen – ich bin reinster Eschatologe; nicht daß ich kindliche Weltuntergangsphantasien hätte, sondern daß ich den tatsächlichen Weltuntergang dieser Zeit miterlebe. Fast ausschließlich predige ich das Ende. Du willst noch nicht das Ende. Ich auch nicht, aber ich muß es wollen, weil es da ist. Du bist noch nicht über Leichenfelder gegangen, wirkliche und seelische. Wir wollen doch etwas neutestamentlicher empfinden und mit Fröhlichkeit auf das ‚Ende' warten und überzeugt sein, daß die Welt im Argen liegt und unser Bürgertum im Himmel ist. – Das ist so die ‚Dominante' meiner Psychologie. Sonst bin ich bald fröhlicher, bald trauriger, je nach den Umständen..."
Wieder ein Jahr später – am 5. 12. 1917 schreibt Tillich: „...Und nun Weihnachten! Ich meine damit das theologische Problem, das wir angeschnitten haben! Ich bin durch konsequentes Durchdenken des Rechtfertigungsgedankens schon lange zu der Paradoxie des ‚Glaubens ohne Gott' gekommen, dessen nähere Bestimmung und Entfaltung schon lange den Inhalt meines gegenwärtigen religionsphilosophischen Denkens bildet..."
Aus der Zeit des ersten Weltkrieges sind rund 100 voll ausgearbeitete

Predigten und ca. 30 Predigtnotizen erhalten geblieben. Bis auf eine Predigt, die Tillich nach den Kämpfen bei Tahure in Frankreich im zweiten Kriegsjahr hielt, ist keine gedruckt worden. Tillich hat über seine Weltkriegspredigten einmal geäußert, daß er verschiedentlich von seinem Vorgesetzten dazu angehalten worden sei, in stärkerem Maße als bisher vaterländisch auf seine Soldaten einzuwirken. Er sei aber dieser Mahnung nur ungenügend nachgekommen, sondern habe sich auf das in dieser Hinsicht unumgänglich Notwendige beschränkt. Die hier veröffentlichte Silvesterpredigt 1914/15 (6) *wurde zum Druck vor anderen bevorzugt, weil sie sich weitgehend von nationalistischen Elementen freihält und zudem Tillichs Eigenständigkeit in der Wahl biblischer Texte dokumentiert. Er wählte zur Feier der Jahreswende einen Ostertext – den Gang der Jünger nach Emmaus.*

5. BERICHT AN DEN HERRN FELDPROPST

a) Meine Tätigkeit im IV. Reserve-Korps im Oktober 1914

I. Statistisches (Aus meinem Kriegstagebuch)

Am Sonntag, d. 4. Oktober fuhr ich mit einem Transportzug von Magdeburg ab, löste mich in Soest am 6. Oktober von dem Transport ab und fuhr mit Lokalzügen nach Herbesthal. Wie ich später erfuhr, habe ich durch diese Lösung 5–6 Tage Fahrt erspart. Am Sonntag, d. 11. Oktober ritt ich in meinem Divisionsquartier ein. Ich habe dann bis zum 2. November neunzehn Gottesdienste gehalten[2].

II. Orte und Zeiten der Gottesdienste

Die Wahl des Ortes war fast ausschließlich bedingt durch Rücksicht auf die Sicherheit der Truppen. Zum Teil gilt das auch von der Wahl der Zeit. Andere Rücksichten militärischer Art kamen bei dem Stellungskrieg, in dem wir uns befanden, nicht in Betracht.

Fand der Gottesdienst im Freien statt, so mußte er immer unter Bäume gelegt werden wegen der Deckung gegen feindliche Flieger. Wo die Offiziere das nicht von selbst anordneten, habe ich darum ge-

---

[2] Die Liste der gehaltenen Gottesdienste mit Datum und Truppenteil wurde weggelassen. (D. Hrsg.)

beten, um eine Beunruhigung während des Gottesdienstes und nachträgliche Unannehmlichkeiten zu verhindern.

Besser ist es aus diesem Grunde, gedeckte Räume, womöglich Kirchen, sonst Scheunen zu benutzen. Dafür sprechen meines Erachtens noch folgende Gründe: 1. Die Aufmerksamkeit der Leute wird draußen durch jeden Reiter, Flieger, Wagen usw. abgelenkt; im geschlossenen Raum ist die Konzentration viel leichter möglich. 2. Der Stimmaufwand ist im geschlossenen Raum viel geringer als draußen. 3. Dadurch ist die Möglichkeit gegeben, die Stimme mehr zu modulieren, sie auch den zarten und innerlichen Partien der Rede anzupassen. Die Monotonie einer mit höchstem Stimmaufwand gesprochenen Rede ermüdet. 4. Wo eine Kirche ist oder ein Raum, der kirchenartig hergerichtet werden kann, ist die kultisch-religiöse Stimmung sofort gegeben und braucht nicht erst mühsam hergestellt zu werden, was bei dem Fehlen der Liturgie sehr wichtig ist.

Noch anders gestaltete sich die Lage an Orten, die zeitweise unter feindlichem Feuer stehen. Hier wären Gottesdienste überhaupt nicht möglich, wenn uns nicht die Natur zur Hilfe käme, nämlich durch das Vorhandensein großer Steinhöhlen, in denen ganze Regimenter leicht Unterkunft finden würden. Fünf solcher Höhlengottesdienste habe ich bisher gehalten und kann nur sagen, daß es die stimmungsvollsten waren, auch da, wo im Hintergrund der Höhle die Pferde standen und die Feuerstellen qualmten. „Wie die ersten Christen", sagte ein Offizier, der besonders gut mit einem weißen Altar, Kruzifix und Kerzen für die ästhetisch-kultische Seite des Gottesdienstes gesorgt hatte. Dazu ist für Gesang und Rede die Akustik sehr gut, und das von seltenen Kerzen durchbrochene Halbdunkel holt die Leute in die Sphäre des Ungewöhnlichen.

Von ganz besonderer Art sind die Andachten in der Stellung, hinter den Geschützdeckungen oder Schützengräben, wo schnell alle verfügbaren Mannschaften zusammengerufen werden, um nach kurzer Ansprache weiter zu feuern. Hier hatte ich ganz kleine Kreise, je drei und drei Geschütze oder dergleichen, und oft pfiffen die matten Geschosse der zu hoch schießenden Franzosen über die kleine Versammlung hin, die sich aber nicht dadurch stören ließ.

Die Zeit lag normalerweise zwischen 9.30 und 12.30 Uhr vormittags und 3 und 5 Uhr nachmittags. Die Entscheidung hatte ich für gewöhnlich. Anders war es aber in den beiden Fällen, die zuletzt besprochen sind. Die Stellungsandachten sind nur morgens und abends in Feuerpausen möglich. Die Höhlengottesdienste nur dann, wenn die Leute ungesehen die Höhle erreichen und sich von ihr entfernen kön-

nen nach Einbruch der Dunkelheit und vor voller Tageshelle. Die Entscheidung hatte der Kommandeur.

III. Gelegenheiten und Vorbereitungen der Gottesdienste

Es ist immer Gelegenheit, das ist das Charakteristikum der gegenwärtigen Lage im Unterschied zu der Zeit der Märsche und Schlachten. Natürlich gibt es Zufälligkeiten, durch die eine Zeit günstiger für die Abteilung ist als eine andere. Und um derentwillen war es fast immer notwendig, daß die Verhandlungen persönlich mit den Kommandeuren geführt wurden. Durch Telefon und Befehlsempfänger ließ sich erst arbeiten, wenn eine gewisse Regelmäßigkeit der Zeiten sich gebildet hatte und dann auch nur, wenn die Kommandeure sehr zuvorkommend waren. Regelmäßigkeit im Kriege ist aber eine Ausnahme. Ich habe darum fast ebensoviel Ritte und Gänge zwecks Vorbereitung gehabt wie für die Gottesdienste selbst. Eine gewisse Schwierigkeit machte die in den Schützengräben liegende Infanterie. Doch ergeben sich hier regelmäßige Gelegenheiten, wenn einzelne Abteilungen zum Ausruhen und Wiederausrüsten aus den Stellungen herausgeholt werden. Nur ganz selten hat sich eine Ausnahme von der im ersten Satze ausgesprochenen Regel gezeigt.

Daraus folgt nun die Gefahr einer geistlichen Überfütterung der Soldaten und eines Unwilligwerdens der Offiziere. Beides mußte gerade bei dem starken und tausendfach ausgesprochenen Bedürfnis der Soldaten und zum Teil auch der Offiziere unbedingt vermieden werden, damit nicht der Hunger in das Gefühl der Sättigung übergehe, sondern immer bleibe. Acht Tage war die Mindestzeit zwischen zwei Gottesdiensten, die aber in vielen Fällen, namentlich unmittelbar hinter der Front, noch zu kurz ist. Vierzehn Tage als Maximum habe ich angestrebt, dazwischen liegt ein Spielraum, der von Zufälligkeiten regiert wurde.

Abgesehen von der Verabredung der Zeit und unter Umständen des Ortes waren Vorbereitungen nicht nötig. Der Kommandeur und die Mannschaften selbst sorgten für alles. Man muß da, soviel ich gesehen habe, eher bremsen, damit der Gottesdienst nicht den Charakter eines mühsamen Dienstes bekommt. Altäre und dergleichen waren immer in der geschmackvollsten Weise vorbereitet.

Eine besondere Art von Vorbereitung erfordern die Stellungsgottesdienste. Da man bei Tageslicht in die Stellungen nicht hereinkann, ist es notwendig, nachts zu kommen, die Nacht und den folgenden Tag dazubleiben und mit Einbruch der Dunkelheit zurückzukehren. Die

Offiziere, mit denen man dann die Nacht in den Erdhöhlen schlafen muß, sind im allgemeinen sehr erfreut, wenn sie jemand zur Unterhaltung da haben, und laden einen aufs zuvorkommendste ein. Ich habe gerade an solche Nächte und Tage die nettesten Erinnerungen. Für Geleitmannschaften, die in der Nähe der Stellungen nicht zu entbehren sind, wurde immer reichlich gesorgt.

Die persönliche Vorbereitung konnte bei der Häufigkeit der Ansprachen nur verhältnismäßig kurz sein. Ich habe den Gedankengang genau skizziert und memoriert. Die gleiche Rede habe ich fast immer zweimal, selten dreimal und öfter gehalten.

IV. Form und Inhalt der Gottesdienste

Der Gang der Gottesdienste war folgender: 1) 2 bis 4 Liederverse, 2) Im Namen des Vaters . . ., 3) Schriftlesung, 4) Text und Ansprache, 5) Freies Gebet und Vaterunser, 6) 2 bis 3 Liederverse, 7) Segen. Ad. 1. Über das Feldgesangbuch bin ich in keinem Fall in der Wahl der Lieder hinausgegangen. Es ist dringend zu wünschen, daß die erforderliche Anzahl der Gesangbücher nachgeliefert wird. Sehr viele Leute, besonders aber die Offiziere, haben keins. Von unserer Division sind Nachlieferungen beantragt. – Wo in der Nähe des Feindes Singen nicht möglich ist, habe ich je 2 bis 3 Verse vorgelesen. – Das Anstimmen habe ich, wenn möglich, durch Lehrer besorgen lassen, sonst selbst, so gut es ging, versucht. Bisher ist es nur einmal nicht recht gelungen. Ad 3. Ich habe kraftvolle Psalmen und dergleichen vorgelesen, die zur Lage oder zum Text passen; zur Einführung machte ich auf Rat von Kollege Backhaus eine diesbezügliche Bemerkung. Draußen empfiehlt sich die Schriftverlesung nur bei kleinerem Kreis, sonst ist Versagen der Stimme leicht möglich.

Keiner meiner Gottesdienste hat die Zeit um zwanzig Minuten insgesamt überschritten. Nach den Urteilen, die ich von Offizieren über diesen Punkt hörte, gedenke ich, unbedingt diese Grenze innezuhalten.

Was den Inhalt betrifft, so habe ich zwischen Fronttruppen und Truppen hinter der Front (dauernd oder auf Zeit) eine Unterscheidung gemacht. Bei den Fronttruppen, die dauernd in starker innerer Erregung und in schwerer Gefahr sind, habe ich die Quietien betont. Bei den Truppen hinter der Front, die leicht dazu kommen, den Ernst der Lage zu vergessen und sich im schlechten Sinne einzuleben, habe ich die Motive vorangestellt. Demgemäß waren die Andachten der ersten Art mehr auf den mystischen tröstenden Ton gestimmt, im Sinne des Johannes-Textes: „Ihr seid meine Freunde!" Die zweite Art knüpfte

an Texte an wie den aus 2. Timotheus: „Ob jemand schon kämpfet..." und handelte von dem inneren, sittlichen Kampf. Die erste Art überwiegt allerdings, sowohl wegen meiner Zuhörer als auch meiner persönlichen Veranlagung nach. Und keine Art ist natürlich rein durchgeführt.

V. Außergottesdienstliche Gelegenheiten

Man kann hier im Gegensatz zu oben fast den Satz aufstellen: Außergottesdienstliche Gelegenheiten gibt es nicht. Selbstverständlich fallen alle Amtshandlungen bis auf Beerdigungen weg. Wo sie möglich sind, sollte man sie halten. Es sei doch etwas ganz anderes, wenn der Geistliche dabei wäre, sagte mir der Hauptmann nach der einzigen Beerdigung, die ich zu halten Gelegenheit hatte; und nicht nur für die Teilnehmer, sondern auch für die Angehörigen stets etwas ganz anderes, wenn ihnen mitgeteilt wird, daß der Gefallene nicht bloß verscharrt ist. Aber die Gelegenheit scheint selten zu sein. Ich möchte Näheres erst nach größerer Erfahrung berichten. – Gelegenheiten zu Privatseelsorge habe ich überhaupt nicht erlebt. Sie scheinen mir auch bei der Schwierigkeit, den einzelnen Soldaten zu bekommen, sehr selten zu sein. Auch über diesen Gegenstand will ich später berichten.

Jedenfalls geht aus dem zuletzt Gesagten hervor, daß die Seelsorge im Felde nicht mit dem Maßstabe der in der Heimat gemessen werden darf. Wenn es nach den Zahlen ginge, so müßte, wie jedes Dorf in der Heimat, mindestens jedes Bataillon einen Pfarrer haben. Nun ziehe man aber von der Arbeit eines Landpfarrers Amtshandlungen, Vereine, Privatseelsorge, karitative Tätigkeit, pfarramtliche Arbeiten usw. ab, verkürze außerdem den Gottesdienst um eine Stunde auf zwanzig Minuten und dementsprechend die Predigt, und man hat ein Bild, was übrig bleibt, wenn jedes Bataillon seinen Pfarrer hat. Die gegenwärtige Verteilung, nach der jede Division zwei Pfarrer hat, ist genügend. Für einen dritten bliebe in so günstigen Zeiten wie momentan auch noch einiges zu tun. – Vorausgesetzt ist dabei natürlich, daß die Lazarette durchweg ihren eigenen Pfarrer haben.

VI. Sonstige Bemerkungen

Es war daran gedacht worden, daß die beiden Divisionspfarrer auf die beiden Brigaden verteilt werden. Ich kann aus meinem Zusammenarbeiten und Zusammenleben mit Divisionspfarrer Backhaus nur den Schluß ziehen, daß es bedeutend besser ist, wenn beide Pfarrer bei der

Division stehen, denn 1. Ein Drittel der ganzen Arbeit richtet sich auf Truppen, die zu keiner Brigade, sondern zur Division als solcher gehören. In bezug auf sie wäre die Trennung also illusorisch. 2. Die Brigadestäbe liegen hier in so vorgeschobenen Orten, daß z. B. der Verkehr zur XIII. Brigade bei Tage kaum möglich ist. Dazu kommt, daß mit Raum und Verpflegung sich Schwierigkeiten ergeben würden. Der Pfarrer könnte dem Brigadestab zur Last werden. 3. Ist es gut, wenn die Redner wechseln und nicht der gleiche immer vor den gleichen spricht, zumal ja ein privatseelsorgerisches Verhältnis fehlt.

Persönlich möchte ich noch bemerken, daß ich mich sowohl in meinem Verhältnis zu Kollegen Backhaus als auch zu dem Divisionsstabe außerordentlich wohl fühle. Mit den Offizieren an der Front habe ich besonders durch die Arbeit in den Stellungen teilweise ein über das Offizielle erheblich hinausgehendes Verhältnis gewonnen. Daß ich nicht gedient habe, hat mir dabei keinerlei Schwierigkeiten gemacht. Körperlich ist es mir bisher sehr gut gegangen.

Innerlich wird man über alle Schwierigkeit und Depressionen, die der Krieg notwendig mit sich bringt, durch das großartige Entgegenkommen aller, zu denen man reden will, emporgehoben. Es ist das Gefühl, daß unsere Arbeit gesucht und oft dringend begehrt wird, das man im Frieden so selten hat und das einen jetzt dauernd begleitet und stärkt.

Gehorsamst
Dr. Paul Tillich
Lic. theol.

b) BERICHT ÜBER DIE MONATE MAI UND JUNI 1915

Da ich an einer Stelle bin, wo seit Monaten militärische Ereignisse von irgendwelcher Bedeutung nicht stattgefunden haben, geht die gottesdienstliche Versorgung der Division ihren gewohnten Gang. Je nach dem Wechsel von Frontstellung und Ruhestellung kommen alle Truppenteile alle vierzehn Tage bis vier Wochen einmal heran. Die Mindestgrenze ist mehrfach dadurch überschritten worden, daß wir eine Abendmahlsfeier schnell auf einen Gottesdienst folgen ließen, die Höchstgrenze dadurch, daß Truppenteile zeitweise bei einem anderen Korps in Reserve standen oder in der Ruhestellung anstrengende Schanzarbeiten ausführen mußten, die die wenigen Ruhetage ganz ausfüllten, oder neue Quartiere beziehen und einrichten mußten. Gerade gegen Ende Juni trafen mehrere derartige Hinderungen ein. Eine

friedensmäßige Ausgestaltung der Gottesdienste halte ich wegen der notwendigen Verlängerung, die damit verbunden wäre, für Feldgottesdienste selbst in der gegenwärtigen ruhigen Lage nicht für günstig; ich überschreite demgemäß nie die Zeit einer halben Stunde für die gesamte Feier. – Über das Feldgesangbuch mit seiner engbegrenzten Auswahl immer wieder gesungener Lieder zu klagen, ist ja für diesen Krieg zwecklos; immerhin bereitet es ernsthafte Schwierigkeiten. – Hin und wieder hilft uns die neu gegründete Divisionskapelle, allerdings sehr selten. – Das wundervolle Sommerwetter gibt die Möglichkeit für schöne, erhebende Feiern im Freien – soweit die Flieger nicht stören.

Die Predigt hat mit der immer fühlbarer werdenden Stoffbegrenzung zu kämpfen, zumal das Kirchenjahr seit Pfingsten nicht mehr zu Hilfe kommt; es bleibt da nichts übrig als eine Erweiterung des Gesichtskreises über die engste Kriegsgedankenwelt im Hinblick auf die künftige Gestaltung und Lebendigkeit des religiösen Lebens. Motive und Quietien für die Kriegsgegenwart zu geben, war vor zehn Monaten als Aufgabe der Feldpredigt in meinem Bericht hingestellt; diese Aufgabe bleibt als die wichtigste bestehen; aber sie ist zu erweitern durch Anregungen für die Zukunft nach dem Kriege; es ist die Gelegenheit zu benutzen, Hindernisse wegzuräumen, die aus der Vergangenheit stammen, teils aus Vorurteilen gegen uns, teils aus wirklichen Mängeln unserer Predigt. Die Freudigkeit zum religiösen Leben muß für die kommenden Zeiten geweckt und gewahrt werden. Ist es doch die Blüte der deutschen Männerwelt, die Zukunft der Kirche in Jahrzehnten, die vor unseren Feldkanzeln steht.

Dankbar habe ich die Zusendung von Schriften von Johannes Müller über den Krieg empfunden; es ist so ziemlich der einzige eingelaufene Lesestoff, den man unbedenklich trotz mancher Bedenken inhaltlicher Art den Offizieren in die Hand geben kann.

Gehorsamst

Tillich, Pfarrer

c) Bericht über die Monate November und Dezember 1915

I. Von den Kämpfen bei Tahure bis zum Totenfest

Am 30. und 31. Oktober wurde durch unsere Division die *Butte de Tahure* gestürmt. Nicht alles Beabsichtigte wurde erreicht und die Verluste waren schwer. So gab es in den ersten Tagen des November nichts

als Beerdigungen, die erschütterndsten, die mir bisher im Kriege vorgekommen sind. Einige unserer besten Offiziere, mit denen ich durch die langen Monate hindurch innerlich verbunden war, ein früheres Mitglied des Divisionsstabes und so fort. Feierlich ernst waren die Beerdigungen in der Kirche und am Grab mit Begleitung der Divisionskapelle, die Rede von Kollege Backhaus, das Liturgische von mir. Und doch war es ein innerer Grimm, der einen erfüllte, als man den klebrigen Lehm der Champagne aus der Hand schleuderte auf den Sarg eines Menschen in der blühendsten Lebenskraft und in allen Beziehungen zu den Besten und Wertvollsten gehörig.

Nicht minder ergreifend sind die Massenbeerdigungen der Mannschaften, ohne Sarg, einer neben dem anderen, die verstümmelten Glieder über die umhüllende Zeltbahn herausragend, oft nichts als die Grabschaufler als Begleitung. Wenn aber das am Tag dreimal vorkam, man konnte nicht stumpf werden; aber es mußte eine Zeit kommen, wo man innerlich zerbrochen war.

Dann kamen der Reihe nach die Bataillone zurück; und aus all diesen Erlebnissen heraus ergaben sich Gottesdienste, wie ich sie noch nicht gehabt habe an packender Gewalt und innerster Verbindung mit den Hörern. – Und zum Totenfest kam der Abschluß dieser Tage der Toten und schwersten Leiden für die ganze Division. Der Bußtag ging vorüber, ohne daß infolge der Ablösungsverhältnisse ein Gottesdienst angesetzt werden konnte. Und wenn es möglich gewesen wäre, man hätte nur eine Totenfestrede halten können. Die Bußtagspredigt hat Gott selbst uns gehalten.

II. Von Advent bis Neujahr

Adventsstimmung, Weihnachtsstimmung, Silvesterstimmung, dieser wundervolle Abschnitt des kirchlich-religiösen Empfindungslebens, war Erinnerung und Absicht, aber nicht Wirklichkeit und Gegenwart. Die Erinnerung reichte nicht etwa bloß über den Krieg zurück, sondern ging auch auf das erste Kriegsweihnachten; jeder, der es miterlebt hat, verweilt gern dabei in Gedanken; aber es ist unwiederholbar; es hatte sich abgestumpft. So wurde Advent eine mit leiser Angst vor den kommenden Weihnachtstagen durchwebte tiefernste Zeit der Loslösung von allen Friedenshoffnungen. Weihnachten hatte überall nach Dutzenden von Aussagen etwas Gequältes, ein Versuch, der nicht gelingen konnte, da die absichtliche Produktion von Gefühlen mißlingen muß.

Der ganze Strom der Immanenz, der in das Weihnachtsfest eingeströmt ist und es zu einem Volks- und Familienfest gemacht hat, war

gehemmt durch die furchtbare Last der Gegenwart. Für den transzendenten Sinn des Evangeliums haben aber nur lebendig religiöse Naturen Verständnis, d. h. ein kleiner Teil der kommandierten Massen. So hatte Silvester–Neujahr etwas Befreiendes. Es ist nur wenig mit wehmütig stimmenden Gefühlsmomenten belastet, und man konnte mit unverschleiertem Blick auf das Ewige blicken, das so majestätisch über Zeit und Menschenleben sich offenbart hat.

Die wachsende Schwierigkeit besteht in der Gebundenheit der meisten an die Immanenz. Sie verband sich anfänglich mit dem begeisterten Siegeswillen, ging darin auf, wurde ihrer Kleinlichkeiten und Niedrigkeiten beraubt; und es entstand der Anschein einer Erhebung über die Immanenz. Das war aber nicht Wirklichkeit. In den darauffolgenden Monaten wurde mehr und mehr Disziplin, verbunden mit psychophysischer Abstumpfung auf der einen und lebhaftester Friedenshoffnung auf der anderen Seite, das tragende und haltende Moment. Als Gesamturteil wäre zu sagen: Nicht die Religion, sondern die Friedenshoffnung ist lebendige Kraft in der Seele der meisten. „Das ist das Einzige, was wir noch haben" ist keine vereinzelte Äußerung, sondern der Grundton. Die Macht der Immanenz ist in keiner Weise gebrochen. Da sie nicht in Form genießender Weltgebundenheit wirken kann, so wirkt sie als ungeduldige Sehnsucht.

Nun ist diese Hoffnung immer wieder enttäuscht worden, und mehr und mehr nimmt die trübe Gewißheit zu, daß der Friede in ganz unabsehbarer Ferne liegt; freilich hat die Hoffnung eine merkwürdige Widerstandskraft; da sie in der Tat das „Einzige" ist, so klammert sie sich an die dünnsten Fädchen, und immer wieder ist sie da. Aber die vielfache Enttäuschung läßt doch einen Bodensatz von Verbitterung zurück, der den nie vergessenen Bestand sozialistischer Bitterkeit an sich zieht und unsere Arbeit vor die alten Probleme der Friedensarbeit in verschärfter Form stellt. Das Gefühl der eigenen Unzulänglichkeit dieser Aufgabe gegenüber wäre unerträglich, wenn der anfangs vielfach gehörte Ruf zutreffen würde: „Nun hängt es von uns ab, ob diese Zeit zum Segen wird oder nicht." Solche Einschätzung der Subjektivität der Pastoren erweist sich den ungeheuren Realitäten gegenüber, die der Krieg je länger desto deutlicher offenbart, als unwahr und unerträglich. Unsere Verantwortung ist groß; aber viel größer ist die Gewalt der Tatsachen, deren wichtigste die Länge des Krieges ist.

Gehorsamst
Dr. Paul Tillich

6. SILVESTER 1914/15

Predigt, gehalten bei der 7. Reserve-Division

Text: Luk. 24,29

Liebe Kriegskameraden! Zwei Männer gehen über die einsame Straße von Jerusalem nach Emmaus. Die Sonne geht unter; ein letzter Strahl noch, dann bricht schnell die Dämmerung herein... und nun ist ein Dritter bei ihnen; plötzlich war er unter sie getreten; er hatte sie angeblickt, er hatte mit ihnen gesprochen, und ihre Seele hatte gebrannt bei seinen Worten. Sie sind angekommen; draußen ist es dunkel geworden, und sie wollen ihn nicht fortlassen in die Nacht, sie wollen ihn bei sich behalten mit dem göttlichen Geheimnis, das ihn umgibt, und sie sagen zu ihm: Bleibe bei uns, Herr, denn es will Abend werden, und der Tag hat sich geneigt.

Der Abend eines Jahres ist herangekommen, noch wenig Stunden, und das alte Jahr ist versunken in dem Meer der Vergangenheit, unwiederbringlich, mit allem, was es uns gegeben hat... genommen hat... mit Jubel und Tränen, mit Hoffnungen und Enttäuschungen, mit Liebe und mit Haß; und die Dunkelheiten der Zukunft senken sich über uns. – Wir aber machen halt in dieser Silvesterstunde und blicken zurück auf den Weg, den wir gegangen sind, und auf die, die mit uns gegangen sind, unsere Lieben und Freunde, unser ganzes Volk... und ihn, den geheimnisvollen Begleiter.

Es war am *Morgen des vergangenen Jahres*... auf mancherlei Weise haben wir ihn erlebt, die einen in Sorgen um das, was kommen würde, die anderen in Hoffnung, daß das Jahr ihnen Freude bringen würde, die dritten voller Gedanken an Arbeit, Geschäft, Beruf, ohne Zeit aufzublicken, viele im Taumel der Lust, in Rausch und Jubel; einige in stiller Sammlung vor Gott, im Vergehen eines Jahres den Hauch der Vergänglichkeit spürend und das Ewige suchend für ihre Seele. – Und dann gingen wir weiter, ein jeder seinen Weg in gewohnter Weise, Sorgen wurden leichter und neue kamen; Hoffnungen wurden enttäuscht, andere erwuchsen; Arbeit und Ruhe, Mühe und Lust wechselten ab; eine große Freude, ein großer Schmerz kam über uns. Die Wochen gingen, und man war mitten im neuen Jahr; es war ein altes Jahr geworden.

Aber es sollte ein neues Jahr werden wie keines zuvor. Es war am *Mittag des Jahres*, da wurde alles anders wie sonst. Was sonst das Wichtigste war, wurde unwichtig, und an was wir sonst kaum dachten,

wurde das einzig Wichtige; unsere Sorgen, unsere Hoffnungen schwanden vor einer einzigen Sorge, einer einzigen Hoffnung: das Vaterland. Arbeit und Beruf verließen wir; nur eine Arbeit und einen Beruf gab es, Kriegsmann sein. Von unseren Lieben mußten wir uns trennen, nur eine Liebe hatte Recht auf uns, die zum Vaterland. Leben und Tod, sie waren so viel wert, wie sie dem Vaterlande nützen konnten! – Und nun seht: In diesem Augenblick war eine Gestalt auf unserm Weg, auf unseres Volkes Weg getreten, ernst, majestätisch, geheimnisvoll und doch spürbar, eine Gestalt aus einer anderen Welt... und er ging an jeden von uns heran und sprach zu einem jeden von uns mit vernehmlicher Stimme... Ihr alle habt ihn vernommen: Damals, als es zuerst wie ein gewaltiges Rauschen durch die Welt ging, dann, als Ihr Abschied nahmt von Euren Lieben; dann, als die ersten Granaten wie Boten des Todes herankamen und Eure Kameraden fielen; als Ihr vielleicht selbst verwundet wurdet oder wunderbar gerettet; dann in den langen Wochen der täglichen Gefahr, des Stilleliegens und Durchhaltens. Er sprach zu Euch in unseren einsamen Stunden, auf Posten und Patrouillengängen, in schönen Gottesdiensten und zuletzt vernehmlich durch die Weihnachtsbotschaft. Und es wurde Euch warm ums Herz, wenn er da war. – Und so wurde es Abend und das Jahr ging zur Neige.

Abend ist es, und dunkel liegt vor uns das neue Jahr! Was wird es uns bringen? Sieg, Frieden, Rückkehr zu unseren Lieben... oder noch einen langen Krieg, Not und Unruhe, Wunden und Tod? Will's vielleicht auch Abend werden in unserm Leben? Hat sich auch unseres Daseins Tag geneigt? Wir wissen es nicht; nie konnten wir es so wenig wissen wie bei dieser Jahreswende! Nie ist das Dunkel der Zukunft so undurchdringlich gewesen! – Und so sprechen wir mit den Jüngern: Bleibe bei uns, Herr!

Wir haben ihn kennengelernt in dieser letzten Zeit, wie sollten wir ihn wegstoßen? Seine leuchtende Gestalt mit dem heiligen Ernst, die alles Unreine und Schlechte vertreibt, mit der barmherzigen Liebe, an die wir uns geklammert haben in so mancher furchtbaren Stunde, wer wollte sie entbehren? Wer könnte sie vergessen?

Und wenn wir ihn vergäßen und verstießen, wer sollte an seine Stelle treten? Was im Himmel und auf Erden gibt uns die Kraft, in die Zukunft zu blicken, denn er allein? Was uns zu Hause an diesem Tage falsche Ruhe gab, Besitz, Beruf, Menschen, es hilft uns heute nichts! Unsere Kraft? Ein Splitterchen von einer Granate, und der Stärkste ist dahin! Der Tod ist stärker! Geheimnisvolle Mächte, Himmelsbriefe und Zaubermittel! Manche klammern sich daran; aber es gibt ihnen

keine Ruhe; vielmehr macht es unruhig; denn es drängt sich zwischen Gott und uns, wie ein anderer Gott. Viele sprechen: Was kommen muß, kommt doch! Sie haben recht; aber nicht von einem dunklen, unbegreiflichen Schicksal kommt, was kommt, sondern von ihm, der uns das Beste schickt, was für uns kommen kann. – Das gibt uns die Kraft, auch heute in die Zukunft zu blicken!

Er, der zu uns gekommen ist, er will uns ja nicht verlassen im kommenden Jahr; er will bei uns bleiben und mit uns tragen; er geht auf allen unseren Wegen... durch Tiefen und Höhen, durch Wunden und Mühsal, in Leben und Tod. – Noch leuchtet der Weihnachtsbaum, leuchtet hinein in das neue Jahr; und durch seine Strahlen sagt Gott zu uns: Ich habe den Himmel zerrissen, um zu dir zu kommen in deine Nacht, um zu erleuchten auch die Nacht deiner Zukunft. Du sprichst: Bleibe bei uns, Herr, denn es will Abend werden; ich antworte: Siehe, ich bin bei Euch alle Tage bis an der Welt Ende!

So gehe denn hin, du altes Jahr, du großes Jahr 1914, mit allem, was du gebracht hast, mit allem, was du genommen hast, und komme herbei, du neues Jahr! Ob du auch dunkel bist, wir sehen dir getrost ins Angesicht, denn wir sprechen: Ich bin gewiß, daß weder **Tod noch Leben**, weder **Engel noch Fürstentümer noch Gewalten**, weder **Gegenwärtiges noch Zukünftiges**, weder **Hohes noch Tiefes**, noch keine andere Kreatur uns scheiden mag von der Liebe Gottes, die in Christo Jesu ist, unserem Herrn! Amen.

III. DIE DEUTSCHEN UNIVERSITÄTSJAHRE
1919-1933

Da es Tillich ermöglicht wurde, sich während des Krieges (1915) zu habilitieren, konnte er unmittelbar nach der Heimkehr seine Privatdozententätigkeit aufnehmen. Drei Freundesberichte (Anhang IV, V, VI) schildern den jungen Privatdozenten der Theologie – seine Art zu lehren, sein philosophisches Denken und sein Interesse für bestimmte Problemkreise. Und sie geben ein Bild seiner Persönlichkeit am Anfang der akademischen Laufbahn. Bis 1924 lehrte er in Berlin. In diese Zeit fiel auch seine Heirat mit Hannah Werner. Auf Rat des preußischen Kultusministers Becker folgte er einem Ruf als außerordentlicher Professor für Theologie nach Marburg. Tillich schreibt in seinen „Autobiographischen Betrachtungen" über die Marburger Zeit: „Während meiner drei-semestrigen Vorlesungszeit dort erlebte ich die ersten Auswirkungen der neuen Orthodoxie auf die Theologiestudenten. Das theologische Denken befaßte sich nicht mehr mit kulturellen Problemen. Theologen wie Schleiermacher, Harnack, Troeltsch, Otto wurden verachtet und verworfen, soziale und politische Gedanken aus der theologischen Diskussion verbannt. Der Gegensatz zu meinen Berliner Erlebnissen war überwältigend, zuerst deprimierend, dann anfeuernd – ein neuer Weg mußte gefunden werden. Damals begann ich in Marburg die Arbeiten an meiner ‚Systematischen Theologie'[1], deren erster Band 1951 erschienen ist[2]." Harald Poelchau hat in seinem Bericht (Anhang VII) versucht, die besondere Atmosphäre der Marburger Zeit einzufangen. – *Schon nach drei Semestern erwarteten Tillich eine neue Aufgabe und eine neue Stadt: Dresden. Sachsen mit seiner sozialdemokratischen Regierung war damals auf dem Gebiet der Kulturpolitik eines der fortschrittlichsten Länder Deutschlands. Es hatte gerade die akademische Ausbildung der Volksschullehrer eingeführt und berief Tillich als „Professor der Religionswissenschaft" – seine erste ordentliche Professur. Über die Bedeutung der Dresdner Jahre geben zwei Freundesberichte (Anhang VIII, IX) Auskunft. Als sich im Winter*

[1] Vorarbeiten dazu gehen auf die Jahre 1913/14 zurück, in denen er „72 Thesen zur systematischen Theologie" aufgestellt hat. (Sie befinden sich im Paul-Tillich-Archiv in Göttingen.)
[2] G. W. 12, S. 69.

1928/29 einige Professoren bemühten, die „Kulturwissenschaftliche Abteilung", in der Tillich lehrte, zum Rang einer den Universitäten gleichberechtigten Fakultät erheben zu lassen, aber dabei keinen Erfolg hatten, verlor Dresden seine Anziehungskraft für Geisteswissenschaftler. Eine Reihe von Professoren folgte Berufungen an Universitäten. So auch Tillich. Zwei Universitäten bemühten sich um ihn: Halle und Frankfurt. Die Theologische Fakultät Halle hatte ihm schon 1925 den Ehrendoktor verliehen, der Text der Urkunde erwähnt den Scharfsinn seines Denkens und seine Befähigung zum akademischen Lehrer (Anhang S. 582). So lag es nahe, daß Halle ihn berufen wollte. Die Motive der Frankfurter Philosophischen Fakultät waren andere. Tillich hatte sich auch durch seine philosophischen Schriften einen Namen gemacht. Sein Buch „Die religiöse Lage der Gegenwart" hatte ihn als Kulturkritiker ausgewiesen, und in der Bewegung des „Religiösen Sozialismus" nahm er eine führende Stelle ein. (Vgl. den Freundesbericht von August Rathmann, Anhang X.) All das machte ihn geeignet für die Philosophische Fakultät der Universität Frankfurt, die ihn auf den verwaisten Lehrstuhl von Max Scheler als „Professor für Philosophie und Soziologie" berief. Tillich schreibt in den „Autobiographischen Betrachtungen" darüber: „Frankfurt war die modernste und liberalste Universität, aber sie hatte keine theologische Fakultät. So ergab es sich, daß meine Vorlesungen sich auf der Grenze von Theologie und Philosophie bewegten und daß ich versuchte, die Philosophie für die zahlreichen Studenten, die philosophische Vorlesungen hören mußten, existenzbezogen zu machen[3]." Fritz Medicus, Tillichs ehemaliger Lehrer in Halle, kommentierte den Ruf nach Frankfurt in beinahe enthusiastischen Worten (Anhang XI); er kündigte eine neue philosophische Ära an. Seine Prophezeihung erfüllte sich nicht. Die politische Entwicklung forderte Tillich heraus. Er sah deutlich den heraufkommenden Nationalsozialismus und bezog schon lange vor 1933 mutig dagegen Stellung. Seine „Sozialistische Entscheidung" und seine Parteinahme für die Gegner des Nationalsozialismus innerhalb der Universität führten zu seiner Suspendierung vom Lehramt im Spätwinter 1933.

a) Der Theologe

Für den Kenner des Tillichschen Gesamtwerkes stellt sich an dieser Stelle die Frage, warum in diesen biographisch orientierten Band überhaupt theologische Aufsätze aufgenommen sind. Religiöse Krisis (7)

---
[3] G. W. 12, S. 69.

war für die „Schriften zur Theologie" zu zeitkritisch und für die „Schriften zur Zeitkritik" zu theologisch. Neue Formen christlicher Verwirklichung (8) behandelt ein wichtiges Thema zu wenig ausführlich und paßte darum nicht zu den umfangreicheren theologischen Abhandlungen. Natur und Geist im Protestantismus *(9) war zur Zeit der Herausgabe der theologischen Bände noch nicht bekannt, sondern tauchte erst später in Tillichs Nachlaß auf.* Die religiöse Bedeutung des Wassers *(10) war ein Beitrag zu dem Sammelband „Das Gottesjahr". (Vgl. den Bericht von Wilhelm Stählin, Anhang XII.) Die beiden Artikel über Weihnachten und Ostern gehören ihrer Form nach nicht in die theologischen Bände. Sie sind im strengen Sinne keine wissenschaftlich-theologischen Abhandlungen, sondern eher „religiöse Reden".*

Die sechs hier vereinigten Aufsätze verdanken also ihre Aufnahme in den vorliegenden Band keinem Prinzip, sondern Zufällen. Und doch tragen sie zum beabsichtigten Zweck des Buches bei, besonders die Beiträge 9, 10, 11. Die Abhandlung über die „Religiöse Bedeutung des Wassers" hat einen klaren biographischen Bezug, sie erhellt Tillichs Beziehung zu Berneuchen. Die Abhandlung über „Natur und Geist im Protestantismus" ist eine Weiterführung der Gedanken, die Tillich in dem Aufsatz „Natur und Sakrament" geäußert hat und erstmalig auf der Berneuchener Konferenz im September 1928 in Schulpforta vortrug. Von den beiden Beiträgen über „Weihnachten" und „Ostern" war von Tillich selbst nur der erste mit dem Obertitel Der Glaube an den Sinn *(11) belegt worden. Da der Oster-Artikel – wenn auch unter anderem Aspekt – ebenfalls die Sinnfrage erörtert, schien es erlaubt, ihn dem gleichen Titel zu unterstellen. Beide Texte sind für den Tillich der zwanziger Jahre charakteristisch: Nach der Marburger Semesterabschluß-Predigt war er nicht mehr zum Predigtdienst verpflichtet. Darum sind aus jener Zeit keine Predigten von ihm vorhanden. Den Oster-Artikel schrieb er wohl auf Anforderung der Vossischen Zeitung; die Entstehungsgeschichte des Weihnachtsartikels liegt jedoch im Dunkel, er ist nur als ein Schreibmaschinenskript vorhanden, aus dem nicht ersichtlich ist, für welchen Zweck es geschrieben wurde. Zweifellos stehen beide Artikel in Tillichs Wirken an der Stelle, die in anderen Lebensperioden die Predigten einnehmen. Wer Tillich in der Dresdner oder Frankfurter Zeit kennenlernte, konnte den Eindruck gewinnen, daß er der Kirche sehr ferngerückt war. „Weihnachten" und „Ostern" bekunden, daß er den Auftrag der Kirche in anderer Weise wahrnahm. Aber Tillich wählte dafür nicht die traditionelle Predigt, das hätte seinem apologetischen Bewußtsein jener Zeit widersprochen. Er meinte, für die „Draußenstehenden" in dieser Form „predigen" zu müssen.*

7. RELIGIÖSE KRISIS

Es wäre ein vernichtendes Urteil über unsere Zeit, vernichtender als das unsrige über die „wilhelminische Epoche", wenn ein künftiger Historiker von ihr schriebe: „In jener Zeit wandten sich die Menschen wieder der Religion zu; überall gewannen die religiösen Fragen an Interesse, die religiösen Probleme an Tiefe, die religiösen Bewegungen an Kraft und Ausdehnung. Der Geist, müde seiner Selbstentwürdigung in Materie und Technik, kehrte zu sich und seinen Wurzeln zurück und fand in dem Religiösen die Quellen seiner schöpferischen Kraft. Es war eine Zeit, der idealistisch-romantischen Periode vergleichbar und von ihr allseitig befruchtet; es war trotz aller Steigerung der ungeistigen Kräfte durch die anarchische Wirtschaftslage eine religiöse Zeit." Vernichtend könnte ein solches Urteil sein; denn es könnte besagen: „Dieser Zeit fehlte Gott; an seiner Stelle aber hatte sie Religion. Nachdem sie es mit Technik und Weltpolitik, nachdem sie es mit Formkunst und Formphilosophie, nachdem sie es mit Vergötterung von Nation oder Klasse versucht hatte und damit verunglückt war, versuchte sie es mit der Religion." Wenn der Mensch es aber mit der Religion versucht, so ist dafür gesorgt, daß er viel gründlicher damit scheitert als mit irgend etwas anderem; den Beweis dafür hat alle Romantik von Kaiser Julian bis zur Gegenwart gebracht. Denn es liegt immer ein Stück Gott-Versuchen darin, ein Wille, Gott zum Nothelfer der Kulturkrisis oder der Seelenkrisis zu machen. Alles Gottsuchen ist Gottversuchen, wenn es um etwas anderen als um Gottes willen geschieht; und es mißlingt notwendig.

Die Frage ist also: Will unsere Zeit Religion, d. h. eine Kulturform neben oder über anderen, um damit ihre Kultur zu retten, ihr eine neue Quelle, vielleicht die schöpferische Quelle überhaupt zu eröffnen? Oder will sie Gott, einfach, schlicht, ohne Rücksicht auf etwas anderes, ganz gleich, ob dadurch die Kultur gefördert wird oder nicht? Im ersten Falle ist es sicher, daß sie scheitern wird; denn eine Religion, die um der Kultur willen gesucht wird, findet weder Gott, noch schafft sie Kultur. Im zweiten Falle ist es sicher, daß Gott gefunden wird; denn es ist gar nicht möglich, ihn um seiner selbst willen zu suchen, ohne daß er schon da ist und diesen Willen schafft. Welche Folgen das aber für die Kultur haben wird, kann niemand sagen. Es ist möglich, daß die Kulturkrisis weitergeht und zu einer Selbstzerstörung der Kultur führt; es ist möglich, daß sie neue machtvolle Impulse erhält. Unter allen Umständen aber bleibt eins sicher: die Gottesfrage darf keine Kulturfrage werden; diese Gefahr ist schwer zu überwinden

in einer Zeit, wo die Sehnsucht nach Gott aus der Kulturkrise geboren ist und wo eine übersteigerte Reflexion jedes Wachstum zu töten droht. Es ist mit höchster Gefahr verbunden, das Werden einer neuen religiösen Zeitstimmung zu beobachten, weil das Religiöse immer zur Entscheidung treibt und ein objektiv beobachtendes Verhalten zu ihm Gottlosigkeit ist. Es ist überhaupt nur möglich, wenn es geschieht auf dem Boden eines eigenen Gottesbewußtseins, von dem aus kritisch Stellung genommen wird zu den vorhandenen Formen nach dem Maß ihrer Gottesnähe oder Gottesferne. Natürlich kann man die rein äußeren Erscheinungsformen objektiv auffassen und darbieten; aber dann hat man gerade das, worauf es nicht ankommt; will man in das Innere dringen, so kann man es nur tun mit der Verantwortlichkeit eigener Gottesverkündigung. Es ist in Zeiten wachsender Religionsbejahung viel notwendiger als in Zeiten der Indifferenz und Feindschaft, daran zu erinnern, daß Gott ein verzehrendes Feuer ist.

In der gegenwärtigen religiösen Lage kommt zur Auswirkung, was im späten Mittelalter angelegt ist und die Geschichte der letzten 500 Jahre entscheidend bestimmt hat: der Übergang aus einer unmittelbaren Gottgebundenheit des Bewußtseins in eine autonome Geisteshaltung, in der Gott nicht das Unmittelbare, sondern das Vermittelte ist. Er wird vermittelt durch die kirchliche oder biblische Autorität und durch das rationale Denken. Aus der Vermittlung durch die kirchliche Autorität entwickelte sich der römische Katholizismus, dessen Fundamentalartikel die Kirche ist; aus der Vermittlung durch die biblische Autorität der doktrinäre Protestantismus, dessen Fundament die Schrift ist; aus der Vermittlung durch die rationale Theologie entwickelte sich die Aufklärung und ihre Folgeerscheinungen. Die religiöse Unmittelbarkeit aber zog sich zurück auf das individuelle Subjekt, in den Mystikern der Gegenreformation und des Pietismus, in den Gerechtfertigten oder Prädestinierten der Reformation, in den religiösen Ethikern der Aufklärung und den religiösen Ästhetikern der Romantik bis zur Gegenwart. Religion war aus einer Sache der gemeinsamen geistigen Substanz zu einer Sache der individuellen Formung geworden. Sie war aus dem Stadium des Universal-Gegebenen in das Stadium des Individuell-Schöpferischen getreten. Nun ist es aber das Verhängnis des individuellen Schöpfertums, daß es zehrt von dem Gehalt der unmittelbaren Geistessubstanz und daß es sie in immer sublimierterer Formgebung aufzehrt, bis ein Äußerstes an Formvollendung ein Mindestmaß von Gehalt zum Ausdruck bringt. In dem Zerbrechen dieser höchst geformten Form kündigt sich dann die Sehnsucht nach einem neuen Gehalt an. – Damit sind wir aber von dem

eigentlich religiösen Boden auf den kulturellen übergetreten, und wir mußten es, weil die religiöse Entwicklung selbst es tat. Zwar die kirchliche Autorität der katholischen Kirche hielt dem Ansturm des Subjektivismus stand; die individualistische Mystik wurde ausgerottet; aber mitten in den Protestantismus hinein brach der Strom der Aufklärung und riß das autoritative Fundament, die Schrift, mit sich hinweg. Die Religion ging ein in den Kulturprozeß, das Gottesbewußtsein in das Weltbewußtsein, die Offenbarung in die Religions- und Geistesgeschichte: sie ging in ihn ein und ging in ihm unter. Das neunzehnte Jahrhundert offenbarte alle Konsequenzen dieser Entwicklung, und die Gegenwart steht ihnen in verzweiflungsvollem Ringen gegenüber.

Denn auch die Kultur hatte eine analoge Entwicklung durchgemacht. Sie verlor die religiöse Erfülltheit und Gottgebundenheit und wurde profan und individualistisch. Auf theoretischem Gebiet ging der Realismus in den Nominalismus über, d. h. die sinnlich gegenständliche Einzelwirklichkeit wird als das wahrhaft Seiende angesehen, nicht die allgemeine Wesenheit, die in ihr zur Individuation kommt. Die Einzelpersönlichkeit löst sich los aus dem übergreifenden sozialen Zusammenhang, den sie bisher lediglich repräsentierte; sie wird autonome Wesenheit, auch dann, wenn sie sich der Kirche unterwirft. Der Einzelstaat wird selbständig gegenüber der einheitlichen Christenheit, deren nationaler Repräsentant er bisher war. Und mit der Individualisierung geht Hand in Hand die Profanisierung: das Einzelwesen ist herausgetreten aus der mystisch-realistischen Einheit, die Einzelpersönlichkeit, der Einzelstaat aus der mystisch-sozialen Einheit. Sie treten unter das Gesetz ihrer Eigenheit und sind zusammengeschlossen nur durch die abstrakte Einheit des allgemeinen Natur- und Vernunftgesetzes. Es beginnt die individuell-schöpferische Periode, der wir alle großen Geistestaten seit der Renaissance verdanken, die selbst die Religion in sich aufnimmt und aus sich heraus neu zu schaffen sucht und die schließlich dem Verhängnis verfällt, einerseits in höchster individueller Formzuspitzung sich zu entleeren, anderseits in den Massen der Bildung und Unbildung eine unerhörte Formlosigkeit und Gehaltlosigkeit zugleich zu bewirken.

Aus diesen Voraussetzungen ergibt sich der Sinn unserer gegenwärtigen Hinwendung zur Religion. Sie ist Ausdruck der Sehnsucht nach einer neuen Unmittelbarkeit des Gottesbewußtseins. Sie ist die Abwendung von der individuell-schöpferischen Periode und die Hinwendung zu einer neuen universalen gotterfüllten Geisteslage. Das Suchen nach Gott ist zugleich das Suchen nach dem unbedingten Ge-

halt, von dem alle Form zehrt. Damit ist die Größe und die Gefahr unserer Lage gekennzeichnet; die Größe, daß es sich nicht mehr um etwas Einzelnes, einen kulturellen Neubau, eine inner-religiöse Reformbewegung handelt, sondern um die unbedingte Hinwendung zu dem Unbedingt-Wirklichen; die Gefahr, daß diese Hinwendung ein Mittel wird zur Kultur- und Religionserneuerung und damit das Schicksal unserer Zeit im Dienst des bloß Zeitlichen vergeudet wird. Wir werden also an die religiöse Bewegung der Gegenwart mit der doppelten Frage herantreten: Wurzelt sie in der Tiefe, aus der ein neues Schicksal, nicht nur eine Reform geboren wird? Und bewahrt sie dieses Schicksal vor der Verkehrung ins bloß Kulturelle? Ist es Schicksalsgewalt, die aus den religiösen Bewegungen der Zeit spricht?

Es ist unmöglich, diese Frage objektiv zu beantworten; das Schicksal ist in den Zeiten seines Werdens dem Blick verborgen. Es ist da, aber man weiß nicht, wo es ist. Es gehört zu seiner Größe, daß es im Verborgenen wird; nur das Leblose hat keine verborgenen Werdensstunden; das Lebendige aber tritt eines Tages hervor, unzweifelhaft und unwiderleglich. Man kann es dann nachträglich verfolgen bis an die Quellen seiner Existenz; die letzte Tiefe aber bleibt verborgen. Nur eins ist spürbar: daß überhaupt ein Schicksal da ist, daß eine Entscheidungsstunde schlägt, daß irgendwo, ungreifbar, unfaßbar, aber wirklich, ein Neues wird, daß in viele Seelen zugleich ein Leben einströmt aus unerforschbarer Tiefe, aus irrationaler überindividueller Urschöpfung. Es ist das alte Wort vom Wehen des Geistes, das man wohl wahrnimmt, aber von dem man nicht weiß, woher es kommt und wohin es geht, das in allen Schicksalsstunden der Menschheit zur Wahrheit wird. Wir spüren etwas vom Wehen dieses Geistes; wir ahnen eine Zeitenwende; wir sehen fragend, hoffend, zweifelnd auf tausend Vorgänge im Leben der Zeit und wagen doch nicht zu sagen: Hier ist es und dort ist es; wir können nur mit dem Maßstab unseres eigenen Bewußtseins urteilen: so kann es nicht sein, und so müßte es sein! Und wir werden selbst damit ein Element der Bewegung, die auch an uns ihr Gericht vollzieht.

Die religiöse Bewegtheit der Gegenwart kann in drei Sphären beobachtet werden: in der spezifisch religiösen Sphäre, in der kulturellen Sphäre und in der Sphäre des unmittelbaren Gemütslebens. Die erste ist getragen von den Kirchen und religiösen Gemeinschaften, die zweite von der intellektuell-künstlerischen Geistigkeit einerseits, der sozialen Strömung andererseits, die dritte ist verkörpert in der Jugendbewegung. – Was die erste Sphäre betrifft, so ist bei dem typischen Konservatismus alles Kirchentums nicht entscheidend, daß

gegenwärtig in keiner Konfession eine eigentliche Bewegung festgestellt werden kann. Erschwerender für den Protestantismus ist aber, daß er sich innerlich mit dem politischen Konservatismus nationalistischer Observanz aufs engste verbunden weiß, und daß die subjektiv lebendigsten Kreise der Gemeinschaftsbewegung und des Pietismus an traditioneller Gebundenheit die offizielle Kirche noch weit übertreffen. Die hochkirchliche Bewegung hat mit aller Romantik dies gemein, daß sie von der Erneuerung der Form her den Gehalt neu schaffen will, ein Unternehmen, das, wenn auch in sich widerspruchsvoll, so doch ein Zeugnis darstellt für die Sehnsucht nach universalem religiösem Gehalt auch in streng kirchlichen Kreisen. — Von den romantisch- und sozialreligiösen Bewegungen auf katholischem Boden ist noch in keiner Weise zu sehen, inwieweit sie Einfluß auf die Kirche und damit auf das eigentlich katholische Leben gewinnen werden. Ihre Anregung verdanken sie jedenfalls nicht dem kirchlichen Leben, sondern der allgemeinen geistigen Lage. So hoch also und unvergleichlich die Bedeutung der Konfessionen auch heute für die Erhaltung und Übermittlung des religiösen Bewußtseins ist, als Träger der religions- und geistesgeschichtlichen Krisis kommen sie erkennbar zur Zeit nicht in Betracht.

Wir hatten schon oben bemerkt, daß die treibende Kraft des geistigen Lebens in die Kulturbewegung übergegangen ist, so sehr, daß sie sogar das Religiöse in sich aufgenommen hat und aus sich heraus neu schaffen will. Der Strom religiöser Grundstimmung, der durch das künstlerische Schaffen der Gegenwart in Dichtung und Schauspiel, in Malerei und Tanz geht, der nicht nur religiöse Gegenstände neu aufnimmt, sondern, was unendlich viel wichtiger ist, alle Gegenstände auf einem mystisch-religiösen Untergrund sieht; das Wiedererwachen der Gehaltsphilosophie nach einer Periode des extremen Formalismus; das Verständnis aller Wissenschaft aus einer letzten Stellung zur Welt heraus, der Mut zu einer inhaltsvollen Geschichtsphilosophie und selbst die Sekten bildende Kraft anthroposophischer Mystik; das alles zeigt die Wendung der logisch-ästhetischen Kultur zu einer neuen religiösen Unmittelbarkeit. Die Frage ist nur die: Wird eine neue Ästhetik, eine neue Logik, eine neue Form also des Gestaltens und Begreifens das Resultat sein, oder wird die Form nichts sein wollen als Ausdruck der erschütternden Wirklichkeit des gegenwärtigen Gottes? In der praktischen Sphäre des Kulturlebens ist es der Ruf nach Erlösung der Seele von der Knechtschaft des Wirtschaftlichen und Technischen, die ungeheure Sehnsucht nach einer neuen Gemeinschaft über den Gegensätzen der Nation, der Konfession und der Bildung, deren gewaltigster, wenn

auch vielfach verzerrter Ausdruck der Sozialismus ist, – worin der Wille zur Gegenwärtigkeit des Unbedingten sich darstellt. Hier liegt mehr als in allem andern das Zeit-Schicksal beschlossen, und hier muß es sich vor allem entscheiden, ob das Bedingte siegen wird oder das Unbedingte, die Kultur oder Gott. Die religiös-soziale Bewegung in ihren mancherlei Formen beginnt immer stärker diese Alternative zu sehen und auf die Entscheidung für das Unbedingte hinzudrängen. Denn Sozialismus ohne Gemeinschaft ist nur eine neue Form der Zerspaltenheit, und Gemeinschaft ohne Verwurzelung im Unbedingten muß über kurz oder lang zerfallen.

Die Jugendbewegung endlich ist zu charakterisieren als Auflockerung aller gegenständlichen und gesetzlichen Fixierungen, als Suchen des Unmittelbaren, als Wille zum Unbedingten gegenüber allen Vermittlungen und Kompromissen der bürgerlichen Kultur; sie hat dementsprechend keine inhaltliche Bestimmtheit; sie spielt in den mannigfaltigsten Farben; aber keine ist für sie konstitutiv; grundlegend ist allein das Erlebnis einer ursprünglich schöpferischen Welt in einer seelischen Schicht, die tiefer ist als alle Kulturformung, in der das Unbedingt-Wirkliche selbst durchbricht. Es ist eine tiefgehende und entscheidungsvolle Auflockerung aller gegebenen Formen, die hier vor sich geht. Darum aber kommt alles darauf an, was in diesen gelockerten Boden gesät wird, ob die Subjektivität des Gemüts, die hier so bedeutungsvoll ist, leere, willkürliche Subjektivität bleibt, oder ob sie weitergetrieben wird zu dem, was über Gemüt und Form, über Bestimmtes und Unbestimmtes erhaben ist, zu dem Unbedingt-Wirklichen, das zugleich die ewige Schöpfung und die unbedingte Geltung der Form in sich trägt. So ist die Gottesfrage zugleich die Schicksalsfrage der Jugendbewegung.

Diese kurzen Bemerkungen über die religiösen Bewegungen der Gegenwart sollten Hinweise sein, nichts weiter; jede von ihnen erfordert eine gesonderte Behandlung. Vor allem aber: jede von ihnen fordert lebendige Fühlung und treibt zu persönlicher Entscheidung. Nur wer in dem gewaltigen inneren Ringen steht, das diesen Namen andeutet, kann etwas spüren von dem „*Kairos*", der Schicksalsstunde der Zeit. Daß ihr Sinn nicht sein darf: „neue Religion" oder „kultureller Aufbau", sondern das unbedingte Ja zum Unbedingten, also Gott – das zu zeigen oder besser, zu solcher Sinngebung aufzurufen, ist der Wille dieser Worte.

8. NEUE FORMEN CHRISTLICHER VERWIRKLICHUNG

Eine Betrachtung über Sinn und Grenzen evangelischer Katholizität

Katholizität heißt Geltung für alle, und zwar in dem doppelten Sinne von Anspruch *an* alle und Angemessenheit *für* alle. Die katholische Kirche vertritt mit ihrem Namen den Anspruch des Christentums, für alle zu gelten und für alle angemessen zu sein. Sofern nun dieser Anspruch mit dem Christentum unlöslich verbunden ist, kann es keine christliche Kirche geben, die nicht der Idee nach katholisch wäre. Denn eine Einschränkung jenes Anspruches würde bedeuten, daß das Evangelium nicht „Evangelium" ist, nämlich Botschaft von der Erlösung der Welt. Von hier aus gesehen ist „evangelische Katholizität" keine seltsame, paradoxe Zusammenstellung, sondern eine Selbstverständlichkeit.

Aber damit ist das aktuelle Problem nicht berührt. Es ist darin gegründet, daß die evangelischen Kirchen den Anspruch der katholischen Kirche auf Katholizität nicht anerkennen. Weder ihre Geltung noch ihre Angemessenheit für alle wird zugestanden. Es wird ihr das Recht bestritten, sich als bevollmächtigte Vertreterin der evangelischen Verkündigung auszugeben. Dieses Recht nehmen mit Berufung auf die Bibel die evangelischen Kirchen für sich in Anspruch. In den Kämpfen der Reformationszeit wird der römischen Kirche geradezu dämonische Verhüllung und Verzerrung des Evangeliums, wird ihr Antichristentum vorgeworfen. Und doch bleibt der Name „katholisch" an ihr haften, während Katholizität auf evangelischem Boden fast als Paradoxie erscheint. Es muß also eine besondere Beziehung zwischen der römischen Kirche und dem universalen Geltungsanspruch des Evangeliums bestehen. Ist diese Beziehung verstanden, so ist auch der Sinn des aktuellen Begriffes „evangelische Katholizität" verstanden.

Katholische Schriftsteller lieben es zur Zeit, ihre Kirche als *complexio oppositorum* darzustellen, das heißt wörtlich: „Zusammenballung des Entgegengesetzten", dem Sinne nach: „Vereinigung der größtmöglichen Spannung". In dieser Formel ist die Antwort auf unsere Frage enthalten: Der Katholizismus gründet seine Angemessenheit für alle darauf, daß er von allen etwas in sich aufgenommen hat. Er hat Jüdisches und Heidnisches, Theokratisches und Sakramentales, Kultisches und Mythisches, Asketisches und Weltliches, Hochkirchliches und Sektenhaftes, Priesterliches und Laienhaftes, Biblisches und Traditionelles in sich zusammengeschlossen. Er schließt nichts aus, sofern es sich

der Einheit des Ganzen unterordnet. Diese Einheit ist darum sein höchstes Prinzip, der erste und grundlegende Gegenstand des Glaubens. Der römisch-katholische Universalismus ist ein Universalismus des Entgegenkommens, der Aufnahme alles dessen, was da ist, sofern es sich nur aufnehmen läßt.

Ganz anders der Protestantismus. Auch er erhebt den Anspruch an alle. Aber nicht so, daß er sich zu allen herniederläßt und aufnimmt, was sie an religiösen Gehalten mitbringen, sondern so, daß er allen vorgegebenen Besitzstand, alle menschliche Frömmigkeit unter ein radikales Nein stellt. Der römischen Kirche wird vorgeworfen, daß sie mit der Katholizität des Entgegenkommens antichristliche Elemente in sich aufgenommen habe. Ihr Wille, allen angemessen zu sein, habe sie dazu verführt, das Fundament ihrer wahren Katholizität zu verlassen: das im Kreuz Christi geschehene Gericht über alle menschliche Möglichkeiten, insbesondere über alle menschliche Religion. Nicht die Zusammenfassung religiöser Möglichkeiten, sondern die Tat Gottes in Christus sei Grund und Inhalt christlicher Katholizität. Von der Verkündigung dieser Tat aus – dem eigentlichen Inhalt der Bibel – sei jede Kirche zu beurteilen und zu richten. Evangelische und damit im wahren Sinne allgemeine, katholische Kirche sei nur da, wo die Verkündigung rein und unvermischt mit Elementen menschlicher Religion, heidnischer und jüdischer, geschieht. Die evangelische Kirche kann sich darum auch nicht als eine religiöse Möglichkeit neben anderen verstehen, ebensowenig wie als Inbegriff aller entgegengesetzten religiösen Möglichkeiten – sondern nur als Ort der Verkündigung dessen, was alle menschliche Möglichkeit übersteigt. Ihre Katholizität ist völlig gebunden an den Inhalt ihrer Verkündigung, in keiner Weise an ihre eigene Existenzform.

Hier nun entsteht das aktuelle Problem der evangelischen Katholizität. Es erhebt sich die Frage, ob die evangelische Kirche wirklich nur ein Ort der Verkündigung dessen sein kann, was jenseits jeder religiösen Verwirklichung liegt, ob sie nicht selbst religiöse Wirklichkeit ist – dann aber nicht wie der Katholizismus universal, sondern partikular, nicht *complexio oppositorum*, sondern selbst ein *oppositum*, eine unter anderen Möglichkeiten. Es kann nicht bestritten werden, daß der Zustand der evangelischen Kirchen zur Bejahung dieser Frage zwingt. Sie sind – gegen ihren Sinn – eine Kirche *neben* anderen. Zwar ist auch der Katholizismus durch den Gegensatz zum Protestantismus partikularer, römischer, unkatholischer geworden. Aber er hat noch immer den Reichtum dessen in sich, was er in seiner Vergangenheit aufgenommen hat, und die grundsätzliche Freiheit, mit Hilfe des Prin-

zips der Tradition Neues aufzunehmen. Der Protestantismus dagegen hat das meiste aus der christlichen Vergangenheit abgestoßen und sich selbst durch die Bindung an die biblische Situation verengt. Er ist ärmer, begrenzter in seiner Verwirklichung. Der kultische, mystische, priesterliche Geist findet nur schwer eine Stätte in ihm. Seine Formen sind nüchtern, intellektuell bis ins Lehrhafte und Moralische. Fast nur das Zentrum der Persönlichkeit wird in Anspruch genommen. Das seelische und vitale Fundament des menschlichen Seins wird kaum getroffen. Darum fehlt ihm die Wirkung auf die Massen, die nur möglich ist durch objektive, symbolkräftige Institutionen.

Ist diese Lage endgültig? Das Programm der evangelischen Katholizität verneint es und will darüber hinausführen. Die Angemessenheit der christlichen Verkündigung für alle soll sich darin zeigen, daß der Protestantismus die begrenzte, partikulare Form seines Daseins überwindet, daß er erstens diejenigen Elemente des Katholizismus wieder aufnimmt, die von seinem Protest nicht notwendig mitgetroffen sind, und daß er zweitens noch über den Katholizismus hinaus sich mit den Schöpfungen der profanen Kultur verbindet. – Die erste Forderung wird namentlich von denjenigen Bewegungen erhoben, denen es auf kultische Verwirklichung ankommt und die den Protestantismus über den Zustand fast völliger kultischer Auflösung hinausführen wollen, in dem er sich befindet. Der Reichtum der altkirchlichen Formen soll aufgenommen werden, der ursprüngliche, unverdorbene Sinn zahlreicher katholischer Einrichtungen bis hin zu Kloster, Messe und Marienkult soll herausgearbeitet und zur Grundlage evangelischer Gestaltung gemacht werden. – Die Grenzen dieses Versuches liegen in einem doppelten: Zunächst ist es unmöglich, an Jahrhunderte lang unterbrochene religiöse Traditionen im Ernst (d. h. nicht nur ästhetisch oder durch Einfühlung) anzuknüpfen. Dann aber und vor allem würde der Sinn evangelischer Katholizität in sein Gegenteil verkehrt werden, wenn die Aufnahme katholischer Tradition zu einer Abschwächung des radikalen protestantischen Protestes führen würde, wenn religiöse Gestaltungen an die Stelle der Unbedingtheit und Freiheit des göttlichen Handelns treten würden. Und diese Gefahr ist nur äußerst schwer zu vermeiden.

Die andere Forderung kommt unmittelbar aus der geistigen und gesellschaftlichen Lage der Gegenwart. Sie will, daß die ganze Breite des profanen Lebens direkt, ohne Vermittlung ausdrücklich kultischer Gestaltung, unter die kritische und zugleich erfüllende Kraft der evangelischen Verkündigung gestellt werde. Sie will, daß der Protestantismus sich öffne für die ganze Breite menschlicher Möglichkeiten. Und sie

meint, daß gerade er es könne, weil er an keine, auch an keine religiöse Möglichkeit gebunden ist. Vielleicht ist diese Art evangelischer Katholizität die eigentlich protestantische. Sicher ist sie die gegenwartsnächste und von der Gegenwart geforderte. Auch sie freilich hat eine Grenze: Die kritische Gewalt der christlichen Verkündigung jeder menschlichen Schöpfung gegenüber darf die Kultur nicht weniger treffen als die Religion. Die Angemessenheit der christlichen Verkündigung für alle ist keine einfache Bejahung der menschlichen Möglichkeiten, weder der kultischen noch der profanen, sondern sie bedeutet, daß alle jene Möglichkeiten unmittelbar in das Nein und Ja der christlichen Verkündigung gestellt werden können und müssen. Und sie bedeutet Verwirklichung und Gestaltung aus dieser Verkündigung in der ganzen unbeschränkten Breite jener Möglichkeiten. Evangelische Katholizität ist die Befreiung des protestantischen Prinzips aus der Enge seiner evangelisch-kirchlichen Verwirklichung. Sie ist universaler als der römische Katholizismus und bringt gerade in dieser Universalität den Radikalismus der christlichen Botschaft zum Ausdruck. Um evangelische Katholizität ringen heißt um eine christliche Verwirklichung ringen, die katholisch ist, ohne sich der römischen Katholizität zu unterwerfen, die protestantisch ist, ohne an die Enge des evangelischen Kirchentums gebunden zu sein. Evangelische Katholizität in diesem Sinne ist das Ziel alles Ringens um neue Formen christlicher Verwirklichung.

9. NATUR UND GEIST IM PROTESTANTISMUS

Der Protestantismus ist kein eindeutig festgelegtes Gebilde wie der Katholizismus. Aus einem Protest hervorgegangen, in ständigem Protest gegen sich selbst und jede seiner Erscheinungsformen sich entwickelnd, ist er schwerer zu fassen als irgendeine andere religiöse oder kirchliche Gestalt. Das gilt für seine dogmatische Grundlegung wie für seine kirchliche und religiöse Ausgestaltung. Immerhin ist es möglich, in diesen Beziehungen einige grundlegende Merkmale, die zu allen Zeiten da sind, festzustellen. Sehr viel schwieriger ist es dagegen, über die Stellung des Protestantismus zu Fragen der Wissenschaft, Philosophie und Weltgestaltung etwas Eindeutiges zu sagen. Der Protestantismus hat es von Anfang an abgelehnt, sich in dieser Richtung festzulegen. Wie er keine tragende soziale Gruppe, kein Priestertum hat, wie er

kein kanonisches Recht kennt, so fehlt ihm auch eine kirchlich festgelegte Sozialethik und eine dogmatisch begründete Stellung zu den Fragen der Philosophie und Politik. Es ist unmöglich, eindeutig zu bestimmen, was evangelische Politik, evangelische Kunst, evangelische Wissenschaft, evangelische Menschenauffassung usw. ist. In all diesen Dingen scheint der Protestantismus zwischen den großen Mächten des Katholizismus einerseits, des profanen Humanismus andererseits hin und her zu schwanken und bald an den einen, bald an den anderen seine Selbständigkeit zu verlieren. Daß dem Protestantismus eine dem Zentrum gleichwertige, evangelische Weltanschauung und Politik repräsentierende Partei fehlt, hat hier seinen Grund. Daraus ergibt sich auch die Unmöglichkeit, über die Frage, die uns gestellt ist, wie Natur und Geist sich nach protestantischer Auffassung zueinander verhalten, eine eindeutige Antwort zu geben. Und doch gibt es ein protestantisches Prinzip, das ebenso lebendig und wirksam ist, wie die protestantische Verwirklichung vieldeutig und fragwürdig ist. Die gesamte neuere Geschichte, die Gestaltung der Welt nach allen Richtungen ist wesentlich mitbestimmt durch die verborgene Wirkung dieses Prinzips. Es wirkt ebenso im gegenreformatorischen Katholizismus wie im Sozialismus. Es wirkt in der klassischen deutschen Philosophie und Dichtung wie in der technischen Weltgestaltung der angelsächsischen Völker. Es bestimmt den Humanismus in all seinen Formen, auch in denen, die Religion und Christentum feindlich gegenüberstehen. Protestantismus kann nicht begriffen werden von den Lehren und Einrichtungen der evangelischen Kirchen. Sie sind nur ein Ausdruck seines Wesens. Er muß vielmehr verstanden werden als ein weltgeschichtliches Prinzip von umwälzender Kraft und allumfassender Wirkung. Von dieser Voraussetzung gehen wir an die uns gestellte Frage heran.

Das Verhältnis von Natur und Geist zeigt sich in jeder Weltanschauung am deutlichsten da, wo es lebendige und praktische Bedeutung gewinnt: in der Auffassung des Menschen, in der Frage nach dem Verhältnis von Leib und Geist. Denn der Mensch ist ja die Stätte, in der Natur und Geist jene erstaunliche Einheit bilden, die das erste und letzte Problem der Philosophie bleibt. Machen wir uns zunächst die Stellungnahme der beiden dem Protestantismus gegenüberstehenden Weltanschauungen zu unserem Problem klar. Auf der einen Seite der Humanismus, dessen Name schon besagt, daß er im Humanen, Menschlichen den höchsten Wert sieht, und der darum eine Harmonie von Leib und Seele für das menschliche Ideal erklärt. Daraus ergibt sich die Auffassung, daß Leib und Seele, Natur und Geist eine unlösliche Einheit bilden und daß in der vollkommenen Harmonie beider das menschliche

Ideal erreicht ist. Von daher kommen die mannigfaltigen Bewegungen zur Entfaltung und Durchformung der leiblichen Kräfte. Es folgt ein einfaches, ungebrochenes Ja zur Leiblichkeit, zum menschlichen Körper, zur Geschlechtlichkeit. Der Geist gilt hier nicht als Widersacher, sondern als feinste Blüte des Natürlichen. – Demgegenüber gilt auf katholischem Boden der Asket als die höchste menschliche Möglichkeit, das Verzehrtwerden des Natürlichen durch die Macht des Übernatürlichen, des Leibes durch die Inbrunst des Geistes. Daraus folgt eine starke Zurückhaltung gegenüber dem Leiblichen, eine asketische Eingrenzung des Geschlechtlichen, eine Ablehnung des humanistischen Glaubens an die Einheit von Leib und Seele. – Es fragt sich nun, wie sich der Protestantismus zu diesem Gegensatz stellt und damit zu dem Gegensatz in der Auffassung von Natur und Geist überhaupt. Bringt er ein neues Prinzip oder schwankt er nur zwischen den beiden großen Welthaltungen? Die Beantwortung dieser Frage ist in eindeutiger Weise nicht möglich. Der Protestantismus hat zahlreiche Typen ausgebildet, deren jede eine besondere Lösung des Problems gibt. Es kann aber gezeigt werden, daß trotz alledem ein einheitlicher Zug durch das Ganze geht und der Protestantismus in seinem Prinzip eine noch unausgeschöpfte Möglichkeit enthält, das Verhältnis von Natur und Geist neu zu deuten.

Als Luther 1525 seine Ehe einging, war er sich bewußt, damit das katholische Ideal zu zerbrechen. Die Natur als Natur, d. h. als geschaffene, ist gut. Die Askese ist keine höhere Form menschlichen Seins, im Gegenteil, sie widerspricht der religiösen Forderung, wenn sie mehr sein will als eine Selbstzucht und Selbstformung. Die Verneinung des Leibes stellt keinen Wert vor Gott dar. Der wahre Gottesdienst ist die richtige Erfüllung der natürlichen Lebensfunktionen, nicht aber ihr Zerbrechen. Das Geschlechtliche als solches ist gut. Die natürlichen menschlichen Verrichtungen, Arbeit und Erholung, sind zugleich die Erfüllungen des wahren Gottesdienstes. Eine starke Freude an den natürlichen Gaben, die mit Dank genossen werden sollen, macht sich im Luthertum bemerkbar. In der Karikatur des Lutherbildes durch seine Gegner ist daraus der Luther fälschlich zugeschriebene Spruch von Wein, Weib und Gesang geworden. – Das ist die eine Seite der protestantischen Haltung, diejenige, in der sie mit der Renaissance auf einer Linie steht. Auch in der Renaissance wird ja das Übernatürliche entwertet zugunsten der Unendlichkeit und Schönheit des Natürlichen. Gott wird in die Welt hereingezogen, die Natur wird zu seiner ersten und maßgebenden Offenbarung. Ein Enthusiasmus des Lebens mit all seinem Reichtum, eine Freude an der geformten Leiblichkeit erfüllt die Renaissance-Dichtung sowie ihr gesellschaftliches Leben. Schon früh

hat man die Verwandtschaft dieser Tendenzen mit der Haltung Luthers gegenüber der Natur gesehen. Und doch entsteht bei Luther sofort ein entscheidender Gegensatz. Zwar ist das Natürliche an sich gut, aber es ist durch die Sünde verderbt, radikaler verderbt, als selbst die Katholiken es meinen. Der Mensch ist schlechterdings unfähig zum Guten. In diesem Radikalismus steht Luther in gleichem Gegensatz zu Humanisten wie zu Katholiken. Von da kommt auch bei Luther häufig ein Ton in seine Reden, der asketisch zu klingen, der das Natürliche und Leibliche herabzuwürdigen scheint. Aber an der grundsätzlichen Haltung Luthers läßt sich nicht zweifeln. Geist und Natur, die auch Luther als Einheit sieht, sind in gleicher Weise verderbt, beide stehen unter dem Gericht, beide aber sind der Gnade zugänglich. Der Geist hat keinen Vorzug gegenüber dem Leib. Es ist die gleiche Einheit von Leib und Seele, wie sie die Renaissancemenschen, wie sie der Humanismus wollen, aber es ist eine Einheit, die im Unterschied vom Humanismus unter Gericht und Gnade steht. Daher die merkwürdige Verbindung von Weltverachtung und Weltfröhlichkeit im Luthertum. Daher die Möglichkeit, daß auf lutherischem Boden das tiefe Wort gesprochen werden konnte: Leiblichkeit ist das Ende der Wege Gottes.

Die Grundhaltung Luthers wirkt in allen folgenden Bewegungen nach, aber sie hat mancherlei Abwandlungen durchgemacht. Die Vielseitigkeit und Lebendigkeit Luthers wurde durch Einseitigkeiten und Erstarrungen abgelöst. Die bei Luther zusammengeschlossenen Elemente strebten auseinander, es entstanden verschiedene Typen protestantischer Stellung zu dem Problem Natur und Geist, die noch heute da sind und miteinander ringen. Das Vertrauen auf die göttliche Gnade kann zu einem orthodoxen Pochen auf die reine Lehre werden, die man besitzt und die einem den Kampf zwischen Böse und Gut erspart. Die Bejahung des Natürlichen und Leiblichen kann zu einem Waltenlassen der natürlich-dämonischen Mächte in uns und um uns führen, zur sittlichen und gesellschaftlichen Barbarei. Es kann zu einer Verherrlichung des natürlichen Genuß- und Machtwillens kommen, der durch keine geistige Formung gebändigt ist. Es ist kein Zufall, daß man Luther häufig mit Machiavelli verglichen hat, jenem italienischen Staatsphilosophen, der als typischer Renaissancemensch den ungebrochenen Machtwillen des Herrschers verkündigte. Auch Nietzsches enthusiastische Verkündigung des Willens zur Macht ist auf diesem Boden gewachsen, und von ihm her diejenigen politischen Richtungen, in denen der Machtgedanke den geistigen Forderungen der Gerechtigkeit und Freiheit entgegengesetzt wird. So weittragend ist die Grundhaltung der lutherischen Orthodoxie in der Frage Natur und Geist.

Es ist verständlich, daß sich gegen diese einseitige Ausprägung der protestantischen Grundhaltung im Protestantismus selber eine Gegenbewegung erhoben hat. Es ist der Pietismus, durch den auf protestantischem Boden starke katholische Elemente wirksam wurden. Asketische Momente drangen ein, die unbefangene Freude am Natürlichen, wie sie das ältere Luthertum hatte und trotz aller Schrecken des Dreißigjährigen Krieges im lutherischen Kirchenlied klassisch zum Ausdruck brachte, ging verloren. Zwar konnte das Geschlechtliche nicht grundsätzlich entwertet werden, aber es wurde auf höchst unnatürliche Weise dem Geist unterworfen. Gebet und Andacht während des erotischen Zusammenseins wurden in der Brüdergemeinde verlangt. Da aber im Unterschied vom Katholizismus diese Askese nicht einzelnen dafür Begnadeten überlassen, sondern von jedem gefordert wurde, so entstand eine unnatürliche Verkrampfung, eine Verdrängung der natürlichen Dinge in weiten Kreisen des Protestantismus, die noch heute nachwirkt und erst durch die psychoanalytische Bewegung weithin aufgelockert ist. Andererseits führte die pietistische Vergewaltigung des Natürlichen zu einer hohen Kultur der Innerlichkeit, die dann in der deutschen Klassik und Romantik ihren vollkommensten Ausdruck fand. Die Tatsache aber, daß außer vielleicht bei Goethe eine ungebrochene Bejahung des Natürlichen und der Leiblichkeit sich nirgends in der deutschen klassischen Dichtung findet, hängt mit den sehr starken Einwirkungen zusammen, die auf dem Wege über die Brüdergemeinde aus dem protestantischen Pietismus in die deutsche Klassik übergegangen ist. Verwandt mit dem Pietismus und doch anders, gewisserweise großartiger ist die calvinistische Form des Protestantismus. Auch sie hat eine neue eigenartige Stellung zur Frage Natur und Geist herausgearbeitet. Die katholische Form der Askese wird ebenso entschlossen abgelehnt wie von Luther. Aber das unbefangene Ja zum Leiblichen und Natürlichen fehlt. Das ganze Leben soll Dienst sein zur Verwirklichung des göttlichen Willens in uns und um uns in der Welt. Die entscheidende Form dieses Dienstes aber ist die Arbeit. Durch sie vor allem wird die Natur unterworfen. Um der Arbeit willen muß der Mensch verzichten auf alle rauschhaften Formen des Naturgenusses. Nüchternheit, Sparsamkeit, strenge Lebensordnung unterwerfen das Natürliche dem Geistigen in uns, und ebenso nach außen. Die Natur wird unterworfen durch technische Bearbeitung und Umgestaltung nach den Zwecken der menschlichen Gesellschaft. Und die menschliche Gesellschaft selbst, der politische Machtwille, wird gebeugt unter den Gehorsam des göttlichen Gesetzes. Nicht eine Übernatur, wohl aber der rationale natürliche Geist unterwirft sich im Calvinismus die Natur. Namentlich in dieser

Form ist der Protestantismus zu weltgeschichtlicher Bedeutung gelangt. Er ist die tragende Kraft der bürgerlichen Gesellschaft in der Zeit ihres siegreichen Aufstieges geworden. Nirgends ist der Geist so herrschaftlich gegen die Natur getreten und hat sie darum auch in solchem Ausmaße bewältigt, seelisch, technisch und politisch wie auf dem Boden des Calvinismus und der von ihm weithin mitgeformten bürgerlichen Gesellschaft. Der Kampf der westlichen Demokratien gegen den deutschen Geist, als dessen höchste Verkörperungen man charakteristischerweise Bismarck und Nietzsche ansieht, hat in dem inneren Gegensatz des calvinistischen gegen den lutherischen Protestantismus seinen tiefsten religionsgeschichtlichen Grund. Und zwar handelt es sich um das Verhältnis von Natur und Geist, das von beiden entgegengesetzt beurteilt wird. Die deutsche Entwicklung selbst ist mitbestimmt durch die letzte und vielleicht interessanteste der Formen, in denen sich auf protestantischem Boden das Verhältnis von Natur und Geist darstellt. Es ist die protestantische Mystik, deren größter Vertreter Jakob Böhme ist und deren Wirkungen vor allem auf dem Wege über Schelling zu Schopenhauer und Nietzsche und zur modernen Lebensphilosophie reichen. Ich verweise für die Darstellung dieser Entwicklung und für die Bedeutung, die sie in der gegenwärtigen protestantischen Theologie zu gewinneen beginnt, auf das Buch des Hamburger Privatdozenten Kurt Leese „Zur Krisis und Wende des christlichen Geistes". Die protestantische Mystik stellt sich die Frage: „Wie kann Gott, wenn er reiner Geist ist, eine Natur aus sich heraussetzen?" Und die Antwort lautet: „Er kann es nur, wenn er eine Natur in sich selber hat." Darum spricht diese Mystik von der geheimnisvollen Natur in Gott. Gott ist zwar Geist, aber kein abstrakter naturloser Geist, sondern ein Geist, der in lebendiger, spannungsreicher Einheit mit der Natur in sich selber steht. Mit diesem Gedanken ist eine der tiefsten und stärksten Bejahungen der Natur, ist die Göttlichkeit des Naturgrundes ausgesprochen. Protestantisch ist diese Mystik und unterscheidet sich darin von der humanistischen Naturverklärung, daß der göttliche Naturgrund nicht nur als das schöpferische, sondern auch als das zerstörerische Prinzip, nicht nur als göttlich, sondern auch als dämonisch aufgefaßt wird. Überall, wo der Naturgrund nicht zur Einheit mit dem Geist kommt, in dem er sich selbst erfaßt, ist er dämonisch. Und so sieht diese protestantische Mystik und alle ihre Nachfolger bis zur Gegenwart die Natur immer auch als das Grauenvolle, Dunkle, Schwermütige, als die Stätte der Angst und der Qual. Nur von hier aus sind Erscheinungen wie Schopenhauer, Nietzsche und all ihre Nachfolger zu verstehen. Nur von hier aus jenes Gefühl für das Dämonische der Natur, in dem

der unberechenbare Gott Luthers sich mit germanischem Weltgefühl verbindet. In der Konsequenz dieser Gedanken kann es zu völliger Verneinung des Geistes kommen und seine Ersetzung durch Blut, Eros, Machtwille, womit dann freilich aus dem protestantischen ein heidnischer Dämonenglaube geworden ist.

Wenn wir für uns selbst die Frage stellen, was heute das protestantische Prinzip für die Frage nach dem Verhältnis von Natur und Geist bedeuten kann, so ist die Antwort etwa in folgenden Gedanken zu suchen:

1. Der Mensch ist kein zusammengesetztes Gebilde, dessen eine Hälfte Geist, dessen andere Hälfte Natur ist. Wäre es so, der Mensch würde nie ein einheitliches Wesen sein, aber so ist es nicht. Es gibt keinen naturlosen Geist, wie es keine geistlose Natur gibt. Im Geist kommt Natur zu sich selbst, und Geist ist nichts anderes als dieses Zu-sich-selbst-Kommen der Natur.

2. Diese Einheit von Geist und Natur kommt im Menschen nicht zu einer Trennung, wohl aber zu einem Bruch. Der Mensch ist gebrochene Natur. In ihm ist die Natur nicht mehr mit sich eins, sie steht sich selbst gegenüber. Sie fragt nach sich, sie fordert etwas von sich. Eben damit aber gelingt ihr das, was ihr sonst in der Natur nirgends gelungen ist, sie findet sich selbst. Nur was mit sich uneins geworden ist, kann sich selbst finden. Die Natur mußte im Menschen sich selbst verlieren, um sich wiederzufinden. Und dieses Sich-Verlieren und Sich-Wiederfinden der Natur ist das, was wir Geist nennen. Dieses und nichts anderes ist Geist. Geist ist kein Ding neben anderen Dingen, ist keine Welt neben der natürlichen Welt, ist keine besondere Substanz, die für sich existieren könnte, sondern „Geist ist das Leben, das selber ins Leben schneidet".

3. Weil der Mensch gebrochene Natur ist, weil in ihm die Natur nicht mehr wie in jedem Tier ganz mit sich eins ist, hat der Mensch die Möglichkeit, sein wahres Sein zu verlieren, sich nicht wiederzufinden. Und diese Möglichkeit ist seine Versuchung, und diese Wirklichkeit ist sein Schicksal. In der Einheit von Natur und Geist steht der Mensch unter der Herrschaft des Dämonischen und dem Gericht. In der Einheit von Natur und Geist steht er in der Hoffnung des neuen Seins. Nicht der Geist wird erlöst und die Natur verworfen, sondern beide stehen in der Verwerfung und in der Erwartung. Darum muß der Protestantismus jede Ethik ablehnen, die den Leib und die Natur vergewaltigt durch den Geist, aber er muß auch warnen vor dem Entgegengesetzten, das heute unter uns Macht gewinnt, die ungebrochene Natur zu verherrlichen, den Geist zu verachten und damit nicht etwa eine un-

gebrochene Natur zu erreichen, sondern den Dämonen zu verfallen. Dieses ist die beständige Gefahr, aber auch die Größe der protestantischen Auffassung von Natur und Geist.

10. DIE RELIGIÖSE BEDEUTUNG DES WASSERS

Als der Menschengeist in den ältesten griechischen Philosophen zum erstenmal die Frage nach dem „Was ist es" der Dinge stellte, war die erste Antwort: das Wasser. Das Wort, das von Thales berichtet wird: „Das Beste aber ist das Wasser" enthält in sich die eigentümliche Mischung von mythischem Urklang und rationaler Begrifflichkeit, die das ganze vorsokratische Denken auszeichnet. Es ist darum falsch, wenn man das Wasser bei Thales wie Luft und Feuer bei den übrigen Naturphilosophen als Gegenstände im Sinne der modernen Naturwissenschaft auffaßt. Solche Gegenstände gibt es erst, nachdem die Philosophie eine längere Entwicklung durchgemacht hat; sie stehen aber nicht an ihrem Anfang. Man hat mit Recht gesagt, das Wasser des Thales ist „metaphysisches" Wasser, d. h. im Wasser wird die *archē*, das Prinzip des Seins, überhaupt angeschaut. Nicht als wäre für Thales die *archē* noch etwas hinter dem Wasser gewesen. Aber das Wasser hatte für ihn noch die Qualität, gleichsam mehr zu sein als es selbst, nämlich Prinzip.

Blicken wir auf die Schöpfungsgeschichte, so findet sich gleichfalls das Wasser in einer gewissen Doppelbedeutung. Das Wasser des Chaos, über dem der Geist Jahwes schwebt, ist ein anderes Wasser als das Produkt der Scheidung von Festem und Flüssigem am zweiten Schöpfungstag. Im Urwasser des Chaos ist Flüssiges und Festes noch ungeschieden. Die Wasser über und unter dem Himmelsgewölbe, die am zweiten Tage getrennt werden, und die Wasser, die sich am dritten Tage an besonderen Orten sammeln, haben schon als Gegensatz das Trockene. Trotzdem hat auch dieses durch Gegensatz bestimmte Wasser noch chaotische Qualitäten. Es ist der Ort der im Buch Hiob genannten Chaos-Tiere. Auch steht die Verwandtschaft von Wasser und Chaos im Hintergrund der Sintflutsage: die Sintflut ist die Drohung, daß alles wieder vom Chaos verschlungen wird; und der Regenbogen der Noahgeschichte ist das Symbol, daß die Form sich für immer gegen das Chaos halten soll.

Der halbdämonische Charakter des Wassers wird deutlich in der merkwürdigen Stelle der Offenbarung Johannis, wo der Visionär das „gläserne Meer gleich dem Kristall" schaut (4,6). Das Meer ist da, aber es ist durchsichtig geworden. Was aber durchsichtig ist, hat seinen mythisch-dämonischen Charakter verloren. Schärfer wird der dämonische Charakter des Meeres in der Endvision ausgedrückt (21,1). Hier heißt es: „Das Meer ist nicht mehr." Es hat so viel Chaotisches, so viel Dämonisches in sich, daß es der eschatologischen Verwandlung nicht zugänglich ist und verschwindet.

Eine unbedingt positive Wertung erfährt das Wasser dagegen in der Bibel als Quelle und Strom, die das Lebendige erquicken und das Land fruchtbar machen, also das in die Form aufgenommene, in sie eingeordnete Element. Am „Wasser des Lebens" sowie in den Paradiesesströmen ist nichts Dämonisches mehr vorhanden.

Dagegen setzt sich die Verwandtschaft des Wassers mit dem Chaos in den Taufriten fort. Und zwar in dem doppelten Sinne, daß das Wasser wieder zurücknimmt, was es aus sich herausgestellt hat (Ertrinken) und daß es das Neue aus sich herausgibt (Wiedergeburt). Diese Doppelfunktion des Chaos gegenüber der einzelnen Form klingt schon in dem ersten uns überlieferten Satz der griechischen Philosophie an, im Fragment des Anaximander, in dem es heißt: „Woraus aber ihnen die Geburt ist, dahin geht auch ihr Sterben nach der Notwendigkeit. Denn sie zahlen einander Strafe und Buße für ihre Ruchlosigkeit nach der Zeit Ordnung". Das Prinzip, woraus ihnen die Geburt ist, nennt Anaximander zwar das Unendliche, aber es hat durchaus die Qualitäten des Wassers bei Thales. Aus dem Chaos kommen wir, in das Chaos gehen wir zurück, gebunden durch die tragische Ordnung der Schuld. – Ähnlich und doch ganz anders in der Taufe: Derselbe Mensch, der vom Wasser zurückgenommen ist, geht wieder aus dem Wasser hervor, wenn auch als ein ganz anderer. Dieses Anderswerden ist nötig, da die erste Geburt zur „Ruchlosigkeit" geführt hat. (*Adikia* bei Anaximander wie häufig im Neuen Testament.) Die Chaoskraft des Wassers äußert sich also in seiner Kraft zu töten und wiederzugebären.

Eine besondere Vertiefung erfährt diese Bedeutung des Wassers durch die Tatsache, daß der Mensch wie viele andere Lebewesen im Mutterleib vom Fruchtwasser eingehüllt ist, so daß seine Geburt im eigentlichsten Sinne aus dem Wasser erfolgt. Darauf spielt das Nikodemusgespräch an, die Frage, ob jemand in den Mutterleib zurückkehren kann, und die Antwort, daß man aus Wasser und Geist (aus Chaos und Form) wiedergeboren werden muß. – Diese Dinge haben sich der Gegenwart durch die psychoanalytischen Einsichten neu erschlossen.

Wir wissen, wie stark die Mutterleibsituation für das ganze spätere Leben nachwirkt und wie die mehr positive oder mehr negative Nachwirkung des Getragenseins im Mutterleib wichtige Typenunterschiede der Menschen bewirkt: der dem Mütterlichen, Umfangenden, Fließenden, Chaotischen zugewandte Typus steht gegenüber dem auf das Männliche, Freie, Feste und Gestaltete gerichteten Typus. In beiden Typen ist auch die Resonanz auf Wasser, Meer, Wolken usw. ganz verschieden. Bei den einen entsteht eine positive, bei den anderen eine negative Mutterleibresonanz. Der erste hat es leichter, sich zu wandeln, weil seine Form weniger fest ist, der zweite muß die Form zerbrechen, um in das Wasser der Wiedergeburt tauchen zu können. Er tut es seltener, dann aber radikaler. Auch für die Typologie der Religion und Frömmigkeit ist dieser Gegensatz entscheidend.

Auch die reinigende Kraft des Wassers ist zu verstehen aus seiner Fähigkeit, in sich aufzunehmen und zu vernichten, was an falscher, unrichtiger Stelle ist. Hier wäre zu erinnern an das Nietzschewort, daß man ein Meer sein muß, um einen unreinen Strom aufzunehmen, ohne selbst unrein zu werden. Die „nichtende" Kraft des Wassers ist zugleich ihre reinigende.

Unter diesen Umständen muß erklärt werden, daß das Wort vom „schlechten (schlichten) Wasser" in Luthers Katechismus unzulänglich ist zur Charakterisierung der sakramentalen Situation. Luther stand in notwendiger Opposition gegen eine Sakramentsmagie, die an den sakramentalen Gebrauch des Wassers an sich Heilswirkungen knüpfte. Seine Gegenthese war die völlige Profanisierung und Entmächtigung des Wassers an sich. Aber ein „An-Sich" in diesem Sinne gibt es nicht, sondern verschiedene Verstehenskorrelationen, in denen sich verschiedene Schichten des Seins erschließen. Dann aber ist zu fragen, ob die Sakramente schaffende Geisteslage nicht einen Zugang zu den sakramentalen Elementen hatte, der uns verlorengegangen ist oder nur auf Umwegen der Mythenforschung und Psychoanalyse wieder entdeckt werden kann. Und dann könnte das Wasser nicht nur zufällig und nicht nur äußerlich symbolisch, sondern um seiner spezifischen Seinsmächtigkeit willen zu sakramentaler Bedeutung gelangt sein.

11. DER GLAUBE AN DEN SINN

a) Weihnachten

Fast unüberwindlich sind die Hindernisse, die zwischen dem ernsten, ringenden Menschen unserer Tage und dem Weihnachtsfest stehen: die sentimentale Verderbnis, die der Weihnachtsgedanke in Liedern und Bildern, in Kindergeschichten und Romanen, in Melodien und Feiern erfahren hat; Dinge, von denen wir uns längst mit Entsetzen abgewandt hätten, wenn sie nicht durch übermächtige, komplexhaft gewordene Jugendeindrücke in uns allertiefst Wurzeln geschlagen hätten. Und die ökonomische Verderbnis, in die die Weihnachtszeit als Hauptgeschäftszeit aller Branchen den Weihnachtsgedanken gestoßen hat. Und die ästhetische Verderbnis, die gerade für diese Zeit allen Kitsch aufspart und ihn ins Ungemessene vermehrt. Und die symbolische Verderbnis, die z. B. den Weihnachtsbaum zum Schaufensterschmuck herabgewürdigt und ihn in Restaurants und Cafés verschleppt hat. –

Und hätte man all diese widerwärtigen Eindrücke von sich abgeschüttelt und wäre allein mit sich und den Seinen oder mit sich und seinen Gedanken, so würden neue Anstöße sich erheben: Die Geschichte selbst, die all diesen Arten der Verderbnis die Existenzmöglichkeit gegeben hat, was geht sie uns an? Daß sie Legende ist, daß durch sie hindurch uralter, urmenschlicher Mythos zu uns klingt, das braucht uns freilich nicht zu stören. Diese Erkenntnis befreit uns vielmehr von unnötiger Last historischen Fragens nach Dingen, die über der Geschichte stehen, von unnötigen Zweifeln an Dingen, deren Wahrheit auf einer ganz anderen Ebene liegt als derjenigen wissenschaftlicher Feststellung. Aber diese Wahrheit selbst, der Gehalt des wundervollen Mythos von der Geburt des göttlichen Kindes, des Bringers der neuen Weltzeit, was geht er uns an? Enthält er eine Wahrheit, die uns erschüttern, uns befreien und umwenden kann? Ist er imstande, nicht nur Weihnachtsstimmung und Kindheitserinnerungen zu wecken, sondern uns zu bestimmen in den Wurzeln unserer Existenz? Ist er das nicht, dann weg mit ihm, und an seine Stelle trete tapfere, ehrliche, schmerzliche Armut! Und stände sie noch so nahe der Verzweiflung und dem Abgrund des Nichts, sie wäre tiefer und heiliger als aller Festeszauber. Vielen, vielleicht den meisten wäre zu wünschen, daß sie sich diese Armut eingeständen, daß sie sie nicht wieder einmal zudeckten mit Weihnachtsliedern und Christbaumkerzen und leerer als vorher ins neue Jahr gingen. Und wer nie in seinem Leben vor dieser Armut ge-

standen hat, die mit der Weihnachtsbotschaft nichts, aber auch gar nichts anfangen kann, dem werden unsere Worte fremd bleiben.

Denn gerade von dieser Armut wollen wir reden, und gerade von ihr behaupten wir, daß sie die Lage ist, auf die die Weihnachtsbotschaft treffen muß, um heute von uns verstanden zu werden. Unsere Heillosigkeit liegt an anderer Stelle als die Heillosigkeit früherer Geschlechter. Auch wir kennen die Frage nach der Gerechtigkeit gegenüber der Ungerechtigkeit, nach dem Leben gegenüber dem Tod, nach der Wahrheit gegenüber dem Irrtum, nach der Gnade gegenüber der Schuld, nach dem Göttlichen gegenüber dem Dämonischen. Vor allem anderen aber steht über uns die Frage nach dem Sinn gegenüber der Sinnlosigkeit. Sie ist es, die uns im Tiefsten angreift und entwurzelt. Wohl enthält sie alle anderen Fragen in sich; aber sie muß doch zuerst gestellt werden, weil sie die nächste und dringendste für unser Geschlecht ist.

Nicht danach fragen wir, wenn wir sie stellen, welches der Sinn des Seins und des Geistes ist, sondern danach, ob es überhaupt sinnvoll ist, nach einem Sinn zu fragen. Alle anderen Fragen, die wir nannten, haben doch dieses als Voraussetzung, daß es sinnvoll ist zu fragen. Unsere Frage aber hat auch diese letzte Voraussetzung verloren. Sie steht vor dem Abgrund des Nichts. Es ist die letzte Frage, die eine mit allen Schätzen der wissenschaftlichen Erkenntnis, des historischen Bewußtseins und der rationalen Weltgestaltung beladene Zeit stellen kann. Denn in jenen anderen Fragen ist immer noch ein Stück Glaube, ein Stück Gebundenheit an die Tiefe des Lebens, an das Heilige, Sinnerfüllende enthalten. Dieses letzte Element von Glauben, von Heiligkeit, von Tiefe droht unserem Bewußtsein zu entschwinden. Wäre es freilich ganz entschwunden, wir wären längst verkommen in der Wüste und Leere der Sinnlosigkeit; noch halten die Reste unsere Seelen am Leben. Aber das Verhängnis steht über uns, daß auch sie entschwinden, daß wir nicht einmal mehr fragen können, da auch das Fragen nach dem Sinn sinnlos geworden ist.

Das ist keine Dialektik, sondern Wirklichkeit. Wohin man blickt: Zerbrechen der Geister und Seelen unter der Last der Sinnlosigkeit. Und wenn auch die Kräfte des vitalen Lebens und wenn auch die Not der Existenz oder der betäubende Zwang zu unendlicher Aktivität das grauenvolle Angesicht dieses Nichts den meisten verdecken – in der Tiefe der Gesellschaft und der Einzelseele treibt es sein Wesen, beunruhigend, vergiftend, hetzend, zerstörend, jede Befriedigung raubend. Wohl kann die Fülle der endlichen Beglückungen und Sinnformungen den Schein der Sinnhaftigkeit des Ganzen vortäuschen.

Irgendeinmal stehen wir doch still, sehen die ganze Kette vergangener und kommender Lebensmomente vor uns und fragen verzweiflungsvoll: Ist das alles? – auch wenn es sehr reich war an „Geist und Leben", und fragen: wozu? – auch wenn wir viele wichtige und bedeutende Zwecke verwirklicht haben, und fragen: wohin? – und wissen keine Antwort und verhüllen wieder unseren Blick durch Nächstes und Alltägliches oder durch Fernstes und Feierliches – es ist da kein Unterschied.

Wenn uns die Weihnachtsbotschaft etwas sagen soll, so muß sie uns etwas zu dieser unserer letzten Frage sagen können, nichts Feierliches und nichts Alltägliches, nichts Idealistisches und nichts Realistisches, sondern etwas Ewiges, Unbedingtes, das hereinbricht in unsere Nähe und Alltäglichkeit und hereinbricht in unsere Ferne und Feierlichkeit – etwas, das uns unbedingt angeht, das sich nicht beiseite schieben läßt, weder durch profane Nüchternheit noch durch religiöse Stimmung, weder durch Alter noch durch sentimentale Flucht vor dem Alter.

Das ist jedenfalls zweifellos, daß die Weihnachtsbotschaft den Anspruch erhebt, eine solche Antwort zu geben. Sie hat nichts mit Romantik und Sentimentalität zu tun. Sie sieht die Welt, wie sie ist – „Finsternis bedecket das Erdreich und Dunkel die Völker". Die Macht des Bösen, der Herrscher der Finsternis hat Gewalt gewonnen über dieses Weltalter, so heißt es im alten iranischen Mythos, und dieser Gedanke hat wie wenige andere der Weltgeschichte einen Siegeslauf angetreten über die Völker der Antike, auch über die Juden. Durch sie ist er zu einer der festen Grundlagen der christlichen Verkündigung geworden und hat hier erst seine ganze Kraft entfaltet. Er siegte, weil er die Wirklichkeit in ihrer ganzen Zweideutigkeit zum Ausdruck brachte, in ihrer Mischung von Leben und Tod, von Wesenhaftigkeit und Wesenswidrigkeit, von Göttlichem und Dämonischem, von Sinn und Sinnlosigkeit. Es gibt keine Entscheidung aus der Erfahrung für das eine oder das andere – jeder Schöpfung steht eine Zerstörung, jedem Zweck eine Zwecklosigkeit, jedem Sinn eine Sinnwidrigkeit gegenüber.

Auf der Waage des Seins wiegt das Ja nicht schwerer als das Nein. Die Waage steht gleich. Wir aber brauchen das Ja, um zu leben, oder das Nein, um zu sterben. Wir brauchen die Entscheidung, die der Zweideutigkeit ein Ende macht. Woher kommt uns solche Entscheidung, solches Gewicht, das aller Erfahrung zuwider die eine Schale der Waage senkt und die andere aufschnellen läßt?

Der gleiche Mythos, der von der Herrschaft des Bösen über dieses Weltalter spricht, spricht zugleich von dem neuen Weltalter, das geboren wird aus dem Schoße der Ewigkeit, in dem der Erlöser kommen

und das Reich des Dämonischen besiegen und alles wiederherstellen wird, wie es in ursprünglicher Herrlichkeit war. „Euch ist heute der Heiland geboren", das göttliche Kind aus königlichem Stamm, wie ägyptischer und altisraelitischer Mythos es seit Jahrhunderten, ja Jahrtausenden erwarten, und dieses Kind bringt den neuen Aeon, das neue Weltzeitalter, das Zarathustra, der iranische Prophet, verheißen hatte. In der Nacht, da die Sonne aus tiefer Finsternis ihren neuen Siegeslauf antritt, ist es geboren – ein Nachklang des Licht- und Sternenglaubens der Babylonier. Dem eisernen Zeitalter macht es ein Ende – das der Grieche Hesiod als das unsrige gekennzeichnet hatte. Gleich nach seiner Geburt lächelt es seiner Mutter entgegen – wie es sich nach Virgils, des Römers, weissagendem Hirtengedicht für ein echtes Götterkind geziemt: „Gottes Sohn, o, wie lacht Lieb aus deinem göttlichen Mund, da uns schlägt die rettende Stund." Und das Christentum hat das Letzte und Tiefste und Paradoxeste getan und die Mythen aller Völker des damaligen Erdkreises zusammengefaßt und sie angewandt auf den Menschen Jesus von Nazareth, der unbekannt und historisch kaum erkennbar eine kurze Zeit in Palästina lebte und gekreuzigt wurde und dessen Worte so gewaltig, so aus der Ewigkeit erklangen, daß seine Anhänger ihn den Retter der Welt nannten und alles, was an Sehnsucht in allen Völkern der damaligen Welt lebte, in ihm erfüllt sahen, und daß die Menschheit seit zweitausend Jahren dieser Verkündigung zugestimmt hat.

Da sank die Waagschale des Ja, und das Nein flog hoch ins Leere. Und doch hatte die Welt sich nicht verändert. Sie blieb in ihrer Zweideutigkeit, in ihrer Rätselhaftigkeit, und sie steht in ihr bis jetzt und wird in ihr stehen, bis Leben und Geist auf ihr erstorben sind und der Tod auch unsere Erde, auch unseren Himmel erfaßt hat. Der Sieg des Ja über das Nein ist nicht aus dieser Welt. Wer es aus der Erfahrung ableiten will, und wäre sie gemacht an der höchsten Wirklichkeit, an Jesus selbst, der muß am Kreuz den Zusammenbruch dieser Erfahrung erleben. Hier ist die Gegenerfahrung gegen alle Erfahrung des Ja und des Göttlichen und des Sinnhaften in der Welt. In dieser Gegenerfahrung aber stehen wir Tag für Tag.

So ist der Sieg des Ja nur ein Sieg des Dennoch, das aus dem Ewigen kommt, das nicht Erfahrung ist, sondern Wagnis, das letzte, unbedingte Wagnis, auf dem wir stehen als solche, die leben und nicht sterben, die ja sagen zum Sinn und nicht zur Sinnlosigkeit. Und doch ist es nicht Willkür, daß wir so sprechen, wie das Lächeln des Kindes, das ja sagt zu seinem Leben, nicht Willkür ist. In diesem Dennoch der Ewigkeit, von dem die Weihnachtsbotschaft Symbol und Bürgschaft ist, bricht

hindurch der Abgrund des Göttlichen, der uns trägt, in dem Sein und Sinn eins sind. Und weil jeder von uns auf diesem Abgrund steht, darum ist in jedem von uns ein Letztes, Tiefstes, tausendfach Verhülltes, das uns treibt, der Weihnachtsbotschaft recht zu geben wider alle Erfahrung, dem Ja recht zu geben und dem Sinn.

b) Ostern

Jedes der großen christlichen Feste hat die Kraft des echten Mythos, Natur und Geschichtsanschauung in einem Symbol zu vereinigen: Weihnachten: das Licht in der Finsternis, Ostern: das Leben aus dem Tode, Pfingsten: die neue Schöpfung. In den Gefühlswerten, die die Feste vermitteln, findet sich darum immer auch ein Element, das unserer wurzelhaften Verbundenheit mit der Natur entspringt. Niemals hätten die christlichen Feste die ungeheure Macht über das Gemüt gewinnen können, die sie trotz aller Gebrochenheit des christlichen Bewußtseins noch immer haben, wenn nicht dieses urmenschliche, uroffenbarungsmäßige Element von ihnen aufgenommen wäre, wenn sie nicht im Sinne dieses allgemein religiösen Bewußtseins „heidnisch" wären. Es ist darum berechtigt, wenn die kirchliche Verkündigung in Wort, Lied und Bild diesen Grundton anschlägt; aber es ist zu wenig, wenn er in der Predigt bloß als Einleitung, bloß als Gleichnis verwendet wird. Natur ist niemals nur Gleichnis für den Geist. Sie trägt ihn in jedem Augenblick bis in seine feinsten Bewegungen. Sie ist sein Blut auch noch da, wo er sie schmäht und mit Füßen tritt. Darum ist die Anschauung und das Gefühl wiedergeborenen Lebens in der Natur mit dem Osterfest in sehr viel tieferen Schichten verbunden, als es die kirchliche Verkündigung meistens erscheinen läßt. Der Mut des Lebendigen, allem Schwermut seiner Vergänglichkeit zum Trotz, sich neu gebären zu lassen aus Schöpfungstiefen, dieses unbegreifliche Geheimnis des Kreaturseins gewinnt Ausdruck im Ostermythos.

Das geht uns in unseren Tagen ganz besonders an. Denn wir fühlen nicht nur in der lebendigen Natur die Schwermut des Vergehens, wir fühlen sie auch in den großen Schöpfungen des Geistes, im Leben der Völker und Kulturen. In uns allen sitzt der Stachel der Frage: Gehören wir mit unserem Volk und unserer Kultur der Zeit des Alterns, der Zersetzung und des Unterganges an? Müssen wir an Erschöpfung unserer schöpferischen Kräfte zugrundegehen? Steht über uns die unentrinnbare Notwendigkeit des Sterbens unserer Werte und Gestaltungen? Fast in jeder Seele kämpfen Mut und Schwermut, Ja und Nein

in der Antwort auf diese Fragen! – Osterglaube ist dieses, daß auch hier das Ja siegt, freilich nicht so, daß wir dem Tode entgehen könnten, aber so, daß wir aus dem Tode auferstehen werden, daß neue Werte und neue Gestaltungen geboren werden. Darum sind die am wenigsten von der Kulturverzweiflung ergriffen, die am tiefsten die Schwermut des Kulturvergehens durchlebt haben; denn in ihnen sind die Kräfte am Werk, die das Leben aus dem Tode rufen, auch aus dem Tode der Werte und Formen. Das ist freilich Wunderglaube, nämlich der Wunderglaube dessen, der noch schaffende Tiefen in sich hat. Solch Glaube ist gleich weit entfernt von der Selbstsicherheit, mit der bürgerlicher Fortschrittsglaube sich gegen die Notwendigkeit des Sterbens und Auferstehens verschließt, wie auch von der wissenschaftlichen Schein-Notwendigkeit, nach der die Zerstörung des Gegenwärtigen in die Schöpfung des Kommenden umschlagen soll; echtes Neuwerden geht durch Tod und Auferstehung, nicht durch Fortschritt und nicht durch Notwendigkeit.

Beides, Natur und Kultur, treffen noch nicht uns selbst, das Innerste unseres Seins. Sie reichen hinein in unser Innerstes, doch sie sind es nicht selbst. Der Ostergedanke aber gewinnt erst hier seine volle Kraft. Wenn Paulus davon spricht, daß wir mit Christus sterben müssen, um mit ihm aufzuerstehen, so sagt er in der Sprache der damaligen Mysterienreligionen: Unser seelisches Sein kann nicht dadurch erneuert werden, daß wir das Alte in uns verbessern, sondern nur dadurch, daß wir dem Alten absterben, um zu einer neuen Geburt zu gelangen. Nicht durch Bewußtsein und Wille vollzieht sich das entscheidend Neue, sondern es bricht herein ohne unser Wissen und Wollen, oder es bleibt fern trotz unseres „Rennens und Laufens". Diese Gedanken sind unserer Zeit sehr nahegerückt durch den Blick in die Tiefenschichten der Seele, die sich uns mehr und mehr eröffnet haben. Jede neue Einsicht, jedes Eindringen in die Dunkelheit der eigenen Seele zeigt unwiderleglich: Was wir im bewußten Leben taten, taten nur zum Teil wir selbst, taten zum kleinen oder großen Teil fremde Mächte in uns. Wir sind gar nicht unserer selbst mächtig. Und die alte Erfahrung der Religionen, daß das Gesetz den Widerspruch reizt, bestätigt sich täglich aufs neue in den tausend Listen, mit denen das Unbewußte uns verführt, der Forderung auszuweichen, und gerade dann am sichersten, wo wir äußerlich am strengsten der Forderung nachkommen. Wo anstelle des Sterbens und Auferstehens die gewollte gezwungene Form persönlicher Vollkommenheit getreten ist, da werden jene starren, harten, eros- und liebeleeren Menschen, die im Namen des gleichen Gesetzes, durch das sie sich selbst vergewaltigt haben, nun auch andere vergewaltigen – am

schwersten und verhängnisvollsten die junge Generation – und die sich um dieser Leistung willen noch für reif und vorbildlich halten. Ein Blick in die Tiefen ihrer Seele würde sie erschaudern lassen. Aber diesen Blick dürfen sie sich nicht gestatten, da sie daran zerbrechen müßten, sterben müßten, um vielleicht aufzuerstehen. Und das ist nicht ihr Weg. Und doch ist es der Weg zur Reife und Güte, und einen andern gibt es nicht. Es ist der Weg, der Karfreitag und Ostern zu Symbolen hat und in den letzten Schichten der Seele ein neues Sein schafft – dem, der das Leiden auf sich nimmt, sich zu schauen in der dämonischen Besessenheit seiner Seele, gerade dann, wenn er am meisten glaubt, seiner selbst mächtig geworden zu sein. – Solch neues Sein erlebten die Jünger in Jesus, den sie um dessentwillen den Christus nannten und dessen sieghafter, todüberwindender Kraft sie mitten in ihrer Verzweiflung innewurden. Solches Sein ist auch unter uns; und wo es unter uns ist, da ist es jenes Sein, das in Jesus Christus erschienen ist, und es kann auch da wirken, wo man seinen Namen nicht kennt oder nicht mehr nennen will, weil er unverständlich, ja feindlich geworden ist – für viele durch unendlichen Mißbrauch von Geschlecht zu Geschlecht.

Doch auch über unser inneres Sein weist Ostern hinaus, zu dem ewigen Sein, zu unserem letzten Sinn und unserem letzten Ziel. Angst um den Lebenssinn ist vielleicht die tiefste Angst, die unsere Spätzeit beunruhigt, viel mehr als Angst um das Heil oder die Wahrheit oder das Leben. Wer den Lebenssinn verloren hat, hat alles verloren; wer in seinem Leben keinen Sinn mehr finden kann, steht vor dem Abgrund, dessen Grauen das Nichts ist. Und dieses ist wohl das tiefste Grauen. Denn das Nichts läßt keine Hoffnung, keinen Widerstand, keine Hingabe zu. Es erschreckt uns nicht mit den blutigen und doch eben darum blutvollen Gebilden vergangenen Höllenglaubens (auch in seiner geistigsten Form), sondern es saugt uns ein, wie der Wüstensand, langsam, müde, alles Leben, alle Hoffnung und Furcht erstickend. Und nun spricht Ostern auch über diesem Tod das Wort des Lebens. Wohl mögen wir im Leben den Lebenssinn verloren haben. Aber es gibt einen ewigen Sinn unseres Seins, den wir nicht benennen und begreifen können, den wir nur schauen können jenseits des Todes und Grauens der Sinnlosigkeit. Wer diesem Grauen standhält, wer sich nicht täuschen läßt durch tausend sinnvolle, lebensvolle Einzeldinge, wer dieses fast unerträgliche Sterben auf sich nehmen kann, der kann durchzuckt werden von dem beseligenden Gedanken: der ewige Sinn ist der verborgene. Das ist seine Ewigkeit, seine Unangreifbarkeit, daß er verborgen ist und doch alles einzelne, jeden Augenblick sinnvollen Lebens trägt. Könnte ich ihn fassen, er könnte mir genommen werden. Das Unfaßbare aber ist

das Unantastbare; und von ihm spricht Ostern zu denen, die ringen um ihren Lebenssinn. Es gibt ihnen keine einzelne Antwort, aber es gibt ihnen die ganze Antwort.

Wo aber der Sinn ist, da ist auch das Sein, unser Sein; da ist auch die Frage beantwortet, die älteste, bängste Frage der Menschen, die Frage nach Tod und Leben. Ostern verkündet den Sieg des Lebens. Es gibt keinen Beweis für diese Botschaft. Weder den Beweis der Philosophie, daß die Seelen unsterblich sind, noch den Beweis der Geschichte, daß einmal ein Mensch, Jesus von Nazareth, das Grab verlassen habe. Wie sollte dieses bewiesen werden? Keine Urkunde der Welt hätte solche Beweiskraft! Wieviel weniger die Urkunden, die wir haben, die nach und nach in Jahrzehnten eine gläubige Gemeinde gestaltet hat, die Glaubenszeugnisse sind, Zeugnisse für den Kult ihres Herrn und Gottes, aber nicht Urkunden. Wollten wir aber auf unseren Glauben die historische Beweiskraft jener Urkunden gründen, nur so ist unser Glaube das Begründende, und wir brauchen jenen Umweg nicht; nicht Mythen und Legenden, auch nicht Geschichten und Urkunden sind Gegenstand des Glaubens, sondern ewiges Sein, das hereinbricht in unsere Seelen und uns die Gewißheit gibt, teilzuhaben am Ewigen, teilzuhaben an einem Leben, das der Vergänglichkeit nicht preisgegeben ist. Unzerstörbar durch das Grauen des sinnlosesten Todes schauten die Jünger solch unvergängliches Leben an im Angesicht Jesu Christi. Unvergängliches trotz aller Vergänglichkeiten und Niedrigkeiten können wir anschauen in jedem Menschen, der teilhat an jenem Leben. Unvergängliches trotz aller Verworrenheit und Todgebundenheit unseres eigenen Lebens können wir schauen in uns selbst. Und wo wir das tun, an uns und anderen und darüber hinaus in der Geschichte der Völker und dem Gang der Natur, da haben wir die Osterbotschaft vernommen in unserer Gegenwart.

b) Der theologische Kritiker der Kultur

Die gleiche Frage wie im vorigen Abschnitt stellt sich auch hier: Gab es bestimmte Gründe, die Aufsätze 12–16 nicht in die „Schriften zur Theologie der Kultur" oder in die „Schriften zur Zeitkritik" aufzunehmen? Es gab Gründe: Das Christentum und die Moderne (12) war zum großen Teil Wiederholung und wurde vorerst zurückgestellt. Jugendbewegung und Religion (13) erschien allzu zeitbedingt, als daß es den groß angelegten Zeitanalysen zur Seite gestellt werden konnte.

Die beiden kleinen Beiträge über Tanz und Religion *(14) waren im Rahmen der bisherigen Bände nicht unterzubringen, sind aber von biographischem Interesse und haben insofern hier ihren richtigen Ort. Ähnliches gilt für* Renaissance und Reformation *(15) und* Gotteslästerung *(16). Beide wurden zu besonderen Anlässen geschrieben, der eine zur Eröffnung einer privaten Bibliothek, der andere anläßlich eines sogenannten Gotteslästerungsprozesses, der Tillichs Widerspruch herausforderte.*

12. DAS CHRISTENTUM UND DIE MODERNE

Die Frage nach dem Verhältnis von Christentum und Moderne kann dreierlei bedeuten: Sie kann erstens auf den geschichtlichen Tatbestand gerichtet sein; es kann gefragt werden, mit welcher Macht und in welcher Art das Christentum als historische Erscheinung die Moderne bestimmt, welche Abwandlungen das Christentum in der Moderne erfahren hat, welche Widersprüche gegen die Moderne in ihr lebendig geblieben sind. Es ist das *Geschichtsproblem:* Christentum und Moderne, das damit gestellt ist. – Die Frage kann auch einen anderen Sinn haben: das Christentum kann aufgefaßt werden als übergeschichtliche Wirklichkeit, als Ausdruck der Lage, in der jede Zeit vor der Ewigkeit steht, als Krisis der Moderne. Damit wäre das *Ewigkeitsproblem:* Christentum und Moderne, gestellt. Drittens kann die Frage eine Abzielung auf das Handeln haben, auf die Forderung, die an denjenigen ergeht, der gleichzeitig im Christentum und in der Moderne steht, der sich für beide und für das Zukunftsverhältnis beider verantwortlich weiß. Es ist das *Gegenwartsproblem:* Christentum und Moderne, das damit gestellt ist. Wir wollen der Reihe nach die drei Problemgruppen betrachten.

I. Das Geschichtsproblem

Jede Antwort auf das geistesgeschichtliche Problem „Christentum und Moderne" setzt eine Begriffsbestimmung von Moderne voraus. Es ist die Unbekannte in der aufgestellten Gleichung, während das Christentum gewissermaßen als die Bekannte fungieren kann. Denn das Christentum ist faßbar repräsentiert durch die Geschichte der

Kirchen und Gruppen sowie durch die grundlegenden Urkunden, auf die sich alle gleichmäßig berufen. Eine derartig faßbare Repräsentation der Moderne fehlt. Das Bedenken, es könnten auch christliche Gruppen zur Moderne gehören und dürften nicht in Gegensatz zu ihr gestellt werden, wiegt nicht schwer. Denn wenn sie auch noch so starke Einwirkungen von der Moderne erfahren haben: daß sie nicht repräsentativ für sie sind, steht fest. – Es erhebt sich also die Aufgabe, eine für die Moderne repräsentative Gruppe zu suchen und sie unter sozialem, geistigem und religiösem Gesichtspunkt zu betrachten.

Die für die Moderne grundlegende und trotz aller Gegenbewegungen noch immer am meisten repräsentative Gruppe ist die bürgerliche Gesellschaft, und zwar in dreifacher Beziehung. Erstens in ihrem eigentlichen Charakter, zweitens in der Art, wie sie älteren soziologischen Formen mit wechselndem Erfolg ihren Charakter aufgeprägt hat, drittens in den Gegenbewegungen, die in ihrem Schoße geboren sind und über sie hinaustreiben. – Der eigentliche Charakter der bürgerlichen Gesellschaft ist nach der sozialen Seite hin bestimmt durch wirtschaftlichen Liberalismus und politische Demokratie. Er ist nach der geistigen Seite hin bestimmt durch empirisch-rationale Weltbetrachtung und technisch-rationale Weltgestaltung; er ist nach der religiösen Seite hin bestimmt durch Immanenz-Bewußtsein und Autonomie. Damit sind die entscheidenden Merkmale genannt, von denen aus alle Lebensäußerungen der bürgerlichen Gesellschaft zu verstehen sind. – Das prinzipiell wichtigste Merkmal, von dem her die übrigen begriffen werden können, ist die Autonomie, der in sich selbst geschlossene, seiner eignen rationalen Notwendigkeit folgende Geist. Nicht als ob die Selbsterfassung des autonomen Geistes einen zeitlichen oder ursächlichen Vorrang hätte – Umwälzungen des Bewußtseins sind nicht möglich ohne Umwälzungen des Seins, des seelischen und des sozialen –, aber für die tatsächliche Struktur der bürgerlichen Gesellschaft hat die Autonomie tragende Bedeutung.

Überaus wichtig für das Verständnis der Moderne ist ihr Verhältnis zur Antike. Es kann hier nur angedeutet werden. Wird die Geisteslage der bürgerlichen Gesellschaft mit der antiken verglichen, so ergibt sich eine merkwürdige Zwiespältigkeit. Es kann kein Zweifel sein, daß Autonomie ebenso wie Rationalität und Demokratie antikes Erbe sind. Und doch ist mit der Erbschaft nicht der Geist der Antike übernommen: Die Götter, die dem antiken Geist Tiefe und Lebensmächtigkeit gaben, auch auf den Höhen der autonomen griechischen Kultur, sind für die bürgerliche Gesellschaft tot. Daß in der Renaissance, daß in der Klassik, daß bei Nietzsche und George die Antike Lebensmacht

wurde, daß ihre Götter wieder auflebten, hat für die bürgerliche Gesellschaft erschütternde, aber nicht umwälzende Bedeutung gehabt. Sie verwandelte die Lebenskräfte der Antike in Bildungsgüter, die dem eigentlichen, wirtschaftlich bestimmten Lebensprozeß dienen oder wirkungslos neben ihm stehen müssen. Die Geschichte Goethes als Symbol der Moderne ist charakteristisch für diese Sachlage. Das bedeutet für unsere Frage, daß geistesgeschichtlich der Gegensatz Christentum-Moderne jedenfalls nicht verstanden werden kann als Erscheinungsform des Gegensatzes: Christentum-Antike, wie es oft gerade von theologischer Seite her versucht wird. Das „moderne Heidentum" ist weder Heidentum im Sinne des echten mythischen Heidentums noch im Sinne des gebrochen-mythischen klassischen Griechentums. Es ist überhaupt nicht Heidentum, sondern Autonomie auf dem Boden des Christentums.

Aber auch dieser Satz bedarf noch einer Einschränkung: das Christentum hat unter Augustins Einfluß nach Vorbereitungen, die bis auf Paulus zurückgehen, Mystik und Mysterien der Spätantike in sich aufgenommen. Diese der rationalen weltgestaltenden Dynamik der Moderne schlechthin entgegengesetzte Haltung ist von der bürgerlichen Gesellschaft ihrer eigentlichen Tendenz nach beseitigt worden. Da, wo jene Ideen, getragen von katholischer Mystik und pietistischem Protestantismus, vorzudringen versuchten, wie namentlich in der Romantik, wurden sie von der überlegenen Gegenwartskraft des bürgerlichen Geistes beseitigt oder entmächtigt oder umgewandelt. So z. B. die Metaphysik, die Staats- und Gesellschaftsidee, die Kunst der Romantik. – Es ist nicht die mittelalterliche, mystisch-durchsetzte, organisch-kultische Form des Christentums, die hinter der Moderne steht, sondern die reformatorische, kritisch-intellektuelle und ethisch-aktive Form. Der aktive, weltgestaltende Protestantismus ist der Hintergrund der bürgerlichen Gesellschaft und damit der Moderne. Freilich, er ist der Hintergrund, und im Vordergrund steht der Aufbau der Autonomie, in dem die Tradition der griechischen Autonomie lebt; und doch ist der Hintergrund bestimmend für die Bedeutung jedes einzelnen Elements. Das moderne Ideal der Persönlichkeit ist viel stärker charakterisiert durch das aktive Ethos und die nüchterne Sachhingabe als durch die universale Bildungsform. Protestantisches Arbeitsethos schwingt noch in den extremsten Formen profaner Hingabe an den Wirtschaftsprozeß. Wille zur Unterwerfung aller Wirklichkeit unter die Ideale des Reiches Gottes gibt dem englisch-amerikanischen Imperialismus das Pathos und nicht nur die Ideologie. Das moderne Ideal der Demokratie enthält im Unterschied vom griechischen die Freiheit und Unantastbarkeit jedes personhaften Lebens und darum die Kraft erfolgreicher so-

zialer Umwälzung. Das moderne Weltbild stößt allenthalben an die Grenzen der Endlichkeit und Rationalität und verliert darum in keiner seiner großen Schöpfungen ganz die Transzendenz und das Geheimnis. Die Immanenz als innere Unendlichkeit, entsprechend der äußeren Unendlichkeit des Kosmos, die Gegenwart des Unendlichen an jedem Punkt der Endlichkeit schwingt seit Nicolaus Cusanus durch die gesamte Moderne, gibt ihr eine religiöse Unterströmung. Darum konnte der Kritizismus, dieser höchste philosophische Ausdruck der bürgerlichen Gesellschaft, nicht nur von der liberalen, sondern auch von der gegenwärtigen neureformatorischen Theologie als Philosophie des Protestantismus empfunden werden.

Dem reinen Charakter der bürgerlichen Gesellschaft sind nun Elemente beigemischt, die ihm eine völlig andere Färbung geben; und erst diese Färbung bestimmt den Charakter der Moderne. Es sind die klassischen und romantischen Gegenbewegungen, ohne die nichts Modernes zu verstehen ist. Zwar ist es niemals dazu gekommen, daß diese Gegenbewegungen den Grundcharakter der bürgerlichen Gesellschaft aufgehoben hätten. Die klassische Richtung ist schon wegen der inneren Verwandtschaft mit ihr nicht imstande dazu. Außerdem trat sie im Abendland immer als literarisch bedingte und darum exklusiv aristokratische Haltung auf. Die innere Macht der griechischen Weltfrömmigkeit läßt sich den Völkern des Abendlandes nicht mitteilen. Denn Gott und Götter der abendländischen Völker entstammen dem Christentum. Die romantische Bewegung hat zwar immer wieder den Versuch gemacht, einer radikalen Reaktion gegen die Moderne zum Sieg zu verhelfen; aber der durchschlagende Erfolg ist ausgeblieben, trotzdem sowohl die katholische wie auch die bluthaft-germanische Vergangenheit aller europäischen Völker diese Bewegung unterstützte. Doch gehen von hier ständig Wirkungen auf die Gesamtlage aus, die das Bild der Moderne erheblich verschoben haben und weiter verschieben. Eine wirkliche Überwindung der bürgerlichen Gesellschaft konnte auch nicht ausgehen von dem in ihr selbst entstandenen Gegensatz, dem Sozialismus. Denn er stand und steht geistig und wirtschaftlich auf dem Boden der radikalen Autonomie und Immanenz. Darum ist es der bürgerlichen Gesellschaft wenigstens Mittel- und Westeuropas gelungen, die von hier ausgehenden Erschütterungen in sich aufzunehmen, sich bis zu einem gewissen Grade anzupassen, ohne das Fundament zu verlassen, auf dem beide Richtungen ruhen.

Wenn die Autonomie das tragende Prinzip der Moderne ist, so muß der Kampf um die Moderne ein Kampf um die Autonomie sein. So ist es in der Tat. Unter dem Gesichtspunkt: Aufhebung und Wandlung

der Autonomie lassen sich die wichtigsten Verschiebungen der gegenwärtigen Lage gegenüber dem 19. Jahrhundert verstehen. Wir beginnen mit einer Betrachtung der ganz oder zum Teil erfolgreichen Gegenstöße gegen die Autonomie. – Die Autonomie ruht auf dem rationalen Zentrum der Persönlichkeit, da, wo die freien Entscheidungen fallen über wahr und falsch, gut und böse. Der Angriff auf die Autonomie ist ein Angriff auf die Freiheit und Rationalität des persönlichen Zentrums. Dieser Angriff kann von zwei Seiten erfolgen, von unten und von oben. Kommt er von unten, so bedeutet er Aufdeckung der unbewußten, vitalen Kräfte, die, selbst außerethisch und außergeistig, die geistigen Entscheidungen mitbestimmen. Kommt er von oben, so bedeutet er Hinweis auf eine mystische Wirklichkeit, in der das Lebensproblem übergreifend und maßgebend gelöst ist. Auf der einen Seite wird die Autonomie untergraben durch die Tiefenpsychologie und die auf sie gegründete Philosophie der Vitalität. Es brechen Schichten auf, die in der bürgerlichen Gesellschaft verdeckt und verdrängt, in der Romantik ästhetisch verklärt waren. Sie lassen sich nicht mehr verstecken, und alles kommt darauf an, wie sie gedeutet werden. Sie können ebenso einem dämonisch-dionysischen Antichristentum dienen wie einem um Unfreiheit des Willens und dämonische Gebundenheit wissenden Christentum. Jedenfalls sind sie für die Gegenwart charakteristischer als die apollinisch-klassischen Tendenzen der Gestaltlehre, deren Einfluß mehr im Abstrakten bleibt. Am tiefsten erschüttert ist das ethische Persönlichkeitsideal, sei es in seiner klassischen, sei es in seiner bürgerlich-moralischen Fassung. Die autonome Persönlichkeit hat den sicheren Grund unter den Füßen verloren. Das System der Verdrängungen und Verdeckungen, mit deren Hilfe sie ihren geistigen und sittlichen Aufbau vollzog, ist zerbrochen. Die Mächte des Vitalen haben ihre bis ins Zentrum wirkende Gewalt offenbart. – Auf der anderen Seite und doch im Zusammenhang mit dem eben Gesagten wird die wankende Autonomie aufgefangen durch die Idee einer transzendent begründeten Autorität mystisch-kultischer Art, wie sie in der katholischen Kirche vorhanden ist, wenn auch entstellt durch hierarchischen Machtwillen. Diese in jüngeren katholischen Richtungen lebendigen Gedanken finden Widerhall bis hinein in den Protestantismus. Sie können sich verbinden mit einer christlich gewendeten Seelenforschung und auf diese Weise viele Gegenkräfte gegen die Autonomie vereinen. Das plötzliche Wichtigwerden der Kirchenidee innerhalb und außerhalb der Kirchen zeugt für die Kraft dieser Tendenzen. Der Versuch des deutschen Reichsschulgesetzes, die Autonomie der Pädagogik zugunsten der kirchlichen Heteronomie einzuschränken, beweist, daß es sich hier nicht

mehr nur um Ideen, sondern um außerordentlichen Machtzuwachs der tatsächlichen Kirchen handelt.

In der politisch-sozialen Sphäre wirkt sich der Kampf gegen die Autonomie als Kampf gegen die Demokratie aus. Zum Siege geführt hat der Kampf vor allem in Rußland und Italien. Politische, wirtschaftliche und geistige Autonomie werden in die engsten Grenzen gewiesen. Eine machttragende Gruppe sondert sich aus dem Volk und unterwirft dieses zugleich einer geistigen und seelischen Umformung von außerordentlicher Tiefe und Allseitigkeit. Die Symbolkraft, die jene Ereignisse für breite Schichten in allen Völkern haben, zeigt, wie ernsthaft und durchgängig die Autonomie auch in dieser Sphäre bedroht ist. Demgegenüber erscheint das Sprechen von Gemeinschaft in den romantischen Bewegungen des gegenwärtigen Deutschland als Idee und Wunsch, ohne die Macht realer Verwirklichung.

So imposant aufs Ganze gesehen die geistigen und sozialen Gegenbewegungen gegen die Autonomie auch sind, so übereilt wäre es doch, von einer Katastrophe der Autonomie und damit des tragenden Prinzips der Moderne zu reden. Denn all jenen Bewegungen haftet eine erhebliche Fragwürdigkeit an, die nämlich, daß sie, die die Autonomie angreifen, selbst Schöpfungen der Autonomie sind. So trägt die Tiefenpsychologie in ihrer ursprünglichen Form derartig deutlich die Spuren der mechanisch-psychologistischen Tendenzen des 19. Jahrhunderts, daß sie darin geradezu im Gegensatz zur Moderne im Sinne der Gegenwart steht. Die Versuche, einen mystisch-kultischen Kirchenbegriff neu zu begründen, sind in der Art ihrer Begründung Ausdruck höchstgeformter autonomer Geistigkeit, die sich selbst aufheben möchte und doch nicht kann. Die geistige und politische Heteronomie des Bolschewismus ist gegründet auf die radikal autonome Philosophie des Marxismus; und der Faschismus verbindet in sich nationale Autonomie mit Gedanken, die von der syndikalistischen Theorie beeinflußt sind. Wo aber Autonomie den Hintergrund bildet, kann sich das Vordergründliche noch so heteronom gebärden, ihm steht zuletzt keine andere Begründung zur Verfügung als Berufung auf die Autonomie, von der es kommt und die es brechen will. Dieser innere Widerspruch aller gegenwärtigen Formen anti-autonomer Lebens- und Geistesgestaltung wirkt sich in ihrer inneren Unsicherheit aus, in der ständigen Bedrohung, der sie von der Autonomie her unterliegt, auch in der Unmöglichkeit, sich gegenüber der autonomen Weltwirtschaft zu isolieren.

Eine besonders interessante Wendung gegen die Autonomie hat die neuste protestantische Theologie genommen. Die radikale Transzendenz, die sie verkündet, zwingt zur Ablehnung jedes Versuches, die

Religion in das autonome Geistesleben einzubeziehen. Manche Formulierungen der sogenannten dialektischen Theologie bezeugen eine Feindschaft gegen die Autonomie des Geistes, die an Selbstvernichtung grenzt. Der Theologie wird die Aufgabe gestellt, den unbedingten Gegensatz herauszuarbeiten, in dem Gott und die Offenbarung zu allem stehen, was auf autonomem Boden möglich ist. Die Frage nach dem Zusammenhang, auf dem doch die Möglichkeit auch der dialektischen Theologie als Theologie beruht, wird nicht erhoben. Noch einen Schritt weiter geht eine jüngste Richtung, die das Autoritätsprinzip einschließlich seines mittelalterlichen Zwangscharakters auf protestantischem Boden zu rechtfertigen sucht.

Auch diese Bewegung anti-autonomer Geistesgestaltung ist von starken Kräften der jüngeren Generation getragen. Sie hat den Erfolg gehabt, alt-supranaturalistische Methoden in moderner Form wieder möglich zu machen, Abwendung von Philosophie und Sozialethik in weiten Kreisen zu bewirken, die Bewegung des religiösen Sozialismus in der evangelischen Kirche zu brechen. Sie beruft sich auf die Ablehnung des Humanismus durch Luther in Form seines Kampfes mit Erasmus; sie weiß sich eins in der Bekämpfung des Idealismus mit Kierkegaard. – Aber an diesem Punkt zeigt sich auch die Tatsache wieder, daß diese moderne Heteronomie selbst ein Produkt höchst gesteigerter Autonomie ist, ein Produkt, das seine Stoßkraft, aber auch seine letzte Unfruchtbarkeit dem leidenschaftlichen Ressentiment gegen eine entleerende, zerstörerische Autonomie verdankt.

Das Verhältnis der anti-autonomen Bewegungen zum Christentum kann demnach folgendermaßen bestimmt werden: zu einem Teil sind es Erhebungen der vitalen Mächte, der unterdrückten Schichten des Seelischen und der unterdrückten Schichten der Gesellschaft und des unterdrückten Nationalgefühls. Der Kampf gegen die Autonomie entstammt hier in keiner Weise einem religiös-transzendenten Prinzip oder gar dem Christentum. Wo aber im Namen des Christentums die Autonomie bekämpft wird, ergibt sich sofort die doppelte Heteronomie der Konfessionen, die hierarchische im Katholizismus, die orthodoxe im Protestantismus. Ein neues schöpferisches Prinzip, das von innen her die Autonomie überwinden könnte, ist hier nicht vorhanden.

Der Kampf gegen die Autonomie als Prinzip der bürgerlichen Gesellschaft hat erstaunliche äußere Erfolge errungen. Aber sie können über seine innere Schwäche, den Widerspruch seiner Abstammung aus der Autonomie, nicht hinwegtäuschen. – Das führt zu der Frage, ob nicht ohne Bruch mit der Autonomie auf dem Boden der Autonomie selbst sich Kräfte zeigen, die der Autonomie eine andere Wendung ge-

ben, eine Wendung, die es ihr ermöglichen würde, in eine von christlichen Prinzipien getragene Theonomie überzugehen. Diese Möglichkeit muß weiter unten grundsätzlich betrachtet werden. Hier ist zu fragen: Gibt es in der Moderne Tatsachen, die in die Richtung einer christlich-getragenen Theonomie weisen?

Eine Zeitlang, vor allem in den ersten Jahren nach dem Krieg, schien eine Fülle von Vorgängen auf diesen Weg zu führen. Allenthalben zeigten sich Kräfte, die in eindeutiger Abwendung von den Lebens- und Geistesformen der bürgerlichen Gesellschaft ohne Preisgabe der Autonomie um eine neue Daseinsanschauung und -gestaltung rangen. Nur als einzelne Beispiele aus sehr viel umfassenderen Zusammenhängen mögen genannt sein die Jugendbewegung, die religiös-sozialistischen und religiös-nationalen Gruppen, der Expressionismus und die neue Mystik, die Wiederfindung des Mittelalters und die Entdeckung des Primitiven, die Gestaltlehre und das Wiedererwachen der Metaphysik. Es ist eine mächtige Umgestaltung von Welt- und Lebensbild, die durch das alles bewirkt ist; aber die Überwindung des bürgerlichen Geistes ist nicht gelungen. Und gerade weil sie nicht gelungen ist, weil alle jene Kräfte zu schwach waren und zum Teil zusammenbrachen, erhielten die radikal anti-autonomen Tendenzen ihre siegreiche Stoßkraft. Jenes alles erschien ihnen gegenüber als Romantik; sie selbst als echter, harter Realismus. Aber – wir sahen es – sie selbst sind bestimmt durch unsachliche Elemente, zum Teil durch Ressentiment, zum Teil auch durch Romantik.

So muß unsere Frage noch einmal gestellt werden: gibt es nur die romantischen, zur Theonomie drängenden, aber sie nicht erreichenden Bewegungen auf der einen Seite, die heteronomen, in politischem Machtwillen oder kirchlicher Hierarchie und Orthodoxie begründeten Kräfte auf der anderen Seite? Stehen alle, die sich von der entleerten Autonomie der bürgerlichen Kultur losgesagt haben, vor der Wahl zwischen autonomer Romantik und heteronomer Selbstaufgabe?

Es sind noch andere Tatsachen da, in denen die Moderne im Sinne der Gegenwärtigkeit vielleicht ihren reinsten Ausdruck findet. Es ist ein neuer Realismus, der auf autonomem Boden bleibt und doch ohne romantische Übersteigerung der Transzendenz zugewandt ist. Wenn zur Zeit schon Neigungen vorliegen, diesen Realismus als neue Klassik zu bezeichnen, so ist das nicht unbedenklich und kann geradezu als Versuch gedeutet werden, ihn für die bürgerliche Gesellschaft in Anspruch zu nehmen. In Wahrheit hat er nichts mit ihr zu tun. Er verhüllt nichts, aber er hat auch nicht die brutalen Enthüllungsdurchbrüche nötig, die der bürgerlichen Lüge parallel liefen. Er gibt sich hin an die Sachen,

aber nicht, um in ihren Außenschichten steckenzubleiben (wie der Impressionismus), auch nicht, um sie zu zerbrechen zugunsten einer metaphysischen Tiefe (wie der Expressionismus), sondern um in den wirklichen Formen die Tiefenschicht der Dinge sichtbar werden zu lassen. Namentlich in der Architektur und Malerei, aber auch in der Sprache und der Ethik ist etwas davon anschaubar. Ich möchte es „gläubigen Realismus" nennen, gläubig im Gegensatz zu der ungläubigen Autonomie, Realismus im Gegensatz zu der gläubigen Romantik.

Dieser Begriff aber ist der Sache und der Prägung nach so gegenwartsbezogen, daß er nicht mehr in eine historische Betrachtung eingereiht werden kann, sondern weiterführt zur systematischen Frage. Der historische Überblick hat uns den Reichtum der Beziehungen gezeigt, in dem Christentum und Moderne stehen. Autonomie und Heteronomie, romantische und realistische Theonomie, das sind die zentralen Tendenzen, von denen aus die Erscheinung der Moderne zu verstehen ist.

Durch diese Charakteristik der Moderne ist nun die Möglichkeit gegeben, die Frage zu beantworten, in welcher Richtung die Moderne auf die Gestaltung des Christentums in den Kirchen gewirkt hat. Der erste Angriff der Autonomie im Jahrhundert der Aufklärung hatte die evangelische Kirche fast völlig, die römisch-katholische stellenweise überrannt. Die idealistisch-romantische Gegenbewegung gab den Kirchen ein neues Selbstbewußtsein, zuerst im Sinne einer romantischen Theonomie, dann im Sinne einer heteronomen Reaktion. Gegen diese Versteifung gewann auf protestantischem Boden namentlich die autonome Wissenschaft an Boden, bis sie zu Beginn des 20. Jahrhunderts das Christentum in die allgemeine Religionsgeschichte und damit in den autonomen Prozeß des religiösen Geistes einordnete. Auf reformiertem Boden hatte sich in konsequenter Entwicklung der Geist der Autonomie und politischen Demokratie mit dem religiösen Bewußtsein verknüpft und dieses profanisiert. Der Katholizismus hat den Modernismus abgestoßen und sucht die modernen Gesellschaftsprobleme mit den Mitteln des Thomismus zu lösen. Von ihm stammen in letzter Instanz die mystisch-romantischen Gegenbewegungen gegen die bürgerliche Autonomie, von ihm auch ein Teil der heteronomen Gegenstöße. Und wo sie nicht von ihm stammen, sondern im Gegensatz zu ihm stehen, da haben sie ihn entweder – was die Heteronomie betrifft – kopiert: so der Bolschewismus in seiner Schul- und Kulturpolitik; oder sie haben Frieden mit ihm geschlossen wie der Faschismus und benutzen ihn zur Unterstützung eigener heteronomer Tendenzen. Oder sie sind in Verbindung mit ihm getreten wie die Tiefenpsychologie mit der Beichte. Darauf beruht die erstaunliche Modernität der katholischen

Kirche: sowohl mit der romantischen Autonomie kann sie sich verbinden – sofern ihr eigenes Gefüge dadurch nicht erschüttert wird – als auch mit der modernen Heteronomie. Und doch muß gesagt werden: diese Modernität ist im letzten Grunde Schein, denn ihr fehlt der innere Durchgang durch die Autonomie; ihr fehlt die wahre Gegenwärtigkeit, die ohne Autonomie nicht möglich ist. Darum ergeben sich immer wieder Abstoßungen zwischen Katholizismus und Moderne, z. B. Lehrprozesse, wie sie in dieser Schärfe zwischen Protestantismus und Moderne nicht in Frage kommen.

Der Protestantismus macht dem Katholizismus gegenüber vielfach den Eindruck der Unzeitgemäßheit. Das ist vor allem in der soziologischen Struktur des lutherischen Protestantismus begründet, in seiner fast unlöslichen Verflochtenheit mit Restgruppen der feudalen Gesellschaft unter Ausschluß von Proletariat und Intellektuellen und bleibender Fremdheit gegen das Großbürgertum. Der calvinistische Protestantismus ist im Vergleich damit ungleich aktueller, mit der technischen Kultur der Gegenwart aufs engste verbunden, großzügig und universal – freilich auch weniger innerlich und tief. Auch die Schwierigkeit, die für jede Art des Protestantismus besteht, auf die romantisch-vitalen Gegenbewegungen gegen die bürgerliche Haltung einzugehen, z. B. in ein so inniges Verhältnis mit der Jugendbewegung zu kommen wie der Katholizismus, bedingt den Schein der Unmodernität, der dem Protestantismus anhaftet. Sein Ethos ist so eng mit dem der bürgerlichen Gesellschaft verbunden, daß sie sich ständig gegenseitig stützen.

Aber eben diese Tatsache zeigt nun doch, daß, auf die tiefste Schicht gesehen, der Protestantismus der Moderne näher steht als jede Art Katholizismus. Daß er in der liberalen Theologie die wissenschaftliche Autonomie restlos auch für sich selbst durchgeführt hat, zeugt für seine Verbundenheit mit der Moderne; und die gegenwärtigen scharfen Reaktionen gegen die Autonomie in Theologie und kirchlichem Machtstreben sprechen infolge ihrer inneren Struktur nicht dagegen. Darin kommt zum Vorschein, daß die moderne Autonomie protestantischen Geist im Hintergrund hat. Und darum ist es möglich, und vielleicht allein möglich, auf protestantischem Boden eine grundsätzliche Lösung des Problems „Christentum und Moderne" zu versuchen.

II. Das Ewigkeitsproblem

Die bisher betrachteten Tatsachen müssen unfruchtbar bleiben, solange nicht das grundsätzliche Problem gelöst ist. Sie sind Material, das zur Verfügung gestellt ist, das aber noch seiner Formung harrt. Dazu ist es nötig, sich zunächst völlig von ihm zu lösen und auf die Sache selbst zu schauen. Die Sache selbst aber ist das Verhältnis dessen, was den Anspruch auf Ewigkeit erhebt, zu irgendeiner Gegenwart, zu einer jeweiligen Moderne.

Während unter der geistesgeschichtlichen Fragestellung das Christentum als das Bekannte vorausgesetzt werden konnte, ist es jetzt umgekehrt. Das Christentum ist das Gesuchte, die Moderne das Gegebene. Denn nicht die historischen Verkörperungen des Christentums sind gesucht wie in dem geistesgeschichtlichen Abschnitt, sondern das Wesen des Christentums. Aber auch nicht das Wesen, das allen geschichtlichen Perioden gemeinsam ist und als Abstraktion von allen übrigbleibt, sondern das Wesen, um das alle Perioden gerungen haben, mit mehr oder weniger Erfolg. Es ist das transzendente Wesen des Christentums, von dem nun zu sprechen ist.

Im Christentum geht es um das Unbedingt-Transzendente, um das, was jeder Kultur gegenübersteht und durch das sie in Frage gestellt wird. Christliche oder nicht-christliche Kultur, Antike oder Moderne, Mittelalter oder Idealismus, das gilt hier gleich. Das erste und grundlegende Verhältnis des Christentums zu jeder Moderne ist dieses In-Frage-Stellen. Nicht von einer anderen Kultur her wird die Moderne in Frage gestellt, wenn das Christentum sie in Frage stellt, nicht von der primitiven her, wie man jetzt oft will, aber auch nicht vom Mittelalter her; nicht von der Antike, aber auch nicht von dem Zeitalter der Reformation her; nicht von Asien, aber auch nicht vom Früh- oder Urchristentum her. Jeden derartigen Angriff könnte die Moderne abwehren. Sie könnte sich auf ihr Eigenrecht berufen und könnte zugleich den ihr zusagenden oder sie erschütternden Tendenzen der anderen Zeitalter in sich Raum geben. Der Angriff, der vom Christentum ausgeht, geht nicht vom Urchristentum oder von der Reformation aus, sondern von dem, was auch im Urchristentum, was auch in der Reformation gemeint war. Und es ist ein Angriff, der nicht nur das Negative an der Kultur angreift, das Wandlungsbedürftige, das, worin andere Zeiten und Kulturen Hilfe leisten können, sondern es ist ein Angriff gerade auf das Positive der Kultur, auf seine tragenden Werte, z. B. auf die Autonomie.

Wenn der Angriff des Christentums gegen die tragenden Werte einer

Kultur, etwa der Moderne, geht, so kann er offenbar nicht so gemeint sein, daß er die tragenden Werte verneinen will. Denn das würde ihn in die Kampfarena des Wertwiderstreites herabführen. Dort aber müßte er notwendig scheitern, da er von etwas ausgeht, das seinem Wesen nach jenseits der Wertsphäre steht. Der Angriff auf die tragenden Kulturwerte kann nur den Sinn haben, sie in ihrer Selbstsicherheit, ihrem Ruhen in sich zu erschüttern, die Sphäre der Wertschöpfung als Ganzes in Frage zu stellen. Sofern auch die Religion als Kulturerscheinung in die Sphäre der Wertschöpfung zu rechnen ist, gilt auch ihr der gleiche Angriff, die gleiche Fragwürdigkeit. Und die christliche Religion ist darin keine Ausnahme. Das im Christentum Gemeinte steht immer auch gegen die christliche Religion. Im Sinne unserer Fragestellung könnten wir also sagen: Christentum und Moderne werden in gleicher Weise vom Christentum in Frage gestellt, sofern sie geistesgeschichtliche Tatsachen sind.

In Frage stellen heißt aber, die Selbstgewißheit des unmittelbaren Daseins erschüttern, heißt, eine Frage stellen, die alle Fragen und alle Antworten zu einer letzten Frage und Antwort treibt. Es ist die Frage nach dem letzten, unbedingten Sinn alles Sinnes und alles Seins, es ist die Frage nach dem, was den Sinn trägt, über den drohenden Abgrund der Sinnlosigkeit hinüberträgt, nach dem, was imstande ist, die Verzweiflung zu überwinden. Es gibt keine Geistesschöpfung, die diese Frage mit unbedingter Schärfe stellen und mit rettender Gewalt beantworten könnte. Denn jede Geistesschöpfung steht im Zusammenhang aller Geistesschöpfungen und ist mit dem Zusammenhang als solchem in Frage gestellt. Und jede Geistesschöpfung enthält eine bestimmte Antwort, einen begrenzten Sinn und wird damit von dem Abgrund letzter Sinnlosigkeit bedroht. Nur eine solche Geistesschöpfung könnte eine Antwort auf die letzte Frage geben, an der unabweisbar deutlich würde, daß in ihr jede Geistesschöpfung, auch sie selbst als Geistesschöpfung in Frage gestellt ist. Nur was sich selbst als Geistesschöpfung, als höchste Geistesschöpfung aufhebt, hat die Vollmacht, die letzte Frage zu stellen und die letzte Antwort zu geben. Das Christentum meint, von einer solchen Wirklichkeit reden zu können. Sie schaut sie an in dem Symbol „Kreuz des Christus".

Es gibt keinen Maßstab, mit dem man feststellen könnte, ob das Christentum recht hat mit dieser Meinung. Denn jeder Maßstab ist entweder selbst christlich, oder er ist unchristlich; in beiden Fällen ist er unbrauchbar. Es ist die absolute Position der prophetischen Botschaft, für die es keinen Maßstab außer ihr gibt. – Die christliche Verkündigung stellt jede Geistesschöpfung als Geistesschöpfung unter die

letzte Frage und treibt sie zu einer Entscheidung gegenüber dieser Frage und gegenüber der Antwort, die mit ihr verbunden ist. Auch die Moderne. Und das ist das eigentliche Verhältnis: Christentum und Moderne. Alles andere steht unter dieser Frage und ist darum nicht die Frage, die zu stellen es sich schließlich lohnte.

Das Christentum stellt die letzte Frage an die Autonomie. Aber sie tut es nicht als geistesgeschichtliche Größe. Als solche muß sie die Frage auch gegen sich selbst stellen. Die christliche Frage und die christliche Antwort bricht zunächst und zuerst gerade diejenige Geistesschöpfung, in der die Frage gestellt und die Antwort gegeben ist: das tatsächliche Christentum, die Kirche als soziale und politische Wirklichkeit, das Dogma, sofern es Geistesschöpfung ist, die Frömmigkeit, sofern sie innerseelischer Reichtum ist, den Kultus und die Predigt, sofern sie geistiger Ausdruck in Anschauung und Rede sind. All das und mit ihm alle Symbole (auch das Symbol „das Kreuz des Christus"), sofern sie einer bestimmten geistigen Möglichkeit angehören und damit andere Möglichkeiten ausschließen. Wäre es nicht so, so würde ein Symbol an *die* Stelle treten, wo die letzte Frage und die letzte Antwort zu stehen hat.

Darum ist es notwendig, ehe man an die Frage Christentum und Moderne geht, die Frage Christentum und Christentum zu beantworten. Denn wenn diese Frage mit einer Gleichung beider Bedeutungen von Christentum beantwortet würde, wie es im hierarchischen Katholizismus und in der protestantischen Orthodoxie der Fall ist (auch wenn man noch so sehr den Unterschied von Ideal und Wirklichkeit betont), dann gehörte auf die andere Frage die Antwort: nicht Christentum, sondern Moderne. So ist es aber nicht, denn jene Gleichung ist keine Gleichung. Es ist auch nicht die Ungleichheit von Wesen und Erscheinung, sondern es ist das Ganz-anders-Sein von Unbedingt-Transzendentem und Bedingt-Immanentem, wobei es gleichgültig ist, ob dieses letztere als ideales Wesen oder als mangelhafte Wirklichkeit gefaßt wird. Darum kann das Verhältnis den Charakter unbedingten Widerspruchs annehmen, darum kann es aber auch – wenn das Christentum sich selbst versteht – eine tiefe, wenn auch höchst dialektische Einheit bedeuten. Das tatsächliche Christentum, die Kirche, die Predigt, die Theologie, können wirklich von dem zeugen, was auch gegen sie steht, und ihre Überzeugungen und ihre Symbole und ihren Geist: von dem Unbedingt-Letzten. Wenn sie das tun, haben sie auch das Recht, sich – aber nicht sich, sondern das, was auch gegen sie steht – gegen die Moderne zu stellen. Nur dann ist es angemessen, vom Christentum her die Moderne anzugreifen, der Autonomie die letzte Frage und die letzte Antwort zu sagen.

Wo das geschieht, da wird die Autonomie nicht etwa verneint. Von woher sollte sie verneint werden? Und zugunsten wessen? Die Antwort könnte nur sein: zugunsten eines fremden *Nomos*. Denn Autonomie besagt ja dieses, daß ein fremder *Nomos* ausgeschlossen sein soll. Dieser fremde *Nomos* könnte unsere vitale Natur sein, die dem Gesetz des Geistes widerstrebt. Aber ihr die Herrschaft zu geben, kann jedenfalls nicht die Meinung des Christentums sein. Also eine fremde geistige Wirklichkeit, etwa bestimmte christliche, soziale oder geistige Einrichtungen und Symbole. Dieses wäre Heteronomie und liegt in der Tat in der Absicht derer, die das Christentum undialektisch als Ausdruck der letzten Frage und Antwort betrachten. Aber das liegt nicht in der Absicht der christlichen Verkündigung, denn diese müßte dann mit ihrer Frage vor der christlichen Immanenz haltmachen, d. h., sie könnte nicht die letzte Frage stellen, die nichts ausläßt und alles unter sich läßt. Die Autonomie ist nicht zu erschüttern von einer kirchlichen oder dogmatischen Heteronomie aus. Ihr gegenüber hat sie recht; denn sie vertritt das Recht des Geistes – nicht etwa gegen das Unbedingt-Transzendente, sondern gegen einen gesonderten Geist, der sich im Namen des Unbedingt-Transzendenten über den Geist erhebt und ihn zu zerbrechen sucht. Die Fragwürdigkeit, in die die Autonomie versetzt wird, muß also einen anderen Sinn haben; der *Nomos*, der die Autonomie aufhebt, ist nicht ein fremder *Nomos*, sondern er ist der *Nomos* dessen, worin jeder *Nomos* aufgehoben ist, des Unbedingt-Transzendenten. Dieser *Nomos* aber gibt keine Vorschriften, in ihm ist jede Vorschrift, und das heißt jede Geistesschöpfung, christliche und moderne, mystische und rationale, in Frage gestellt in ihrem Dasein.

Die Autonomie ist vom Christentum in Frage gestellt heißt also: die Autonomie ist vor die letzte Frage und Antwort gestellt. Sie ist aus ihrer Ruhe, aus der Sicherheit ihrer inneren Notwendigkeit, aus dem Selbstbewußtsein ihrer schöpferischen Kräfte gerissen. Sie ist in ihrem unmittelbaren Dasein gebrochen. Sie ist an einen Abgrund geführt – nicht den Abgrund der Erschöpfung und des geschichtlichen Sterbens, der ist zuletzt gleichgültig – sondern vor den Abgrund der Sinnlosigkeit und vor die Möglichkeit eines ewigen transzendenten Sinnes. Wo die Moderne diese Frage gehört hat, wo die autonome Selbstgewißheit gebrochen ist, da ist zwar die Autonomie nicht verneint, die Moderne nicht preisgegeben zugunsten irgendeiner Un-Moderne. Aber sie ist umgewendet. Sie hat einen anderen inneren Sinn, eine andere innere Richtung bekommen, die Richtung auf das Unbedingt-Sinngebende. Und um dieses Sinnes willen muß sie zu neuen Symbolen gelangen, muß sie Schöpfungen aufweisen, in denen etwas

von diesem Sinne schwingt und angeschaut werden kann. Aber freilich nicht auf diese Schöpfungen als Schöpfungen kommt es an, nicht auf Verlängerung und Vertiefung der Schöpferkraft unserer abendländischen Kultur. Diese ist vielleicht wirklich erschöpft; und die Fragwürdigkeit, in die sie durch den Angriff der christlichen Fragestellung gerät, beschleunigt vielleicht ihr Ende. Die Religion als Heilmittel der Kultur, das Christentum als Jungbrunnen des abendländischen Geisteslebens ist eine Torheit und ein Sakrileg. Der Angriff des Christentums auf die Moderne geschieht nicht um der Moderne willen, sondern um des Letzten willen, auf das hinzuweisen und das zu verwirklichen Sinn und Aufgabe jeder Moderne ist.

III. Das Gegenwartsproblem

Die prinzipielle Klärung, um die sich der zweite Abschnitt bemüht hat, gibt nun die Möglichkeit, das Material, das der erste, geistesgeschichtliche Teil geliefert hat, von der Verantwortung für Gegenwart und Zukunft aus zu würdigen. Auch diese Aufgabe ist in sich unendlich und kann jeweils nur in einigen Punkten in Angriff genommen werden.

Es ist klar, daß die rationale Autonomie der bürgerlichen Gesellschaft trotz aller Einschränkungen, die von ihrem religiösen Hintergrund ausgehen, die Frage der christlichen Verkündigung nicht gehört hat. Die in sich ruhende, sich selbst erfassende und gestaltende Immanenz weicht der christlichen Frage grundsätzlich aus. Das wird ihr leicht gemacht von dem größten Teil der christlichen Verkündigung, die nach Form und Inhalt sehr viel mehr auf das Christentum, auf seine Symbole und Schöpfungen hinweist als auf das im Christentum Gemeinte, das souverän ist auch gegen die heiligsten Symbole des Christentums und in dessen Namen man zur Zeit an die christliche Verkündigung die Forderung stellen muß, in neuen Symbolen und, wenn Kraft und Vollmacht da wären, symbollos ihre Botschaft zu sagen. Jedenfalls kann der christliche Angriff auf die Moderne nicht so geschehen, daß das Christentum für seine Wirklichkeiten und seine Symbole wirbt. Diese Symbole haben weithin bis in die höchsten altheiligsten Worte und Formen einen Klang bekommen, der das in ihnen Gemeinte schlechthin unvernehmbar macht. Sich solcher Symbole da zu bedienen, wo sie nicht mehr klingen können, also Selbstverkündigung des Christentums, der Kirche, der Frömmigkeit, der Lehre treiben – das bedeutet: die Moderne zu entschlossenem Abwehrkampf zu zwingen; zunächst zum Abwehrkampf gegen die Kirchen, dadurch aber auch

wider Willen gegen die Verkündigung, die den Kirchen anvertraut ist und die durch sie unvernehmbar gemacht wird.

Damit ist das Urteil über die heteronomen und romantischen Gegenbewegungen gegen die Autonomie von der Frage „Christentum und Moderne" her gegeben. Es ist eine ständige Versuchung für die Kirchen, daß sie sich mit den heteronomen Tendenzen der Kultur verbinden, in der Meinung, dadurch ihren Angriff auf die Autonomie unterstützen zu können. Nun besteht zweifellos die Möglichkeit, auf diese Weise äußerlich zur Macht und innerlich zu Einfluß zu gelangen, ja, es besteht die Möglichkeit, daß die Kirchen über kurz oder lang die zerbrechende Autonomie auffangen und dem Geist einen heteronomen Ort der Ruhe und Gesichertheit zur Verfügung stellen. Aber die Botschaft des Christentums über die Autonomie ist damit nicht ausgerichtet; die Moderne ist damit nicht vor die letzte Frage und Antwort gestellt. Sie ist ersetzt durch eine neue, kirchlich beherrschte Moderne, für die das Problem Christentum und Moderne mit gleicher Schärfe zu stellen wäre. Ein Zerbrechen ist möglich, eine Katastrophe der Autonomie ist möglich, ein Sieg heteronomer Theologie ist möglich. Das kann der Weg sein, auf dem die Moderne zugrunde geht. Aber ein Sieg der christlichen Verkündigung ist das nicht, vielleicht aber die Verbindung eines großartigen äußeren Sieges mit einer vernichtenden inneren Niederlage. Das „Jahrhundert der Kirche" – wenn ein solches bevorsteht – könnte das Jahrhundert dieser Niederlage werden.

Weniger eindeutig ist das Verhältnis der christlichen Verkündigung zu den romantisch und vital begründeten Gegenbewegungen gegen die bürgerliche Gesellschaft. Denn hier bestehen immer zwei Möglichkeiten: diese Bewegungen können Flucht aus der Gegenwart sein, sie können aber auch innere Umgestaltung der Gegenwart, wirkliche Erschütterung des Geistes der Moderne sein. In den meisten Fällen werden sie beides vereinen. Dann gilt es, zweiseitig Stellung zu nehmen. – Es ist ein Ausweichen vor der letzten Frage, die immer an die Gegenwart gestellt ist, wenn man sie umdeutet in eine Frage, die gegen die Gegenwart für irgendeine Vergangenheit gestellt ist. Die Tatsache, daß es Zeiten gab, in denen Einrichtungen und Symbole symbolkräftiger für den letzten Sinn waren als die Einrichtungen und Symbole der bürgerlichen Gesellschaft, darf nicht dazu führen, den letzten Sinn an jene Symbole und Einrichtungen zu fesseln. Auch sie stehen unter der Fragwürdigkeit von der letzten Frage her. Sie können keine Antwort sein auf die Frage, die an uns gestellt ist. Sie können uns zeigen, wie andere Zeiten stärker, symbolkräftiger auf die letzte Frage und die letzte Antwort gerichtet waren als wir, und sie können uns dadurch selbst zum

Symbol werden für die Aufgabe, die uns gestellt ist. Die aber müssen wir von uns aus, aus unserem restlos bejahten Schicksal lösen. Gerade weil es sich um die letzte Frage handelt, die Frage des eigenen Schicksals, ist es sinnlos, ihr durch Flucht auf vergangenes Schicksal ausweichen zu wollen. Soweit die Bewegungen der Gegenwart solche Neigung verspüren lassen, muß sich die christliche Verkündigung auch dann gegen sie stellen, wenn sie der christlichen Wirklichkeit ganz nahe kommen. Auch hier ist die Versuchung für das Christentum stark, sich mit dem zu verbinden, was scheinbar die Autonomie innerlich umwandelt, die Moderne christianisiert, in Wirklichkeit Verrat an der Gegenwärtigkeit und damit an der letzten Frage ist. – Aber auch dieses kann an jenen Bewegungen hier und da angeschaut werden, daß sie wirklich innere Umwandlungen der Autonomie sind, ohne heteronomes Zerbrechen, ohne romantische Flucht, Umwandlungen, in denen die Autonomie Elemente aufnimmt, die hinweisen auf das Unbedingt-Transzendente, die das In-sich-Ruhen und die Selbstgewißheit des schöpferischen Geistes erschüttern und diese Erschütterung und Umwandlung sichtbar werden lassen. Wo das in Wahrheit geschieht, da geschieht es auf dem Boden der reinen, unverhüllten Gegenwärtigkeit. Nur auf ihm kann es geschehen, denn nur an die Gegenwart ist die letzte Frage gestellt. Jedes Weichen von ihr wirkt Scheinwandlungen, die von der Wirklichkeit in Kürze beseitigt werden. – Wir stehen inmitten von Reaktionen gegen Ungegenwärtiges, gegen Schein und Übersteigerung. Das Unbedingt-Übersteigende macht jeden Versuch zunichte, es durch Übersteigerung zu erreichen. Es kann überhaupt nicht erreicht werden, aber es kann einbrechen in jede Gegenwart, die sich ehrlich zu sich selbst bekennt, und kann die Gegenwart erschüttern und umwenden.

Wenn wir also das Verhältnis von Christentum und Moderne als Gegenwarts- und damit Zukunftsproblem fassen, so ist die erste Antwort: Nicht eine sich verschönende, nicht eine rückgewandte, nicht eine überstiegene Moderne soll vor dem Christentum stehen, sondern eine wahre, eine solche, die dem Angriff nicht ausweicht, sondern ihn in voller Gegenwärtigkeit aufnimmt. Der christlichen Verkündigung entspricht ein Realismus, der das historische Schicksal unbedingt ernst nehmen lehrt und ein Überspringen der Gegenwärtigkeit hindert. Nur auf solchem Boden wird die Frage vernommen, die die christliche Botschaft stellt, die letzte Frage, die Frage nach dem Letzten und Unbedingten, und die Antwort, ohne die die Frage im Ernst gar nicht gestellt werden könnte. Der bloße Realismus kann zu einem gläubigen Realismus werden. Die Schöpfungen des Geistes können in aller Realität und Nüchternheit und gerade durch sie Hinweise werden auf das,

was sie selbst in Frage stellt. Auf dem Boden der Autonomie können Symbole und Einrichtungen entstehen, in denen anschaubar wird, was in der christlichen Botschaft im „Kreuz des Christus" gemeint ist, die innere Spannung eines Werkes zwischen dem, was Autonomie, was Geist, was Schöpfung, was Moderne an ihm ist, und dem, was die Autonomie und den Geist und die Schöpfung und die Moderne aufhebt um der letzten Frage und der letzten Antwort willen.

13. JUGENDBEWEGUNG UND RELIGION

Es ist etwas Grundsätzliches, das in religiöser Beziehung die Jugendbewegungen aller Zeiten und Konfessionen eint: das Hervorbrechen der religiösen Unmittelbarkeit aus dem System von Vergegenständlichungen und Verhärtungen, das unvermeidlich mit der gesellschaftlichen Ausformung des Religiösen verbunden ist. Besondere Schärfe muß dieser Gegensatz naturgemäß da annehmen, wo die theoretischen und praktischen Formen der Gesellschaft, auch der religiösen Gesellschaft, die religiöse Unmittelbarkeit nicht nur verschütten, sondern ihr wesensmäßig entgegenstehen. Das ist aber der Fall in der rationalen, bürgerlichen Gesellschaft, ihrer Weltanschauung und ihren Lebensformen. Es ist das Prinzip der Reflexion, der Aufhebung jedweder Unmittelbarkeit zugunsten rationaler Unterwerfung unter den technischen Zweck, das die bürgerliche Gesellschaft beherrscht. Die lebendige Einheit von Weltganzem und einzelnem Subjekt wird zerrissen. Die Welt wird zum Ding, zum Gegenstand, zu dem, was dem Ich entgegensteht und ihm darum entgegengestellt wird, damit es von ihm rational anerkannt und technisch unterworfen werden kann. Die lebendige Einheit der Gesellschaft wird zerschlagen, die einzelnen werden zu gemeinschaftslosen Atomen, die herrschend oder beherrscht an der großen Maschine der ökonomischen Produktion teilnehmen. Der schöpferische Eros in Naturanschauung und Gemeinschaftsleben stirbt ab. Das nüchtern rationale Dingverhältnis setzt sich durch. Auch die Religion wird in diesen Prozeß hineingezogen. Man gestattet ihr die Sphäre der Innerlichkeit, der Privatheit und Intimität, aber sie darf nicht gestaltend aus ihr hervorbrechen. Das revolutionäre Feuer ihres schöpferischen Gehaltes wird herabgedämpft, die überlieferten Formen – einst Ausdruck von Durchbrüchen und Offenbarungen – werden entleert und umgedeutet, bis sie dem Ganzen der bürgerlichen For-

men eingeordnet sind. Die Religion wird zum Gesetz, aber nicht zum unendlichen, göttlichen Gesetz der ewigen Unruhe, sondern zu dem endlichen Gesetz einer Moral der Nützlichkeit und profanen Nüchternheit. Wo aber der schöpferische Eros entschwunden ist, sucht der Instinkt, der durch das Gesetz zum Widerspruch erregt wird, Auswege in Rausch und Geselligkeit, deren formlose Häßlichkeit mit ihrer heuchlerischen Unterordnung unter das Gesetz wetteifert.

Das ist die Lage, in der als „Sturm und Drang", als Romantik, als „junges Deutschland", als Jugendbewegung die schöpferische Unmittelbarkeit hervorbrach und in gleicher Weise gegen das Gesetz der bürgerlichen Gesellschaft wie gegen ihre heuchlerische Formlosigkeit Sturm lief. Soviel bloße Subjektivität, soviel unproduktive Chaotik auch damit verbunden ist, im tiefsten Grunde ist diese Unmittelbarkeit doch Empfängnisstätte der Offenbarung, Ort neuer Durchbrüche, Zeichen heiliger Bewegtheit. In ihren besten Kräften reicht die Jugendbewegung in die Tiefe, die wir religiös, heilig, göttlich nennen. Sie hat dieses Bewußtsein selber gehabt, ohne, wie es sich gebührt, viel davon zu reden. Sie hat es nicht zum wenigsten da gehabt, wo sie Widerspruch erhob gegen alle gegenständlich gewordenen Formen der bürgerlichen Kirchlichkeit in Dogma und Kultus, in Weltanschauung und Ethos; und mehr noch in liberaler als in orthodoxer Ausprägung. Aber ganz ohne Inhalte bleibt keine Unmittelbarkeit, sie bliebe denn gänzlich unfruchtbar. Und so wandte sich die religiöse Kraft der Jugendbewegung sofort auf die großen Lebenssphären, die unter der bürgerlichen Reflexion verkümmert waren.

Der erste Gegenstand, der naturgemäß mit Inbrunst ergriffen wurde, war die Natur. Sie ist die gegebene Basis der Opposition, sowohl gegen das rationelle erosfeindliche Gesetz wie gegen die heuchlerisch verdeckte Gesetzlosigkeit. Sie ist die erste, ewig frische Offenbarung der göttlich schöpferischen Kräfte, die einem lebendigen Gesetz folgen, das ebensoweit entfernt ist von rationaler Entleerung wie von formloser Häßlichkeit. Verstärkt wurde diese Wendung in der Gegenwart durch die Flucht aus den Großstädten, womit sich in manchen Gruppen eine stark religiös gestimmte Siedlungsbewegung und Siedlungsromantik verband. In allen Gruppen aber sammelt man sich um naturmystische Symbole. Die heilige Glut des Inneren wird angeschaut in dem heidnischen Sonnwendfeuer. Das ist das naturreligiöse Motiv der Bewegung.

Mit der naturmystischen Grundlage aber verbindet sich ein zweites Element: die Mystik der Gemeinschaft. Dem Kampf gegen die Rationalisierung der Natur entspricht der Kampf gegen die rationale Zerschlagung der Gemeinschaften. Der jugendliche Eros durchbricht die

Schranken der gesellschaftlichen Atomisierung und mit ihnen die verhärteten Formen der bürgerlichen Sitte samt ihrer unterirdischen Heuchelei. Wandelt sich dabei aber der schöpferische Eros bei manchen in subjektive anarchische Erotik, so stößt doch die Gesamtbewegung diese Elemente von sich ab. Der Eros der Gemeinschaft bleibt rein und gewinnt religiöse Tiefe. Und er gewinnt auch ein neues Verhältnis zu den großen Inhalten des öffentlichen Lebens. Die sozialistische und die nationale Idee werden von der Jugendbewegung ergriffen und mit den Kräften der religiösen Unmittelbarkeit gefüllt. Der profane kapitalistische Machtnationalismus und der profane taktisch agitatorische Parteisozialismus werden bekämpft. Darin fühlen sich beide Lager trotz des Gegensatzes der Inhalte eins. Die Mystik der Gemeinschaft wirkt einen gemeinsamen Boden, der tiefer liegt als der Gegensatz. Und von dieser Mystik, diesem schöpferischen Eros der Gemeinschaft aus gehen schon jetzt wärmende und bewegende Ströme in die Starrheit der rationalen Gesellschaft und ihrer verhärteten Parteiformen. Dagegen bedeutet eine Indienststellung der Jugendbewegung durch die Parteien naturgemäß eine Erstickung ihrer religiösen und schöpferischen Kräfte. Es ist auch religiös entscheidend, daß die Jugend dieser Gefahr sich zu entziehen weiß.

Zu unmittelbar religiöser Mystik erhebt sich die Jugendbewegung auf katholischem Boden. Die katholische Kirche hat trotz ihrer autoritativ-hierarchischen Fixierung den Reichtum ihrer mystischen Tradition als fortzeugende Lebenswirklichkeit in sich. Man braucht auf katholischem Boden nicht die Formen zu zerbrechen, um an den Gehalt heranzukommen. Die Unmittelbarkeit braucht nicht notwendig die kirchlichen Vermittlungen zu beseitigen. Infolgedessen kann es hier innerhalb der eigentlich kirchlichen Sphäre Durchbrüche der Unmittelbarkeit geben, in denen die Mystik der Natur und der Gemeinschaft nicht oppositionell werden gegen die überlieferten Formen der Kirchlichkeit. Sie kann sich mit der innerkirchlichen Mystik verbinden und durch sie zu ihrer letzten Vertiefung kommen.

Auf protestantischem Boden ist das nicht ohne weiteres möglich. Der Protestantismus hat von vornherein das rationale reflektierende Prinzip in viel höherem Maße in sich. Die protestantischen Kirchen haben sich viel enger als die katholische mit der bürgerlichen Lebenshaltung und Weltanschauung verbunden. Das mystische Element, die religiöse Unmittelbarkeit ist durch das protestantische Glaubensprinzip fast ganz beiseite gedrängt. Daher die starke Spannung zwischen Jugendbewegung und protestantischer Kirchlichkeit und die innere Unmöglichkeit, die protestantische Jugendpflege den Formen der Jugend-

bewegung anzupassen. Hier handelt es sich um heterogene Prinzipien. Es wäre nun zu fragen, ob diese Fremdheit im Wesen des Protestantismus gelegen ist. Darauf ist zu antworten, daß der durchaus männlich-personalistische Charakter des Protestantismus zweifellos in Spannung steht zu dem mehr weiblich-mystischen Wesen der jugendlichen Unmittelbarkeit und der chaotischen Elemente, die dem schöpferischen Eros innewohnen. Die Jugend flieht den Protestantismus, weil sie vom „Vater" und seinem Gesetz zur „Mutter" und ihrer schöpferischen Unmittelbarkeit flieht. Andererseits ist zu bedenken, daß diese einseitige ethisch-rationale Gestaltung des Protestantismus nicht den Anspruch auf Allgemeingültigkeit machen kann, und daß in der neutestamentlichen Geisterfahrung eine Unmittelbarkeit gegeben ist, die in gleicher Weise und auf noch höherer Stufe Natur und Gemeinschaft in sich aufnehmen kann wie die katholische und romantische Mystik. Freilich, eine religiös fundierte Jugendbewegung ohne Mystik ist undenkbar. Wohl aber ist denkbar, daß die Jugendbewegung aus der Krise, in die sie immer und notwendig durch die Frage nach der Abgrenzung der Jugend gegen die Reife gerät, zu dem Zweifel an ihrer eigenen Unmittelbarkeit getrieben und dadurch reif wird zu dem letzten Schritt, der aus der Krisis der romantischen Mystik zu der Geisterfahrung führt. Dieser Weg würde aus den Labyrinthen der gegenwärtigen Krisis herausführen. Er würde das Spießertum einer ewigen Jünglingshaftigkeit unmöglich machen. Er würde zu einer Reife führen, die nicht Rückkehr zur Bürgerlichkeit ist, sondern die Einheit von schöpferischer Unmittelbarkeit und schaffendem Formwillen bedeutet. Freilich, der Geist weht, wo er will; er ist auch nicht an die Jugendbewegung gebunden. Aber die Jugendbewegung ist an ihn gebunden. Ihre Rettung aus der gegenwärtigen Krisis und ihre ganze zukünftige Entwicklung ist davon abhängig, ob sie dem Wehen des Geistes in sich Raum gibt, ob sie die Kraft hat, aus ihrer bloßen Unmittelbarkeit, ihrem ständigen und unverlierbaren Mutterboden emporzuwachsen zu der Reife des Geistes und der schöpferischen Form. Gelingt ihr das, so ist sie die entscheidende religiöse Bewegung unserer Zeit und kann Kräfte entfalten, durch welche insonderheit auf protestantischem Boden völlig neue Möglichkeiten kirchlichen und kulturellen Lebens sich öffnen. Gelingt es ihr nicht, bleibt sie entweder hartnäckig – und d. h. ja schon reflektiert und darum unwahr – in ihrer bloßen Unmittelbarkeit, oder legt sie sich in irgendeiner Richtung als Jugendbewegung weltanschaulich oder politisch fest, so ist sie dazu verurteilt, an der Krisis zu sterben, in der sie steht. Diese Krisis ist das Gericht des schöpferischen Geistes an ihr, ein Gericht zum Tode oder zu höherem Leben.

14. TANZ UND RELIGION

a) Was mir der Tanz bedeutet

Das Wort Tanz weckt in mir Erinnerungen an die zwanziger Jahre in Dresden. In jenen Jahren wurde Dresden mit Recht die „Stadt des Tanzes" genannt. Ich war damals Professor für Religionswissenschaften an der dortigen Technischen Hochschule und fand Kontakt zur Wigmanschule. Mary Wigman wurde – wie auch heute noch – als die bedeutendste unter den Schöpfern des modernen Ausdruckstanzes angesehen.

Die Ausdruckskraft des sich bewegenden menschlichen Körpers, die Raumgestaltung durch die Tänzer – gleichviel ob Einzeltänzer oder Gruppen –, der Rhythmus in sichtbare Bewegung umgesetzt, die begleitende Musik als Ausdruck der Idee des jeweiligen Tanzes und die stets spürbare Leidenschaft im Hintergrund – all das gewann für mich philosophisch und religiös größte Bedeutung. Es war eine neue Begegnung mit der Wirklichkeit in ihren tieferen Schichten. In Übereinstimmung mit den großen Werken der expressionistischen Malerei, deren Schöpfern ich in jener Zeit in Dresden begegnete, war es der Tanz, der mein Verständnis von Religion tief beeinflußte – Religion als die geistige Substanz der Kultur und Kultur als die Ausdrucksform der Religion. Der Tanz weckte in mir die unbeantwortete Frage, wie die verlorengegangene Einheit von Kult und Tanz auf dem steinigen und wenig aufnahmebereiten Boden des Protestantismus wiedergewonnen werden könnte.

Die große Betonung des Ausdruckstanzes schließt keineswegs eine volle Bejahung primitiver Stammestänze aus. Sie sind eine Verbindung von Vitalität und Form. Daß sie fälschlich als „böse" bezeichnet wurden, hat seine Wurzel in der gleichen Abwertung des menschlichen Leibes mit seinen expressiven und schöpferischen Kräften, die letztlich verantwortlich dafür ist, daß das ursprüngliche Band zwischen Religion und Tanz durchschnitten wurde.

b) Beitrag zu einem Prospekt der Tanzgruppe Gertrud Steinweg

Die Sprache, mit der wir uns an die Probleme und Erscheinungen des künstlerischen Tanzes herantasten, ist noch so undurchgebildet und nuancenlos und darum so abstrakt und sachfremd, daß es überaus

schwer ist, auch nur die grundlegenden Unterschiede der mannigfachen tänzerischen Richtungen unserer Zeit im Wort zur Anschauung zu bringen. Die erschreckende Monotonie, z. B. der berufsmäßigen Berichterstattung über tänzerische Ereignisse, beweist deutlich diesen Mangel. Er ist zur Zeit nicht zu beheben, und er hat auch eine günstige Folge: Es wird vermieden, daß durch Typen bildende oder Gesetze schaffende Begriffe die schöpferische Ursprünglichkeit der jungen Bewegung intellektuell eingeengt oder zersetzt wird. Die Schöpfung kann sich leichter als in den alten Künsten den Kategorien der Reflexion entziehen. Wo dennoch gesprochen werden muß – und wir können das deutende Wort auf keinem Gebiet ganz entbehren –, da wird das Wort zu einer Umschreibung des kategorischen Imperativs aller bildenden Kunst: „Sieh selbst!"

Die Tanzgruppe der Gertrud Steinweg, auf die in dieser Weise hingewiesen werden soll, ist wie so manche andere Schule und Gruppe aus der Wigman-Schule hervorgegangen. Das bedeutet, daß sie derjenigen Richtung entstammt, die sich bisher als die stärkste und fruchtbarste erwiesen hat, sowohl in der Eigenleistung der Wigman und ihrer Sondergruppe als auch in dem Hervorbringen selbständiger tänzerischer Persönlichkeiten wie der Palucca, Georgi usw. Besteht auch zur Zeit kein formaler Zusammenhang mit der Schule, so ist doch der Wesenszusammenhang ungeschwächt und zweifellos stärker als etwa bei der Palucca; und doch ist es möglich, von hier aus das Eigentümliche und Bedeutsame der Steinweg-Gruppe zu erfassen. Ein Vergleich, etwa mit der Sondergruppe der Wigman, würde durch den Eindruck der höheren tänzerischen Durchbildung, die hier errungen ist, das Bild des Neuen, das die jüngere Gruppe erstrebt, nur verdunkeln. Es muß aus sich heraus verstanden werden.

Wer Gelegenheit hat, den Übungen der Gruppe beizuwohnen, erlebt zu seiner Überraschung, daß hier eine Anzahl von Menschen miteinander arbeiten, die die gegenwärtig so seltene Fähigkeit haben, in Gemeinsamkeit zu schaffen. Es ist nicht so, daß die Führerin ihre indivduellen Impulse und Gedanken den übrigen zur Ausführung auferlegt; sondern es ist so, daß fast jeder Impuls, der von ihr, als der Führenden – die immer Führerin bleibt – ausgeht, sich im Laufe der Arbeit durch die innere Mitwirkung der übrigen ausgestaltet, umbildet und zu einer Schöpfung führt, die dann als Sache aller von allen in gleicher Weise getragen wird. Die entzückende „Diebskomödie" ist sogar ohne Impuls der Führerin entstanden. Mag diese Art für das Technische nicht unbedenklich sein, für die produktive Kraft ist sie von höchster Bedeutung.

Für unsere geistige und gesellschaftliche Lage ist trotz aller Gegenbewegungen noch immer charakteristisch der Zerfall aller lebendigen Gestalten und Gemeinschaften in einzelne Atome, die Zusammenballung der qualitätslos gewordenen einzelnen zur Masse und die Erhebung weniger starker Persönlichkeiten, von denen die Masse der übrigen zum Gegenstand ihrer Herrschaftlichkeit gemacht wird. Die Wirtschaft bietet das großartigste und furchtbarste Bild dieser Sachlage. Das gleiche aber drücken Wissenschaft und Technik in ihrem Verhältnis zur Natur aus: Herrschaftlichkeit durch Zerstörung der Lebenszusammenhänge, durch Atomisierung und konstruierende Zusammensetzung. Es ist klar, daß die tänzerische Darstellung dieser Situation, wenn sie mit großen Mitteln geleistet wird, überaus eindrucksvoll als dämonisches Bild unserer Lage sein muß. Ebenso klar aber ist, daß etwas Befreiendes und Beglückendes von einer Gruppe von Menschen ausgehen muß, in der die ursprüngliche Lebenseinheit ohne den Gegensatz von Herrschaftlichkeit und Masse sich durchsetzt, auch wenn die tänzerische Verwirklichung zunächst mit geringeren Mitteln geschieht. Die Eigenbewegung jedes einzelnen in einer übergreifenden, fast mystischen Einheit, die Vieltönigkeit auf einheitlichem Grundton, die gleiche Entfernung von exzentrischer Individualität und bloßer Gruppenmechanik, das ist der Kern des Neuen, das die Steinweg-Gruppe anstrebt und zum Teil verwirklicht.

Das prägt sich äußerlich darin aus, daß die tänzerische Raumgestaltung fast nie zentralistisch ist. Das Gegenspiel einer gegen viele, der Führerin gegen die Gruppe, wird ersetzt durch eine Aufteilung in Gruppen von zwei gegen drei oder drei gegen vier – wobei die ungrade, also nicht quantitative Teilung zu beachten ist. Wo eine Einzelführung nötig ist, wechselt sie gelegentlich innerhalb eines Tanzes zwischen mehreren Gliedern der Gruppe. Wo dienende Elemente erscheinen, sind sie nicht beherrscht, sondern von innen her tragend und damit eingeordnet in die Hierarchie des Ganzen. Dem entspricht es, daß im allgemeinen keine geometrischen Formen der Raumgestaltung gewählt werden, sondern organisch bewegte Linien, die nur gelegentlich und dann überaus wirksam bei Darstellungen des Todes, des Schreckens, der Ekstase, des Grotesken zerbrochen werden. Die Gefahr, daß es zu einer das Organische zu schnell ergreifenden Romantik kommt, etwa in Analogie zu den gotisierenden Bewegungstendenzen von Loheland, ist bei der Wigmanschen Schulung und bei dem Geist und Charakter der Führerin und der Gruppenglieder unwahrscheinlich, muß aber namentlich bei der Themawahl sehr ernsthaft im Auge behalten werden.

Die einheitliche Arbeit der Gruppe offenbart sich vielleicht am tief-

sten in Versuchen, bei denen einfache monotone Bewegungen die zuerst unverbunden nebeneinander gehenden Gruppenglieder in ständiger Steigerung zu einer völligen, rauschhaften Einheit zusammenschließen. In diesen nicht ungefährlichen Dingen liegen vielleicht Kräfte, die über die Isolierung des Tanzes als einer Sonderfunktion überhaupt hinausführen und ihn in den Dienst eines umfassenden Ganzen stellen.

15. RENAISSANCE UND REFORMATION

Zur Einführung in die Bibliothek Warburg

Die Geschichtsphilosophie der geschlossenen Kulturkreise als Ausdruck und Schöpfung bestimmter Kulturseelen wird von nichts so sehr gestört wie von der Tatsache der Wiedererweckung der antiken Kultur auf dem Boden des Abendlandes. Die auffällige Schwäche der Spenglerschen Beurteilung der Renaissance zeigt, daß hier ein wunder Punkt seiner Theorie liegt. Ist die Geistesbewegung jener Jahrhunderte wirklich nur Sache einer gelehrten und ästhetischen Oberschicht? Oder läßt sich zeigen, daß die Tiefen der abendländischen Seele in Bewegung gerieten, läßt sich zeigen – das ist dasselbe –, daß die Renaissance eine Erschütterung des religiösen Bewußtseins der europäischen Völker bedeutet?

Die übliche Konstruktion stellt die Renaissance als kulturelle Bewegung in Gegensatz zur Reformation als der religiösen Reaktion gegen die „Verweltlichung" der Kirche. Die Gegenreformation sei der analoge Vorgang auf katholischem Boden. Nur eine dünne Kette humanistischer Geister führe durch diese Reaktionen hindurch zur Aufklärung, der neuen, freien Entfaltung der antiken Elemente auf dem Boden der mathematischen Naturwissenschaft. Ist diese Konstruktion haltbar?

Das erste, was zu ihrer Erschütterung führen könnte, ist ein Blick auf die Eigenart der Renaissance-Philosophie, dieser so stark vernachlässigten Periode der Philosophie-Geschichte. Was hier aufwacht, ist ja gar nicht das klassische Altertum, sondern die so unendlich weit von ihm unterschiedene Spätantike. Nicht Plato, sondern Plotin beherrscht die Stunde; nicht das „Symposion", sondern der religiös gedeutete „Timäus", die Bibel der griechischen Spätzeit. Das bedeutet aber: Nicht der klassisch-rationale Prozeß der griechischen Geschichte, sondern der

daran anschließende mystisch-religiöse beginnt die Geister zu beherrschen. Der Kampf der Traditionen, Plato-Aristoteles-Stoa-usw., ist ein Kampf der religiösen Deutung der Traditionen.

Mit der religiös erfüllten Philosophie kommt nun ein zweites Element in die geistige Bewegung, dessen Bedeutung von modern-naturwissenschaftlichen Gedankengängen aus durchaus unterschätzt worden ist: das astral-mythologische und dämonologische. Es ist nicht angängig, diese Dinge mit der Geste aufgeklärter Überlegenheit abzutun, sobald es sich um die Würdigung ihrer geschichtlichen Bedeutsamkeit handelt; sie sind dann weder als spekulative Spielerei noch als dumpfer Aberglaube zu betrachten. Sie bezeichnen vielmehr ein eigentümliches Übergangsstadium der abendländischen Entwicklung, das man, ganz abgesehen von jeder Wertung, in seiner Tatsächlichkeit anerkennen muß.

Als religionsgeschichtliches Motto könnte man diese Zeit mit dem Wort des Apostels Paulus aus dem Galaterbrief überschreiben: „Nun ihr aber Gott erkannt habt, wie wendet ihr euch denn nun wieder zu den schwachen und armen Elementen, denen ihr von neuem dienen wollt" (Gal. 4,9).

Die innere Auflösung der mittelalterlichen Kultur wird von der modernen Betrachtung immer noch wesentlich als „Befreiung" empfunden. Nun trifft zweifellos zu, daß es gegenüber der unmittelbaren Heteronomie des Mittelalters der Weg zur Autonomie war, den das Abendland beschritt; aber dieser Weg ging durch eine vielfache Verknechtung anderer und darum nicht weniger tiefer Art. Die Mächte, die jetzt die Herrschaft antraten, waren die vom Christentum überwundenen Naturgottheiten der Spätantike und hinter ihnen das unausweichliche, aber berechenbare Schicksal.

Und mit diesen großen Göttern der Natur, unter denen Saturn einen besonderen Rang einnahm, wurden auch ihre verborgenen Kräfte, wurden Dämonen und Geister lebendig. Nicht nur der leuchtende philosophische Neuplatonismus, auch die religiöse Volksstimmung, deren abstrakter Ausdruck diese Philosophie ist, wurde wach: Getragen von den dualistischen Elementen des Ur-Christentums, genährt von der Tiefe des protestantischen Sündengefühls, begann der Teufelsglaube zu einer Macht zu werden, deren grauenvolle Wirklichkeit ein ungelöstes Problem der Psychologie und Religionsphilosophie ist.

Eine weitere Frage ist das positive Verhältnis von Renaissance und Protestantismus. Von katholischer Seite hat man in kritischem Interesse auf die Bedeutung der Kabbala für Renaissancephilosophie und protestantische Dogmatik hingewiesen. Wichtiger ist es, die Analogien zwischen Luther und Nikolaus Cusanus herauszustellen: die philo-

sophische und religiöse Überwindung der mittelalterlichen Übernatur durch die Prinzipien der *coincidentia oppositorum* und die Rechtfertigung allein durch den Glauben, und die Folgen für das ganze Lebensgefühl; zugleich aber den Gegensatz zwischen beiden: das harmonische Weltgefühl, dessen Prophet der Cusaner war, auf der einen Seite, das Gefühl der Naturverderbnis, das zum Boden für die Rezeption aller dualistischen Elemente in Dogma und Volksglaube wurde, auf der anderen Seite. Zugleich sind zu beachten die Einwirkungen der Astrologie auch auf führende Protestanten wie Melanchthon und die religiös überlegene Stellung Luthers.

Wie für Philosophie und Religion, so ist das Problem für die Kunst zu stellen. Welche Motive der Antike sind es, die übernommen werden? Sind es in Poesie und bildender Kunst nur Symbole, die man erneuert, wenn die antike Mythologie, das große Thema der antiken Kunst, lebendig wird, oder ist es ein gleichartiges Grundgefühl, das zu gleichartigen Formen greift; ist es nur Form, oder ist es auch Gehalt, der wieder erwacht? Und zwar nicht Gehalt im Sinne des rationalen „klassischen" Heidentums, sondern des wirklichen, ernsthaften, von Furcht und „Aberglauben" gequälten und gedrückten Heidentums? Die Geschichtsforschung der Antike wendet jetzt ihre besten Kräfte der Erforschung des Hellenismus zu. Sie wird den Blick für die Renaissance neu schärfen und dem hellen Licht, das auf die Anfänge unserer modernen Entwicklung fiel, manchen tiefen Schatten hinzufügen, dafür aber auch diesen Anfang in einer seelischen Tiefenschicht wurzelnd finden, die seine nur künstlerisch-philosophische Würdigung durchaus unzureichend erscheinen läßt.

Ein Problem sollte in diesen Ausführungen gestellt sein: Was bedeutet die Wiedergeburt der Antike? Was wird erneuert? In welcher Schicht des Seelischen bewegt sich die „Erneuerung"; was bedeutet sie für die Seele der abendländischen Völker? Was für die religionsgeschichtliche Entwicklung? Wie verhält sie sich letztlich zur Reformation? Unter welchen Voraussetzungen brach die astrologisch-dämonologische Weltanschauung hervor, welchen Einfluß hatte sie, und wie wurde sie überwunden?

Es ist ein konkreter Anlaß, der mich zu diesen Fragen geführt hat: ein paar Tage in der Bibliothek Warburg in Hamburg. Hier ist von Professor Warburg mit höchster Energie und bewunderungswertem Fleiß jedem eine Stätte bereitet, der den angedeuteten Problemen nachgehen will. In vieljähriger Arbeit und unter großen finanziellen Opfern ist eine noch ständig wachsende Sammlung von ca. 20 000 Bänden zusammengekommen, die sämtlich in direkter und indirekter Beziehung

zum Problem der Renaissance stehen. Alle Seiten der vielverzweigten Frage sind berücksichtigt: Bildende Kunst in herrlicher Fülle, Poesie, Mystik, Magie, Dämonologie, vor allem Astrologie, Philosophie in weitester Ausdehnung, Archäologie, Religionsgeschichte, Profangeschichte, auch Psychologie, Politik, Wirtschaftsgeschichte, Kulturgeschichte in jeder Richtung, wie auch Naturwissenschaft und Naturphilosophie sind berücksichtigt. Ist auch auf keinem Gebiet Vollständigkeit erreicht, so wird sie doch auf den für das Problem wichtigsten Gebieten angestrebt. Aber nicht das ist das Bedeutungsvolle an der Sammlung, sondern die Energie, mit der alles einzelne auf das Grundproblem bezogen ist, wodurch jeder Benutzer der Bibliothek von dem Problem der Renaissance mit unwiderstehlicher Macht umstrickt wird.

Die Bibliothek ist jedem ernsthaften Forscher zugänglich. Es wäre zu bedauern, wenn die Frucht so vieler Arbeit den berufenen Forschern auf diesem Gebiet entginge. Wichtiger aber ist die Lösung der großen Probleme selbst, unter deren Eindruck die Bibliothek geschaffen ist und zu deren Durcharbeitung anzuregen, diese Zeilen geschrieben sind.

16. GOTTESLÄSTERUNG

Zum Prozeß gegen Karl Einstein

Der Prozeß gegen Karl Einstein ist zu Ende. Der Angeklagte und sein Verleger sind zu Geldstrafen verurteilt. Das Gericht hat sich im wesentlichen dem Urteil derjenigen Sachverständigen angeschlossen, die einen strafbaren Tatbestand für vorliegend erachteten. Unter diesen Umständen dürfte es am Platz sein, einiges Grundsätzliche zu dem Problem zu sagen, das der Prozeß aufgerollt hat.

Ich möchte, wie ich es auch in meinem Gutachten während der Verhandlung getan habe, von einer Bemerkung der Anklageschrift ausgehen. Sie beschuldigt den Angeklagten, er habe die Religion als eine Stütze der gegenwärtigen Gesellschaftsordnung treffen wollen. Diese Begründung muß den allerschärfsten Widerspruch des religiösen und christlichen Bewußtseins hervorrufen. Religion ist allem Endlichen, auch dem Staat und der Kirche mit allen ihren Einrichtungen, gegenüber die ständige vom Ewigen und Unbedingten herkommende Kritik.

In dem Augenblick, wo die Religion als Stütze einer Gesellschaftsordnung geschützt wird, steht sie in der ungeheuren Gefahr, das Un-

bedingte zum Mittel eines Bedingten machen zu lassen und damit die Grundform allen Mißbrauchs der Religion zu unterstützen. Wir wollen eine Religion, die Gericht, aber nicht Stütze der Gesellschaftsordnung ist.

Hat aber der Begriff der Gotteslästerung überhaupt einen Sinn? Soll er bedeuten, daß Gott vor Beleidigungen geschützt wird? Ein unmöglicher Gedanke! Die Gotteslästerung wird bestraft aus einem uralten religiösen Instinkt heraus, aus dem Gefühl, daß eine Antastung des Heiligen Verderben herabzieht auf die ganze politisch-religiöse Gemeinschaft. Es ist die alte Furcht vor dem Tabu und das religiöse Solidaritätsgefühl, das religionsgeschichtlich hinter dem Paragraphen 166 steht. Aber in einer ethischen Religion, in der die religiöse Schuld eins geworden ist mit der sittlichen Schuld, hat derartiges keinen Platz mehr, schon deswegen nicht, weil auf dem Boden der ethischen Religion jeder einzelne seinem Gott verantwortlich ist. Wo „Tabu" und „Totem" (religiöse Blutsverbundenheit) weggefallen sind, da hat der Begriff der Gotteslästerung keinen Sinn mehr.

Nicht der Staat und nicht die politische Kultgemeinde können Gegenstand des Schutzes des Paragraphen 166 sein, wohl aber die Gottesgläubigen, das heißt die Kirchen und das individuelle religiöse Gefühl. Es ist selbstverständlich, daß den Kirchen wie jeder Gesellschaft und Gemeinschaft Ehrenschutz gegen Beschimpfung und Verleumdung zusteht, aber das braucht eben, weil es selbstverständlich ist, nicht in einen besonderen Paragraphen gefaßt zu sein. Anders liegen die Dinge bei dem einzelnen und dem Schutz seiner religiösen Gefühle. Eine Verspottung des Heiligen ist etwas wesentlich anderes als eine Verspottung wissenschaftlicher, künstlerischer oder politischer Dinge und Überzeugungen, denn in dem religiösen Gefühl wird der Wurzelgrund des persönlichen Lebens, der geistige und seelische Urquell angetastet. Die Religion ist das absolut Ernste, weil sie im absolut Wirklichen wurzelt. Der Spott, der sich gegen sie richtet, ist darum eine Verletzung des Innersten der Persönlichkeit und ihr Schutz genauso ein Anliegen der Gesellschaft wie etwa der Schutz der persönlichen Ehre.

Wann liegt eine solche Verletzung vor? Die Religion ist ja nicht nur Innerlichkeit, sondern sie stellt sich dar in einer Fülle von Vorstellungen, Einrichtungen, Begriffen und Formen. In ihnen lebt die konkrete Religion, aber in ihnen hat sie auch ihre Endlichkeit und Beschränktheit. So entsteht das merkwürdige Verhältnis, daß all diese Formen einerseits an der Heiligkeit teilnehmen, deren Ausdruck sie sind, andererseits in die profane Welt menschlicher Schöpfungen gehören. Als menschliche Schöpfungen aber sind sie dem Kampf und der Ver-

änderung ausgesetzt, ja die lebendige Religion fordert diesen Kampf und diesen Wechsel. Daraus ergibt sich: Zu verurteilen ist jeder Angriff auf die Formen der Religion, wenn damit das Heilige selbst getroffen werden soll, das heißt, jeder spottende, boshafte, verleumderische Angriff. Ein religiöses Recht hat dagegen jeder Angriff auf religiöse Formen, der um des Heiligen selbst willen geschieht. Es gehört nicht viel Feingefühl dazu, um diesen Unterschied herauszufinden. Nur durch ihn aber ist es möglich, zu verhindern, daß dauernd wichtige Werke unserer Wissenschaft, Literatur und bildenden Kunst dem vorgeschriebenen Ärgernis völlig Unberufener preisgegeben sind. Unberufen aber ist unter allen Umständen, wer nicht imstande ist, ein geistiges Werk nach seinen eigenen Voraussetzungen zu würdigen. Der „unbefangene" Leser, von dem auch die Urteilsbegründung noch spricht, pflegt der in engsten Grenzen und Vorurteilen befangene Leser zu sein. Der Einstein-Prozeß gab davon geradezu groteske Beispiele. Wenn ein expressionistisch-typisierendes Werk mit den Maßstäben plumpster historischer Realistik gemessen wird, wenn gotische Verzerrungen von einem süßlich-platten Idealismus als anstößig empfunden werden, wenn Äußerungen einer tragisch ringenden Seele mit dem Klischee fertiger Heroentypen geschulmeistert werden, so liegt zweifellos Befangenheit und geistige Unangemessenheit vor. Hier sollte sich das Gericht auf den Standpunkt der wirklich Unbefangenen, nämlich innerlich Verstehenden, stellen.

Zum Schluß ein Wort über die Stellung des Theologen und kirchlich religiösen Menschen zur Sache. Es entspricht mehr der Art der Pharisäer und Schriftgelehrten als der Art Jesu, wenn sie im Besitz der religiösen Überlieferung in jedem einen Feind erblicken, der im schweren Ringen einer ganzen Zeit um neue religiöse Formen und Werte steht. Mag dabei noch so viel Verzerrtes und Verkehrtes herauskommen, es ist doch immer besser als tote Gleichgültigkeit der Religion gegenüber. Zwar werden wenige so weit gehen wie der Vertreter der Anklage im Einstein-Prozeß, der mit dürren Worten die Gleichung aufstellte: Jude und Dissident, also religionslos, also unfähig, über religiöse Dinge zu urteilen. Aber als religionslos werden doch viele, die in den alten Symbolen leben, das Ringen um neue Symbole und neue Formen der alten Symbole beurteilen. Sie hindern das Wirken des Geistes in unserer Zeit, indem sie die gewaltigen Kräfte des Alten in undurchdringliche Mauern überlebter Formen einschließen und das Ringen um neue Symbole vielfach so unfruchtbar, feindlich und unkräftig bleiben lassen. Sie tragen mit die Verantwortung für die Verzerrungen, die sie bekämpfen. Das sollten sie bedenken, ehe sie den Staatsanwalt rufen.

c) Der Hochschullehrer

Es ist heute nicht mehr zu erhellen, welche Motive Tillich dazu bewogen, sich mit Problemen der Universitätsreform zu befassen. Möglicherweise gab dazu Anlaß die „Frankfurter Zeitung", die an eine Reihe von Hochschullehrern herantrat, um deren Gedanken zu diesem Fragenkomplex zu erfahren. Dafür spricht die Tatsache, daß Tillichs Aufsatz Fachhochschulen und Universität *(17) in einer Reihe anderer zum Thema „Gibt es noch eine Universität?" steht. Beiträge lieferten u. a. Ernst Bloch, Eugen Rosenstock, Eduard Spranger, Karl Jaspers. Der Aufsatz ist in zwei wenig voneinander abweichenden Fassungen erhalten. Da wir wissen, daß Tillich in seiner Frankfurter Zeit sowohl in Frankfurt wie in Heidelberg über Universitätsreform gesprochen hat, könnte die Reihenfolge auch umgekehrt gewesen sein: Die Vorträge waren das erste, und der Abdruck erfolgte auf Grund einer nachträglichen Bitte der „Frankfurter Zeitung". – Die Motive für die Entstehung des Aufsatzes* Freiheit der Wissenschaft *(18), der nie gedruckt wurde, sind leichter zu erkennen. Die Frankfurter Philosophische Fakultät (einschließlich der Soziologie), zu der Männer wie Kurt Riezler, Max Horkheimer (Anhang XIII), Karl Mannheim, Theodor Adorno und eben Tillich gehörten, stand in ihrer Mehrheit auf dem Boden des Sozialismus. Wie aus den „Interviews" von Karin Kretzler[1] hervorgeht, pflegte man Beziehungen zur sozialdemokratischen Jugend, zu den Gewerkschaften und stützte die sozialistische gegen die sich allmählich formierende nationalsozialistische Studentengruppe. In den sich entwickelnden Kämpfen mochte Tillich vorausschauend die Gefahr erkennen, die der Wissenschaft drohte, falls der Nationalsozialismus die Regierung übernähme. Der Aufsatz läßt sich nicht klar datieren. Vielleicht wurde er vor Hitlers Machtergreifung, vielleicht aber auch erst Anfang 1933 geschrieben. Wie dem auch sei – Tillich hegte noch die Hoffnung, mit geistigen Waffen gegen den aufkommenden Nationalsozialismus etwas ausrichten zu können.*

---

[1] Karin Kretzler machte im Herbst 1969 eine Interviewreise in die Vereinigten Staaten. Sie suchte Persönlichkeiten auf, von denen Aufschluß über Tillichs politische Betätigung in den Jahren 1933–1945 zu erwarten war. Die geführten Gespräche nahm sie teilweise auf Tonband auf, die sie mir für die Arbeit an diesem Band leihweise zur Verfügung stellte. Obwohl sich die meisten Informationen auf die amerikanische Zeit beziehen, enthalten sie doch auch interessante Einzelheiten über Tillichs Berliner und Frankfurter Jahre. (D. Hrsg.)

17. FACHHOCHSCHULEN UND UNIVERSITÄT

Zur Universitätsreform

Das Problem der Universitätsreform möchte ich an eine praktische Frage anknüpfen: die Frage der philosophischen Prüfung der Philologen im Staatsexamen. Negativ ist dazu zu sagen, daß die philosophische Prüfung der Philologen nicht den Sinn haben kann, nur ein Fach neben die anderen Fächer zu setzen, sondern sie soll erstens feststellen, inwieweit eine logisch-erkenntnistheoretische Einsicht in Begriff und Methodik der Fachwissenschaft vorliegt, zweitens, inwieweit ein philosophisches Bewußtsein um den Gehalt des Fachgebietes vorliegt (Geschichtsphilosophie, Sprachphilosophie, Religionsphilosophie usw.), drittens, inwieweit ein Verständnis geistesgeschichtlicher Art in denjenigen Gebieten vorliegt, die das Fach des Philologen oder des Historikers ausmachen.

Die Voraussetzung dafür, daß die philosophische Prüfung in dieser dreifachen Hinsicht positive Ergebnisse hat, ist ein Doppeltes: einmal eine bestimmte Vorbildung, nämlich die wirkliche Aneignung der Grundlagen, auf denen unsere gesamte Kultur ruht, der griechischen und römischen Antike; dann die Fähigkeit, selbständig zu fragen, und zwar radikal zu fragen im wissenschaftlichen und philosophischen Sinn. Wo diese Voraussetzungen nicht erfüllt sind, ist eine philosophische Prüfung sinnlos.

Wo aber eine philosophische Prüfung sinnlos ist, ist das Ideal der humanistischen Universität verlorengegangen und, soweit es aufrechterhalten wird, zur Fiktion geworden. Das aber ist unsere Lage, denn diese Voraussetzungen sind nicht erfüllt und, soweit wir sehen können, auch für die Zukunft nicht erfüllbar.

Die Gründe dafür sind mannigfaltig. Die Bildungsgrundlage fehlt in der Mehrzahl der Fälle. Das Latinum und Graecum sind deutliche Kompromisse, die im Augenblick vielleicht unvermeidlich sind, in denen aber der Fiktionscharakter der heutigen Universität besonders deutlich zum Ausdruck kommt. Auch die eigentlich humanistische Haltung, das radikale wissenschaftliche und philosophische Fragen, fehlt in der Mehrzahl der Fälle. Zweifellos hat es auch in früheren Zeiten vielfach gefehlt, und diese Tatsache hat auch früher schon gefährliche Konsequenzen gehabt. Jetzt aber handelt es sich um eine Strukturwandlung, die nicht mehr übersehen werden kann und deren Gründe in der geistigen und gesellschaftlichen Lage der jüngeren Generation liegen. Es sind

völlig andere Schichten, die infolge der gesellschaftlichen Umschichtung des ganzen Volkes an die Universität gelangen – Schichten mit anderen wirtschaftlichen Vorbedingungen und Notwendigkeiten und anderer geistiger Grundhaltung. Das humanistische Ideal kommt für die vielen, die aus wirtschaftlichen Gründen (zum Teil gezwungen durch das Berechtigungswesen) auf die Universität kommen, überhaupt nicht in Frage. Und käme es in Frage, so würde es infolge des Zeitmangels und des wirtschaftlichen Druckes während der Universitätszeit nicht realisierbar sein. Bei vielen aber von denen, die die äußeren Vorbedingungen dafür hätten, findet eine innere Ablehnung des humanistischen Ideals statt. Ihr Geist ist gerichtet auf das Technisch-Zweckhafte; und er ist bereit, sich in geistigen Dingen der Heteronomie bestimmter Weltanschauungen zu unterwerfen. Hier liegt die tiefste und innerste Gefahr für das humanistische Ideal.

Diese Strukturwandlung hat sich schon in zahlreichen Tendenzen bemerkbar gemacht, die in die Struktur der Universität selbst eingreifen. In der medizinischen Fakultät, die wissenschaftstheoretisch den technischen Gebieten am nächsten steht, ebenso in allen Fächern der technischen Hochschule bleibt weder Zeit noch Kraft zu der Haltung des radikalen Fragens. In den Wirtschaftswissenschaften wird der Fachschulcharakter durch den Studiengang und die gelegentliche Verbindung mit der Handelshochschule offenbar. Die juristische Studienreform hat einen Schritt zur Verstärkung des Fachschulcharakters der juristischen Fakultät getan. Die evangelisch-theologischen Fakultäten werden immer mehr von den Kirchen in Anspruch genommen und entsprechend der Gesamtentwicklung der Theologie gegen die Radikalität des humanistischen Fragens abgegrenzt. Auch in der Philosophischen Fakultät sind diese Tendenzen wirksam, teils durch die Forderung auf frühzeitige Verbindung mit der pädagogischen Praxis, teils durch die Art, in der Seminare und Staatsexamen miteinander verknüpft werden. Zu diesen Tendenzen auf der Universität kommt endlich die innere Wandlung des wissenschaftlich-humanistischen Ideals selbst. Wissenschaft ist immer mehr zu einem Beruf neben anderen geworden. Die Einheit von humanistischem Ideal und wissenschaftlicher Methode, wie sie etwa Schelling in seiner „Methode des akademischen Studiums" vorschwebte, ist verlorengegangen. Die Wissenschaft ist Beruf geworden, und mit Recht erhebt sich die Frage, inwieweit die anderen Berufe an diesem Beruf Anteil nehmen müssen, um zu ihrer Verwirklichung zu gelangen. Und endlich ist das humanistische Ideal selbst auf dem Wege über Bildungskapitalismus und die sogenannte „Allgemeinbildung" weithin zerstört worden. Die besten und lebendigsten Kräfte der Gegenwart

sind statt dessen zum Ideal der politischen Aktivität und der Theorie im Dienste der politischen Praxis übergegangen.

So steht die Universität da mit einer humanistischen Fassade. Dahinter wohnt in dem einen Flügel die wissenschaftliche Forschung, in dem anderen die Berufsvorbildung, die zwar gezwungen ist, vielfach in den anderen Flügel hinüberzugehen, innerlich aber nur wenig mit ihm zu tun hat. Die extremen und radikalen Teile des Geistes müssen sich im Kellergeschoß verstecken, während die Reste des alten Humanismus in ein paar Bodenkammern wohnen, die ihnen zur Verfügung gestellt sind und in die sich die Insassen der anderen Räume nur gelegentlich der philosophischen Prüfung hinaufbemühen.

Der Fiktion nach dient das ganze Haus dem, was allein in den Dachkammern geschieht.

Das ist die Tatsache. Einzelne Rückverbesserungen können daran ebensowenig ändern, wie die vermutliche Tatsache etwas daran ändern wird, daß der übermäßige Andrang an die Universitäten in einiger Zeit nachläßt. Entsprechend der Strukturwandlung der gesamten geistigen und gesellschaftlichen Lage ist eine Strukturwandlung der Hochschule notwendig.

Der Entwurf einer solchen neuen Struktur soll im folgenden gegeben werden. Er schließt sich an mancherlei Entwürfe an, die in der Gegenwart gemacht sind und von denen unabhängig er aus den gleichen sachlichen Notwendigkeiten entstanden ist. Es ist ein Entwurf, der bewußt den Charakter der Utopie oder besser eines Modells hat, das nicht darauf wartet, eines Tages so, wie es ist, verwirklicht zu werden, sondern dessen Sinn es ist, in anschaulicher Weise Normen für die Kritik des Gegenwärtigen und die Gestaltung des Kommenden zur Darstellung zu bringen.

Der Grundgedanke des Entwurfs ist folgender:

Die Fiktion einer humanistischen Universität muß aufgelöst werden. Auf der einen Seite muß die Fachhochschule, auf der anderen die wissenschaftlich-humanistische Universität radikal durchgeführt werden. Dazu ist notwendig einerseits die eindeutige Abzweckung aller Fachhochschulen auf die Praxis, andererseits die Errichtung einer humanistischen Arbeitsgemeinschaft (Fakultät oder Universität) und ihre eindeutige Einstellung auf Wissenschaft und humanistische Haltung. Zugleich aber ist nötig eine Verbindung beider unter Wahrung der Selbständigkeit beider.

Die Fachgruppen, Theologen, Juristen, Mediziner, Philologen, Ökonomen, Techniker usw., haben einen ihrem Berufszweck unmittelbar angemessenen Studiengang durchzumachen. Dazu gehört folgendes:

1. Der Stoff des theoretischen Unterrichts wird ihnen so dargeboten, daß die praktische Bedeutung des Stoffes deutlich bleibt. Für die Philologen wäre z. B. zu sagen, daß für jemand, der mit jungen Menschen bis 18 Jahren umgeht, die Kenntnis der aktuellen, lebensnahen Psychologie notwendig ist, derjenigen, die einen Lehrer verstehen lehrt, warum ein Schüler faul, unfähig, widerspenstig und dergleichen ist. Wir haben zur Zeit zu diesen Dingen zahlreiche Zugänge; und es ist grotesk, wenn trotzdem Philologen, ohne diese Einsichten in Fleisch und Blut zu haben, der Jugend gegenübergestellt werden.

2. Für den Unterricht in den Fachhochschulen ist nötig, daß die Studierenden in dauernder und mit den Semestern wachsender Verbindung mit der Praxis des betreffenden Gebietes stehen.

3. Ein abgestufter Seminarbetrieb muß von unten bis oben durchgeführt werden. Die Aufnahme in die höheren Seminare ist abhängig von dem Besuch der niederen.

Das Abgangsexamen soll kollegial sein und von mehreren Prüflingen zugleich abgelegt werden. Es gibt ein Fachhochschulabgangsexamen, an dem mehrere Fächer beteiligt sind und das die Berechtigung geben soll für diejenigen Berufe, denen heute noch kein eindeutiges Universitätsstudium zugeordnet ist: soziale Berufe, Journalistik, Bibliothekswesen usw. Der Doktortitel soll entweder jedem, der ein Fachhochschulexamen macht, ohne weiteres zugestanden werden, oder er soll vollkommen von den Fachhochschulen entfernt werden. Der Dozent an den Fachhochschulen entspräche etwa in seiner Stellung den heutigen Professoren an den pädagogischen Akademien. Er unterrichtet ohne Kollegiengelder. Dadurch ist für die Fachhochschule ein Teil der ökonomischen Schwierigkeiten für richtige Studentenauslese beseitigt. Es gibt keine Habilitation an den Fachhochschulen, sondern nur Dozenturen, die den Charakter einer vorläufigen oder dauernden Anstellung haben. Damit ist der größte Teil des heute unlösbar gewordenen Problems der Privatdozentur gelöst. Für Dozentur und Professur ist außer der wissenschaftlichen die pädagogische Fähigkeit von maßgebender Bedeutung. Dieses die Grundzüge der kommenden Fachhochschule.

Ihre radikale Durchführung ermöglicht nun andererseits die radikale Durchführung und Neuorganisation der eigentlichen Universität, etwa unter dem Namen „Humanistische Fakultät". Die Universitäten sind räumlich und sachlich verbunden mit den Fachhochschulen, gleichgültig, ob diese mehr den Charakter der alten Universität oder der Technischen Hochschule oder der Pädagogischen Akademie tragen. Durch die Einrichtung der Fachhochschulen einerseits, der ihnen zugeordneten humanistischen Fakultäten (oder Universitäten) andererseits würden

jene älteren Gegensätze verschwinden. Die humanistische Fakultät steht in der Polarität von strenger Wissenschaft und radikaler philosophischer Durchdringung der Wirklichkeit. Das Wort „Humanismus" darf dabei nicht so mißverstanden werden, als könnten wir zurückkehren zur Art des Humanismus der deutschen Klassik. Der Humanismus, von dem ich rede und allein reden kann und will, ist ein Humanismus, für den das radikale Fragen sich gerade bezieht auf aktuelle Weltgestaltung, auf die Probleme unseres heutigen Ringens um Gestaltung der Wirklichkeit. Dabei bleibt die Überzeugung bestehen, daß dieses fruchtbar nur möglich ist auf Grund eines wissenschaftlich geformten Bewußtseins um die Ganzheit unserer natürlichen und geschichtlichen Situation. Nur dieser gewandelte, bekehrte „neue Humanismus" kann vertreten werden. Ein Humanismus der Persönlichkeitskultur ist radikal abzulehnen.

Die humanistische Fakultät (oder Universität) hat allein das Recht, einen akademischen Grad zu verleihen. Die Tradition würde für den Versuch sprechen, den Doktortitel dafür zu retten. Ist das aber nicht mehr möglich oder soll er als Prädikat des Abschlußexamens auf der Fachhochschule verwendet werden, so wäre ein anderer Grad, etwa Magister oder Licentiat, zu schaffen. Die Anforderungen müßten die durchschnittlichen Anforderungen an den Doktor der Gegenwart weit übersteigen. Der Besitz des akademischen Grades wäre unumgängliche Voraussetzung für die Dozentur an allen Hochschulen, allerdings nur eine Voraussetzung. Die andere wäre der erfolgreiche Besuch einer Fachhochschule selbst. Eine Berechtigung gäbe der akademische Grad nicht. Es würde auf diese Weise die homogene Bildungsschicht, wie sie augenblicklich als fiktive Wirklichkeit besteht, aufgelöst werden. Es gäbe auf der einen Seite hohe Fachbildung, auf der anderen eine Gruppe, in der Wissenschaft und humanistische Haltung lebendig wären. Aus der Mischung beider Gruppen oder auch beider Elemente in einer Persönlichkeit würde sich eine neue führende Schicht ergeben können.

Der Lehrkörper der humanistischen Fakultät würde zusammengesetzt sein:

1. aus Vertretern der rein theoretischen Gebiete, die in den Fachhochschulen fehlen (z. B. Indogermanistik, vergleichende Sprachwissenschaft usw.),

2. aus denjenigen Professoren und Dozenten der Fachhochschulen, die zeitweise für reine Forschungsarbeit freigemacht werden,

3. aus denjenigen Dozenten und Professoren der Fachhochschulen, die neben ihrer Tätigkeit an der Fachhochschule zeitweise oder dauernd Vorlesungen im Sinne der humanistischen Fakultät halten wollen.

Zur humanistischen Fakultät würden auch gehören die jetzt von der Universität abgelösten Forschungsinstitute. Die humanistische Fakultät wäre also erstens die Zusammenfassung des gesamten Forschungsbetriebes, zweitens Träger der methodischen Einführung in die Wissenschaft als Beruf, drittens der Ort der humanistisch-wissenschaftlichen Vorlesungen. Eine Prüfung darin würde nicht erfolgen, vielleicht aber sollte der Nachweis erbracht werden, daß eine bestimmte Anzahl von Vorlesungen gehört sind. Die Aufnahme in die humanistische Fakultät sollte erfolgen nach Abschluß des Fachhochschulexamens auf Grund einer besonderen Aufnahmeprüfung. Wer ohne Fachexamen den humanistischen Grad erlangen will, muß die gleiche Aufnahmeprüfung machen. Er kann aber durch den Besuch der „Universität" keinerlei Berechtigungen erwerben. Das Aufnahmeexamen ist abhängig von dem erfolgreichen Besuch einer als humanistisch erwiesenen Schule. Anzustreben ist ein einheitlicher Schultyp, der drei Zentrierungen zuläßt: eine Schule mit Zentrierung auf das Lateinische und Griechische, eine mit Zentrierung auf Mathematik, eine mit Zentrierung auf Soziologie. Alle drei Elemente aber müßten irgendwie in jeder Schule vertreten sein.

Die Einzelheiten dieses Modells können abgelehnt werden. Nicht abgelehnt werden aber sollte ein Entwurf, der die gegenwärtige fiktive Struktur der Universität überwindet. Und nicht abgelehnt werden kann der Aufweis der Tatsachen, die zu dieser oder einer besseren Lösung drängen. Hinter allem steht freilich eine Frage: Will die Menschheit überhaupt noch so etwas wie die humanistische Haltung, will der menschliche Geist noch fernerhin die Möglichkeit des radikalen Fragens verwirklichen, oder will er darauf verzichten, will er sich begeben in die Konkretheit, aber auch Einseitigkeit bestimmter Berufe, will er sich begeben in die Herrschaft dogmatischer Heteronomien, die ein radikales Fragen unmöglich machen? Der vorgetragene Entwurf zeigt einen Versuch, die humanistische Haltung, wenn auch in gewandelter und aktualisierter Form, zu retten, ihr eine, wenn auch nur begrenzte, aber ausdrückliche Stätte zu geben. Wollen wir noch diesen Humanismus, wollen wir noch die Haltung, die es uns ermöglicht, auch das in Frage zu stellen, worauf wir stehen, wofür wir begeistert sind, wofür wir unter Umständen bereit sind zu sterben? Ich glaube mit Nietzsche, daß auch der Märtyrertod kein Beweis für die Wahrheit ist. Wenn wir es aber wollen, so müssen wir auch die Universität wollen, die wirklich Universität ist und eine Gegenkraft sein kann gegen die übermächtigen Tendenzen zu geistiger Gebundenheit und fachlicher Begrenztheit.

18. FREIHEIT DER WISSENSCHAFT

„Freie Wissenschaft" sagt nicht mehr als wissenschaftliche Wissenschaft. Wissenschaft ist frei oder ist überhaupt nicht. Freiheit der Wissenschaft heißt nicht *tatsächliche* Voraussetzungslosigkeit; die gibt es nicht. Denn so radikal man auch alles Vorgegebene in Frage stellen mag, die Fragerichtung, die Frageform, der Fragesinn enthalten eine Fülle von Voraussetzungen. Freiheit der Wissenschaft heißt vielmehr *grundsätzliche* Voraussetzungslosigkeit, das Recht, jede Voraussetzung, die als unbefragte sichtbar geworden ist, in Frage zu stellen. Auf diesem Wege vollziehen sich die großen Fortschritte der Wissenschaft; sie geht ihren Weg durch „Grundlagenkrisen", durch Frage nach dem, was bisher Voraussetzung der Frage war. Wird ihr dieser Weg versperrt, werden ihr Voraussetzungen aufgezwungen, die sie nicht mehr in Frage stellen darf, so hört sie auf, Wissenschaft zu sein. Darum kann eine konfessionell gebundene Theologie oder eine politisch gebundene Staatslehre zwar wissenschaftliche Form haben, aber sie ist keine Wissenschaft. Die Wissenschaft ist für sie Werkzeug, nicht Prinzip, wie die alte Theologie ehrlicherweise von sich bekannte und wie es die politischen Dogmatiker in Faschismus und Bolschewismus gleichfalls von sich bekennen sollten. Wer einen Modernisten- oder Faschisten- oder Marxisten-Eid geschworen hat, steht, soweit er durch ihn in seinem Fragen beschränkt ist, damit grundsätzlich außerhalb der Wissenschaft. Er gibt Bekenntnisse oder Propagandareden in wissenschaftlicher Form, aber er treibt nicht Wissenschaft. Wissenschaft ist liberal, oder sie ist nicht. Unliberale Wissenschaft ist hölzernes Eisen. Und sofern die Freiheit, jede seiner Voraussetzungen in Frage zu stellen, die radikalste Menschenmöglichkeit ist, gehören Wissenschaft und wissenschaftliche Liberalität zum Menschen überhaupt, zur Humanität im strengen Sinn. Wissenschaft, Liberalität und Humanität gehören nicht nur zusammen, sondern sind im Grunde ein und dasselbe.

Die aktuelle Frage kann also nur lauten: Inwieweit können die großen Gemeinschaften religiöser und politischer Art Wissenschaft zulassen? Die offizielle Verbeugung, die sie alle vor der Wissenschaft machen, beweist nicht, daß sie sie wirklich zulassen oder, sobald sie die Macht errungen haben, zuzulassen gedenken. Man kann nicht auf der einen Seite den Liberalismus mit allen nur erdenklichen Schmähworten belegen und auf der anderen Seite vor der Wissenschaft Kotau machen.

Der Konflikt beginnt bei der Auswahl derer, die Wissenschaft von Staats wegen treiben und lehren sollen. Und dieser Konflikt tritt nicht

erst in Diktaturen mit dogmatischer Grundlegung auf, sondern schon im Liberalismus selbst, mag er noch so weitgehend durchgeführt sein. Von den Naturwissenschaften über die Geisteswissenschaften bis zur Philosophie machen sich in wachsendem Maße die in der Wissenschaft selbst wirksamen und notwendigen Voraussetzungen alles Fragens geltend und bestimmen die Auswahl, namentlich aus den Anwärtern der jungen Generation, von der Universitätspraxis aus gesehen also der Habilitationen wie Berufungen. Das ist auch im idealsten Falle nicht zu vermeiden, denn es liegt im Wesen der Sache selbst und bedeutet keine Einschränkung der Freiheit der Wissenschaft. Es hat überdies den Vorzug, zu vertieftem geistigem Wettbewerb zu zwingen, und da bei der Vielfalt der Forscher schließlich ein Ausgleich eintritt, so dient es dem Reichtum des wissenschaftlichen Lebens.

Aber dieser ideale Fall ist nicht wirklich, da nicht nur die unvermeidlichen innerwissenschaftlichen Voraussetzungen, sondern auch außerwissenschaftliche Momente bei der Auswahl maßgebend sind. Auch hier ist der ideale Fall anzunehmen, daß persönliche Beziehung, Nepotismus irgendwelcher Art, keine Rolle spielt. Es bleibt dann aber, im Liberalismus wie in der Diktatur, die tatsächliche politische und konfessionelle Haltung für die Auswahl des Nachwuchses von entscheidender Bedeutung. Auch der strengste Liberale richtet sich instinktiv nach solchen Normen, namentlich in den weltanschaulich stärker bestimmten Wissenschaften. Das bürgerliche Klasseninteresse hat im 19. Jahrhundert mitten in Liberalismus und Wissenschaftsanbetung eine sehr strenge politische und konfessionelle Auswahl durchgesetzt – meist ohne Bewußtsein darum, daß die angeblich rein wissenschaftliche Bewertung mit bestimmt war durch Klassenideologie und konfessionelle Instinkte. Infolgedessen konnten sich entscheidende Fragen, namentlich der Geisteswissenschaften, aber auch der Naturwissenschaft, nicht durchsetzen; sie widersprachen dem Interesse der herrschenden Gruppen und wurden nicht zugelassen. Man denke an das Schicksal der von Marx und vom Sozialismus aufgeworfenen rein wissenschaftlichen Probleme auf den Universitäten. Diese Stimmung wirkt bis heute so stark nach, daß, wenn ein wissenschaftlich hervorragender Gelehrter methodisch oder sachlich von Marx beeinflußt war, seine Berufung als politisch bekämpft wurde, während die gleichzeitige Berufung von einem Dutzend Professoren gegnerischer Richtung keinerlei politischen Anstoß erregte. Selten hat sich deutlicher die einschränkende Macht des Klasseninteresses und der konfessionellen Instinkte mitten in der freien Wissenschaft gezeigt. Dennoch ist es für die Wissenschaft besser, daß sie diese unbewußte und ungewollte Selbstbeschränkung ihrer Freiheit

vornimmt, als daß sie sich durch irgendeinen „-ismus-Eid" ihre grundsätzlich wissenschaftliche Haltung brechen läßt. Die wissenschaftliche Forschungsfreiheit ist nur möglich bei gleichzeitiger wissenschaftlicher Äußerungsfreiheit. Denn nur so kann es zu der Gemeinsamkeit des Forschens kommen, in der die Wissenschaft lebt. Eine Einschränkung wissenschaftlicher Äußerungsfreiheit hebt darum ebenfalls die Wissenschaft als solche auf, freilich nur dann, wenn die Äußerung selbst Wissenschaft ist. Wird die Darlegung wissenschaftlicher Ergebnisse in unwissenschaftlicher Form, z. B. als Bekenntnis, Manifest, politische Rede, Agitation usw., verhindert, so ist damit zwar die freie Meinungsäußerung überhaupt, nicht aber die wissenschaftliche Freiheit eingeschränkt. Erster Grundsatz jedes Hochschullehrers muß darum sein, in seinen verantwortlichen wissenschaftlichen Äußerungen unter keinen Umständen weder im mündlichen Vortrag noch in schriftlicher Darlegung die strenge methodische Haltung zu verlassen, die eine Äußerung als wissenschaftlich charakterisiert. Tut er das, so kann er dafür nicht den Schutz der wissenschaftlichen Freiheit in Anspruch nehmen. Andererseits müssen die Hochschulen als Stätten wissenschaftlicher Forschung und Erziehung jeden Eingriff in die Freiheit wissenschaftlicher Äußerung mit der Leidenschaft eines Kampfes um Sein oder Nichtsein abwehren. Entweder glaubt eine Gesellschaft, daß die Wissenschaft durch Erziehung zur Sachlichkeit, Selbstkritik und Humanität auch dann noch für den Aufbau des Staates unentbehrlich ist, wenn sie seine dogmatischen Fundamente, religiöse und politische, in Frage stellt. Dann darf sie ihr nicht das Rückgrat durch Frage- und Äußerungsverbote brechen. Sie muß auf die schöpferischen Kräfte wissenschaftlicher Haltung, auf die innere Macht intellektueller Redlichkeit vertrauen und die Hochschulen vor den Angriffen außerwissenschaftlicher Kräfte in akademischem oder nichtakademischem Gewand schützen. Und die Hochschullehrer und ihre Instanzen, Rektor, Senat, Fakultäten, Hochschulverband sollten diesen Kampf ohne jeden Kompromiß führen. Denn jede wissenschaftliche Frage ist mit jeder anderen unlösbar verknüpft. Ein Kompromiß, die Annahme des Verbotes auch nur eines Gebietes oder eines Problems bedeutet darum die Zerstörung der wissenschaftlichen Möglichkeit selbst.

Oder man glaubt nicht mehr an den Wert wissenschaftlicher Haltung und Erziehung für den Aufbau der Gesellschaft. Dann verwandle man die Universitäten in Fachschulen mit vorgeschriebener, zensurierter und kontrollierter Stoffdarbietung. Es sind sehr starke Strömungen, sowohl von konfessioneller wie vor allem von politischer Seite her, die in dieser Richtung gehen, und weite Kreise der Jüngeren fühlen sich

nicht mehr imstande, die Unterwerfung unter die Sache selbst sowie die Unsicherheit, die mit wissenschaftlichem Fragen notwendig verbunden ist, zu ertragen. Sie flüchten in Autorität und Heteronomie und wollen wenigstens Teile der Wissenschaft fremden Instanzen unterwerfen. Sie wagen es nicht mehr, ihre eigenen Voraussetzungen in Frage stellen zu lassen, seien es religiöse, soziale oder nationale. Das aber bedeutet das Ende der Wissenschaft. Als letzte Ehrlichkeit und Redlichkeit sollte dann nur dies gefordert werden, daß sie ihre Inhumanitas und Illiberalitas nicht hinter dem noch immer leuchtenden Namen der Wissenschaft verstecken. Denn Wissenschaft ist frei oder sie ist nicht.

d) Der religiöse Sozialist

Wir verdanken August Rathmann einen Bericht (Anhang X) über Tillichs Entwicklung zum religiösen Sozialisten. Ihm entnehmen wir, daß Tillich schon im Jahre 1919 auf Parteiversammlungen der Sozialdemokratischen Partei sprach und damit das Mißfallen des Brandenburgischen Konsistoriums erregte. Der Brief, in dem Tillich vom Konsistorium aufgefordert wurde zu erklären, was er als christlicher Theologe auf sozialdemokratischen Parteiversammlungen zu suchen habe, ist leider verlorengegangen. Nur Tillichs Antwort ist erhalten geblieben. Die Rechtfertigung vor dem Konsistorium gab ihm Gelegenheit, sich grundsätzlich zum Verhältnis von Christentum und Sozialismus *(19) zu äußern. – In den folgenden Jahren erschienen weitere Aufsätze zum gleichen Thema. Die meisten sind in der in geringer Auflage erscheinenden Zeitschrift „Blätter für religiösen Sozialismus" abgedruckt. Soweit es sich um größere Aufsätze handelt, sind sie im zweiten Band der Gesammelten Werke neu erschienen. Die hier vereinigten kleineren Artikel sind eine Nachlese von mehr biographischem Wert. So wurde Tillich z. B. veranlaßt, in den „Wingolf-Blättern" eine „Erwiderung" auf einen ihn zum Widerspruch reizenden Artikel „Nationale Erneuerung" von Dr. Heppe zu schreiben. (Dieser kurze Artikel ist hier nicht abgedruckt.) Die durch diese Kontroverse im Wingolf ausgelösten Diskussionen – so scheint es – führten zu einer offiziellen Stellungnahme des Marburger Wingolf, der sogenannten „Marburger Erklärung". Tillich sah sich gezwungen, zu dieser Stellung zu nehmen. Sein Aufsatz* Christentum, Sozialismus und Nationalismus *(20) ist eine scharfe Absage an die „Marburger Erklärung" und eine grundsätzliche Ablehnung jeder Form von Nationalismus. – Bei den beiden erwähnten Schriften ging es um geistige Auseinandersetzung, dagegen entsprang die kurze Zeitungsnotiz* Zum Fall Eckert *(21) Tillichs Solidaritätsgefühl mit einem Pfarrer, des-*

sen Parteinahme für den Kommunismus ihm die Entlassung aus dem Amt eintrug. – Die drei letzten schriftlichen Äußerungen in dieser Rubrik gehören bereits zu Tillichs Auseinandersetzung mit dem Nationalsozialismus. Eine neu erscheinende Zeitschrift „Der Staat seid Ihr", die 1931 zur Abwehr des Nationalsozialismus gegründet wurde, gewann Tillich ein Jahr lang für den monatlichen Leitartikel. Von den vorhandenen elf Artikeln wurden für diesen Band acht ausgewählt und unter das Thema des ersten Artikels Mensch und Staat *(22)* gestellt. Der Abwehr des Nationalsozialismus sollten auch seine Zehn Thesen: Die Kirche und das Dritte Reich *(23)* und Christentum als Ideologie *(24)* dienen. Letztere blieb damals ungedruckt. Wir wissen nicht, in welcher Form Tillich sie verwenden wollte. War sie als Zeitungsartikel gedacht? Oder als offener Brief, den Tillich an einen begrenzten Personenkreis verschicken wollte?

19. CHRISTENTUM UND SOZIALISMUS

Bericht an das Konsistorium der Mark Brandenburg

Aus der Anfrage des Evangelischen Konsistoriums der Provinz Brandenburg vom 16. 5. 1919, unseren Vortrag in Berlin-Zehlendorf betreffend, ist nicht zu ersehen, welche Gesichtspunkte für die Antwort maßgebend sein sollen.

Wir glauben jedoch annehmen zu dürfen, daß es sich nicht um politische Tätigkeit überhaupt, sondern um politische Tätigkeit bei einer bestimmten Partei, nämlich der Unabhängigen Sozialdemokratischen Partei Deutschlands, handelt. Wir ergreifen deshalb die Gelegenheit, unsere Anschauung über das Verhältnis von Christentum und Sozialismus bzw. von Kirche und sozialistischen Parteien zu grundsätzlichem Ausdruck zu bringen.

Wir geben damit zugleich den wesentlichen Inhalt unserer auf Einladung der genannten Partei gehaltenen Referate wieder und legen dar, welche Gründe uns veranlaßt haben, sie zu übernehmen.

Das Problem gliedert sich uns nach folgenden drei Gesichtspunkten:
1. Das Verhältnis des Christentums zu den Gesellschaftsordnungen überhaupt.
2. Die Stellung des Sozialismus und der sozialistischen Parteien zu Christentum und Kirche.
3. Die Aufgaben der Kirche gegenüber dem Sozialismus und seinen Parteien.

I.

Wir sind der Überzeugung, daß das Christentum, wie die Religion überhaupt, seinem Wesen nach ein Erlebnis Gottes in und über allen Dingen ist, ein Erlebnis, das zu jeder Zeit und in jeder Lage möglich und an sich unabhängig ist auch von jeder gesellschaftlichen und wirtschaftlichen Form.

Wir lehnen deshalb alle Versuche ab, das Christentum mit einer Gesellschaftsordnung gleichzusetzen und es seines innerlichen, persönlichen Charakters zu berauben.

Wir wissen aber auch, daß das Christentum die Kraft und den Willen in sich trägt, das Menschheitsleben von sich aus zu gestalten, sei es die Erkenntnis der Wahrheit, sei es das Werden der Einzelpersönlichkeit, sei es das Leben der Gesellschaft. – Wir lehnen deshalb ebenfalls jede Form des Christentums ab, die es bei der reinen Innerlichkeit festhalten will.

Es ist nun nicht zu verkennen, daß das Christentum in dieser Bewegung von innen nach außen auf die selbstgewachsenen Formen des Kulturlebens stößt, an denen es nicht einfach vorbeigehen kann, sondern die es von sich aus gestalten muß und von denen es wiederum gestaltet wird. So hat es sich in wechselseitiger Durchdringung verbunden mit den Hauptformen des philosophischen Weltbewußtseins, des ästhetischen Welterlebens, des ethischen Persönlichkeitsideals, so auch mit den großen Formen der Gesellschafts- und Wirtschaftsordnung. In engste soziologische Verbindung sind nacheinander getreten: die alte Kirche mit der spätrömischen Sklavenwirtschaft, die frühkatholische Kirche mit Cäsarismus und Militarismus, die mittelalterliche Kirche mit Naturalwirtschaft, Lehnsverfassung und Hörigkeit, der Calvinismus mit Kolonialkapitalismus und Demokratie, die lutherische Kirche mit Agrarwirtschaft und absolutistisch-patriarchalischem Obrigkeitsstaat, die moderne Kirche mit Hochkapitalismus, Nationalismus und Militärstaat.

Dabei ist aber zu beobachten, daß das Christentum für gewisse Formen der Gesellschaftsordnung eine größere Affinität besitzt als für andere; die Ethik der Liebe trägt in jede Gesellschafts- und Wirtschaftsform ein Ferment der Kritik, das um so erregender ist, je mehr sich jene auf Gewalt, Unterdrückung, Eigennutz gründen. Darum konnte das Christentum mehr Verwandtes in der mittelalterlichen als in der spätrömischen Gesellschaftsstruktur finden und sich enger mit ihr verbinden; darum muß es unserer Überzeugung nach im gegenwärtigen Moment in Opposition treten gegen die kapitalistische und

militaristische Gesellschaftsordnung, in der wir stehen und deren letzte Konsequenzen im Weltkrieg offenbar geworden sind.

Der Geist der christlichen Liebe erhebt Anklage gegen eine Gesellschaftsordnung, die bewußt und *grundsätzlich* auf den wirtschaftlichen und politischen Egoismus aufgebaut ist, und fordert eine neue Ordnung, in welcher das Gefühl der Gemeinschaft das Fundament des gesellschaftlichen Aufbaus ist.

Er erhebt Anklage gegen den *grundsätzlichen* Egoismus der Privat- und Profitwirtschaft, in der jeder eines jeden Feind ist, weil sein Mehrgewinn durch Mindergewinn oder Ruin des anderen bedingt ist, und fordert eine Wirtschaft der Solidarität aller und der Freude nicht am Gewinn, sondern am Werke selber.

Er erhebt Anklage gegen den *grundsätzlichen* Egoismus der Klassen und Stände, deren jeder sich zu bereichern sucht durch Ausnutzung des anderen; gegen das auf Geld und Erbschaft gegründete Privileg der Bildung, das den Gegensatz unüberbrückbar und unaufhebbar macht; gegen die prinzipielle Bejahung des Klassenkampfes und fordert: Aufhebung der Klassen, Aufhebung des Bildungsprivilegs der Besitzenden, Aufhebung der Ausnutzungsmöglichkeit eines Standes durch den anderen. Er erhebt Anklage gegen den *grundsätzlichen* Egoismus der Nationen und die Rechtfertigung jeder Form der Lüge, der Gewalt durch die nationale Idee und fordert die Beugung der Völker unter die Idee des Rechts, die Herstellung des Gemeinschaftsbewußtseins auch der Völker.

Wenn dem Sozialismus erwidert wird, daß durch die Ausschaltung des Egoismus als wirtschaftlicher Triebkraft die Produktion zu sehr verringert werden würde, so könnte er – im Geiste der christlichen Liebe – darauf hinweisen, daß nicht der Mensch um der Produktion, sondern die Produktion um des Menschen willen da ist; daß nicht die Herstellung möglichst vieler Luxusgüter für eine bestimmte Klasse, sondern möglichst vieler lebensnotwendigen Güter für alle sittliches Ziel der Wirtschaft ist.

Er kann aber darüber hinaus zeigen, daß mit der wirtschaftlichen Zerspaltenheit allzeit in der Geschichte eine geistige Zerspaltenheit verbunden war und mit der wirtschaftlichen Einheit eine geistige Einheit und daß die Seele geistiger Einheit die Religion ist. Er kann darum mit Recht die Überzeugung aussprechen, daß die geistige Zersplitterung, in der wir stehen, nur überwunden werden kann unter gleichzeitiger Überwindung der wirtschaftlichen und daß die Idee einer neuen religiös erfüllten Einheitskultur nur realisierbar ist auf dem Boden einer neuen gesellschaftlichen und wirtschaftlichen Einheit.

Es ist unsere Überzeugung, daß wir am Beginn dieser Entwicklung stehen; sie kann nur aufgehalten, nicht mehr gehindert werden; das Christentum aber steht vor der Entscheidung, ob es diese Entwicklung beseelen und führen wird oder ob es, abseitsbleibend, in prinzipiell vergangenen Gesellschaftsformen und Gesellschaftskreisen verengen und verkümmern wird.

Wie aber auch die ethische und wissenschaftliche Meinung über das Verhältnis von Christentum, Kapitalismus und Sozialismus sein mag, eins ist unter allen Umständen festzuhalten: daß es dem Christentum möglich und notwendig ist, mit *jeder* Wirtschafts- und Gesellschaftsform in Verbindung zu treten, auch mit dem Sozialismus, und daß eine prinzipielle Ablehnung des Sozialismus im Namen des Christentums der Universalität des Christentums widerspricht.

II.

Ist in dem Bisherigen gezeigt worden, daß das Christentum nicht nur die Möglichkeit, sondern die Verpflichtung hat, mit dem Sozialismus in Verbindung zu treten, so ist nun das Entsprechende vom Sozialismus zu zeigen.

Die *sozialistische Idee* bietet an und für sich kein Hindernis einer Verbindung mit dem Christentum.

Der Einwand, daß das sozialistische Ideal ein Diesseitigkeitsideal sei, vergißt, daß auch das Christentum ein Diesseitigkeitsideal enthält. Der Einwand, daß das sozialistische Ziel idealistische Schwärmerei sei, die an der Wirklichkeit des Lebens, insbesondere der Sünde, zerbrechen müsse, verleugnet das Wesen des ethischen Idealismus überhaupt, für den Tatsachen niemals Gegenbeweise, sondern Widerstände sind, die überwunden werden müssen.

Die fälschlicherweise materialistisch, richtiger ökonomisch genannte Geschichtsauffassung des Marxismus enthält an und für sich weder Materialismus noch eine Ablehnung des Geisteslebens und der Religion, sondern behauptet lediglich einen ursächlichen Zusammenhang zwischen der ökonomischen Grundlage und dem geistigen Aufbau der Kultur, eine für alle Geisteswissenschaften äußerst fruchtbare methodische Einsicht, die weder mit Atheismus noch mit metaphysischem Materialismus irgend etwas zu tun hat.

Was aber die Stellung der *sozialistischen Parteien* betrifft, so muß unterschieden werden zwischen der Stellung zum Christentum und der Stellung zur Kirche, zwischen einzelnen Worten einzelner Vertreter

und der formulierten Meinung der Parteien, zwischen dem Ideal und seiner empirischen Vertretung. Diese Unterscheidungen, die das Christentum wie jede geistige Bewegung für die Beurteilung seiner selbst mit Recht fordert, muß es gerechterweise auch dem Sozialismus zugute kommen lassen.

Zweifellos gibt die empirische Vertretung des Sozialismus in Vergangenheit und Gegenwart zu mancherlei Kritik Anlaß. Insonderheit gilt das für die materialistische Gesinnung, die auch die Arbeiterkreise nicht unberührt gelassen hat. Wir behaupten aber, daß ein erheblicher Teil der Vorwürfe auf Unkenntnis und parteipolitischer Entstellung beruht, ein Schicksal, das auch dem Christentum zu keiner Zeit erspart geblieben ist.

Es hat auch eine Anzahl sozialdemokratischer Führer, namentlich der deutschen Sozialdemokratie am Ende des vorigen Jahrhunderts, Äußerungen getan, die nicht nur Feindschaft gegen die Kirche, sondern gegen das Christentum und die Religion überhaupt verraten. Wir bestreiten aber, daß der materialistische Atheismus eine dem Sozialismus wesentliche Erscheinung sei; vielmehr behaupten wir, daß er eine Erbschaft der *bürgerlichen,* kritisch-skeptischen Kultur ist, die von manchen Sozialdemokraten gern übernommen wurde, um durch Ausrottung des Jenseitigkeitsgedankens dem Willen zu einer gerechten Gestaltung des Diesseits eine größere Stoßkraft zu geben. Es ist aber auch vielen Führern der gegenwärtigen Sozialdemokratie nicht mehr verborgen, daß die bisherigen Methoden des Parteikampfes zu einer Entleerung und Entgeistigung der Bewegung geführt haben. Es wird deshalb in ihren Kreisen die Forderung nach einer ethisch-religiösen Beseelung des Sozialismus immer lauter erhoben und immer klarer erkannt, daß der Sozialismus nicht nur Wirtschafts-, sondern vor allem auch Erziehungsangelegenheit ist.

Die Stellung der Sozialdemokratie zur *Kirche* ist die einer grundsätzlichen Indifferenz gegen das konfessionelle Kirchentum („Religion ist Privatsache") und einer grundsätzlichen Ablehnung alles Staatskirchentums, also eine radikale Durchführung des Toleranzgedankens einerseits, des religionsfreien Staatsgedankens anderseits; der Widerspruch der Sozialdemokratie richtet sich lediglich gegen die gegenwärtigen mit bürgerlich-kapitalistischer und nationalistischer Gesellschaftsordnung aufs innigste verbundenen Staatskirchen, die in den meisten Fällen auf der Seite ihrer Gegner standen und nur wenig Verständnis zeigten für den Zusammenhang des sozialistischen Ideals mit der Ethik der Liebe.

Kann auch die radikale Trennung von religiösem und staatlichem

Leben *von beiden Seiten* her manchen Bedenken unterliegen, kann auch die Kritik der Sozialdemokratie von der gegenwärtigen Kirche vielfach als ungerecht empfunden werden, kann auch die Gleichsetzung von Urchristentum und Sozialismus, historisch betrachtet, nicht zugestanden werden, so ist es darum doch keineswegs berechtigt, der Sozialdemokratie prinzipielle Christentumsfeindlichkeit vorzuwerfen; vielmehr gleicht ihre ethische Kritik in mancherlei Beziehungen derjenigen der gerade am Urchristentum sich orientierenden Gemeinschafts- und Sektenkreise, denen man zwar Unkirchlichkeit, aber nicht Unchristlichkeit vorwerfen kann.

Was endlich die Stellung der Sozialdemokratie zur *Revolution* betrifft, so ist zunächst festzustellen, daß ein notwendiger Zusammenhang zwischen der sozialistischen Idee und der revolutionären Taktik nicht besteht. Andererseits kann die revolutionäre Haltung der Sozialdemokratie nur demjenigen für schlechthin unchristlich gelten, der Christentum und Luthertum gleichsetzt. Die reformierte Kirche hat seit Beza gelehrt, daß im Fall des Versagens der höheren Obrigkeit die niedere das *Recht zur Revolution* hat, eine Lehre, der die Erhaltung des niederländischen und englischen Protestantismus zu danken ist. Auch Thomas von Aquin hat das Recht und, unter bestimmten Voraussetzungen, auch die *Pflicht zur Revolution* anerkannt. Selbst das revolutionsfeindliche Luthertum hat im Schmalkaldischen und Dreißigjährigen Krieg bewaffneten Widerstand gegen den Kaiser geleistet.

III.

Ist somit weder in der sozialistischen Idee noch in den sozialistischen Parteien ein grundsätzlicher, im Wesen liegender Gegensatz gegen Christentum und Kirche enthalten, ist vielmehr die Sehnsucht nach einer Erfüllung mit sittlich-religiösem Geist in weiten Kreisen des Sozialismus lebendig, so ergibt sich daraus die Notwendigkeit einer positiven Stellungnahme der Kirche gegenüber Sozialismus und Sozialdemokratie.

Unter positiver Stellung verstehen wir *nicht:*

Wille zur *christlichen Sozialreform*. Diese bedeutet – ohne daß damit ihre relative Notwendigkeit bestritten werden soll – ein Mittel zur Erhaltung der prinzipiell kapitalistischen Gesellschaftsform durch Abschneiden ihrer schlimmsten Auswüchse. Es entspricht aber dem Geist der Liebe mehr, das Übel selbst auszurotten, als die Leiden, die es immer wieder bringt, durch Teilmaßregeln mildern zu wollen; es ist

das höhere Ziel, die Voraussetzungen des Almosengebens aufzuheben, als die Armut durch Almosen zu lindern; es ist das höhere Ziel, die Grundlagen des wirtschaftlichen Elends zu vernichten, als die Verelendeten durch die Werke der christlichen Liebestätigkeit oder eine „soziale Gesetzgebung" aus dem Schlimmsten zu retten; es ist ein höheres Ziel, die Möglichkeit des wirtschaftlichen Egoismus zu unterbinden, als ihn durch Arbeiterschutzgesetze oder den Appell an die Pflicht patriarchalischer Fürsorge einzuschränken. Es ist auch das höhere Ziel, durch rücksichtslose Bekämpfung des nationalen Egoismus, durch internationale Rechtsorganisation die Quelle des Krieges zu zerstören, als durch Liebeswerke die Wunden des Krieges zu lindern. Sind nun auch soziale Fürsorge und Gesetzgebung für jetzt und wohl noch längere Zeit noch nicht zu entbehren, so muß doch das Ideal, sie überflüssig zu machen, auch von denen anerkannt werden, die es für nicht realisierbar halten; die Kirche aber muß dieses Ideal zu dem ihren machen und im Namen der christlichen Liebe seine Verwirklichung fordern.

Unter positiver Stellung der Kirche zum Sozialismus ist ferner nicht zu verstehen der Versuch, die Arbeiterschaft für die gegenwärtigen Kirchen zu gewinnen. So begreiflich dieser Versuch auch ist, so notwendig ist er doch in der augenblicklichen Lage zum Scheitern verurteilt. Der sozialistische Arbeiter sieht in der gegenwärtigen Kirche eine Verbündete des kapitalistischen Klassenstaates und in ihren Einrichtungen und Lebensformen eine bürgerliche Schöpfung, zu dem ihm die psychologische Vermittlung fehlt. Es hieße deshalb, dem Judenchristen ähnlich, der dem Heidenchristen das jüdische Zeremonialgesetz auferlegen will, den Sozialisten das Gesetz der bürgerlichen Lebensform auferlegen wollen. Wollte das Christentum die positive Stellung zu ihnen von ihrer Teilnahme an der gegenwärtigen Lebensform der Kirche abhängig machen, es hieße gänzlich auf sie verzichten.

Im übrigen ist zu bedenken, daß der Sozialismus nicht nur eine Arbeitersache ist, sondern *ein neues ethisches Ideal,* das Vertreter in allen Kreisen hat und für alle Kreise ethische Geltung hat. Das Problem wird verschoben, wenn man die Frage Christentum und Sozialismus verwechselt mit der Frage: Kirche und Arbeiterschaft.

20. CHRISTENTUM, SOZIALISMUS UND NATIONALISMUS

Eine Auseinandersetzung mit der „Marburger Erklärung"
des Wingolf

Die Feststellung, daß die von mir in Nr. 2 der Wingolf-Blätter vertretene Anschauung der gegenwärtigen Auffassung weiter wingolfitischer Kreise widerspricht, überrascht mich nicht. Die Einsicht, daß es so ist, hat mich vielmehr veranlaßt, auf eine ausführliche Darlegung meiner Gedanken in den Wingolf-Blättern seit Kriegsende zu verzichten. Meine „Erwiderung" hatte lediglich den Sinn, Angriffe auf eine mir nahestehende Richtung abzuwehren, in denen diese Richtung als „schöngeistiges, ethisches, ideologisches Gerede" bezeichnet wird, „das letzten Endes nur der fadenscheinige Mantel für den platten Utilitarismus, die Selbstsucht, ist, sei sie nun Selbstsucht des einzelnen oder der Masse". Wenn meine Erwiderung den Erfolg hätte, daß die Kampfesweise gegen das, „was theoretisch und praktisch als Sozialismus in die Erscheinung tritt", in Zukunft ruhigere Formen annimmt, so wäre es mir und manchem anderen, deren Zustimmung ich erhalten habe, leichter gemacht, weiterhin die Wingolf-Blätter zu unterstützen. Da aber nun sowohl der Münstersche Philisterausschuß wie auch die Schriftleitung mich auffordern, zu sachlichen Ausführungen das Wort zu ergreifen, so möchte ich es in der gebotenen Kürze tun.

Es sind zwei Fragen, um die sich die Erwiderungen in Nr. 3 der Wingolf-Blätter drehen. Die Frage nach dem Sozialismus und seiner Stellung zum christlichen Prinzip und die Frage nach dem Verhältnis von christlichem Prinzip und nationaler Idee.

Es ist vollkommen unmöglich, in der Kürze eines Wingolf-Blätter-Artikels die Fülle der Probleme auch nur zu nennen, die die erste Frage mit sich bringt. Der Gedankenkomplex des Religiösen Sozialismus, wie er seit Kriegsende von verschiedenen Gruppen und Kreisen in Deutschland und darüber hinaus durchgearbeitet worden ist – bei uns in Berlin in fast regelmäßigen wöchentlichen Zusammenkünften –, kann nur an den Quellen studiert werden. Ich verweise darum in der Anmerkung auf die wichtigste Literatur, insonderheit unsres Berliner Kreises. Zur Sache selbst ist es vor allem nötig, die in der Münsterschen Erwiderung behandelten Begriffe „sozial", „sozialistisch" und „marxistisch" klar zu unterscheiden. Es ist durchaus falsch, zu behaupten, der „Sozialismus als solcher" wäre der „soziale Gedanke". Es ist vielmehr so, daß von

sozialistischer Seite aus der „soziale Gedanke" als eins der schwersten Hindernisse für die Verwirklichung des Sozialismus angesehen wird. Der „soziale Gedanke" bedeutet Verbesserung von Schäden, die sich innerhalb der kapitalistischen Gesellschaftsordnung allzu offenkundig herausstellen, während der Sozialismus eine Veränderung der kapitalistischen Gesellschaftsordnung als solcher erstrebt. Der soziale Gedanke setzt den grundsätzlichen Gegensatz von Subjekten und Objekten des sozialen Handelns voraus, während der Sozialismus diesen Unterschied als solchen aufheben will. Der Sozialismus erstrebt eine neue Gesellschaftsstruktur, während der soziale Gedanke die alte durch Beseitigung gewisser Schäden erhalten will. Es ist darum durchaus irreführend, „Sozialismus" an sich und „sozialen Gedanken" gleichzusetzen.

Daraus ergibt sich, daß der Sozialismus nicht eine Sache der Gesinnung und der zufälligen Tat bleiben kann, sondern daß er den politischen Willen haben muß, d. h., daß er nur möglich ist als „politischer Sozialismus". Ein Bekenntnis zum „Sozialismus als solchem" ist darum notwendig ein Bekenntnis zum politischen Sozialismus und damit direkt oder indirekt eine Unterstützung derjenigen Parteien, die den politischen Sozialismus in der Wirklichkeit vertreten. Es fragt sich nun, ob es berechtigt ist, das Bekenntnis zum politischen Sozialismus ohne weiteres als ein Bekenntnis zum Marxismus aufzufassen, wie es die Münstersche Erklärung anscheinend tut. „Marxismus" ist durch den Einfluß des Wiener Soziologen Othmar Spann auf die Münchener nationalen Kreise seit etwa zwei Jahren zu einem rein agitatorischen Schlagwort geworden. Aus dieser Atmosphäre müssen wir das Wort zunächst einmal befreien, um den Blick für seine objektive Bedeutung freizubekommen. Marxismus ist in erster Linie der Inbegriff der von Marx vertretenen geschichtsphilosophischen und ökonomischen Lehren und ihrer Auswirkung in der wissenschaftlichen Erörterung der letzten fünfzig Jahre. Marxismus in diesem Sinne ist eine rein wissenschaftliche Angelegenheit von außerordentlicher, bisher nicht im entferntesten ausgeschöpfter Bedeutung. Marx ist der eine große Gegenspieler der klassischen englischen Nationalökonomie und zugleich der Fortsetzer und Umbildner der deutschen idealistischen Geschichtsphilosophie. In der Auseinandersetzung mit seiner Analyse des Kapitals, in der Bekämpfung und Fortführung seiner Gedanken arbeitet die Nationalökonomie bis auf den heutigen Tag da, wo sie mehr ist als bloßer Formalismus oder bloße Geschichtsbeschreibung. Wichtiger aber noch und schon jetzt von entscheidender, wenn auch selten anerkannten Wirkung auch auf die gesamte bürgerliche Literatur ist seine Einsicht

in den Zusammenhang der geistigen und religiösen Dinge mit den soziologischen und ökonomischen Grundlagen einer Gesellschaft. Mag seine Formulierung noch so unvollkommen sein, die Einsicht selbst ist ein unverlierbarer Bestandteil aller tieferen geisteswissenschaftlichen Betrachtung geworden. Endlich ist seine realdialektische Auffassung der Geschichte, seine Einsicht in den Kampfcharakter und zugleich die innere Vernunft der historischen Entwicklung die letzte große, geschichtlich wirksame Auffassung des geschichtlichen Werdens.

Namentlich aus seiner genialen geschichtsphilosophischen Schau erklärt sich nun zweitens seine praktisch-politische Wirkung. Seine Geschichtsphilosophie wurde aus einer wissenschaftlichen Lehre zu einem Schicksalsglauben Unzähliger; und sie konnte es werden, weil die Lehre selbst aus dem Glauben an ein historisches Schicksal und aus dem Willen, es zu vollziehen, geboren war. Es kann nun kein Zweifel sein, daß der bürgerliche Materialismus, der sich im 19. Jahrhundert auf die Massen herabsenkte, diese großartige Konzeption verderbte und verzerrte. Es entstand ein materialistischer Vulgärmarxismus, gegen den sich die tiefsten Geister im Sozialismus immer gewehrt haben und dessen geistige Todesstunde auch im Sozialismus schon hinter uns liegt. Gerade der Religiöse Sozialismus bemüht sich, diesen Umschwung auch innerhalb weiterer Kreise der Arbeiterschaft zur Anerkennung zu bringen. Er weiß, daß er damit dem echten Geist von Marx sehr viel näher steht als die abgestempelten Hüter des Marxismus. Aus diesen Ausführungen dürfte klargeworden sein, daß ein Bekenntnis nicht nur zum politischen Sozialismus, sondern auch zum echten Marxismus einen wissenschaftlichen Grund sowie ein christliches und wingolfitisches Recht beanspruchen darf.

Dieses Recht kann für den zur Pflicht werden, der als das entscheidende strukturelle Element unseres Zeitalters das kapitalistische Marktverhältnis erkannt hat und die dämonischen Züge der darauf gegründeten Gesellschaftsordnung gesehen zu haben glaubt: die Versachlichung und abstrakte Vergegenständlichung des Verhältnisses von Mensch und Sache, von Mensch und Mensch, das Auseinanderfallen in Subjekte und Objekte des geistigen, gesellschaftlichen und wirtschaftlichen Lebens, das Zerbrechen aller unmittelbaren Gemeinschaftsbeziehungen, das Ergriffenwerden auch der natürlichen und seelischen Wirklichkeiten wie Familie, Volk, Stand durch die reine Rationalisierung und den unendlichen Willen zur kapitalistischen Machtdurchsetzung; demgemäß die Schaffung entleerter, von allen geistigen Gütern ausgeschlossener Massen und ihnen gegenüber einer subjektiv geformten, aber geist- und gemeinschaftslosen Bildungsschicht. Wer diese Dinge sieht, wer ohne Un-

terlaß ihre zerstörenden Wirkungen auf Geist und Leben des Volkes und der Völker an sich selbst erlebt, der wird nicht umhin können, mit seinem Kampf gegen diese Gesellschaftsordnung da einzusetzen, wo er ihre letzte Wurzel zu sehen glaubt, in der kapitalistischen Verdinglichung und Entseelung der gesamten Wirklichkeit. Und er wird nicht umhin können, denjenigen Bewegungen in erster Linie seine Zustimmung zu geben, die gegen diese Wurzel des Übels am schärfsten angehen, auch dann, wenn sie selbst weithin von dem Gift angefressen sind, das sie austreiben wollen. So und nicht anders ist der Religiöse Sozialismus zu deuten, so ist seine Kampfgemeinschaft mit dem politischen Sozialismus begründet, so ist auch zu verstehen, warum er sich weithin eins weiß mit den religiös begründeten nationalen Bewegungen und ihnen doch nicht zustimmen kann, weil er meint, daß sie nicht bis an die Wurzel des Übels dringen, sondern, ohne es zu wollen, der kapitalistischen Gesamthaltung erliegen. Das sind nur Andeutungen, aber sie genügen vielleicht, um mancherlei agitatorische Schlagworte zu beseitigen, Vorurteile herabzumindern und einen Antrieb zu geben, sich mit Ernst um den tieferen Sinn der Frage des Sozialismus zu bemühen.

Ich komme nun zu der zweiten wingolfitisch wichtigen Frage, zu der Frage nach dem Verhältnis des christlichen und nationalen Prinzips. Ich muß gestehen, daß ich die Erklärung des Marburger Wingolfs als ein Dokument der Wingolfsgeschichte betrachte, dessen Bedeutung nicht leicht überschätzt werden kann. Die Erklärung, daß eine Verbindung den Konflikt zwischen christlicher und deutscher Sitte nicht kennt, bedeutet entweder ein Wortmißverständnis oder einen fast unverständlichen Abfall von der historischen Entwicklungslinie des Wingolfs. Wird freilich mit der Münsterschen Erklärung alles das an deutscher Sittenbildung, was vom Christentum aus verneint werden muß, Unsitte genannt, so gibt es keinen Konflikt. Freilich ist dann auch das tiefste eigentliche Problem des Wingolfs durch ein Wortspiel verdeckt. Ich kann nicht annehmen, daß es den beiden Erklärungen auf dieses Wortspiel ankommt. Wenn aber nicht, mit welchem Recht werden die Trink- und Duellsitten, die seit langen Jahren in Deutschland gelten und gegenwärtig noch von einem großen Teil der deutschen Korporationen als deutsche Sitten betrachtet werden, einfach mit dem Etikett undeutsch bezeichnet? Sie sind unchristlich, aber undeutsch? Ist das „Deutsche" Idealbegriff, kann man es freilich identisch mit dem Christlichen setzen; aber dann hat es auch alle konkrete Besonderheit verloren; und genau in dem gleichen Sinne ist das Französische, Englische und Russische identisch mit dem Christlichen. In Wirklichkeit liegen

die Dinge doch so, daß aus der Naturgrundlage und der Entwicklungsgeschichte der einzelnen Menschen, der Gemeinschaften und vor allem auch der Nationen immer neue, individuelle, schöpferische Tendenzen hervorbrechen, daß man aber von keiner solchen Tendenz behaupten darf, sie sei unmittelbar mit dem Christlichen identisch. Vielmehr gibt es in jedem Augenblick eine Spannung, eine Krisis, eine Verbindung und Abstoßung. Nur durch solches ständiges „Nein" hindurch kann sich das Ewige im Zeitlichen, das Christliche im Nationalen verwirklichen. Jede unmittelbare Ineinssetzung ist Rückfall zu der innerlich zerbrochenen Stufe der vorchristlichen Nationalreligion, ist „Götzendienst" und in notwendiger Folge davon den andern Völkern gegenüber „Pharisäismus". Der Wingolf ist gegründet worden als eine Gemeinschaft von solchen, die diese Krisis, diese Unruhe, dieses Aufnehmen und Abstoßen der deutsch-studentischen Sitte gegenüber verwirklichen wollten. Nach dem Wortlaut der Marburger Erklärung ist eine solche Unruhe vom Ewigen her gegenüber der deutschen Sitte nicht mehr nötig. Liegt hier nicht ein Bruch vor mit der wingolfitischen Tradition? Und zeigt sich dieser Bruch nicht auch in der Wirklichkeit darin, daß der Wingolf immer mehr aufgehört hat, als Krisis und Unruhe, als Stein des Anstoßes und Ärgernisses zu wirken; daß andere Bewegungen und Kreise auch innerhalb der Studentenschaft diese Aufgabe in viel höherem Maße verwirklichen? Es ist wahrlich nicht das subjektive Problem irgendeines Theologen, von dem hier die Rede ist! Sehr häufig sind es grade die Laienkreise gewesen, die einer verweltlichten Theologenschaft gegenüber diese Kritik und Krisis vertreten haben. Es ist das Problem der Verwirklichung des Christentums überhaupt, und das heißt doch wohl das wingolfitische Grundproblem, von dem ich rede.

Aus meinen ersten Ausführungen dürfte deutlich geworden sein, daß ich die Aufgabe des Christlichen auch gegenüber dem Sozialismus nicht anders auffasse als seine Aufgabe gegenüber dem Nationalen. Der Religiöse Sozialismus will nichts anderes sein als diese Krisis und Unruhe innerhalb der sozialistischen Lebens- und Weltanschauung. Es würde uns nicht einfallen zu sagen, daß wir keine Gegensätze von christlicher und sozialistischer Sitte sehen. Wir sehen diese Gegensätze sehr tief und sehr schmerzlich, genau so wie wir sie zwischen deutscher und christlicher Sitte sehen. Wäre es nicht die Aufgabe des Wingolfs, innerhalb der nationalen Bewegung, in der er steht, und mit unbestreitbarem Recht steht, die Krisis und Unruhe, das Kreuz und Gericht vom Ewigen her darzustellen und deswegen auch zu verstehen, wenn andere es als ihre Aufgabe betrachten, innerhalb der sozialistischen Bewegung die gleiche Aufgabe zu erfüllen? Würde nicht dadurch gerade auf dem

Boden des Christlichen die tiefe Verbundenheit beider Bewegungen, insofern sie sich unter das Göttliche stellen, offenbar werden? Ein Wingolf, an dem das Kreuz nicht mehr sichtbar ist und damit das Gericht über alles Wirkliche, sei es national, sei es nationalistisch, ist kein Wingolf mehr, und sein Erbe wird von andern übernommen.

21. ZUM FALL ECKERT
Eine Stellungnahme

Im Fall Eckert ist das Dienstgericht am 12. Juni zusammengetreten und hat nach dreitägiger Verhandlung Pfarrer Eckert wegen Mißachtung von Anordnungen des Evangelischen Oberkirchenrates zur Rückversetzung im Dienstalter um sechs Jahre und Tragung der Kosten verurteilt. Diese Entscheidung ist in den Kreisen der badischen religiösen Sozialisten mit großer Freude begrüßt und durchaus als ein Sieg der religiös-sozialistischen Sache angesehen worden. Mit dem Urteil ist die Maßnahme des badischen Kirchenpräsidenten, nämlich die vorläufige Amtsentsetzung Eckerts, wieder aufgehoben. Eckert ist in seine Gemeinde zurückgekehrt. Das Urteil ist noch nicht veröffentlicht, und wir werden ausführlicher zu dem ganzen Fall in einer der nächsten Nummern Stellung nehmen.

Es läßt sich jetzt schon so viel sagen, daß dieser Entscheidung eine außerordentlich starke Beunruhigung der badischen kirchlichen Öffentlichkeit voranging. Es sind über 100 000 Unterschriften, die für das Verbleiben Eckerts im Amt eintraten, gesammelt worden. Ebenso hat sich in seiner Gemeinde eine große Zahl, die die Wählerstimmen aller Parteien bei der letzten Pfarrwahl übertrafen, für ihn eingesetzt. Man kann über eine ausgesprochen aktive politische Tätigkeit im Pfarramt verschiedener Auffassung sein, aber es wäre jedenfalls eine schreiende Ungerechtigkeit gewesen, wenn ein aktiver Vertreter sozialistischer Richtung von der Kirche an der Weiterführung seines Amtes gehindert worden wäre, während man rechtspolitisch stehenden Pfarrern bisher nur in einem krassen Fall (Münchmeyer) in der Weiterführung des Amtes Schwierigkeiten gemacht hat.

In einer öffentlichen Erklärung der Bruderschaft sozialistischer Theologen stehen am Schluß die Worte: „Mögen die Richter vom 12. Juni bedenken, daß die Beseitigung Eckerts gleichbedeutend ist mit der Be-

seitigung des stärksten Pfeilers, der bisher die an und für sich schwache Brücke des Vertrags zwischen Kirche und Proletariat getragen hat."

Der Erfolg, den der Bund religiöser Sozialisten in ihrem Führer errungen hat, zeigt, daß die Kirchenbehörden es nicht mehr wagen, die konservativ-bürgerliche Ideologie mit der Verkündigung der Kirche gleichzusetzen. Vielleicht ist das zunächst nur ein taktisches Verhalten. Aber die Kirche kann in entscheidenden Dingen nicht taktisch bleiben. Sie wird durch die weitere Entwicklung des Religiösen Sozialismus gezwungen werden, sich entweder für jene Gleichsetzung zu entscheiden und damit zur Ideologie bestimmter soziologisch abgegrenzter Gruppen zu werden – also die Universalität und Unbedingtheit ihrer Verkündigung preiszugeben; oder jene Gleichsetzung grundsätzlich in Theorie und Praxis aufzuheben und damit sich radikal in all ihren Lebensformen umzugestalten – also um ihrer Universalität und Unbedingtheit willen ihre gegenwärtige antiproletarische Struktur aufzulösen. Auch wenn die Behandlung des Falles Eckert nur taktisch gemeint war, so ist doch zu hoffen, daß das Schwergewicht des Präzedenzfalles in der zweiten Richtung weitertreibt. – Die Partei aber sollte diese Entwicklung nicht dadurch erschweren oder gar unmöglich machen, daß sie sich an die freidenkerische Ideologie bindet und damit die sozialistische Idee ebenso mit geistiger Rückständigkeit in eins setzt, wie die Kirche die christliche Idee mit gesellschaftlicher Rückständigkeit in eins gesetzt hatte.

22. MENSCH UND STAAT

Acht Leitartikel aus der Zeitschrift „Der Staat seid Ihr"

a) MENSCH UND STAAT

Jeder weiß: Das Auge und der Gedanke und die Liebe gehören so zum Menschen, daß der Mensch nicht Mensch ist ohne sie. Wohl kann einer erblinden – leiblich und geistig – und erstarren. Aber wenn ein Mensch blind oder starr wird, so bleibt das Sehen und das Denken und das Lieben in ihm als seine menschliche Möglichkeit; und diese seine Möglichkeit ist seine Macht, die da ist, auch wenn er sie nicht ausüben kann, die jede seiner Äußerungen, auch die entferntesten, noch mitbestimmt – als menschliche bestimmt. Nicht jeder weiß: Der Staat

gehört so zum Menschen, daß der Mensch nicht Mensch ist ohne ihn. Viele meinen, der Staat käme zum Menschen hinzu. Sie begrüßen ihn wie eine Errungenschaft der Kultur, die nützlich, zur Zeit unentbehrlich ist; oder sie schmähen ihn als ein Unglück der Geschichte, mit dem man sich im Augenblick abfinden muß, das aber einmal in der Geschichte verschwinden wird. Beide denken den Menschen als Menschen ohne den Staat; das aber geht nicht an. Zwar kann man den Staat – wie auch das Auge und den Gedanken und die Liebe – so beschreiben, daß nur ein geschichtlicher Sonderfall getroffen ist, den man auch wegdenken kann, ohne den Menschen damit wegzudenken. Dann aber muß man neue Worte suchen, um das Gemeinsame zu bezeichnen, das Geschichte zu Geschichte, das den Menschen zum Menschen macht. Man kann den Staat so beschreiben, daß eigentlich nur der absolute Staat des 18. Jahrhunderts getroffen ist – der Staat also, der ausdrücklich „Ihr nicht seid". Und da der demokratische Staat in Widerspruch mit seinem Wesen gerade darin den absoluten Staat weitgehend beerbt hat, so kann eine solche Beschreibung auch heute noch Zustimmung finden. Aber das ist nicht *der* Staat. *Der* Staat ist die Recht setzende und durchsetzende Macht, durch die eine Menschengruppe sich zusammenfaßt und zu gesellschaftlicher Existenz kommt – ganz gleich, welcher Art der Aufbau der Macht und damit der Inhalt des Rechts ist. Abgesehen aber von solch gesellschaftlicher Existenz ist der Mensch nicht Mensch. Denn nur in ihr – nur durch die Schöpfung des Rechts – erfährt er praktisch die Forderung, sich einem übergreifenden Sinn zu unterwerfen. Und diese Forderung, die Möglichkeit, ihr zu folgen und sich ihr zu entziehen, erhebt ihn über die Gebundenheit an die Natur, macht ihn frei, macht ihn zum Menschen, der Sinn verstehen und Sinn erfüllen kann.

Und nun erweist sich als zur Sache gehörig, was vorher nur Beispiel war: Das Auge ist Menschenauge, weil es die Dinge als sinnhaften Zusammenhang zu schauen vermag. Der Gedanke unterwirft sich der Forderung, die jeder Sachverhalt stellt, ihn anzuerkennen, so wie er ist. Und die Liebe erhebt sich über den Naturtrieb, weil sie die Forderung in sich aufgenommen hat, die von jedem Menschen ausgeht, ihn als Menschen anzuerkennen. So trägt das Staatliche als Ort des Rechts und der Forderung, sich übergreifendem Sinn zu unterwerfen, den Menschen in seinem Menschsein bis in die scheinbar staatsfremdesten seiner Äußerungen. Am Gesetz des Staates erschließt sich dem Menschen Gesetz überhaupt. Menschsein und im Staat sein ist ein und dasselbe.

b) KUNSTPOLITIK

Die kunstpolitische Reaktion in Thüringen hat zwei gute Folgen. Eine für die Kunst: sie macht das politische Gewicht der Kunst offenkundig. Und eine für die Politik: sie enthüllt die geistigen Hintergründe einer politischen Bewegung, die mehr als gewöhnlich im Dunkeln lagen.

Die erste Folge muß von der Kunst begrüßt werden, weil sie dadurch aus der Sphäre des „Ästhetischen" befreit wird, in die bürgerliche Theorie und Praxis sie verbannt hatten. Sie war etwas geworden, das man „auch" hat, die feinste, seltenste Blüte der Kultur, der edelste Schmuck eines Lebens, das im übrigen im Wirtschaftskampf und Alltag verging. Zwar hatte die Kunst selbst in ihren größten Schöpfungen immer wieder diesen Bann durchbrochen. Sie hatte Ärgernis gegeben und war dafür vom Bürger verspottet und bekämpft worden. Aber sobald sich eine neue Form durchgesetzt hatte, wurde sie wieder ästhetisiert. Ihr politischer Gehalt wurde unsichtbar. – Nicht ganz gelang das freilich bei derjenigen Kunst, die sich ausdrücklich in den Dienst des Politischen stellte, ausdrücklich „Tendenz" war, wie etwa George Grosz. Aber hier konnte ein gelegentlich nicht unbegründeter Einwand die Wirkung dämpfen: die richtige Behauptung, daß Tendenz nur dann Recht in der Kunst hat, wenn sie ganz aufgenommen ist in eine Form, die in sich Bestand hat. Das aber war nicht immer der Fall.

Wenn dagegen jetzt die hervorragendsten deutschen Expressionisten aus einem Museum entfernt werden, ohne daß eine Spur politischer Tendenz in ihren Werken zu entdecken wäre, so ist damit erklärt, daß die Form als solche politischen Gehalt birgt. Das ist richtig, und das kann dem Kampf um die Kunst den Ernst und die Leidenschaft wiedergeben, die ihm gebühren. Handelt es sich doch in den scheinbar formalsten Problemen der Bildgestaltung um Sein oder Nichtsein einer Gesellschaftsgruppe, einer Herrschaftsform, eines Lebensprinzips.

Eben darum aber wird in der Art, wie der Kampf von der einen oder anderen Seite geführt wird, auch deutlich, welche geistigen Hintergründe beide Seiten haben. Die politischen Bekämpfer der modernen Entwicklung der Malerei enthüllen sich selbst. An dem Anstoß, den sie an ihr nehmen, wird ihre eigene geistige Landschaft sichtbar: ein romantisch verstandenes, d. h. nicht verstandenes Mittelalter; die verlorene Idylle ländlich-mittelständischen Daseins; das Pathos einer idealisierten, also unwahren mythischen Vorzeit im Stile der letzten Jahrzehnte des 19. Jahrhunderts. Nach diesen Landschaften sehnen sich viele zurück, die durch den Sieg der modernen Kunst wider Willen

über sich hinausgerissen waren. Sie werden es dankbar begrüßen, daß dieser Bewegung, von der sie geistig vergewaltigt sind, der Prozeß gemacht wird. Aber noch nie hat Romantik die Geschichte zurückgewendet. Und wenn eine politische Gruppe in ihrer Kunstpolitik nichts unternimmt als solche Versuche zur Rückwendung, so besteht der dringende Verdacht, daß auch ihr politischer Wille nichts ist als Rückwendung. Diese unzweideutige und unfreiwillige Enthüllung ist so bedeutsam, daß um ihretwillen manche Schädigung der Kunst in Kauf genommen werden kann.

c) Die Einheit des Widerspruchs

„Ein jeglich Reich, so es mit ihm selbst uneins wird, das wird wüste ... So denn ein Satan den anderen austreibt, so muß er mit ihm selbst uneins sein. Wie mag denn sein Reich bestehen?" (Matth. 12, 25–26). Es gibt nichts, was logischer wäre als dieses Wort, mit dem Jesus die unsinnige Behauptung widerlegt, daß er Dämonen mit Hilfe der Dämonen austreibe. Aber diese Logik scheint nicht jeder Wirklichkeit gewachsen zu sein. Ein Reich existiert, mit dem es freilich eine eigentümliche Bewandtnis hat, das nur davon lebt, daß es mit sich selbst uneins ist, das in dem Augenblick aufhören würde zu existieren, wo es mit sich eins würde. Dieses Reich hat keinen Namen, denn es hat teil an allen Reichen, die Namen haben. Es hat kein „Regiment", kein monarchisches und kein parlamentarisches, das stillschweigend oder offen anerkannt wäre. Denn Anerkennung wird jedem Glied dieses Reiches nur dadurch zuteil, daß es jedem anderen Glied die Möglichkeit gewährt, ihm zu widersprechen und dadurch selbst zu leben. Eben darum aber ist es doch ein „Reich". Seine Einheit ist die, daß jedes Glied von dem andern lebt, freilich in der paradoxen Form, daß die anderen in Widerstreit zu ihm stehen. Des Rätsels Lösung ist das neue Rätselwort: „Internationaler Nationalismus".

In keiner Kooperation kann ein Teil dem andern mehr verpflichtet sein als in der Kontraoperation der nationalistischen Gruppen der einzelnen Länder. Dem Nationalismus der *Grande Nation* verdanken die großen und kleinen Nationalismen seit anderthalb Jahrhunderten ihr Dasein und direkt oder indirekt ihren Lebensunterhalt. Eine deutsche Ministerrede kann für das polnische Glied jenes verborgenen Reiches einem riesigen „Gebietszuwachs" gleichen; und das französische Verbot an einen deutschen Dirigenten, in Paris ein Konzert zu geben, bedeutet einen unschätzbaren „Kapitalimport" für das deutsche Glied jenes Reiches, das mit sich selbst uneins ist und doch lebt.

So scheint hier jene logische Regel ungültig zu sein. Sie ist es doch nicht. Denn das Reich, das mit sich selbst uneins ist, lebt noch von einem zweiten Widerspruch: zu allem, was nicht Nationalismus ist in der Nation, deren Namen er trägt. Ohne das Schwergewicht derer, deren Sein mehr ist als In-Widerspruch-Sein, hätte das Widersprechende sich längst gegenseitig vernichtet. Es dankt die Möglichkeit, daß ein Glied dem andern die Bälle des Nein zuwirft, dem großen, meist schweigenden, selten lautbaren Ja, mit dem die Gruppen der Menschheit sich als menschliche Gruppen sehen und anerkennen. Würde das Geschrei der Nein-Sager einmal überhand gewinnen über dieses Ja, so würde das Wort Jesu seine Gültigkeit erweisen. Mit den Nationen würde auch das verborgene Reich des Nationalismus „wüste" werden.

d) Neue Schöpfung

Der Mensch ist das immer und notwendig unzufriedene Wesen. Die menschliche Unzufriedenheit ist nicht etwas, was zum Menschen hinzukommt, so daß er sie abtun könnte. Sie ist keine schlechte Eigenschaft, über die man schelten oder die man durch Änderung der Umstände beseitigen könnte. Mensch sein heißt: abgesehen von allen besonderen Eigenschaften und besonderen Umständen unzufrieden sein.

Gegen diesen Satz wird von zwei Seiten her Einspruch erhoben werden. Die einen werden sagen: Unzufrieden ist der Mensch nur, wenn er unzufrieden gemacht wird. Die Unzufriedenheit, z. B. der proletarischen Massen, ist das Werk einzelner Unzufriedener, die die Massen mit ihrem eigenen Ressentiment erfüllt haben. Und die anderen werden sagen: Unzufrieden ist der Mensch nur, weil ihm seine soziale und wirtschaftliche Lage Grund zur Unzufriedenheit gibt. Mit der Aufhebung der Klassenherrschaft wird auch die Unzufriedenheit verschwinden. Beide Einsprüche verkennen die Wirklichkeit des Menschen.

Der „erste" Mensch, der sich ein Werkzeug machte, um die Erde aufzulockern, war nicht zufrieden mit dem Zustand, den er vorfand. Er ging hinaus über das Gegebene; er entdeckte ein Aufgegebenes. Er ließ es nicht bewenden bei der „Geworfenheit" (ein schönes Wort des Philosophen Heidegger, mit dem er die Lage des Menschen bezeichnet, der sich in der Welt vorfindet, nicht durch sich selbst in sie hineingestellt, sondern gleichsam in sie hineingeworfen); er wollte selbst entwerfen, eine neue Welt über der gegebenen. In diesem Entwerfen, in diesem Entdecken einer Aufgabe, in dieser Richtung auf das Neue zeigt sich die Bedeutung und Tiefe der menschlichen Unzufriedenheit. Sie ist es,

die den Menschen losreißt vom bloßen Dasein, an das alles andere Lebendige gebunden ist. Sie stellt ihn vor die unendlichen Möglichkeiten, die in der Begegnung von Mensch und Ding liegen und deren Erfüllung die Technik ist. Sie, die Unzufriedenheit, die mit dem Menschen als Menschen gesetzt ist, läßt ihn den Blick erheben zu einer letzten Möglichkeit, die über alles technische Entwerfen und Gestalten hinausgeht, die „neue Schöpfung", „neue Kreatur" ist. Hier enthüllt sich das Letzte, was in der menschlichen Unzufriedenheit liegt: sie ist ein Angriff auf die Welt als solche, sie ist die Erwartung des ganz Anderen, ganz Neuen. In allen Mythen klingt etwas von dieser Erwartung. Die christliche Osterbotschaft nimmt die urmenschliche Hoffnung auf und bezeichnet als Garantie ihrer Wahrheit das neue Sein, das in Jesus Christus in die Welt gekommen ist. Hier ist, so können wir es nach Abstreifung mythischer Hüllen ausdrücken, einmal in einem menschlichen Leben das anschaulich geworden, wonach alles Leben sich streckt, wovon der Mensch als Mensch und seine wesenhafte Unzufriedenheit zeugen: die neue Schöpfung.

e) UTOPIE

Unsere letzte Betrachtung handelte von der Unzufriedenheit, die den Menschen zum Menschen macht, und von der Erwartung des ganz Anderen und Neuen. Der politische Ausdruck für diese Erwartung ist die Utopie. Utopie ist ein griechisches Wort und heißt: das, was keinen Ort hat. Alles, was ist, alles, was zur Welt gehört, der wir begegnen, steht irgendwie in der Zeit und irgendwo im Raum. Was keinen Raum und keine Zeit hat, gehört auch nicht zum Bestand dieser Welt.

Als der englische Kanzler und Philosoph Thomas Morus seinen Idealstaat entwarf, nannte er ihn „Utopia". Er baute ihn auf in dem Land, das kein Land ist, in dem Raum, der kein Raum ist. Utopie nennen wir seitdem alle Entwürfe kommender Gesellschaftsordnungen, die den Bedingungen welthaften und menschlichen Seins widersprechen, die keinen Raum und keine Zeit, das heißt keine Verwirklichung finden können. Utopie ist auf diese Weise zum Spottnamen geworden für Entwürfe, deren Verwirklichung für unmöglich gilt. Durchschnittliche Verständigkeit, bürgerliche Gesichertheit und unschöpferischer Zweifel können sich nicht genug tun in der Verdächtigung jedes außergewöhnlichen Entwurfs, jeder revolutionären Erwartung, jeder schöpferischen Idee als utopisch. Es soll anders werden, als es „immer" war? Das ist unmöglich – denn es ist unbequem, es ist

beunruhigend, es greift an die Wurzeln der Existenz. Und dann geschieht es doch; und was einst Utopie schien, hat sich längst breitgemacht in Raum und Zeit. Es war „immer"; und ein Utopist, wer es ändern will!

Geist der Utopie (eine Prägung Ernst Blochs) ist die Kraft, die die Wirklichkeit wandelt. Er ist die Triebfeder aller großen geschichtlichen Bewegungen; er ist die Spannung, die den Menschen über jede Beruhigung und Sicherung in neue Unsicherheit und Unruhe wirft. Utopie ist die Kraft des Neuen.

Von da aus sind die utopischen Bewegungen in der Geschichte zu beurteilen. Sie verbinden zwei Elemente: das eine, das die Utopie im wörtlichen Sinne zur Utopie macht: das Hinausgehen über *alle* Bedingungen der raum-zeitlichen Wirklichkeit, die Erwartung eines Reiches jenseits von Raum und Zeit, religiös gesprochen: die „Reich-Gottes-Erwartung". Und das andere, das die Utopie zur Kraft geschichtlicher Erneuerung macht: das Hinausgehen über die Bedingungen der *gegenwärtigen* raum-zeitlichen Wirklichkeit, die Erwartung eines Reiches, das anders, wenn auch nicht im Sinne der religiösen Erwartung, das ganz andere ist. Beide Elemente aber gehören zusammen und können nicht auseinandergerissen werden. Man kann die Utopie nicht nur ins Jenseits verlegen, man kann sie nicht nur wunderbar machen und losreißen von der wirklichen Weltgestaltung. Und man kann die Utopie nicht „verständig" machen dadurch, daß man sie zerteilt in solche Erwartungen, die erfüllbar, und solche, die unerfüllbar sind. Denn die verständige Betrachtung irrt sich über das, was möglich und unmöglich ist. Der Geist der Utopie läßt sich nicht dämpfen, weder dadurch, daß er verständig, noch dadurch, daß er unverständig gemacht wird. Eins aber ist möglich: ihn vor der furchtbaren Enttäuschung zu bewahren, die unvermeidlich ist, wenn er vergißt, daß er Geist der *Utopie* ist, wenn er vergißt, daß jede letzte menschliche Erwartung den Raum und die Zeit übersteigen müssen, an die doch zugleich jede menschliche Verwirklichung gebunden bleibt.

f) Drei Stadien

Die Art, wie die spanische Monarchie gestürzt ist, gibt Anlaß zu Erwägungen geschichtsphilosophischer Art: Das Ende der Monarchie erfolgte kurz nach dem Sturz der Diktatur. Die Diktatur als Versuch, die Monarchie zu retten, wurde der Weg zu ihrem Untergang. In diesem Übergang von der Monarchie über die Diktatur zur Republik

kommt ein Drei-Stadien-Gesetz zur Auswirkung, das auf geistigem wie auf gesellschaftlichem Gebiet von gleicher Bedeutung ist und das eng verwandt ist mit dem berühmten Drei-Stadien-Gesetz von St. Simon und Comte. Sprachen diese von dem Weg, den die Menschheit allenthalben zu gehen hat, aus dem mythisch-theologischen über das metaphysisch-philosophische zum positiv-wissenschaftlichen Stadium, so entspricht dem in der politischen Sphäre der Weg von dem archaischen Königtum über die noch gebundene, aber doch schon rational durchsetzte Diktatur zu der rein rationalen Demokratie. Die Diktatur ist eine typische Übergangsform. In ihr schwingt noch nach die sakrale Qualität des Königstums, das vor jeder Reflexion und Konstruktion als heilige, unantastbare Wirklichkeit in die mythische Welt hereinragt. Und zugleich kündigt sich an der Angriff der radikalen Frage, die alles antastet, die vor keiner sakralen Qualität haltmacht, die auflöst und rational wieder aufbaut. Die Diktatur ist das Zeichen dafür, daß die Unmittelbarkeit schon innerlich erschüttert, daß das Unantastbare schon in der Tiefe angetastet ist. Aber es hält sich, ja es konzentriert sich noch; wie in einer gewaltigen Abstraktion faßt es alle seine Macht zusammen. Wie an die Stelle der mythischen Fülle die großen metaphysischen Abstraktionen vom Sein und von den Elementen traten, so tritt an die Stelle der archaischen Gesellschaftsmächte die Abstraktion der Diktatur. So war es bei dem Übergang von dem antiken Königtum über die Tyrannis zur antiken Demokratie; so bei dem Übergang von der mittelalterlichen Feudalität über den fürstlichen Absolutismus zur modernen Demokratie. Ein Nachspiel dieses Gesetzes der drei Stadien haben wir in Spanien erlebt.

Es gibt auch eine Umkehrung der drei Stadien. Sie fand in der Spätantike statt, als die Demokratie von der Diktatur des Imperiums aufgesogen wurde, und das Imperium im Zusammenhang mit der Gesamtentwicklung der Antike zu einer neuen Archaik mit sakralen Qualitäten erfüllt und dadurch selbst mehr und mehr archaisiert wurde. Auch hier war die Diktatur Übergang; hier vom rationalen zum archaischen, wie sonst so oft vom archaischen zum rationalen Stadium. Darum ist es nötig, bei jeder einzelnen Form der Diktatur zu fragen: wo kommt sie her, wo führt sie hin? Ist sie die Mittelstrecke des „Weges" oder des „Gegenweges?". Die spanische Diktatur durfte offenbar nicht, wie viele Freunde der Diktatur meinten, dem Gegenweg zugerechnet werden. Sie führte zur Demokratie. Wie steht es mit Italien? Ist der europäische Mensch schon auf dem Gegenwege zur neuen Archaik, oder sind es nur die Romantiker, die der kritischen, dynamischen Weltordnung nicht gewachsen sind und zurück wollen zum Unantastbaren, zum „König"?

g) Menschliche Möglichkeiten

Wie vor zehn Jahren das Verkünden psychoanalytischer Weisheiten gesellschaftliche Mode war, so gehört es heute zum guten Ton, die Psychoanalyse mit überlegener Hand- und Mundbewegung abzutun. Glücklicherweise sind die großen Dinge immun gegen die Infektion durch Modekrankheiten. Sie sind da und ändern die Welt, unbekümmert darum, ob der Salon sie emporhebt oder fallen läßt. – Daß die Psychoanalyse die Welt verändert hat, dafür war ein durchschlagender Beweis der Kürtenprozeß[1]. Prozeßführung, Pressebericht, Wirkung auf das Publikum zeigten in gleicher Weise die verwandelte Situation. Jeder Beteiligte, Richter, Berichterstatter und ernst zu nehmende Leser, empfand das gleiche Grauen vor dem, was geschehen war. Niemand aber drückte sein Entsetzen vor den Abgründen menschlicher Möglichkeit, die sich hier auftaten, so aus, wie es vielleicht noch vor zehn Jahren, sicher aber vor dreißig geschehen wäre: „ein Teufel in Menschengestalt, ein Ungeheuer, das nichts Menschliches an sich hat" und dessen Handlungen keinen „anständigen" Menschen etwas angingen. Statt dessen empfand jeder (das heißt jeder, der auf einem Niveau steht, das sein Empfinden beachtenswert macht): „Hier ist ein Mensch, und seine Handlungen sind eine menschliche Möglichkeit; sie sind eine Möglichkeit von jedem, der Mensch ist – auch von mir." Das bedeutet aber den Durchbruch durch eine jahrhundertelange Tradition, durch die Auffassung des Menschen, wie sie vom Kritizismus und Humanismus gemeinsam verkündigt und zur selbstverständlichen Grundlage des Urteilens und Handelns geworden war: der Mensch steht als Einzelner vor Gott, als einzelner wird er gerechtfertigt, als einzelner erwählt und verworfen. Oder in bürgerlich-humanistischen Begriffen: jeder Einzelne ist in jedem Augenblick frei, sich zu entscheiden. Jeder kann, denn jeder soll; jeder steht und fällt sich selbst, wie in der Wirtschaft so im persönlich-sittlichen Leben. Auf diesem Boden erwuchs der „bürgerliche Pharisäismus"; eine Haltung, die auf der einen Seite die Härte, Festigkeit und weltbezwingende Kraft des kapitalistischen Bürgertums schuf, auf der anderen Seite alle seelischen Tendenzen unterdrückte und vergewaltigte, die sich nicht in die Gesetze und Konventionen der bürgerlichen Gesellschaft fügten. Wer solchen Tendenzen Raum gab, wurde von Familie und Gesellschaft abgestoßen. Er war selbst schuld daran; denn er hätte ja anders können. Hatte er doch eine Erziehung genossen, die vom ersten Tage an alle selbständigen vitalen und seelischen

---

[1] Kürten war ein gefürchteter Massenmörder, der Anfang der dreißiger Jahre großes Aufsehen erregte. (D. Hrsg.)

Tendenzen zu brechen unternahm und in der Mehrzahl der Fälle durch Angst und Vergewaltigung auch gebrochen hatte.

Die Psychoanalyse (und nicht nur sie) war ein entscheidender Angriff auf den bürgerlichen Pharisäismus. Sie zeigte den wirklichen Menschen, von dem auch nur zu reden der bürgerlichen Konvention widersprach. Sie zeigte die Lüge dieser Konvention und die Umsetzung der unterdrückten Tendenzen in kapitalistischen Machtwillen. Sie zeigt, daß in einem Menschen wie Kürten eine allgemein-menschliche Möglichkeit aufbrach und führte damit wieder zu einem Verständnis von der Einheit menschlicher Schuld.

h) Menschheit

Die „Himmelfahrt" ist in Kunst und Predigt der Kirche Symbol für die Herrschaft des Christus über die Menschheit. Unsymbolisch gesprochen bedeutet es: Gegenüber dem unbedingten Anspruch, der in gleicher Weise an jeden Menschen ergeht, seinen Sinn zu erfüllen; und gegenüber der unbedingten Verheißung, die jedem Menschen gegeben ist, daß sein Sinn sich erfüllen kann, werden alle Unterschiede der Menschheit gleichgültig. Es gibt eine Beziehung des Menschen, vor der die Gegensätze des Geschlechtes, des Alters, des Standes und des Volkes bedeutungslos sind. Alle Arten von Mächtigkeit und Macht sind unterworfen einem unbedingt Mächtigen, das ihrer aller in gleicher Weise mächtig ist, und dessen keiner von ihnen mächtig werden kann. Das ist die Verneinung und grundsätzliche Überwindung jedes Versuches einer endlichen Macht, sich zur Würde des Unbedingten zu erheben: sei es der Mann gegenüber der Frau („Nur der Mann ist kultfähig"), seien es die Eltern gegenüber den Kindern („Die Eltern sind Stellvertreter Gottes"), seien es die Edlen gegenüber den Unedlen („Der Adel steht den Göttern näher als das Volk"), sei es das Genie gegenüber dem Durchschnitt („Der Liebling der Götter"), sei es endlich und vor allem ein Volk gegenüber dem anderen („Der nationale Mythos"). Mögen die Unterschiede von Mächtigkeit und Macht des Seienden noch so groß sein, sie verlieren vor dem Seins-Jenseits ihr Gewicht, ja sie können von dort gesehen die entgegengesetzte Wertung erfahren. Vor der *einen* Herrschaft, die „nicht von dieser Welt" ist, steht die *eine* Menschheit.

Denn wenn die Herrschaft auch nicht von dieser Welt ist, so ist sie doch in dieser Welt, das heißt, die Einheit der Menschheit ist nicht leere, unerfüllbare Idee, sondern erfüllte und erfüllende Geschichte.

Viele von den (in Klammern) angeführten heidnischen Dämonien sind schon in der Geschichte wenigstens grundsätzlich gebrochen. Andere, wie insonderheit der Mythos des Volkes, erheben sich von neuem. Ihnen gegenüber hat die christliche Geschichtsphilosophie, die in dem uns so fremden Symbol der Himmelfahrt erscheint, höchste Aktualität. Mythos des Volkes oder Einheit der Menschheit, das ist der gegenwärtige Kampfpunkt zwischen Heidentum und Christentum. Man kann natürlich das Wort Mythos abschwächen und es als den eigentümlichen Beitrag deuten, den jedes Volk in die Einheit der Menschheit einzubringen hat. Aber Mythos ist Göttergeschichte; und wer das Wort verantwortlich gebraucht – und die meisten, die es zwar nicht verantwortlich, aber doch mit richtigem Instinkt nachsprechen, gebrauchen es so –, muß wissen, daß Volk und Gott, Volksschicksal und Gottesschicksal in diesem Wort in eins gesetzt sind. Diese Einheit zerrissen und damit grundsätzlich und am entscheidenden Punkt die Einheit der Menschheit begründet zu haben, ist das Werk der jüdischchristlichen Prophetie. Der Sinn der Geschichte ist nicht das Emporsteigen und Wiederversinken von Mächten, die gegeneinanderstehen, sondern der Sieg der Menschheit über die Mächte, der Sieg der Einheit über die Zerspaltenheit, der Sieg des Göttlichen über das Dämonische. Jeder Schritt, in dem sich die Geschichte der „Menschheit" nähert, jedes Zerbrechen des nationalen Mythos entspricht dieser Idee einer Geschichte – nicht der Menschheit, aber zu der Menschheit hin.

23. DIE KIRCHE UND DAS DRITTE REICH

Zehn Thesen

1. Ein Protestantismus, der sich dem Nationalsozialismus öffnet und den Sozialismus verwirft, ist im Begriff, wieder einmal seinen Auftrag an der Welt zu verraten.
2. Scheinbar gehorsam dem Satz, daß das Reich Gottes nicht von dieser Welt ist, zeigt er sich, wie schon häufig in seiner Geschichte, gehorsam den siegreichen Gewalten und ihrer Dämonie.
3. Sofern er den Nationalismus und die Blut- und Rassenideologie durch eine Lehre von der göttlichen Schöpfungsordnung rechtfertigt, gibt er seine prophetische Grundlage zugunsten eines neuen offenen

oder verhüllten Heidentums preis und verrät seinen Auftrag, für den *einen* Gott und die *eine* Menschheit zu zeugen.

4. Sofern er der kapitalistisch-feudalen Herrschaftsform, deren Schutz der Nationalsozialismus *tatsächlich* dient, die Weihe gottgewollter Autorität gibt, hilft er den Klassenkampf verewigen und verrät seinen Auftrag, gegen Vergewaltigung und für Gerechtigkeit als Maßstab jeder Gesellschaftsordnung zu zeugen.

5. Der Protestantismus ist in schwerster Gefahr, diesen für ihn auf weite Sicht verderblichen Weg zu gehen. Ihm fehlt seit seinen Anfängen eine von den weltlichen Mächten und nationalen Trennungen unabhängige tragende Gruppe. Ihm fehlt ein prophetisch begründetes, gesellschaftskritisches Prinzip. Ihm fehlt auf lutherischem Boden der Wille, die Wirklichkeit nach dem Bilde des Reiches Gottes zu gestalten. Er ist in Deutschland soziologisch fast nur noch getragen von den Gruppen, die hinter dem Nationalsozialismus stehen, und ist dadurch ideologisch und politisch an sie gebunden.

6. Offizielle Neutralitätserklärungen der kirchlichen Instanzen ändern nichts an der tatsächlichen Haltung weitester evangelischer Kreise, Theologen und Laien. Sie werden vollends wertlos, wenn gleichzeitig kirchliche Maßnahmen gegen sozialistische Pfarrer und Gemeinden getroffen werden und Theologen, die dem heidnischen Nationalismus entgegentreten, bei der Kirche keinerlei Schutz finden.

7. Der Protestantismus hat seinen prophetisch-christlichen Charakter darin zu bewähren, daß er dem Heidentum des Hakenkreuzes das Christentum des Kreuzes entgegenstellt. Er hat zu bezeugen, daß im Kreuz die Nation, die Rasse, das Blut, die Herrschaft in ihrer Heiligkeit gebrochen und unter das Gericht gestellt sind.

8. Der Protestantismus hat seinem Wesen nach nicht die Möglichkeit, sich in einer bestimmten politischen Richtung darzustellen. Er muß die Freiheit von sich selbst darin bewähren, daß Protestanten jeder politischen Partei angehören können, selbst denjenigen, die den Protestantismus in seiner kirchlichen Verwirklichung bekämpfen. Er muß aber jede Partei wie überhaupt jedes menschliche, auch kirchliche Tun unter das Gericht und die Hoffnung der prophetisch-urchristlichen Reich-Gottes-Verkündigung stellen.

9. Auf diese Weise kann er dem politischen Wollen der im Nationalsozialismus zusammengeschlossenen Gruppen ein ihrer sozialen Not gemäßes, wahrhaftiges und gerechtes Ziel zeigen und die Bewegung befreien von den volks- und menschheitszerstörenden Dämonien, denen sie heute unterworfen ist.

10. Ein offenes oder verstecktes Bündnis der protestantischen Kirchen

mit der nationalsozialistischen Partei zur Unterdrückung des Sozialismus und Bekämpfung des Katholizismus muß nach gegenwärtigem Machtzuwachs der Kirchen zu zukünftiger Auflösung des deutschen Protestantismus führen.

24. CHRISTENTUM ALS IDEOLOGIE

Eine Stellungnahme zur Erklärung des Kabinetts v. Papen

Die Regierungserklärung des Kabinetts v. Papen ist ein Dokument, an dem aufs Eindrucksvollste klar gemacht werden kann, was politische Ideologie ist. Ein Kabinett, das auf dem Bündnis von Groß-Industrie, Groß-Agrariertum und Militär beruht, spricht in einer verhältnismäßig kurzen programmatischen Erklärung von Gott und Christentum, von christlichen Kräften und unveränderlichen Grundsätzen der christlichen Weltanschauung. Der Zusammenhang, in dem das geschieht, muß selbst solche stutzig machen, denen Charakter und Rolle der Ideologie im politischen Leben bisher unbekannt war. Selten hat sich eine Ideologie so unverhüllt als Ideologie ausgesprochen. Selten hat eine regierende Machtgruppe es gewagt, die sittliche und religiöse Idee so uneingeschränkt für ihr politisches Programm in Anspruch zu nehmen und die gegnerischen Gruppen sittlich und religiös herabzusetzen.

Schon von der nationalen Idee könnte gesagt werden, daß sie in der Erklärung ideologisch mißbraucht wird. Eine Regierung, die unter an dem aufs eindrucksvollste klargemacht werden kann, was politische Ausschluß großer Teile des Volkes aus Vertretern einer kleinen Herrschaftsschicht besteht, gibt sich als Zusammenfassung aller nationalen Kräfte. Persönlichkeiten, die noch eben um ihrer wirtschaftlichen und politischen Interessen willen die Durchführung der zukunftswichtigsten innerpolitischen Aufgabe Deutschlands, der Ostsiedlung, verhindert haben, sprechen von Unabhängigkeit von Parteien und wirtschaftlicher Gesundung des Volkes.

Wichtiger aber und gefährlicher ist der ideologische Mißbrauch des Christentums in der Regierungserklärung. Für den protestantischen Laien und Theologen ist es unmöglich, dazu zu schweigen. Der Katholizismus hat schon durch seinen führenden Politiker, den Prälaten Kaas (in seinem Brief an den Reichskanzler vom 3. Juni) dem Verdacht Ausdruck gegeben, daß es sich bei der Berufung auf das Christentum um

eine äußere Parole handle, und geschrieben: „Ein Christentum der Etikette wäre wertlos." Christentum der Etikette, das ist Christentum als Ideologie. Der Protestanismus muß der Gefahr, daß das Christentum als Ideologie gebraucht wird, mit gleicher Schärfe entgegentreten. Er muß den Schein aufdecken, der sicherlich, wie bei den meisten Ideologien, ihren Urhebern selbst unbewußt ist. Er muß mit Luther gegen den „selbstgemachten Gott" einer politischen Machtgruppe protestieren.

Die Regierungserklärung beschwört mit ihrer Berufung auf das Christentum die Gestalt Christi; und gleichzeitig verwirft sie den Versuch, dem Willen zur sozialen Gerechtigkeit und zum Schutze der Schwachen wirksamen, d. h. sozialpolitischen Ausdruck zu geben. Sie spricht von Zermürbung der moralischen Kräfte des Volkes und beruft sich für die Preisgabe des Proletariats an die Willkür kapitalistischer Herrschaftsformen und die Zufälle der Konjunktur auf die unveränderlichen Grundsätze der christlichen Weltanschauung. Sie erklärt sich für die christlichen Kräfte des Volkes und belegt das geistige Ringen der letzten Jahrzehnte um wahrhaftigere Ausdrucksformen ihres religiösen und sittlichen Bewußtseins, als sie in der entleerten Kultur der wilhelminischen Epoche vorlagen, mit dem demagogischen Schimpfnamen „Kulturbolschewismus". Sie spricht von der Verantwortung vor Gott und steht nicht an, den politischen Gegner durch den unwahren und von erstaunlicher Primitivität zeugenden Vorwurf des Atheismus zu diskreditieren. Sie klagt über den gemeinschaftsfeindlichen Klassenkampf, während sie zugleich den Klassenkampf von oben in schärfster Form ankündigt und die Gemeinschaft mit allen Gruppen aufhebt, die sich ihrem Programm nicht unterwerfen wollen.

Und das alles im Namen der christlichen Weltanschauung!

Die Hoffnung soll nicht aufgegeben werden, daß die Taten der neuen Regierung besser sein werden als ihre Erklärung, die offenbar aus völligem Unverständnis der geistigen und religiösen Lage der Gegenwart geboren ist. Nicht der politische Machtwille der Gruppen, die hinter der neuen Regierung stehen, an und für sich ist zu verurteilen; er ist selbstverständlich und begründet das Wesen der politischen Gruppe. Enthüllt und bekämpft werden aber muß die ideologische Verkleidung dieses Machtwillens durch Berufung auf Christentum und Sittlichkeit. Der Schaden ist kaum wieder zu heilen, den der ideologische Mißbrauch des Christentums dem Christentum selbst zufügt. Eine Erklärung wie die des Kabinetts von Papen macht die jahrzehntelange mühevolle Arbeit derer zunichte, die für die Verbindung von Christentum und proletarischer Existenz gekämpft haben. Der Verdacht, daß die christliche Weltanschauung eine ideologische Waffe von Feudalismus und Kapital-

herrschaft ist, findet von neuem reichlich Nahrung. Der Glaube an die Gültigkeit der christlichen Verkündigung für jede menschliche Gruppe, der schon hier und da im Proletariat Wurzel gefaßt hatte, wird wieder zertreten. Die Erklärung des Reichskabinetts bedeutet eine schwere Niederlage des Christentums im deutschen Volk und insonderheit eine Diskreditierung des deutschen Protestantismus. Der Katholizismus hat sich in sicherem Gefühl für diese Wirkung sofort von einer derartigen Berufung auf das Christentum distanziert. Der Protestantismus muß das gleiche tun. Er und seine Kirchen stehen von jeher in Gefahr, dem ideologischen Mißbrauch, der mit dem Christentum von den siegreichen Machtgruppen getrieben wird, widerstandslos zu verfallen. Die Regierungserklärung, hinter der fast nur protestantische Kreise stehen, ist ein neuer Beweis dafür. Wird es dabei bleiben?

e) Der Prediger

Tillichs Stellung als Hochschullehrer brachte es mit sich, daß er nur selten Gelegenheit zum Predigen hatte. Er wurde zwar im Familien- und Freundeskreise gelegentlich zu Tauf-, Trau- und Beerdigungsreden herangezogen, aber einen Gottesdienst hielt er – soweit bekannt geworden – nur einmal während seiner deutschen Universitätsjahre. Als Professor der Theologischen Fakultät in Marburg war er verpflichtet, wenigstens einmal im Jahr im akademischen Gottesdienst zu predigen. Er wählte dafür einen Text, der sich besonders auf die Situation des angehenden Pfarrers mit all seinen inneren Schwierigkeiten anwenden läßt: Mark. 1, 16–20. Diese Predigt erscheint hier unter dem Titel Über das Wagnis (25).

25. ÜBER DAS WAGNIS

Predigt, gehalten zum Semesterschluß vor der Theologenschaft der Universität Marburg im Juli 1925

Text: Mark. 1, 16–20

Wir haben die Berufungsgeschichte von vier Jüngern Jesu gehört. Aber nichts von dem wird berichtet, was zu einer guten Geschichte gehört. Nichts von der Vergangenheit der Jünger, von ihrem Charakter,

ihrer Entwicklung, ihrem Innenleben, ihrem Verhältnis zur Religion, zu den Hoffnungen ihres Volkes, zu Jesus. Dafür erfahren wir einiges sehr Äußerliche: daß sie Fischer sind, daß es zwei Brüderpaare sind, daß sie gerade in dem Augenblick aufgerufen werden, wo sie ihre Netze auswerfen oder die hereingeholten in Gemeinschaft mit ihrem Vater und Fischerknechten flicken. Das ist alles, und dann folgt das, um deswillen diese Geschichte geschrieben ist: Jesus ruft sie zur Nachfolge auf; sie lassen alles stehen und liegen und folgen.

Soviel ist sicher: Dem Erzähler dieser Geschichte kam es nicht darauf an, die Nachfolge der Jünger verständlich zu machen. Der Gedanke, daß das Verhalten der Jünger begreiflich, erklärlich sein könnte, dieser Gedanke liegt ihm fern – während einem Erzähler unserer Tage gerade das wichtig gewesen wäre. Für den Evangelisten kommt es nur darauf an, daß die Jünger dem Rufe Jesu folgen, ohne Zwischenglieder, ohne seelische Vorbereitungen, ohne aufzeigbare Gründe. Ein solches Handeln aber, das herausbricht aus allen Berechnungen, das vorstößt ins Dunkle und Unbekannte, nennen wir Wagnis. Und vom Wagnis wollen wir reden in dieser Stunde, vom vollkommenen Wagnis, vom Wagnis des Lebens und der Seele.

Wagnis ist ein Handeln, das ins Ungewisse vorstößt, ein Handeln, das auf Sicherungen verzichtet, das vielmehr sicheren Besitz aufs Spiel setzt. Das Wagnis fängt erst da an, wo die Möglichkeit des Verzichts ernst wird. Das Wagnis bricht hervor aus Gründen und Berechnungen, aus Fragen und Zweifeln, die alle nicht zum Abschluß gekommen sind und die nun alle dahinten bleiben und überholt werden durch die eine wagende Tat.

Solch Wagen zeigt uns das Lebendige der Natur. Wenn es sich erhebt über dem Unlebendigen als etwas Neues, Zarteres, Höheres, das alle Bewegungen des Unlebendigen weit unter sich läßt. Es war, es ist wieder und wieder ein Wagnis, eines, dessen Größe wir nur selten noch fühlen und das doch in uns, dem Menschen, seine Vollendung erreicht hat. Denn der Mensch ist das größte Wagnis des Lebendigen. Er ist die unerhörte, unerwartete, unableitbare Tat der Natur. Gott ruft in sie hinein und sie wagt, ihr Letztes, Höchstes zu geben, ihr Schicksal, ihren Verderber, ihren Erretter. Ist ihr dies Wagnis gelungen? Gemessen an ihrer eigenen Vollkommenheit, nein! Und doch ist dieses ihr mißlungenes Wagnis ihre größte Tat. Denn es führte über sie hinaus, auf eine höhere Ebene, die wir als *unser* Leben bezeichnen.

Unser Leben, das Leben, das wir haben, das wir unser eigen nennen, es ist nicht nur ein Wagnis aus der Tiefe des schaffenden Lebens, es ist ein Wagnis aus sich selbst. Wir sind nicht nur Wagnis, wir wagen selbst.

Keine ernsthafte Entscheidung unseres Lebens geschieht anders als in einem Wagnis. Wir suchen wohl dem Wagnis aus dem Wege zu gehen. Wir schalten Sicherungen ein. Wir wägen ab. Wir suchen Gründe, die uns die Entscheidung abnehmen. Wir versuchen, die gewohnten Linien unseres Lebens weiter zu ziehen. Wir fragen die anderen. Auf alle Arten suchen wir uns selbst zu entgehen, die Entscheidung in eine Notwendigkeit zu verwandeln, die über uns steht. Aber einmal kommt doch der Augenblick, wo der Sprung unvermeidlich ist. Und dann scheiden sich die Menschen: die einen, die wirklich wagen, die den Bogen scharf spannen und den Pfeil ihrer Tat abschießen in dunkle Fernen; und die anderen, die kurz zielen mit der heimlichen Hoffnung, auf dem festen Boden des gesicherten Weges zu bleiben.

Von den Jüngern wird berichtet, daß sie ihren Vater mit den Tagelöhnern bei den Netzen zurücklassen und Jesus nachfolgen. Sie verlassen ihren Vater, sie verlassen ihr Werk. Das doppelte Wagnis des Lebens steckt in diesem einen Satz des Evangelisten. Der Vater, das Bild des Hauses, der Kindheit, der Liebe, des Haltes, der geistigen und räumlichen Heimat, das Bild der Bindung an die Vergangenheit, des Besten und Stärksten, das wir empfangen haben, das Bild des Übergeordneten, zu dem wir aufsehen, von dem wir abhängig sind, von dem eine Drohung ausgeht gegen jedes eigene Tun. Sie ließen ihren Vater. Wenige Generationen können so gut wie die unsrige die Wucht dieses Wortes empfinden, das Ringen, die Qual, die Größe, die in ihm liegt. Einige unter Euch haben diesen Kampf gekämpft, einige stehen in ihm, einige stehen davor, einigen gilt er nicht. Den ersten sei gesagt, daß auch ihr Mißlingen größer war als das Stehen vor dem Wagnis, daß auch ihr Weg durch Dunkel und Dickicht, auch das Dunkel der Schuld größer war als der nahe sichere Weg. Denn er hat sie höher geführt. Den anderen aber sei gesagt: Wagnis ist nicht Willkür. Wagnis ist Antwort auf Ruf, auf Hereinbrechen von Schicksal. Die Jünger sind ihrem Vater nicht aus der Lehre gelaufen. Aber als der Ruf kam, ließen sie ihn.

Und sie ließen ihr Werk! Die Leistung des Menschen, seine Tat, seine Stellung unter den anderen, das Bild seiner schöpferischen Freude, seiner Schmerzen, seiner Macht – sie überlassen es den Tagelöhnern, also denen, für die es das alles nicht ist, für die es Tagelohn, nicht Werk ist. Sie werden zu Menschenfischern gerufen, zu einem anderen Werk, um dessentwillen jenes zurückstehen muß. Viele unter uns glauben den gleichen Ruf vernommen zu haben und sind ihm gefolgt! Aber was haben sie dabei gewagt, welches Werk haben sie verlassen, welchem Unbekannten haben sie sich zugewandt? Sollte vielleicht eine Zeit da sein, wo die, die den Ruf vernommen haben, den *Beruf*, Menschen-

fischer zu sein, den Tagelöhnern überlassen müssen, deren es viele in jedem Beruf gibt, vielleicht um wieder Fischer zu werden und Netze zu flicken und *darin* von dem Ruf zu zeugen, der an sie ergangen ist? Sollte dieses das Wagnis, nicht die Willkür, nicht die Flucht einiger unter uns sein?

Die Jünger wurden gerufen und sie folgten. Das war ihr Wagnis. Und wir wollen ihr Wagnis nicht dadurch verkleinern, daß wir sagen: sie waren gehorsam. Wohl waren sie gehorsam, aber nicht einem Befehl, einem Gesetz, sondern dem Rufe ihres Schicksals, der sie von allem trennte, was ihnen Gesetz und Befehl gewesen war, von ihrem Vater, von ihrem Werk. Wir wollen ihr Wagnis auch nicht dadurch verkleinern und damit unser Wagnis erleichtern, daß wir sagen: sie folgten der Stimme ihres Gewissens. Wohl folgten sie der Stimme ihres Gewissens, aber diese Stimme sprach gegen ihr Gewissen, gegen alles, wodurch ihr Gewissen geformt war, die Gebote des Vaters, die Gebote der Gesellschaft, die Gebote der öffentlichen Religion. Wir haben kein unfehlbares Gewissen, auf das wir die Entscheidung abwälzen könnten. Die Schicksalsstunde bringt unser Gewissen in Zwiespalt mit sich selbst. Das ist nicht gesagt, damit wir gewissenlos werden, sondern damit niemand, ruhend auf seinem guten und bösen Gewissen – das gilt hier gleich – den Ruf überhöre, das Wagnis seines Lebens versäume. Die Jünger wagten es, und niemand, der nicht durch Vorurteile und vergoldete Bilder betört ist, kann bestreiten, daß ihr Wagnis mißlang. Das Kreuz erzählt von diesem Mißlingen. Und da wagten sie noch eins: Sie wagten es, dieses Mißlingen selbst, dieses Kreuz zum Grund des letzten und höchsten Wagnisses zu machen, das der Kreatur möglich ist: Sie wagten es, im Kreuz, im Mißlingen die Gnade anzuschauen, die ihr Wagnis richtet und rechtfertigt.

Wir alle wissen von diesem letzten, höchsten Wagnis, von dem aus alles Wagen gerichtet und gerechtfertigt wird. Wir wissen davon! Könnte das nicht heißen: Es ist für uns kein Wagnis mehr. Muß es das nicht heißen? Es muß nicht, aber es kann, und es ist fast menschenunmöglich, daß es das nicht heißt: Das ist das Gericht über alles Reden von Gott, über alles Wissen von ihm, das ist fast der Fluch darüber. Und darum: das ist das Wagnis, das für manchen unter uns sein Ruf ist, daß er, ob Theologe oder nicht, das Kreuz verlassen muß, das er so gut kennt, daß er in die Wüste und in das Leben zu den anderen, die nicht wissen, gehen muß, damit vielleicht einst nach langer Wanderung, nach langem Schweigen das Kreuz wieder in der Ferne erscheint und wir von ihm zeugen können als Nichtwissende und Wagende und Gerettete! Amen.

IV. DIE AMERIKANISCHE ZEIT NACH DER EMIGRATION 1933–1939

Tillichs Amtsenthebung im März 1933 wurde von der nationalsozialistischen Regierung nur als vorläufige Maßnahme betrachtet. Der damalige Reichsminister Rust hätte Tillich gern wiedereingestellt und versuchte, mit ihm über die Fortsetzung seiner Professur zu verhandeln. Die Bedingung, sich in Zukunft bestimmter gegen die nationalsozialistische Weltanschauung gerichteter Äußerungen zu enthalten, war für Tillich unannehmbar. So war es für ihn der rettende Ausweg, als Reinhold Niebuhr, der sich im Sommer 1933 gerade auf einer Europareise befand, bei ihm anfragte, ob er nicht als „visiting professor" ans „Union Theological Seminary" nach New York kommen wolle. Tillich sagte zu. Anfang November traf er mit seiner Familie nach einer stürmischen Ozeanüberquerung in New York ein. In den Gebäuden des „Union" war für ihn eine Wohnung bereitgestellt, und Freunde hatten sie möbliert. So blieb Tillich das übliche Emigrantenschicksal, im neuen Kontinent weder Arbeit noch Unterkunft zu haben, erspart. Trotzdem sah er sich großen Schwierigkeiten gegenüber. Er mußte die englische Sprache von Grund auf erlernen, und das in kürzester Zeit. Schon im folgenden Februar begannen seine Vorlesungen. Zudem entsprach die Stellung als „visiting professor" in keiner Weise der eines deutschen Ordinarius. Tillich charakterisierte den Unterschied einmal so: „Ich war um sieben Gesellschaftsstufen herabgestiegen."[1] Aber er fand einen gewissen Ausgleich in der Art, wie ihm die Amerikaner entgegenkamen. Er fährt fort: „Ich war tief beeindruckt von der Willigkeit und Güte der Kollegen und Studenten, die alles zu überwinden halfen und mich aufnahmen, wie es in Europa nirgends möglich gewesen wäre."

a) Der Emigrant

Soweit Äußerungen von Tillich bekanntgeworden sind, hat er niemals mit Bitterkeit von seinem Emigrantenschicksal gesprochen, sondern das positive Element für sein persönliches und berufliches Schicksal hervorgehoben. In dem schon zitierten Interview sagt er[2]: „Ich

---
[1] Auszug des Geistes. Bericht über eine Sendereihe. Radio Bremen 1962, S. 103.
[2] Auszug des Geistes, a.a.O., S. 104.

glaube, wenn man als Emigrant so gewaltsam von seinem Heimatland abgeschnitten worden ist, sich dann eine neue Heimat suchen muß, sie auch gefunden hat, dann hat man im Grunde keine Heimat mehr im Sinne des etwas romantisch-gefühlsmäßigen Heimatbegriffs, sondern man ist Wanderer zwischen zwei Welten. Und ich würde sagen, daß ich weder Amerika ganz als meine Heimat empfinde, noch daß ich Deutschland noch als meine Heimat ansehe, sondern: ich fühle mich zwischen den Welten. Und ich bejahe diese Stellung, weil sie mit dem christlichen Grundgedanken, daß wir Pilger auf Erden sind, sehr viel Ähnlichkeit hat." Den letzten hier geäußerten Gedanken hat Tillich zum Thema eines Vortrages gemacht, den er vor einer Gruppe christlicher Emigranten zu halten hatte. Er trägt den Titel Christentum und Emigration *(26)*. Dieselbe positive Einstellung *(die allerdings über die Schwere des Erlebnisses, wie aus Rundbriefen an seine Freunde hervorgeht, nicht hinwegtäuschen sollte)* leitete ihn auch bei dem Vortrag und später veröffentlichten Aufsatz Geist und Wanderung *(27)*. Als der Vortrag später noch einmal gedruckt wurde, gab ihm Tillich den Titel „Migrations Breed New Cultures", der noch stärker darauf hinweist, daß die Emigration in kultureller Hinsicht neue und für die Zukunft entscheidende Perspektiven eröffne. „Cross-Fertilization" ist das schwer zu übersetzende englische Schlüsselwort. – Schon bei seiner Ankunft in Amerika fand Tillich eine Reihe deutscher Freunde vor. Von Jahr zu Jahr wurden es mehr, und die Kontakte unter den deutschen Emigranten verstärkten sich. Wie aus den Interviews von Karin Kretzler[2] hervorgeht, wurde Tillich rasch zum geistigen Zentrum in allen Kreisen, denen er beitrat oder die er mitbegründete. So konnte es nicht ausbleiben, daß er als Mitarbeiter oder Repräsentant verschiedener Gremien zum Redner bei besonderen Anlässen gebeten wurde oder aus eigener Initiative sich zu akuten Problemen äußerte. Aus welchem Anlaß seine Schrift Die politische und geistige Aufgabe der deutschen Emigration *(28)* entstanden ist, wissen wir nicht. Sie wurde niemals gedruckt, sondern nur als vervielfältigtes Schreibmaschinenmanuskript verbreitet. Der Vortrag Die Bedeutung des Antisemitismus *(29)* ist die überarbeitete und erweiterte Fassung einer Rede, die er auf einer gegen Hitler gerichteten Protestversammlung hielt. Der ursprüngliche Titel „German-Americans Take Stand for Democracy Against Nazis" verrät Tillichs Absicht, gegen die Verbitterung der jüdischen Emigranten anzukämpfen und in ihnen das Bewußtsein einer gemeinsamen Aufgabe zu wecken.

26. CHRISTENTUM UND EMIGRATION

Rede vor dem „American Committee for German Christian Refugees"
in New York am 6. 10. 1936

Die Geschichte der Offenbarung, deren Mitte Christus ist, beginnt mit einer Emigration. Abraham erhält den göttlichen Befehl: „Gehe aus deinem Vaterlande und von deiner Freundschaft und aus deines Vaters Hause in ein Land, das ich dir zeigen will." Und Abraham verläßt seine Heimat und wird zum Urvater des Volkes, zu dem die Propheten, der Christus und die Apostel gehören. Gott fordert von Abraham die Emigration, weil seine Väter und seine Sippe anderen Göttern dienen. Der Glaube an *einen* Gott war in Gefahr, in eine heidnische Stammesreligion verfälscht zu werden, die wie alle Stammesreligionen an eine bestimmte Gruppe und deren Blut und Boden gebunden ist. Nur radikale Trennung konnte den Glauben an den wirklichen Gott retten und so zur Offenbarungsgeschichte beitragen.

Die Geschichte, die uns von Abrahams Auswanderung berichtet, hat typische Züge. Sie schildert uns ein grundlegendes Element in der Beziehung von Gott und Mensch. Gott trennt die Menschen voneinander, wenn er sie erwählt. Er sondert das Volk Israel von den anderen Völkern ab und schickt es in die Verbannung nach Ägypten, nach Babylon, in die hellenistische Welt, ins römische Reich und dann in die westliche Welt und ihre Völker. Er trennt die Propheten in Israel vom Volk Israel und macht sie zu Emigranten, die verfolgt und sogar in ihrem eigenen Land getötet werden. Er trennt die Jünger Christi von Vater, Mutter und Brüdern und macht sie mit Christus zusammen heimatlos; und als sie später Apostel werden, sind sie heimatlos in der ganzen Welt. Er trennt die christliche Kirche vom Judentum und vom Heidentum und macht aus den Christen eine Gemeinde, die über alle Völker und Rassen verstreut ist. Er trennt die Sekten von den großen Kirchen und macht sie in ihren eigenen Ländern zu Fremdlingen, die vom Staat und der Kirche verfolgt werden. Oder er macht sie zu Flüchtlingen, wie es mit den Vorvätern unseres Landes geschah.

Er trennt die Vorkämpfer für Menschenrechte und soziale Gerechtigkeit von dem gesicherten Leben der Gesellschaft und macht sie zu Verfolgten und Ausgestoßenen. Er trennt jeden einzelnen Christen, den er beruft, von seiner Familie und seinem Stamm und untersagt ihm, Familie und Stamm Gehorsam zu leisten. Er trennt ihn von seinem Volk und seinem Staat und macht ihn zum Bürger einer anderen Welt.

Und schließlich trennte er jeden, den er zu sich ziehen will, von dessen eigenem Ich, von der gewohnten Art seines Denkens und Fühlens, seines Lebens und Handelns. Er sondert das ab, was er für sich beansprucht. Er nennt sich selbst einen „eifrigen Gott", und das ist er in der Tat, wie die Geschichte der Ausweisung und der Emigration in der ganzen Welt berichtet. Jede neue Emigration, gleichgültig, was auch der Grund dafür sein mag, ist eine neue Bekräftigung von Gottes ausschließlichem und absolutem Anspruch.

Aber der Mensch vergißt nur zu leicht, daß es in seinem Leben einen Augenblick gab, in dem er aus seiner inneren Sicherheit getrieben wurde und nun ungeschützt in seinem geistigen Leben dastand. Er suchte und strebte nach einer unbekannten Wahrheit. Und wenn er diese Wahrheit gefunden hatte, sicherte er sich, richtete sich von neuem ein und lehnte um der Wahrheit willen jede neue Trennung und Emigration ab. So verhält sich nicht nur der einzelne, sondern ganze Gruppen, Völker und auch die Kirchen. Die Vorväter waren physisch oder geistig Vertriebene, und ihre Nachfahren machten ihre Mitmenschen zu Vertriebenen, denn sie verfolgten diejenigen, die in der gleichen Weise kämpften wie ihre Vorväter. Deren Namen und Denkmäler sind zwar hoch geehrt, aber ihre wirklichen Nachfahren, die Kämpfer gegen die Nöte ihrer Zeit, werden brutal unterdrückt.

Deshalb ermahnt das prophetische Wort Völker und Kirchen, sich ständig an die Zeit der Emigration in der Vergangenheit zu erinnern. Deshalb sprachen die jüdischen Propheten immer wieder von Abrahams Trennung von den Göttern seiner Verwandtschaft, vom Auszug der Kinder Israels aus ihren Wohnstätten in Ägypten und von ihrer Wanderung durch die Wüste. Deshalb warnten alle christlichen Propheten zu allen Zeiten die sich verfestigte Kirche, die Zeit ihrer Emigration, der Verfolgung und des Lebens im Untergrund nicht zu vergessen. Deshalb warfen die Verfechter der Menschenrechte und der sozialen Gerechtigkeit den in fest begründetem Wohlstand lebenden Klassen vor, daß sie ihre eigene Zeit der Not und des Kampfes vergessen haben und ihre Kritiker zu Flüchtlingen und Gefangenen machen.

Zugegeben – nicht jeder Mensch muß zum Auswanderer und Fremdling werden, sei es nun in fremden Ländern wie Abraham oder im eigenen Land wie Jesus. Es soll auch nicht jede Kirche stets als Sekte existieren oder jedes Volk durch eine Revolution erschüttert werden. Aber sowohl einzelne wie Gruppen – nationale und kirchliche – sollten die trennende Macht der göttlichen Wahrheit und Gerechtigkeit und darum die Emigration als eine grundlegende Kategorie religiöser Existenz anerkennen.

Das ist, wie ich meine, der letzte Gesichtspunkt, von dem aus eine Emigration wie die jetzige betrachtet werden muß. Es gibt auch andere gewichtige Erwägungen: Da ist vor allem die ungeheure Not, die die christliche Liebe herausfordert; dann sind die einzelnen Ursachen für diese Situation zu bedenken, die naturgegebenen, rassischen Unterschiede in der einen Gruppe von Emigranten, der Kampf um Frieden, soziale Gerechtigkeit und Menschenrechte in der anderen Gruppe. Beide aber fordern das christliche Gewissen heraus, die erste durch ihr unschuldiges Leiden, die letztere durch ihre Verteidigung unabdingbarer Forderungen und Wahrheiten des Christentums. Aber es ist mit dieser Betrachtungsweise auch eine Gefahr verbunden – wenn sie zu einseitig geübt wird –, die Gefahr des Moralismus und Pharisäismus.

Ich stehe nicht an zu behaupten, daß bei jeder erzwungenen Emigration nicht nur menschliches Versagen im Sittlichen, sondern auch menschliche Tragik im Spiel ist. Das bedeutet, daß es geschichtliche Notwendigkeiten gibt, Kräfte des Schicksals, die den Menschen gerade deshalb schuldig werden lassen, weil er die höchsten menschlichen und sittlichen Werte vertritt, und die menschliches Handeln verderben, auch wenn es vom besten Willen und von heroischem Opfergeist bestimmt ist. Wie es unmöglich ist, die tragische Situation der europäischen Selbstzerstörung mit moralistischen Kategorien zu beurteilen, indem man Völkern, Parteien und Kirchen gute oder schlechte Noten erteilt, so ist es auch unmöglich, dieses Verfahren auf bestimmte Ereignisse in dieser großen Tragödie auszudehnen, etwa auf die Emigration aus vielen Ländern Europas.

Die natürliche Unschuld einiger Gruppen dieser Emigranten ebenso wie der Idealismus und Enthusiasmus einiger anderer Gruppen sind nicht ohne Schuld, wie andererseits die dämonische Macht und Unmoral der Verfolger nicht ohne Unschuld, Idealismus und Enthusiasmus ist. Als ein Emigrant unter Emigranten bekenne ich freimütig, daß ich viel stärker die tragischen Verwicklungen eines der Gegenwart innewohnenden Schicksals empfinde, als daß ich einseitige Schlechtigkeit sehe. Und gerade dieses Gefühl, daß moralische Kategorien nicht ausreichen, um die Weltsituation im allgemeinen und unsere eigene Situation im besonderen zu verstehen, lenkt mich – und das sollte für alle gelten – auf den letzten, den religiösen Sinn im Verstehen des Schicksals der Emigration.

Wir sind hier eine Gruppe von Menschen, die sich für Christentum und Kirche verantwortlich fühlen. Die heutige Emigration, besonders die Emigration, die durch die dämonische Macht des Nationalismus hervorgerufen ist, kann zu einem prophetischen Wort der christlichen

Kirchen werden. Die Trennung von ihrer Heimat, die Tausende und Abertausende auf sich nehmen mußten, kann zur allgemeinen Einsicht führen, daß die Bedeutung von Volk und Heimat nur begrenzt ist, verglichen mit der uneingeschränkten Bedeutung des Reiches Gottes. Es besteht kein Zweifel darüber, daß in allen Ländern, auch in unserem Land der Emigranten, der universale Charakter des Christentums und der Kirche bedroht ist. Er ist ernstlich bedroht durch den Glauben an Nation und Rasse, der letztlich ein verzerrter religiöser Glaube ist. Die Emigration ist letzten Endes ein Protest gegen diese nationalistische Verzerrung von Christentum und Menschlichkeit.

Die Unterstützung der Emigranten ist gleichzeitig eine Stützung des prophetischen Protestes gegen die dämonischen Kräfte des religiösen Nationalismus. Alle Nationen öffnen sich mehr und mehr diesem dämonischen Geist, der durch den tragischen Zwang der heutigen Weltsituation vorbereitet ist. Wir finden gegen ihn sogar bei Christen keinen wirklichen Widerstand, und dem Christentum selbst fehlt heute vollständig die Macht, die in Auflösung begriffenen Massen wieder zu einen. Die Emigration kann zu einem Symbol werden – einem Symbol für Menschlichkeit, die über völkischen und rassischen Trennungen steht; die Emigration kann zu einem Zeichen für die christlichen Kirchen werden, der beinahe unwiderstehlichen Versuchung des heutigen Nationalismus zu widerstehen. Die Antwort auf diese Versuchung muß geistige Absonderung und, wenn nötig, Emigration sein, ja sogar, wenn es gefordert wird, Märtyrertum von einzelnen und Kirchen.

Ich möchte mit einem Appell schließen, die Emigration zu unterstützen, sei es um der christlichen Liebe willen, sei es aus moralischer Entrüstung, sei es aus politischer Überzeugung. Aber über all diesen Gründen sollte das Bewußtsein stehen, daß Emigration eine religiöse Kategorie ist, die jeden Christen angeht, denn sie weist auf die Majestät Gottes hin und die Ausschließlichkeit seines Gebotes, daß sich die Menschen zu gewissen Zeiten von Heim und Familie, Heimat und Volk und allen anderen Dingen auf dieser Erde trennen sollen. Beweisen Sie es durch Ihre Hilfe, daß Sie selbst, wenn es nötig ist, in der Gemeinschaft mit den Emigranten stehen und die Verfolgung auf sich nehmen im tatsächlichen Sinne dieses Wortes.

Eine Periode der Katastrophen und des Umsturzes steht allen Völkern bevor, die zur westlichen Kultur gehören. Diese Bedrohung gilt auch für die christlichen Kirchen, die mit dieser Kultur mehr als tausend Jahre verbunden sind. Perioden des Wandels sind Perioden der Trennung und der Emigration. „Vater"- und „Mutterländer" müssen verlassen und „Kinderländer" gesucht werden. Werden die christlichen

Kirchen in der Lage sein, diesem historischen Schicksal zu begegnen – in der Gegenwart und für eine weit vor uns liegende Zukunft? Werden sie selbst fähig sein, Trennung und Emigration auf sich zu nehmen? Sind sie darauf vorbereitet, oder sind sie geistig und in ihrem Handeln und Entscheiden so unbeweglich geworden, daß der wilde Strom der kommenden Geschichte sie überfluten und wegspülen wird? Sind die Kirchen darauf eingerichtet, in der Zukunft zu Emigranten zu werden, so wie sie es in der Vergangenheit waren? Das ist die Herausforderung der Christenheit aller Länder durch die heutige Emigration.

27. GEIST UND WANDERUNG

Rede vor der „Graduate Faculty" der „New School for Social Research" in New York am 13. 4. 1937

Ich möchte im folgenden zeigen, daß zwischen Geist und Wanderung nicht nur eine gelegentliche, sondern eine wesenhafte Beziehung besteht. Es ist die Natur des Geistes zu wandern. Die geistige Schöpferkraft des Menschen und das Vermögen des Menschen zu wandern gehören zusammen. Jede Art gegenseitiger Befruchtung von Kulturen wurzelt in diesem Zusammenhang, der mehr ist als ein Zusammenhang, nämlich eine grundsätzliche Identität. Ich möchte das näher ausführen und dabei erstens den Charakter der menschlichen Schöpferkraft ganz allgemein beschreiben, zweitens einige Bedingungen für die gegenseitige Befruchtung von Kulturen aufzählen und schließlich drittens die wesentlichen Formen geistiger Schöpferkraft und ihren verschiedenartigen Einfluß auf die Art, wie sich Kulturen gegenseitig befruchten, behandeln. Es ist ein Urgesetz des Lebens, zugleich in sich zu beharren und sich selbst zu transzendieren, zugleich das Eigene zu pflegen und sich von sich selbst zu entfremden. Dieses Gesetz gelangt zu seiner vollen Auswirkung sowohl im geistigen wie im sozialen Leben des Menschen oder, genauer gesagt: in der Einheit beider.

I.

Wenn ich ganz allgemein von der Beziehung zwischen Geist und Wanderung spreche, so möchte ich damit klarmachen, daß Geist und Wandern zueinander gehören und daß daher die Tatsache des Wanderns dem schöpferischen Geist nicht fremd, sondern natürlich ist. Jede

theoretische, vorurteilslose Beschreibung der Art, wie der menschliche Geist wirkt, zeigt deutlich, daß es seine Macht und sein dynamisches Wesen ist, jede gegebene Wirklichkeit zu transzendieren; nach allgemeingültigen Gesetzen zu streben, unabhängig von unmittelbaren Notwendigkeiten, Werkzeuge, Maschinen und Einrichtungen zu schaffen, Normen, Gesetze und Kategorien zu finden, die die Welt erfassen – die Welt, in der er lebt, zu der er gehört und von der er als individuelles Selbst zugleich getrennt ist. Der menschliche Geist aber transzendiert sogar die von ihm selbst geschaffene Welt, sobald er nach etwas fragt und sich nach etwas sehnt, was jenseits dieser Welt ist. Vom ersten primitiven Werkzeug, das unabhängig von einem augenblicklichen Bedürfnis geschaffen wurde, bis zum höchsten Symbol der fortgeschrittensten Religion begründet das Gesetz der Loslösung von dem Gegenwärtigen und Gegebenen, um einer neuen Möglichkeit willen, die Schöpferkraft des menschlichen Geistes. Darum haben die Dichter recht, wenn sie davon sprechen, daß der Mensch in einem Zustand immerwährenden Abschiednehmens und Wanderns ist. Auch die Propheten haben recht, wenn sie vom Menschenleben als einer Pilgerschaft reden. Nur durch Trennung von sich selbst findet der Mensch sich selbst und damit seine schöpferische Kraft.

Geist und Wandern haben dieselbe Wurzel, gehen aus derselben menschlichen Wirklichkeit hervor. Der Mensch ist ein wanderndes Wesen, das ins Unbegrenzte und ins Unendliche getrieben wird, nicht nur durch Hunger oder den Willen zur Macht und nicht nur durch seine Phantasie und den Willen zum Abenteuer, sondern auch durch absolute Gebote und Verheißungen. Aus diesem Grunde verläßt er sogar das Paradies – wie uns der alte Mythos berichtet – und nimmt alle Leiden der Geschichte auf sich, die eine göttliche Fügung denen bestimmt hat, die von dem Baum der Erkenntnis essen, dem Symbol für geistige Schöpferkraft, für die Lösung vom eigenen Selbst und für Wanderschaft. Auf die Frage, ob andere Wesen dieselbe Neigung oder das gleiche Vermögen besitzen, kann man nur antworten: Ließen sich auch Spuren dieser menschlichen Eigenschaft in der Natur finden, so hätte der quantitative Unterschied zwischen Mensch und Natur in diesem Falle tatsächlich das Gewicht eines qualitativen Unterschiedes. Man braucht nur die Bestimmtheit und unwandelbare Festlegung des Zuges der Wandervögel oder Wanderfische – erstreckte er sich auch über Tausende von Meilen – mit dem allseitigen Vorwärtsdringen des Menschen, sowohl geistig wie auch räumlich, zu vergleichen, und zu begreifen, daß dieses Vorwärtsdringen durch keinen Instinkt begrenzt und bestimmt wird.

Die Trennung vom Selbst führt uns in die Fremde. Von der Fremde aber werden wir wieder auf unser Selbst zurückgewiesen. Nur durch die Augen von anderen können wir sehen, was wir eigentlich sind. Ohne Trennung vom Selbst gibt es keine Selbsterkenntnis, keine schöpferische Selbstobjektivität und auch keine Kultur, da sich jede Kultur als eine besondere Form der Selbstobjektivität deuten läßt. Für dieses Gesetz gibt es in der Geistesgeschichte berühmte Beispiele. Die nach Kleinasien auswandernden Griechen entdeckten die Einheit aller Griechen, die denen verborgen blieb, die in der Begrenzung ihrer Städte und Dörfer lebten. Die griechischen Kolonisten schufen in den homerischen Gesängen die panhellenischen Götter des Olymp. Wandernde und reisende Philosophen entwickelten als erste in den griechischen Kolonien eine Moralkritik und die Grundlagen exakter Wissenschaft. Aber sie konnten die neuen Ideen in Griechenland nicht verbreiten, ohne Gefahr zu laufen, verbannt oder getötet zu werden. Erst ziemlich spät fand die Philosophie Eingang in Athen, das zur Wiege der Philosophie und des abendländischen Geistes wurde. Im jüdischen Exil, „an den Wassern von Babylon", trat der größte aller Propheten auf und verwandelte den unnahbaren Herrn der jüdischen Stämme in den universalen „Schöpfer Himmels und der Erden". Das Aufeinanderprallen der arabischen Wanderung von Osten nach Westen und des Kriegszuges der Kreuzfahrer von Westen nach Osten gab dem Christentum den ersten Anstoß, die eigene Religion kritisch mit anderen Religionen zu vergleichen. Daraus entwickelte sich der christliche Humanismus. Darf ich hier vielleicht auch die Erfahrung vieler meiner Freunde und meine eigenen anführen? Die uns aufgezwungene Auswanderung und unser Leben in Amerika – in diesem Lande der Einwanderer – ließ uns nach und nach eine Art von nationalem Provinzialismus ablegen und verwandelte für uns den abstrakten Begriff Europa in eine lebendige Wirklichkeit. Ob sich unsere Hoffnung erfüllen wird, daß die Begegnung des amerikanischen Geistes mit einer lebendigen, den europäischen Geist vertretenden Gruppe für irgendwelche amerikanischen Gruppen schöpferische Bedeutung erlangen wird, ist eine Frage, die nur die Zukunft beantworten kann.

II.

Trennung von sich selbst ist nicht immer schöpferisch. Der menschliche Geist kann seine jeweilige Entwicklungsstufe hinter sich lassen, eine neue Stufe erreichen und auf ihr stehenbleiben, ohne irgendeine Be-

ziehung zur ursprünglichen Stufe zu bewahren. In diesem Falle ist die schöpferische Synthese unmöglich und das Vorwärtsgehen unfruchtbar. Die sofortige und radikale Anpassung an die neue Situation läßt das schöpferische Moment vermissen, das gegenseitige Befruchtung erst ermöglicht. Eine solche Tendenz können sowohl die geistige wie die soziale Wanderung haben. Die neue Idee oder die neue Wirklichkeit nimmt vom Geist oder von den Gruppen so völlig Besitz, daß die ursprünglichen Ideen und die alten Gewohnheiten versinken, ohne auf die neu gewonnenen irgendeine bemerkbare Wirkung auszuüben. Die Ursache dafür mag ein Mangel an Selbstentfremdung und Selbstwiederfinden auf der vorhergehenden Entwicklungsstufe sein oder eine Unmittelbarkeit und Unbewußtheit, die lediglich durch eine neue Unmittelbarkeit und Unbewußtheit ersetzt worden ist.

Wesentlich anders, aber nicht weniger unfruchtbar ist eine Art geistiger und sozialer Wanderung, die um des Wanderns willen geschieht, die niemals geistige Substanz und sozialen Heimatboden besaß und auch niemals finden wird. Das trifft auf die intellektuellen und sozialen Nomaden zu, denen man heute weniger in Wüsten und Wäldern als in Großstädten begegnet, in den Empfangshallen internationaler Hotels oder in den Cafés der europäischen Hauptstädte. Man kann sie als „Futuristen" bezeichnen, da sie jeder Gegenwart zu entfliehen versuchen. Aus diesem Grunde waren sie auch nicht imstande, sich eine Vergangenheit zu schaffen. Geistige und kulturelle Schöpferkraft ist aber nur da vorhanden, wo sie sich auf die Macht der Vergangenheit stützt und sich der Forderung der Zukunft stellt. Kulturelle Schöpferkraft gibt es nur da, wo sie auf der Macht der Tradition beruht, deren innere Spannungen zu neuem Schaffen treiben.

Es müssen noch weitere Voraussetzungen erfüllt werden, um Trennung von sich selbst und Wanderung fruchtbar werden zu lassen. In zwei Fällen nämlich ist eine gegenseitige Befruchtung von Kulturen ausgeschlossen: einmal da, wo die Fremdartigkeit des Fremden zu seiner Ablehnung führt; zum anderen da, wo die Schwäche des Fremden zu seinem Untergang führt. Letzteres tritt immer dann ein, wenn eine hochentwickelte Gruppe eine solche Gruppe besiegt, die keine nennenswerte Kultur besitzt. Das typischste Beispiel dafür ist die Auswanderung von Europäern nach Amerika und der vollständige Mangel an gegenseitiger Befruchtung zwischen diesen Europäern und den amerikanischen Indianern, wenigstens in Nordamerika. Ein anderes, wenn auch nicht so treffendes Beispiel ist die Übernahme der alten christlichen Kultur durch die germanischen Stämme. Bei ihnen erhielt sich wenigstens eine gewisse schöpferische Substanz, die später die über-

nommenen Formen mehr oder weniger unbewußt verwandelte. Ein Beispiel für gegenseitige Abstoßung ist die Beziehung zwischen der jüdischen und ägyptischen Kultur, die nur ganz geringe Spuren gegenseitiger Befruchtung aufweisen. Das beste Beispiel für sich ausschließende Fremdartigkeit bietet wohl die Beziehung zwischen den europäischen und den großen asiatischen Völkern: den Indern, Chinesen und sogar den Japanern – sieht man von vereinzelten Fällen ab. Die Fremdheit zwischen diesen größten Menschengruppen ist immer noch nicht so weit überwunden, daß eine gegenseitige Befruchtung möglich wäre.

All das kennen wir auch aus unserem persönlichen geistigen Leben. Der größte Teil unserer alltäglichen Erfahrungen, welcher Art sie auch sein mögen, Lesen, Sehen usw., berührt uns kaum noch. Plötzlich aber dringt ein Ereignis oder ein Gedanke in unser Bewußtsein, erscheint uns fremdartig und doch auch sinnvoll, berührt uns tief und erweckt unsere Schöpferkraft. Ob das geschieht oder nicht, ist eine Frage des rechten Augenblicks, einer ausreichenden Verwandtschaft zwischen dem Alten und Neuen, der Stufe unserer Entwicklung und des Zusammenwirkens vieler anderer Faktoren. Die schöpferische Begegnung zweier Ideen oder zweier Kulturen und die sich daraus ergebende gegenseitige Befruchtung ist eine Möglichkeit, keine Notwendigkeit, ist ein geschichtlicher Zufall, kein allgemeingültiges Gesetz. Ehe sie geschieht, weiß niemand, ob sie eintreten wird, auch nicht, wann oder wo. Darum sollten wir nicht zu sicher darüber reden und nicht zu bewußt auf eine solche gegenseitige Befruchtung hinarbeiten. Es mag sein, daß die schöpferische Begegnung eintritt, aber vielleicht bleibt sie aus.

III.

Das führt zu der Frage, ob es Gebiete des menschlichen Geisteslebens oder Strukturen der menschlichen Kultur gibt, die leichter als andere von fremden Gruppen angenommen werden können. Daß es Unterschiede in der Art der Annahme fremden Kulturguts und der gegenseitigen Befruchtung gibt, kann nicht bezweifelt werden. Ich möchte hier die folgenden drei Bereiche unterscheiden: erstens das Gebiet der technischen Zivilisation, das noch nicht zur Kultur gehört, zweitens das Gebiet des religiösen Glaubens, das die Kultur überschreitet, drittens das Gebiet des schöpferischen Humanismus, die eigentliche kulturelle Sphäre.

Für alle drei Gebiete gilt die Voraussetzung, daß in einer fremden

Situation auch unsere eigene Situation enthalten ist, wenn auch in abweichender Form. Anders wäre eine schöpferische Synthese überhaupt nicht denkbar. Gegenseitige Befruchtung setzt eine gemeinsame menschliche Natur voraus. Im Bereich der technischen Zivilisation aber ist das gemeinsame Element etwas, das nicht an eine besondere Kultur gebunden ist, weil es die rationale Verwandlung und Anpassung der Natur an die menschlichen Zwecke ist. Bejaht man den Zweck, so muß man automatisch auch die technischen Mittel bejahen. Beispiele hierfür sind die großen alten Erfindungen, die am Beginn menschlicher Kultur stehen: das Feuer, das Rad, der Topf, die Straße, das Boot, die Kleidung, das Geld und anderes. In der Praxis erweisen sich solche Erfindungen als universal. Ihre Erfindung an einem Ort bedeutet im Prinzip ihre Erfindung überall. Das gilt auch für das technische Element in der Wissenschaft: für die mathematische Formel einerseits und für das unverarbeitete empirische Material andererseits. Je technischer der Charakter einer wissenschaftlichen Arbeit ist, um so leichter läßt sich ihr Austausch vollziehen.

Solch einen Austausch von technischen Elementen kann man aber höchstens als kulturelle Befruchtung bezeichnen im Hinblick auf seinen indirekten Einfluß auf den Wandel und die Entfaltung der Kultur. Der technische Bereich an sich steht nämlich unterhalb der Kultur, obwohl seine Erfindungen, sein Gebrauch oder Mißbrauch, seine nichttechnischen Auswirkungen von größter kultureller Bedeutung sind. Die Tatsache, daß Eisenbahnen, Kanonen und Wirtschaftsstatistiken von Europa nach Indien und China gebracht wurden, hatte wahrscheinlich umstürzende Wirkungen auf die Kultur dieser Völker, aber sie bedeuten keine schöpferische Synthese. Die europäische Bourgeoisie eroberte die Welt auf technischem Gebiet, nicht aber auf religiösem und kulturellem Gebiet. Sie gibt das beste Beispiel für die Verbreitung technischer Zivilisation, denn als wandernde Bourgeoisie versucht sie, jeden Winkel der Welt ihrem System kapitalistischer Produktion und kapitalistischen Austausches zu unterwerfen. Damit leitete sie eine der folgenreichsten Entwicklungen der Weltgeschichte ein, ja bis zum heutigen Tage die weitestreichende geschichtliche Entwicklung überhaupt. So machte gerade diese Bourgeoisie Weltgeschichte, was aber nur dadurch möglich war, daß sie keine direkte gegenseitige Befruchtung von Kulturen voraussetzte. Denn diese Entwicklung betrifft die Substanz des Lebens nur mittelbar und als Folgeerscheinung, nicht als unmittelbare Beeinflussung ihres Wesens. Man kann europäische Eisenbahnen und europäische Kanonen übernehmen, ohne zugleich deutsche, französische oder englische Dichtung und Philosophie zu übernehmen. Man

kann Elektrizität ohne Christentum annehmen. Man kann alle diese Dinge unverändert übernehmen. Natürlich kann man an ihrer Vervollkommnung mit Erfolg gemeinschaftlich arbeiten, aber das bedeutet keinen Beitrag, der an die geistige Individualität eines besonderen Volkes oder einer besonderen Gruppe gebunden wäre. Zum Beispiel ist es keine gegenseitige Befruchtung von Kulturen, wenn amerikanische Chemiker Erfindungen machen, die ebenso von französischen oder russischen Chemikern hätten gemacht werden können. Das wäre keine gegenseitige Befruchtung, sondern Zusammenarbeit. Dasselbe gilt für die statistische Seite der Psychologie, Soziologie und Geschichte. Auf diesen Gebieten findet zunehmend eine Zusammenarbeit aller Kulturvölker statt. Aber Zusammenarbeit ist keine gegenseitige Befruchtung!

Andererseits muß man zugeben, daß die bürgerliche Wanderung indirekte Auswirkungen auf die Kultur beinahe aller Völker der Welt hatte. Die Art und Weise, wie ein Volk technische Zivilisation annimmt oder ablehnt, ist überaus bezeichnend für seine Kultur. Noch bezeichnender ist die Art, wie es die empfangene technische Zivilisation in die Gesamtheit seines Lebens einbaut, ob etwa als beherrschendes Element wie in den Vereinigten Staaten oder als untergeordnetes Element wie in Frankreich.

Wenn ich von der Sphäre oberhalb der Kultur spreche, so leugne ich damit nicht, daß die Religion auch ein Teil der Kultur ist. In der Religion ist jedoch etwas vorhanden, was die Kultur verneint oder transzendiert, indem es die Welt verneint oder transzendiert. Deshalb haben wir zwischen dem eigentlichen Sinn und den kulturellen Folgen der Religion zu unterscheiden. Dem ursprünglichen Sinn nach ist Religion ausschließlich, da sie beansprucht, auf einer besonderen Offenbarung zu beruhen. Die Art von Wanderung, die von bewußt andere ausschließenden Religionen unternommen wird, nennt man Mission. Missionen können die Gestalt von heiligen Kriegen annehmen wie im Fall der arabisch-islamitischen Religion und der franko-katholischen Mission. Sie können auch als Begleiterscheinung eine propagandistische Form haben wie im jüdischen Proselytismus und bis zu einem gewissen Grade im Buddhismus. Oder sie senden Apostel und Missionare aus wie das frühe und heutige Christentum. In all diesen Fällen verhütet die Ausschließlichkeit des transzendenten Prinzips eine gegenseitige religiöse Befruchtung. Missionare versuchen, Menschen zu bekehren, nicht aber schöpferische Kultur-Synthesen herzustellen, wenigstens nicht, solange sie in dem Glauben leben, ihre Religion sei geoffenbarte Wahrheit.

Religion ist aber zugleich Kultur, sofern sie sich selbst in schöpferischen Formen des Denkens und Handelns zum Ausdruck bringt,

und zwar in Philosophie und Moral, in Einrichtungen, Sitten und Kunst. Von diesem Gesichtspunkt aus ist die Missionsarbeit sehr an einer gegenseitigen Befruchtung von Kulturen interessiert. So baut sie zum Beispiel Nationalkirchen für die bekehrten Stämme und führt national-christliche Formen in deren tägliches Leben ein. Dadurch nimmt die Religion teil an der besonderen kulturellen Sphäre, mit der sie ja letztlich zu tun hat.

Gegenseitige kulturelle Befruchtung in diesem Sinne ist unmittelbar die Aufgabe des geistigen Menschen, d. h. des Trägers der geistigen Schöpferkraft auf allen Lebensgebieten. Geistige Schöpferkraft kann natürlich nicht gleichgesetzt werden mit einem bestimmten Beruf oder einer bestimmten Arbeit. Missionare, Geschäftsleute, Staatsbeamte, Vertreter des Hochadels sind vielfach bessere Vermittler dieser Schöpferkraft als Gelehrte, Dichter oder Architekten. Sind sie aber Vermittler von Kultur, dann sind sie geistige Menschen im eben genannten Sinne. So ist also das Wandern der geistigen Menschen eine besondere Form gegenseitiger kultureller Befruchtung.

Die Wanderschaft von geistigen Menschen ist mehr als das Wandern von Ideen. Ideen können durch Literatur verbreitet werden, aber selbst das kann nur geschehen, wenn ein persönlicher Kontakt vorangegangen ist. Ohne die vorangegangene Wanderung wäre der Austausch von Schriften, von Liedern oder Ideen, das Interesse an ihnen, das Verständnis für sie und die Übersetzung in andere Sprachen unmöglich. Infolgedessen muß gesagt werden, daß der schöpferische Austausch zwischen den verschiedenen Kulturen das vorhergehende Wandern geistiger Menschen voraussetzt, vor allem deshalb, weil – um einen modernen Ausdruck zu gebrauchen – Kultur kein „Exportartikel" ist. Sie kann nicht gekauft und verkauft werden. Sie fordert persönliche Berührung, wirkliche Gemeinschaft und ein Zueinanderwandern von Geist und Seele. Eine Idee hat nur dann überzeugende Kraft, wenn sie sich in einem persönlichen Leben verkörpert. Ist das nicht der Fall, kann sie interessant, zerstörend, bewundernswert oder verabscheuungswürdig sein, niemals aber fruchtbar und schöpferisch. Da jede kulturelle Schöpfung Ausdruck persönlichen Lebens ist, kann man sie getrennt von der Totalität des Lebens nicht begreifen. Da ferner persönliches Leben sich persönlichem Leben nur innerhalb einer Gemeinschaft offenbart, so ist die durch Wanderung geschaffene Gemeinschaft die Bedingung für gegenseitige kulturelle Befruchtung.

Die Übertragung von Kulturinhalten bedeutet immer eine Verwandlung. Schöpferisches Empfangen und die sich daraus ergebende kulturelle Befruchtung ist mit einer Umformung des Empfangenen ver-

bunden. Solche Umformung geschieht durch geistige Aktivität, die Verstehen und Mißverstehen des Neuen zugleich umfaßt. Es gibt nämlich nicht nur schöpferisches Verstehen, sondern auch schöpferisches Mißverstehen. Bei einer Übersetzung aus einer Sprache in eine andere tritt, wenn schöpferische Geister sie vornehmen, eindrucksvoll das produktive Mißverstehen zutage. Ein gutes Beispiel dafür ist Luthers Übersetzung der paulinischen Briefe aus dem Griechischen ins Deutsche. In ihr findet eine wirklich gegenseitige Befruchtung von Kulturen statt, obwohl oder vielleicht gerade weil sie mehr von lutherischer als von paulinischer Theologie enthält. Das beste Beispiel für die schöpferische Einheit von Verstehen und Mißverstehen geben vielleicht die Humanisten der Renaissance durch die Art, wie sie die griechischen Überlieferungen verwandelten, die sie den aus Byzanz ausgewanderten Philosophen verdankten. Die Menschen der Renaissance verwandelten den Neuplatonismus mit seiner negativen, asketischen Haltung gegenüber der Existenz in eine positive, enthusiastische Weltbejahung, und doch blieb der Wortschatz der gleiche. Sie übernahmen den griechischen Skeptizismus und seine Flucht aus dem Leben, machten daraus aber aristokratische Überlegenheit über dogmatische Begrenzungen und eine neue philosophische Methode. Stoizismus und Epikurismus, die beide die Zurückgezogenheit des individuellen Lebens priesen, wurden in den Dienst revolutionärer Staats- und Gesellschaftstheorien gestellt. Die griechischen Wissenschaften, die letztlich dem Ideal reiner Betrachtung dienten, wurden zu Werkzeugen praktischer Tätigkeit und technischer Naturbeherrschung. Das gleiche geschah in der Renaissance mit der antiken Kunst. Die Formen wurden übernommen, der Sinn verwandelt. Die bedeutendste Umformung war wohl die Umgestaltung der griechischen, vorwiegend theoretisch bestimmten Idee vom Menschen in die neue dynamische Idee vom Menschen, die sich in allen großen Gestalten der Renaissance darstellt.

Daraus ergibt sich, daß zur gegenseitigen Befruchtung die Begegnung mit einer fremden Wirklichkeit zwar notwendig ist, das Fremde aber, um schöpferisch zu werden, von uns innerlich angeeignet werden muß. Besteht daher auch nur die geringste Befruchtung zwischen der europäischen Auswanderung unserer Zeit und den Ländern, die die Auswandernden aufnehmen, so kann die Befruchtung nur den Charakter der Gegenseitigkeit haben, die das Erlebnis des Fremden auf beiden Seiten zu einer neuen und fruchtbaren Erfahrung macht. Aber keine der beiden Seiten darf das Fremde nur als Fremdes empfangen. Empfinge die eine oder andere Seite es so, dann empfinge sie etwas, was ihr eigenes geistiges Leben gefährden und vielleicht zerstören würde.

Aber auch diese Art gegenseitiger Befruchtung ist nur möglich, weil die gemeinsame menschliche Natur Individuen, Gruppen und Völker verbindet. Niemand könnte die Fremde verstehen oder sich selbst darin wiederfinden, gäbe es dort nicht eine mit ihm selbst identische Schicht, eine Schicht gemeinsamer Menschlichkeit. Die Gewißheit der Existenz einer solchen essentiellen Identität zwischen Mensch und Mensch läßt Völker ihre Heimatländer verlassen und in fremde Länder auswandern. Sie macht es den Menschen möglich, sich zu trennen von entstellten Formen der Menschlichkeit oder von fanatischen Abgrenzungen einer bestimmten Menschheitsform gegenüber allen anderen Ausprägungen der Menschheit. Sie macht es den Menschen möglich, die Forderungen des schöpferischen Geistes in ihren Heimatländern gegen Tyrannei und Engherzigkeit zu vertreten. Solche Menschen suchen die Fremde nicht um des Fremden willen, sondern in der Hoffnung, durch das Fremde eine stärkere Verwirklichung dessen zu finden, was ihr Eigenes ist. Auf der anderen Seite aber ist der entscheidende Faktor für die Aufnahme der Auswanderer auch der Glaube daran, daß in der fremden Menschlichkeit die eigene Menschlichkeit beschlossen ist und daß durch seine schöpferische Synthese beide wachsen. Menschlichkeit, die die Trennung zwischen dem ihr Eigenen und dem Fremden überwindet, verleiht dem Auswandern Sinn, rechtfertigt die Loslösung vom Heimatboden und von der Verwandtschaft, verachtet tyrannische Selbst-Abschnürung und schenkt dem schöpferischen Geist, der in dieser Welt dauernd auf Wanderung begriffen ist, Hoffnung.

28. DIE POLITISCHE UND GEISTIGE AUFGABE DER DEUTSCHEN EMIGRATION

Thesen zur Standortsbestimmung der deutschen Emigration vom Juni 1938

Die beiliegenden Thesen verdanken ihre Entstehung wiederholten Anfragen von einzelnen Emigranten und ganzen Gruppen an meine amerikanischen Freunde und mich über Möglichkeiten gemeinsamer Aktion. Ich wurde beauftragt, Thesen niederzuschreiben, die als Ausdruck unserer Haltung gelten und zur Beantwortung von Anfragen solcher Art benutzt werden könnten. Die erste Fassung der Thesen wurde einer schriftlichen und mündlichen Kritik unterworfen, an der sich Gerhard Colm, Arthur Feiler, Eduard Heimann, Max Horkheimer, Adolf Löwe, Thomas Mann, Reinhold Niebuhr,

Hans Simons, Hans Staudinger, Robert Ulich beteiligten. Auf Grund dieser Kritik habe ich den letzten praktischen Teil völlig neu geschrieben und die übrigen Teile dementsprechend umgestaltet. Obgleich ich für die vorliegende Fassung die alleinige Verantwortung trage, glaube ich, daß nunmehr alle wesentlichen in der Debatte aufgetretenen Gesichtspunkte Ausdruck gefunden haben, ohne daß die Einheitlichkeit des Ganzen zerstört ist.

Im Interesse gegenseitiger Verständigung, Vermeidung widersprechender und schädlicher Unternehmungen und Unterstützung wertvoller Aktionen ist es wünschenswert, daß der Gedankenaustausch über die hier entwickelten Fragen fortgesetzt wird. Zustimmende und kritische Äußerungen bitte ich an meine Adresse oder an die eines der oben Genannten zu schicken. Weitere Kopien der Thesen können bei mir angefordert werden. Eventuelle weitere Schritte sind späteren Erwägungen vorbehalten.

P. T.

Einleitende Thesen

1. Eine gemeinsame politische und geistige Aufgabe kann nur derjenige Teil der deutschen Emigration haben, dessen Emigration politisch und geistig notwendig war, nicht aber derjenige – sehr viel größere – Teil, dessen Emigration politisch und geistig zufällig war, z. B. Zwangsemigranten die bereit gewesen wären, sich politisch und geistig gleichzuschalten.

Die Aktion gegenseitiger Hilfe, zu der alle Emigranten ohne Ausnahme verpflichtet sind, ist durch diese Thesen nicht berührt.

2. Eine gemeinsame politische und geistige Aufgabe können nur diejenigen Emigranten fühlen, die weder fähig noch willens sind, vollständig in den Problemen ihrer neuen Heimat aufzugehen, sondern die aus ihrer besonderen Lage als deutsche antifaschistische Emigranten eine besondere Verpflichtung ableiten.

3. Die gemeinsame politische und geistige Aufgabe der deutschen Emigration ist abhängig von drei Bedingungen, von der politischen und geistigen Weltlage, von der politischen und geistigen Lage in Deutschland, von den allgemeinen und besonderen Bedingungen der Emigration.

I. Zur politisch-sozialen Deutung der Weltlage

1. Die Weltlage ist grundlegend bestimmt durch die offen oder latent revolutionäre Tendenz zur Umbildung der liberal-demokratischen Periode der bürgerlichen Entwicklung in eine kollektivistisch-autoritäre Periode.

2. Ursache dieser Umbildung ist die Zerstörung der einmaligen geschichtlichen Konstellation, innerhalb derer die liberal-demokratische Periode der bürgerlichen Entwicklung möglich war: nämlich die Ausbeutungsmöglichkeit des Proletariats und der Kolonialvölker, die, wenn auch begrenzte Teilnahme des Mittelstandes und der oberen Arbeiterschichten an dem steigenden Wohlstand, die Konkurrenzfähigkeit der kleineren Unternehmer und die dadurch bedingte Tatsache einer breiten Unternehmerschicht, die Machtbalance der europäischen Völker auf Kosten der außereuropäischen.

Mit der Entstehung antikapitalistischer, proletarischer Massenbewegungen, der industriellen Verselbständigung der außereuropäischen Völker, der drohenden Zerstörung des kleinen Mittelstandes und der technologischen Arbeitslosigkeit, der Zusammenballung der Kapitalien und der Bildung staatsbeherrschender Monopole ist jene günstige Konstellation verschwunden.

3. Die kollektivistisch-autoritären Systeme sind als faschistische zu charakterisieren, sofern sie das kapitalistische Prinzip aufrechterhalten, halb oder ganz militärisch organisiert sind und die Niederhaltung der proletarischen Massenbewegung, die auf liberal-demokratischem Weg nicht mehr möglich ist, zum Ziel haben. – Obwohl der Faschismus sich mittelständischer Ideologien bedient, um sich eine Massenbasis zu schaffen, kann er nicht einfach als antikapitalistische und antiproletarische Mittelstandsbewegung aufgefaßt werden. Er ist eine krypto-religiöse, nationalistische Bewegung mit ordensmäßig-militaristischem Charakter. Die Unterstützung, die er von den herrschenden Klassen zum Zweck der Unterdrückung des organisierten Proletariats und der kritischen Intelligenz erfährt, muß von diesen mit starker Einschränkung ihrer politischen Macht, ihrer wirtschaftlichen Verfügungsfreiheit und ihrer geistigen Selbstverwirklichung bezahlt werden.

4. Daß der Faschismus eine universale Tendenz ist, kann nicht dadurch widerlegt werden, daß er zunächst in Ländern zur Macht gekommen ist, die entweder unter dem Krieg besonders gelitten haben oder deren demokratische Traditionen besonders schwach waren oder beides zugleich. Für die Universalität der faschistischen Tendenz spricht mehr noch als die Entstehung analoger Bewegungen in allen von der spätkapitalistischen Krisensituation bedrängten Ländern die Tatsache, daß die bürgerlichen Oberschichten der demokratischen Länder den Faschismus in den nichtdemokratischen Ländern offen begünstigen, um auf diesem Wege unter Vermeidung des Faschismus im eigenen Hause seine antisozialistischen Wirkungen auszunutzen.

5. Die Universalität der faschistischen Entwicklung wird ferner

darin sichtbar, daß die Durchmilitarisierung der faschistischen Länder die demokratischen zu einer ähnlichen Konzentration und damit zu erheblichen Einschränkungen ihrer liberal-demokratischen Struktur zwingt. Auf diesem Wege ist auch Rußland auf eine dem Faschismus verwandte Linie der nationalistischen Militarisierung und Bürokratisierung gedrängt worden, ein Beweis für die zwingende Kraft der faschistischen Tendenz im spätkapitalistischen Zeitalter.

6. Weiter wirkt in dieser Richtung die Tatsache, daß in den faschistischen Ländern für das Bewußtsein der Oberschicht und des Mittelstandes eine andere Alternative nicht gegeben ist. Der Kommunismus wird abgelehnt und die Möglichkeit seines Kommens als Rechtfertigung des Faschismus empfunden. Ältere feudal-monarchische Formen erweisen sich als künstlich und brechen zusammen, wenn sie nicht selbst faschistische Form annehmen. Die liberale Demokratie hat sich als Möglichkeit selbst widerlegt, da ihre Widersprüche zu der faschistischen Lösung getrieben haben. So bliebe allein eine sozialistische Demokratie. Gegen sie aber stehen in allen Ländern die Interessen der herrschenden Klassen und die antiproletarischen Ressentiments des Mittelstandes, die sich gegenseitig unterstützen. In den faschistischen Ländern kommt hinzu eine von innen her unüberwindliche, militärisch-propagandistische Machtorganisation, die selbst eine gemeinsame Revolution der proletarischen und mittelständischen Massen unmöglich macht.

7. Dennoch sind die faschistischen Systeme nicht absolut unerschütterlich; sie enthalten Widersprüche, die über kurz oder lang – der Termin ist in keiner Weise absehbar – zu Katastrophen treiben müssen.

Der erste Widerspruch ist derjenige zwischen dem autoritativen Aufbau und der demagogisch gewonnenen, pseudodemokratischen Massenbasis des Faschismus. Er führt zu der inneren Unruhe, durch die die faschistischen Diktaturen zu immer neuen inneren und äußeren Aktionen gezwungen werden und die sie zu einer akuten Friedensbedrohung macht.

Der zweite Widerspruch ist derjenige zwischen der faschistischen Ordensgruppe und den Vertretern der herrschenden Klasse, die sich ihrer bedienen, zugleich aber von ihr politisch entmächtigt werden. Dieser Widerspruch, der in Deutschland als Kampf zwischen Partei und Militär besonders sichtbar in Erscheinung tritt, ist noch nirgends endgültig entschieden und wird bei der weitgehenden Interessensolidarität beider Gruppen vermutlich noch lange durch Kompromisse gelöst werden.

Der dritte Widerspruch ist derjenige zwischen der Interessensolidarität der herrschenden Klasse in allen Ländern und den Gegensätzen zwischen den imperialistischen Machtgruppen der einzelnen Länder. Das

gilt in besonderer Weise für den Gegensatz der relativ saturierten westlichen Demokratien und der unsaturierten faschistischen Länder. Dieser Widerspruch begründet die Kriegsgefahr in der gegenwärtigen Lage.

8. Von diesen drei Widersprüchen ist die Aktualisierung der ersten beiden von der Aktualisierung des dritten abhängig, d. h. von der Katastrophe eines Krieges. Eben darum aber ist der Ausbruch eines solchen in nächster Zukunft unwahrscheinlich. Jeder nur mögliche Kompromiß wird gemacht werden, besonders wenn er auf Kosten schwächerer Völker möglich ist. – Die Erwartung eines Zusammenbruches der faschistischen Systeme durch die wirtschaftlichen Schwierigkeiten ist verfrüht, solange der Machtmechanismus fast jede beliebige Senkung des Lebensstandards erzwingen kann, solange den Massen durch die machtpolitische Expansion ein Ersatz geboten wird und solange die militärische Durchorganisierung ein Mittel zur Einordnung der Arbeitslosen und damit zu einer relativen Befriedigung der revolutionären Massen ist.

9. Daraus ergibt sich als politisches Ziel der Machtgruppen in allen spätkapitalistischen Ländern: Vermeidung eines nationalen Zusammenstoßes um jeden nur möglichen Preis, Angleichung der demokratischen Lebensformen an die autoritativen, teils aus innerpolitischen Gründen, teils um der Macht der autoritativen Staaten gleiche Macht entgegenzusetzen. Obgleich ein Weltkrieg aus unvorhergesehenen Zufällen jederzeit entstehen kann, liegt er nicht im übersehbaren Zug der Entwicklung. Die innere Gebrochenheit der demokratischen Länder zwischen antifaschistisch-nationalem und profaschistisch-kapitalistischem Interesse macht bis auf weiteres eine ernsthafte antifaschistische Aktion der Demokratien unmöglich. Die widerstandslose Ersetzung der kontinentalen Suprematie Frankreichs durch diejenige Deutschlands ist ein erstaunliches Zeichen dieser Lage.

10. Trotz der Sympathie der demokratischen Bourgeoisie mit dem Faschismus ist es nicht völlig ausgeschlossen, daß der Druck der Massen, der proletarischen und der bedrohten mittelständischen, den Umbau der liberalen in eine sozialistische Demokratie erzwingt und den faschistischen Gegenstoß überwindet. Auch in diesem günstigsten Fall würden starke autoritative und kollektivistische Elemente in die Demokratie aufgenommen, der freie Spielraum im Wirtschaftlichen und Kulturellen zugunsten zentraler Planung und demgemäßer Erziehung weithin eingeschränkt werden müssen. Aber die Wahrscheinlichkeit eines solchen Umbaus ohne stärkste faschistische Gegenwirkungen und ohne die Entstehung einer revolutionären Situation ist infolge der aufgewiesenen spätkapitalistischen Struktur als unwahrscheinlich zu bezeichnen.

II. Zur religiös-kulturellen Deutung der Weltlage

1. Die autoritativ-kollektivistische Entwicklung hat die Tendenz, die kulturelle Produktion und die religiöse Idee in ihren Dienst zu stellen, teils durch negativ einschränkende, teils durch positiv fördernde Akte. Das Ziel, das auf beiden Wegen erreicht werden soll, ist der Aufbau einer das autoritative System stützenden und ausdrückenden Kultur unter Beseitigung radikaler Kritik.

2. Ein entscheidendes Mittel für diesen Zweck ist die moderne Technik der Massenübermittlung kultureller Inhalte durch Radio, Kino, Zeitung, Massenreproduktion, Lautsprecher etc. Durch diese Mittel konnte die Kultur in den Dienst der Propaganda, zuerst der um die Macht kämpfenden, dann der autoritativen Machtgruppen, gestellt werden. Diese Tendenz gilt auch für die demokratischen Länder, nur daß hier der Kampf um die zentrale Kontrolle noch unentschieden ist. Doch ist die schon bestehende Zentralisation und Uniformierung auch hier so weit getrieben, daß der Schritt zu völliger Zentralisierung nicht sehr groß ist.

3. Die geistige Produktion wird in wachsendem Maße abhängig von den Forderungen der Übermittlungstechnik. Die freibleibende Produktion steht seit langer Zeit bewußt oder unbewußt in Widerspruch zu den Lebens- und Denkformen der liberal-demokratischen Periode. Dadurch arbeitet sie der autoritativ-kollektivistischen Umbildung der Gesellschaft vor und hilft – oft wider Willen – den Faschismus ideologisch vorzubereiten. Von der Zerstörung des Geistes im verwirklichten Faschismus abgestoßen, versucht ein Teil der Träger der geistigen Produktion, die Kultur von der geschichtlichen Wirklichkeit loszulösen, entweder zugunsten einer romantischen Vergangenheit oder zugunsten einer unerreichbaren Zeitlosigkeit oder zugunsten eines entscheidungslosen Formalismus. Aber alle drei Formen wirken sich ungewollt als Stärkung der faschistischen Tendenzen aus, da sie die Macht nicht der geistigen Kritik unterwerfen und dadurch schweigend rechtfertigen.

4. Es bleibt aber in Einzelnen und Gruppen kritischer Geist erhalten, der gefährlich ist für die autoritären Systeme, die vorhandenen und die sich entwickelnden. Ihm gegenüber werden daher alle Mittel der Unterdrückung, der versteckten Aushungerung in den Demokratien und der offenen Ausrottung in den Diktaturen angewandt. Der Faschismus kommt notwendig zur Verfolgung der Geistigen, d. h. derjenigen Intellektuellen, die sich weder der geschichtlichen Wirklichkeit zu entziehen suchen, noch den Geist an die Macht verraten, sondern die

kritische Funktion des Geistes vertreten. Die Geistigen dieser Art geraten in immer weiteren Teilen der Welt unter Verfolgung; der Geist wird mehr und mehr zur Esoterik und zum Untergrund gezwungen.

5. Das erste Symptom dieser kulturellen Lage ist die Ersetzung des Humanismus durch Nationalismus. Das ist begründet in der Notwendigkeit, für die autoritative Massenorganisation ein System von Symbolen zu finden, das unbedingte Gültigkeit mit Konkretheit, vitaler Kraft und Durchsetzbarkeit verbindet. Diese Eigenschaften hat die nationalistische, nicht aber die humanistische Symbolwelt. Erleichtert wurde und wird die Ersetzung des Humanismus durch den Nationalismus durch die Tatsache, daß die berufenen Vertreter des Humanismus, z.B. die Universitäten, teils durch Klasseninteressen bestimmt sind, teils den Glauben an das ursprüngliche Wahrheitsideal ihrer humanistischen Vergangenheit verloren haben.

6. Das zweite Symptom der allgemeinen kulturellen Lage ist der Antisemitismus. Er ist, soweit er nicht die propagandistische Ausnutzung primitiver Rassen-Konkurrenz und Antiminoritäteninstinkte ist, ein Teil der Verfolgung des Geistes, nämlich des prophetisch-kritischen Geistes, der dem Judentum nie ganz verloren gegangen ist. Autoritative Massensysteme müssen den prophetischen Geist notwendig unterdrücken, zumal er, wie der Humanismus, antinationalistischen und universalen Charakter hat. Der Emanzipation des Judentums in der humanistisch-demokratischen Periode des Bürgertums entspricht die Zurücknahme dieser Emanzipation in der nationalistisch-autoritären Periode des Bürgertums.

7. Ein drittes Symptom der kulturellen Lage ist das zweideutige Verhältnis der faschistischen Systeme zu den Kirchen. Ihre Absicht ist, die Kirchen durch langsame Aushöhlung ihres eigentlichen Sinnes zu Stützen des faschistisch-totalitären Aufbaus zu machen. Die Kirchen kommen zum Teil dieser Absicht entgegen. Ihre klassenmäßige Bindung, die Neigung der katholisierenden Kirchen zu autoritativen Formen, der lutherischen Kirchen zur Staatsanbetung, das Eindringen der nationalistischen Ideen namentlich in den theologischen Liberalismus, das Bedürfnis aller Kirchen nach massenbindenden Symbolen treibt sie in das autoritative Lager, wenn auch in abgestufter Weise – am wenigsten wohl im amerikanischen Protestantismus.

8. Es ist jedoch unmöglich, die Kirchen einfach in die nationalistische Ideologie hineinzuziehen, besonders wenn diese in heidnisch-mythologisierender Form auftritt. Aber die Abwehr solch radikaler Entchristlichung bedeutet nicht die Ablehnung einer partiellen Gleichschaltung und eines kompromißhaften landeskirchlichen Synkretismus. Der Ver-

such, diese Entwicklung aufzuhalten, bringt Verfolgung, Zerstörung der kämpfenden Organisationen und dadurch geistige Abschließung, Enge und Dogmatismus. Die großkirchliche Entwicklung aber verläuft in Analogie zu der gesamtkulturellen Entwicklung in faschistisch-nationalistischer Richtung. Auch diese Entwicklung verläuft mit abgestufter Kraft und Schnelligkeit.

9. Der – wenn auch schwachen – Möglichkeit der kapitalistischen [3] in sozialistische Demokratien entspricht die ebenso schwache Möglichkeit einer Hinwendung der Kirche zu den Ideen des Religiösen Sozialismus. Zwar konnte die positive Stellungnahme der Kirchen zu dem Gedankengut des Religiösen Sozialismus in der Oxfordkonferenz 1937 stärkere Erwartungen in dieser Richtung erwecken. Doch war diese Haltung zum Teil in der Tatsache begründet, daß die Vertreter der liberalen und kapitalistischen Ideen die vollen Konsequenzen der in Oxford getroffenen Entscheidungen nicht gesehen haben. Sobald das geschehen sein wird, und vor allem, sobald praktische Konsequenzen sich zeigen sollten, werden stärkste Gegenwirkungen einsetzen.

10. Die eigentliche Hoffnung für Geist und Kultur liegt in einem doppelten: einmal darin, daß es schwer und nur durch völlige biologische Zerstörung möglich ist, eine kulturelle Tradition zum Verschwinden zu bringen. Zweitens und vor allem, daß die Sprengkraft des Geistes durch Unterdrückung und Untergrunddasein nicht schwächer, sondern stärker wird, und daß sich kein System der Autorität dagegen schützen kann.

III. Zur Deutung der deutschen Lage

1. Alles, was über die Weltlage gesagt ist, gilt in konzentrierter Form für die deutsche Lage. Es ist entscheidend, daß die deutsche Lage nicht isoliert, nicht als ein vermeidbarer Unglücksfall, aufgefaßt wird, sondern als das hervorragendste und fortgeschrittenste Beispiel der allgemeinen Tendenz des Spätkapitalismus. Dabei ist die deutsche Form des Nationalsozialismus zweifellos mitbestimmt durch Besonderheiten des deutschen Charakters, der deutschen Geschichte und der nationalsozialistischen Führung.

2. Nur wenn die deutsche Lage typisch ist für eine universalere Tendenz, kann verstanden werden, daß die deutsche Außenpolitik trotz ihrer Aggressivität gegen die Siegermächte des Weltkrieges und der Antipathie, denen ihre Methode bei den Demokratien begegnete, sich

---
[3] Hier fehlt anscheinend im Original-Manuskript ein Substantiv. (D. Hrsg.)

vollständig durchsetzen konnte. Hitler wurde und wird von den herrschenden Klassen aller Länder – und nicht nur von ihnen – als das Werkzeug der strukturellen Umgestaltung der spätkapitalistischen Gesellschaft empfunden. Darum beugt man sich ihm, auch wo man ihn haßt und verachtet.

3. Die innerdeutsche Situation entspricht dieser allgemeinen Charakteristik. Es gibt eine breite Opposition der Unzufriedenheit, aber keine gemeinsame Opposition des politischen Willens. Die oberen Schichten, vor allem das Militär, sind in ihrem Widerstand gebrochen, da sie den Nationalsozialismus zur Unterwerfung und autoritativen Einordnung der oppositionellen Massen benutzt haben und weiter benutzen müssen. Der Mittelstand ist in seinen dynamisch kräftigsten Elementen in die Partei- und Staatshierarchie übernommen und im übrigen atomisiert und politisch ohnmächtig. Das Proletariat steht unter Terror und Militarismus, ist teils befriedigt durch Beseitigung der Arbeitslosigkeit, teils wartet es auf seine Stunde, die aber vor einer außenpolitischen Katastrophe überaus unwahrscheinlich ist. Die kritische Intelligenz ist vertrieben oder zum Schweigen gebracht.

4. Die politische Opposition ist mit der kirchlichen und kulturellen in den Untergrund gedrängt. Ihre Arbeit ist sinnvoll, auch wenn sie keine politische Gegenbewegung zu schaffen imstande ist, sofern sie die sozialistische, humanistische und prophetische Tradition durch die Periode des Faschismus hindurchzuretten und entsprechend der neugeschaffenen Situation umzubilden vermag.

5. Es ist in hohem Maße wahrscheinlich, daß der Faschismus weitere außenpolitische Erfolge erringen und dadurch der inneren Opposition aller Gruppen die Möglichkeit nehmen wird, zu politischer Bedeutung zu gelangen.

Diese außenpolitischen Erfolge werden außerdem die Materialversorgung Deutschlands bessern, wenn auch die Lebenshaltung auf unabsehbare Zeit auf niedriger Stufe bleiben wird. „Sicherheit auf niedrigem Niveau" ist ein Grundprinzip der autoritativen Wirtschaftspolitik und Kulturpolitik der Zukunft.

6. Gesellschaftlich sind folgende maßgebenden Tendenzen festzustellen: Die feudalen Gruppen behalten ihren Einfluß im Militär, obgleich auch hier langsam zurückgedrängt, verlieren ihn fast völlig in der Bürokratie und allgemeinen Politik, bleiben aber soziologisch und ökonomisch im wesentlichen unangetastet, die Großunternehmer und das Finanzkapital verlieren ihre dynamisch-kapitalistischen Funktionen zugunsten eines Staatskapitalismus, sie haben politisch zurückhaltenden, nicht aber richtunggebenden Einfluß, vor allem infolge der

totalen Mobilmachung, aber sie – oder genauer ihre Angestelltenbürokratie – behalten die statischen Funktionen und sind gesellschaftlich und wirtschaftlich in ihrer Position durch das System geschützt. Der Mittelstand ist mit der Partei und der Bürokratie verbunden, ist durch die Judenverfolgung einen erfolgreichen Konkurrenten losgeworden und findet in den romantischen Elementen der nationalistischen Ideologie den angemessenen Ausdruck seiner Seelenlage. Ökonomisch dagegen ist er enttäuscht und zugunsten der großen Unternehmungen benachteiligt. Die Bauern sind wie in den meisten historischen Situationen unzufrieden, aber zu selbständiger politischer Aktion unfähig. Das Proletariat hat durch die Beseitigung der Arbeitslosigkeit und soziale Verbesserungen wie die „Kraft-durch-Freude"-Organisationen gewonnen, durch die Beraubung aller Freiheitsrechte, die Militarisierung der Betriebe und aller Arbeitsbedingungen, die Terrorwellen, die Senkung des Realeinkommens, verloren und ist als aktueller (nicht als potentieller) politischer Faktor ausgeschieden. Die Intellektuellen sind entweder gleichgeschaltet und in den Dienst des Systems gestellt, oder sie stehen im Zwiespalt zwischen Bejahung der machtpolitischen Erfolge und Verneinung der Weltanschauung und Moral des Nationalsozialismus, oder sie flüchten sich in akademische Distanz. Die neue Bürokratie und die mit ihr verflochtenen Parteiorganisationen sind trotz aller inneren Gegensätze und trotz der ungeheuren Korruption durch das gemeinsame Interesse zu einer Solidarität auf Leben und Tod zusammengeschlossen; sie beherrschen Deutschland und sind im Begriff, die Herrschaft über Europa anzutreten.

7. In der kulturellen Sphäre sind folgende Tendenzen wirksam und wahrscheinlich für die Zukunft maßgebend: die Zerstörung der humanistischen Traditionen im öffentlichen Bewußtsein und ihre Konservierung in esoterischen Kreisen, die Entwicklung einer nationalsozialistischen rassistischen Geschichtslegende im Bewußtsein der jüngeren Generation, das Vergessen großer Teile der vorhergehenden deutschen Kulturentwicklung, das Versiegen schöpferischer Kräfte aus Mangel an Entwicklungsmöglichkeiten und Resonanz, die langsame Verkümmerung der wissenschaftlichen Tradition aus Mangel an Freiheit, an Nachwuchs und an Zusammenhang mit der außerdeutschen wissenschaftlichen Entwicklung, Barbarisierung der Sprache, Zerstörung des Rechtsbewußtseins und der humanitären Werte zugunsten des Kollektivs und seiner Machtentfaltung.

8. Die religiöse Lage weist folgende Züge auf: Nachdem die Versuche direkter und schlagartiger Gleichschaltung der Kirchen mißlungen sind, hat der Nationalsozialismus eine vorsichtige und erfolgreiche

Aushöhlung der kirchlichen Selbständigkeit unternommen. Dazu war nötig die Zurückdrängung der ausdrücklich heidnischen Bewegungen, die zeitweise Zurückhaltung der deutschen Christen, die Zerschmetterung der Organisation der Bekenntniskirche, die vorsichtige Behandlung vermittelnder Gruppen wie der süddeutschen Kirchen. Auf diesem Wege ist die Bahn für eine partiell gleichgeschaltete, synkretistische Staatskirche freigemacht, die infolge innerer Schwäche auf die Massen keine Anziehungskraft ausübt und dem Staat gegenüber keine Widerstandskraft hat. Der Widerstand ist in den Untergrund gedrängt worden. – Der Katholizismus ist hartnäckiger im Widerstand, hat größere Massen hinter sich, ist aber durch die faschistischen Sympathien des höheren Klerus aktionsunfähig.

9. Zusammenfassend kann über die deutsche Lage gesagt werden, daß gegenüber einer fortschreitenden Faschisierung aller Seiten des deutschen Lebens die Kräfte des Widerstandes mehr und mehr in den Untergrund gedrängt werden: Der politische, kulturelle und religiöse Widerstand ist nur noch möglich in kleinen Gruppen, die organisiert oder unorganisiert, mit oder ohne Zusammenhang untereinander arbeiten. An der Aufrechterhaltung dieser Gruppen und ihrer Traditionen hängt die Hoffnung für die nachfaschistische Periode Deutschlands. Die Massenunzufriedenheit auf allen Gebieten hat dagegen keinerlei schöpferische Bedeutung. Sie ist von den Schwankungen der ökonomischen und politischen Erfolge des Nationalsozialismus abhängig.

IV. ZUR LAGE DER DEUTSCHEN EMIGRATION

1. Politische und geistige Emigration bringt ihre Träger notwendig in eine Reihe von Konflikten, die teils hemmenden, teils fördernden Charakter haben. Die Emigration ist immer zum Teil auf die Heimat, zum Teil auf das Gastland gerichtet. Die Notwendigkeit, in der Fremde zu leben, zwingt die meisten zu einer Hingabe von Zeit und Kraft, die ein intensives politisches Wirken fast unmöglich macht. Ein zweiter Widerspruch ist in der Tatsache begründet, daß die Emigration an der inneren Entwicklung der Heimat nicht mehr unmittelbar teilnimmt, zugleich aber in diese Entwicklung eingreifen will und dadurch leicht reaktionär wird. Ein dritter Widerspruch ist derjenige zwischen der nationalen Herkunft der Emigration und der Notwendigkeit, die für sie gegeben ist, in ihrem Kampf gegen das politische System der Heimat gegen die Heimat selbst Partei zu nehmen. Ein vierter Widerspruch ist die Tatsache, daß die Emigration die kulturellen Traditionen der Hei-

mat fortführen will, ohne doch den kulturellen Raum, vor allem den Sprachraum, zur Verfügung zu haben. Zu diesen Widersprüchen gesellen sich Schwierigkeiten: die Schwierigkeit richtiger Urteilsbildung über die Heimat, die nicht so sehr auf schlechter Verbindung mit dem Geschehen als auf einem Denken beruht, das durch Erinnerung, Hoffnung und Resignation bestimmt ist, ferner die Schwierigkeit, die sich aus den sozialen, politischen und geistigen Gegensätzen innerhalb der Emigration ergeben. Diese Widersprüche und Schwierigkeiten können stärker oder schwächer auftreten, ganz fehlen können sie nie.

2. Für die gegenwärtige deutsche Emigration gilt, daß mit Ausnahme einer Gruppe von Politikern die große Mehrheit der geistigen und politischen Emigration durch den Existenzkampf, die neuen Aufgaben in den Aufnahmeländern und die gegenseitige Hilfe von jeder intensiveren Richtung ihrer Tätigkeit in bezug auf Deutschland ausgeschlossen ist. Unter den Berufspolitikern aber herrschen Tendenzen für eine Wiederherstellung der vorfaschistischen politischen und wirtschaftlichen Organisationsformen vor, denen jedes Fundament in der Wirklichkeit fehlt.

3. Noch vor kurzem schien die deutsche Emigration dadurch besonders begünstigt zu sein, daß ihr ein weiter deutscher Sprachraum außerhalb Deutschlands zur Verfügung stand. Das hat sich inzwischen grundlegend geändert. Der österreichische Sprachraum fällt völlig, der tschechische fast völlig aus. In den übrigen deutschsprachigen Ländern aber beherrscht aus Absatzgründen die dem deutschen Regime günstige literarische Produktion durchaus den Markt. In den fremdsprachigen Ländern sperrt die Nazipropaganda große Teile der deutschen Minoritäten von der Literatur der Emigration ab. Endlich wirkt die profaschistische Gesamttendenz gegen die geistigen Schöpfungen der Emigration, besonders soweit sie Beziehung zum Politischen haben.

4. Es könnte scheinen, als ob die geistige und politische Emigration eine gemeinsame Basis, den Kampf gegen den Faschismus, unmittelbar mitbringen müßte. Das trifft auch zu, aber es wirkt sich praktisch nicht aus, weil die Gegensätze im Positiven zu groß sind. Der fundamentale Gegensatz innerhalb der deutschen geistigen und politischen Emigration ist der zwischen liberal-idealistischer und dialektisch-materialistischer Geschichtsauffassung. Zwischen beiden gibt es zahlreiche Übergänge; und sicher gibt es mehr Mischformen als reine Typen. Aber damit die Übergänge verstanden werden können, müssen die Gegensätze zunächst einmal klar formuliert werden, die sich in der Praxis bei jeder gemeinsamen Aktion als wirksam erweisen.

5. Für die erste Auffassung ist der Faschismus mehr oder weniger

ein Zwischenspiel, das durch eine Reihe unglücklicher Zufälle bedingt ist und auch hätte vermieden werden können. Für die zweite Auffassung ist er eine Phase der gesellschaftlichen und geistigen Entwicklung, die in den Entwicklungstendenzen der Epoche angelegt und nach der Niederwerfung der Arbeiterbewegung unvermeidlich geworden ist. Nach der ersten Auffassung beschränkt er sich auf einige durch die Kriegsfolgen psychologisch gestörte Völker, für die zweite Auffassung ist er die Grundtendenz aller spätkapitalistischen Völker. Für die erste Auffassung ist die Wiederherstellung der Menschen- und Freiheitsrechte das wichtigste Ziel, für die zweite Auffassung gehört dieses Ziel nicht dem nächsten Stadium der Entwicklung an, weil in ihr die Verhältnisse, die zum Faschismus geführt haben, noch nicht geändert sind. Die erste Gruppe ist primär interessiert an unmittelbarer politischer Aktion aller Antifaschisten, die zweite ist primär interessiert an einer vorbereitenden Tätigkeit, die esoterisch ist und der Vorbereitung späterer Aktionen dient. Die erste glaubt, daß nach Überwindung des Faschismus ein gemäßigt liberaler, sozialer oder sozialistischer Rechtsstaat unmittelbar aufgerichtet werden kann, die zweite glaubt, daß ein nachfaschistischer Sozialismus zunächst selbst autoritär und diktatorisch sein muß. Für die noch demokratischen Länder ist die erste Auffassung optimistisch in bezug auf die Umgestaltungsmöglichkeiten der gegenwärtigen kapitalistischen in eine reformiert kapitalistische oder sozialistische Demokratie, während die zweite den Klassengegensatz als maßgebende Struktur der gegenwärtigen Demokratien auffaßt und darum einem solchen reformierenden Übergang nur geringe Chancen gibt.

6. Im Kulturellen glaubt die erste Gruppe an eine nur zeitweise Unterbrechung des allgemeinen kulturellen Fortschritts durch die faschistische Barbarisierung gewisser Völker, während die zweite Gruppe mit der Wahrscheinlichkeit rechnet, daß das geistige Leben für die nächste geschichtliche Periode in esoterischen Gruppen vor der Zerstörung durch liberalen Skeptizismus, anarchischen Zerfall und autoritative Unterdrückung gerettet werden muß. Auch hier gibt es zahlreiche Übergänge zwischen den Extremen.

7. Trotz dieser Gegensätze hat die Emigration eine gemeinsame Chance: Die Grenzsituation, in der sie sich befindet, gibt ihr Möglichkeiten, den Gesamtzustand der Gesellschaft deutlicher zu sehen und von dieser Grenze her auf die Gesamtsituation einzuwirken, ohne sich der besonderen deutschen Aufgabe oder der besonderen Aufgabe des Aufnahmelandes ausschließlich verpflichtet fühlen zu müssen. Der Emigrant kann eine treibende Kraft übernationaler Gruppen und Bünde werden.

V. Praktische Folgerungen

1. Die erste Aufgabe der deutschen geistigen und politischen Emigration ist Selbstklärung über ihre reale Situation, Beseitigung von Illusionen über Deutschland sowie über die Aufnahmeländer, Gewinnung eines Realismus, der aktionsfähig ist in den Grenzen, die der Emigration gesetzt sind.

a) Dazu gehört im Politischen erstens der Verzicht auf das Entwerfen von Aktionsprogrammen für den Fall der Rückkehr nach Deutschland. Der Eindruck des Utopismus, den gewisse Versuche dieser Art machen, schädigt das Ansehen der Emigration und ihre wirkliche Aufgabe aufs schwerste. Wie das neue, d. h. nachfaschistische Deutschland aussehen wird, weiß niemand; und Träger der künftigen deutschen Politik werden diejenigen Gruppen sein, die nach mancherlei inneren und äußeren Katastrophen sich von innen her die Macht erkämpfen werden.

b) Zweitens ist gefordert der Verzicht auf jedes Eingreifen in die aktuelle Parteipolitik der Aufnahmeländer, unter allen Umständen seitens der Emigranten als Gruppe, möglichst auch seitens der einzelnen, da solches Eingreifen der Gegenpartei die besten Waffen in die Hand gibt und überdies die Existenz der gesamten Emigration aufs schwerste gefährdet.

c) Im Kulturellen führt eine realistische Selbstklärung zu der Einsicht, daß die Aufrechterhaltung einer deutschen kulturellen Tradition im Ausland über die jetzt lebende Generation hinaus eine Unmöglichkeit ist, da der Sprachraum und damit der Nachwuchs fehlt. Die Träger der deutschen Kultur im Ausland sind, wenigstens für die unmittelbare Zukunft, ein Ausklang, kein neues Beginnen deutscher Kultur.

2. Die zweite Aufgabe der deutschen geistigen und politischen Emigration ist der Kampf gegen den Faschismus im negativen und positiven Sinne. Während die negative Seite dieses Kampfes alle geistigen und politischen Emigranten vereinigen kann, machen sich auf der positiven Seite die aufgewiesenen Unterschiede bemerkbar. Und oft ist es unmöglich, die positive und negative Seite zu trennen.

a) Negativ ist zunächst zu nennen die Unterstützung der deutschen Opposition in Deutschland, moralisch, geistig und materiell, doch so, daß die Emigration sich auf Unterstützung beschränkt und nicht die Führung beansprucht.

b) Negativ ist weiter zu nennen die Nachrichtenübermittlung über die innerdeutschen Vorgänge und ihre Interpretation an die Emigranten wie an die Aufnahmeländer, die sowohl über die Tatsachen als auch

über die Ursachen und Zusammenhänge breiter Aufklärung bedürfen.

c) Negativ ist im Zusammenhang damit drittens zu nennen die Kritik derjenigen demokratischen Einrichtungen und Ideologien im vorfaschistischen Deutschland wie in den gegenwärtigen demokratischen Ländern, die zwangsläufig zum Faschismus geführt haben und in Zukunft führen müssen. Das bedeutet die schwierige, nur mit großem Takt lösbare Aufgabe einer Kritik des uneingeschränkten wirtschaftlichen und geistigen Liberalismus der bestehenden Demokratien. Es bedeutet vor allem die Enthüllung der undemokratischen Klassenherrschaft, die sich unter demokratischen Formen versteckt.

d) Positiv bedeutet es die Bemühung um geistige und politische Formen, die den Anforderungen der spätkapitalistischen Situation entsprechen, d. h. ein erhebliches Maß autoritativer Massenorganisation einschließen. Über das Ausmaß der notwendigen Umformung und den Weg zu ihr widersprechen sich die Auffassungen innerhalb der Emigration. Einigkeit aber sollte nach den gemeinsamen Erfahrungen in dem Doppelten bestehen: *daß* eine Umformung nötig und die Verteidigung der liberalen Freiheit nicht ausreichend ist, um den Faschismus abzuwehren; und daß in jede autoritative und kollektive Gestaltung der zukünftigen Gesellschaft diejenigen humanen Kriterien und Prinzipien aufgenommen werden müssen, in denen Christentum und Humanismus einig sind.

e) Es liegt auf der Hand, daß für viele dieser Aufgaben der engere oder losere Zusammenschluß von Emigranten erforderlich ist. Doch ist von einem Gesamtzusammenschluß und einem gemeinsamen Organ abzuraten, da dadurch die Emigration sich selbst als eine politische Sondergruppe charakterisieren würde, was unbedingt vermieden werden muß. Es widerspricht ferner der Tatsache, daß die Emigranten in den verschiedenen Aufnahmeländern ganz verschiedene Sonderaufgaben unter der hier beschriebenen Gesamtaufgabe haben; das gilt besonders für den Unterschied der europäischen und amerikanischen Emigration.

3. Die dritte Aufgabe der deutschen geistigen und politischen Emigration ist die Darstellung der deutschen kulturellen Tradition, die nicht vom Faschismus zerstört ist, und ihre Übermittlung an die außerdeutschen Länder.

a) Diese Aufgabe wird zunächst einfach dadurch erfüllt, daß die geistige Produktion der deutschen Emigranten fortgeht, in fremde Sprachen übersetzt wird oder in ihnen erscheint, ein Vorgang, der mit der Verengung des deutschen Kulturraums außerhalb Deutschlands immer schwieriger wird und mit dem Aussterben seiner Träger zu einem natürlichen Ende kommt.

b) Die Aufgabe wird weiter dadurch erfüllt, daß die Berufsarbeit der deutschen geistigen Emigration sie ständig zur Übermittlung ihrer Tradition an die Kultur der Aufnahmeländer zwingt. Es ist selbstverständlich, daß dabei der Charakter des übermittelten geistigen Gutes selbst verändert, „übersetzt" wird.

c) Die Selbstdarstellung der deutschen Kultur in Zeitschriften, Ausstellungen, Aufführungen ist eine weitere Erfüllung dieser Aufgabe. Dabei muß die Idee maßgebend sein, daß nicht Emigrantenkultur, sondern die Auswirkung der in Deutschland unterbrochenen deutschen Kulturtradition gezeigt wird.

d) Diese Aufgabe ordnet sich der zweiten insofern ein, als die Selbstdarstellung der deutschen kulturellen Tradition durch die Emigration eine wichtige positive Waffe im Kampf gegen den Faschismus sein kann.

4. Die vierte Aufgabe der deutschen geistigen und politischen Emigration ist die Mitarbeit an der Bewahrung und Umgestaltung der im Faschismus und in allen folgenden autoritär-kollektivistischen Systemen in den Untergrund gezwungenen Traditionen: der prophetischen, der humanistischen und der sozialistischen.

a) Diese Aufgabe kann die deutsche Emigration nur in Zusammenarbeit mit denjenigen Kreisen in den verschiedenen Ländern in Angriff nehmen, die um die Bedrohtheit jener Werte, um ihre fundamentale Bedeutung für menschliche Existenz und um die Notwendigkeit einer radikalen Umgestaltung ihrer gegenwärtigen Verwirklichung wissen.

b) Eine wesentliche Voraussetzung für das Gelingen dieser Aufgabe ist der Zusammenschluß der drei genannten Werte und der sie vertretenden geistigen Kräfte. Es kann kein Zweifel sein, daß der Sieg des Faschismus zum Teil in dem Gegensatz von Religion und Sozialismus sowie in dem Gegensatz beider zum Humanismus begründet war. Die Erfahrung der deutschen Emigration kann hier wegweisend wirken.

c) Gruppen dieser Art werden durch sich selbst esoterisch sein, nicht durch künstliches Ausschließen der Öffentlichkeit, sondern durch die Unmöglichkeit, in der gegenwärtigen Weltlage eine öffentliche Wirksamkeit zu erlangen. Sie würden durch einen solchen Versuch nicht nur ihren eigenen Reifungsprozeß unmöglich machen, sondern auch zerstörende Gegenwirkungen hervorrufen. In den halb oder ganz faschistischen Ländern würden sie sofort jede Existenzmöglichkeit verlieren.

d) Über den Inhalt der in jenen Gruppen zu erarbeitenden Synthese von Prophetismus, Humanismus und Sozialismus kann im voraus nur gesagt werden, daß sie die folgenden im Liberalismus verratenen und im Faschismus bekämpften Werte erhalten muß: die Gewißheit eines

universalen, über jede zeitliche Erfüllung und Tragik hinausgehenden Lebenssinnes, der eine für alle gültige Wahrheit und Gerechtigkeit als unbedingte Forderung enthält; die Anerkennung der Autonomie des fragenden und antwortenden Menschengeistes, der durch keine religiöse oder politische Gewalt zerstört werden kann, das Kämpfen um eine Gesellschaft, in der die politische, wirtschaftliche und kulturelle Entmenschlichung des Menschen aufgehoben ist und Freiheit und Gemeinschaft sich gegenseitig tragen. – Selbstverständlich sind diese Ideen auch als Kriterien für jede gegenwärtige politische Tätigkeit gemeint. Ihre konkrete Ausfüllung und Anwendung ist abhängig einerseits von der kommenden geschichtlichen Entwicklung, andererseits von ihrer geistigen und menschlichen Bewältigung durch die geforderten Gruppen.

e) Für diese letzte und weitestgesteckte Aufgabe bietet die Emigration besondere Chancen: Ihr Schicksal, zwischen die Räume gestellt zu sein, macht sie reif für universale Aufgaben, ihr Schicksal, aus der Kontinuität einer zeitlichen Entwicklung herausgerissen zu sein, macht sie fähig, über weite Perioden hin zu denken.

29. DIE BEDEUTUNG DES ANTISEMITISMUS

Rede anläßlich einer Protestversammlung gegen Hitlers
Judenverfolgung in New York am 21. 11. 1938

Ich spreche zu Ihnen als ein deutscher Philosoph, der Deutschland wenige Monate nach dem Sieg des Nationalsozialismus wegen seiner religiösen, philosophischen und politischen Überzeugungen verlassen mußte, aber auch als christlicher Theologe, der an eines der berühmtesten theologischen Institute dieses Landes berufen wurde. In dieser Stunde der Scham, der Reue, des Protestes und der Hingabe an meine neue Heimat möchte ich zu Ihnen sprechen. Ich behaupte, daß der Angriff auf das Christentum notwendig aus dem Angriff auf die Juden folgt, wie auch die Zerstörung des deutschen Geistes und der deutschen Seele notwendig aus der Zerstörung der jüdischen Menschen und ihrer Häuser folgte.

Wenige Worte genügen, um zu beweisen, daß das Bemühen, das Judentum auszurotten, seinem tiefsten Sinn nach auch auf die Vernichtung des Christentums gerichtet ist. Natürlich spielen andere Gründe mit: zum Beispiel wirtschaftlicher Konkurrenzneid, der Min-

derwertigkeitskomplex der Verfolger, primitive Rasseninstinkte und Fehler, die auf beiden Seiten gemacht wurden. Aber all diese zweitrangigen Gründe erklären nicht die größte und grausamste Verfolgung, die in den letzten fünf Jahren Tag für Tag vor sich gegangen ist und deren neuester Ausbruch in den vergangenen Wochen zwar der augenfälligste, aber bei weitem nicht der grausamste Ausbruch dieser Verfolgung war. In dem blinden Fanatismus, der Prestige, Wohlanständigkeit, politische und wirtschaftliche Vorteile um der Erreichung seiner Ziele willen opfert, steckt mehr. Hier handelt es sich um ein religiöses Problem, denn es ist ein dämonischer Kampf entbrannt gegen den Gott Abrahams und der Propheten, der auch der Gott von Jesus und Paulus, von Augustin und Luther ist, der Gott, dessen heiliger Name Jehova, der Herr der himmlischen Heerscharen, ist. Sein Name soll nun ausgelöscht werden auf christlichen Gebäuden, in christlichen Chorälen und Gebeten.

Die Frage ist, ob der Gott Abrahams, der Gott, in dessen Namen alle Völker der Erde gesegnet sind – Deutsche und Neger, Chinesen und Amerikaner, Russen und Japaner –, ob der Gott des Christus, der alle Naturkräfte unter seine Herrschaft gebracht hat – Blut und Boden, Rasse und Nation, Staat und Kultur –, ob der Gott des deutschen Propheten und Reformators Martin Luther, der Gott, dessen Majestät allen menschlichen Stolz und Hochmut demütigt – religiösen wie nationalen –, der Gott der Rechtfertigung und der Wahrheit, der Barmherzigkeit und Demut, unser Gott bleiben soll oder ob die Götter von Blut und Boden, von Rasse und Nation über ihn triumphieren sollen. Diese Götter sind in Wahrheit keine Götter, sondern Dämonen, die sich gegenseitig zerstören, die universale Gerechtigkeit in Laune und Willkür, gültige Wahrheit in Propagandalügen und Demut in Stolz und Arroganz verkehren. So geschieht es, wo auch immer sie in der Welt auftreten – ob in Deutschland oder Rußland, in Amerika oder Europa, unter Juden oder Christen. Sie sind gerade in der gegenwärtigen Weltsituation besonders mächtig geworden. Die Verfolgung der Juden zeigt uns, daß eine Epoche der Weltgeschichte ihrem Ende zugeht.

Die christlichen Kirchen fangen langsam an, das zu erkennen. Bei der Weltkirchenkonferenz in Oxford im Jahre 1937 wurde die nationalistische und rassistische Ideologie feierlich verurteilt und als der Hauptgegner des Christentums in heutiger Zeit gebrandmarkt. Ich möchte den lutherischen Kirchen dieses Landes sagen, daß ich als deutscher Lutheraner durchaus Verständnis für ihr Zögern habe, in dem religiösen Kampf, der sich zur Zeit in Deutschland abspielt, Stellung

zu nehmen. Aber die tragischen Ereignisse in den vergangenen Wochen müßten ihnen den Mut zu einer eindeutigen christlichen Entscheidung geben, einer Entscheidung im Geiste Martin Luthers, der den Anti-Christ angriff, wo er ihm zu begegnen glaubte. Die lutherischen Kirchen müßten sehen, daß der Geist Luthers heute nicht in denen lebt, die immer wieder zu Kompromissen bereit sind, nur um immer wieder enttäuscht zu werden, sondern in einem so kompromißlosen Manne wie Martin Niemöller. Die christlichen Kirchen machen sich große Sorge um sein Schicksal, besonders, nachdem der begründete Verdacht aufkam, daß Kräfte am Werk sind, seine Persönlichkeit und seinen tapferen Geist zu zerstören. Gemeinsam mit allen christlichen Kirchen bitte ich meine lutherischen Freunde, sich gegen die dämonischen Mächte zu entscheiden, die Christen und Juden gleichermaßen ins Martyrium führen.

Die Entscheidung, für die ich mich einsetze, ist keine Entscheidung gegen das deutsche Volk; es ist eine Entscheidung gegen diejenigen, die das deutsche Volk in ihren Fängen haben und sich dabei der unwiderstehlichen Waffen einer technischen Zivilisation bedienen. Diese dämonischen Kräfte kamen zur Macht und konnten sich an der Macht halten auf Grund einer besonderen Konstellation. Ich nenne hier die Fehler der Nachkriegspolitik, die Selbstsucht der privilegierten Klassen in Deutschland und in anderen Ländern, die Kraftlosigkeit, Verzweiflung und das Auseinanderfallen der deutschen Massen, die Unwissenheit und Gleichgültigkeit des Durchschnittsbürgers der anderen Länder, die geistige Schwäche unter uns selbst, die wir die geistigen Führer Deutschlands hätten sein sollen. Nachdem diese dämonischen Mächte nun die Macht besitzen, gebrauchen sie diese, um ein deutsches Großreich zu schaffen und die deutsche Seele zu zerstören. Denn in dem Maße, wie die Verfolgten physisch vernichtet werden, zerstören sich die Verfolger geistig.

Zu den Amerikanern deutscher Abstammung unter Ihnen möchte ich folgendes sagen: Lassen Sie niemals den Eindruck aufkommen, als sei das Deutschland dieser Verfolger das Deutschland, für das Ihr Herz schlägt. Wenn Sie sich dem neuen Deutschland verbunden fühlen, verraten Sie das wahre Deutschland – das Deutschland der Weltgeschichte, das Deutschland des Mittelalters mit seiner edlen und frommen Verbindung von Christentum und Rittertum, das Deutschland der Renaissance und des Humanismus, das Deutschland der Reformation mit seinem Kampf für die alleinige Majestät Gottes und die Freiheit des Gewissens, das Deutschland, dessen Geist sich in den klassischen Epochen seiner Kultur offenbart hat. Jeder der großen Deutschen, deren Gräber

heute geschändet und deren Gedanken heute unterdrückt werden, kämpfte für die Einheit der Menschheit, für die Anerkennung der menschlichen Würde des einzelnen und für den Sieg der Gerechtigkeit. Viele von ihnen waren jüdischen Lehrern, Schülern, Anhängern, Auslegern und Freunden zu Dank verpflichtet, und alle gaben ihrer Verachtung und ihrem Widerspruch gegen die moralische Gefahr des Antisemitismus Ausdruck. Das gilt sogar und in besonderem Maße von Friedrich Nietzsche, der von den gegenwärtigen deutschen Machthabern zu ihrem besonderen Philosophen erhoben wurde. In Wahrheit aber fand er von allen großen Deutschen die stärksten Worte gegen das üble Ressentiment der antisemitischen Propaganda, die gerade in seiner Zeit aufkam. Und man könnte aus der großen deutschen Literatur stundenlang Proteste gegen Tyrannei und verletzte Menschlichkeit zitieren. Ich hoffe, daß in dem deutschen Beitrag zu der Weltausstellung in New York dieser deutsche Geist sich zu Wort melden wird, um das wahre und echte Deutschtum darzustellen – wenn es dem Komitee, dessen Vorsitzender ich bin, gelingt, die Unterstützung der amerikanischen und deutschen Freunde für diesen deutschen Beitrag zu gewinnen, dessen Absicht es ist, das Deutschland der Vergangenheit und, wie wir hoffen, auch der Zukunft zu zeigen.

Nach fünf Jahren des Schweigens greife ich zum ersten Mal wieder in einer öffentlichen Versammlung diejenigen an, die ich für die wahren Feinde der deutschen Seele halte, die an einem Reich bauen, aber das Reich der Gerechtigkeit und Wahrheit zugrunde richten. Ich möchte mich durch das, was ich sage, für das wahre Deutschland verbürgen. Keiner, der von dem heutigen Deutschland verführt wurde und seiner Faszination erlegen ist, keiner seiner offiziellen Vertreter, keiner, der einen Kompromiß eingegangen ist, kann sich in diesem Augenblick Gehör verschaffen. Nur die ihre Stimme kompromißlos erhoben und ein „Nein" zu dem gewalttätigen Deutschland gesagt haben, sind in der Lage, ein kompromißloses „Ja" zu dem wahren und verfolgten Deutschland zu sprechen.

Meinen jüdischen Freunden möchte ich abschließend sagen: Es ist nicht Idealismus, sondern Realismus, was mich zu der tröstlichen Aussage drängt, daß letztlich nicht die Verfolgten, sondern die Verfolger geistig und seelisch zerstört werden. Darum müssen wir der natürlichen und fast unvermeidlichen Versuchung widerstehen, uns der Bitterkeit und Rachsucht zu überlassen. Wir wollen uns nicht von dem wahren Deutschland trennen lassen, das heute unter Verfolgung leidet. Dabei würde ich nicht die Behauptung wagen, daß wir verfolgte Deutsche so viel gelitten haben wie Ihr. Aber wir haben auch gelitten. Deshalb

wollen wir zusammen auf dem gemeinsamen Boden der prophetischen Religion stehen. Sie vereinigt Christentum und Humanismus. Wir wollen uns die Früchte nicht rauben lassen, die in den traurigen Erfahrungen dieser Zeit gereift sind, es sind nicht Früchte des Hasses und der Scheidung – das sind vergiftete Früchte, die schließlich nur denen dienen werden, die wir gemeinsam bekämpfen. Die Früchte unserer Erfahrung, die wir uns bewahren müssen, sind der Sinn für eine neue und machtvolle Gemeinschaft der Menschen, Rassen und Konfessionen, die Überwindung ihrer Unterschiede, der Widerstand gegen Antisemitismus, gegen antichristlichen und antihumanistischen Geist. Möge dieser Geist der Gemeinschaft, der aus den Leiden der Verfolgten hervorging, rechtzeitig stark und schöpferisch genug werden, um unsere heutige Welt zu wandeln.

b) Der Vorsitzende der „Selfhelp"

Hans und Else Staudinger, die später die „Selfhelp" begründeten, hatten schon in den französischen Flüchtlingslagern den von Deutschland kommenden Emigranten Rat und Hilfe zuteil werden lassen. Aber sie erkannten bald, daß ein organisatorischer Zusammenschluß dringend erforderlich war, wenn die notwendigen Geldmittel beschafft werden sollten. Bald nach ihrer Übersiedlung in die Vereinigten Staaten fand die Gründungsversammlung der „Selfhelp for Emigrees from Central Europe" statt. In der zweiten Sitzung der neuen Organisation tauchte der Wunsch auf, einen Vorsitzenden zu wählen, der in keiner Richtung „abgestempelt" war und in Amerika schon einen gewissen Namen hatte. Nach Ansicht der Versammlung kam nur Tillich dafür in Frage. Tillich, von Haus aus mehr Theoretiker als Praktiker, scheute vor praktischen Aufgaben nicht zurück, wenn sie an ihn herangetragen wurden. Er nahm den Vorsitz an.
Toni Stolper hat in ihrem Bericht (Anhang XIV) ausführlich die Arbeitsweise der „Selfhelp" geschildert und dabei Tillichs Verdienste gewürdigt. Als die „Selfhelp", die auch nach Tillichs Ausscheiden weiterarbeitete, ihr 25jähriges Bestehen feierte, wurde Tillich gebeten, die Festrede zu halten. Das ihm gestellte Thema hieß: „Philosophy of Social Work." Für einen einzelnen Vortrag war das ein zu anspruchsvolles Thema. Tillich wandelte es ab, indem er – wie er zu Beginn betont – nur über Ethische Grundsätze der sozialen Arbeit (30) sprechen wolle. Die deutsche Übersetzung schloß sich dem bescheideneren Vorhaben an und gab dem Aufsatz diesen Titel.

30. ETHISCHE GRUNDSÄTZE DER SOZIALEN ARBEIT

Rede zum 25jährigen Bestehen der „Selfhelp" im Jahre 1961

Man hat mich gebeten, über das Thema „Die Philosophie der sozialen Arbeit" zu sprechen. Kein einzelner Mensch kann für sich in Anspruch nehmen, *die* Philosophie der sozialen Arbeit darzulegen; selbst *eine* Philosophie der sozialen Arbeit zu geben, ist ein Unterfangen, das die Grenzen meiner Fähigkeit und der Zeit, die mir hier zur Verfügung steht, bei weitem überschreitet.

Was ich unternehmen möchte, ist der Versuch, einige ethische Grundsätze der sozialen Arbeit zu entwickeln, die von einigem Wert sein mögen für das Nachdenken sowohl derjenigen, die in der Arbeit stehen, wie auch derjenigen, die nur Freunde der sozialen Arbeit sind und die ihre eigenen Probleme im Spiegel der allgemeinen Probleme des menschlichen Lebens überhaupt sehen.

Wenn ich mit ein wenig Stolz auf die 25 Jahre der „*Selfhelp*" zurückblicke, auf den bescheidenen Anfang, ihr ständiges Anwachsen, ihre Kraft durchzuhalten, so sehe ich einen gesunden Baum, der niemals versucht hat, höher zu wachsen, als es seine Wurzeln zuließen, aber unter dessen Zweigen viele Vögel aus vielen Ländern und oft von einer überraschenden Verschiedenartigkeit eine vorübergehende Zuflucht fanden. Es kann sein, daß die geleistete Hilfe zum Teil von einer ausgewogenen Philosophie der sozialen Arbeit herrührt, von einer Philosophie, die nicht nur im Verstand, sondern im Herzen derjenigen lebt, die als Glieder in der „*Selfhelp*" arbeiten.

Wenn ich darum dennoch zustimmte, heute über die „Philosophie der sozialen Arbeit" zu sprechen, so half mir die Vorstellung, daß ich keine aus der Luft gegriffenen Ideen entwickeln mußte, sondern lediglich eine philosophische Deutung der von der „*Selfhelp*" tatsächlich geleisteten Arbeit und der grundlegenden Überzeugungen, von denen diese Arbeit ausgeht, zu geben hatte, Überzeugungen, die wir während der 25 Jahre unseres Bestehens entwickelt, erörtert und verändert haben.

Der Ausgangspunkt jeder sozialen Arbeit ist die Unzulänglichkeit aller gesetzlich begründeten Organisationen der Gesellschaft. Eine vollkommen funktionierende Organisation der ganzen Gesellschaft, ein sozialer Mechanismus, der die ganze Menschheit umfaßt, würde keinen Raum für soziale Arbeit lassen, aber solch ein Mechanismus ist unvor-

stellbar. Er wird durch zwei Faktoren verhindert: der eine wurzelt in der existentiellen *Situation* des Menschen – wie wir es heute in etwas abgegriffener philosophischer Sprache nennen – man meint damit seine Unzulänglichkeit; der zweite hat seinen Grund in der existentiellen *Natur* des Menschen, in der Einzigartigkeit jedweden Individuums und jedweder Situation. Niemals hat eine umfassende Regelung – selbst wenn sie zum Besten aller gedacht war – ausreichend funktioniert, weder im Krieg noch im Frieden. Das Durcheinander, das durch die totalitären Verordnungen im Nazi-Deutschland während des zweiten Weltkrieges verursacht wurde, ist dem Versagen in der Lebensmittelversorgung in Sowjetrußland während des jetzt andauernden kalten Krieges vergleichbar. Weder der Verstand noch der Charakter des Menschen ist solch einer Aufgabe gewachsen. Und selbst wenn eine derartige Organisation in einem Teil der Welt funktionierte, würden Störungen aus anderen Teilen diesen Mechanismus unwirksam machen. Der Grund für die „*Selfhelp*", die europäische Einwanderung nach 1933, lag lange Zeit außerhalb des Wirkungskreises einer jeden gesetzlichen Organisation. Spontane soziale Arbeit war der einzige Weg, dieses Problem zu lösen.

Aber das ist nicht der Kern unserer Frage. Wichtiger ist die Tatsache, daß selbst in der besten öffentlichen Fürsorgeeinrichtung jedes Individuum ein einzigartiges Problem bleibt. Nur eine Gesellschaft, die die individuellen Ansprüche auf ihre Hilfe nicht anerkennt, kann dieses Problem übersehen. Nicht nur Individuen, sondern auch individuelle Situationen in den Beziehungen zwischen Personen oder Personen und Gruppen entziehen sich den Zugriffen jeder öffentlichen Organisation. Die Größe des Menschen besteht darin, daß seine Freiheit Einzigartigkeit einschließt, die es nicht zuläßt, daß er zu einem toten Glied in einem sozialen Mechanismus wird, solange er Mensch bleibt. Aus diesem Grunde ist soziale Arbeit mehr als Hilfe in besonderen Notfällen, es sei denn, man definiert den Notfall als einen ständigen Grundzug der menschlichen Situation – und das ist wahrscheinlich der Fall.

Natürlich versucht jede soziale Arbeit, sich selber überflüssig zu machen, und vielen Hilfsorganisationen ist das gelungen. In all unseren Diskussionen haben wir uns gefragt, ob wir nicht auch schon dieses Ziel erreicht haben, aber jedesmal fanden wir eine große Zahl von „Notsituationen", die die Fortsetzung unserer sozialen Arbeit erforderten.

Wir versuchten, aufgeschlossen für jede Situation zu bleiben, so wie wir es in den Jahren unserer Gründung waren, und indem wir so handelten, folgten wir einem der größten Gesetze des Lebens, dem Gesetz

der „zuhörenden Liebe". Eines der entscheidendsten Merkmale der Liebe ist das einfühlsame Zuhören und das spontane Handeln. Wie einer unserer frühen Freunde, Max Wertheimer, sagte, haben Situationen eine lautlose Stimme. „Dinge schreien", pflegte er zu sagen, aber ebenso eindringlich schreien Situationen. Es war der Aufschrei einer besonderen Situation, den wir kaum überhören konnten und der uns zur Gründung der „Selfhelp" trieb. Und es war nicht nur zu Anfang unserer Arbeit so. Immer wieder mußten wir feinfühlig hinhören und sofort reagieren. Sicherlich waren wir in einigen Situationen nicht feinfühlig genug und haben nicht spontan genug gehandelt, aber das war trotzdem ein grundlegendes Prinzip unserer „Philosophie der sozialen Arbeit".

Soziale Arbeit stellt das Individuum in den Mittelpunkt. Der greifbarste und daher wichtigste Repräsentant der sozialen Arbeit ist der Individualfürsorger *(caseworker)*[4], und für ihn gilt das, was für die ganze Organisation in ihrer Beziehung zum Individuum gilt. Auch er muß feinfühlig zuhören und unmittelbar reagieren. Er hat mit dem einzelnen zu tun, und er unterliegt der verständlichen Versuchung, Fürsorge in Aufsicht zu verwandeln. Er ist in Gefahr, sich aufzudrängen statt zuzuhören und mechanisch statt spontan zu handeln. Jeder, der in der sozialen Arbeit steht, kennt diese Gefahr, aber er bemerkt nicht immer, daß er dieser Versuchung bereits erlegen ist. Wir sollten ihn nicht zu hart beurteilen, aber er sollte sich von Zeit zu Zeit das Prinzip der „zuhörenden Liebe" in Erinnerung rufen, um der Mechanisierung seiner Arbeit zu entgehen.

Die Gefahr, von der ich spreche, liegt in jedem Umgang mit anderen Menschen. Es ist die Gefahr, die Menschen als Dinge zu behandeln, die dirigiert und manipuliert werden können.

Für mich hat es eine tiefere Bedeutung, daß die von der Sozialarbeit Betreuten als „Fälle" bezeichnet werden. Ich weiß nicht, ob ein besseres Wort gefunden werden kann, aber das Wort „Fall" degradiert automatisch das Individuum zu einer Nummer. Wer, so frage ich Sie, möchte schon ein „Fall" sein, aber wir alle sind „Fälle" für den Arzt, den Anwalt und natürlich auch für den Sozialarbeiter. Er ist nicht verantwortlich für diese unvermeidliche Situation, aber er würde sich schuldig machen, wenn er seinen Betreuten zu einem „Fall", zu einem Objekt machte, für das alles bestimmt und in dem jede Spontaneität erstickt wird. Das Problem ist, ob der Betreuer fähig ist, nicht nur das zu sehen, was vergleichbar ist mit anderen Betreuten oder mit dem, was er

---

[4] Ein entsprechendes Wort steht im Deutschen nicht zur Verfügung. (D. Hrsg.)

schon mit anderen Betreuten erfahren hat, sondern ob er das Unvergleichliche, das Einzigartige sieht, das in der Freiheit des Betreuten wurzelt. Es ist das Maß an Liebe zwischen dem Sozialarbeiter und dem Betreuten, das entscheidend ist – die zuhörende, antwortende, umwandelnde Liebe.

Wenn ich hier, wie schon vorhin, den Begriff „Liebe" anwende, so meine ich sicher nicht die Liebe, die Gefühl ist, noch denke ich an die *philia*, die sich tatsächlich zwischen Betreuer und Betreutem entwickeln kann. Ich denke auch nicht an die Liebe, die *eros* ist und eine gefühlsmäßige Beziehung zwischen dem Betreuer und dem Betreuten schafft und die in vielen Fällen mehr zerstörerisch als schöpferisch ist. Ich spreche von der Liebe, die im Griechischen *agape* und im Lateinischen *caritas* heißt, die Liebe, die zu Elend, Häßlichkeit und Schuld hinabsteigt, um emporzuheben. Diese Liebe ist kritisch, aber auch gleichzeitig bejahend, und sie ist fähig, den zu verwandeln, den sie liebt. Im Lateinischen heißt sie *caritas,* aber sie darf nicht verwechselt werden mit dem englischen Wort *charity,* das zu den vielen Wörtern gehört, die ihren ursprünglichen Sinn verloren haben. *Charity* ist oft mit sozialer Arbeit gleichgesetzt worden, aber *charity* wird oft verstanden als „Gutes tun", um sich der Forderung der Liebe zu entziehen. *Charity* als Flucht vor der Liebe ist Karikatur und Verzerrung der sozialen Arbeit.

Die kritische Liebe, die zur gleichen Zeit bejaht und verwandelt, muß den kennen, der Gegenstand dieser Liebe ist, d. h. der Betreuer muß seinen Betreuten kennen. Es gibt zwei verschiedene Arten des sich gegenseitigen Kennenlernens: In einem Falle kenne ich jemanden, so wie man eine Sache kennt, im zweiten Falle kenne ich ihn als Person. Das erstere ist die Kenntnis von Tatsachen über jemanden, das zweite ist die Teilhabe an seinem inneren Selbst, soweit ein Mensch überhaupt an einem anderen teilhaben kann. Das erstere gewinnt man durch distanzierte, empirische Untersuchung, das zweite geschieht durch die Anteilnahme an dem inneren Selbst des anderen. Der erste Weg ist unvermeidbar, aber niemals ausreichend in zwischenmenschlichen Beziehungen. Der zweite Weg gibt das wirkliche Wissen um den anderen, aber das ist eine Gabe, die nur der Intuition der Liebe gegeben wird. Hier ist der Sozialarbeiter in der gleichen Situation wie wir alle in unseren täglichen Begegnungen miteinander. Kein noch so großes Tatsachenwissen voneinander kann die Intuition der Liebe ersetzen, die selbst dann Liebe bleibt, wenn sie richtet.

Eine Vertiefung der empirischen Methode, Kenntnis über einen Menschen zu erhalten, wird uns durch die Tiefenpsychologie gegeben. Schon

der Name weist darauf hin, daß sie mehr will, als sich Kenntnis über
ein Objekt zu verschaffen. Sie will die Person als Person erfassen, aber
mit dem Mittel der Analyse seines dynamischen Seins. Man könnte
sagen, daß dieser Weg zwischen den beiden anderen liegt. Es ist verständlich, daß er von beiden Seiten angegriffen wurde und noch wird,
aber es ist nicht zu leugnen, daß er als überaus große Hilfe für die soziale Arbeit wie auch für andere Gebiete freudig übernommen wurde.
In früheren Jahren machte die Tiefenpsychologie den Sozialarbeiter oft
zu einem dilettantischen Psychoanalytiker, ebenso wie sich der Geistliche durch die Verbindung von Religion und psychologischer Beratung
in der Gefahr befindet, sich als „Psychoanalytiker für den Hausgebrauch" zu verstehen, eine Haltung, vor der ich meine Theologiestudenten nun schon seit dreißig Jahren warne.

Aber in der Tiefenpsychologie liegen zwei Gefahren: Schematisierung und Dogmatismus. Sie beurteilt das Objekt ihrer Analyse nach
Modellen, die wohl eine relative Gültigkeit haben, aber niemals voll
ausreichen, und sie ist abhängig von den verschiedenen psychotherapeutischen Richtungen, unter denen sie sich für gewöhnlich auf eine
festlegt, und bezieht daher ihre Urteile. Der beste Psychiater weiß, daß
eine wechselseitige Teilhabe – und das ist die intuitive Liebe – niemals
zu ersetzen ist. Wie verfeinert eine psychoanalytische Methode auch
immer sein mag – wenn man keine Verbindung mit dem innersten
Wesenskern des anderen hat, wird diese Methode auf die Dauer keinen
Erfolg haben. Die Analyse ist ein sehr verfeinertes Instrument, aber
durch die Art, wie dieses Instrument benutzt wird, führt sie zur Gefahr, das Ziel zu verfehlen.

Das führt uns zu der letzten und vielleicht wichtigsten Frage, nach
dem Ziel der sozialen Arbeit. Dieses Ziel hat mehrere Stufen: Die erste
Stufe ist die Beseitigung der unmittelbaren Nöte, und hier gilt
es, schnell zu handeln. Der Sozialarbeiter muß das Risiko eingehen, die Folgen möglicher Irrtümer zu tragen, nämlich jemandem
geholfen zu haben, der keine Hilfe brauchte. Das entspricht der Forderung der Liebe, die von dem Prinzip ausgeht, daß es besser ist, einige
Schuldige straffrei zu lassen, als einen Unschuldigen zu verdammen.
Die zweite Stufe ist die Überwindung und Selbstaufhebung der sozialen Hilfe, soweit es möglich ist, um die Person von ihr unabhängig
zu machen. Das wird von allen sozialen Einrichtungen versucht, aber
wir wissen, daß es nicht immer möglich ist. Denn es gibt eine dritte
Stufe, über die ich einige Worte sagen möchte. Auf der Grundlage der
heutigen Situation, wie ich sie bei den jungen Menschen in den Colleges
und Universitäten und bei vielen Leuten beobachtet habe, ist es am

dringendsten, dem Menschen das Gefühl zu geben, daß er gebraucht wird.

Notwendig zu sein, ist selbstverständlich niemals absolut zu nehmen. Niemand ist unersetzlich. Trotzdem ist jemand, der nicht das Gefühl hat, gebraucht zu werden, der sich als bloße Last fühlt, am Rande der vollkommenen Verzweiflung. Bei allen Gruppen fand ich dieses weitverbreitete Gefühl der Nutzlosigkeit. Für jede Erscheinung gibt es viele Gründe, aber ein Grund für dieses Phänomen ist, daß unsere säkularisierte Gesellschaft, wie immer auch ihr äußeres Schicksal aussehen mag, die Beziehung zum Ewigen verloren hat – eine Beziehung, die unabhängig von Zeit und Raum ist, das Gefühl, einen notwendigen, unvergleichbaren und einzigartigen Platz innerhalb der ganzen Schöpfung einzunehmen. Hierin liegt die Gefahr für die entwurzelten und heimatlosen Millionen und für die Menschheit überhaupt. Es ist das Gefühl, daß ihre Existenz als ganze nicht länger mehr notwendig ist. Die leichtfertige Art, mit der wir im Augenblick politisch mit kollektivem Selbstmord spielen, ist vergleichbar mit den Individuen, die das Gefühl verloren haben, einen notwendigen Platz einzunehmen, nicht nur in ihrer Arbeit und ihrer Gemeinschaft, sondern im Universum als ganzem.

Dies führt zu dem letzten Ziel der sozialen Arbeit. Indem wir jedem Individuum helfen, den Platz zu finden, an dem es sich notwendig weiß, helfen wir, den endgültigen Sinn des Menschen und seiner Welt zu erfüllen, nämlich die allumfassende Gemeinschaft aller Wesen, in der jedes individuelle Streben in das universale Streben des Seins selbst hineingenommen wird. Das ist das höchste Prinzip der sozialen Arbeit, das die Grenzen ihrer Möglichkeiten natürlich überschreitet. Es ist sicher verständlich, daß dieses Ziel denen, die die Last der täglichen Arbeit tragen, nicht immer bewußt ist. Auf der anderen Seite gibt es ihnen vielleicht einen geistigen Auftrieb und macht sie dankbar, wenn sie bei einem der Tausenden, dem sie geholfen haben, Widerhall finden. Uns sollte die Vorstellung beflügeln, daß wir mit unseren bescheidenen Mitteln zu dem Endziel des Seins selbst beigetragen haben. Es ist wohl der Sinn einer Rückschau, wie wir sie heute an dieser Stelle vorgenommen haben, Kraft zu solchem Tun zu vermitteln.

c) Der Beobachter der europäischen Situation

Die Weltkirchenkonferenz in Oxford im Jahre 1937 lud Tillich als Mitarbeiter ein. Dafür waren ein Jahr vorher Vorbereitungen zu tref-

fen, und so bot sich für Tillich die Gelegenheit, schon 1936 eine Europareise zu unternehmen. Er bereiste England, Holland, Belgien, Frankreich, die Schweiz und Italien. Mit seinen deutschen Freunden traf er sich jedoch im Ausland. Drei Jahre lang war er nicht mehr in Europa gewesen, und es lag ihm sehr daran, sich von den veränderten europäischen Verhältnissen ein eigenes Bild zu machen. Schon von Amerika aus hatte er die europäische Entwicklung verfolgt, insbesondere die kirchliche Situation in Deutschland. Seine Beobachtungen hatte er in einem Aufsatz zusammengefaßt. Die religiöse Lage im heutigen Deutschland *(31)*. In Europa selbst konnte er unmittelbare Eindrücke gewinnen und sich ein treffenderes Bild von den tatsächlichen Verhältnissen machen. Seine vielfältigen Erlebnisse faßte er später in einem Bericht zusammen Eine geschichtliche Diagnose. Eindrücke einer Europareise *(32)*.

31. DIE RELIGIÖSE LAGE IM HEUTIGEN DEUTSCHLAND
1936

I. Der Kirchenkampf

Außenstehende erhalten beim Lesen der Nachrichten über den Kirchenkampf in Deutschland leicht den Eindruck, als hätten sich die Kirchen beider Konfessionen – die katholische wie die protestantische – erhoben, um politischen Widerstand gegen die nationalsozialistische Regierung zu leisten. Daraus schöpfen sie die Hoffnung, daß dieser Konflikt im deutschen Volk eine Kluft aufreißen werde, von der die jetzt herrschenden Mächte gefährlich bedroht werden könnten. Ich möchte keine Prophezeihung darüber aussprechen, was sich aus diesen Ereignissen ergeben könnte, aber es ist meine Überzeugung, daß die Haltung, die die evangelischen Geistlichen einnehmen, keineswegs eigentlich politisch zu werten ist. Ihr Widerstand gegen eine direkte oder indirekte Einmischung der Regierung in kirchliche Angelegenheiten ist keinesfalls als politischer Kampf zu verstehen. In den Reihen der kämpfenden Geistlichen stehen nicht wenige Nationalsozialisten; demgegenüber findet man unter den Führern der oppositionellen Gruppe nur sehr wenige ehemals Liberale und Radikale. Die Mehrzahl der Rebellen gehört zur alten konservativen Partei, ihr aktivster Führer ist ein früherer U-Boot-Kommandant, der jetzt vom Reichsbischof

entlassen worden ist. Ihre gemeinsame Aktion hat nicht den Charakter einer politischen Partei – nicht einmal einer kirchenpolitischen –, sondern eher das Gepräge einer Notgemeinschaft, die sich gegenseitige Hilfe leisten will: im Gebet, durch vertrauliche Mitteilungen, durch Solidarität im Opfer und – wenn es sein muß – im Märtyrertum.

Diese Lage der Dinge mag einem Außenstehenden merkwürdig erscheinen, und es trägt vielleicht zum Verständnis bei, wenn ich zur Erläuterung skizziere, wie Luther das Verhältnis des religiösen zum politischen Bereich aufgefaßt hat. Luther schuf zwischen beiden Bereichen eine tiefe Kluft. Nach ihm ist es nicht erlaubt, an der Obrigkeit Kritik zu üben oder ihren Anordnungen in politischen Angelegenheiten den Gehorsam zu verweigern – auch dann nicht, wenn die Obrigkeit schlecht, ihre Gesetze unrecht und ihre Herrschaft ungerecht oder willkürlich ist. Denn ein jedes Regiment, auch das schlechte, ist von Gott „verordnet", und Gott hat ihm die Macht verliehen, das Böse zu unterdrücken, das der menschlichen Natur immer innewohnt. Natürlich ist der Träger der obrigkeitlichen Macht durch sein Gewissen verpflichtet, dem Gebot der natürlichen Gerechtigkeit und, wo immer möglich, der christlichen Liebe gemäß zu regieren. Aber das geht ausschließlich sein persönliches Verhältnis zu Gott an. Niemals ist ein Christenmensch im Recht, wenn er sich gegen eine Herrschaft zu empören anschickt, auch dann nicht, wenn es sich um einen Aufruhr gegen Unterdrückung handelt. Der Christenmensch hat die Pflicht, zu dulden und zu leiden, und er darf für seinen Herrscher beten, denn der Herrscher ist in seinem Amt der unerforschlichen Vorsehung und Zustimmung Gottes gewiß.

Will man ein klares Verständnis für den Kirchenkampf in Deutschland gewinnen, muß man bedenken, daß die Lutheraner seit nun vierhundert Jahren an diese Auffassung Luthers gewöhnt sind. Das, scheint mir, ist besonders schwer verständlich für all jene, die sich innerhalb des gleichen Zeitraums an die sehr andere Auffassung Calvins gewöhnt haben. Von Anfang an haben die Calvinisten stets ein Recht auf Widerstand gegen einen gottlosen Oberherrn für sich in Anspruch genommen. Nach ihrer Auffassung soll Gott nicht nur im Himmel, sondern auch auf Erden herrschen, und das heißt also im Staat und in der Politik. Wenn sie an den irdischen Mächten unter dem Aspekt des göttlichen Willens Kritik übten, dann wandten sie die Idee vom Reich Gottes auf die Reiche dieser Welt an. Auf diesem Gedanken fußt unter anderem unsere revolutionäre westliche Demokratie und ebenso auch die Tendenz der Kirche hierzulande, sich mit allen wichtigen politischen Fragen zu befassen, ihre Kritik vernehmlich zu äußern und die öffentliche Meinung zu öffentlichen Angelegenheiten in Bewegung zu bringen.

Einem Menschen, der eine solche Haltung gewohnt ist, fällt es zum Beispiel schwer zu verstehen, weshalb die lutherischen Kirchen angesichts der jetzigen Behandlung der Juden stillschweigen sollen. Denkt man aber an die ursprüngliche Lehre Luthers, die ich dargelegt habe, ist es nicht schwer, dies zu verstehen. Die Judenfrage, das Kommunismusproblem, die Frage der Gewerkschaften, ja sogar die Sterilisationsfrage werden eben als rein politische Probleme aufgefaßt, die der Kirche keinen Anlaß liefern, ihre Stimme zu erheben. In demselben Augenblick aber, in dem Dogmenfragen berührt wurden, begann die Kirche, wie sie von der Notgemeinschaft der Geistlichen repräsentiert wird, ihren Widerstand zu organisieren, und, wie bekannt, keineswegs erfolglos. Man sah den Arierparagraphen als neues Heidentum an, das sich in die Kirche Eingang erzwingen wollte; und in der Einsetzung eines Reichsbischofs als eines religiösen Führers (im politischen Sinne von Führertum) sah man die Errichtung einer dogmatischen Autorität – für das protestantische Bewußtsein ein völlig unmöglicher und ketzerischer Gedanke. Man hat sich hierzulande oft verwundert über den Mut und die Zähigkeit der kämpfenden Gruppe geäußert. Aber für jemanden, der seit seiner Kindheit in der Atmosphäre der lutherischen Haltung gelebt hat, konnte es keine Überraschung sein. Ja schon lange, bevor beides wirklich zutage getreten ist, hätte man es voraussagen können. Ich hoffe daher, daß Sie nicht mehr überrascht sein werden, wenn Sie vom Nicht-Widerstand in politischen Fragen und vom Widerstand in religiösen Fragen hören.

Es ist jedoch zu fragen: Kann eine solche Lehre, wenn wir uns der Wirklichkeit stellen, aufrechterhalten werden? Und wenn wir so fragen, sollten wir dabei an die katholische Kirche denken. Das Dogma dieser Kirche gleicht dem Calvinismus insofern, als es das Recht der Kritik auch im gesellschaftlichen und politischen Bereich für sich in Anspruch nimmt. Infolgedessen haben die Katholiken dem Arierparagraphen mit Erfolg Widerstand geleistet – nicht nur dort, wo er auf die Kirche, sondern auch dort, wo er auf katholische Schulen, Krankenhäuser und soziale Körperschaften angewendet wurde. Und sie haben die Regierung gezwungen, die Anwendung des Sterilisationsgesetzes einzuschränken. Mir scheint, daß darüber hinaus der verborgene Kampf der Katholiken um die Erziehung und andere Objekte, die gleich lebenswichtig für die Kirche wie für den Staat sind, eine größere unmittelbare politische Bedeutung hat als die offene Gegnerschaft der Protestanten gegen die Einmischung des Staates in die kirchliche Lehre.

Aber ich wiederhole meine Frage: Müssen wir nicht zugeben, daß der Kirchenkonflikt, auch wenn er keine unmittelbaren politischen Ziele,

so doch indirekte politische Folgen hat? Mir scheint, es gibt einen Punkt, an dem sich politische Ergebnisse zwangsläufig einstellen. Die Regierung hat mit Hilfe ihrer wissenschaftlichen Gefolgsmänner einen totalitären Staat errichtet, das heißt einen Staat, der sich mit sämtlichen Seiten des menschlichen Lebens befassen und sie unter Kontrolle halten will. Ein solcher Anspruch steht aber offenbar im Widerstreit zum Absolutheitsanspruch der Religion. Durch das Gebot verpflichtet, Gott über alle Dinge zu lieben, darf ich mein ganzes Herz, meine ganze Seele und mein ganzes Gemüt nicht dem Staat widmen. Außer dem eigenen Absolutheitsanspruch lehnt die Religion jeden anderen und somit auch den Anspruch des totalitären Staates ab. Nur auf den christlichen Glauben gegründet, verneint das Christentum jedes andere Dogma und somit auch die Rassenlehre, die die Grundlage für den absoluten Staat in Deutschland bildet. Der Protestantismus, der sich allein durch die Bibel und das Gewissen leiten läßt, wehrt sich gegen jeden absoluten Führungsanspruch und somit auch gegen das politische Führertum, sofern es mit dem Gewissen in Konflikt steht. Daraus folgt zwingend, daß die Idee eines totalitären Staates als solche schon den Widerstand der christlichen Kirchen herausfordern muß, weil dieser Gedanke selbst einen verborgenen religiösen Charakter hat. Infolgedessen treibt der Konflikt, der innerhalb des deutschen Protestantismus ausgebrochen ist, zu Konsequenzen, die weit über die Ziele der Begründer des Widerstandes hinausgehen. Ihr Kampf versteht sich selbst als ein Widerstand gegen solche Angriffe, die sich gegen die Religion richten, aber er wird zu einem religiösen Widerstand gegen den verborgenen religiösen Anspruch, den der absolute Staat erhebt. Das ist die religiöse Lage in Deutschland, wenn man sie von der Politik her betrachtet. Die Welt tut gut daran, diese Lage und alles, was in Zusammenhang damit geschehen wird, mit größter Aufmerksamkeit zu beobachten. Denn diese Lage ist von außergewöhnlicher Bedeutung – sowohl im Hinblick auf die Prinzipienfrage wie auf die tatsächliche Zukunft des Protestantismus, ja des Christentums als Ganzem.

II. Die einander widerstreitenden Ideen

Ich setze voraus, daß Sie durch die eingehenden Berichte in den Zeitungen mit den wichtigsten Fakten des Kirchenkampfes vertraut sind, und möchte Ihre Gedanken auf die Ideen lenken, die wir hier miteinander im Widerstreit liegen sehen. Was hat es mit diesem neuen Heidentum auf sich, das so viele Geister ergriffen hat? Wie konnte es so mäch-

tig werden? Nun, es gibt ein Naturgesetz, das man den *horror vacui* nennt und das besagt, daß die Natur immer danach strebt, ein entstandenes Vakuum wieder auszufüllen. Dieses Gesetz kann man in vielen Fällen auch auf das Leben des Geistes anwenden und zwar in folgender Weise: Das religiöse Vakuum, das infolge der Entwicklung des Protestantismus in den letzten zweihundert Jahren entstanden ist, bietet jenen heidnischen Kräften eine Chance, die immer in der menschlichen Seele vorhanden sind, und besonders in der deutschen Seele, wie man sie in vielen Gegenden Deutschlands finden kann. Wenn wir jene Haltung, die sich aus der geistigen Entwicklung seit der Aufklärung und dem Entstehen des rationalistischen Denkens ergeben hat, mit „Säkularismus" bezeichnen, können wir sagen, daß es der christliche Säkularismus ist, der das verborgene Heidentum in der deutschen Seele geweckt hat. Wir haben daher zuerst den christlichen Säkularismus und danach das neue Heidentum zu betrachten – beides natürlich nur in einfachen Umrissen.

Der christliche Säkularismus ist eine Bewegung, die nicht nur dem deutschen Protestantismus eigen ist, sondern dem Protestantismus und der modernen Welt überhaupt. In der „säkularen" Sicht ist die Welt völlig der menschlichen Vernunft unterworfen, alle heiligen, übernatürlichen und göttlichen Elemente sind aus dem Leben und der Welt ausgemerzt. Der transzendenten Sphäre wird nur jenseits der Grenzen dieser Welt Raum gegeben, und sie darf in das „Diesseits" nicht einbrechen. Denn in dieser diesseitigen Welt baut sich die Menschheit ihr geräumiges und behagliches Haus. Weder Gott noch dem Dämon wird erlaubt, dieses Gebäude der menschlichen Vernunft zu beunruhigen. Offenbarungen und Wunder betrachtet man als lästige Einmischung transzendenter Mächte in den langsamen, aber sicheren Fortschritt menschlicher Aufklärung und Moral. Man begehrt keine göttliche Hilfe, man fürchtet keine dämonischen Angriffe. Die Dinge sind berechen- und regulierbar geworden, da die Wissenschaft den Dingen ihren irrationalen Charakter, ihre Heiligkeit genommen hat, die die Menschheit davor zurückschrecken ließ, sie ohne verehrende Scheu zu berühren. Verschwunden ist das Tabu, d. h. der heilige Charakter der Unberührbarkeit der Dinge – sei es Tier oder Pflanze, Element oder Fels. Wenn die Dinge in dieser Weise von der menschlichen Vernunft beherrscht und für menschliche Zwecke gebraucht werden, geraten sie in eine Profanisierung, von der nichts ausgenommen ist: weder die Objekte der Natur noch die Ereignisse der Geschichte, noch die menschlichen Beziehungen in Familie und Gesellschaft, noch die staatlichen Mächte, noch das, was sich in der Tiefe der menschlichen Seele regt.

In einem solchen Prozeß wird Gott zu einem philosophischen Begriff. Man kann Gott mittels rationaler Methoden beweisen oder widerlegen. Eine Idee aber, die sich mit mehr oder weniger überzeugenden Argumenten beweisen läßt, kann nicht die Grundlage für meine Existenz im Angesicht der Ewigkeit sein. Beweise für die Existenz Gottes setzen voraus, daß die Gewißheit Gottes verloren ist. Was ich mit logischen Schlußfolgerungen zu beweisen suche, hat keine unmittelbare Wirklichkeit für mich. Seine Wirklichkeit wird mir vermittelt durch irgendeine andere Wirklichkeit, die ich nicht bezweifle; also ist diese andere Wirklichkeit mir näher als die Wirklichkeit Gottes. Je enger etwas mit unserer inneren Existenz verbunden ist, desto weniger unterliegt es dem Zweifel. Gleichwohl kann uns nichts näher sein als das, was manchmal am weitesten von uns entfernt ist, nämlich Gott. Ein Gott hingegen, der bewiesen worden ist, ist weder nah genug noch entfernt genug für uns. Er ist nicht entfernt genug, eben wegen dieses Versuchs, den wir unternehmen, um ihn zu beweisen. Er ist nicht nahe genug, weil nähere Dinge vorausgesetzt worden sind, von denen uns unser Wissen von ihm vermittelt wird. Daher kann dieser so augenfällig bewiesene Gegenstand nicht wirklich Gott sein.

Gott ist entweder der unbezweifelte Grund alles Denkens oder er ist nichts. Und in vielen Regionen des Säkularismus ist er zu nichts geworden. Der moderne Atheismus zeigt sich, ausgesprochen oder unausgesprochen, in allen Schichten der Gesellschaft. Er begann in den oberen Schichten und drang allmählich in das Proletariat. In dieser Haltung gleichen sich die kapitalistischen und die proletarischen Klassen. Aber leidenschaftlich und offen bekannt worden ist die atheistische Auffassung in Deutschland nur vom Proletariat und dessen Führern. Die oberen Klassen dagegen haben versucht, ihn zu kaschieren und mit einem leeren religiösen Liberalismus in Einklang zu bringen. Die christliche Ideologie, die sich zur Unterstützung der herrschenden Klassen als nützlich erwiesen hatte, wurde nicht aufgegeben. So verlor der Gottesgedanke jede Kraft. Die religiöse Lage in Deutschland läßt sich nur im Licht dieser Haltung der beiden Klassen verstehen. Obwohl selbst völlig säkular, gebrauchte oder vielmehr mißbrauchte die kapitalistische Klasse den Gottesgedanken in ihrem Kampf gegen die proletarische Bewegung, deren Atheismus man auf diese Weise wirksam angreifen konnte. Die sogenannte Gottlosenbewegung wurde gerichtlich bekämpft. Aber die Unterdrücker standen in Wirklichkeit auf demselben Boden wie die Unterdrückten – auf dem Boden der völligen Profanisierung des Heiligen. Dieser Kampf gegen den proletarischen Atheismus erwies sich im Klassenkampf als eine sehr mächtige Waffe, eine der

Waffen, mit denen die deutsche Bourgeoisie erfolgreich eine unabhängige proletarische Bewegung bekämpfte, wobei sie in diesem Kampf von der weniger säkularisierten Mittelklasse unterstützt wurde. Aber das bedeutete und bedeutet keineswegs, daß die obere Klasse noch eine echt christliche Substanz hat. In beiden Klassen herrscht der Säkularismus.

Lassen Sie mich jetzt einige Worte über das Verhältnis des Säkularismus zum Humanismus sagen. Beide Begriffe haben bis zu einem gewissen Grad etwas Gemeinsames. Denn das Entstehen des Humanismus ist die Hauptursache für die Säkularisierung. Die Dinge verlieren – betrachtet man sie lediglich vom Standpunkt der *humanitas* und mißt man sie nur am Maß der menschlichen Rationalität – ihren „heiligen" Charakter; sie werden profan. Aber hier ist ein wichtiger Unterschied. Der Humanismus gehört eigentlich zum Christentum, insofern er lehrt, daß der Mensch das Ebenbild Gottes ist. Ein Christentum ohne *humanitas* ist daher ein heidnisch gewordenes Christentum, in dessen Gottesidee dämonische Elemente eingedrungen sind. Der Säkularismus hingegen gehört nicht zum Christentum, sondern ist als eine Art Verfall des humanistischen Elements zu verstehen, das dem Christentum innewohnt. Der Säkularismus ist auf seiner einen Seite nur durch eine dünne Linie von diesem dämonischen Christentum getrennt. Diese Linie, die zu beschreiben gefährlich ist, könnte man christlichen Humanismus nennen. Das Mittelalter entfernte sich von ihr und neigte einem dämonischen Christentum zu, während die modernen Jahrhunderte immer stärker dem Säkularismus zustrebten.

Nicht der Humanismus an sich hat das Christentum besiegt, sondern ein Humanismus, der sich schon im Verfall befand, hat den Säkularismus erzeugt und mit ihm jene Leere, in die gewisse recht unhumanistische Mächte eingedrungen sind. In Deutschland hat diese Entwicklung eine säkulare Weltauffassung hervorgerufen, derzufolge es keine Störung durch transzendente Mächte gibt: es ist die Auffassung von einer Natur ohne übernatürliche Eingriffe, die Auffassung von einer Geschichte ohne heilige Ereignisse oder Personen und die Auffassung von einer Menschheit ohne heilige Gesetze und ohne transzendenten Ursprung oder transzendentes Ziel. Auf diese Weise haben wir eine Welt, die von der rationalen Erkenntnis erforscht und von der technischen Wissenschaft beherrscht wird, eine Gesellschaft, die nach rationalen Prinzipien erzogen und geleitet wird, und einen menschlichen Geist, der auf sich selbst steht und sich durch sämtliche Kulturwerte bildet und bereichert, und ein Humanitätsideal ohne Gott oder Dämon, das heißt ohne irgendeine Macht – weder von oben noch von unten –, die die eigene transzendiert.

Gleichwohl ist dieser Säkularismus ein *christlicher* Säkularismus. Sein Begriff der *humanitas* beruht auf dem christlichen Liebesgedanken. Sein Begriff von der Einheit der Welt erwächst aus dem christlichen Glauben, daß Gott die Welt geschaffen hat. Seine optimistische Auffassung der menschlichen Geschichte enthält die christliche Idee vom Reich Gottes. Seine Würdigung der individuellen menschlichen Seele ist nur verständlich als profane Form des Glaubens an die Unsterblichkeit des einzelnen und so fort. Das heißt: Der moderne Säkularismus setzt die Jahrhunderte der christlichen Geistesgeschichte voraus. Einen „Säkularismus überhaupt" gibt es nicht, es gibt nur einen christlichen oder einen griechischen oder indischen oder islamischen Säkularismus. Nur so kann man die moderne religiöse Lage und eben auch die religiöse Lage in Deutschland heute verstehen.

Der Humanismus ist nur solange lebendig und mächtig, solange in ihm sein religiöser Hintergrund noch wirksam ist, solange der verborgene religiöse Enthusiasmus sein Denken und Handeln speist. Nur so war der moderne Humanismus imstande, die alte, von der Kirche gestützte religiöse Haltung zu überwinden. Da eine Kraft immer nur durch eine gleichartige Gegenkraft überwunden werden kann, folgt daraus, daß eine religiöse Kraft nur durch eine andere religiöse Kraft besiegt werden kann. Nur die verborgenen religiösen Kräfte des Humanismus konnten die sichtbaren religiösen Kräfte der Kirche überwältigen. In demselben Augenblick, in dem der religiöse Hintergrund der humanistischen Bewegung hinschwand, entstand im religiösen Raum der menschlichen Seele ein Vakuum. In dieses Vakuum sind zwei Mächte eingedrungen.

Die erste dieser beiden Mächte blieb innerhalb der Grenzen des christlichen Humanismus, versuchte aber innerhalb dieser Grenzen einen neuen Enthusiasmus zu vermitteln, eine neue Haltung zu Gegenwart und Zukunft. Der optimistische Glaube an den zwar langsamen, aber stetigen Fortschritt der menschlichen Rasse war zusammengebrochen. Der Klassenkampf deckte eine Kluft in der Gesellschaft auf, die dazu drängte, über die Gegenwart hinauszugehen und für eine zukünftige Ordnung zu kämpfen, in der der Gedanke der *humanitas* völlig und für jedermann verwirklicht ist. Der Gedanke vom Reich Gottes, umgeformt in die Idee eines irdischen Reiches der Gerechtigkeit und des Friedens, schuf einen neuen Glauben und einen neuen Enthusiasmus, wenn auch mit profanem Charakter. Es entstanden Bewegungen, die an die alttestamentliche Prophetie erinnern: Sie richteten sich auf das Erreichen eines neuen und vollkommenen Zustandes der Menschheit. Es sind Bewegungen, die man nicht als rein politische Bewegungen auf-

fassen darf, auch wenn sie politische Bezeichnungen tragen wie Sozialismus, Kommunismus, Syndikalismus usw. und auch wenn die meisten von ihnen ausgesprochen atheistisch waren. Sie verstanden ihren eigenen religiösen Hintergrund nicht: Oft handelte es sich bei ihnen nur um den Kampf einer Religion gegen eine andere – eine Situation voller Widersprüche und Gefahr, Widersprüche zwischen ihrer Ideologie und der Wirklichkeit ihres Fühlens und Handelns, und der Gefahr, die ursprüngliche Begeisterung zu verlieren und so profan wie der bourgeoise Säkularismus selbst zu werden. Der Religiöse Sozialismus (zu dem ich selbst gehört habe) erkannte diese Widersprüche und Gefahren, die latent in der proletarischen Bewegung liegen, und er strebte danach, diesen Bewegungen eine religiöse Deutung zu geben und sie gleichzeitig einer religiösen Kritik zu unterziehen. In diesem Bemühen lag der Versuch, die Grenzen der Immanenz zu durchbrechen und die Idee von einem kommenden Reich Gottes zu erneuern. Wir haben das zu tun versucht, ohne auf die alten dogmatischen Begriffe der kirchlichen Tradition zurückzugreifen. Für die lutherische Kirche mit ihrer Gleichgültigkeit gegenüber dem politischen Leben und den sozialen Problemen war die Bewegung des Religiösen Sozialismus von größter Bedeutung. Aber sie hat mit ihren Bemühungen keinen Erfolg gehabt. Die Kluft zwischen der säkularen Orthodoxie der marxistischen Bewegungen auf der einen Seite und der religiösen und kirchlichen Orthodoxie der lutherischen Tradition auf der anderen Seite ließ sich nicht überbrücken. Die marxistische Orthodoxie verwarf jede religiöse Interpretation ihrer Gedanken. Und die protestantische Orthodoxie, wie sie von dem berühmten Theologen Karl Barth vertreten wurde (der selbst früher religiöser Sozialist war), verwarf zur gleichen Zeit jede Verbindung zwischen der religiösen und der humanistischen Interpretation des Gedankens vom Reich Gottes. Barth betonte – und betont immer noch – den rein transzendenten Charakter der religiösen Hoffnung und den rein immanenten Charakter politischer Programme. Er gibt den christlichen Hintergrund des modernen Säkularismus nicht zu und akzeptiert auch nicht die christliche Interpretation der proletarischen Bewegung. Er zerschneidet jegliche Beziehung zwischen dem Reich Gottes und der menschlichen Geschichte; und er hat bei der Verbreitung dieser Gedanken, die im Einklang mit der deutschen lutherischen Tradition stehen und ebenso mit den Tendenzen des bourgeoisen Denkens, viel Erfolg gehabt. Auf diese Weise hat er dazu beigetragen, die Wirkung des Religiösen Sozialismus zunichte zu machen. Man kann die Niederlage des Religiösen Sozialismus als den Anfang der Niederlage der deutschen proletarischen Bewegung überhaupt ansehen. Denn nur ein

neuer religiöser Enthusiasmus, der imstande ist, die Tendenz zur Säkularisation zu überwinden, hätte sie retten können. Aber ein solcher Enthusiasmus ist nicht erschienen, und die Arbeiterbewegung ist erloschen.

Denn es erschien eine andere Bewegung, die über den bloßen Säkularismus hinauszugehen versuchte und der es gelang, den säkularen wie den Religiösen Sozialismus zu verdrängen. Diese andere Bewegung kann man „Neuheidentum" nennen. Sie ist wirklich heidnisch, denn sie leugnet die christlichen Voraussetzungen, die, wie wir sahen, der Hintergrund selbst für die am stärksten säkularisierten Formen des Humanismus ist samt dem säkularistischen Marxismus. Dies neue Heidentum steht auf einem ganz anderen Fundament – der Heiligkeit von Blut und Boden und Macht und Rasse und Volk –, Werten, die von der christlichen Ethik geringgeachtet worden sind. Wir können mit Recht sagen, daß die Mächte von unten, die unterdrückten vitalen Kräfte, sich hier erhoben haben, in die humanistische Sphäre eingebrochen sind und sie vernichtet haben. Eine dämonische Transzendenz hat den Säkularismus überwunden und versucht, auch die Kirche beider Konfessionen zu vernichten.

Das Neuheidentum hat in mancherlei Formen versucht, in den deutschen Geist einzudringen. Als erstes sei erwähnt, daß der Nationalismus selbst einen heidnischen Hintergrund hat und daß, je radikaler und exklusiver der Nationalismus wird, dies heidnische Element desto stärker in den Vordergrund gedrängt wird. Die völkische Idee kann nicht als heidnisch an sich angesehen werden, sie nimmt aber heidnischen Charakter an, sobald ihr Anspruch absolut wird, sobald der Volksgedanke allen anderen Ideen, auch der Idee der Religion, vorangestellt wird. Beansprucht „Volk" absoluten Wert, dann beansprucht es Göttlichkeit für sich, und dann ist es nicht mehr von Bedeutung, ob man sich noch zum Christentum bekennt. Schon die bloße Existenz der völkischen Idee bedeutet Leugnung des Christentums. Die fanatische Haltung, wie sie die Anhänger der nationalsozialistischen Bewegung zeigen, die Verehrung, die man ihren Symbolen erweist, der tabu-ähnliche Charakter ihres obersten Führers – all das sind unwiderlegliche Zeichen für den heidnischen Charakter dieser Bewegung, der überdies von einigen ihrer Vertreter ganz offen in Rede und Schrift proklamiert wird und der in der Rassentheorie deutlich herauskommt.

Heidentum wird ferner durch eine Anzahl von Gruppen außerhalb der Kirche offen verbreitet – die wichtigste dieser Gruppen wird von einem früheren Missionar geleitet – und durch Versuche, eine Art arischen Pantheismus zu propagieren – einen Pantheismus, der in sich

Elemente indischer und christlicher Mystik vereinigt. Diese Bewegung – ihrer Natur nach äußerst abstrakt –, der es an konkreten und lebendigen Symbolen mangelt, hat keine Chance, die Massen zu gewinnen.

Innerhalb der Kirche hat der radikale Flügel der sogenannten „Glaubensbewegung deutscher Christen" offen den Übergang des Christentums ins Heidentum propagiert, indem er versuchte, das Alte Testament abzuschaffen und das Neue Testament zu reinigen. Diese Bewegung hat zwar durch die rebellierenden Protestanten eine Niederlage erlitten, aber die heidnischen Tendenzen innerhalb der Kirche sind dadurch keineswegs ausgeräumt. Im Gegenteil, der übriggebliebene gemäßigte Flügel der Bewegung, an ihrer Spitze der Reichsbischof, von den Radikalen seiner eigenen Partei nunmehr befreit, hat jetzt die Chance, die Kirche als Ganzes langsam zu durchdringen. Diese Gefahr wird dadurch erhöht, daß mit der konservativen Art der Predigt die Massen nicht erreicht werden und so ein echtes Problem entstanden ist, für das die Kirche keine Lösung wußte; dadurch bot sich den deutschen Christen eine Chance.

Man kann sagen, daß sich in all diesen Bewegungen mehr oder weniger die alten, von Christus besiegten Dämonen aufs neue erheben, um das kirchliche Christentum ebenso wie den christlichen Humanismus zu unterdrücken. Die alten heidnischen Götter von Blut und Boden fordern jetzt wieder Anbetung, und sie wird ihnen von vielen dargebracht. Die alten Götter verlangen, daß ihnen Opfer gebracht werden, und wie ehedem sind ihnen viele solcher Opfer gebracht worden. Es gibt nur zwei Mächte in Deutschland, die Widerstand zeigen: die protestantische Orthodoxie und die katholische Kirche. Der Kampf, der von ihnen geführt wird, ist das erregendste Ereignis in der heutigen Geschichte der Kirche, weil in ihm das tiefste Problem der modernen Kirchengeschichte sichtbar wird, nämlich das Problem des Säkularismus. Beide Kirchen in Deutschland kämpfen daher nicht nur gegen das Heidentum als solches, sondern auch gegen dessen säkularistischen Hintergrund. Der Kampf gegen das Heidentum wird vielleicht innerhalb der Kirche zum Teil Erfolg haben. Ich selber nehme an, daß es so sein wird. Können wir aber auch hoffen, daß der Kampf gegen den Säkularismus ebenso Erfolg haben wird? Steht uns etwa die Rückkehr in ein neues Mittelalter bevor, aus dem jeder Humanismus völlig verbannt ist? Oder wird der Kampf nur innerhalb der Kirche Erfolg haben? Und wird die übrige Gesellschaft säkularistisch bleiben, bis in das Vakuum eines solchen Säkularismus abermals ein neues Heidentum eindringt – so, daß wir eine kleine orthodoxe Kirche als eine Insel im Ozean des Heidentums haben werden? Oder wird sich das Heidentum selbst ein

eigenes neues Mittelalter schaffen, das nicht christlich sein wird? Und wenn es nicht christlich ist, wie wird es sein? Offen gesagt: Wir wissen nicht, zu welchem Ziel uns der Lauf der Dinge in Deutschland und in der Welt führt. Wir können nicht vorhersagen, ob der totalitäre Staat das Christentum besiegen wird oder nicht und ob er eine Religion hervorrufen wird, so, wie im spätrömischen Reich die Kaiserverehrung entstanden ist, eine Religion, die seinem eigenen Charakter angepaßt ist.

So betrachtet, erscheint die religiöse Lage in Deutschland heute von außerordentlicher Bedeutung für das Verständnis der religiösen Lage in allen christlichen Ländern, Amerika eingeschlossen. Denn der Säkularismus herrscht auf der ganzen Welt, und die Dämonen des Heidentums, die Mächte von unten, liegen überall auf der Lauer – bereit, in das Vakuum eines entleerten Säkularismus einzubrechen. Auch hierzulande kann der Humanismus im Verfall begriffen sein, leer und eitel werden, so daß auch hier Mächte von unten auf ihre Chance warten, um das Vakuum mit heidnischem Inhalt zu füllen. Vielleicht stehen wir vor einem neuen Heidentum in der gesamten Christenheit. Vielleicht jedoch vermag das Beispiel Deutschlands anderen Völkern die Augen zu öffnen und sie gegen diese heidnische Gefahr zu feien. Wenn das geschehen sollte, dann wäre die deutsche Kirche ein Opfer zur Rettung der übrigen Christenheit geworden. Und dann wäre dies Opfer nicht umsonst gebracht worden.

32. EINE GESCHICHTLICHE DIAGNOSE: EINDRÜCKE VON EINER EUROPAREISE 1936

Nach fünfeinhalb Monaten des Reisens im westlichen Europa vom April bis September 1936 hat sich eine Sicht der europäischen Situation in mir entwickelt, die für die Leser dieser Zeitschrift[5] von Interesse sein könnte. Nachdem ich eine Menge Menschen getroffen, viele Vorlesungen in verschiedenen Ländern gehalten und die Atmosphäre in vielen Städten, Dörfern und Gruppen kennengelernt habe, könnten meine Eindrücke eine gewisse objektive Bedeutung haben, obgleich sie nur Impressionen sind und nicht das Resultat einer wissenschaftlichen Untersuchung. Im Gegenteil, ich las überhaupt keine Zeitungen und

[5] In: *Radical Religion* (New York), Jg. 2, No. 1, 1936.

politische Zeitschriften, um auf diese Weise meinen Geist offenzuhalten für alles, was man sehen, hören und fühlen kann. Ich suchte mehr Eindrücke als Wissen; folglich erhebe ich keinen Anspruch auf wissenschaftliche Gültigkeit für das, was ich zu sagen habe.

I. Diagnose

Die allgemeine Deutung der europäischen Situation, die zunehmend meinen Geist beschäftigte, mehr unbewußt als bewußt, gipfelt in der folgenden Diagnose: Europa hat seine Sternstunde verpaßt, seinen „*Kairos*" (den richtigen Augenblick angesichts der Ewigkeit), und es versucht vergeblich, den zerstörerischen Folgen seines Scheiterns zu entrinnen. Es war für Europa ein schicksalhafter Augenblick, als es nach dem Kriege entwaffnet wurde und mit den übrigen Staaten Mitteleuropas zur Demokratie überging. Gerade das ermöglichte einen Neuanfang der europäischen Geschichte. Er konnte sich gründen auf eine allgemeine Entwaffnung der europäischen Nationen, eine demokratische Sozialisierung der kapitalistischen Wirtschaft sowie die religiöse und humanistische Erziehung der zerrütteten Massen. Ein solcher Start war möglich, und die besten Köpfe von ganz Europa, besonders von Mitteleuropa, versuchten ihn zu verwirklichen. Aber die tragische Macht des Schicksals war zu stark; die alten Schicksalsflüche, die wie eine dunkle Wolke über der europäischen Geschichte liegen, erwiesen sich als unentrinnbar und wandten sich gegen jeden Neuanfang. Die Einsicht in diese Lage nimmt ständig zu in Europa und findet ihren Niederschlag in dem Satz „zu spät", den ich immer wieder in dieser Hinsicht hörte. Mein Vorwurf, den ich häufig englischen Intellektuellen machte: „Sie haben Ihre Chance vertan", wurde von fast allen bejaht. Ein Teil der westlichen Völker fühlt sich moralisch schuldig an den Sünden des Versailler Vertrags und der darauffolgenden Jahre. Andererseits herrscht ein Gefühl der tragischen Verstrickung: So schafft zum Beispiel Frankreichs Furcht, obwohl verständlich, genau das, was Frankreich fürchtet, nämlich die Wiederbewaffnung Europas, und der englische Pazifismus, obwohl moralisch anzuerkennen, führt zu dem, was er vermeiden möchte, nämlich einer neuen schrecklichen Kriegsdrohung. Der Zug zur kollektiven Sicherheit, obwohl ein neuer und hoffnungsvoller Anfang in der europäischen Politik, hatte zur Folge genau das, was er zerstören wollte: die Wiedererneuerung der Gleichgewichtsideologie. Einsicht in die tragische Dialektik der gegenwärtigen Geschichte ist verbunden mit dem Gefühl, daß dieses geschichtliche Schick-

sal unabwendbar ist. Natürlich sollte das Gefühl der Hoffnung niemals im Menschen zerstört werden, vor allem nicht in dem, der handelt. Sonst würde alles Handeln unterbunden. Aber in der Beurteilung der Situation sind sich der Europäer, der handelt, weil er in der Situation selbst darinsteht, und der Amerikaner, der beobachtend außerhalb steht, einig: Europa hat seine Sternstunde verpaßt und treibt dem Abgrund der Selbstzerstörung zu. Das soll nicht heißen, daß die Mehrzahl der Menschen durch Krieg oder Hunger sterben wird, oder daß es nach der Periode der Selbstzerstörung keine Zukunft mehr haben wird. Es bedeutet nur, daß das Besondere und Einmalige an der europäischen Geschichte zu Ende gehen wird.

II. Symptome

Drei Symptome bringen mich zu der aufgestellten Diagnose: Furcht, Ungewißheit und Sinnlosigkeit. Um sie näher zu beschreiben, brauche ich nur die Stimmung wiederzugeben, die ich mehr oder weniger in allen von mir besuchten europäischen Ländern antraf, in England, Holland, Belgien, Luxemburg, Frankreich, der Schweiz und Italien.

a) „Ein Geist geht um in Europa, der Geist der Furcht." Dieses leicht abgeänderte Zitat aus dem „Kommunistischen Manifest" wurde im allgemeinen von den Hörern meiner Vorlesungen bejaht, um so mehr, je enger sie mit Mitteleuropa in Berührung standen. In England herrschte die Ungewißheit vor der Furcht vor. In Holland war es umgekehrt, vor allem da, wo man sich eines gemeinsamen europäischen Schicksals bewußt war, wie etwa in Den Haag; während in entfernteren Orten entweder der alte liberale Optimismus oder der noch ältere calvinistische Glaube an die Vorsehung das seelische Gleichgewicht bewahrte. In Belgien nahm aus naheliegenden Gründen die Angst panische Züge an. Eltern erkundigten sich bei mir nach einer amerikanischen Zuflucht für ihre Söhne. Das Verteidigungsproblem überragte alles andere. In Frankreich verdunkelte während der ersten Periode der Volksfrontregierung die Begeisterung der siegreichen Linken, der Sitzstreik der Arbeiter und die Auflösung der faschistischen Organisationen zeitweise das Grundgefühl der Furcht. In der zweiten Hälfte des Sommers kam die Furcht wieder hoch, teilweise veranlaßt durch den spanischen Bürgerkrieg. Die allgemeine Verwirrung und die tatsächliche Furcht waren, soweit ich es beurteilen konnte, in der Schweiz am größten. In Italien und, wie ich nach einigen Berichten annehme, auch in Deutschland ist die Furcht nicht geringer, aber sie versteckt sich hinter Aggressivität.

Trotzdem bleibt sie Furcht! Die Gründe für die europäische Angst wechseln ständig: Krieg, Faschismus, Kommunismus, Bürgerkrieg, Revolution der Jugend. Diese Wandlungen kommen daher, daß die europäische Furcht mehr Angst als Furcht vor etwas Bestimmtem ist. Sie ist Ausdruck einer allgemeinen Verwirrtheit und Unruhe, eines inneren Zusammenbruchs. Sie beruht nicht auf dem Wissen um ein bestimmtes drohendes Unheil. Daher kann dieses halb unterbewußte Grundgefühl verschiedenen Inhalt haben.

Der natürlichste Inhalt der europäischen Furcht ist der Krieg. Als ich von England, kurz nachdem die Wiederaufrüstungssteuer durchgekommen war, nach Holland kam, wohnte ich in der Nähe eines kürzlich eingerichteten Flugplatzes, wo die Flugzeuge Tag für Tag über unseren Köpfen kreisten, was mich lebhaft an meine schlimmsten Erfahrungen aus dem ersten Weltkrieg erinnerte. In Belgien hörte ich von der neuen Verteidigungsstrategie, die die Unterminierung aller Straßen und Wege in den Grenzgebieten vorsah. In Frankreich waren alle Lokalzüge mit Soldaten überfüllt, und die Furcht vor Spionen wuchs von Monat zu Monat, wie ich aus eigener Erfahrung lernte. In Basel erwartete man angstvoll die sofortige Einnahme ihrer Stadt für den Fall, daß ein Krieg ausbrechen würde. In der Südschweiz sind einige der schönsten Straßen vermint. In Genf ist der Blick auf den Mont Salève durch neue Militärstraßen verdorben. Das sind alles Symbole der Furcht, die neue Furcht hervorrufen. Das bestätigte mir auch die Begegnung mit einem Deutschen, einem durchaus Gebildeten, aber unpolitisch Denkenden von konservativer und kirchlicher Einstellung; er hatte oft die ihn erschütternde schreckliche Vision, daß Deutschland zu einem grausigen Schlachtfeld geworden sei. Ähnliche Bekenntnisse erfuhr ich auch von anderen Menschen – fast in jedem europäischen Land.

Die Furcht vor inneren Katastrophen ist groß, besonders in kleinen Ländern, die ihre unabhängige Existenz gefährdet sehen oder vorausahnen, daß sie zwischen den Mühlsteinen des Faschismus und der linken politischen Richtungen (den Kommunismus eingeschlossen) zerrieben werden. Deshalb wird der Ausländer – der Fremde – (mit Ausnahme der Amerikaner und Engländer) mißtrauisch angesehen, wie in den primitiven Stadien menschlicher Entwicklung: man verdächtigt ihn, entweder ein faschistischer oder kommunistischer Agent zu sein. Er wird beobachtet und eingeschränkt in allem, was er tut. Die Furcht vor einem Bürgerkrieg verstärkt sich durch die weit verbreitete Volksfront-Strategie des Kommunismus, durch die der politische Einfluß der kommunistischen Gruppen innerhalb der Regierungen wächst. Die

Furcht der jungen Generation gründet in der Tatsache, daß die Jugend weder ideologisch noch politisch mit der augenblicklichen Situation in den westlichen Ländern zufrieden ist; sie ist tief enttäuscht vom Bürgertum und der reaktionären Haltung in den Ländern der Diktatur. Mir wurde gesagt, daß ungefähr 15 Millionen Europäer unter 25 Jahren entweder direkt oder indirekt mit Kriegsvorbereitungen beschäftigt seien. Dies – verbunden mit der Stimmung in der Jugend, von der mir immer wieder gesagt wurde, daß sie ohne wirkliche Führung sei – rechtfertigt wohl die Angst vor einer Revolution der Jugend.

b) Das zweite Symptom, das mir zu meiner allgemeinen Diagnose Anlaß gab, ist die schreckliche Ungewißheit im Planen und Handeln, besonders in den großen westlichen Staaten. Ein sehr kluger Engländer sagte mir: „Die Engländer sind nicht imstande, mit dem Fanatismus fertig zu werden, weil sie sich keine Situation vorstellen können, in der ein Kompromiß unmöglich sei!" Und ein Belgier, der die europäische Situation charakterisierte, sagte: „Die Länder der Diktatur machen Geschichte und die demokratischen machen Diplomatie!" Diese grundlegende Unsicherheit bestimmt die Situation der Engländer, die auf der einen Seite kollektive Sicherheit wünschen und auf der anderen Seite kein Risiko auf sich nehmen wollen. Ebenso steht es mit den Links-Parteien in Belgien und Frankreich. Sie hassen den Faschismus, aber als Pazifisten hassen sie auch Aufrüstung und Krieg zur Bekämpfung des Faschismus. Sie wollen die Demokratie retten, aber ihr Zögern und ihre Kompromisse stärken die antidemokratischen Kräfte. Sie wollen die Entscheidung vermeiden und vertun ihre Chance, eine günstige Lösung zu erreichen.

Entscheidungsunsicherheit charakterisiert auch die Großmächte, die eine klare Linie zu verfolgen schienen: das kommunistische Rußland und die römische Kirche. Rußland wird zwischen Kommunismus, liberalem Antifaschismus und militärischem Nationalismus hin- und hergerissen. Die römische Kirche bezieht keinen klaren Standpunkt gegenüber Faschismus und Nationalsozialismus. Ihre diplomatische Kraft hat sich in den Verhandlungen mit den totalitären Staaten als völlig machtlos erwiesen.

c) Vielleicht könnten Furcht und Ungewißheit durch bewußtes Handeln und günstige Umstände überwunden werden. Das ist aber nicht der Fall bei dem dritten Symptom der europäischen Situation: der Sinnlosigkeit. „Wozu lohnt es sich zu leben bei dieser allgemeinen Selbstzerstörung?". „Was ist der Sinn des Lebens, wenn unsere geschichtliche Existenz sinnlos wird?", so fragt man sich in ganz Europa, einzelne wie Gruppen. Es gibt zweierlei Antworten, die aber die große

Mehrheit der Europäer nicht befriedigen. Zu den ersten gehören solche Antworten, die eine Lösung innerhalb der Geschichte suchen; die anderen suchen die Lösung jenseits der Geschichte. Die ersten sind defensiv oder aggressiv, die anderen religiös oder humanistisch.

Die häufigste Antwort, die man erhält, ist in den westlichen Ländern die folgende: Die Bedeutung unserer geschichtlichen Existenz besteht in der Verteidigung der Werte der westlichen Kultur, weil in diesen Werten der Sinn des menschlichen Lebens verkörpert wird. Die Schwierigkeit aber ist, daß diese Antwort nur für ganz wenige Menschen Überzeugungskraft hat. Wenn das Kriterium für Überzeugungskraft die Kraft zum Opfer ist, dann ist unsere westliche Kultur ohne Überzeugungskraft, zumindest für die Massen und die junge Generation. In England ist dieser Prozeß noch nicht so fortgeschritten, in Skandinavien liegen die Verhältnisse überhaupt anders. Ein glückliches geschichtliches Schicksal hat sie anscheinend zu Inseln demokratischer Tradition und westlicher Zivilisation in Europa gemacht. Die Länder des Kontinents werden wohl kaum dem Zusammenbruch dieser Traditionen und Ideologien entgehen, die die Massen niemals wirklich befriedigen konnten und vor allem nicht die kommende Generation. Die Sehnsucht nach etwas Neuem erfüllt die Herzen aller jungen Leute, die ich in den westlichen Ländern getroffen habe, und von denen mir erzählt wurde. Es ist ihnen zwar bis jetzt nicht voll bewußt geworden, aber sie werden die überlieferten Werte niemals zu den ihren machen. Und Ideale, für die die junge Generation sich nicht mehr opfern will, sind tot.

Viel überzeugender ist die Antwort der faschistischen Bewegung auf die Frage nach dem Sinn des Lebens. Die Faschisten sind im Besitz einer aggressiven und heroischen Idee, und sie sympathisieren verständlicherweise mit der Jugend. Ihre Ideologie ist autoritär; darum spricht sie die Massen an, die durch keine Idee mehr geeint sind. Es ist eine relativ neue und faszinierende Ideologie, von der sich selbst Intellektuelle gefangennehmen lassen, die ihr nicht unbedingt zustimmen, wie ich oft gefunden habe. Mit ihrer Hilfe kann man proletarische Bewegungen niederhalten, und darum wird sie mehr und mehr von der westlichen Bourgeoisie anerkannt, obgleich sie deren barbarische Formen ablehnt. Es scheint, als ob die nationalistischen und faschistischen Ideale imstande sein könnten, die Sinnlosigkeit der europäischen Existenz zu überwinden. Aber dieser Eindruck wird durch viele widersprüchliche Eindrücke in Frage gestellt. Eine große Menge kluger Menschen sieht, daß das endgültige Ergebnis dieser Ideale Krieg und Selbstzerstörung ist. Die Jugend steht entweder hinter diesen Idealen, ge-

trieben von einem heldenhaften und zu gleicher Zeit verzweifelten Willen zum Tode, oder sie fühlt sich ebenso wie die Massen von den reaktionären Führern betrogen, die nach ihrer Meinung Vorkriegs-Militarismus, Bürokratie und Kapitalismus verkörpern. Die Intellektuellen und Pädagogen empfinden die Leere einer solchen nationalistischen Ideologie, sie bemerken den Zirkelschluß, der in dem Anspruch liegt, daß der Sinn des nationalen Lebens die Nation sei. Darum ist die nationalistische Ideologie – trotz ihrer Erfolge – unfähig, dem Leben einen endgültigen Sinn zu geben.

Der dritte Versuch, der europäischen Sinnlosigkeit zu begegnen, ist die kommunistische Antwort. Sie entspricht eher als alles andere dem revolutionären Impuls der Massen und der Jugend. Ich traf Antikommunisten, die den Kommunismus als einzig möglichen Ausweg aus all den enttäuschenden Vorgängen der Nachkriegszeit betrachten. Obgleich die Jugend den Marxismus, so wie sie ihn versteht, und den Bolschewismus, wie sie ihn kennt, ablehnt, verlangt sie nach einer neuen Gesellschaftsordnung, die dem Kommunismus ähnlicher ist als dem Nationalismus. Selbst in dem gehobenen Bürgertum beginnt man zu verstehen, daß eine Art von Planwirtschaft und Sozialisierung des Reichtums nicht vermieden werden kann. So scheint diese Idee bestimmt zu sein, ein sinnvolles Leben in Europa wieder zu ermöglichen. Aber selbst wenn dies in ferner Zukunft sich verwirklichte, so ist es nicht für die Gegenwart und für die nahe Zukunft zu erwarten. Das russische Modell wird für Mittel- und Westeuropa keineswegs als Ausweg betrachtet. Andererseits besteht der Verdacht, daß es langsam, aber unausweichlich sich in eine neue Art von Faschismus und Nationalismus verwandelt. Und die marxistische Ideologie – gleich, ob sie mehr religiös oder kulturell interpretiert wird – hat für das Proletariat, ja selbst für die Revolutionäre, überhaupt keine Zugkraft mehr. Darum hält man nach neuen Ideen Ausschau; bisher sind noch keine gefunden worden. In jedem Fall ist der Kommunismus allem Anschein nach zur Zeit nicht in der Lage, die europäische Sinnlosigkeit zu bewältigen.

Wo Menschen das erkennen, zeichnet sich in allen europäischen Ländern eine andere Antwort ab: Der Sinn des Lebens ist nur zu finden, wenn man die Geschichte hinter sich läßt. Religion oder Humanismus geben Antwort auf die Sinnfrage. Diese Antwort ist für Menschen verständlich, die die tragische Verflechtung der geschichtlichen Situation erkennen und sich nicht imstande sehen, ihr die Vision einer neuen Zukunft jenseits der gegenwärtigen Zerstörung entgegenzusetzen. Und sie haben recht darin, daß Religion wie Humanismus etwas in sich

tragen, das über den Katastrophen der Geschichte steht: eine Art religiöser Zuflucht, die für diejenigen nicht sichtbar ist, die in den Verpflichtungen für die Welt verstrickt bleiben. Aber selbst die Gruppen, die sich von solchen Verpflichtungen zurückziehen, sind nicht imstande, der Drohung der gegenwärtigen Geschichte zu entrinnen. Sie ist zu mächtig und überschattet alles andere.

Es gibt Lutheraner, die zwar von „Auferstehung" und ihrer Verkörperung in der Kirche sprechen, aber zu sozialen und politischen Ereignissen keine Beziehung haben. In der Kirche suchen sie den Sinn ihrer Existenz, geben jedoch zu, daß ihre religiöse Haltung der vor 300 Jahren verzweifelt ähnlich ist, obgleich sie sonst der Gegenwart und ihrer Geschichte verhaftet sind. Sie machen sich zu Protagonisten einer Orthodoxie, die Offenbarung und Lehre von geschichtlichen Wandlungen ausnehmen will. Aber sie sind gezwungen, diese Position gegen die Angriffe der totalitären Staaten zu verteidigen, und aus diesem Grunde müssen sie die autoritären und dogmatischen Methoden ihrer Feinde annehmen.

Es gibt Menschen, die in den letzten drei Jahren zum römischen Katholizismus übertraten, um etwas Festes in den gegenwärtigen Wogen der Geschichte in der Hand zu haben. Aber sie werden hineingezogen in den Kampf zwischen Christentum und nachchristlichem Heidentum. Und es gibt Mystiker, die die ungeschichtliche Einstellung Indiens in Europa einführen wollen; aber wenn sie versuchen, eine Versammlung ihrer Mitglieder abzuhalten, bleiben einige von ihnen aus Angst vor ihrer autoritären Regierung fern, und wenn ein Sprecher eine Anspielung auf politische Probleme macht, entstehen Spaltungen. Ferner gibt es pietistische Bewegungen wie die Oxford-Bewegung, die erfolgreich versuchen, die Menschen aus dem Abgrund ihrer individuellen Sinnlosigkeit zu retten. Aber ihre Beurteilung der geschichtlichen Situation ist naiv und geradezu gefährlich. Ferner möchte ich die Humanisten erwähnen, die ihren Geist zur Sphäre der ewigen Wahrheit und Schönheit erheben möchten, unabhängig von geschichtlichen Unruhen und Veränderungen; aber sie werden von der Geschichte überrannt, und das nicht nur in ihrer äußeren Existenz, sondern auch in ihrem Denken und Fühlen. Und dann gibt es die einsamen Menschen, die der Geschichte entfliehen wollen, indem sie eine Zuflucht in der Natur suchen. Aber sie entdecken, daß selbst die Natur nicht antwortet, wenn der Mensch nicht zu ihr spricht und ihr einen Sinn gibt. – Niemand kann der Drohung seiner geschichtlichen Existenz entrinnen. Der Mensch besitzt zwar einen religiösen oder humanistischen Zufluchtsort, aber man kann ihn von den religiösen und humanistischen

Forderungen nicht trennen, zumindest nicht in unserer gegenwärtigen europäischen Situation.

III. Therapie

Wenn die Symptome der Furcht, der Ungewißheit und des Fehlens eines Lebenssinnes meine Diagnose rechtfertigen, erheben sich folgende Fragen: Wie sollen wir mit dieser Situation fertig werden? Welche Therapie ist möglich? Ich habe zwei Einstellungen zu dieser Frage vorgefunden. Die erste versucht, „zu retten, was zu retten ist", die zweite wünscht, für „übermorgen gerüstet" zu sein. Diese beiden Einstellungen müssen sich nicht notwendigerweise widersprechen. Sie können sich weitgehend treffen, wenn auch die Akzente sehr verschieden gesetzt sind.

a) Im politischen Bereich führt der Wunsch zu retten, was zu retten ist, zu einer Reihe widersprüchlicher Vorschläge: Der erste, dem ich begegnete, befürwortete eine radikale Trennung zwischen den diktatorischen und den demokratischen Ländern, um die demokratischen mit allen Mitteln zu schützen und die anderen der wechselseitigen Zerstörung preiszugeben. Sollte es zum Sieg des einen über den anderen kommen – entweder zum Sieg von Deutschland als Anwalt des Kapitalismus oder von Rußland als Anwalt des Sozialismus –, würden die überflüssigen Kleinstaaten in Europa verschwinden und der Boden für ein „*Vereintes Europa*" bereitet. Andere „politische Ärzte" warnten vor diesem Weg, der vermutlich für die westlichen Länder tödlich sein könne, weil sie nicht fähig seien, die Rheinlinie gegen eine solche konzentrierte Macht zu halten. Darum wird ein zweiter Vorschlag gemacht, Mitteleuropa durch einen eisernen Ring, bestehend aus England, Frankreich und Rußland, in Schach zu halten und diesem Zustand durch den Völkerbund oder andere Verträge eine scheinbare Legalität zu verleihen. Aber die Schwierigkeit ist, daß das eine rein negative Lösung wäre, die auf die Bedürfnisse des übervölkerten Mitteleuropa keine Rücksicht nähme. Eine Explosion der aufgestauten Kräfte wäre unvermeidbar. Daher wird ein dritter Vorschlag gemacht: Rückkehr zur Gleichgewichtspolitik der Vorkriegszeit, starke Entwicklung der Defensivwaffen, Erfüllung einiger gerechtfertigter Wünsche der unbefriedigten Nationen, Wiederherstellung der internationalen Wirtschaft, Vermeidung von Krieg durch allgemeine Abschreckung, Unterstützung der konservativen, kapitalistischen und bürokratischen Kräfte gegenüber den revolutionären Kräften in den diktatorischen Völkern. Die Schwierigkeit liegt darin, daß die Gegenwart im Unterschied zur

Vorkriegssituation durch folgende Tatsachen gekennzeichnet ist: Armee und Nation sind durch die Kriegsindustrie und Kriegstechnik zu einer Einheit verschmolzen; der allgemeine Niedergang des europäischen Kapitalismus; die fast unlösliche Frage, welche nationalen Wünsche gerechtfertigt sind und welche nicht; der revolutionäre Zug der Massen usw. Im Sinne des „Rettet, was zu retten ist" werden alle Formen der Therapie versucht, und doch mehren sich die Kräfte der Selbstzerstörung täglich, obgleich der Krieg wahrscheinlich noch nicht vor der Türe steht.

Im Bereich der Kultur bedeutet der Rat des „Rettet, was zu retten ist", auf die Generation, die in der Atmosphäre des Zerfalls und der Tragödie aufgewachsen ist, zu verzichten und die Erziehungsversuche auf die jüngste Generation zu richten. Sie müßte mit neuer Kraft an die alten europäischen Traditionen – die humanistischen wie die religiösen – herangeführt werden. In dieser Hinsicht fand ich bei den Pädagogen einen größeren Optimismus, als es sonst der Fall war. Da jedes Individuum einen neuen Anfang darstellt, glaubt man, daß die Geschichte in jedem Augenblick einen Neubeginn haben kann. Man vergißt dabei die konservative Macht der Institutionen, und man vergißt, daß es Erzieher geben muß, die selbst erzogen sind! In dieser Hinsicht ist Erziehung auch eine Art von geschichtlichem Schicksal und unterliegt nicht unserem Willen.

Im religiösen Bereich fand ich bei manchen Menschen die Meinung, daß der deutsche Kirchenkampf der Beginn einer religiösen Erneuerung im Protestantismus sei und seine erneuernde Kraft darüber hinausreiche. Man hofft, daß die jüngeren Menschen, die von der sozialen und politischen Situation enttäuscht sind, sich der Kirche zuwenden werden, als dem einzigen Ort, von dem heilende Kräfte ausgehen. Man hofft, daß von einer mächtigen Kirche Kräfte in das ganze soziale und politische Leben ausstrahlen werden. Diese Erwartung ist noch nicht erfüllt worden. Vielleicht wird sie es noch, vielleicht wird sie es nie! Trotz der Bewunderung der ganzen Welt für die kämpfenden Geistlichen und Laien würden nur wenige Menschen sich gerne der dogmatischen Autorität der „Bekennenden Kirche" unterwerfen; am wenigsten die Jugend, die die traditionellen Symbole und Dogmen nicht mehr versteht. Und die „Bekennende Kirche" selbst leidet an einer inneren Spaltung, die ihren ursprünglichen Enthusiasmus stark beeinträchtigt hat.

b) All das macht verständlich, warum viele den zweiten Weg gehen und sich „auf übermorgen einrichten". Das hindert sie nicht daran, auch mit den anderen zusammenzuarbeiten, aber man sieht die Schwer-

gewichte anders verteilt. Die Gegenwart gibt man den Kräften der Zerstörung preis, obwohl vieles gerettet werden könnte. Darum ist die wirklich wichtige Aufgabe, sich auf die Zeit von übermorgen vorzubereiten. Wenn man das in Angriff nimmt, muß man kleine Gruppen bilden, in denen bis zu einem gewissen Grade heute schon das geschieht, was man von der Zukunft erwartet. Dieser Gedanke wird erstaunlicherweise von vielen Menschen aus den verschiedensten Lagern bejaht: hohe Kirchenführer, die solche Gruppenbildung für wichtiger halten als alles, was die offizielle Kirche heute tun kann; Politiker, die die tragisch-unabwendbaren Entwicklungen der gegenwärtigen Geschichte erkennen; Führer der Jugend, die sich nicht in der Lage fühlen, angesichts der allgemeinen Auflösung ihre Führungsaufgabe zu erfüllen; Humanisten, die bekennen, daß die alte humanistische Tradition, ihre Wertschätzung von Wahrheit und Schönheit, nur noch in esoterischen Gruppen gepflegt werden kann; viele einzelne, die in nichts, was heute als entscheidend angesehen wird, einen Sinn mehr erkennen können und auf das Kommende warten.

Das alles ist natürlich keine Therapie für die gegenwärtige Situation. Aber das ist der Punkt, wo soziale und medizinische Diagnose auseinandergehen. Während in der Medizin eine hoffnungslose Diagnose keine Hoffnung mehr läßt, läßt die Geschichte immer noch Hoffnung bestehen. Europa kann über das „morgen" verzweifelt sein, aber es kann Kraft und Hoffnung für „übermorgen" schöpfen.

d) Der Prediger

Tillichs Stellung am „Union Theological Seminary" verpflichtete ihn viel stärker zur Teilnahme am kirchlichen Leben, als es für einen Theologieprofessor in Deutschland üblich war. Er schreibt darüber: „Das „Union Seminary" gibt allen Mitgliedern Gelegenheit zum gemeinsamen Gottesdienst. Für mich war das ein neues und sehr bedeutsames Erlebnis. Diese Gemeinsamkeit gibt den Fakultäten die Möglichkeit, ihr theologisches Gedankengut für das religiöse Leben ihrer eigenen Mitglieder sowie für das der Kirche überhaupt nutzbar zu machen. Und auch die Studenten erfahren diese Beziehung zwischen Denken und Leben und lernen, das eine im Licht des anderen zu beurteilen. Mir erwuchs daraus die Pflicht, meine Gedanken sowohl in Meditationen und Predigten wie auch in den abstrakten theologischen Begriffen der Vorlesungen und Abhandlungen zum Ausdruck zu bringen[6]." Tillichs in

[6] G.W. 12, S. 73.

Amerika gehaltene Predigten sind bis auf wenige in den drei Bänden der „Religiösen Reden" erschienen. Eine der ungedruckten ist die vor deutschen Emigranten und Amerikanern gehaltene Predigt: Liebe ist stärker als der Tod (33). Den ersten Teil, der für die Deutschen bestimmt war, sprach er auf deutsch, den zweiten, für die Amerikaner bestimmten, auf englisch.

33. LIEBE IST STÄRKER ALS DER TOD

Predigt, gehalten anläßlich eines Fürbittegottesdienstes in der „Riverside Church", New York, am 12. 3. 1940

Wir brauchen in unserer Zeit – wie in allen Zeiten – den Blick auf etwas, das stärker ist als der Tod. Der Tod ist mächtig geworden in unseren Tagen, im einzelnen Menschen, in Familien, in Völkern, in der Menschheit. Der Tod ist mächtig geworden, d. h. das Ende, die Endlichkeit, die Grenzen und der Verfall unseres Seins sind sichtbar geworden. Sie waren verhüllt fast ein Jahrhundert lang in der abendländischen Menschheit. Wir waren Herren geworden im Haus unserer Erde; Naturbeherrschung und Gesellschaftsgestaltung hatten die Grenzen unseres Seins erweitert, das Ja zum Leben übertönte das Nein, das nicht mehr laut zu werden wagte, das sich in die verborgene Angst unserer Herzen hineingeflüchtet hatte und immer mehr zum Schweigen gebracht wurde. Wir hatten unsere Endlichkeit vergessen, den Abgrund des Nichts, der uns umgibt. Wir hatten in die Scheuern unserer Hütten die Früchte tausendjähriger Arbeit gesammelt; alle Geschlechter der Menschen hatten gearbeitet, damit wir, die Generation der Erfüllung, den Tod unter unsere Füße treten könnten, nicht den Tod als natürliches Ende des Lebens, aber den Tod als Macht im Leben und über das Leben, als Herr und Gebieter der Seele. Wir hielten das Bild des Todes fern von unseren Kindern, es störte unsere Sicherheit nicht, daß hier und dort, in Nachbarschaft und Welt, Erschütterung und Ende sichtbar wurden. Das waren Zufälle, unvermeidlich, aber nicht stark genug, die Decke zu zerreißen, die über den Abgrund unseres Seins gelegt war.

Und plötzlich war die Decke zerrissen. Das Bild des Todes erschien, unverhüllt, in tausend Formen. Wie im späten Mittelalter in Bildern und Gedichten die Gestalt des Todes erschien, der Tanz des Todes mit allem Lebendigen gemalt und besungen wurde, so entdeckte unsere

Generation, die Generation der Weltkriege und Revolutionen und Massenwanderungen, wieder die Wirklichkeit des Todes. Maler und Dichter ahnten im voraus, was kommen würde. Wir sahen Millionen sterben im Krieg, Hunderttausende in den Revolutionen, Zehntausende in der Verfolgung und Ausrottung der Minderheiten. Massen so zahlreich wie große Völker wandern über die Erde oder verderben, wenn künstliche Mauern der Wanderung ein Ende machen. Wir gehören zu diesen Wanderern, in uns verkörpert sich ein Stück dieses großen Geschehens, in dem der Tod wieder die Zügel ergreift, die er scheinbar aus der Hand gegeben hatte. Wir sind eine Generation des Endes geworden, und wir sollten das nicht vergessen, wenn wir in diesen oder andern Ländern einen neuen Anfang gefunden haben. Das Ende ist ja nichts Äußerliches.

Es ist ja nicht damit erschöpft, daß wir verloren haben, was wir nie mehr wieder gewinnen können, die Heimat der Kindheit, die Menschen, mit denen wir gewachsen sind, das Land, die Dinge, die Sprache, die uns geformt haben, die Güter, innere und äußere, die wir ererbt oder erworben hatten, die Freunde, die ein gewaltsamer Tod uns entrissen hat. Das Ende ist noch mehr als all das; es ist in uns, es ist unser eigenes Sein geworden. Wir sind ein Geschlecht des Endes, und wir sollten wissen, daß wir es sind. Oder sollte dies der Sinn unseres Hierseins sein, daß wir vergessen, was an uns geschehen ist und was um uns geschieht in der ganzen Welt? Ist es nicht würdiger, wahrer, stärker, daß wir Ja sagen zu dem, was unser Schicksal ist, daß wir die Zeichen des Endes an unserem Leben und in unserer Seele nicht überdecken, daß wir die Stimme des Todes nicht übertönen, sondern in allen neuen Möglichkeiten, die dieses Land uns bietet, uns zu dem bekennen, wozu das Schicksal uns gemacht hat: Symbole des Endes zu sein, des Endes einer Zeit, die groß – und eine Lüge war, des Endes alles Endlichen, das immer zur Lüge wird, wenn es seine Endlichkeit vergißt und das Bild des Todes zu verhüllen sucht.

Aber wer kann dieses Bild ertragen? Nur der, der auf ein anderes Bild blicken kann, dahinter und darüber, das Bild der Liebe. Denn Liebe ist stärker als der Tod. Aller Tod beruht auf Trennung, Sonderung, Vereinzelung, auf dem Gegeneinander statt dem Ineinander. So ist es mit dem Tod der Völker, dem Ende der Geschlechter, dem Absterben der Seelen. Unsere Seelen werden arm und siechen dahin, in dem Maße, in dem sie für sich sein wollen, in dem sie ihre Not bejammern, ihre Verzweiflung pflegen, ihre Bitterkeit genießen und zugleich sich in Härte verschließen gegen fremde Not, innere und äußere, um ihrer eigenen willen. Liebe überwindet die Trennung, schafft das In-

einander, in dem mehr entsteht, als was die einzelnen hereinbringen. *Liebe ist die Unendlichkeit, die dem Endlichen geschenkt ist.* Darum lieben wir in dem anderen, den wir lieben, nicht nur den anderen, sondern die Liebe, die im anderen ist und die mehr ist als seine und unsere Liebe. Nicht nur das ist das Wichtigste in allem gegenseitigen Helfen, daß Not gelindert, sondern daß Liebe verwirklicht wird. Freilich, es gibt keine Liebe, die nicht die Not des anderen zur eigenen Not machen will. Aber es gibt auch keine wirkliche Hilfe, die nicht aus Liebe kommt und Liebe schafft. Diejenigen, die in den Hilfswerken gegen die Übermacht des Todes und Zerfalls ankämpfen, wissen das. Oft ist wenig äußere Hilfe möglich, aber immer ist Liebe möglich. Und der Dank, der von denen kommt, denen geholfen ist, ist immer zuerst und vor allem ein Dank für die Liebe und dann für die Hilfe. Liebe, nicht Hilfe, ist stärker als Tod. Aber es gibt keine Liebe, die nicht Hilfe wird. Was wir unseren amerikanischen Freunden danken, ist die Liebe, die sich in der Hilfe verstärkt, die sie uns gewähren. *Und wo wir Hilfe ohne Liebe erfahren, da erwächst aus der Hilfe neues Leid.* Daß wir heute hier zusammen sind, ist Liebe, hinter der die Hilfe steht, aber die selbst mehr ist als Hilfe. Liebe, menschliche und göttliche Liebe, ist es auch, die den Tod überwindet in Völkern und Geschlechtern und in all dem Grauen unserer Zeit. Hilfe ist fast unmöglich geworden diesem Ungeheuerlichen gegenüber. Dem Tod ist Macht gegeben über alles Endliche, ihm ist besonders Macht gegeben in unserer Periode. Aber ihm ist keine Macht gegeben über die Liebe. Sie ist stärker als er. Sie schafft ein Neues aus seiner Zerstörung, sie trägt alles und überwindet alles. Sie wirkt, wo des Todes Macht am größten ist, sie wirkt in Krieg und Verfolgung und Heimatlosigkeit und Hunger und Sterben. Sie ist allgegenwärtig und ringt dem Tod das Leben ab, hier und dort, im Kleinsten und Innersten wie im Größten und Sichtbaren. Sie ringt uns dem Tode ab; denn Liebe ist stärker als der Tod.

Und Ihr, meine amerikanischen Freunde, habt jetzt eine Sprache gehört, die für Euch fremd ist, nehmt diese Fremdheit als ein Symbol für das, was heute in der Welt vorgeht, und für das, was ich meinen deutschen Freunden gesagt habe.

Die Liebe ist stärker als der Tod, selbst in unseren Tagen, in denen der Tod eine Macht über die Menschheit errungen hat wie nie zuvor: Tod in Form des Krieges, Tod in Form von Massensuggestion, Tod in Form von Verfolgung und Schmähung, Tod in Form persönlicher Verzweiflung, Hunger und Lebensverlust. Die Menschen, mit denen Ihr

vor Gott in dieser Stunde eine Gemeinde bildet, tragen in ihren Seelen und oft auch in ihren Leibern die Spuren des Todes, die sie nie ganz verlieren werden. Nehmt sie in Eure Gemeinschaft auf als ein Symbol des Todes, das ein ständiges Element allen Lebens ist. Nehmt sie als Menschen auf, deren Schicksal Euch an etwas erinnern soll, das oft in einem selbstzufriedenen Wohlstand vergessen wird: daß das Ende immer gegenwärtig ist, daß wir lernen müssen, das majestätische, aber doch schreckliche Bild des Todes auszuhalten. Und der Tod trifft nicht nur unser persönliches Leben, er trifft auch unsere Sicherheiten, unsere Institutionen, unsere Tradition, unsere Zukunft, unsere bevorzugten Werte und unseren Glauben. Unter diesen Flüchtlingen sind einige, die in dieser Weise viele Male den Tod erleiden mußten. Sie wurden von Land zu Land getrieben, von Nation zu Nation, von Sprache zu Sprache. Betrachtet sie als Symbole menschlicher Existenz, als Symbole unserer Endlichkeit und Vergänglichkeit. Aber betrachtet sie auch als Symbole der Liebe, die stärker ist als der Tod. Ihr habt das schon getan, indem Ihr sie in Euer Land aufnahmt und ihnen alle möglichen Hilfen gabt. Ihr habt ihnen diesen Dienst als Ausdruck der Liebe und der Hoffnung geleistet. Sie danken Euch dafür und – ob Ihr es glaubt oder nicht, ich weiß es – sie danken Euch dafür mehr als für die tatsächliche Hilfe, so nötig sie auch war. Es ist die Liebe, die den Tod besiegt, nicht Hilfe ohne Liebe. Wo Hilfe ohne Liebe gegeben wird, schafft sie nur noch mehr Nöte.

Die Welt steht unter der Herrschaft des Todes. Diese Flüchtlinge aufnehmen, sie im Namen und der Macht der Liebe aufnehmen, heißt: ein Zeichen aufrichten von dem, was stärker ist als der Tod. Es will besagen, daß Trennung und Vereinsamung, die unausweichlich zum Tode führen, besiegt sind. Es zeugt von einem neuen Anfang in der Asche einer brennenden Welt. Es zeugt von dem seltenen Sieg über den Tod, der in unserer Zeit möglich ist. Es bezeugt, daß Liebe stärker *ist* als der Tod.

V. DER ZWEITE WELTKRIEG 1939-1945

a) Der politische Kritiker

Im letzten Jahr vor dem zweiten Weltkrieg arbeitete Tillich an einem Buch „Religion und Weltpolitik". Ein holländischer Verlag hatte ihm den Auftrag dazu erteilt. Der Ausbruch des Krieges verhinderte die Ausführung des Planes, und so blieb Tillichs Arbeit ein Fragment[1]. *Auf dem Hintergrund seiner intensiven Beschäftigung mit dem Problem „Weltpolitik" müssen seine drei Artikel über* Kriegsziele *(34) gesehen werden. Sie entsprangen ganz sicher Tillichs Wunsch, das theoretisch Erarbeitete am konkreten Fall zu bewähren, und gehen mit großer Wahrscheinlichkeit auf seine eigene Initiative und nicht auf eine Vortragsverpflichtung zurück. – Um eine ebenfalls grundsätzliche Betrachtung handelt es sich bei dem Aufsatz* Der europäische Krieg und die christlichen Kirchen *(35). Auch hier lag kein Vortrag zugrunde. – Der Goethe-Tag 1942 bot den Anlaß, Tillich zu einem Vortrag zu bitten. In Deutschland hatten gerade öffentliche Bücherverbrennungen durch nationalsozialistische Gruppen stattgefunden und hatten, besonders im Ausland, große Empörung hervorgerufen. Tillichs Rede trug darum den Titel „Verbranntes Buch – unzerstörbare Kultur". Bei der Drucklegung wurde er in* Läuterndes Feuer *(36) umgewandelt. – In gewisser Parallelität zu dem kurzen Artikel „Zum Fall Eckert" aus dem Jahr 1931 steht seine Auseinandersetzung mit Emil Ludwig:* Was soll mit Deutschland geschehen? *(37) Sobald Tillich Unrecht oder Ungerechtigkeit erlebte, ergriff er Partei. Im Fall Eckert meinte er, für einen zu Unrecht angegriffenen Menschen eintreten zu müssen. In der Entgegnung auf Emil Ludwigs Rede war es das Deutschland des Widerstandes, das er verteidigte. Solche politischen Äußerungen blieben in der amerikanischen Öffentlichkeit und in deutschen Emigrantenkreisen nicht unwidersprochen, ja sie trugen ihm teilweise heftige Angriffe ein. So sah er sich gezwungen, seinem ersten Artikel einen zweiten folgen zu lassen, eine Antwort an seine Kritiker. – Noch während des Krieges hat sich Tillich über eine neue Staats- und Gesellschaftsordnung Gedanken gemacht.* Geistige Probleme des Wiederaufbaus nach dem Kriege *(38) und* Die christlichen Kirchen und die aufkommende Gesellschaftsordnung in Europa *(39) sind der Ertrag seiner Beschäftigung mit Nach-*

---
[1] G.W. 9, S. 139 ff.

kriegsproblemen. – Der Aufsatz Marxismus und Religiöser Sozialismus *(40) gehört strenggenommen nicht in diese Gedankenreihe, weil er eine Auseinandersetzung grundsätzlicher Art ist. Für die Aufnahme dieses Aufsatzes sprach jedoch folgendes: Tillich wurde häufig vorgeworfen, er habe sich in seinen späteren Jahren vom Religiösen Sozialismus distanziert. Diese Ansicht schien gestützt durch den zweiten Band der Gesammelten Werke, in dem die Schriften zum Religiösen Sozialismus mit dem Jahr 1933 abbrechen. Um das Bild seiner Persönlichkeit richtigzustellen, muß in diesem biographisch orientierten Band der Nachweis erbracht werden, daß Tillich seinem ursprünglichen Engagement treugeblieben ist. (Vgl. auch seinen in Japan gehaltenen Vortrag: „Die Grundgedanken des Religiösen Sozialismus", S. 408.) Tillich war mit seinem langjährigen Freund und Mitstreiter Eduard Heimann zu einem Symposium „Marxism and Christianity" aufgefordert worden. Sein Referat wurde, vermutlich unter Anlehnung an den Titel des Symposiums, unter dem Titel „Marxismus und christlicher Sozialismus" veröffentlicht. Dem Inhalt entspricht dieser Titel allerdings nicht, und so wurde für die deutsche Übersetzung der den Inhalt treffendere Titel „Marxismus und Religiöser Sozialismus" gewählt.*

1. Kriegsprobleme

34. KRIEGSZIELE

a) Warum Kriegsziele?

Als ich im September 1939 quer durch Amerika vom Pazifik zum Atlantik fuhr, ohne daß ich mit meinen politischen und philosophischen Freunden den Ausbruch des Krieges erörtern konnte, beschäftigte mich unablässig eine Frage: Was bedeutet dieser Krieg? Was bedeutet er in religiöser, philosophischer und politischer Sicht?

Obwohl ich Deutschland im Jahre 1933 als politischer Flüchtling verlassen habe, obwohl ich in Amerika sowie in den westlichen Ländern Europas sechs Jahre lang gegen den Nazismus gekämpft und in vielen Reden und Aufsätzen dargestellt habe, was Hitler bedeutet, trotz alledem war ich nicht imstande, eine eindeutige Antwort auf die Frage zu geben, die uns dieser Krieg stellt. Es ist eine grobe Vereinfachung, wenn viele Emigranten und liberale Amerikaner – erstaunlicherweise kaum Engländer – darauf antworten: Dieser Krieg ist die Fortsetzung des Kampfes gegen Hitler, und Hitlers Niederlage ist das Ende des Krieges.

Aber diese Antwort vermochte mich nicht zu überzeugen. Und ich war froh, daß im Unterschied zu gewissen Journalisten und offiziellen diplomatischen Verlautbarungen meine Freunde und ernstzunehmende politische Schriftsteller so dachten wie ich.

Der Krieg gegen Hitler ist viel mehr als nur die Fortsetzung des Vorkriegskampfes gegen Hitler. In dem vorliegenden Aufsatz und den beiden folgenden soll dieser Standpunkt durch eine Erörterung der Kriegsziele dargestellt werden. Denn der Sinn menschlichen Handelns erschließt sich aus dem gesetzten Ziel.

Es läßt sich nicht übersehen, daß in den letzten Monaten der Wunsch, daß die alliierten Mächte die Kriegsziele bindend und offiziell formulieren, immer stärker geworden ist. Die Menschen in den Vereinigten Staaten wollten wissen, warum sie dazu aufgefordert sind, immer größere Lasten und schließlich sogar den Krieg auf sich zu nehmen.

Die negative Antwort – Selbstverteidigung – ist und bleibt ungenügend. Man hat zwar immer wieder versucht, eine positive Antwort zu geben, aber entweder kommt sie nicht von höchster Stelle, oder die Antwort war, wenn sie von den führenden politischen Persönlichkeiten stammte, vage, reaktionär, und ihr fehlte es an konstruktiver Kraft. Das kann man nicht nur darauf zurückführen, daß die Haltung der betreffenden Regierungskreise reaktionär sei – sowohl in England wie in diesem Land gibt es recht fortschrittliche Strömungen in der Regierung –, sondern auch darauf, daß durch eine offene und revolutionäre Formulierung der Kriegsziele gefährliche Spaltungen in der Front gegen Hitler aufgerissen werden könnten.

Es ist in der Tat gefährlich, den kleinen Staaten in Europa zu sagen, daß ihre Vorkriegssouveränität nie wiederhergestellt werden kann und soll. Es ist gefährlich, den herrschenden Klassen in England zu sagen, daß ihre Privilegien nach dem Krieg verschwinden werden und müssen, wie auch immer der Krieg ausgehen mag. Es ist gefährlich, den amerikanischen Männern des *„big business"* zu sagen, daß das Zeitalter des Monopolkapitalismus zu Ende ist. Es ist gefährlich, den demokratischen Massen zu sagen, daß die Demokratie von Grund aus umgeformt werden muß und daß die totalitären Staaten die fortschrittlichsten Staaten in technischer und organisatorischer Hinsicht sind. Das alles ist gefährlich, wenn es um die unmittelbaren Erfordernisse des Krieges geht. Aber das alles zu verschleiern oder Erklärungen abzugeben, in denen überhaupt nichts oder nur völlig Unzulängliches gesagt wird, etwa in Edens Rede über die Kriegsziele, ist letzten Endes noch viel gefährlicher.

Wie auch immer dies vom diplomatischen Standpunkt aus anzusehen

ist, vom Standpunkt einer religiösen Deutung dieses Krieges kann kein Zweifel bestehen, daß die wahre Bedeutung dieses Krieges prophetisch ausgedrückt werden muß, und das bedeutet: ohne jede Rücksicht auf taktische Erwägungen.

Wenn es zutrifft, wovon ich fest überzeugt bin, daß das „Ende des protestantischen Zeitalters" bevorsteht – in dem Sinne, wie ich das früher in meinen Schriften ausgeführt habe –, und wenn dieser Krieg ein Symptom und vermutlich das wichtigste Symptom für die revolutionäre Umformung des protestantischen Zeitalters ist, dann ist eine Deutung des Krieges im Hinblick auf seine Ziele unbedingt gefordert.

So verstanden, bedeutet eine Feststellung der Kriegsziele weder einen bindenden Entwurf für eine künftige Friedenskonferenz noch ein Instrument der Kriegspropaganda. Zwar kann eine Formulierung von Kriegszielen beiden Zwecken dienstbar gemacht werden, und das wird vermutlich auch geschehen, aber das ist nicht ihre eigentliche Bedeutung.

Ein Entwurf für eine Friedenskonferenz – falls es eine derartige Konferenz überhaupt geben wird – ist deswegen nicht möglich, weil ein solcher Plan sehr stark von der Mächtekonstellation zum Zeitpunkt der Friedenskonferenz abhängt. Er ist weiterhin abhängig von der psychologischen Situation der Menschen, die mit den Verhandlungen betraut sein werden. Beides läßt sich nicht voraussehen. Man kann nicht voraussehen, was im entscheidenden Augenblick diktiert werden kann und was an Kompromissen unumgänglich ist. Daher sind alle Verkündigungen von Kriegszielen, die – offen oder versteckt – den Charakter eines festen Entwurfs haben, bedeutungslos und rufen unseren Widerwillen hervor.

Keine der kämpfenden Machtgruppen kann auf die Verkündung von Kriegszielen als Mittel ihrer Kriegspropaganda verzichten. Aber weil das alles Propaganda ist, taugt es nicht dazu, ein neues Lebenssystem zu schaffen, ja kann es sogar gefährden. Schlagworte wie „Den Krieg gewinnen!" oder „Zerschmettert Hitler!" oder „Rettet die Demokratie!" oder „Verteidigt die amerikanische Lebensform!" tragen ebensowenig zum Verständnis dieses Krieges bei wie die gegnerischen Schlagworte von der „Neuordnung Europas", vom „Lebensraum im Osten" oder vom „Kampf der Habenichtse gegen die Besitzenden". Auf einer solchen Ebene können Kriegsziele ernsthaft nicht erörtert werden.

Die Wirksamkeit solcher Schlagworte zu beurteilen, gehört zu den Aufgaben der Propagandazentralen in den verschiedenen Hauptstädten. Die Tatsache, daß die Massen in den Achsenstaaten dem Krieg

gleichgültig gegenüberstehen und daß es in der Haltung der Demokratien große Gegensätze gibt, scheint anzudeuten, daß die Propaganda nicht gerade erfolgreich ist. Sie kann es nicht sein, denn sie bringt weder die politische noch die moralische, noch die metaphysische Bedeutung dieses Krieges zum Ausdruck. Auf der ganzen Welt sind die Menschen viel zu tief erschüttert und unbewußt skeptisch für derartig simple, oberflächliche und auf abstoßende Weise propagierte Behauptungen. Es ist auch keine gute Strategie, die in Schrecken versetzten Massen mit billigen Schlagworten über den Sinn des Krieges zu füttern. Sie fühlen sich betrogen.

Wenn Kriegsziele festgelegt werden, so liegt deren wahre Bedeutung darin, daß in ihnen eine Vision beschworen wird, die über den gegenwärtigen Zustand unserer Welt hinausführt, für die zu kämpfen, zu leiden und schließlich zu sterben einen Sinn hat. Bis jetzt aber ist eine solche Vision noch von niemandem, der befugt ist, etwas über die Kriegsziele zu sagen, verkündet worden. Falls sie in den Köpfen unbekannter Menschen vorhanden sein sollte, so ist sie bis jetzt noch nicht zum Vorschein gekommen, und vor allem, bis jetzt hat sie noch nicht den Geist und die Herzen der Menschen ergriffen. Ohne eine solche Vision aber ist ein erfolgreicher Kampf bis zum Sieg nicht möglich.

Die frühe Kirche hat den Krieg gegen die heidnische Welt im Licht der Vision vom Reich Gottes geführt. Das frühliberale Bürgertum hat siegreich gegen die feudale Gesellschaftsordnung gekämpft, weil sein Leitbild die Vision von der Freiheit und Gleichheit der Menschen war. Der Kommunismus hat einen großen Teil der bürgerlichen Welt besiegen können dank seiner Vision von einer klassenlosen Gesellschaft. Der Faschismus hat breite Kreise und ganze Nationen ergriffen, und zwar durch seine moralisch reaktionäre, technisch aber fortschrittliche Vision einer neuen Lebensform. Die im Krieg stehenden Demokratien haben eine solche Vision nicht entwickeln können.

Die Tatsache, daß es eine solche Formulierung der Kriegsziele nicht gibt, ist Ausdruck für das Fehlen einer Vision, die über die heutige demokratische Existenz hinausgeht. Dem könnte man entgegenhalten, daß es gerechtfertigte Verteidigungskriege gibt und daß eine erfolgreiche Verteidigung der demokratischen Lebensform gegen den Angriff von Tyrannei, Unmenschlichkeit und Heidentum eine ausreichende Rechtfertigung für diesen Krieg sei. Aber das, was nach dem ersten Weltkrieg geschehen ist, bezeugt das Gegenteil: es war gerade die Demokratie, die sich als fruchtbarer Boden für die aggressiven Kräfte erwiesen hat.

„Verteidigung" genügt als Kriegsziel, wenn der Angriff von außen

kommt, wenn, wie man es oft in einem sehr irreführenden Bild ausgedrückt hat, ein Gangster einen friedlichen Bürger mit der Absicht zu morden überfällt. Für den gegenwärtigen Krieg stimmt aber dieses Bild überhaupt nicht. Diejenigen, die angegriffen wurden, hatten den Angreifer, bewußt oder unbewußt, in sich selbst und haben ihn noch in sich. Durch die soziale Ungerechtigkeit, die sie mit allen Kräften verteidigten, haben sie den Kommunismus erweckt, und um ein Werkzeug gegen den Kommunismus zu haben, haben sie den Faschismus genährt.

Der Angriff gegen die Demokratien ist ein Angriff aus dem Lager der Demokratie selbst. Infolgedessen muß die Demokratie zu ihrer Verteidigung den Angriff gegen sich selbst führen, nämlich gegen jene Struktur der Demokratien, die für diese selbstmörderische Spaltung verantwortlich ist. Die Vision, die die Demokratie braucht, ist eine Vision von ihrer eigenen grundlegenden Umformung.

Das Kriegsziel, das von der Demokratie formuliert werden muß, ist eine soziale, politische und geistige Lebensordnung, in der die Ursachen, die die jetzige Katastrophe herbeigeführt haben, überwunden sind. Diese Ursachen sind keine unglücklichen Zufälle, sondern Tendenzen, die im tiefsten Wesen der bürgerlichen Demokratie verwurzelt sind.

Es ist völlig falsch, diesen Krieg lediglich aus den Fehlern der Friedensverträge nach dem letzten Krieg abzuleiten – obwohl sie als Symptome wichtig sind; oder diesen Krieg lediglich aus dem Aufstieg einiger böser Menschen zu unbeschränkter Macht zu erklären – obwohl sie die Werkzeuge historischen Schicksals sind! Oder diesen Krieg vom Zusammenstoß konkurrierender Formen des Imperialismus und Nationalismus allein abzuleiten – obwohl es ohne Nationalismus keinen Krieg gäbe; oder diesen Krieg allein von ökonomischen Widersprüchen im Spätkapitalismus abzuleiten – obwohl diese Widersprüche von grundlegenderer Bedeutung sind als all die anderen Gründe.

Der wahre und alles umfassende Grund dieses Krieges ist die Tatsache, daß jene Harmonie, auf der das System der liberalen Demokratie beruhte, in Idee und Wirklichkeit in verhängnisvoller Weise zerstört ist. Die Annahme, daß die Verwirklichung individueller Interessen eine universale Harmonie der Interessen schaffen würde, die Annahme, daß die Gedankenfreiheit an sich eine universale Harmonie der Wahrheit bewirken würde, oder die Annahme, daß die Politik des Gleichgewichts der Kräfte ein harmonisches System der ökonomischen und politischen Mächte schaffen werde – das alles ist zusammengebrochen. Auf allen Gebieten und in jeder Hinsicht führte dies zu völligem Zerfall: Interesse rang mit Interesse, Macht mit Macht, Ideo-

logie mit Ideologie in einem Kampf auf Leben und Tod. Es hat sich innerhalb des sich auflösenden Systems der liberalen Demokratie kein einigendes Prinzip finden lassen.

Alle Lebensbereiche, alle sozialen Gruppen, alle herrschenden und beherrschten Klassen spalteten sich in diesem Auflösungsprozeß. Das wichtigste Symptom ist die Aufnahmebereitschaft der Massen für jede antiliberale Propaganda und totalitäre Ideologie und die Aufnahmebereitschaft der herrschenden Klasse für den Hauptfeind der Demokratie, den Faschismus. Die Folge der Spaltung innerhalb der herrschenden Schichten der Demokratien ist die sogenannte Befriedungspolitik. Sie ist der Prüfstein für die internationale Solidarität all jener Gruppen, welche um jeden Preis ihre Macht zu erhalten suchen, die bedroht ist von den Massen eines sich auflösenden gesellschaftlichen Systems – selbst um den Preis der Demokratie.

Die Formulierung der Kriegsziele muß diese Situation enthüllen. Aber gerade die Tatsache, daß es eine solche Formulierung noch nicht gibt, zeigt, daß die herrschenden Schichten eine derartige Aufdeckung und Selbstanklage fürchten. Eine Formulierung der Kriegsziele ist notwendig, weil man bis jetzt jede wesentliche Aussage aus dem eben genannten Grunde verhindert hat.

b) Welche Kriegsziele?

In dem ersten Artikel dieser Reihe[2] hatte ich unter der Überschrift „Warum Kriegsziele?" folgendes geschrieben: „Das Kriegsziel, das von der Demokratie formuliert werden muß, ist eine soziale, politische und geistige Lebensordnung, in der die Ursachen, die die jetzige Katastrophe herbeigeführt haben, überwunden sind." Soll dies der Leitgedanke sein, so müssen bei jeder Erörterung der Kriegsziele zwei Gesichtspunkte berücksichtigt werden: die äußere Wechselbeziehung der Staaten und die innere Struktur der sozialen Ordnung innerhalb der Gesellschaft. Weil dieser Krieg nicht nur ein Krieg zwischen Staaten ist, sondern zugleich ein Krieg um eine neue Lebensordnung, müssen diese beiden Gesichtspunkte unbedingt mit gleichem Nachdruck und in Abhängigkeit voneinander herausgearbeitet werden.

Der Glaube an eine automatische Harmonie, die durch uneingeschränkte nationale und individuelle Konkurrenz entsteht, ein Glaube, der die politische und soziale Struktur der westlichen Gesellschaft weitgehend bestimmt hat, ist zusammengebrochen. Dieser Zusammenbruch

---
[2] Hier: identisch mit Abschnitt a).

betrifft den Harmonieglauben nach außen wie nach innen; infolgedessen muß auch das künftige neue Prinzip im Hinblick auf beide Seiten formuliert werden. Es könnte wie folgt ausgedrückt werden:
1. Die Freiheit der Nationen ist abhängig von einer überstaatlichen Organisation, an der jeder Staat aktiv teilhat und deren Macht ihn gegen Unsicherheit und Eroberung zu schützen vermag.
2. Die Freiheit des Individuums ist abhängig von einer sozialen und wirtschaftlichen Organisation, an der jedes Individuum aktiv teilhat und deren Macht ihn gegen Unsicherheit und Ausbeutung zu schützen vermag.

Bevor ich diese Prinzipien als Kriterien behandele, an denen alle Formulierungen von Kriegszielen zu messen sind, möchte ich zweierlei bemerken:
1. Auf diesen Artikel wird ein dritter folgen mit der Überschrift „Wessen Kriegsziele?". Darin soll erörtert werden, welche politische Chancen dafür bestehen, daß diese Ziele wenigstens teilweise verwirklicht werden, und welche Rolle die USA in diesem Zusammenhang spielen wird; der vorliegende Artikel behandelt die Kriegsziele als solche und zwar von einem vorwiegend europäischen Standpunkt aus.
2. Ich fühle mich gedrängt, den Führern jener Demokratien, denen am Ende die Verantwortung für den Wiederaufbau Europas zufallen mag, eine Warnung zuzurufen. Die Vernichtung jener bösen Mächte, die zur Zeit Europa beherrschen, kann zur Vernichtung des Kontinents selbst und aller Menschen, die ihn bewohnen, führen. Das bedeutet zunächst, daß der Krieg nur bis zu dem Punkt geführt werden darf, an dem das Wiederaufbauwerk nach den oben genannten Prinzipien begonnen werden kann. Das setzt nicht nur die Vernichtung der Nazis, sondern auch die Erhaltung eines unabhängigen und geeinten europäischen Kontinents voraus. Das bedeutet zweitens: Ein Kriegsziel, das den *status quo* erhalten will, muß von jeder ernsthaften Diskussion ausgeschlossen sein. Hält man an dem Prinzip des *status quo* fest – selbst wenn dieser beträchtlich verbessert werden sollte –, dann ist der Tag, an dem der jetzige europäische Krieg zu Ende geht, die Geburtsstunde für den nächsten Krieg, der Europa völlig vernichten wird. Für die Zukunft Europas und der Welt sind die Liberalen, die sich für den *status quo* einsetzen, eine ebenso große Gefahr wie die amerikanischen Imperialisten, die von einem „amerikanischen Zeitalter" reden. Beide zerstören das Haus, gegen dessen Zerstörer sie angeblich kämpfen.

Wie immer wir auch den technischen Fortschritt vom religiösen Standpunkt aus auffassen, wir müssen zugeben, daß er der Menschheit einen einheitlichen Raum schuf und so die alte religiöse und philo-

sophische Vorstellung von „Welt" erfüllt, nämlich eine letzte Einheit aller Dinge. In unserer Zeit erscheint so etwas wie „Welt" in Form von „Weltgeschichte", das heißt: keiner Menschengruppe ist es jetzt noch möglich, sich von dem, was sich geschichtlich ereignet, fernzuhalten. Es ist die Tragik der Menschheit, daß durch eben diese technischen Mittel gleichzeitig die Risse in der geschichtlichen Welt größer und schrecklicher als je zuvor geworden sind. „Welt" ist eine Forderung, nichts Gegebenes. Der Mensch muß sich seine Welt schaffen, und er kann sie schaffen, obwohl er ständig von Selbstzerstörung bedroht ist. Das erste Friedensprinzip ist abgeleitet aus dieser Forderung, eine größere, überstaatliche Einheit zu schaffen, die mehr „Welt" und daher menschlicher ist als jeder einzelne souveräne Staat.

Eine solche Einheit hat zur Voraussetzung, daß die Souveränität der Einzelstaaten völlig aufgegeben wird. Ohne das Ende des souveränen Staates gibt es keine Freiheit der Staaten. Das Ende des liberalen Prinzips der Souveränität ist der Anfang der nationalen Freiheit – nicht nur für die kleinen, sondern auch für die großen Nationen. Die notwendige Ergänzung zum Prinzip der Souveränität war das Prinzip des Gleichgewichts der Kräfte: Ein ausgewogenes System der Machtverhältnisse zwischen den verschiedenen Staaten hatte die Willkür der souveränen Staaten in Zaum gehalten; auf lange Sicht hin sollte keine Gruppe stärker als die andere sein. Ein führender Staat mußte die verschiedenen Gruppen gegeneinander ausspielen und verhindern, daß eine überlegene Gruppe oder ein überlegener Staat hochkam. Aber dieses Spiel, so nützlich es in der Vergangenheit gewesen sein mag, kann nicht mehr weitergespielt werden, nachdem seine Unzulänglichkeit an zwei Weltkriegen und dem Elend fast der gesamten Menschheit sichtbar geworden ist. Das erste Kriegsziel, das vom christlichen und humanistischen Gesichtspunkt gefordert werden muß, ist ein Bund aller Staaten im Gegensatz zum Gleichgewicht der Kräfte. Der Einzelstaat darf nicht mehr militärische, diplomatische und wirtschaftliche Souveränität samt den entsprechenden rechtlichen Institutionen für sich in Anspruch nehmen. Souveränität kommt allein dem Staatenbund zu, und dieser hat sie von seinen Mitgliedern erhalten, die andererseits ihre kulturelle Autonomie bewahren. Der Staatenbund muß, im Unterschied zum früheren Völkerbund, auf dem Willen des Volkes beruhen, wie es die amerikanische Verfassung vorsieht, und nicht auf der Diplomatie der Regierungen. Wenn Staaten Krieg führen, so erlebt man immer wieder das gleiche: wenn sich z. B. einzelne Menschen der kriegführenden Mächte als Kriegsgefangene begegnen, dann empfinden sie unmittelbar das Gemeinsam-Menschliche trotz ihrer verschiedenen Nationali-

täten. Der Haß zwischen Nationen wird künstlich erzeugt, er ist ein Mittel der Machtpolitik, dessen sich die herrschenden Gruppen um innerer und äußerer Zwecke willen bedienen – er entspringt nicht dem natürlichen Wesen der Menschen. Ein Staatenbund, der auf dem natürlichen Empfinden des Volkes beruht, ist möglich und wird, einmal verwirklicht, unbeschränkt dauern. Ein Bund der Regierungen hingegen, der sich auf Machtpolitik aufbaut, ist nicht möglich und wird zusammenbrechen, wie der erste „Völkerbund" zusammengebrochen ist.

Freilich kann der Widerstand gegen eine solche Lösung, den die Herrschenden in jedem Staat leisten, nur durch schreckliche Katastrophen gebrochen werden. Der erste Weltkrieg hat dies nicht zustandegebracht. Der zweite Weltkrieg kann vielleicht wenigstens die Menschen im kontinentalen Europa davon überzeugen, daß die staatliche Souveränität jene dämonische Kraft ist, von der sie in immer kürzer werdenden Intervallen und auf immer schrecklichere Weise vernichtet werden. Deshalb lautet die erste, wenn auch nicht letzte Forderung: Schaffung eines Staatenbundes für den europäischen Kontinent. Ein solcher Bund läßt sich erreichen, und das ist der nächste Schritt, der getan werden muß, wenn die Alternative, nämlich die völlige Vernichtung Europas in einem dritten Krieg, vermieden werden soll. Gemessen an der Idee von der Einheit der gesamten Menschheit ist das zwar ein begrenztes Ziel, aber es ist realistisch im Unterschied zu den Träumen politischer Pazifisten und im Unterschied zum überschwenglichen Wunsch derer, die die sofortige Errichtung eines Weltstaates fordern. Dies ist das erste und grundlegende Kriegsziel.

Aber das zweite ist ebenso wichtig: die Umformung jener Gesellschaft, die die jetzige Katastrophe hervorgerufen hat, in eine Gesellschaft, in der zumindest eine gleichartige Katastrophe nicht mehr möglich ist.

Der absoluten Souveränität der Nation entspricht die absolute Unabhängigkeit, mit der jede Privatperson oder jede private Körperschaft ihren Geschäften, lediglich nach dem Gesetz des privaten Nutzens, nachgehen kann. Und der Politik des Gleichgewichts der Kräfte entspricht der Glaube an die ausgleichende Kraft der Marktgesetze, mit denen die sogenannten führenden Industriellen operieren. Und genauso wie das Gleichgewicht der Kräfte in einer bestimmten historischen Epoche und in einem bestimmten geographischen Raum funktioniert hat, haben in der gleichen Epoche und in dem gleichen Raum die Gesetze des Marktes funktioniert. Jetzt aber, angesichts des erschütternden Zerfalls, in dem sich das System des ökonomischen Liberalismus zumindest in Europa befindet, und angesichts der Unmöglich-

keit, zur Situation des 19. Jahrhunderts zurückzukehren, muß ein neues Prinzip angenommen werden, jedenfalls für einen europäischen Staatenbund. Dieses Prinzip muß die schöpferische Freiheit der Einzelperson garantieren, indem es sie von Ausbeutung, Unsicherheit und Verzweiflung befreit und davor schützt. Auch diese Forderung wird, genau wie die Forderung nach einer geeinten Menschheit, zugleich vom Christentum und vom Humanismus erhoben. Eben das Streben nach menschlicher Freiheit, nach schöpferischer Freiheit für jeden einzelnen Menschen ist es, von dem sich das Prinzip der Planwirtschaft herleitet. Die Freiheit wird keineswegs geopfert, wenn man die liberale Willkür – bei Staaten wie bei Individuen – abschafft. Vielmehr wird, wenn man den ungezügelten Kampf um politische und wirtschaftliche Macht aufgibt, das Haupthindernis für die Freiheit in der menschlichen Geschichte beseitigt.

Zentrale wirtschaftliche Planung wird zur Zeit von den Nazis in europäischem Maßstab betrieben. Aber das geschieht barbarisch, unmenschlich, nationalistisch, in gleicher Weise, wie sie die politische Einheit in Deutschland und Europa erreicht haben – durch Unterdrückung und Eroberung. So darf freilich nicht vorgegangen werden, wenn Freiheit erreicht werden soll. Aber Planwirtschaft ist nötig, auch wenn althergebrachte Vorrechte von Interessengruppen verletzt werden –, genauso wie der Staatenbund die Interessen der Herrschenden in den einzelnen Staaten begrenzen muß. Geschieht das aber nicht, dann wird das System der unbegrenzten Konkurrenz zwischen den kapitalistischen Staaten – zusammen mit der rapiden technischen Entwicklung – infolge seiner Unfähigkeit, die europäischen Massen zu ernähren, neue revolutionäre und konterrevolutionäre Bewegungen hervorrufen –, Bewegungen, in denen sich die verzweifelten Massen und die herrschenden Klassen, die ihre Vorrechte verteidigen, gegenüberstehen werden. Und es ist höchst wahrscheinlich, daß das zu einem System der Unterdrückung führen wird, das viel stärker ist als das, wogegen die Demokratien jetzt kämpfen. Dazu kommt noch die immer größer werdende Gefahr, daß die Demokratien selbst dieses System annehmen werden.

Das zweite Kriegsziel enthält die Forderung, eine Planwirtschaft zu schaffen, die genügend liberale Elemente enthält, um eine Wiederholung totalitärer Tyrannei in anderen Formen zu verhindern. Das ist nicht unmöglich. Aus den wirtschaftlichen Experimenten und Erfahrungen der letzten drei Jahrzehnte haben sich viele brauchbare Methoden ergeben. Sie können sämtlich angewandt werden: die liberaleren in einer weniger gestörten Wirtschaft (wie in Amerika), die stärker zentralisierten in einer völlig zerfallenen Wirtschaft (wie in Europa).

Sollten die Demokratien, insbesondere England, nicht imstande sein, ein überzeugendes Modell aufzustellen für die soziale Umwandlung, die das zweite Kriegsziel bildet, dann werden andere Kräfte die neue Ordnung in Europa und der Welt bestimmen. Und sollten die Demokratien, insbesondere Amerika, nicht imstande sein, den europäischen Kontinent in eine föderative Union zu bringen, dann wird diese gegen sie von den unversöhnlichen Feinden der Demokratien durchgesetzt werden.

Aber dies führt zu dem dritten Artikel dieser Reihe, der sich mit konkreten politischen Fragen befaßt.

c) Wessen Kriegsziele?

Durch eine Analyse der politischen und sozialen Situation vor dem gegenwärtigen Krieg habe ich im ersten Aufsatz dieser Reihe[3] gezeigt, warum Kriegsziele formuliert werden müssen. Nun wende ich mich der Frage zu, wessen Kriegsziele wir hier darlegen. Zur Beantwortung dieser höchst schwierigen Frage wiederhole ich die beiden Prinzipien, die über jeder Erörterung von Kriegszielen stehen sollten:

1. „Die Freiheit der Nationen ist abhängig von einer überstaatlichen Einheit, an der jeder Staat aktiv teilhat und deren Macht ihn gegen jede Unsicherheit und Eroberung zu schützen vermag."

2. „Die Freiheit des Individuums ist abhängig von einer sozialen und wirtschaftlichen Organisation, an der jedes Individuum aktiv teilhat und deren Macht ihn gegen Unsicherheit und Ausbeutung zu schützen vermag."

Eine Antwort auf die Frage „Wessen Kriegsziele?" oder, genauer, „Wer kann für diese Ziele kämpfen?" ist möglich, wenn sich Gruppen finden lassen, die willens sind, diese Prinzipien als ihre eigenen anzuerkennen. Einige solcher Gruppen könnten sofort gefunden werden, aber noch viel mehr müßten durch politische Propaganda gewonnen werden; einige, vielleicht die mächtigsten, müßten ihrer Macht beraubt werden, ehe es möglich sein wird, die neue Welt gemäß diesen Prinzipien einzurichten.

Nun könnte man sagen, die Frage, wer für diese Kriegsziele kämpfen will, ist sehr einfach zu beantworten. Da nur der Sieger die Kriegsziele durchführen kann und anzunehmen ist, daß die Demokratien und ihre Alliierten die Sieger sein werden – denn sonst wäre die ganze Diskussion unnütz –, würde sich ergeben, daß diese Ziele eben die Kriegs-

---
[3] Hier: identisch mit Abschnitt a).

ziele der Demokratien sind. Aber diese einfache Antwort ist aus vielerlei Gründen nicht nur einfach, sondern falsch. Nicht die Sieger allein müssen die Kriegsziele anerkennen, sondern ebenso auch die Besiegten, zumindest große Gruppen der Besiegten. Außerdem kämpfen durchaus nicht alle Gruppen innerhalb der Siegerstaaten für diese Ziele. Tatsächlich werden es nur wenige sein. Die Frage der Kriegsziele, falls sie ernstgenommen und nicht nur als Mittel der Kriegspropaganda angesehen wird, entzweit die kriegführenden Staaten, sie trennt sie sogar noch tiefer als die Gegensätze, die zu diesem Krieg geführt haben.

Wenn wir mit dem ersten Prinzip und seiner Bedeutung für verschiedene europäische Gruppen und Amerika beginnen, so stehen wir vor folgender Situation: Die europäischen Staaten, die eine Invasion erlitten haben, besonders die kleineren von ihnen – aber auch eine Nation wie Frankreich –, haben ein höchst lebhaftes Interesse an einer radikalen Übergabe ihrer militärischen und wirtschaftlichen Souveränität an eine Föderation, in der sie entsprechend ihrer politischen und kulturellen Bedeutung aktive und entscheidungsfähige Mitglieder wären. Es wäre das endgültige Todesurteil für Europa, wenn die politische und militärische Unabhängigkeit der einzelnen europäischen Staaten bestehenbliebe. Die meisten führenden und alle denkenden Menschen in Europa wissen das. Aber wessen persönliches Interesse mit der Erhaltung des Prinzips der Souveränität verbunden ist, der schafft sich und anderen eine Ideologie, die sein Interesse rechtfertigen soll. Das ist sehr natürlich in einer Situation wie der, in der sich Exilregierungen befinden: Sie sehen in der Wiederherstellung ihrer absoluten Unabhängigkeit die Alternative zur gegenwärtigen Unterdrückung; sie sehen nicht, daß es eine andere, bessere Alternative gibt – die Freiheit einer aktiven Teilnahme an dem europäischen Staatenbund.

Für die Bevölkerung der Achsenmächte ist die Situation die gleiche wie für die Menschen der übrigen europäischen Staaten. Aber der Widerstand ihrer jetzigen Herrscher gegen eine Föderation kann nur gebrochen werden, wenn die faschistische Führerschaft im Laufe des Krieges beseitigt wird. Es gehört zu den tragischen Aspekten unserer Situation, daß die Zerstörung der absoluten Unabhängigkeit der europäischen Staaten durch Eroberung und Tyrannei herbeigeführt worden ist und daß die Eroberer an moralischem Prestige infolge dieser Vereinigung gewonnen haben, wenn auch der Grundgedanke von ihnen entstellt worden ist. Zudem erwecken sie eine ungeheure nationalistische Reaktion auf diese Vereinigung durch Sklaverei. Falls es nicht gelingt, diese Reaktion zugleich mit den Nazieroberern zu überwinden, bleibt keine Hoffnung mehr für Europa.

Die Frage, ob Rußland an einer europäischen Föderation teilnehmen soll, kann seit dem deutsch-russischen Krieg positiver beantwortet werden. Wie auch immer dieser Krieg enden mag, er hat die isolierende Mauer zwischen Rußland und dem übrigen Europa niedergerissen und könnte den totalitären Charakter der russischen Regierung mildern. Der Krieg hat zwischen Rußland und Großbritannien eine militärische und diplomatische Allianz geschaffen, er hat einen unmittelbaren Kontakt zwischen der russischen und der mitteleuropäischen Bevölkerung geschaffen und schafft ihn noch.

Schwieriger ist die Haltung Englands zu einer europäischen Föderation – eine Folge seiner Stellung als Mitte des Empire und als einer europäischen Macht zugleich. Ein geeinter Kontinent – ob ihm nun die britischen Inseln angehören würden oder nicht – liegt nicht im Interesse der imperialistischen Tories von Großbritannien. Eine der Gefahren nach einem erfolgreichen Krieg (und sie ist von der Acht-Punkte-Erklärung Churchills und Roosevelts keineswegs gebannt) ist der Versuch britischer Imperialisten, das Prinzip der Souveränität und damit die Teilung des Kontinents zur Geltung zu bringen. Das ist sicherlich nicht die Absicht der linksgerichteten Gruppen Englands – Labour und Intelligenz –, die aus Prinzip und Tradition antiimperialistisch sind. Aber es ist sehr zweifelhaft, welche Tendenz in den entscheidenden Tagen der Friedensverhandlungen die Oberhand haben wird. Jeder Amerikaner, der das Prinzip der Föderation und die Notwendigkeit der europäischen Föderation erfaßt hat, sollte versuchen, die angelsächsische Friedenspolitik in dieser Richtung zu beeinflussen.

Für Amerika bedeutet die Unterstützung einer europäischen Föderation, daß jegliche Form einer Politik nach dem Schlagwort „Einigung jetzt" *(Union Now)* verworfen werden muß; sie würde Europa in einen westlichen und östlichen Teil spalten und den westlichen Teil der angelsächsischen Kontrolle unterwerfen, während der östliche dem Zerfall und dem Übergang in die Barbarei überlassen bliebe. Die gemäßigte Form des Gedankens von der *Union Now*, die nur eine Union der angelsächsischen Staaten fordert, steht zwar nicht mit Notwendigkeit im Widerspruch zu dem Plan einer kontinentalen Föderation, würde aber die britischen Inseln endgültig vom Kontinent trennen. Amerikanern, die am Schatten des Völkerbundes trotz dessen offensichtlichen Versagens festhalten, fällt der Gedanke einer europäischen Föderation nicht leicht. Aber dieser Bund im Sinne eines Vertrages zwischen souveränen Regierungen ist für Europa tot und darf nicht wiedererweckt werden, wenn Europa gerettet werden soll. Falls der Gedanke in Richtung einer Weltföderation mit Exekutivmacht umgeformt wird,

so bedeutet dies praktisch die Errichtung eines Weltstaates mit föderativem Charakter. Diese Vorstellung geht natürlich weit hinaus über das beschränkte Ideal einer europäischen Föderation. Sie liegt aber im Augenblick kaum im Bereich praktischer Politik, wohingegen die Verwirklichung einer europäischen Föderation möglich ist. Amerika wird kaum willens sein, seine militärische Souveränität zu opfern, insbesondere bei seiner Marine. Und dasselbe gilt für Großbritannien und Japan. Es wäre äußerst bedauerlich, wenn das Ideal der Weltföderation dazu diente, das realistischere Ideal der europäischen Föderation zu verdrängen. Der amerikanische Idealismus sollte diesen Fehler vermeiden. Amerika kann und sollte die Bildung einer europäischen Föderation unterstützen, die durch irgendeine freie interkontinentale Union ergänzt wird. In Amerika könnte der Gedanke einer europäischen Föderation nur von solchen Gruppen abgelehnt werden, die ein desintegriertes und abhängiges Europa als ein halbkoloniales Hinterland für die Tätigkeit des *American business* haben wollen. Aber deren Einfluß auf den Wiederaufbau der Welt muß im Namen des Christentums, der Humanität und einer neuen sozialen Ordnung verhindert werden.

In der gegenwärtigen Situation lassen sich für die neue Gesellschaftsordnung gemäß dem oben genannten zweiten Prinzip einige günstige Möglichkeiten finden. Es gibt einflußreiche Gruppen und Bewegungen, die nach einem Gesellschaftszustand streben, in der durch individuelle Sicherheit die individuelle Freiheit gesichert ist. An erster Stelle ist der Präsident der Vereinigten Staaten zu zitieren, wenn er Freiheit von Furcht und Not als wesentliches Ziel nennt und dieses Ziel in die Acht-Punkte-Erklärung der Kriegsziele einschloß. Denn das bedeutet, daß die Ideale des *New Deal* durch den höchsten Vertreter der Vereinten Staaten als Weltideale ausgesprochen werden konnten und daß der Führer der englischen Konservativen gezwungen war, diese Ideale anzuerkennen. Ein anderer Faktor, der für die Schaffung einer neuen Gesellschaftsordnung durch die Friedensverhandlungen günstig sein könnte, ist die Tatsache, daß die britische Labourpartei im englischen Kriegskabinett einflußreich vertreten ist. Sollte sich ergeben, daß dies mehr ist als eine reine Konzession, die von der herrschenden Klasse für die Dauer des Krieges gemacht worden ist, und daß dies nicht die kritische Urteilskraft der Labourführer schwächt, so könnte das außerordentlich wichtig für die Frage „Wessen Kriegsziele?" werden. Der soziale Wiederaufbau von Großbritannien könnte zum Muster für den sozialen Aufbau der europäischen Föderation werden.

Ein drittes Element, das günstig ist für den sozialen Wiederaufbau, ist der Widerstand gegen den Nazismus in der deutschen Untergrund-

bewegung, die vorwiegend von Menschen sozialistischer Erziehung und Tradition getragen wird. Das gleiche gilt von Frankreich. Da ohne die Aktivität dieser Gruppen ein Sieg über den Nazismus nicht möglich erscheint, darf ihr Leitgedanke im Nachkriegseuropa nicht außer acht gelassen werden. Schließlich wird die Allianz zwischen Rußland und den Demokratien trotz aller gegenteiligen Behauptungen nicht ohne Einfluß auf die Formulierung und Verwirklichung der Kriegsziele bleiben. Rußlands Teilnahme am Krieg der Demokratien gegen Hitler sollte die Glut der antirussischen Propaganda dämpfen, auch wenn in Amerika und Großbritannien der Kommunismus als solcher nach wie vor wenig geschätzt ist. Die Hilfe, die China von Rußland gewährt wurde, hat es den chinesischen Kriegsherren unmöglich gemacht, eine stark antilinksgerichtete Politik zu betreiben. Rußlands Teilnahme an dem Kampf gegen den Faschismus hat (wie die Situation in Frankreich deutlich zeigt) den europäischen Untergrundbewegungen eine ungeheure Ermutigung gebracht. Der Kontakt des russischen Bolschewismus mit der angelsächsischen Demokratie und der deutschen Sozialdemokratie könnte einen umformenden und liberalisierenden Einfluß auf das bürokratisierte Sowjetsystem haben.

Gegen diese Faktoren, die günstig sind für den Aufbau einer Gesellschaftsordnung, die Freiheit und Sicherheit vereint, kämpfen jedoch außerordentlich starke Kräfte. Es gibt nicht nur eine linksgerichtete Opposition gegen den Nazismus in den Achsenmächten und in den eroberten Ländern, es gibt auch eine nationalistische, militaristische und kapitalistische Opposition. Sollten letztlich die deutschen militaristischen Reaktionäre das Hitlertum besiegen, dann geschähe das nicht für eine neue Gesellschaftsordnung, sondern für eine andere Spielart des Faschismus. Und wenn Gruppen wie die von de Gaulle und entsprechende Gruppen in Polen und der Tschechoslowakei usw. die Herrschaft in ihren Ländern ergreifen, so geschähe auch das nicht für eine neue Gesellschaftsordnung. In England sind die Chancen für einen gesellschaftlichen Wiederaufbau ziemlich verringert, seitdem der äußere Druck weniger stark zu spüren ist und seitdem die wirtschaftliche Katastrophe der herrschenden Klasse durch die amerikanische Hilfe verhindert worden ist. Nicht minder gefährlich aber ist die Haltung des amerikanischen Kapitalismus. Er beobachtet die Allianz zwischen Rußland und den Demokratien mit Mißtrauen; er ist immer noch ein Feind des Gedankens vom „New Deal". Für den sozialen Wiederaufbau Europas ist der amerikanische Kapitalismus, wie er nicht nur durch „big business", sondern auch durch die untere Mittelklasse repräsentiert ist, mindestens so gefährlich wie die reaktionären Kräfte in Europa.

Deshalb ist in unserem Land die Ausarbeitung von Kriegszielen ganz gewiß keine akademische Aufgabe. Für viele Jahrzehnte ist die Zukunft Europas und der Menschheit davon abhängig, daß eine neue politische und gesellschaftliche Ordnung errichtet wird gegen jene Kräfte in der ganzen Welt, die uns nach dem Sieg den Frieden auf eine noch schlimmere Weise verlieren lassen werden als nach dem ersten Weltkrieg.

35. DER EUROPÄISCHE KRIEG UND DIE CHRISTLICHEN KIRCHEN

Die Haltung der christlichen Kirchen gegenüber dem Krieg in Europa ist ein Ausdruck ihres allgemeinen Wesens und ihrer gegenwärtigen Entwicklungsstufe. Wichtige Äußerungen der Kirchen über den Krieg, die schon bekannt geworden sind, lassen unterschiedliche Haltungen der jeweiligen Kirchen erkennen. Im ganzen gesehen gibt es nichts, was nicht von der Geschichte und der Tradition der betreffenden Kirchen her hätte vorausgesehen werden können.

Für die katholische Kirche ist die erste Enzyklika des heutigen Papstes entscheidend, in der er offen und scharf sowohl Deutschland als auch Rußland angreift und sie beide als atheistisch bezeichnet. Der Angriff auf Rußland und den Kommunismus kann nicht überraschen. Er gehört zur Tradition der römisch-katholischen Kirche, seit es den Kommunismus gibt. Aber der Angriff auf den Nationalsozialismus ist heftiger als je zuvor geworden. Trotz der Enzyklika gegen das Neu-Heidentum wagte der Vatikan nie, mit der gleichen Schärfe gegen den Nationalsozialismus und den Faschismus zu kämpfen wie gegen den Kommunismus. Der Kommunismus war der wirkliche Feind, und solange Deutschland ein möglicher Partner gegen den Weltkommunismus zu sein schien, wagte der Papst nicht, etwas gegen Deutschland zu unternehmen – trotz aller Verfolgungen, die die katholische Kirche unter dem Nationalsozialismus erleiden mußte. Dies war der Grund, warum der höhere Episkopat in Deutschland – wenn auch nicht der niedere Klerus und die katholischen Massen – versuchte, zwischen dem Katholizismus und dem Nationalsozialismus eine Brücke zu schlagen. Das Gewissen vieler Katholiken wurde durch diese zweideutige Diplomatie gespalten. Nun hat der Nationalsozialismus aufgehört, ein möglicher Partner im Kampf gegen den Kommunismus zu sein; er kann also ohne viel Vorbehalte angegriffen werden. Der Nationalsozialismus kann

bekämpft werden als ein Mitglied der atheistischen Front, die Gott und der Kirche den Krieg angesagt hat. Denn Gott und die Kirche lassen sich nicht trennen. Wer die Kirche schmäht, schmäht Gott selber. Die „Front des Glaubens" ist aufgerufen gegen die „Front des Unglaubens" – die erstere hat ihren Mittelpunkt in der katholischen Kirche, die letztere im Kommunismus und im Nationalsozialismus.

Verschieden und doch ähnlich ist die Haltung der anglikanischen Kirche, wie sie durch den Erzbischof von Canterbury repräsentiert wird. Während der römische Bischof an der Spitze einer Kirche steht, die nicht in eine nationale Politik verstrickt ist, ist der Erzbischof von England das Oberhaupt einer festgefügten Nationalkirche, die sich nicht von dem ständigen politischen Einfluß freimachen kann, der von den führenden Gruppen des Staates auf sie ausgeübt wird. Dies erklärt die vorsichtige Diplomatie des Erzbischofs von Canterbury gegenüber Deutschland vor Ausbruch des Krieges, obschon er die protestantische Opposition gelegentlich gelobt hat, und ungeachtet der großartigen Hilfe, die mit seiner Zustimmung für die deutschen Flüchtlinge – besonders von dem Bischof von Chichester – geleistet wurde. Seine allgemeine Haltung gegenüber Hitler wurde bestimmt durch die Politik der konservativen Partei. Folglich benutzte er bei Ausbruch des Krieges seine religiöse Autorität, um die Interessen und Ziele Englands zu unterstützen. Die gerechte Sache der Alliierten wurde sofort mit der Zielsetzung des Christentums gleichgesetzt. Zweifellos hat das Verhalten der Hitlerregierung es den anglikanischen Kirchenführern leichtgemacht, diese Gleichsetzung zu vollziehen. Trotzdem ist es eine typisch ideologische Äußerung einer Nationalkirche. Darum zeugte es von einem tiefen christlichen und ökumenischen Empfinden, als der Erzbischof von York kürzlich eine Erklärung abgab, in der sich ökumenisch christlicher Geist gegen die nationalen Gesichtspunkte durchsetzte.

Die deutschen lutherischen Kirchen können keine öffentlichen Erklärungen abgeben. Aber Briefe, die uns erreicht haben, zeigen ganz deutlich eine nicht-nationalistische, christliche Haltung der führenden Glieder dieser Kirchen. Die Tatsache, daß man mit einem deutschen Sieg nicht rechnet, ist unter den gegenwärtigen Umständen erstaunlich und bewundernswert. Als die Vereinigten Staaten die Nachricht erreichte, daß Martin Niemöller aus dem Konzentrationslager heraus seine Dienste der deutschen Marine angeboten hat, löste das hier eine große Sensation und eine ungeheure Verwirrung aus. Niemand konnte sich vorstellen, daß der Mann, für den England und Amerika so lange gebetet hatten, für dessen Befreiung man sich in England und Amerika so intensiv eingesetzt hatte, freiwillig den Krieg unterstützen wollte,

den die Feinde des Christentums seinen Verteidigern erklärt hatten. Aber diese Nachricht, von der ich weiß, daß sie wahr ist, kann diejenigen, die den ursprünglichen lutherischen Geist kennen, nicht erstaunen. Für das orthodoxe Luthertum sind Politik und Religion zwei vollkommen getrennte Dinge. Jeder Bürger ist der bestehenden Regierung zu unbedingtem Gehorsam verpflichtet – selbst, wenn sie nicht gut ist –, soweit es Gesetz und Politik betrifft. Jeder einzelne ist zuerst ein Mitglied der Nation, besonders in Zeiten des Notstands; erst in zweiter Linie ist er eine eigenständige Persönlichkeit. Für den Lutheraner besteht kein Widerspruch zwischen dem absoluten Gehorsam gegenüber der Obrigkeit in allen Bereichen des äußeren Lebens und dem absoluten Ungehorsam gegen die gleiche Obrigkeit, wenn sie die Verkündigung des wahren, christlichen Glaubens verhindert. Von diesen Gesichtspunkten aus muß Niemöller beurteilt werden. Er kann und konnte nie auf dem Boden eines nicht-lutherischen Christentums verstanden werden. Er ist hier sehr mißverstanden worden und mit ihm der ganze Kampf der Bekennenden Kirche, der nie ein politischer Kampf war.

Im amerikanischen Protestantismus müssen drei Denkmöglichkeiten unterschieden werden: 1. Radikaler Pazifismus, der erklärt, daß die Kirche den Krieg unter allen Umständen abzulehnen hat und sich der einzelne Christ beharrlich weigern muß, eine Waffe in die Hand zu nehmen. Diese Richtung des Pazifismus glaubt, daß es ein politisches System geben kann, das den Krieg vollkommen ausschaltet, obwohl es keine Macht gibt, die den Frieden gegen die Friedensbrecher erzwingen kann. 2. Ein gemilderter Pazifismus, welcher fordert, daß Amerika sich aus dem Krieg heraushält und sich bei der gegenwärtigen Lage der Weltpolitik von einer Zusammenarbeit mit Europa zurückhält. Diese Gruppe ist ziemlich groß und unterstützt die Isolationspolitik. 3. Die dritte Gruppe fühlt sich verantwortlich für die Welt und glaubt, daß Amerika ein hohes Maß an Verantwortung für Europa übernehmen sollte. Die Auffassung dieser Gruppe kam zum Ausdruck, als einer ihrer einflußreichen Vertreter sagte, daß Amerika nicht nur den räuberischen Nationalismus der Diktatoren, sondern auch den unverantwortlichen Nationalismus der Isolationisten ablehnen muß. Amerika trägt als christliche und demokratische Nation Verantwortung für die Welt. Diese Verantwortung zu verneinen, würde nicht nur Amerikas politische Existenz, sondern auch seine geistige Existenz in Gefahr bringen. Die Tatsache, daß Amerika den Völkerbund verlassen hat, das einzige Friedensinstrument, das durch den Versailler Vertrag geschaffen wurde, hat bei vielen amerikanischen Christen ein ungutes Gewissen verur-

sacht. Sie haben Angst vor der Wiederholung dieses moralischen und politischen Fehlers, der – wie sie gut erkannt haben – als eine der Hauptursachen der gegenwärtigen europäischen Situation anzusehen ist.

Seit dem ersten Weltkrieg ist ein neuer Gesichtspunkt hinzugekommen: die ökumenische Bewegung der christlichen Kirchen. Seit den Weltkonferenzen beinahe aller christlichen Kirchen (außer der römischen) in Oxford, Cambridge und Madras, und seit der Gründung eines vorläufigen Ökumenischen Rates hat sich die Haltung der Kirchen gegenüber dem Nationalismus grundlegend geändert. Es ist nicht länger mehr möglich, daß die Nationalkirchen dem nationalen Machtwillen und der Ideologie des Nationalismus ihre ungeteilte Unterstützung zusagen. Im Einklang mit der Forderung der Oxford-Konferenz haben sich alle christlichen Kirchen auf ähnliche Gebete geeinigt, ob sie sich nun in kriegführenden oder neutralen Ländern befinden. Eine große Gruppe von Kirchen fordert eine machtvolle Neufassung des „Vater Unser" in Kriegszeiten. Mitglieder aus Feindländern haben Briefe gewechselt, in denen die christliche Einigkeit die nationalen Gegensätze überbrückt. Den christlichen Kirchen ist bewußt geworden, daß sie die Aufgabe haben, allumfassende Menschlichkeit an Stelle von trennendem Nationalismus zu vertreten. Die Kirche hat trotz ihrer politischen Schwäche gelernt, daß sie aufgerufen ist, innerhalb und außerhalb der eigenen Reihen die Einigkeit der Menschheit als ein Symbol für das Reich Gottes zu vertreten.

Noch einige Worte der Kritik und Verdeutlichung: Die politische Stärke und die geistige Schwäche der römischen Kirche hat ihren Grund in der Gleichsetzung von Gott und Kirche. Dagegen ist es eine grundlegende protestantische Lehre, daß die Kirche unter dem Urteilsspruch Gottes steht und darum kein Recht hat, ein endgültiges Urteil abzugeben, das sich auf eine göttliche Autorität, heilige Personen und Geschehnisse stützt. Es kann geschehen – und es ist geschehen –, daß Gott durch antichristliche oder sogar atheistische Bewegungen mächtiger spricht als durch die organisierten Kirchen. Für diese Behauptung kann ich mich auf die Autorität der Weltkonferenz in Oxford stützen, die in einer ihrer offiziellen Erklärungen folgendes sagte: „Die Kirchen dürfen einen Angriff gegen sie nicht als Angriff gegen Gott verstehen. Sie müssen anerkennen, daß Gott durch die Bewegungen des Sozialismus und Kommunismus zu ihrem Gewissen gesprochen hat, um ihnen durch sie die wirkliche Situation von Millionen ihrer Mitglieder zu enthüllen." In dieser Erklärung liegt die Ablehnung der Auffassung, wie sie die päpstliche Enzyklika in ihrer Unterscheidung einer „Front des Glaubens" und einer „Front des Unglaubens" vertritt. Der Kampf zwi-

schen Glauben und Unglauben geht innerhalb und außerhalb der Kirchen vor sich. Die Kirche sollte sich nur dadurch verteidigen, daß sie sich mit ihren Gegnern dem göttlichen Gericht stellt. Die Tatsache, daß weder der römische noch der griechische Katholizismus dies tun kann, macht beide Kirchen zu politischen Parteigängern, beraubt sie ihrer letzten Autorität und gefährdet ihre gesamte Existenz, wie es die russischen Ereignisse gezeigt haben.

Die Gefahr, die in einer fest verwurzelten Nationalkirche liegt, ist augenscheinlich. Christentum ist Mittel zum Zweck – ein Zweck, der nicht das Reich Gottes ist. Es wird zu einem Bestandteil der nationalen Politik, und das sollte es nicht sein, selbst wenn diese Politik vom religiösen Standpunkt her vollkommen gerechtfertigt wäre. Das gefährlichste Element in der Situation der Nationalkirche ist die Tatsache, daß sie gewöhnlich nicht nur zum Instrument der nationalen Politik, sondern noch augenscheinlicher zum Instrument der herrschenden Klasse wird.

Die unterwürfige Haltung des deutschen Volkes gegenüber Tyrannei und Absolutismus ist zu einem hohen Grad in der Ethik des Luthertums verwurzelt. Bei der Beurteilung dieser Ethik und bei der Deutung der Verbindung von Kirche und Staat sollte die historische Situation während der Zeit der Reformation nicht vergessen werden. Nur die Fürsten konnten sich in dieser Zeit gegen die Bischöfe durchsetzen. So war es unvermeidbar, daß die Fürsten viele Funktionen von den Bischöfen übernahmen. Das unterstellte die Kirche in einem Maße der staatlichen Verwaltung und der politischen Macht, wie es in der katholischen Kirche niemals möglich gewesen wäre. Das war der Preis, den Deutschland dafür zu zahlen hatte, daß es das Mutterland der Reformation war. Es war eine schwere Bürde, die auf dem deutschen Volke in der größten Periode seiner Geschichte lastete. Wir erfahren ihre zerstörerischen Auswirkungen noch heute. Ohne dieses Erbe wäre Hitlers Tyrannei niemals möglich gewesen; ohne dieses Erbe wäre die laue Haltung der lutherischen Kirchen gegenüber dem Kampf von Niemöller und seiner Gruppe gegen das Neu-Heidentum der nationalsozialistischen Partei niemals denkbar gewesen; ohne dieses Erbe könnte der Zerfall der religiösen Tradition bei der Masse des deutschen Volkes, besonders bei der jüngeren Generation, nicht erklärt werden. Aus diesem Grunde war der heroische Kampf vieler Geistlicher und Laien auch nicht imstande, eine Erneuerung der deutschen Kirche zu schaffen. Und diese Schwäche wird sich in den kommenden Katastrophen noch stärker ausprägen.

Die Gefahr des amerikanischen Protestantismus liegt in dem Ver-

säumnis, die wahre Beziehung zwischen dem Reich Gottes und der Gesellschaft zu sehen. Die jüngsten Ereignisse, das Entstehen des Nationalsozialismus und des europäischen Krieges, haben nicht nur viele der jüngeren protestantischen Theologen in Amerika, sondern auch viele Kirchenführer der älteren Generation vollkommen verwirrt. Der Glaube an ständigen sozialen Fortschritt, den eine allgemeine Erziehung angeblich herbeiführen soll, an demokratische Gesinnung und an freie Marktwirtschaft, ist in vielen der besten Geister Amerikas zerstört worden. Viele glauben nun, daß die Geschichte mehr tragisch als fortschrittlich ist und daß die dämonischen Kräfte in der menschlichen Seele mächtiger sind als die göttlichen Kräfte. Im besten Falle gleiten sie in einen seichten Optimismus ab, der die großen zerstörerischen Kräfte unterstützt, die am Werke sind. Viele Illusionen über den Menschen und die Welt sind auf diese Weise zerstört worden, aber bis jetzt wurde noch kein neuer Weg gefunden. Dies führt zu der gefährlichen Situation des heutigen amerikanischen Protestantismus: Orthodoxie und Reaktion versuchen, sich der jüngeren Theologengeneration zu bemächtigen. Wenn ihnen das gelingt, könnte der vitale Kampf des amerikanischen Volkes für einen neuen historischen Anfang auf der Grundlage von Menschlichkeit und Demokratie geschwächt werden. Es muß ein Weg gefunden werden, der zwischen dem seichten amerikanischen Optimismus der vergangenen Jahre und dem tragischen selbstzerstörerischen Pessimismus der alten Welt hindurchführt. Viele jüngere Geistliche und Theologiestudenten bemühen sich um solch einen Weg. Wenn ihnen das gelingt, so dürfen wir hoffen, daß letzten Endes doch der amerikanische Protestantismus mit mehr Wirklichkeitssinn und religiöser Einsicht in die menschliche Natur an die Probleme, die der Krieg und seine Folgeerscheinungen mit sich bringt, herangehen wird, als es nach dem ersten Weltkrieg der Fall war. Dies könnte den amerikanischen Protestantismus zu einer führenden Rolle beim Aufbau eines neuen Europas machen, das nicht nur auf guten Willen und dem Wunsch nach Frieden und Gerechtigkeit aufgebaut ist, sondern sich zu einer mächtigen Organisation vereinigt, die in der Lage ist, dauerhaften Frieden und Gerechtigkeit zu gewährleisten.

36. LÄUTERNDES FEUER
Rede zum Goethe-Tag am 18. 5. 1942

Bücherverbrennungen sind so alt wie Bücher. Bücher waren von Anbeginn an „Mächte", gefährlich für die bestehenden Mächte, „Schöpfungen", aus denen eine neue Welt geschaffen werden konnte. Bücher sind unheimlich für die, die das Alte um jeden Preis festhalten wollen. Bücher sind unheimlich für die, die vor der Wahrheit Furcht haben. Bücher sind unheimlich für die, die an der Oberfläche der Dinge sich angebaut haben und nicht wissen wollen, daß sie über einem Abgrund gebaut haben. Darum werden Bücher verbrannt. Darum sind Bücher zu allen Zeiten verbrannt worden, zuweilen mit denen, die sie geschrieben haben, zuweilen ohne sie. Aber zuletzt waren die Bücher die Sieger. Die Gedanken, die in ihnen Wort und Buchstabe geworden waren, erhoben sich aus ihrer Asche, mächtiger als zuvor. Und in diesem Feuer des Geistes und der Gedanken verbrannte die Macht der Verbrennenden; denn – wie Goethes großer Zeitgenosse Hegel gesagt hat – „Vor dem Gedanken kann die Wirklichkeit nicht standhalten". Sie kann es nicht, weil der Gedanke ja die Wahrheit des Wirklichen ist und die falsche, lügenhafte Scheinwirklichkeit vor ihr als Schein offenbar wird.

Der Lüge ist eine Zeitspanne gegeben, wo sie herrschen und verfolgen und verbrennen kann. Das ist so, weil die Wahrheit sich durchs Feuer bewähren muß und nicht alles, was verbrannt worden ist, wieder aufersteht. Vieles ist mit Recht zu Asche geworden; denn es war nicht Gedanke, sondern Geschwätz, nicht Tiefe, sondern Verführung. Viele von denen, die heute hier versammelt sind, haben diese Feuerprobe durchgemacht. Ja, wir sind noch mitten in ihr. Wir wissen nicht, was von unserem Schaffen die Stunden und Jahre der Verbrennung überdauert hat. Nur eins wissen wir, und das kann uns Kraft geben an diesem Tage:

Das Wahre und Geschaute in unserem Werk ist weder mit unseren Büchern noch mit unserem Glück verbrannt worden. Es steht und kämpft unsichtbar in dem großen Geisteskampf dieser Tage und trägt bei zu dem Sieg der Wahrheit. Denn noch ist die Lüge nicht besiegt.

Als ich mit den Veranstaltern dieser Feier über das Thema meiner Rede sprach, gaben sie mir eine Stelle aus „Dichtung und Wahrheit", in der Goethe folgendes schreibt:

„Es hatte wirklich etwas Fürchterliches, eine Strafe an einem leblosen Wesen ausgeübt zu sehen. Die Ballen platzten im Feuer und wurden

durch Ofengabeln auseinandergeschürt und mit den Flammen mehr in Berührung gebracht. Es dauerte nicht lange, so flogen die angebrannten Blätter in der Luft herum, und die Menge haschte begierig danach. Auch ruhten wir nicht, bis wir ein Exemplar auftrieben, und es waren nicht wenige, die sich das verbotene Vergnügen gleichfalls zu verschaffen gewußt. Ja, wenn es dem Autor um Publizität zu tun war, so hätte er selbst nicht beser dafür sorgen können."

Als ich dies las, dachte ich zurück an mein eignes Erlebnis in der Geburtsstadt Goethes, Frankfurt am Main, am 10. 5. 1933: Ich stand am Fenster des „Römer", des alten Krönungshauses deutscher Kaiser. Auf dem mittelalterlichen Platz drängten sich die Massen, zurückgehalten von Sturmabteilungen und Schutzstaffeln in brauner und schwarzer Uniform. Ein Holzstoß war aufgeschichtet. Dann sahen wir Züge von Fackelträgern aus den engen Straßen hervorquellen, eine unendliche Reihe, in studentischen und Parteiuniformen. Das Licht der Fackeln flackerte durch die Dunkelheit und beleuchtete phantastisch die Giebel der Häuser. Ich dachte an Bilder aus der spanischen Inquisition. Am Ende holperte ein Karren, gezogen von zwei Ochsen über das Pflaster; er war beladen mit den Büchern, die als Opfer ausgewählt waren. Hinter dem Karren schritt der Studentenpfarrer, der inzwischen selbst ein **Opfer der Kirchenverfolgung** geworden ist. Als man vor dem Scheiterhaufen angekommen war, stieg der Pfarrer auf den Karren und hielt die Verdammungsrede. Er warf das erste Buch in den nun entzündeten Scheiterhaufen. Hunderte anderer Bücher folgten. Die Flammen züngelten hoch und beleuchteten das unwirkliche und doch wirkliche Bild. Keinem Blatt wurde erlaubt, wegzuflattern, niemand konnte sich ein verbotenes Buch verschaffen. Die Nationalsozialisten sind wirksamer in ihren Maßnahmen als die Stadtpolizei in Goethes Jugend. Unter den Klängen des Horst-Wessel-Liedes marschierten die Verbrenner der Bücher ab. Die Zeit war um 200 Jahre rückwärts gelaufen.

Niemand von uns wußte damals, was diese Stunde bedeutete. Einige ahnten, daß es die Verbrennung Europas einleitete. Heute erfahren wir, daß diese Ahnung richtig war. Das ist der Ernst dieser Erinnerung und das ist die Verantwortung die wir tragen, deren Leben und Werk dem Feuer unterworfen war. Wir sollten uns die Sache nicht zu leicht machen. Wenn meine Rede unter das Motto gestellt ist: „Verbranntes Buch, unzerstörbare Kultur", so sollten wir dabei nicht vergessen, daß Kulturen, große, mächtige Kulturen, zerstört sind, und daß unverbrannte Bücher allein die Erinnerung an sie lebendig erhalten haben. Unzerstörbar ist nur der schaffende Geist des Menschen und der ewige Sinn seiner Schöpfungen. Aber das Haus, das er sich baut und ständig

umbaut, kann zerfallen. Das alte Europa ist in Flammen. Und wir sollen diesen Krieg nicht so verstehen, als ob sein Ziel wäre, den Brand zu löschen und seine Anstifter zu vernichten, um dann zurückzukehren in das alte Haus, als ob nichts geschehen wäre!

Wir wissen gar nicht, ob wir ein Haus oder einen Trümmerhaufen wiederfinden werden; und wenn noch etwas von dem alten Haus übrig ist – oder wenn wir Hütten auf Trümmern neu bauen müssen, dann wissen wir nicht, welche Bücher wir in ihnen aufstellen können und an welchem Platz. Wird Goethe, wird Marx, wird Nietzsche den gleichen Platz einnehmen, den sie vorher hatten? Wo wird die Bibel stehen? Was wird von Rilke, von George, von den Großen unserer Generation in dieses Haus passen? Das Feuer der Bücherverbrennung war wirkliches Feuer, nicht in dem Sinn, wie seine Urheber es sich vorgestellt haben, zur Zerstörung, wohl aber zur Wandlung. Und dieser Wandlung, so schwer und schmerzlich sie auch sein mag, müssen wir uns unterwerfen, als Menschen dieser Zeitwende, deren Ursprünge in diesem Europa und in diesem Deutschland liegen. Nehmen wir das Feuer der Verbrennung, das uns als geistiger Tod zugedacht war, als Feuer der Wandlung und geistigen Wiedergeburt! Zu viel Verherrlichung dessen, was vor der Austreibung des Geistes aus Deutschland geschehen ist, zu viele Illusionen über das, was nach dem großen Weltenbrande sein wird, wohnen noch in den Seelen von Emigranten und Amerikanern. Diese Illusionen müssen ins Feuer geworfen werden. Nicht das alte Europa, nicht das alte Deutschland, auch nicht das, was wir liebten, darf das Ziel unserer geistigen Sehnsucht und unseres geistigen Wollens sein. Wir müssen das Feuer der Bücherverbrennung als Symbol der Wiedergeburt annehmen. Wer das nicht will, der schließt sich selbst von der Wiedergeburt und von dem wiedergeborenen Europa und Deutschland aus. Keine Form des Lebens ist unzerstörbar: niemand wußte das besser als Goethe. Unzerstörbar ist allein der Sinn jedes Schöpferischen, der ewige Sinn, der nicht in der Horizontalen, sondern in der Vertikalen gesucht werden muß: *über* uns, nicht *vor* uns.

Und doch fragen wir auch: Was liegt vor uns? Es wird jetzt viel darüber gestritten, ob der Geist des Nationalismus Ausdruck des deutschen Geistes ist und darum das ganze deutsche Volk schuldig an dem Verbrennen der Bücher und dem Weltbrand. Oder ob das deutsche Volk das erste Opfer eines ihm fremden Geistes geworden ist. Beides ist unrichtig. Das deutsche Volk kann nicht ganz vom Nationalsozialismus getrennt werden. Aber Europa kann nicht von Deuschland getrennt werden. Europa und mehr als das, große Teile der Welt, auch dieses Land, waren symbolisch anwesend bei der Verbrennung der

Bücher. Europa und Amerika schrien über das, was in Deutschland geschah, genau wie das deutsche Volk aufschrie und billigte. Das ist die Tragik, die in der Bücherverbrennung ausgedrückt ist; das ist der Grund, daß sie der Vorläufer wurde des europäischen Brandes und der Verbrennung einer Periode der Geschichte.

Alle sind mitschuldig: ein *Zeitalter* ist mitschuldig; und *dieses Zeitalter* geht nun auf in Flammen. Wenn wir das verstanden haben, dann sind wir bereit für das Neue, das Staatsmänner und Philosophen und Arbeiter und Dichter, das Deutsche und Europäer und Amerikaner und Asiaten schauen und schaffen müssen, in dem Feuer und aus dem Feuer heraus. Dann ist das, was übel gemeint war, zum Guten gewendet. Dann ist das, was als *Zerstörung* gemeint war, zur *Wiedergeburt* geworden, zur Geburt eines neuen Deutschland, eines neuen Europa in einer gewandelten Welt.

37. WAS SOLL MIT DEUTSCHLAND GESCHEHEN?

a) Gegen Emil Ludwigs neueste Rede

In der *New York Times* vom 6. Juli ist unter der Überschrift „*Ludwig Asks Fight on German People*" eine Rede von Emil Ludwig zitiert, die alle anständigen deutschen Juden in Amerika veranlassen sollte, sich von Ludwig entschlossen und sichtbar zu distanzieren. Ein Satz wie „Hitler ist Deutschland" und die Rede von dem deutschen „Kriegervolk" ist dem Arsenal der törichtsten antisemitischen Propaganda entnommen, nur dieses Mal nicht gegen die Juden, sondern gegen die Deutschen gerichtet. Ein Übel, das sich zu einer bestimmten Zeit und in bestimmten Gruppen eines Volkes zeigt, wird dem ganzen Volk zugeschoben. Gegen diese Methode, gegen die wir nichtjüdischen Freunde der Juden innerhalb und außerhalb Deutschlands einen schweren Kampf geführt haben, um dessentwillen manche von uns in der Emigration sind, diese Methode wird jetzt von einem jüdischen Schriftsteller gegen uns gerichtet! Wenn er recht hat, dann hatten wir unrecht; dann ist uns die Möglichkeit genommen, weiterzukämpfen. Es ist Sache unserer jüdischen Freunde, diese Entscheidung zu treffen.

Über die erste Folgerung, die Ludwig zieht, braucht nicht viel gesagt zu werden. Die Fragen der Besetzung Deutschlands, der Zwischen-

periode, der Entwaffnung sind ernsthafte politische Fragen, die mit der Ludwigschen Deutschen-Psychologie nichts zu tun haben und von ernsthaften Politikern zu entscheiden sind. Ob diese freilich den Dieben und Räubern in Deutschland die Freude machen werden, nur englische und amerikanische Polizisten anzustellen, ist mir nicht sicher. Läppisch aber ist der Vorschlag, ein Heer von amerikanischen Lehrern herüberzuschicken, um die Deutschen „mores" zu lehren. Zur Begründung wird angeführt: „*Religion, history, philosophy all teach principles foreign to the German character.*"

Dieser Satz — nur „*German*" durch „*Jewish*" ersetzt — kann von jedem antisemitischen Schmutz-Pamphlet abgedruckt werden. Er hat das entsprechende Niveau. Sachlich ist es nicht nötig, auf ihn einzugehen im Hinblick auf die deutsche Mystik, die Reformation, Leibniz, Kant, Goethe usw.

Eines aber möchte ich zum Schluß sagen. Jedes Wort, das von Ludwig zitiert ist, bedeutet eine Entehrung der zahlreichen Unbekannten, die nicht wie Ludwig in Sicherheit das deutsche Volk schmähen, sondern in ihm, in täglicher Lebensgefahr, um die Seele und die Zukunft des deutschen Volkes kämpfen. Die Amerikaner, die seit Jahren diese Kämpfer unterstützen, werden sich für die Rolle bedanken, zu ihnen als Morallehrer zu gehen. Sie werden sich von ihnen sagen lassen, was sie in der Tiefe ihres Leidens erfahren haben und werden schweigen!

b) Es geht um die Methode

Antwort Paul Tillichs an die Kritiker im „Aufbau"

Gern mache ich von der Möglichkeit Gebrauch, zu der Diskussion, die durch den „*Times*"-Bericht über Ludwigs Deutschlandrede und durch meine Antwort im „Aufbau" hervorgerufen ist, Stellung zu nehmen. Als Material liegt mir vor: die deutsche Fassung der Rede Ludwigs, der Artikel von Förster im „Aufbau", die Antworten auf meine Kritik, von Hannah Arendt einerseits, von Heinz Pol andererseits, der Artikel in der gleichen Nummer des „Aufbau" „An den Rand geschrieben", eine Reihe von Zuschriften, deren große Mehrzahl meiner Kritik an Ludwig voll zustimmten, während einige halb kritisch sind und nur ein einziger sich auf Ludwigs Seite stellt.

Wenn nichts an die Öffentlichkeit gekommen wäre als die deutsche Fassung der Ludwigschen Rede, so hätte man wohl mehrfach den Kopf geschüttelt, sich auch an einigen Stellen geärgert, aber damit hätte es

sein Bewenden gehabt. Es lag aber vor der Eindruck, den die englische Fassung der Rede auf den Berichterstatter der größten amerikanischen Zeitung gemacht hat, ein Eindruck, der diese Zeitung veranlaßt hat, im Namen der Majorität des amerikanischen Volkes gegen diese Rede in einem *Editorial* Stellung zu nehmen und zwar mit dem gleichen Argument, das ich verwendet habe: daß die Ludwigsche Methode im Grunde die antisemitische Methode ist.

Der Gedanke an diese *Methode* war bestimmend für den Wortlaut meiner Entgegnung. Den Wortlaut kann ich an zwei Stellen nicht aufrechterhalten. Infolge der Kürze der Zeit hatte ich die alte Weisheit nicht befolgt, daß man nichts in der Erregung Geschriebenes absenden soll, ehe man nicht eine Nacht darüber geschlafen hat. Es war weder berechtigt, noch brachte es meine Meinung wirklich zum Ausdruck, Ludwig als jüdischen Schriftsteller zu kennzeichnen – denn er hat nicht als solcher geschrieben –, noch war es infolgedessen berechtigt, eine öffentliche Reaktion jüdischer Kreise gegen ihn zu verlangen. (Im übrigen war diese Reaktion auch in allen kritischen Zuschriften, bis in den Artikel von Heinz Pol hinein, so ablehnend, wie ich es mir nur wünschen konnte.)

In der Sache selbst aber muß ich – und nun in vollem Gegensatz zu Förster – den Standpunkt aufrechterhalten, der meiner Zuschrift – und auch in der Erregung, aus der heraus sie geschrieben war – zu Grunde liegt. Es ist, wie ich schon andeutete, eine *Frage der Methode*. (Daß ich selbst der von mir bekämpften Methode zum Opfer gefallen sein soll, ist ein pikanter, aber wohl nicht ganz glaubhafter Schluß, den Heinz Pol aus meinen ersten Sätzen zieht. Hätte er aber recht, so wäre die Gefährlichkeit dieser Methode um so mehr bewiesen und der schärfste Kampf gegen sie um so mehr gefordert.) – *Ich habe bekämpft und werde weiter bekämpfen jede moralische Gesamtverurteilung einer natürlich oder geschichtlich gewordenen Gruppe.* Eine solche Verurteilung widerspricht dem Geist der Gerechtigkeit, wie ich ihn aus der alttestamentlichen Prophetie von Jugend an geschöpft habe. Aus diesem Geiste heraus, der für mich als christlichem Theologen ein fundamentales Element der christlichen Botschaft ist, habe ich den deutschen Antisemitismus bekämpft und bekämpfe ich jetzt den amerikanischen Antisemitismus. Aber aus diesem Geiste heraus werde ich auch den jetzt wachsenden Anti-Germanismus bekämpfen, ganz gleich, ob er von Vansittard, Ludwig oder Förster oder von Vertretern der von Deutschland besetzten Nationen verkündigt wird. Und darum lehne ich es ab, mit Förster oder Ludwig oder Vansittard über den deutschen Charakter als Basis außenpolitischer Entscheidungen zu argumentieren, wie ich

es abgelehnt habe, über den Charakter der Juden als Basis innenpolitischer Entscheidungen zu argumentieren. Man kann, wenn es sich um Volkscharaktere handelt, jedem positiven ein negatives Argument und umgekehrt entgegenstellen, und ich bin fähig, mit Försters und Vansittards Argumenten ein vollkommenes System des Anti-Slawismus oder Anti-Britanismus aufzubauen. Aber ich will nicht. Die Entscheidung fällt bei der Methode. *Und wer sich der Methode der Gruppendiffamierung ergibt, der fällt ihr bei der nächsten Wendung der Geschichte selbst zum Opfer. Davor wollte ich warnen!*

Und ich wollte vor allem die deutsche Emigration davor warnen, die ja nun einmal zum größten Teil jüdisch ist. Nichts ist mir verständlicher als die Entwicklung antideutscher Gefühle bei denen, die Unaussprechliches von Deutschen gelitten haben, und daß diese Gefühle sich in uns politischen Flüchtlingen – in einer durch die Scham intensivierten Form – immer wieder durchsetzen wollen, mag man mir glauben. Aber wir dürfen diese Gefühle nicht zu Gedanken, nicht zu einer *Methode* werden lassen, die sich dann gegen uns selbst wendet. Denn sie beruht auf Ungerechtigkeit.

Und nun noch ein paar Worte zu der Frage: Was soll mit Deutschland geschehen? Ich bin an der Diskussion besonders interessiert, weil ich jede Woche eine Rede an die deutsche Opposition zu schreiben habe, die durch Kurzwelle hinübergesendet wird. Als ich die Ludwig-Zitate in der „*Times*" las, war mir klar – und ich schrieb so an unsere Zentrale –, daß damit ein Teil unserer Arbeit in Frage gestellt ist. Wenn die Deutschen erfahren, daß solche Zitate in der führenden amerikanischen Zeitung stehen, wird es ihnen schwer werden zu glauben, was *wir* ihnen in wirklichem Glauben oder zum mindesten in starker Hoffnung sagen: daß man zwar den Nationalsozialismus ausrotten, aber das deutsche Volk in eine umfassendere Einheit als gleichberechtigtes Mitglied aufnehmen will. Können, dürfen wir das mit gutem Gewissen sagen? Wenn nicht, dann müssen wir den Versuch aufgeben, die deutsche Opposition in den Kampf gegen Hitler einzureihen. – Ich bin völlig einverstanden mit dem, was W. C. H. „an den Rand geschrieben" hat, daß das deutsche Problem überhaupt nur als europäisches Problem gelöst werden kann, und ich habe in meiner kleinen Broschüre „*War-Aims*" fast wörtlich geschrieben, was hier gesagt ist: daß alle europäischen Länder Teile ihrer Souveränitäts-Rechte an eine gemeinsam verwaltete übergeordnete Körperschaft abgeben. *Dafür* sollten wir kämpfen, *darüber* sollten wir denken und schreiben und auf *diesem* Wege, und nicht durch Gruppen-Diffamierungen, an dem Gewinnen des Krieges – und des Friedens mitarbeiten.

2. Nachkriegsprobleme

38. GEISTIGE PROBLEME DES WIEDERAUFBAUS NACH DEM KRIEGE

Die Voraussetzung jeglichen Wiederaufbaus nach dem Kriege ist die genaue Kenntnis der Auflösungserscheinungen vor dem Kriege, und die Voraussetzung jedes geistigen Aufbaus nach dem Kriege ist die Kenntnis der geistigen Auflösungserscheinungen vor dem Kriege. Niemand kann daran zweifeln, daß eine Katastrophe in dem Ausmaß wie die gegenwärtige in einer sozial festgefügten Welt sich niemals hätte ereignen können. Niemand sollte unsere Periode der Weltkriege und Weltrevolutionen einem bestimmten Nationalcharakter als Ursache zuschreiben, etwa dem russischen, dem deutschen oder dem japanischen Charakter oder etwa Diktatoren wie Stalin und Hitler, deren Aufstieg zur Macht sogar noch zufälliger ist. Von allen denkenden Menschen sollte zugegeben werden, daß etwas grundlegend falsch war in unserem Leben und Denken der jüngsten Vergangenheit, und daß eine Rückkehr dazu weder wünschenswert noch möglich ist. Der Weltkrieg ist Teil einer Weltrevolution. Diese Erkenntnis kann nicht oft genug wiederholt werden. Viele Vertreter der Volkswirtschaft und der politischen Wissenschaften haben die Ursache des Verfalls in ihren Forschungsgebieten aufgewiesen. Philosophen und Historiker haben umfassende Beschreibungen dieses Prozesses gegeben, und ihre Analysen sind durch die tatsächlichen Ereignisse bestätigt worden. Die geistige Auflösung der bürgerlichen Gesellschaft wurde schon um die Mitte des 19. Jahrhunderts durch russische religiöse Denker vorausgesehen, und sie ist erneut betont worden durch Nikolai Berdjajew und andere, die durch Nietzsches und Spenglers Ideen beeinflußt waren. Der bürgerliche Zerfall war das Hauptthema der deutschen und französischen Literatur um die Jahrhundertwende, es wurde weiterentwickelt in einer Verbindung marxistischer und religiöser Ideen durch die Bewegungen des Religiösen Sozialismus, sowohl in Europa als auch in Amerika, und diese Analyse ist noch nicht abgeschlossen.

Es ist klar, daß der Geist, d. h. die schöpferische dynamische Kraft der Seele, nicht konstruierbar ist. Wenn der Geist fehlt, kann er durch nichts hervorgerufen werden. Entweder er wirkt in Einzelmenschen oder Gruppen oder er wirkt gar nicht. Aber wenn er wirkt, dann

schafft er sich eine Gestalt, in der er sichtbar werden und in der er handeln kann. Worte, Lebensformen, soziale Einrichtungen, Kulturwerke und religiöse Symbole sind Verkörperungen des Geistes. Sie sind der Gegenstand bewußter kultureller Erneuerung und bewußten kulturellen Wiederaufbaues. Von ihnen ist die Rede, wenn wir von geistigem Wiederaufbau nach dem Kriege sprechen.

Jede Aufgabe geistiger Erneuerung hat zwei Seiten. Einmal müssen alle die Tendenzen einer geistigen Entwicklung unterstützt und bewahrt werden, die der Kritik standhalten, wenn wir die letzten Kriterien alles Denkens und Handelns anlegen. Geistige Tendenzen sollten also nicht nur deshalb gefördert werden, weil sie einer bestehenden historischen Struktur angehören (das ist der Irrtum des Positivismus), noch sollten allgemeine Prinzipien einer geistigen Situation aufgezwungen werden, die für sie nicht empfänglich ist (das ist der Irrtum des Idealismus). Viel Weisheit ist nötig, diese beiden Irrtümer zu vermeiden, die jeden Neuaufbau bedrohen. Die zweite ebenso wichtige Aufgabe besteht darin, die schöpferischen Kräfte des Geistes gegen Entstellung und Verfälschung zu schützen. In bezug auf den Geist der asiatischen Völker und weitgehend auch in bezug auf Rußland ist diese Aufgabe des Schutzes das einzige, was von uns verlangt wird. Die angelsächsischen Völker können für den geistigen Wiederaufbau Asiens nicht die Verantwortung übernehmen (ausgenommen vielleicht auf eine indirekte Weise, insofern die asiatischen Völker mit der westlichen Welt Berührung haben). Der Schutz des geistigen Wiederaufbaues ist ebenso wichtig in bezug auf Europa, die Achsenmächte eingeschlossen. Es würde ein ungeheurer Fehler sein, wenn die siegreichen Demokratien beabsichtigten, ihre eigenen Formen und Maßstäbe des geistigen Lebens im Namen eines allgemeingültigen Prinzips den besiegten Ländern aufzuzwingen. Europa, einschließlich Deutschlands, wird nur das annehmen, was der Dynamik seiner eigenen geistigen Entwicklung gemäß ist, und nichts anderes. Die Forderung, die ausgerechnet von einem emigrierten deutschen Schriftsteller voller Ressentiment erhoben worden ist, nach dem Krieg eine Armee ausländischer Lehrer nach Deutschland zu senden, die den deutschen Geist umziehen sollen, ist der sicherste Weg, jeden geistigen Neuaufbau zu verhindern. Der menschliche Geist kann nichts Geistiges in sich aufnehmen, wofür er nicht vorbereitet ist.

I. ANALYSE

Die geistige Auflösung unserer Zeit besteht darin, daß die Menschen der westlichen Zivilisation einen letzten Lebenssinn verloren haben. Mit dem Verlust des Lebenssinnes haben sie Persönlichkeit und Gemeinschaft verloren. Die Menschen sind, ob sie es wissen oder nicht, Teile eines objektiven Prozesses geworden, der ihr Leben in jeder Hinsicht bestimmt, von der wirtschaftlichen Situation bis zur geistigen Formung. Die daraus entspringende Unsicherheit und Unbeständigkeit hat Gefühle der Angst, Furcht, Einsamkeit, Verlassenheit, Ungewißheit und Leere hervorgebracht. Ihr geistiges Leben schwankt hin und her zwischen zynischem und fanatischem Sich-Ausliefern an Mächte, deren Natur niemand völlig erfassen und beherrschen, deren Ende niemand voraussehen kann. In der jüngeren Generation Deutschlands zum Beispiel stand der Zynismus im Vordergrund, bevor der Nationalsozialismus ihn in Fanatismus umbog. Heute kehrt die jüngste Generation in Deutschland wieder zum Zynismus zurück. Deutschland ist ein extremer Fall, weil es den Krieg verloren hat. Aber jeder, der mit der Jugend Westeuropas und sogar Amerikas zwischen den beiden Weltkriegen Berührung hatte, mußte von ihrem offen zugegebenen Nihilismus beeindruckt und beunruhigt werden. Das kann nicht überraschen. Wenn der Mensch fühlt, daß ihm das Schicksal aus der Hand genommen ist, daß ihn ein objektiver Prozeß, auf den er keinen Einfluß hat, heute auf die Straße werfen, morgen zum blinden Werkzeug einer zermalmenden Maschine machen und übermorgen in einen Vernichtungskrieg stürzen kann, dann ist kein anderes Ergebnis als äußerste Hoffnungslosigkeit zu erwarten. Die beiden Gottheiten der späten Antike – *tychē* und *heimarmenē*, Zufall und Schicksal – haben auch heute wieder die Kultur in ihren Bannkreis gezogen und treiben Millionen von Menschen in ein resignierendes Sich-Ausliefern an Mächte, die ihre Vorstellungskraft übersteigen. Voraussetzung und Folge dieses Prozesses ist der Verlust der Persönlichkeit wie der Gemeinschaft. Der Verlust der Persönlichkeit wurde durch die naturalistische Philosophie der bürgerlichen Gesellschaft vorbereitet und fand seinen endgültigen Ausdruck in der vitalistischen und pragmatischen Auflösung des Selbst, die zu einer Psychologie ohne Psyche und einer Lehre vom Menschen ohne menschliches Selbst führte. Diese Entwicklungen auf theoretischem Gebiet, zu denen man strenge Analogien in Literatur und Kunst finden kann, sind nur deshalb zu geschichtlich wirksamen Kräften geworden, weil sie der natürliche Ausdruck für die tatsächliche Entpersönlichung des Menschen waren.

Die technischen Formen der monopolistischen Produktion, nicht nur von materiellen, sondern auch von geistigen Gütern, haben den einzelnen Menschen in Produktion und Konsum zu einem Teil einer alles verschlingenden Maschine gemacht, die von anonymen Kräften bewegt wird. Während in Europa mehr die Mechanisierung der Produktion im Vordergrund steht, ist für Amerika der mechanisierte Konsum das charakteristische Kennzeichen dieser Situation. Sie hat nicht nur standardisierte Maschinen geschaffen, sondern auch standardisierte, durch Radio, Kino und Zeitung bestimmte menschliche Wesen, und mit diesem ungeheuren Prozeß die erzieherische Einfügung in eine unterpersönliche Konformität. Die Leichtigkeit, mit der sowohl in den autoritären Ländern als auch in Amerika die ganze Produktionsmaschine einschließlich ihrer menschlichen Werkzeuge für einen einzigen Zweck – den Krieg – zum Funktionieren gebracht wurde, zeigt ihren völlig unpersönlichen und sinnlosen Charakter.

Der Verlust der Persönlichkeit ist nicht zu lösen vom Verlust der Gemeinschaft. Nur Persönlichkeiten können Gemeinschaft haben. Entpersönlichte Wesen haben nur gesellschaftliche Beziehungen. Sie sind wesensmäßig einsam. Daher können sie nicht allein sein, weil sie dann ihrer Einsamkeit gewahr würden und damit den Verlust des Lebenssinnes erkennen müßten. Das auffallende Fehlen des Privaten ist nicht Ausdruck von Gemeinschaft, sondern des Fehlens von Gemeinschaft. Und es gibt keine Gemeinschaft, weil es nichts gibt, das man gemeinsam hätte. Die monopolistische Steuerung des Gemeinlebens, der Freizeit, des Vergnügens, des Unterrichts, der Beziehung der Geschlechter, des Sports usw., schafft keine Basis für eine wahre Gemeinschaft. Kulturelle Reste einer früheren Zeit werden benutzt, um unsere kulturelle Nacktheit zu verdecken; das ist in radikaler Weise in den totalitären Ländern durchgeführt, aber die dafür nötigen Mittel sind in Amerika besser entwickelt. Sollten sie eines Tages in die Hand ungehemmter Diktatoren gelangen (sichtbarer oder unsichtbarer), so würde in Amerika eine vollständige Entmenschlichung weit größere Chancen haben als in Europa.

Der Verlust von Persönlichkeit und Gemeinschaft folgt aus dem Verlust des letzten Lebenssinnes. Diese Entwicklung hat sich in der westlichen Welt in drei Perioden vollzogen: In der ersten Periode, die im großen ganzen mit dem frühen und hohen Mittelalter gleichzusetzen ist, wurde der Sinn des Lebens in den transzendenten Symbolen und Funktionen der Kirche ausgedrückt, die die Grundlage für die Einzelpersönlichkeit wie für die Gemeinschaft bildeten. Die Persönlichkeit war bestimmt durch ihren unmittelbaren Bezug zum Ewi-

gen in Schuld und Erlösung. Der ewige Sinn des individuellen Selbst wurde nicht angezweifelt. Die Gemeinschaft gründete sich darauf, daß jede einzelne Gruppe gemäß ihrer besonderen Berufung an den Symbolen der alles umfassenden Gemeinschaft teilhatte. Die Gemeinschaft hatte einen Inhalt, aus dem das geistige Leben unerschöpfliches Material für kulturelle Schöpfungen erhielt. Es ist für unsere Aufgabe des geistigen Wiederaufbaues wichtig, diese erste Periode im Auge zu behalten, weil sie zum Maßstab der Kritik und zum erstrebenswerten Vorbild für viele Analytiker der heutigen Situation wurde, und zwar nicht nur für Katholiken. Obgleich Persönlichkeit und Gemeinschaft in dieser Periode gesichert waren, sind sie doch nicht zur vollen Entwicklung gekommen. Die transzendente Grundlage und ihre Vertreter an der Spitze der Hierarchie hielten beide streng in den Grenzen des vorgegebenen Systems und unterdrückten solange wie möglich die autonome schöpferische Kraft des Individuums. Als dies unmöglich wurde, begann die zweite Periode, die etwa mit dem Aufstieg und Sieg der bürgerlichen Gesellschaft identisch ist. Jetzt ersetzte die Vernunft und ihre metaphysischen und ethischen Schöpfungen die transzendente Grundlage des Lebens und seiner Symbole oder verwandelte sie. Geistiges Schaffen wurde persönliches Schaffen, in der Religion durch den Protestantismus, in Kunst und Wissenschaft durch die Renaissance. Es zehrte noch von der Substanz der Vergangenheit, und deshalb war es möglich, Kultur zu schaffen und Gemeinschaft aufrechtzuerhalten. Die sogenannte klassische Periode in Europa basierte auf dieser Verbindung von freier Schöpfung und der von Gott geformten Substanz. Darin lag ihre Größe, aber auch ihre kurze Dauer. Die Harmonie von Individualität und Gemeinschaft, die in der ersten Periode durch die gemeinsame Grundlage beider gesichert war, lebte in der zweiten Periode als natürliche Harmonie weiter, gesichert durch die zugrundeliegende Übereinstimmung der Interessen und Ideologien der aufkommenden bürgerlichen Gesellschaft. Jedoch gab es in der geistigen Entwicklung der bürgerlichen Gesellschaft sozusagen eine Unterströmung, ein Element des antirationalen Naturalismus und Pessimismus, das immer wieder an die Oberfläche kam und schließlich in der dritten Periode siegte. Das geistige Erbe wurde mehr und mehr vertan, die autonomen Schöpfungen wurden formalistischer, skeptischer und weniger universal. Die Harmonie zwischen dem Individuum und dem Ganzen brach zusammen. Die Gemeinschaft wurde durch eine lose Interessengemeinschaft ersetzt, die Persönlichkeit durch ein Quantum Arbeitskraft, technische Intelligenz oder Anpassungsfähigkeit. In der Zwischenzeit bereitete der wirtschaftliche und technische Fortschritt den Boden für jenen un-

geheuren Mechanismus, der sowohl die Persönlichkeit als auch die Gemeinschaft verschlang und damit jede geistige Kultur. Der dritte Abschnitt, im großen ganzen die Periode des Monopolkapitalismus und Faschismus, trat auf den Plan.

Das ist nur eine ganz skizzenhafte Darstellung, viel zu kurz für ein vollständiges und überzeugendes Bild. Es gibt ungeheuer viel Material in allen Lebensbereichen, das es konkret und unwiderleglich machen würde. Das ist jedoch in diesem Rahmen unmöglich. Aber es wäre ganz unangebracht, heiter und hoffnungsvoll über den Aufbau nach dem Kriege zu sprechen, ohne das Gewicht und den Ernst, die beide nur aus einer Analyse des Hintergrundes unserer geistigen Auflösung gewonnen werden können. Vielleicht wird man sagen, die geschilderten Elemente seien nur Elemente, aber nicht das Ganze, und es sei in dieser Analyse zu viel Gewicht auf sie gelegt. Dagegen ist zu sagen: erstens, es gibt natürlich noch andere Elemente, und ohne sie wäre dieser Aufsatz beispielsweise nie geschrieben worden; zweitens, die Vielgestaltigkeit jeder historischen Situation verdeckt trotzdem nicht die entscheidende Bedeutung gewisser Grundlinien. Diese vorherrschenden Grundlinien jedoch bestimmen die Antriebskräfte des Ganzen, und mit ihnen habe ich mich auseinandergesetzt. Drittens muß geltend gemacht werden: Die Analyse des selbstzerstörerischen Charakters der bürgerlichen Gesellschaft ist bisher immer abgelehnt worden und erwies sich doch als wahrer, als ihre Kritiker (der Verfasser eingeschlossen) glauben konnten. Die Tatsache des zweiten Weltkrieges und die Selbstzerstörung der europäischen Kultur können nicht abgeleugnet werden.

II. Forderungen und Möglichkeiten

Ein abstrakter Entwurf der Erfordernisse für den geistigen Wiederaufbau kann leicht aus der vorhergehenden Analyse abgeleitet werden. Die Forderung für den geistigen Wiederaufbau nach dem Kriege ist, den Sinn des menschlichen Lebens in überzeugender Weise wieder aufzuzeigen, Symbole zu finden, die ihn ausdrücken, Persönlichkeit und Gemeinschaft auf dieser neuen Basis wiederherzustellen. Eine solche Forderung aber wäre nicht zu verwirklichen ohne eine ebenso radikale und damit Hand in Hand gehende soziale und politische Erneuerung. Es wäre töricht, anzunehmen, daß solche Forderungen unverzüglich verwirklicht werden könnten. Die Weltkatastrophe kann nicht durch eine Friedenskonferenz oder durch Erziehung einiger Übeltäter binnen weniger Jahre behoben werden. Die Nöte, die aus dem Zerfall einer

Geschichtsperiode folgen, können nicht *ad hoc* beseitigt werden. Die revolutionäre Umwandlung, von der dieser Krieg nur ein Teil ist, ist ein langer Prozeß, in dem die Kräfte, die wir überwinden müssen, noch nicht einmal ihre größte Kraft gezeigt haben. Wir leben noch in dem Stadium, das wir die dritte Periode genannt haben. Der Prozeß der zentralisierten Mechanisierung ist noch nicht in sein Endstadium getreten. In manchen Ländern, wie zum Beispiel in Amerika, hat er gerade begonnen. Wir kennen die Möglichkeiten seiner weiteren Entwicklung nicht. Und es gibt noch weite Bezirke, in denen die Strukturen der beiden anderen Perioden sich erhalten haben. Auch wissen wir nicht, wieweit sie durch die Struktur der dritten Periode verändert werden. Und selbst wenn die im Monopolkapitalismus und Faschismus geschehene Entmenschlichung zu ihrem Ende gekommen ist, bedeutet das nicht eine erneute sofortige Vermenschlichung. Trotzdem sind die Forderungen für eine geistige Erneuerung, wie sie oben gestellt worden sind, nicht sinnlos. Es ist sogar sinnvoll, so vielen Menschen wie möglich zu zeigen, wo sie stehen, was ihnen fehlt, was ihnen geschehen ist, was sie verloren haben, warum sie einsam, unsicher und voller Angst sind, ohne letztes Ziel, ohne etwas, was sie letztlich angeht, ohne ein wirkliches Selbst und ohne eine wirkliche Welt. Die Menschen fühlen es noch, daß sie aufgehört haben, Menschen zu sein. Und dies Gefühl ist die Voraussetzung einer jeden geistigen Erneuerung während des Krieges und nach ihm, denn in diesem Gefühl wird das Menschsein mit seinem Verlangen nach einem Lebenssinn, nach Gemeinschaft und Persönlichkeit vernehmbar. Immer gehörte es und gehört es noch zu den großen Hoffnungen der Menschheit, daß neue heranwachsende Generationen neue schöpferische Impulse empfangen können. Die neuen Generationen schaffen sie nicht selbst, geistiges Leben setzt Reife voraus, und es verdirbt die Aufnahmebereitschaft des Kindes, wenn es wie ein Erwachsener behandelt und zu zeitig in den gegebenen Mechanismus **sozialen Verhaltens** eingepaßt wird. Aber glücklicherweise ist es noch keiner Generation von Erwachsenen gelungen, ihre Lebensauffassung der nachfolgenden Generation völlig aufzuzwingen. Darin liegt eine der größten Hoffnungen für den geistigen Wiederaufbau.

Der andere Grund zur Hoffnung liegt in der Tatsache, daß die religiösen und kulturellen Traditionen der früheren Perioden sich nicht nur als tote Dokumente erhalten haben, sondern als lebendige Wirklichkeiten, die Einzelmenschen und Gruppen bewegen und formen. Obgleich die Kirchen als große soziale Institutionen sich den großen geschichtlichen Veränderungen angepaßt haben – zeitweilig wie im Mittelalter und in der Reformation sogar in einer führenden Rolle –,

haben sie sich doch nicht vollständig an die bestehenden sozialen Strukturen preisgegeben. Sie leisten noch Widerstand gegen die gänzliche Entmenschlichung und Mechanisierung. Aber wichtiger ist, sie haben die Botschaft von einem letzten Sinn des Lebens bewahrt, die noch nicht ausgeschöpft ist, und die, wie die Christen glauben, niemals ausgeschöpft werden kann. Diese Botschaft könnte allerdings nur dann wirksam werden für die kommende geistige Erneuerung, wenn sie in den Mittelpunkt der gegenwärtigen Lage gestellt wird, und zwar als eine Antwort, nicht als ein weiteres Problem, das mit der allgemeinen Auflösung verflochten ist. Das kann nicht offiziell durch die Kirchen geschehen; es ist eine gewagte Aufgabe und die Pflicht für eine christliche Avantgarde von freiwilligem und halb-esoterischem Charakter. Die Autorität der Kirche, besonders in ihrer ökumenischen Einheit, sollte hinter denen stehen, die diesen Weg gehen. Aber die Kirchen selbst sind zu sehr gebunden, einerseits durch ihre traditionellen Formen und andererseits durch ihre Verschmelzung mit der gegenwärtigen Struktur der Gesellschaft. Die Unterstützung und der Schutz der geistigen Avantgarde wird der Hauptbeitrag der Kirchen zum geistigen Neuaufbau nach dem Kriege sein.

Die Kirchen stellen aber nicht die ganze Kultur dar, sie sind nur ein kleiner Ausschnitt inmitten einer sonst profanen Zivilisation. Ohne die Mitwirkung dieses profanen Geistes an dem Werk der geistigen Erneuerung kann nichts getan werden. Es ist unmöglich, zu der hierarchischen Kultur der ersten Periode zurückzukehren. Der autonome Geist kann nicht wieder in Knechtschaft zurückkehren, nachdem er einmal befreit wurde, es sei denn durch eine vollständige Rückkehr zur Primitivität oder zum „Fellachentum", wie es Spengler genannt hat. Deshalb verlangt die geistige Erneuerung ebensosehr eine kulturelle wie eine religiöse Avantgarde. Es gibt Persönlichkeiten in allen Bereichen des Lebens, die noch schöpferische Kultur repräsentieren und die der Mechanisierung und der Entmenschlichung im Namen menschlicher Würde und geistiger Werte widerstanden und sich selbst vor dem praktischen Materialismus unseres Daseins gehütet haben. Aber sie waren nicht in der Lage, die Situation als solche zu wandeln. Sie wurden im Gegenteil oft unbewußt Diener des Prozesses der Entmenschlichung, dessen Charakter sie nicht verstehen konnten. Viele wertvolle Vertreter der Traditionen geistiger Kultur haben mit dazu beigetragen, den barbarischen Charakter des sozialen Prozesses zu verhüllen, der seinen Weg nahm, ohne überhaupt ihre Ideale zu beachten. Wie sehr viele religiöse Menschen bemerken sie nicht, daß die zweite Periode, die Periode der klassischen Kultur, zu Ende gegangen und eine Rückkehr

zu ihr unmöglich geworden ist. Sie sehen nicht, daß sie in ihrem Glauben an eine autonome Kultur hinter unserer Zeit zurückgeblieben sind. Sie könnten nur dann Träger der geistigen Erneuerung werden, wenn sie sich mit den religiösen Avantgarden einerseits und den sozialen Bewegungen anderseits vereinigen.

Ohne daß Einzelpersönlichkeiten in den Bewegungen für soziale Gerechtigkeit mitarbeiten, kann der geistige Aufbau nicht vorbereitet werden. Die eingehendste Analyse der treibenden Kräfte in der bürgerlichen Gesellschaft stammt von ihnen. Sie entdeckten den Verlust der Gemeinschaft sehr früh und sahen die Notwendigkeit, eine soziale Zusammenarbeit an ihre Stelle zu setzen. Sie erkannten die völlige Beziehungslosigkeit aller Elemente unserer sozialen Struktur, auch im geistigen Bereich. Sie versuchten einen Zustand zu beschreiben, in dem Freiheit und Persönlichkeit jedes einzelnen durch die Ordnung und Gliederung des Ganzen gewährleistet seien. Aber sie waren nicht imstande, die geistige Erneuerung allein zu bewirken. Als Führer von Massenbewegungen wurden sie in den Prozeß hineingezogen, gegen den sich ihr Protest richtete. Sie förderten gegen ihren Willen die Mechanisierung des Lebens, vor der sie ihre Anhänger gerade bewahren wollten. Das ist die Dialektik, der große geschichtliche Bewegungen immer unterworfen sind, und es zeigt wieder einmal die unentrinnbare Macht der herrschenden Tendenzen unserer Periode. Immerhin brachten die sozialen Bewegungen wenigstens ihren Protest zum Ausdruck, oft mit revolutionärer Kraft und mit der Bereitschaft, deshalb Verfolgungen auf sich zu nehmen. In Gemeinsamkeit mit den religiösen Avantgarden und den Trägern des kulturellen Schöpfertums werden sie eine Quelle der geistigen Erneuerung werden.

Ich habe kein Programm der geistigen Erneuerung gegeben; es wäre ein Verstoß gegen den Geist gewesen, das zu versuchen. Ich habe nicht die Kulturpolitik der Friedenskonferenz und der Besatzungsarmeen behandelt. Das wäre ein noch größerer Verstoß gegen den Geist gewesen. Ich habe nur die Notwendigkeit aufgewiesen, das geistige Schöpfertum gegen politische Eingriffe zu schützen. Meine Hoffnung für die geistige Neuordnung Europas richtet sich auf zahlreiche anonyme und esoterische Gruppen religiöser, humanistischer und sozialistischer Menschen, die gesehen haben, wohin unsere Periode treibt, und die fähig waren, Widerstand zu leisten, die für Gemeinschaft und Persönlichkeit gekämpft haben (viele von ihnen trotz Verfolgung), und die etwas vom letzten Sinn des Lebens wissen, sogar wenn sie nicht in der Lage sind, ihm Ausdruck zu geben. Die Politik der Demokratien nach dem Kriege kann nur darin bestehen, diese Gruppen geistiger

Avantgarden gegen jede politische oder wirtschaftliche Unterdrückung zu schützen und ihre schöpferische Kraft für die zentrale Steuerung der Welt einzusetzen, die für lange Zeit erforderlich sein wird. Wenn die siegreichen Regierungen darin versagen, wird der Geist in die Verborgenheit getrieben, und eine geistige Erneuerung wird unmöglich sein.

39. DIE CHRISTLICHEN KIRCHEN UND DIE AUFKOMMENDE GESELLSCHAFTSORDNUNG IN EUROPA

Vortrag vor der „Divinity School" der „Yale-University" in New Haven im Sommer 1945

Der Gegenstand meiner Darlegungen erfordert zuerst die Definition der Begriffe, die in der Formulierung des Themas verwendet werden. Ich will mit dem Wort Europa beginnen. Ich verwende es in dem Sinne, daß es das festländische Europa zwischen den britischen Inseln und der künftigen russischen Westgrenze umfaßt. Obwohl Rußland und Großbritannien von entscheidender Bedeutung für die Zukunft Europas sein werden, sind sie nicht im eigentlichen Sinne europäische Länder zu nennen. Der zweite zu definierende Begriff ist „Gesellschaftsordnung". Ich gebrauche ihn, um die Gesamtstruktur des gesellschaftlichen Lebens zu bezeichnen, und dazu rechne ich auch die Politik – die internationale wie die nationale – sowie die Wirtschaftsordnung, dazu die breite Skala der menschlichen Beziehungen, die durch Tradition, Sitte und neue geistige Erfahrungen geprägt sind. Während die christlichen Kirchen nur einen indirekten Einfluß auf die politische und wirtschaftliche Seite der Gesellschaftsordnung haben, ist ihr direkter Einfluß auf die menschlichen Beziehungen, die alle kulturellen Bereiche durchdringen, ungeheuer groß. Das gleiche gilt auch umgekehrt für den Einfluß der Gesellschaftsordnung auf die Kirchen. Die politische und wirtschaftliche Situation hat ihrerseits einen verändernden Einfluß auf die Kirchen durch ihren Einfluß auf den Bereich der menschlichen Beziehungen. Der am schwierigsten zu definierende Begriff ist das Wort „aufkommend". Es bezeichnet etwas, das sich noch nicht verwirklicht hat, aber doch realisierbar sein muß, damit man überhaupt darüber sprechen kann. Ich kann keine politischen Prophezeihungen machen; ich kann nur auf bestimmte strukturelle Tendenzen hinweisen, die in

der gegenwärtigen Situation gegeben sind, und ich kann im Sinne des Themas nur die Frage stellen, in welcher Weise diese Tendenzen durch Tendenzen in den europäischen Kirchen unterstützt oder verändert werden und umgekehrt.

Alles, was wir über Europa sagen, leidet an zwei Mängeln: der eine beruht auf der Lückenhaftigkeit unseres Wissens und der Verzerrung aller Nachrichten durch die Propaganda, wie das der Kriegssituation entspricht; der zweite ist die Fremdheit des heutigen europäischen Geistes, nicht nur für einen geborenen Amerikaner, sondern auch für geborene Europäer, die wie ich Europa vor zehn Jahren verlassen haben und die erschütterndsten und wechselvollsten Jahre der europäischen Geschichte der letzten Jahrhunderte nicht persönlich erlebt haben.

I. Tendenzen in der gegenwärtigen Situation,
die eine künftige europäische Gesellschaftsordnung mitformen
werden

1. Der internationale Rahmen

Europa ist zur Zeit ein abhängiger Erdteil. Die dreihundert Millionen Menschen, die auf dieser westlichen Halbinsel der asiatischen Festlandmasse leben, sind nicht Subjekte, sondern Objekte der Politik. Als die Nationalsozialisten zunächst Deutschland und dann ganz Europa eroberten, wurde Europa eine Einheit, aber eine Einheit, die auf einem kolonieähnlichen Status beruht. Dieses stolze Kerngebiet der Erde ist zu einem Gebiet geworden, in dem sich die Einflußsphären größerer Gebilde überschneiden. Das Schicksal eines jeden europäischen Landes wird nicht mehr in Rom, Madrid, Wien, Paris oder Berlin entschieden – oder in kleineren Hauptstädten –, sondern in dem Zentrum der Sowjetrepubliken, von denen viele rein asiatisch sind, in der Hauptstadt des britischen Commonwealth, von dem einige Teile die Antipoden Europas sind, und in der Hauptstadt des amerikanischen Kontinents, der durch einen Ozean von Europa getrennt ist, aber dessen wirkliche Interessen auf den gegenüberliegenden Ozean im Westen gerichtet sind. Ob diese Großmächte den europäischen Kontinent unter sich aufteilen, wobei sie Restdeutschland als eine Art Niemandsland zwischen sich lassen, ob sie für ganz Europa eine Art Europäischen Rat schaffen werden, in dem sie trotz Frankreich die bestimmende Kraft darstellen, oder ob sie ein Weltsicherheitssystem begründen, in dem sie stimmführend sind, eines ist sicher: Europa wird bei jeder dieser Lösungen von ihnen

abhängig sein. Die Abhängigkeit der künftigen Gesellschaftsordnung Europas könnte nur vermieden werden, wenn dafür ein unerschwinglicher Preis gezahlt wird. Der Preis wäre die Uneinigkeit der Weltmächte und ihr Versuch, so viele europäische Länder wie nur möglich zu ihren Verbündeten gegen die anderen großen Weltmächte zu machen. Die wirkliche Lösung, nämlich ein unabhängiger europäischer Staatenbund, ist keine mögliche Lösung, nicht nur, weil die großen Mächte sie bereits verhindern, sondern auch, weil der Nationalismus einer jeden kleinen europäischen Nation sich leidenschaftlicher gebärdet als je zuvor. Darum wird die neue Gesellschaftsordnung in Europa eine abhängige sein – das ist das erste Ergebnis einer realistischen Analyse.

2. Das wirtschaftliche Problem

An zweiter Stelle steht die wirtschaftliche Situation des quasikolonialen Europa. Sie steht ihrer Bedeutung nach nicht an erster Stelle, weil die Großmächte stark genug sind, den europäischen Völkern ein Hungerleben aufzuerlegen, ohne Furcht vor einer erfolgreichen Revolution haben zu müssen. Aber trotz dieser Feststellung müssen wir zugeben, daß die europäischen Massen sich in einer revolutionären Verfassung befinden, daß sie nicht zu dem *status quo* zurückkehren wollen, aus dem all ihr Elend erwachsen ist, daß sie gegenüber den reaktionären Exilregierungen mißtrauisch sind und daß ihnen sogar ihre politische Befreiung nicht viel bedeutet, wenn sie nicht von einem System wirtschaftlicher Sicherheit begleitet wird. Rußland ist imstande, den Aufbau eines solchen Systems zu unterstützen. Darin beruht seine größte Chance selbst in den Ländern, die nicht unmittelbar zu seiner Einflußsphäre gehören. Die westlichen Länder sind nicht in der Lage, wirtschaftliche Sicherheit zu geben – England zumindest nicht in der augenblicklichen Lage wegen seiner *Tory*-Regierung –, Amerika nicht wegen des Einflusses seiner Großindustrie. Aber England und Amerika zusammen sind mächtig genug, um die Wirtschaftsordnung von Westeuropa und von gewissen Teilen Mitteleuropas zu bestimmen. Sie werden die revolutionären Bewegungen gewisser radikaler Gruppen der früheren Widerstandsbewegung unterdrücken, entweder im Interesse der Könige und der Überreste des Feudalismus (die *Tory*-Lösung) oder im Interesse der herrschenden kapitalistischen Klasse (die *State-Department*-Lösung), oder aus beiden Gründen. Durchaus zu Recht sind beide Lösungen zusammengenommen die „Metternich-Lösung" genannt worden, wobei Metternich als Symbol der europäischen Reaktion in der nachnapoleonischen Zeit gewählt wurde. Die von den genannten

Kräften angestrebte Gesellschaftsordnung wird zusammenbrechen, wenn sich zeigt, daß sie die Probleme der sozialen Sicherheit nicht zu lösen oder den Lebensstandard der Massen anzuheben vermag. Dann wird nach einigen revolutionären Versuchen sich die wahrscheinlichste Lösung durchsetzen: ein äußerst wirksamer, von den großen Monopolen beherrschter Neofaschismus. Das würde bedeuten, daß sich die europäische Gesellschaftsordnung im wirtschaftlichen Bereich in drei schon jetzt sichtbaren Phasen herausschälen wird, wenigstens in den angelsächsisch beherrschten Gebieten – einer reaktionären, einer revolutionären und einer neofaschistischen Phase.

3. Verfassungsprobleme

Dieser Krieg wird im Namen des demokratischen Ideals gegen das totalitäre Ideal geführt, und darum sollte die künftige Gesellschaftsordnung Europas demokratisch sein. Im Namen der Demokratie kämpfen Churchill und alle reaktionären Exilregierungen gegen revolutionäre Kräfte. Sogar Rußland bedient sich demokratischer Schlagworte. Wird sich eine demokratische Verfassung in der Mehrzahl der europäischen Länder durchsetzen? Ganz sicher nicht! Man kann eine Demokratie nicht auf Ruinen erbauen. Demokratie, wie wir sie gewöhnt sind, setzt die Möglichkeit gefahrloser Verschwendung voraus. Eine solche Möglichkeit besteht in den meisten europäischen Ländern nicht. Ein System gegenseitiger Kontrollen, so wie wir es haben, macht eine stetige Außenpolitik beinahe unmöglich und würde jeden europäischen Staat in kürzester Zeit zugrunde richten. Dasselbe würden Wahlen in zweijährigem Abstand, mächtige Lobbies und das Fehlen einer gut eingespielten Bürokratie bewirken. Wenige europäische Länder könnten unter solchen Bedingungen existieren. Die geringe Aussicht auf die Verwirklichung des demokratischen Ideals in diesen Ländern tritt hervor, wenn man die gegenwärtige europäische oder asiatische Lage mit der vergangenen oder gegenwärtigen Amerikas vergleicht. Zur Zeit benutzt Rußland demokratische Parolen für Propagandazwecke, um eine sogenannte Volksfront zusammenzubringen, in der die Kommunisten natürlich einen starken Einfluß haben werden, und die angelsächsischen Länder tun dasselbe, um hinter der Fassade solcher Parolen die alten herrschenden Klassen wieder in den Sattel zu heben. Aber man kann eine wirksame Demokratie nicht auf Ruinen bauen, und sie hat keinen Bestand, wenn die Massen lieber für eine Revolution in den Tod gehen, statt unter einer sogenannten demokratischen Regierung dem Hungertod und wirtschaftlicher Versklavung preisgegeben zu sein. So stellt

sich uns das Problem einer künftigen europäischen Gesellschaftsordnung im Hinblick auf die Verfassung.

4. Probleme menschlicher Beziehungen

Das Ausmaß, in dem sich die alten menschlichen Bindungen in Europa aufgelöst haben, ist für einen geborenen Amerikaner einfach unvorstellbar. Anstatt einer methodischen Analyse möchte ich mich auf Beispiele der europäischen Literatur seit der Jahrhundertwende beziehen. Die Beziehungen von Eltern zu ihren Kindern, der Geschlechter zueinander, von Freund zu Freund, der Klassen untereinander, vom Fachmann zum Laien, kurz, aller Menschen untereinander, haben einen solchen Wandel erlebt, daß ein Mensch des ausgehenden 19. Jahrhunderts diese Welt kaum wiedererkennen würde. Aber wenn auch diese Beziehungen eine radikale Veränderung durchgemacht haben, so dürfen wir nicht dem Irrtum verfallen, als ob der chaotische Zustand der zwanziger Jahre wiederkehren würde – chaotisch sind die menschlichen Beziehungen dort keineswegs. Und sie bedeuten auch nicht die Rückkehr zum bürgerlichen *status quo* der neunziger Jahre des 19. Jahrhunderts – bürgerlich sind sie keineswegs. Was wir wahrnehmen können, ist das Zugehen auf etwas Neues, was man kollektivistisch und autoritär nennen könnte, kollektivistisch nicht in einem primitiven Sinn und autoritär nicht im autokratischen Sinn. Die kommende Gesellschaftsordnung von Europa wird sich wesentlich von der des 19. Jahrhunderts unterscheiden. Das ist vor allem dem Einfluß der Nationalsozialisten zuzuschreiben. Sie haben die Autorität der Eltern und Lehrer zugunsten der Autorität der Partei zerstört; sie haben das Sexualleben den Forderungen des Staates untergeordnet, sie haben – im Widerspruch zu ihrer eigenen archaischen Theorie – die Gleichberechtigung von Mann und Frau durchgesetzt, um beide in den Dienst des totalen Krieges zu stellen, sie haben jede eigenständige wirtschaftliche oder geistige Macht beseitigt und auf breitester Basis einem technischen Bewußtsein zum Siege verholfen – und damit eine Generation geschaffen, die keinen Sinn mehr für den Individualismus des 19. Jahrhunderts hat.

II. Tendenzen in den christlichen Kirchen,
die die künftige europäische Gesellschaftsordnung
beeinflussen werden

Einleitung

Ehe wir auf besondere Probleme eingehen, möchte ich die These aufstellen, daß sich die Kirchen in einer zweideutigen Situation befinden. Sie sind ein Teil der künftigen Gesellschaftsordnung in Europa, und zu gleicher Zeit transzendieren sie aufgrund ihres christlichen Auftrags jedwede Gesellschaftsordnung. Es ist ihre ständige Aufgabe, zwischen diesen beiden Elementen ein Gleichgewicht herzustellen. In diesem Bemühen scheitern sie beständig: entweder passen sie sich der bestehenden Gesellschaftsordnung völlig an, oder sie ziehen sich von ihr zurück, so daß sie keinen Einfluß von ihr empfangen und darum auch keinen Einfluß auf sie ausüben können. In beiden Fällen fördern sie eine Entwicklung, die auch ohne sie eintreten würde. Nur eine Haltung, die Verständnis und Kritik vereinigt, kann auf eine neue Gesellschaftsordnung in schöpferischer Weise einwirken.

1. Die katholischen Kirchen

Obgleich der russische Nationalismus und die russische Außenpolitik die griechisch-orthodoxe Kirche wieder zugelassen haben, ist sie doch noch nicht eine wirksame Kraft bei der Gestaltung einer Gesellschaftsordnung in Europa geworden. Im Gegensatz zu einigen orthodoxen Kirchen auf dem Balkan ist sie eine rein russische Angelegenheit. Nach einer Zeit der Verfolgung wurde sie zu einer tolerierten, vom Staat abhängigen Kirche und ist wie unter dem Zaren in keiner Weise in der Lage, ernsthaft zu kritisieren, was der Staat anordnet. Im Gegenteil, sie wird von der Sowjetregierung gegenüber dem Vatikan als Waffe benutzt in ihrem Kampf um Polen und die Balkanländer. Aber es gibt einen anderen Faktor, der die Situation weniger hoffnungslos erscheinen läßt – sowohl für die Kirche wie für die Gesellschaftsordnung. Die griechisch-orthodoxe Kirche, die von allen christlichen Kirchen für eine Erscheinung wie den Religiösen Sozialismus am wenigsten Verständnis hatte, muß sich nun einer Situation anpassen, in der der Feudalismus und mit ihm das weitverbreitete Analphabetentum sowie der abergläubische Mystizismus der Bauern völlig verschwunden sind; sie muß sich statt dessen auf eine Situation einstellen, in der der Industriearbeiter, der Techniker und der politische Funktionär die bestimmenden

Gruppen sind. Anstelle der „vertikalen" Erhebung der Seele ist der „horizontale" Fortschritt – unreligiös und rein humanistisch verstanden – zum enthusiastischen Glauben der Massen geworden. Wenn es die russische Kirche verstünde, einen Weg zu finden, der die neue Gesellschaftsordnung bejaht, aber nicht nur im Sinne des sich ungeheuer schnell steigernden russischen Nationalismus, sondern einer positiven Deutung des Neuen in dieser Ordnung, dann könnte sich etwas wahrhaft Neues und Machtvolles entwickeln. Wenn wir den Horizont etwas weiter abstecken, so könnte die Situation folgendermaßen beschrieben werden: Rußland ist aus dem Stadium des Absolutismus unter Überspringung der bürgerlich-liberalen Ordnung sofort in das Stadium des gesellschaftlichen Kollektivismus getreten. Ebenso hat sich die russische Kirche im Gegensatz zu den westlichen Kirchen niemals dem Geist der bürgerlichen Gesellschaft angepaßt. Die großen russischen Schriftsteller des 19. Jahrhunderts, die religiösen wie die rein weltlich eingestellten, kämpften gegen den bürgerlichen Geist und setzten sich für eine Synthese ein, die christlichen, griechischen und slawischen Geist vereinen und die westliche Welt von ihren auflösenden Tendenzen heilen sollte. Darin unterschieden sie sich gar nicht so sehr von dem Selbstverständnis und den Absichten der Sowjets. Die geistige Eroberung des Westens, wie sie die Slawophilen erhoffen, und die politische Eroberung des Westens, wie sie die Sowjets erstreben, könnten in einer nicht allzu fernen Zukunft Verbündete werden.

Viel wichtiger für die gegenwärtige Lage ist der römische Katholizismus. Um zu verstehen, in welchem Verhältnis er zu der aufkommenden europäischen Gesellschaftsordnung steht, müssen wir uns zuvor mit der grundlegenden Lehre der katholischen Kirche befassen. Sie besagt, daß die geistliche Aufgabe der Kirche von ihrer hierarchischen und autoritären Organisation abhängt, die wiederum auf universale, unwandelbare und unfehlbare Prinzipien gegründet ist. Die katholische Kirche hat keinerlei Ähnlichkeit mit einem protestantischen Bekenntnis oder einer Nationalkirche des Ostens. Sie ist eine internationale Macht, spielt auf der internationalen politischen Bühne mit, kämpft für die Erhaltung alter und die Erringung neuer Machtpositionen. Überall können wir diesen Kampf im heutigen Europa beobachten. Es ist vor allem ein Kampf gegen den russischen Einfluß in Osteuropa, aber es ist auch ein Kampf gegen die pro-russischen kommunistischen Bewegungen auf dem ganzen Kontinent. Und ferner ist es ein Kampf gegen das protestantische England, das eine Art Schutzmacht über die katholischen Mittelmeerländer – von Spanien bis Syrien – ausübt. Darauf beruht die äußerst zweideutige Haltung des Vatikans gegenüber den drei Welt-

mächten. Die Haltung gegenüber Rußland ist ganz offen feindlich trotz einiger russischer Zugeständnisse in Polen, wo allein die römische Kirche im Besitz großer Ländereien geblieben ist. Die Feindschaft zeigt sich deutlich in den fortgesetzten gegenseitigen Angriffen in der Presse und in antirussischen Erklärungen des Papstes und des Episkopats, in denen die europäische Revolution radikal verworfen wird. Für den Papst steht in Osteuropa, in Polen und Ostdeutschland, in Jugoslawien, Ungarn und sogar Österreich viel auf dem Spiel. In seinem Verteidigungskampf gegen Rußland und alle rußlandfreundlichen Bewegungen in Europa kann der Vatikan auf England als Bundesgenossen zählen. Aber für die katholischen Mittelmeerländer wünscht der Vatikan Unabhängigkeit von England; er wünscht weiter die Vorherrschaft von Frankreich in Kleinasien und die Festigung der katholischen Völker und des katholischen Einflusses überhaupt. Obwohl die Vereinigten Staaten der Statistik nach ein protestantisches Land sind, betrachtet sie der Vatikan zu Recht als die führende katholische Weltmacht. Diese Auffassung wurde vom Papst in seiner Weihnachtsbotschaft öffentlich vertreten; er ging sogar so weit, die demokratische Ideologie anzuerkennen trotz der feudalistischen und royalistischen Neigung der katholischen Politik. Er tat das, um Hindernisse auszuräumen, die der Zusammenarbeit mit der stärksten der Weltmächte im Wege stehen könnten. Der Grund für diese überraschende Einstellung liegt nicht nur in der Struktur des amerikanischen Katholizismus und in der machtvollen Stellung, die er auf allen Ebenen der amerikanischen Politik einnimmt, sondern auch in dem gemeinsamen Interesse an Europa, das den Vatikan und die Vereinigten Staaten verbindet. Weder der Vatikan noch die Vereinigten Staaten wünschen eine Aufteilung Europas zwischen Rußland und England. Obwohl beide für die Auflösung des protestantischen Preußen eintreten, wünschen sie doch keineswegs eine Teilung Deutschlands – auch dann nicht, wenn Österreich und Bayern eine politische Einheit eingingen. Und sie wollen auch keine kommunistischen Bewegungen, durch die der russische Einfluß gestärkt würde. So könnte die Allianz zwischen dem Weißen Haus und dem Vatikan ein äußerst wichtiger Faktor in der Gesellschaftsordnung Europas werden.

Was bedeutet das für die sozialen und kulturellen Aspekte der künftigen europäischen Gesellschaftsordnung? In den Ländern, die unter dem beherrschenden militärischen und politischen Einfluß Amerikas stehen, wird die Gesellschaftsordnung konservativ sein. Die Menschen, mit denen die amerikanische Militärregierung zu tun hat (und bereits hatte) sind Konservative, und zwar möglichst Katholiken. Das ist keine bloße Wahrscheinlichkeit, sondern bereits Wirklichkeit. In solchen Län-

dern wird es darum keine Revolutionen geben. Die katholische Kirche würde als Weltmacht aufhören zu existieren, wenn sich die revolutionären Möglichkeiten der europäischen Situation verwirklichten und die wirtschaftliche, soziale und geistige Grundlage Europas zerstörten. Der spanische Bürgerkrieg war ein ungeheurer Schock für Rom, darum seine eindeutige Verdammung der legalen spanischen Regierung; darum der Entschluß des amerikanischen Katholizismus, die faschistische Intervention zugunsten der spanischen Reaktion zu unterstützen; darum die Furcht, daß sich in Spanien oder sonstwo in Europa Ähnliches ereignen könnte; darum die Vorbereitung auf den Tag X, an dem sich Amerika von Europa zurückziehen wird, nachdem es starke nationale Regierungen in den Sattel gehoben hat, die imstande sind, die revolutionären Kräfte niederzuhalten und der katholischen Kirche mehr Einfluß einzuräumen, als sie je in der Periode des Liberalismus hatte.

Wie steht es um die Aussichten für eine solche Politik? Die Aussichten sind gut in geistiger, aber ziemlich schlecht in wirtschaftlicher Beziehung. Der nationalsozialistische Aufstieg war ermöglicht durch die Auflösung der liberalen Ordnung in Europa. Ein Gefühl der Sinnlosigkeit, die Erfahrung von ständigem Mißlingen, Zynismus und Verzweiflung waren weit verbreitet. Darum sehnten sich die Menschen zwischen den beiden Weltkriegen nach Führung, Autorität, heiligen Symbolen, nach einer geistigen Mitte. Nach dem Zusammenbruch des Faschismus und Nazismus und der damit verbundenen Enttäuschung wird dieses Gefühl noch anwachsen. Die katholische Kirche glaubt, daß nun ihre große Stunde gekommen ist, und diese Auffassung hat vieles für sich. Die katholische Kirche weiß, daß in einer mehr kollektivistischen Gesellschaftsordnung (und daran besteht kein Zweifel, daß sie in Zukunft zumindest in Europa so sein wird) die Chancen des autoritären Systems größer sind als die einer Gesellschaftsordnung, die sich auf kulturelle oder religiöse Autonomie gründet wie der Humanismus und der Protestantismus.

Aber diesem günstigen Umstand im geistigen Bereich stehen ungünstige wirtschaftliche und soziale Bedingungen gegenüber. Konservative Lösungen, *status quo*-Tendenzen haben auf die Dauer gesehen keine Aussicht. Sie können das drängende Problem der Sicherheit und des Lebensstandards für die europäischen Massen nicht lösen. Entweder wird der Druck der Massen die konservativen einschließlich der katholischen Autoritäten ausschalten, oder die Massen werden unter dem Deckmantel demokratischer Methoden und ohne Rücksicht auf die Ansprüche der katholischen Kirche in eine modernisierte, funktionstüchtigere Form des Faschismus hineingezogen werden. Das ist der Traum

des amerikanischen Kapitalismus und seiner Manager. Hier liegen die Grenzen für den Einfluß des Katholizismus auf die künftige Sozialordnung Europas.

2. Die protestantischen Kirchen

Es ist verhältnismäßig leicht, das Verhältnis der katholischen Kirche zur aufkommenden Gesellschaftsordnung in Europa zu beschreiben, weil die katholische Kirche ein eindeutiges Aktionszentrum, klar definierte Prinzipien und ein klar definiertes letztes politisches Ziel besitzt. Die einzige Schwierigkeit besteht darin, hinter das diplomatische Spiel zu schauen, um zu erkennen, wie diese Prinzipien einer bestimmten Situation angepaßt werden.

Ganz anders ist das im Protestantismus. Es gibt kein Aktionszentrum, und es gibt keine protestantischen Prinzipien und Zielsetzungen in der Politik. In Europa ist das ausgeprägter als in Amerika. Die Vorherrschaft des Luthertums auf dem Kontinent hat eine politische Theologie, die die Gesellschaftsordnung unmittelbar beeinflussen könnte, verhindert. In Mittel- und Nordeuropa hat das Luthertum viele Schattierungen, wenigstens ebensoviele wie in den Vereinigten Staaten. Aber es hat dennoch einige klare Grundzüge, die allen Formen des Protestantismus gemeinsam sind. So gibt es kein Prinzip, nach dem der Staat zu beurteilen wäre, außer, wenn der Staat sich in rein geistliche Angelegenheiten einmischt. Darum konnte das Luthertum Hitler so lange anerkennen, als er das Leben der Kirche nicht zu beeinflussen versuchte. Darum kann es – wenn auch zögernd – die russische Besetzung Ostdeutschlands anerkennen, solange die Russen die Kirche in ihren religiösen Belangen ungeschoren lassen. Darum kann es jede Form konservativer Politik der anderen Besatzungsmächte im Westen und Süden begrüßen. Aber – und das ist die andere Folge – es kann sich nicht für eine besondere gesellschaftliche Struktur einsetzen. Es kann noch nicht einmal so weit wie der Papst gehen, als er sich einer demokratischen Sprache bediente.

Die lutherischen Kirchen werden wirtschaftlich und politisch ungeheuer unter dem Zusammenbruch Deutschlands und besonders unter dem Verschwinden der großen Grundbesitzer zu leiden haben – viel mehr als die katholische Kirche. Obwohl die Verbindung der Kirche mit den herrschenden feudalen Klassen nicht so eng wie in Rußland war, und obwohl infolgedessen die Feindschaft gegen die sogenannten Junker die Kirche nicht so hart treffen wird, wie die Revolution die russische Kirche getroffen hat, wird sie es doch überall da schwer haben,

wo sie von den Feudalherren abhängig war. Andererseits könnten die zehn Jahre Unterdrückung durch Hitler und der furchtbare Zusammenbruch seines Systems die lutherischen Kirchen vom Staat und von den alten herrschenden Klassen stärker befreien, als das je zuvor möglich war. Die Geschichte verändert Völker und Kirchen. Es ist eine der wenigen politischen Hoffnungen, die uns gelassen wurden, daß dies auch in Deutschland so kommen wird, und zwar politisch und religiös.

Glücklicherweise ist in Westdeutschland die protestantische Kirche mehr durch Calvin als durch Luther bestimmt, und in Südwestdeutschland hat sich der Einfluß von Zwingli erhalten. Daraus folgt, daß demokratische Grundsätze in diesen Gebieten mehr Resonanz finden als im Osten – nicht nur im staatlichen, sondern auch im kirchlichen Bereich.

Wir werden oft gefragt, ob die deutschen Kirchen irgendeinen bemerkenswerten Einfluß auf die kommende Gesellschaftsordnung haben werden. Hat der Kampf gegen die Nationalsozialisten, der Heroismus der Führer der „Bekennenden Kirche" die weitverbreitete Gleichgültigkeit des deutschen Volkes gegenüber der Kirche verändert? Es ist sehr schwer, darauf im gegenwärtigen Zeitpunkt eine Antwort zu geben. Am wahrscheinlichsten ist die Antwort, die ein Pfarrer im Londoner Osten gegeben hat. Er sagte: „Die Menschen respektieren die Kirche mehr als jemals zuvor, aber sie gehen nicht häufiger hinein." Der Umstand, daß die „Bekennende Kirche" sich auf die traditionelle orthodoxe Sprache festgelegt hat, wird wahrscheinlich den meisten Leuten den Zugang zu ihr versperren. Aber nur die Erfahrung wird die aufgeworfenen Fragen beantworten können.

Die protestantischen Kirchen des Westens und Nordens werden demokratische Tendenzen unterstützen, auch solche, die sich stärker dem Sozialismus annähern, aber sie werden kommunistische Ideen ablehnen. Radikalere Tendenzen könnten bei der Jugend des französischen, holländischen und norwegischen Protestantismus vorherrschen. Es gibt Anzeichen dafür in Frankreich, aber alles ist noch in ständigem Fluß.

Was ist schließlich über die britischen und amerikanischen protestantischen Kirchen zu sagen? Zunächst müssen wir feststellen, daß sie nicht europäisch im Sinne der eingangs gegebenen Definition sind. Trotzdem können sie als Kirchen der Siegerstaaten großen Einfluß auf die künftige Gesellschaftsordnung Europas haben. Ein solcher Einfluß wird kein unmittelbarer sein. Der Gedanke einer Heidenmission in Deutschland durch die angelsächsische Christenheit ist ebenso abwegig wie die Erziehung der deutschen Schüler durch Lehrer der alliierten Nationen.

Die Beziehung zwischen Siegern und Besiegten kann – wenn beide zu den hochentwickelten Nationen gehören – niemals den Charakter einer Mission oder Umerziehung haben. Wenn überhaupt ein unmittelbarer Einfluß möglich ist, so kann er nur von solchen Pfarrern und Laien kommen, die in England oder Amerika im Exil gelebt haben und bei ihrer Rückkehr ihre persönlichen Erfahrungen geltend machen. Dadurch können sie für den angelsächsischen praktischen Idealismus das notwendige Verständnis erwecken. Oder der Einfluß kommt von einzelnen Christen innerhalb der Besatzungsmächte und deren Haltung gegenüber der besiegten Bevölkerung.

Aber viel bedeutsamer ist der indirekte Einfluß der angelsächsischen Kirchen auf die Gesellschaftsordnung in Europa durch ihren Einfluß auf die Politik ihrer eigenen Länder. Der Einfluß der Kirchen auf die öffentliche Meinung ist in den angelsächsischen Ländern unvergleichbar größer als in jedem europäischen Land. Verlautbarungen wie die des *„Federal Council Committee"* über einen „gerechten und dauerhaften Frieden" wären in Europa nicht möglich oder zumindest gänzlich unwirksam. In den Vereinigten Staaten und auch in Großbritannien haben sie eine Bedeutung, wie sich das ein Europäer kaum vorstellen kann. In welcher Richtung wird dieser Einfluß wirksam werden? Zwei gefährliche Wege zeichnen sich da ab, besonders für die amerikanischen Kirchen. Der eine ist dadurch gekennzeichnet, daß ihr Idealismus nicht in die Praxis zu übertragen ist, denn Ideale der Weltsicherheit würden gegen die konkrete Sicherheit gestellt, die Rußland und England wünschen. Das Ergebnis wäre, daß sich die amerikanischen Kirchen enttäuscht zurückziehen, ja vielleicht, daß sich Amerika überhaupt von der europäischen Bühne zurückzieht und damit die Entwicklung begünstigte, die die europäischen Völker fürchten und die jeder Christ fürchten sollte. Die andere gefährliche Möglichkeit ist, daß die amerikanischen Kirchen aufgrund ihrer gesellschaftlichen Struktur nicht die geistige Kraft haben werden, sich gegen den *status quo* und die neofaschistischen Tendenzen in unserem Land zu wenden und eine Lösung zu verhindern, die betont antirussisch ist. Eine solche Lösung würde zwischen den Mächten, die noch um die Beherrschung der Welt kämpfen, in kürzester Zeit zum Krieg führen. Wenn anstelle dieser beiden Irrwege die amerikanischen Kirchen die Massen der europäischen Völker gegen diejenigen unterstützen würden, die Europa aufteilen wollen – sei es von westlicher oder östlicher Seite –, und wenn sie sich gegen die monopolistischen Herrscher bei uns wenden würden, dann würde das Christentum als Institution einen unschätzbaren Beitrag zu der kommenden Gesellschaftsordnung in Europa liefern. Aber gibt es eine

Chance, daß das eintritt, oder gehen wir dem dritten Akt der großen Tragödie der Weltveränderung entgegen?

Das letzte, was ich sagen möchte, bezieht sich auf die Kirche von England. Sie hat für die Nöte der europäischen Völker mehr Verständnis gezeigt als jede andere Kirche. Für diese Haltung war Erzbischof Temple weithin maßgebend. Wird das aber unter der neuen Führung ebenso sein? Oder werden auch in der Politik der anglikanischen Kirche gegenüber Europa die imperialistischen Interessen Großbritanniens vorherrschen? Viele Menschen, die über Amerika, Rußland und die offizielle Haltung Großbritanniens verzweifeln, setzen ihre Hoffnung auf die links eingestellten Gruppen in England und besonders auf die sozial ausgerichteten Gruppen der Kirche von England. Wenn diese Gruppen die Kirche von England mitreißen könnten und wenn das der Kirche von England mit dem ganzen englischen Volk gelänge, würde die Form der aufkommenden Gesellschaftsordnung in Europa ganz anders sein. Aber besteht eine solche Aussicht? Sind wir derselben Auffassung wie ein großer und frommer englischer Patriot, der mir einmal mit Bitterkeit folgendes sagte: „Der Erzbischof muß sterben, und der Premierminister bleibt." Liegt darin ein Zeichen für die tragische Richtung kommender Ereignisse? Oder besagt es noch mehr? Ist es ein Zeichen, daß der Einfluß der Kirche auf die Gesellschaftsordnung immer nur indirekt ist, nur wirksam durch einzelne, die die Dinge verändern und die den letzten Sinn des Lebens erst jenseits der Politik suchen? Und folgt daraus, daß ein direkter politischer Einfluß, wie er durch die römische Kirche – und gelegentlich von der protestantischen – ausgeübt wird, letztlich eine Niederlage für die christliche Kirche bedeutet?

Die neue Gesellschaftsordnung wird hervorgehen aus Katastrophen, deren Ende noch nicht erreicht ist. Wir kennen sie noch nicht. Aber wir wissen eines: sie wird unendlich weit hinter dem Reich Gottes zurückbleiben, obwohl sie durch den jahrhundertealten Einfluß des Christentums ein wenig besser sein wird als ein durch Dämonien bestimmter Zustand.

40. MARXISMUS UND RELIGIÖSER SOZIALISMUS

Der Marxismus ist niemals einstimmig und ohne ernsthafte Kritik von der Bewegung des Religiösen Sozialismus angenommen worden.

Ein großer Teil der Grundsatzdiskussion des Religiösen Sozialismus bestand in einer gründlichen Auseinandersetzung mit den Lehren von Marx und den Marxisten. Das Ergebnis dieser Auseinandersetzung war meistenteils eine Ablehnung, teils eine Annahme und wesentliche Umgestaltung der marxistischen Lehren durch die führenden religiösen Sozialisten. Hat sich diese Situation geändert? Hat sich die Kluft zwischen Christentum und Marxismus vertieft, entweder weil der Marxismus seine Bedeutung und seine Kraft, die gegenwärtige Welt zu deuten, verloren oder weil das Christentum sich in einer gänzlich anderen Richtung entwickelt hat? Es gibt in der Tat im Marxismus Elemente, die veraltet sind, und es gibt Entwicklungen im Christentum, die darauf hinzielen, jede Verbindung zwischen ihm und den Ideen von Marx und seinen Nachfolgern abzubrechen. Aber das bedeutet nicht, daß alle Elemente im Marxismus ihre Bedeutung verloren haben und daß die gesamte christliche Theologie sich gegen den Marxismus gewendet hat. Im Gegenteil: mir scheint, wichtige Elemente der marxistischen Denkweise sind in einem so hohen Maße in das theologische Denken eingegangen, daß man ihnen ihre Herkunft aus dem Marxismus nicht mehr anmerkt. Das trifft besonders auf die realistische und pessimistische Deutung der menschlichen Situation durch den Neo-Supranaturalismus und die dialektische Theologie zu. Um diese Frage zu entscheiden, müssen wir uns zunächst vergegenwärtigen, warum und in welcher Hinsicht der Marxismus durch den religiösen Sozialismus bejaht und in welcher Hinsicht er kritisiert worden ist.

I. Die theologische Bejahung des Marxismus

Der Hauptgrund für die theologische Bejahung des Marxismus ist eine auffallende Strukturanalogie zwischen der prophetischen und der marxistischen Deutung der Geschichte. Das ist oft ausgeführt worden und braucht nur wieder in Erinnerung gebracht zu werden. Beide, Prophetie und Marxismus, sind geschichtliche Deutungen der Geschichte, das heißt Deutungen, in denen die Geschichte einen Sinn an sich hat und nicht nur die Fortsetzung des allgemeinen Naturprozesses oder der Ort der Vorbereitung für das Übernatürliche ist. Geschichte hat ein Ziel, auf das sie sich hinbewegt und dessen Erfüllung der Sinn jedes geschichtlichen Ereignisses ist. Und da die Geschichte ein Ende hat, so hat sie auch einen Anfang und eine Mitte, einen Punkt, an dem ihr Sinn sichtbar wird und in dessen Licht eine Geschichtsdeutung möglich wird. Beide, Prophetie und Marxismus, betrachten den Kampf zwi-

schen den guten und den bösen Mächten als den Hauptinhalt der Geschichte, indem sie die bösen Mächte in erster Linie als die Mächte der Ungerechtigkeit beschreiben und den endgültigen Sieg der Gerechtigkeit erwarten. Diese Deutung führt in beiden Fällen zu einer eschatologischen Stimmung, einer Gespanntheit der Erwartung, einer Gerichtetheit auf die Zukunft, die in allen Arten sakramentaler und mystischer Religion völlig fehlt. Beide, Prophetie und Marxismus, greifen die bestehende Gesellschaftsordnung und die persönliche Frömmigkeit an, und zwar als Ausdruck eines allgemeinen Bösen in einer besonderen Periode. Sie verwerfen leidenschaftlich konkrete Formen der Ungerechtigkeit, indem sie denjenigen, die dafür verantwortlich sind, vor allem den herrschenden Gruppen, mit dem Gericht der Geschichte drohen und mit dem unmittelbar bevorstehenden Untergang als der unausweichlichen Folge der sozialen Ungerechtigkeit. Beide, Prophetie und Marxismus, glauben, daß der Übergang von dem gegenwärtigen Stadium der Geschichte in das Stadium der Erfüllung durch eine Katastrophe hindurchgeht oder durch eine Reihe von katastrophalen Ereignissen, deren Ende die Aufrichtung eines Reiches des Friedens und der Gerechtigkeit ist und dessen Anzeichen für den ahnenden und analysierenden Geist schon erkennbar sind. Sie haben ein tiefes Gefühl dafür, daß das „Neue" sich in einer Katastrophe ankündigt und „schon nahe herbeigekommen" ist. Beide, Prophetie und Marxismus, glauben, daß bestimmte kleine Gruppen in einem auserwählten Volk oder einer Klasse die wahren Träger des historischen Schicksals sind, daß in ihrem Handeln der Sinn der Geschichte zur Verwirklichung kommt. Das freie Handeln dieser Gruppen wird als Werkzeug des historischen Schicksals angesehen. Freiheit und historisches Schicksal sind keine Gegensätze für das prophetische und das marxistische Denken. Von beiden wird die mechanistische Notwendigkeit ebenso wie die bloße Zufälligkeit des Geschichtsverlaufs verneint. Die prophetische wie die ursprüngliche marxistische Dialektik stehen über dieser Alternative.

Die Strukturanalogie zwischen Prophetie und Marxismus bleibt nicht beschränkt auf ihre Geschichtsdeutung. Sie bezieht sich auch auf die Hauptelemente ihrer Anthropologie. Das trifft nicht nur auf die prophetische, sondern ganz allgemein auf die christliche Anthropologie zu. Der Mensch ist nicht, was er sein sollte, sein eigentliches Wesen und seine reale Existenz widersprechen einander. Der Mensch ist „gefallen", wenn nicht aus einer ursprünglichen tatsächlichen Vollkommenheit heraus, so doch zum mindesten aus dem Zustand einer unentfalteten Unschuld. Er ist entfremdet von sich selbst und seinem wahren Mensch-

sein, er ist entmenschlicht, er ist zum Objekt geworden, zum Mittel des Profits, zur Ware Arbeitskraft – nach Marx. Er ist entfremdet von seiner göttlichen Bestimmung, er hat die wahre Würde seines Wesens, Ebenbild Gottes zu sein, verloren, er ist getrennt von seinem Mitmenschen durch Stolz, Begierde und Machtwillen – nach christlicher Auffassung. Christentum und Marxismus stimmen darin überein, daß die Natur des Menschen nicht bestimmt werden kann von einem Standpunkt jenseits der Geschichte, sondern daß die geschichtliche Situation des Menschen entscheidend ist für jede Anthropologie überhaupt. Und sie stimmen darin überein, daß die Natur des Menschen nicht definiert werden kann durch die Eigenschaften des Individuums. Der Mensch ist ein gesellschaftliches Wesen, und sein Böses ebenso wie sein Gutes sind abhängig von seiner gesellschaftlichen Existenz. Verdammnis und Heil sind universal und geschichtlich. Das Individuum als Individuum kann der Verdammnis nicht entgehen und das Heil nicht erreichen. Es ist Teil einer gefallenen Welt – sei es, daß der Fall nun in religiösen oder in soziologischen Begriffen ausgedrückt wird –, und es kann Glied einer neuen Welt werden, gleichgültig, ob diese neue Welt in Begriffen einer übergeschichtlichen oder einer innergeschichtlichen Umwandlung dargestellt wird. Hieraus folgt, daß die Idee der Wahrheit der beiden, Christentum und Marxismus, jenseits der Spaltung von Theorie und Praxis liegt. Die Wahrheit muß „getan" werden, um erkannt zu werden. Ohne Verwandlung der Wirklichkeit ist keine wahre Erkenntnis der Wirklichkeit möglich. Die Situation des Erkennenden ist entscheidend für die Fähigkeit oder Unfähigkeit zu erkennen. Nur der „geistliche Mensch" kann nach Paulus ein Urteil über alles fällen, und nur der Mensch, der an dem Kampf der „auserwählten Schar" gegen die Klassengesellschaft teilnimmt, ist in der Lage, den wahren Charakter des Seins zu verstehen. Konkreter ausgedrückt: die Kirche oder das kämpfende Proletariat ist der Ort, an dem die Wahrheit die größte Chance hat, aufgenommen zu werden. In allen anderen Sphären macht die Verfehlung unserer historischen Existenz es schwierig, wenn nicht unmöglich, eine wahre Einsicht in die menschliche Situation und durch sie hindurch in das Sein selbst zu finden. Das Schicksal der Selbsttäuschung oder – wie Marx es genannt hat – das Hervorbringen von Ideologien, geschieht unausweichlich, außer in der „auserwählten Schar", die sich vornehmlich aus Menschen in der Situation äußerster Angst, Verzweiflung und Sinnlosigkeit zusammensetzt. An der Grenze aller menschlichen Möglichkeiten entspringt die neue menschliche Möglichkeit und gewinnt Macht. Wenn alle ideologischen Verhüllungen gefallen sind und keine Selbsttäuschung mehr möglich ist, kann die

Wahrheit erscheinen, und es kann nach ihr gehandelt werden. Und sie wird sichtbar nur in dem Maße, in dem nach ihr gehandelt wird. Der Protest der Reformatoren gegen die selbstgemachten Götter oder Götzen und der Protest von Marx gegen die selbstgemachten Ideen oder Ideologien beziehen sich auf die gleiche geistige Gefahr des Menschen in seiner gegenwärtigen Existenz: die Wahrheit zu einem Mittel religiösen Hochmuts oder politischen Machtwillens zu machen. In bezug auf diese Punkte, in ihrer Opposition gegen einen „pelagianischen" oder „harmonistischen" Optimismus über die menschliche Natur, stimmen Christentum und Marxismus überein.

II. Die theologische Kritik am Marxismus

Der grundlegende Unterschied zwischen dem Religiösen Sozialismus und dem Marxismus liegt in ihrer verschiedenen Auffassung der Transzendenz. Es gibt eine Art von Transzendenz im Marxismus: die Grenzen der gegenwärtigen menschlichen Möglichkeiten werden transzendiert durch die Erwartung eines kommenden Zustandes der Gerechtigkeit. Es wird eine Art Wunder vorausgesetzt beim Übergang von dem gegenwärtigen zum zukünftigen Zustand des Menschengeschlechts – zum mindesten unausgesprochen. Und es ist klar, daß der Marxismus einen großen Teil seiner psychologischen Macht aus diesem Element der Transzendenz und des Glaubens zieht. Aber diese Transzendenz ist nicht die absolute Transzendenz des Christentums. Sie bleibt in Zeit und Raum, in Geschichte und Politik. Sie hängt von innerweltlichen Prozessen ab. Sie transzendiert die gegenwärtige Zeit, aber nicht die Zeit als solche. Sie kennt nicht die Ewigkeit, die hereinbricht in die Zeit, das Zeitliche erschüttert, umwendet und verwandelt. Der Marxismus erreicht niemals diese Transzendenz. Er mißtraut ihr, er betrachtet die Religion wegen ihrer überzeitlichen Natur als eine Ideologie, das heißt als ein System von Ideen und Symbolen, das der Begründung in der Realität entbehrt, das aber erfunden worden ist, um den enterbten Klassen ihr Elend erträglicher zu machen und infolgedessen, um ihren revolutionären Impuls durch ein mystisches Beruhigungsmittel zu brechen. Das ist die Theorie über die Religion sowohl im ursprünglichen als auch im späten Marxismus. Es ist klar, daß diese Lehre durch den Religiösen Sozialismus scharf angegriffen werden mußte. Religionen dieses Typs sind Entstellungen dessen, was Religion wesenhaft ist. Diese Entstellung ist immer möglich und ist in dem Sinne, wie Marx sie beschreibt, oft zu einer historischen Macht geworden. Aber eine

solche Beschreibung trifft nicht auf die prophetische Religion zu und auf ihren Kampf gegen die dämonischen Mächte der Geschichte und des individuellen Lebens. Und sogar das sakramentale Element in der Religion ist nicht einfach Ideologie. Es ist auch die Grundlage des prophetischen Elements, weil nur in der Kraft des Heiligen, das gegenwärtig ist, das Heilige, das zukünftig ist, erwartet und verwirklicht werden kann. Jedenfalls folgt der Religiöse Sozialismus im Einklang mit allen großen religiösen Verkündigungen der christlichen, indem er den transzendenten, unsichtbaren und ewigen Charakter der letzten Erfüllung der Geschichte und des menschlichen Lebens bejaht. Die Geschichte erfüllt sich jenseits der Geschichte, nicht innerhalb der Geschichte.

Hieraus folgen einige grundlegende Unterschiede zwischen dem Religiösen Sozialismus und dem Marxismus. Obwohl Marx gegen das, was er „utopischen Sozialismus" nannte, gekämpft hat, konnten doch weder er selbst und noch weniger seine Nachfolger gefährlichen Elementen des Utopischen entgehen. Selbstverständlich haben sie nicht erwartet, die Klassensituation könnte dadurch verändert werden, daß die herrschenden Klassen überzeugt werden, aber sie haben erwartet, daß der ökonomische Prozeß gemeinsam mit dem revolutionären Vorstoß der proletarischen Klassen die Erfüllung der Geschichte herbeiführen würde, nämlich die klassenlose Gesellschaft, in der die Hauptübel der früheren Menschheit – ihrer „Vorgeschichte", wie Marx sie nannte – überwunden seien. Der Religiöse Sozialismus hat im Gegensatz dazu immer behauptet, daß die dämonischen Mächte der Ungerechtigkeit, des Hochmuts und des Machtwillens in der historischen Ebene nie auszurotten seien, wenn auch deren spezifische Formen, wie Kapitalismus und Nationalismus, überwunden werden könnten. Deshalb wandte der Religiöse Sozialismus die anti-ideologische Kritik ebenso gegen sich selbst wie gegen alle anderen sozialistischen und marxistischen Gruppen und gegen die Feinde des Sozialismus. Die schärfste Kritik der sozialistischen Bewegung kommt vom Religiösen Sozialismus her, während das Fehlen einer solchen Selbstkritik in den sozialdemokratischen Parteien viel zu deren Katastrophe beigetragen hat. Aus demselben Grunde betont der Religiöse Sozialismus im Gegensatz zum Marxismus die Bedeutung des persönlichen Lebens und seine Umgestaltung für die revolutionäre Bewegung. Die politischen Mängel der Führer der sozialistischen Gruppen und der Mangel einer vertieften Bildung und Disziplin der Avantgarden der Bewegung entspringen der innerweltlichen Haltung des Marxismus, seiner Überschätzung des Institutionellen, seinem Mangel an Verständnis für persönliche Faktoren. Für den

Religiösen Sozialismus hat die verderbte menschliche Situation tiefere Wurzeln als bloß historische oder soziologische. Sie wurzelt in der Tiefe des menschlichen Herzens. Und in gleicher Weise ist die Erneuerung der Menschheit nicht möglich durch einen nur institutionellen oder politischen Wandel, sondern erfordert gleichzeitig einen Wandel in der persönlichen Lebenshaltung sehr vieler Menschen. Deshalb ist für den Religiösen Sozialismus der Wendepunkt der Geschichte nicht die Erhebung des Proletariats, sondern der Durchbruch eines neuen Sinns und einer neuen Lebensmächtigkeit in der göttlichen Selbstoffenbarung. Diese Unterschiede sind von ungeheurer Wichtigkeit. Aber sie schließen nicht aus, daß das prophetische Christentum grundlegende Elemente der marxistischen Lehre von der Geschichte und vom Menschen enthält.

III. Religiöser Sozialismus und wissenschaftlicher Marxismus

Die religiösen Sozialisten haben viele wissenschaftliche Ergebnisse der Marxschen Gesellschaftsanalyse, vor allem der Wirtschaftslehre übernommen, weil sie gefunden haben, daß sie richtig sind. Und sie haben die marxistischen Theorien beibehalten und erhalten sie noch aufrecht, soweit das auf wissenschaftlicher Grundlage möglich ist. Sie waren und sind gleichzeitig offen gegenüber jeder Kritik marxistischer Ideen, sobald eine solche Kritik durch den Fortschritt der Wissenschaft gefordert erscheint. Der Religiöse Sozialismus verwirft jeden Dogmatismus in bezug auf marxistische Grundsätze. Er unterwirft sie den Kriterien jedes wissenschaftlichen Verfahrens und darüber hinaus dem methodischen Verdacht, daß sie selber Ideologien geworden sind. Aber der Religiöse Sozialismus verwirft den dogmatischen Anti-Marxismus ebenso wie den dogmatischen Marxismus, und er unterwirft den wissenschaftlichen Angriff auf die marxistischen Lehren nicht nur den wissenschaftlichen Kriterien, sondern ebenso dem Verdacht, Flucht in die Ideologie zu sein. Besonders in der gegenwärtigen Situation, in der Marx mehr und mehr in den Hintergrund gedrängt wird, hat die Frage des ideologischen Anti-Marxismus an Bedeutung gewonnen.

Vor allem gibt es einige philosophische Prinzipien im Marxismus, die der Religiöse Sozialismus als Entdeckungen von bleibender Bedeutung ansieht und ansehen muß, vorausgesetzt, daß ihre verfälschten Formen als solche erkannt und zurückgewiesen werden. Die Forderung nach Einheit von Theorie und Praxis, oder moderner ausgedrückt, nach „existentiellem Denken", ist eine bleibende Einsicht, die Marx in seinem

Kampf gegen den theoretischen Idealismus und Materialismus gewonnen hat. Aber die Verkehrung dieser Einsicht in einen skeptischen Relativismus, nach dem alles Denken nur Ausdruck einer speziellen Seinsweise ist (psychologisch oder soziologisch), muß nicht nur als eine Verfälschung, sondern auch als Ablehnung des existentiellen Denkens angesehen werden. Ebenso muß vom Religiösen Sozialismus anerkannt werden, daß Marx recht hat, wenn er die materiellen Produktionsverhältnisse der Menschheit als Grundlage des gesamten Geschichtsverlaufs ansieht. Aber die Verzerrung dieser Einsicht in eine mechanistische Wirtschaftslehre oder in einen metaphysischen Materialismus muß abgelehnt werden. Die ökonomische Sphäre ist selber eine komplexe Sphäre, zu der alle anderen Sphären wesensmäßig beitragen, so daß sie nicht von ihr abgeleitet, obwohl auch nie von ihr getrennt werden können. Die dialektische Methode muß anerkannt werden als eine Methode der Beschreibung von Lebens- und Geschichtsprozessen in ihren inneren Spannungen, Widersprüchen und Gegensätzen und deren Tendenz zu umfassenderen Einheiten. Aber die Verzerrung der dialektischen Methode in einen universalen Mechanismus von berechenbaren Prozessen hat nichts mit der Wirklichkeit und mit dem ursprünglichen Sinn dieser Methode zu tun. Es gibt dialektische Elemente in jedem Leben und in jeder historischen Erscheinung, Elemente, die zu bestimmten Strukturen gehören, aber über diese Strukturen hinausweisen. Solche Strukturen können nur mit dialektischen Begriffen beschrieben werden, aber keineswegs mit Begriffen einer mechanischen Notwendigkeit. Existentielles Denken, historischer Materialismus und dialektische Methode sind Errungenschaften, die im Religiösen Sozialismus nie preisgegeben werden dürfen.

Das gleiche gilt für einige soziologische und ökonomische Prinzipien des wissenschaftlichen Marxismus. Marxens Methode, ökonomische Phänomene zu analysieren, ist eine soziologische Methode: er bezieht in jedem Moment die menschlichen und gesellschaftlichen Methoden mit ein und lehnt das Ausweichen in einen formalen Wirtschaftsbegriff ab, der die Tatsache verschleiert, daß wirtschaftliches Handeln zugleich menschliches Handeln ist. Die Anerkennung dieser Situation ist der zweite höchst bedeutsame methodische Beitrag des Marxismus. Auf der Basis dieser Methode hat der Marxismus die Analyse der Widersprüche der kapitalistischen Gesellschaft gegeben, die der Hauptschlag gegen den Harmonieglauben des bürgerlichen Liberalismus war. Marx selber und die meisten seiner Nachfolger beschränkten ihre Analyse auf den Gegensatz von „Kapital" und „Arbeit". In den letzten Jahrzehnten ist es deutlich geworden, daß es sehr viel mehr sich widersprechende

Elemente im späteren Stadium des Kapitalismus gibt und daß die revolutionäre Avantgarde nicht mehr identisch ist mit dem Proletariat oder aufgestiegenen Gruppen in ihm. Es ist offensichtlich geworden, daß das Kleinbürgertum und die Bürokratie im Staat und im Geschäftsleben eine sehr viel größere Rolle spielen, als Marx jemals angenommen hat. Aber all das macht den wesentlichen Punkt seiner Analyse nicht hinfällig: die Einsicht in die Widersprüchlichkeit der Struktur des Kapitalismus. Im Gegenteil, diese Einsicht ist vertieft und bestätigt worden durch die Katastrophe der gegenwärtigen Welt. Jeder neu-liberalistische Versuch, eine harmonistische Deutung der kapitalistischen Gesellschaftsordnung wieder aufleben zu lassen, muß durch den Religiösen Sozialismus zurückgewiesen werden. Es ist eine augenfällige Tatsache, daß zum Teil unter dem Einfluß des Marxismus die Wirtschaftsform des freien Wettbewerbs in hohem Maße eingeschränkt worden ist durch die zunehmende Macht der Arbeiterschaft, durch häufige und radikale Eingriffe des Staates in allen Ländern, durch die allgemeine Tendenz zum Staatskapitalismus und das Aufkommen einer zentralisierten Bürokratie. Aber diese Veränderung, obwohl sie einige Voraussagen von Marx zunichte macht, ist zugleich die Bestätigung seiner grundsätzlichen Schau. Niemand kann den Charakter der gegenwärtigen Weltrevolution verstehen, der nicht durch die marxistische Analyse der bürgerlichen Gesellschaft, ihrer Widersprüche und ihrer notwendigen inneren Richtungen für sie vorbereitet ist. Es ist eine Erfahrung, die man täglich machen kann, daß Menschen, die auf dem Gebiet des Marxismus ungeschult sind, direkt oder indirekt schwer erschüttert sind durch das Aufkommen des Kommunismus und des Faschismus und durch die gegenwärtige Weltkatastrophe. Sie können die Strömungen in der alten Gesellschaftsstruktur einfach nicht verstehen, die mit dialektischer (nicht mechanischer) Notwendigkeit die gegenwärtige Situation herbeigeführt haben. Sie erklären sie als Resultat böser Zufälle, die durch böse Menschen hervorgebracht wurden. Der Religiöse Sozialismus ist in der Lage, mit dem Werkzeug der – auf den heutigen Stand gebrachten – Marxschen Gesellschaftsanalyse einen Sinn in der gegenwärtigen Umwandlung der Welt aufzuzeigen.

IV. Der Marxismus als bleibendes Prinzip und der Religiöse Sozialismus

Es ist verständlich, daß Ideen in einem solchen Ausmaß Elemente des allgemeinen Bewußtseins werden können, daß ihre ursprüngliche

Bedeutung vergessen wird. Vieles von dem, was sie aussagten und was im Anfang etwas Erstaunliches war, ist zu etwas Natürlichem geworden. Anderes ist veraltet, und so scheint das ganze Ideensystem der Vergangenheit anzugehören. Eine Theorie der gesellschaftlichen Entwicklung, die die aktuellen Prozesse zum Teil verändert hat, scheint gerade deshalb im Unrecht zu sein, weil sie zu der Zeit, als sie entstand, recht hatte. Aber es gibt andere geistige Schöpfungen, deren Wirkungen durch ihre historischen Erfolge nicht erschöpft sind. Sie haben einen unendlichen, unerschöpflichen Sinn, weil sie einen bleibenden Typus geistiger Möglichkeiten darstellen. Solche Typen sind die Prophetie, der Platonismus und der Protestantismus. Solche Typen sind auch der Religiöse Sozialismus und der Marxismus. Sie erscheinen immer wieder in verschiedener Gestalt, gegründet in ihrer ursprünglichen, klassischen Erscheinung. Deshalb müssen wir auf ihre klassische Form zurückgreifen und müssen sie im Lichte der tatsächlichen Erscheinung umformen. Aber wir können sie nicht bloß als Formen einer vergangenen Geschichte preisgeben. Sie würden gegen unseren Willen wiederkehren. Wir können den Marxismus nicht als Bewegung der Vergangenheit behandeln, solange wir uns als religiöse Sozialisten des prophetischen Geistes annehmen. Wenn der Religiöse Sozialismus irgendeinen Sinn und eine Macht behalten soll, darf er weder eine neue ideologische Rechtfertigung für die gegenwärtige Demokratie sein, noch darf er ein Fortschrittsidealismus und ein System autonomer Harmonie werden. Der Zusammenbruch dieser Ideen hat die gegenwärtige Situation heraufbeschworen. Der Religiöse Sozialismus ist im Geiste der Prophetie und mit den Methoden des Marxismus imstande, die gegenwärtige Welt zu verstehen und zu transzendieren.

b) Der Vorsitzende des „Council for a Democratic Germany"

Die Idee, ein Forum zu schaffen, von dem aus gegen den amerikanischen Plan, Deutschland nach dem Krieg zu „fellachisieren", operiert werden konnte, stammte nicht von Tillich. Paul Hagen war der Initiator. Aber er wollte die Repräsentation Tillich überlassen. Ähnlich wie bei Begründung der „Selfhelp" suchte man einen Mann, dessen Name in Amerika Klang hatte und der nicht durch vorangegangene politische Betätigung belastet war. Wer anderes als Tillich kam da in Frage!
Am 17. 6. 1944 wurde der „Council for a Democratic Germany" von deutschen Emigranten gegründet. In dem Programm für ein demokratisches Deutschland *(41) und in der* Rede des Chairman Paul Tillich *(42)*

sind die Intentionen des „Council" dargelegt. Von Anfang an versicherte man sich der Unterstützung amerikanischer Kreise; denn man mußte auf starke Widerstände gefaßt sein – auch aus den eigenen Reihen. Auf das Rundschreiben, das Tillich im Namen der Gründer an die ihm und seinen Freunden bekannten Emigranten herausgehen ließ, erhielt er zum Teil ablehnende, oft mit Ressentiment geladene Antworten. Tillich rechtfertigte die Gründung des „Council" (43) in einer Erklärung, die er in der Emigrantenzeitung „Bulletin of the Council for a Democratic Germany" veröffentlichte. Die von amerikanischer Seite zugesicherte Unterstützung des „Council" fand ihren Ausdruck in einem Zusatz an das „Programm" und wurde von 57 Amerikanern unterzeichnet. Die Mitglieder des „Council" stimmten in ihren Auffassungen – vor allem, was die Einzelheiten betraf – keineswegs immer überein. Sie vermieden – vielleicht als Folge ihrer auseinandergehenden Meinungen – politische Aktionen, z. B. die Bildung einer Exilregierung oder die direkte Beeinflussung der damaligen Regierung. Sie beschränkten sich auf Verlautbarungen mit dem Ziel der Beeinflussung des öffentlichen Bewußtseins. Ihr Programm, nach dem Kriege, entgegen dem Morgenthau-Plan, ein demokratisches, im Völkerkonzert mitspielendes Deutschland zu schaffen, wurde nicht befolgt. Der „Council" war in seinen Bemühungen gescheitert. Aus dieser Enttäuschung heraus hat sich Tillich nach dem Krieg von politischer Tätigkeit zurückgehalten und von seiner Arbeit im „Council" kaum gesprochen.

41. PROGRAMM FÜR EIN DEMOKRATISCHES DEUTSCHLAND

Der militärische und politische Verlauf des Krieges hat gezeigt, daß der Wiederaufbau Europas – nach der notwendigen und unvermeidlichen Niederlage Hitler-Deutschlands – nur durch eine Zusammenarbeit der Westmächte und Rußlands geleistet werden kann. Jeder Versuch einer einseitigen Neuordnung Europas, sei es von Osten, sei es von Westen, würde zu Konflikten führen, die gleich verhängnisvoll für Europa wie für die übrige Welt wären. Einig in dieser Beurteilung der europäischen Lage haben sich Persönlichkeiten aus verschiedenen Berufen, Gruppen und Richtungen – die als Gegner des Nationalsozialismus von Deutschland nach Amerika gekommen sind – zusammen-

geschlossen, um zu der Frage der Zukunft Deutschlands im Rahmen der Lösung der europäischen Frage Stellung zu nehmen.

Die Unterzeichner der folgenden Erklärung sind sich bewußt, daß sie keinen formellen Auftrag vom deutschen Volk erhalten haben. Sie meinen aber, in ihrer Zusammensetzung Kräfte und Tendenzen zu verkörpern, die für den Aufbau eines neuen Deutschlands im Rahmen Europas und der Welt unentbehrlich sein werden. Sie fühlen sich darum verpflichtet – wesentlich auch im Interesse des amerikanischen Volkes und seiner Verbündeten – in einer Zeit, in der das deutsche Volk nicht für sich selbst sprechen kann, ein Wort über die Zukunft Deutschlands zu sagen. Sie tun das in voller Unabhängigkeit, wie sie in den Vereinigten Staaten gewährleistet ist. Alle Unterzeichner haben von Anfang an den Nationalsozialismus bekämpft, allen haben sich durch ihren Aufenthalt in nichtdeutschen Ländern, ob sie Bürgerrecht in ihnen erworben haben oder nicht, neue und weitere Ausblicke für ihr politisches Denken eröffnet.

I.

Die Lösung des deutschen Problems ist ein Teil der Lösung des europäischen Problems. Die berechtigten Ansprüche aller europäischen Nationen auf Wiederherstellung und Sicherheit müssen erfüllt werden; Maßnahmen, die die Wiederholung eines europäischen Krieges unmöglich machen, müssen getroffen werden, wenn die Neugestaltung Europas und eine Lösung des deutschen Problems in Angriff genommen wird. Es ist unvermeidlich, daß das deutsche Volk die Folgen des von Hitler verschuldeten Krieges tragen muß. Und doch kann niemand bezweifeln, daß es ohne eine gerechte Lösung der deutschen Frage keine dauerhafte Lösung der europäischen Frage gibt.

Die Vorbedingung jeder Lösung ist die Besiegung des Nationalsozialismus, die Vernichtung seiner Träger und die Ausrottung seines Geistes in Deutschland und in jedem anderen Land. Das muß geschehen während der Kämpfe um die Befreiung Europas, in Erhebungen der Deutschen gegen die Nationalsozialisten, durch Verfolgung der dann noch vorhandenen Kriegsverbrecher. Darüber hinaus aber müssen die Gruppen, die die Träger des deutschen Imperialismus waren und die für die Auslieferung der Macht an den Nationalsozialismus verantwortlich sind, ihrer politischen, sozialen und wirtschaftlichen Machtstellung entkleidet werden. Das gilt in besonderem Maße für den Großgrundbesitz, die Großindustrie und die Militärkaste, deren Zusammenwirken das deutsche Schicksal wieder und wieder unheilvoll bestimmt

hat. Wenn das deutsche Volk die Auflösung des Großgrundbesitzes, die Kontrolle der Großindustrie, die Beseitigung des Militarismus und die Ausschaltung der von diesen Gruppen abhängigen Beamten, Richter und Erzieher durchzuführen sucht – um endlich eine ständige Bedrohung seiner politischen Existenz zu beseitigen –, so darf es nicht von außen daran gehindert werden.

Ein entwaffnetes Deutschland muß zusammen mit den übrigen europäischen Völkern in den Rahmen eines europäischen Sicherheitssystems eingefügt werden. Es ist eine selbstverständliche Forderung, daß Deutschland alle eroberten Gebiete zurückgibt und die angerichteten Schäden durch Sachleistungen bis an die Grenzen seiner Kräfte wiedergutmacht. Es darf aber nicht vergessen werden, daß die Massen der deutschen Nazigegner die ersten waren, die sich der Nationalsozialismus unterworfen hat, daß sie den Krieg, der auch sie mit immer größerer Härte trifft, nicht gewollt haben und daß sie durch ihren wachsenden – obwohl von außen her wenig sichtbaren – Widerstand die Nazis zu ständiger Vermehrung ihres innerdeutschen Terrorapparates und zur Festlegung starker militärischer Kräfte zwingen. Maßnahmen, die zu einer Versklavung Deutschlands und Verelendung der großen Mehrheit seiner Bewohner führen würden, können daher nicht als gerecht anerkannt werden. Es sollte außerdem bedacht werden, daß die Aufgabe der Prinzipien der *Atlantic Charta* in *einem* entscheidenden Fall ihre allgemeine Aufgabe bedeutet.

Es wäre verhängnisvoll für die Zukunft Europas, wenn Deutschland politisch und ökonomisch zerrissen würde. Das würde einen fruchtbaren Nährboden für pan-germanistische Bewegungen schaffen. Es würde Deutschland der Möglichkeit berauben, seine Zukunft verantwortlich zu gestalten, es würde die größte nationalsozialistische Irridenta aller Zeiten schaffen, und es würde wertvolle Kräfte anderer Völker in der Niederhaltung dieser Irridenta erschöpfen.

II.

Es ist für die wirtschaftliche Zukunft Europas und der Welt notwendig, daß die deutsche Produktivkraft erhalten bleibt. Würde sie zerstört, so würde die Produktion und die Konsumption aller europäischen Länder heruntergedrückt und ein Wirtschaftsaustausch zwischen anderen Kontinenten und Europa zum großen Teil verhindert werden. Es würden außerdem Millionen von Deutschen dauernd ar-

beitslos gemacht und zu einer unfreiwillig parasitären Existenz verdammt werden. Dadurch würde in der Mitte Europas ein ständiger Unruheherd entstehen. Die deutsche Produktivkraft muß in ein einheitliches europäisches System der Produktion und Konsumption eingeordnet werden. Durch ein solches System würde die wirtschaftliche Zusammenarbeit der europäischen Völker ermöglicht und die Bedeutung der politischen Grenzen herabgemindert werden. Deutschlands wirtschaftliche Vormachtstellung und die Gefahr einer deutschen Wiederaufrüstung würden durch gesamteuropäische Planung und Kontrolle beseitigt werden. Nur dann könnte Deutschland die Pflicht der sachlichen Wiedergutmachung in weitem Maße erfüllen und wäre, zusammen mit dem übrigen Europa, vor den Gefahren der Verelendung geschützt.

III.

Für die Entwicklung Deutschlands zu einer vom Volk bejahten Demokratie ist es erforderlich, daß die militärischen und zivilen Repräsentanten der Vereinigten Nationen die künftigen Träger einer solchen Demokratie von vornherein gewähren lassen. Es ist weiter erforderlich, daß alle diejenigen ausgeschlossen werden, die für den Aufstieg des Nationalismus mit verantwortlich sind, auch wenn sie anfängliche Vorteile bieten. Dafür müssen alle diejenigen einbezogen werden, die dem Nationalsozialismus widerstanden haben, die Unbekannten der Untergrundbewegung, der Gestapogefängnisse und Konzentrationslager, Gewerkschafter und Arbeiter aus der Arbeiterbewegung, die Widerstandskreise der Kirchen und Intellektuellen, des Mittelstandes in Stadt und Land und einzelne Persönlichkeiten, die zu keiner dieser Gruppen gehören. Auf sie muß sich die künftige deutsche Demokratie stützen. Mit ihrer Hilfe muß die Bildung einer unabhängigen Regierung vorbereitet, müssen Garantien der Rechtssicherheit und die Grundrechte der Deutschen ohne Verzug in Kraft gesetzt werden. Die Aufhebung der Rassengesetze muß sofort erfolgen, ebenso wie die Wiederherstellung der religiösen und wissenschaftlichen Freiheiten. Die Presse-, Versammlungs- und Vereinigungsfreiheit muß wieder eingeführt werden. Dem Neubau der Arbeiterbewegung dürfen keine Hindernisse in den Weg gelegt werden. Die von den Nationalsozialisten geschaffenen Einrichtungen müssen beseitigt, die von ihnen beseitigten sozialen und demokratischen Einrichtungen müssen neu geschaffen werden.

Wenn das deutsche Volk es unternimmt, durch eine Massenbewegung den Nationalsozialismus auszurotten und den Boden für eine künftige, innerlich gesicherte Demokratie zu errichten, so sollte es von den Vereinigten Nationen begrüßt, keinesfalls aber erschwert oder verhindert werden. Nur wenn das deutsche Volk durch eine solche Bewegung sich selbst vom Nationalsozialismus befreit, ist es ganz frei. Der Sieg der Vereinigten Nationen kann und muß die äußere Macht des Nationalsozialismus über das deutsche Volk brechen; aber nur das deutsche Volk selbst kann sich innerlich von ihm befreien. – Darum sollte dem deutschen Volk ein Friede gegeben werden, den es trotz aller Lasten, die er bringen wird, als gerecht empfinden kann. Es muß die innere und äußere Möglichkeit geschaffen werden, daß Deutschland eine Regierung durch das Volk und für das Volk entwickelt und aufrechterhält.

IV.

Die Erziehung des deutschen Volkes zur Demokratie kann nur im Zusammenhang mit seinem geschichtlichen Erleben erfolgen. Es sind Anzeichen da, daß eine solche Entwicklung schon im Gange ist. Sie finden sich in der älteren Generation, die immer nur in begrenztem Maße vom Nationalsozialismus erfaßt war. Sie finden sich bei den Jüngsten, die vielfach gegen den Geist des Nationalsozialismus rebellieren. Sie finden sich in geringerem Maße in der Generation, die den Nationalsozialismus getragen hat und die jetzt für ihn auf den Schlachtfeldern verblutet. Aber auch in ihr fehlt der Widerstand nicht. Es ist sicher, daß alle diese Ansätze durch die Katastrophe und Ausrottung des Nationalsozialismus zur Entfaltung kommen werden.

Gleichzeitig mit dieser Erziehung des deutschen Volkes durch das historische Geschehen muß die deutsche Jugend durch solche Deutsche erzogen werden, die den Sinn dieses Geschehens begriffen haben. Eine Erziehung durch Ausländer ist psychologisch unmöglich. Wohl aber ist es dringend erwünscht, daß der kulturelle Austausch zwischen Deutschland und den übrigen Ländern bald und in weitem Umfange wieder aufgenommen wird. – Die für das geistige Leben wichtigen Einrichtungen wie Universitäten, Schulen, Lehrbücher, öffentliche Bibliotheken, Theater, Kinos usw., müssen von allem gereinigt werden, was den Stempel des Nationalsozialismus trägt oder zu ihm geführt hat. Das gilt von Personen wie von Sachen. Es muß dem deutschen Volk die Möglichkeit gegeben werden, seine geistigen und kulturellen Kräfte in Freiheit zu entwickeln.

Aufs nachdrücklichste muß betont werden, daß keine Erziehung einen Sinn hat, deren Ideale von den gesellschaftlichen Verhältnissen Lügen gestraft werden. Demokratische Erziehungsideen ohne Versuche demokratischer Verwirklichung erregen Widerstand und Zynismus. Voraussetzung jeder erfolgreichen Erziehung des deutschen Volkes und in Sonderheit der deutschen Jugend zu Demokratie und Völkergemeinschaft ist eine Gesellschaftsordnung, die allen Gruppen soziale Sicherheit und Möglichkeiten sinnvollen Lebens gewährt.

Die Unterzeichneten sind sich einig in der Überzeugung, daß das Ziel der europäischen Gestaltung nicht sein kann, das deutsche Volk niederzuhalten, sondern daß das Ziel sein muß, ein erneuertes, demokratisches Deutschland vor den Kräften innerer und äußerer Reaktion zu schützen. Das muß unmittelbar nach dem Aufhören der Feindseligkeiten beginnen. Eine innerlich gesicherte deutsche Demokratie ist der deutsche Beitrag für den Frieden Europas und der Welt.

42. REDE DES „CHAIRMAN" PAUL TILLICH BEI DER GRÜNDUNG DES „COUNCIL" AM 17. 6. 1944

Liebe Freunde!

Im Namen des „*Council for a Democratic Germany*" begrüße ich alle, die heute abend erschienen sind. Es ist das erste Mal, daß eine Zusammenkunft der Unterzeichner unserer Erklärung in New York und Umgebung stattfindet. Es hätte längst geschehen sollen. Aber die Entstehungsgeschichte des *Council* ist für diesen wie für manche anderen Mängel verantwortlich. Es ist eine problemreiche Entstehungsgeschichte, eine Geschichte voll scheinbar unüberwindlicher und doch überwundener Schwierigkeiten. Über die Entwicklung des *Council* und die wichtigsten Probleme, die in seiner Entwicklung auftauchten, möchte ich jetzt zu Ihnen reden und Sie zugleich um Ihren Rat und Ihre Mitarbeit an der Lösung dieser Probleme bitten.

I.

Das erste und grundlegende Problem war von Anfang an und ist dauernd die Zusammensetzung des *Council*. Es gibt Situationen, in

denen die Existenz einer Gruppe wichtiger ist als diese oder jene ihrer Aktionen, oder richtiger, in der die Konstituierung und Befestigung einer Gruppe selbst eine entscheidende Aktion ist. Das Wichtige an der Konstituierung des *Council* als solchem ist seine Zusammensetzung. Es ist eine Tatsache, daß in ihm Vertreter politischer Richtungen zusammengeschlossen sind, die seit Jahrzehnten gegeneinander standen und jedes gemeinsame Handeln abgelehnt haben. Der *Council* repräsentiert eine umfassende und zugleich eine balancierte Front. Persönlichkeiten aller politischen Richtungen, die sich von jeder Verbindung mit dem Nationalsozialismus frei gehalten haben und bereit waren, unsere Erklärung zu unterschreiben, sind in dem *Council* vereinigt und haben nun schon seit Monaten ohne wesentliche Reibungen zusammengearbeitet. Die Front ist umfassend und sie ist balanciert. Wir haben mit größter Sorgfalt darauf geachtet, daß sogenannte Bürgerliche, Persönlichkeiten, die dem Zentrum, der Sozialdemokratie, der Neubeginn-Gruppe, dem Kommunismus nahestanden, sowie Parteilose in angemessener Proportion im *Council* vertreten sind. Diese Balance war, neben persönlicher Eignung, maßgeblich für die Auswahl der Mitglieder. Sie ist unsere Grundstruktur; mit ihr steht und fällt der Kreis. Manche Persönlichkeiten, die wir an und für sich gern bei uns gehabt hätten, konnten wir nicht auffordern, weil ihr Eintritt die Balance verschoben hätte. Wir bedauern diese Verluste und hoffen, uns der Mitarbeit solcher Freunde in anderer Form versichern zu können. Aber wir mußten die Balance jeder anderen Erwägung überordnen. Und daran muß festgehalten werden, wenn der *Council* seine politische Bedeutung behalten soll. Wir müssen uns darüber klar sein, daß der *Council* nicht ein Spiegelbild der deutschen Emigration in Amerika geben soll – dann würde die Balance ganz anders aussehen –, sondern daß er die zu erwartenden Kräfte eines demokratischen Wiederaufbaus in Deutschland abbilden soll – und darum muß die Zusammensetzung des *Council* sein, wie sie ist.

II.

Das zweite Problem, das uns von Anfang an beschäftigt hat und dessen Lösung noch nicht abgeschlossen ist, ist das der Organisation.

Zu den Fragen der Organisation, obwohl erst verhältnismäßig spät aktuell geworden, gehört das Verhältnis des *Council* zu einer Gruppe von Freunden, bestehend aus geborenen Amerikanern oder Persönlichkeiten, die vor 1933 nach Amerika gekommen und naturalisiert sind. Einige von ihnen gaben uns ihre moralische Unterstützung schon in

einem frühen Stadium der Entwicklung des *Council.* Ein größerer Kreis von Unterzeichnern unterstützte unseren Schritt in die Öffentlichkeit mit einer eigenen Erklärung. Ein großer Teil der Unterzeichner schloß sich dann zu der „*American Association for a Democratic Germany*" zusammen. *Council* und *Association* sind unabhängig voneinander. Doch findet ein Austausch von Delegierten für die Sitzungen der beiden Gruppen statt, gewisse Veröffentlichungen werden gemeinsam beschlossen, und die *Association* übernimmt die Einrichtung der beiden Büros und sonstige Lasten, soweit es in ihren Kräften steht.

Die Organisation des *Council* selbst ist ebenso fest in der Grundstruktur wie wechselnd und offen in allen Einzelheiten. Die letzte Entscheidung aller politischen Fragen liegt in den Händen der Initiativgruppe, über deren Zusammensetzung schon gesprochen ist. Ihr Verhältnis zu den Unterzeichnern in New York und im Lande sowie zu lokalen Gruppen in größeren Städten ist noch nicht endgültig geregelt. Für jede künftige Regelung müssen folgende Gesichtspunkte maßgebend sein: 1. Notwendig ist eine möglichst breite Grundlage und eine möglichst große Anzahl aktiver oder zum mindesten fördernder Mitglieder. 2. Die Breite der Grundlage darf unter keinen Umständen die Grundstruktur des *Council* und die Balance der in ihm vertretenen Richtungen gefährden. 3. Unentbehrlich ist eine arbeitsfähige und darum begrenzte Gruppe, die für die ständig aufkommenden politischen Entscheidungen verantwortlich ist. – Zwei Folgerungen, die schon jetzt deutlich sind, ergeben sich aus diesen Grundsätzen: Für alle Unterzeichner sowie für jede lokale Gruppe von Unterzeichnern gilt, daß ihre Mitarbeit in einem oder mehreren der Komitees des *Council* dringend erwünscht ist. Für lokale Gruppen im besonderen gilt, daß sie nur dann als organisatorische Untergruppen des *Council* anerkannt werden könnten, wenn ihre Zusammensetzung genau derjenigen des *Council* entspricht. Ein solcher Fall liegt bisher nicht vor. – Es ist selbstverständlich, daß die Werbung von Mitgliedern weitergehen muß. Aber auch hier gilt, daß – trotz weniger strikter Anwendung des Prinzips der Balance – die Grundstruktur des *Council* nicht verändert werden darf. Massenunterzeichnungen z. B. von Persönlichkeiten *einer* politischen Richtung würden von dem *Council* nicht angenommen werden.

Von Anfang an hat der *Council* Unterkomitees geschaffen, je nach Bedarf und ohne konstruktive Abstraktheit. Wie der *Council* als ganzer einen *Chairman* hat, der sich selbst als „*Moderator*" betrachtet, so hat jedes Komitee einen *Chairman,* der als „*Convener*" betrachtet wird. Ein Exekutivkomitee mit besonderen Vollmachten existiert nicht. –Folgende Komitees arbeiten: 1. Das Richtlinienkomitee, das die grund-

sätzlichen Veröffentlichungen vorbereitet. 2. Das Amerikakomitee, das die Verbindung mit geborenen Amerikanern aufgenommen und bis zur Gründung der „*Association*" durchgeführt hat. 3. Das Europakomitee, das für die Zusammenarbeit mit Vertretern der europäischen Nationen wirkt. 4. Das Pressekomitee, das die Reaktion der Öffentlichkeit auf das deutsche Problem im allgemeinen und den *Council* im besonderen beobachtet, registriert und gegebenenfalls öffentlich beantwortet. 5. Das Fürsorgekomitee, dessen Hauptinteresse den deutschen Kriegsgefangenen in Amerika gilt, das aber auch den sanitären und sozialen Problemen des Nachkriegsdeutschland seine Aufmerksamkeit zuwenden wird. 6. Das Studienkomitee, das bestimmte Probleme wie Wirtschaft, Staatsform, Erziehung, Gewerkschaften usw. im Nachkriegsdeutschland durcharbeitet. Es besteht die Absicht, das Studienkomitee in ein Wirtschafts- und Verwaltungskomitee einerseits, ein Erziehungskomitee anderseits aufzuteilen. 7. Das Erweiterungskomitee, das alle Aufnahmen in den *Council* prüft. 8. Das Finanzkomitee. 9. Ein in Entwicklung begriffenes Künstlerkomitee. – Es ist der Wunsch der Initiativ-Gruppe, daß möglichst alle Unterzeichner an den Arbeiten der Komitees teilnehmen, entsprechend ihren Wünschen und den Bedürfnissen der Komitees.

III.

Das dritte Problem, das für die Entwicklung des *Councils* maßgebend war, ist das der Öffentlichkeit. Es wurde akut, als nach der langen Vorbereitungszeit – seit November 1943 – die Frage des Heraustretens zur Entscheidung gebracht werden mußte. Es bestanden Bedenken gegen die Wahl des Zeitpunktes. Der Initiativausschuß hat diese Bedenken sehr ernst genommen, ist aber doch zu der Überzeugung gekommen, daß ein weiteres Hinausschieben nicht mehr gerechtfertigt werden konnte. Unsere amerikanischen Berater vertraten diesen Standpunkt aufs entschiedenste. Wir sind uns heute alle klar darüber, daß die Entscheidung richtig war und daß jeder spätere Zeitpunkt ungünstiger gewesen wäre.

Über die Reaktion der Öffentlichkeit brauche ich mich nicht zu äußern, da Ihnen sofort ein im Auftrag des Pressekomitees verfaßter Bericht über die Presse-Stimmen zu unserem Hervortreten vorgetragen werden wird.

Nur in wenigen Fällen haben wir auf Angriffe geantwortet. Im ganzen haben wir uns schweigend verhalten. Eine Ausnahme ist der den

meisten von Ihnen bekannte Aufruf an die Deutschen unmittelbar nach der Invasion. – Es ist unsere Absicht, ein Bulletin herauszubringen, das über Ereignisse im *Council* berichtet, Angriffe abwehrt, zu wichtigen Problemen Stellung nimmt. Die Vorarbeiten dafür sind im Gange.

Es ist notwendig, daß wir weitere Kreise der amerikanischen Öffentlichkeit für die Ideen des *Councils* gewinnen. Möglichkeiten dafür sind reichlich vorhanden. Die protestantischen Kirchen haben sich in wichtigen Manifesten für eine Lösung des europäischen und deutschen Problems erklärt, die unserer Deklaration ähnlich, in manchen Formulierungen von ihr abhängig ist. Führende „*Liberals*" haben unsere Erklärung unterstützt; sie haben die Möglichkeit, uns weite Kreise ihrer Gefolgschaft zuzuführen. Aus dem „*Middle West*" hören wir, daß deutschfreundliche, aber hitlerfeindliche Gruppen die Ideen unserer Deklaration als *den* Weg aus ihren Schwierigkeiten empfinden.

Unser *Council* ist eine Notwendigkeit. Die Situation in Amerika, die Situation in Deutschland und vor allem die Weltlage als ganze fordert seine Existenz. Das europäische Problem kann nur durch Zusammenarbeit des Westens mit dem Osten gelöst werden. Und es kann nicht gelöst werden ohne die demokratischen Kräfte aller europäischen Länder, auch Deutschlands. Für diese Kräfte, die ein demokratisches Deutschland tragen können, sprechen wir. Ihnen Raum zu schaffen in der zukünftigen Gestaltung Europas ist das Ziel des *Council for a Democratic Germany*.

43. ZUR GRÜNDUNG DES „COUNCIL"

Eine Erklärung

Seit seinem ersten öffentlichen Auftreten im Mai 1944 ist der „*Council for a Democratic Germany*" der Kritik unterzogen worden; manchmal in einer fairen und hilfreichen Weise, öfters jedoch auf dem Hintergrund verzerrter Informationen bezüglich seiner Zusammensetzung, seiner Ziele und seiner Verlautbarungen, manchmal mit parteiischem Zorn über seine Existenz überhaupt als eines Zusammenschlusses *aller* Anti-Nazi-Gruppen innerhalb der deutschen Flüchtlinge. Die erste Nummer der vom *Council* herausgegebenen Zeitschrift gibt mir die Gelegenheit, eine kurze Erklärung darüber abzugeben, was diejenigen bewegte, die den *Council* gegründet haben.

Alle Mitglieder des *„Council for a Democratic Germany"* sind Flüchtlinge aus dem Deutschland Hitlers. Einige von ihnen sind amerikanische Staatsbürger geworden, einige haben die Staatsbürgerschaft beantragt, andere verzichteten darauf in der Hoffnung, in ein befreites Deutschland zurückkehren zu können. Sie alle kämpften gegen den Nazismus und seine militärischen, feudalen, monopolistischen und geistigen Anhänger schon lange, bevor die demokratischen Länder die Gefahr erkannten, die der Nazismus für alle Humanität bedeutet. Sie sind über die schreckliche Manifestation des Bösen im Menschen, wie sie in den von den Deutschen in ganz Europa begangenen Verbrechen zum Ausdruck kommt, stärker erschüttert, als es ein Nichtdeutscher je sein kann. Sie verstehen sehr gut, daß die Zunahme dieser Gewalttaten der Nazis und ihre Anwendung neuer unmenschlicher Methoden der Kriegsführung in der letzten hoffnungslosen Phase des Nazi-Widerstandes die Bitterkeit gegenüber dem deutschen Volk unendlich verstärken müssen; und darum verstehen sie auch die Absicht, mit äußerst strengen Maßnahmen eine Wiederholung solcher Ereignisse unmöglich zu machen.

Trotz aller dieser Tatsachen sind die Mitglieder des *„Council for a Democratic Germany"* überzeugt, daß es ihre Pflicht ist – durch ihre Existenz als Gruppe und durch alles, was sie öffentlich sagen –, einen sehr realistischen Gesichtspunkt hinsichtlich der Zukunft Europas und Deutschlands herauszustellen. Sie kennen das deutsche Volk und die deutsche Tradition aus persönlicher Erfahrung und sind darum in der Lage, den verzerrten Darstellungen der deutschen Vergangenheit entgegenzutreten, die deutsche Gegenwart richtig zu deuten und Wege für die deutsche Zukunft aufzuzeigen, die nur als Teil der europäischen Zukunft begriffen werden kann. Sie sind nicht vom deutschen Nationalismus geleitet. Sie sind zu Flüchtlingen geworden, weil sie immer gegen diesen Nationalismus gekämpft haben. Viele von ihnen waren gute Europäer und versuchen nun, gute Amerikaner zu sein. Wie die Menschen in den alliierten Nationen wünschen sie einen schnellen und vollständigen Sieg der alliierten Armeen und tragen dazu bei. Ihr Problem ist es nicht, ob Deutschland harte oder milde Friedensbedingungen gestellt werden. Hingegen sind sie leidenschaftlich an der Frage interessiert, ob der erwartete Friede schöpferische Möglichkeiten in sich birgt und allen europäischen Völkern jene Menschenwürde und Möglichkeiten schenkt, zu deren Verteidigung dieser Krieg geführt wurde.

c) Der Prediger

Da aus der Zeit des zweiten Weltkrieges keine bisher unveröffentlichte Predigt vorhanden ist, wurde an Stelle der Predigt eine der „Radioansprachen an das deutsche Volk" ausgewählt. Leider ist fast nichts darüber bekannt geworden, wie Tillich zu diesen Radioansprachen kam. Karin Kretzler hat Ermittlungen beim amerikanischen Rundfunk angestellt, mußte sich aber mit der Auskunft begnügen, daß keine Unterlagen mehr vorhanden sind. Wir wissen daher nur, daß die amerikani-Regierung über ihre Rundfunksendung „Die Stimme Amerikas" das deutsche Volk psychologisch beeinflussen und zur Aufgabe des Kampfes auffordern wollte. Tillich wurde gebeten, sich für diese Aufgabe zur Verfügung zu stellen. Die Ansprachen enthalten politische Informationen (die dem deutschen Volk von seiner Regierung vorenthalten wurden), scharfe Kritik an der nationalsozialistischen Führung, Situationsanalysen und Zukunftsprognosen. Was Tillich auch immer behandelte, das „prophetische" wie das religiös-seelsorgerliche Element fehlten fast nie. Für diesen Band wurde die Ansprache zu Ostern 1944 (44) ausgewählt, da sie in vieler Hinsicht einer Predigt gleichkommt.

44. OSTERN 1944

Radioansprache über „Die Stimme Amerikas" an das deutsche Volk

Meine deutschen Freunde!

Das fünfte Kriegs-Ostern ist gekommen. Es folgt auf die fünfte Kriegs-Passionszeit. In zahllosen Kirchen sind die Osterglocken verstummt in diesem Jahr. Sie liegen begraben unter den Trümmern ihrer Türme, von denen sie in früheren Jahren am Ostermorgen die Botschaft des Lebens über bevölkerte Straßen erklingen ließen. Die Straßen sind Ruinenfelder, die Menschen sind geflohen, die Glocken sind verstummt. In den weiten Steppen Rußlands sind Glocken längst zu einer Erinnerung vergangener Jahre geworden. Und selbst, wenn hier und dort in den deutschen Dörfern in den besetzten Gebieten auf den eiligen Rückzügen des Ostens und hinter den blutigen Verteidigungslinien des Südens noch Osterglocken erklingen, so haben sie einen andern Klang als in vergangenen Jahren. Es sind keine Festglocken mehr; es schwingt

nichts mehr in ihnen von der Freude der wiedererwachenden Lebenskräfte, in der Natur und im Menschenleben. Es ist, als ob all das Erinnerungen aus einer längst vergangenen Lebensperiode wären. Für die Gegenwart hat es keine Bedeutung mehr. Und wenn auch heute noch Osterglocken hier und da erklingen, so ist ein Unterton von Schmerz und Verzweiflung darin, der mehr an Karfreitag als an Ostern erinnert. Es ist, als ob in diesem Jahre die düsteren Glockenklänge des Karfreitags die hellen, jubelnden Töne von Ostern nicht aufkommen ließen. Es ist, als ob die Passionszeit, die sonst am Ostermorgen endet, nie mehr aufhören würde.

Aber wenn Ihr genauer hinhört, so könnt Ihr den anderen Klang in dem Läuten der Osterglocken unterscheiden, ihren eigentlichen Klang: daß der Tod nicht das Letzte ist, auch wenn er gesiegt zu haben scheint. Das alte, triumphierende Wort, daß der Tod verschlungen ist in den Sieg, hat auch im Jahre des Grauens und Sterbens 1944 seinen Sinn nicht verloren. Es hat auch seinen Sinn für das deutsche Volk nicht verloren. Auch für das deutsche Volk gilt, daß der Tod verschlungen ist in den Sieg; nicht in den Sieg der deutschen Waffen. Solche Siege bringt der Tod nicht. Sie führen ihm nur neue Opfer zu, bei Siegern und Besiegten. Und das deutsche Volk hat nun zum zweiten Mal in einer Generation erfahren, was es heißt, sich zu Tode zu siegen. Jeder noch so große Sieg war nur der erste Schritt zu einer noch viel größeren Niederlage. Der Sieg der Waffen ist nicht der Sieg, in den der Tod verschlungen ist. Er ist es nicht für das deutsche Volk, er ist es auf die Dauer nicht für irgendein Volk. Er ist es nicht für die Toten auf den Schlachtfeldern dieses und des vorigen Krieges oder irgendeines Krieges. Kein Sieg der Waffen macht sie lebendig. Die unvorstellbar großen Heere der Toten dieses Krieges, auch der Toten des deutschen Volkes, werden nicht auferstehen durch den Sieg der einen oder andern Seite. Und wenn Deutschland alle Ziele erreicht hätte, die Hitler ihm gesetzt hat, und wenn Deutschland die ganze Welt erobert hätte, so wäre der Tod seiner Toten nicht aufgehoben, nicht besiegt durch den Sieg der Waffen.

Das Osterfest spricht nicht vom Sieg der Waffen, es spricht nicht von der Besiegung des Todes durch nationale Erhebungen und politische Machtkonzentrationen. Der Sieg über den Tod geschieht nicht im Palast des Augustus, der die Welt geeinigt hatte. Er geschieht nicht in den siegreichen Schlachten der Römer, die diese Einigung ermöglichten. Er geschieht nicht einmal durch die Macht und Würde des Hohenpriesters und den Prunk seines Tempels. Der Sieg über den Tod geschieht da, wo es niemand erwarten, niemand erhoffen kann. Ostern wird lebendig,

wo eine echte Passionszeit, ein echter Karfreitag vorangegangen sind. Und darum kann es heute in Deutschland Ostern geben, besser als in den Tagen, wo es nur ein Frühlingsfest oder nur eine schöne Sitte war. Da es heute in Deutschland einen echten Karfreitag gibt, so gibt es auch ein echtes Ostern. Da Deutschland heute auf nichts mehr hoffen kann, was von ihm selbst kommt, so kann es nur noch auf eins hoffen: das ewige Gesetz des Sterbens und Lebens, das Gesetz, daß auf Karfreitag Ostern folgt. Deutschland steht unter diesem Gesetz; und es steht dort nicht allein, sondern zusammen mit den vielen Völkern, von denen es einige selbst auf die Schädelstätte geführt hat, wie die Juden und die Polen, die Serben und die Russen, die Franzosen und die Norweger. Sie alle stehen noch in ihrem Karfreitag, und sie alle warten auf ihr Ostern. Und mit ihnen die Massen des deutschen Volkes, die niemand von der Kreuzigung der anderen Völker ganz freisprechen kann und die nun selbst am Kreuz unendlichen Leidens auf ihr Ostern warten. Auf was für ein Ostern warten die Völker? Für sich als Volk und für ihre Toten? Was bedeutet das Gesetz des Sterbens und Auferstehens für ein Volk?

Es bedeutet nicht den Sieg der Waffen, weder den vorläufigen Sieg noch den endgültigen; es bedeutet vielleicht die Niederlage, die vorläufige oder die endgültige. Wohl aber bedeutet es die Kraft, die Niederlage zu tragen und doch zu leben, vielleicht in neuen Formen, in einer größeren Einheit, aber zu leben und nicht sich zerstören zu lassen oder sich selbst zu zerstören. Als das deutsche Volk im Jahre 1919 und danach der Verführung derer verfiel, die ihm einflüsterten, daß es gar nicht besiegt worden sei, da entzog es sich dem Gesetz des Sterbens und Lebens. Als viele im deutschen Volk anfingen, zu denken und zu sagen, daß sie nicht besiegt worden seien, da drückte sich das deutsche Volk um die Anerkennung seiner Passionszeit, seines Karfreitags, seines Sterbens. Und darum erreichte es in der Zeit zwischen den Kriegen keine Osterzeit, keine Auferstehung, kein neues Leben. Es tat, als ob es den Krieg durch Zufall verloren hätte, als ob die Niederlage kein Urteil der Geschichte über Führer und Volk gewesen wäre. Aber es war ein solches Urteil, das zeigt sich heute. Und wenn das deutsche Volk damals anerkannt hätte, daß seine Niederlage ein echtes Urteil der Geschichte war, dann hätte es sich wandeln und auferstehen können. Deutschland nach dem ersten Weltkrieg hat seinen Karfreitag verleugnet und darum sein Ostern vertan. Alles, was zur Niederlage geführt hat, blieb, wie es war: die gleichen Ideen, die gleichen Kräfte, die gleichen Gruppen. Nichts war geändert, nichts war in den Tod hineingenommen, und darum konnte nichts Neues hervorgehen. Wie wird es

dieses Mal sein? Wird es wieder sein, daß man Euch einflüstert: Wir sind gar nicht besiegt worden. Es war ein Zufall, eine Fehlrechnung, der böse Wille der andern. Werdet Ihr darauf hören, wenn man wieder so zu Euch spricht? Werdet Ihr noch einmal den Tod verweigern und damit das Leben verlieren? Oder werdet Ihr nach dem Entsetzlichen, das über Euch gekommen ist, anerkennen, daß etwas in Deutschland sterben muß, damit Deutschland auferstehen kann? Werdet Ihr dieses Mal das Kreuz der Niederlage auf Euch nehmen, damit die Sonne einer neuen Geschichtszeit Euch aus dem Grabe rufen kann? Oder wollt Ihr zum zweiten Mal Euer Ostern versäumen? Und damit Euch vielleicht für immer die Möglichkeit einer geschichtlichen Auferstehung nehmen?

Meine deutschen Freunde! Das deutsche Schicksal liegt heute nicht mehr da, wo die Nazis es Euch suchen lassen: in dem Versuch, der Niederlage zu entgehen, in dem Bemühen um einen Kompromiß, in dem Willen zu retten, was zu retten ist – vor allem sich selbst. Sondern das deutsche Schicksal, die Möglichkeit einer Osterbotschaft für das deutsche Volk liegt in dem Ausscheiden alles dessen, was Deutschland verführt und über sich selbst betrogen hat und was im Nationalsozialismus verkörpert ist. Irgendwann wird der Friede kommen. Er wird schwer sein für das deutsche Volk, das sich zum Werkzeug der Zerstörer Europas und zur Geißel über die ganze Welt hat machen lassen.

Aber ob schwerer oder leichter, mit größeren oder kleineren Verlusten, davon hängt nicht ab, was aus Deutschland werden wird, davon hängt nicht die deutsche Auferstehung ab. Sondern sie hängt davon ab, ob das deutsche Volk ein neues Volk wird, ein Volk, das Gerechtigkeit liebt und nicht Macht, das Wahrheit liebt und nicht Betrug, das nicht zerstören will, sondern aufbauen, das sich selbst nicht will, es sei denn in der Gemeinschaft der Völker. Die Auferstehung eines solchen Deutschland wäre Osterbotschaft für Deutschland und für die Welt. Und es wäre Osterbotschaft auch über die Totenfelder in allen Ländern. Freilich, auch ein auferstandenes Deutschland kann seine Toten nicht erwecken. Aber es kann dem Tod seiner Toten einen neuen Sinn geben: Sie starben um der Auferstehung ihres Volkes willen, nichtwissend oder wissend; und darum nehmen sie an dieser Auferstehung teil. Die Toten erscheinen nicht, aber sie sprechen durch uns. An uns liegt es, daß wir ihrem Sterben einen Sinn geben. Deutschland hat den Toten des ersten Weltkrieges keinen Sinn ihres Sterbens gegeben; wir hoffen, daß es den Toten des zweiten Weltkrieges – und damit auch denen des ersten – einen Sinn ihres Sterbens geben wird. Wir hoffen, daß Deutschland als

auferstandenes weiterleben wird. Wir hoffen, daß der ewige Sinn des deutschen Volkes und der ewige Sinn jedes seiner Toten sich zusammenschließen werden in einem Sinn, der Auferstehung, der Botschaft von Ostern.

VI. DIE NACHKRIEGSZEIT BIS ZUR PENSIONIERUNG AM „UNION THEOLOGICAL SEMINARY" 1945–1955

Anfang der fünfziger Jahre hat Tillich im Hinblick auf seine Arbeit in einem privaten Brief geschrieben: „Die Zeit der Ernte drängt; hier ist jetzt Ernte!" Sein Ausspruch bedeutet zweierlei: einmal, daß die vielen inneren und äußeren Schwierigkeiten der Emigration überwunden waren, zum anderen, daß sich im Zuge dieser Überwindung sein Werk zu runden begann. Im Jahre 1948 erschien eine Sammlung seiner Aufsätze unter dem Titel: „The Protestant Era", kurz darauf der erste Band seiner „Religiösen Reden" und 1951 der erste Band seiner „Systematischen Theologie". Er schreibt über die neue Situation in einem Rundbrief an seine deutschen Freunde am 14. 3. 1950: „In einem Gespräch, das ich mit Arnold Bergsträsser vor einigen Wochen hatte, waren wir uns einig, daß sich in diesem Lande etwas geöffnet hat, was vor 15 und sogar 10 Jahren noch verschlossen war, und daß man uns eigentlich erst jetzt ganz brauchen kann. Die erwähnten Aufträge beweisen das ebenso wie eine Kette von Vorträgen und Diskussionen, zu denen ich und meine ziemlich zahlreichen direkten und indirekten Schüler dauernd aufgefordert werden. Es ist ein Hunger nach strenger systematischer Theologie und nach einer Verbindung von Theologie und Existentialismus im weitesten Sinne des Wortes vorhanden. Das bezieht sich in gleicher Weise auf Dichtung wie auf Philosophie, auf Kunst wie auf Psychologie. In all diesen Gebieten will man die theologische Antwort hören, und die Theologie muß die Fragen aufnehmen, die ihr von dorther entgegengebracht werden." Aus allen Teilen der Vereinigten Staaten, aus fast allen theologischen Lagern, aus den verschiedensten kulturellen Kreisen kamen Vortragsangebote auf Tillich zu. Er konnte und wollte sich ihnen nicht verschließen, denn sie gaben ihm die einzigartige Gelegenheit, ohne herkömmliche christliche Begriffe gebrauchen zu müssen, einer säkularisierten Welt die christliche Botschaft nahezubringen.
In die auf den zweiten Weltkrieg folgenden zehn Jahre fallen für Tillich bedeutsame Ereignisse: das Wiedersehen mit Deutschland 1948 und vier weitere, große Europareisen in den Jahren 1951–1954. Für die Hauptzeit des Sommersemesters 1948 waren in Marburg Gastvorlesungen vorgesehen; in der verbleibenden freien Zeit sollte Tillich Vor-

träge in möglichst vielen deutschen Städten halten. — *Im Jahre 1951 lag das Hauptgewicht auf Vorlesungen in Berlin, die er teils an der Freien Universität, teils an der Deutschen Hochschule für Politik hielt. Über letztere berichtet Otto Heinrich v. d. Gablentz (Anhang XV).* — *Im darauffolgenden Jahr begann Tillichs Europa-Aufenthalt in England, wo er die Firth-Lectures in Nottingham hielt und Wochenend-Freizeiten in der Cumberland Lodge im Great Windsor Park bei London leitete. Anschließend an die Wochen in England folgten Vorlesungen in Berlin und Vorträge in vielen Städten Westdeutschlands. Auch 1953 und 1954 hielt sich Tillich über mehrere Wochen in England auf. Die Universität Aberdeen hatte ihm die berühmten Gifford Lectures übertragen, die sich über je vier Wochen in beiden Jahren erstreckten. Aber auch der Kontinent stellte seine Ansprüche an ihn: Hochschulwochen in Alpbach/Tirol, Weltkirchenkonferenz in Genf, Gastvorlesungen in Kopenhagen und Aarhus, Eranos-Tagung in Ascona, Schelling-Gedächtnis-Feier in Stuttgart, Kongreß des „Bundes für freies Christentum" in Frankfurt, um nur einiges aus seinem umfangreichen Programm zu nennen. Im folgenden Jahr (1955) machte er eine „Europa-Pause". Im Juni 1955 erfolgte seine endgültige Pensionierung am „Union Theological Seminary", und damit begann für Tillich ein neuer Lebensabschnitt.*

a) Der theologische Kritiker von Religion und Kultur

Nach Tillichs Meinung hatte sich das amerikanische Bewußtsein durch den zweiten Weltkrieg und dessen Folgen stark verändert, besonders „in breiten Kreisen der Universitäten und der Colleges und manchmal sogar bei den Schülern der High Schools". Tillich beobachtete „ein Gefühl der Leere, der Unsicherheit, der Sinnlosigkeit (oft verstärkt durch innere Einsamkeit), Gefühle der Schuld, der Feindseligkeit, des Abgestoßenseins – kurz gesagt – Erscheinungen der menschlichen Situation, wie sie die existentialistische Literatur, Kunst und Philosophie schildert". Er schreibt weiter: „So war es unumgänglich für mich, daß ich auf meinen ständigen Vortragsreisen auf diese Probleme einging und dann den Punkt aufwies, von dem aus die Frage der Sinnlosigkeit – das religiöse Problem schlechthin – beantwortet werden könne. Durch die viele Beschäftigung mit diesem Problemkreis lernte ich verstehen, wie es in den letzten 10 Jahren zu dem wiedererwachten starken religiösen Interesse gekommen und wie es zu beurteilen war ... Die Hin-

wendung zur Religion ist wohl der Versuch, eine transzendente Sicherheit in einer Welt zu finden, in der es weder soziale noch geistige Sicherheit gibt."[1] Wie aus den zitierten Bemerkungen Tillichs hervorgeht, veranlaßte ihn die amerikanische Situation, sich erneut mit dem Phänomen Religion zu beschäftigen. Fünfundzwanzig Jahre vorher hatte er über den Religionsbegriff religionsphilosophisch nachgedacht; jetzt interessierte ihn mehr das Verhältnis von Religion und Kultur und die Beziehung des Menschen zur Religion. Die meisten Aufsätze zum Thema „Religion und Kultur" sind im 9. Band der Gesammelten Werke veröffentlicht. Durch Tillichs plötzlichen Tod war es nicht mehr dazu gekommen, die beiden Aufsätze Religion und Erziehung (45) und Die Religion und ihre intellektuellen Kritiker (47) rechtzeitig für diesen Band druckreif zu machen. Sie sollen darum hier die wichtige Phase in Tillichs Leben verdeutlichen. Der Beitrag Zur Frage christlicher Grundbegriffe (46) entstand als Antwort auf eine Anfrage des „Evangelischen Arbeitskreises" in Düsseldorf, in dem Tillich einen Vortrag über das christliche Verständnis der Macht gehalten hatte.

45. RELIGION UND ERZIEHUNG

„Religiöses Wissen" hat eine zweifache Bedeutung. Es kann entweder Wissen *über* Religion oder Wissen *aus* Religion bedeuten. Wissen über Religion ist theoretisches Wissen. Es kann von jedem Menschen erworben werden, der imstande ist, Aussagen über religiöse Vorstellungen, Symbole, Handlungen, Kulte und Organisationsformen der verschiedenen Religionen in Vergangenheit und Gegenwart zu verstehen. Solches Wissen kann exakt sein, auf wissenschaftlicher Forschung beruhen; es kann aber auch verschwommen sein, wenn es sich auf zufällige Informationen stützt, die man gehört oder gelesen hat. Das Wissen kann universal sein, wenn es das religiöse Leben der ganzen Menschheit umfaßt; es kann aber auch begrenzten Charakter haben und sich nur auf die bestimmte Religion beziehen, zu der man sich selbst bekennt. Es kann auch gelehrt und gelernt werden, und zwar mit geringem oder großem Interesse, mit oder ohne persönliches Ergriffensein oder persönliche Anteilnahme, wenn nur die allgemeine Fähigkeit des menschlichen Geistes gegeben ist, die Schöpfungen des menschlichen Geistes zu ver-

---

[1] On the Boundary Line. In: The Christian Century. Dezember 1960, S. 1437.

stehen, seien sie auch noch so fremd und seltsam. Das alles ist Wissen *über* Religion.

Etwas ganz anderes ist das Wissen *aus* Religion. Dieses Wissen ist Bestandteil des religiösen Lebens selbst und hat nur Sinn im Bereich des religiösen Lebens. Es beruht auf wirklichen Erfahrungen, auf Überlieferungen, die uns von Anbeginn unseres Lebens geprägt haben, oder auf einer Entscheidung, die wir an irgendeiner Wende unserer Entwicklung getroffen haben. Dieses Wissen ist wahr im selben Sinne, wie das Leben wahr ist, das es in Form von Erkenntnis zum Ausdruck bringt. Solch religiöses Wissen kann nicht gelehrt werden, oder falls es gelehrt wird – nur gelehrt wird –, hört es auf, Wissen *aus* Religion zu sein. Es wird dann zum bloßen Wissen *über* Religion. Es ist nicht länger eine Sache letzten Betroffenseins, etwas Existentielles, eine Sache von „Sein oder Nichtsein". Es ist zu einem theoretischen Anliegen geworden, das allenfalls unser Wissen erweitert.

Diese Unterscheidung zwischen religiösem Wissen im rein *theoretischen* Sinn und einem religiösen Wissen im *existentiellen* Sinn, zwischen Wissen *über* Religion und Wissen *aus* Religion muß jeder Erörterung über die Rolle der Religion in der Erziehung zugrunde gelegt werden.

Nun ist nicht zu leugnen, daß die Religion in geschichtlicher Sicht zu den machtvollsten Wirklichkeiten gehört, ohne die das Werden der Menschheit überhaupt nicht verstanden werden kann. Wenn wir sie nicht mehr lehren, wird das Bild aller Kultur, der vergangenen wie auch der gegenwärtigen, verzerrt. Es bleibt bruchstückhaft und unverständlich. Die größten Epochen in der Geschichte der Kunst bleiben dem verschlossen, der nichts von der Sache weiß, die sie darstellen, und die Symbole nicht kennt, die sie verwenden. Das gleiche gilt von der Literatur, der Musik und der Architektur. Weder europäische noch amerikanische Geschichte wird verständlich ohne Berücksichtigung der Wechselwirkung zwischen politischer Geschichte und Kirchengeschichte. Keine Individual- oder Massenpsychologie kann die Oberfläche menschlichen Bewußtseins durchdringen, ohne sich mit der Bedeutung der religiösen Symbole und Erfahrungen zu befassen, und das gilt selbst für eine Geisteshaltung, die man etwas oberflächlich als atheistisch bezeichnet. Es gab mir einen Schock, als mir zum erstenmal hier in Amerika bewußt wurde, wie gründlich aus unserem Schulunterricht die religiösen Elemente in der Lehre vom Menschen und der Deutung der Geschichte ferngehalten werden und wie entstellt deshalb alle diese Darstellungen sind. Nicht im Namen der Religion und noch viel weniger der Kirchen, sondern im Interesse eines wirklichen Verständnisses der menschlichen Kultur muß Religionsunterricht gefordert werden.

Ein solcher Unterricht könnte überdies mehr als nur totes Wissen vermitteln. Er könnte Interesse und innere Teilnahme für die Werte und Wahrheiten wecken, die bei den klassischen Verkündern religiösen Lebens zu finden sind, geradeso wie die Einführung in die Welt der klassischen Literatur das Ziel hat, das geistige Interesse anzuregen und junge Menschen mit Ideen und den Motiven menschlichen Handelns vertraut zu machen. Unterweisung über Religion kann das gleiche erreichen, aber nicht mehr. Wissen *aus* Religion kann auf diese Weise nicht vermittelt werden. Denn Wissen *aus* Religion ist die Deutung einer bestimmten religiösen Wirklichkeit für diejenigen, die in ihr leben oder sich anschicken, sie zu ergreifen. Und es kann nur vermittelt werden, wenn alle Unterweisung auf das letzte Anliegen unserer Existenz, d. h. auf Religion, ausgerichtet ist. Denn Religion ist nichts anderes als dieses Ergriffensein von dem, was uns unbedingt angeht.

Ein Beispiel aus einem Land, in dem „Religion" ein Hauptfach in allem Schulunterricht war, möge meinen Standpunkt verdeutlichen. In meiner Kindheit lebte ich in einer ostdeutschen Kleinstadt und besuchte dort die Volksschule. Das ganze Leben des Ortes war auf seine einzige Kirche bezogen, die im räumlichen wie auch geistigen Sinne seinen Mittelpunkt bildete. Der gesamte Schulunterricht war vom christlich-protestantischen Geist bestimmt. Darum war auch der Religionsunterricht trotz seiner methodischen Schwächen nicht theoretisch, sondern existentiell. Dieselbe Art des Unterrichts wurde nun aber, wenn auch methodisch auf einer höheren Ebene, den Millionen Arbeiterkindern in den Großstädten geboten, die nie wirkliches religiöses Leben kennengelernt hatten, sondern vielmehr zu Gleichgültigkeit oder sogar Haß gegenüber der Kirche und all ihren Bestrebungen erzogen wurden. Und hier hatte der Religionsunterricht überhaupt keinen existentiellen Sinn. Er vermittelte Wissen *über* Religion, das schnell wieder vergessen wurde, und führte nicht zu Wissen *aus* Religion. Obwohl dieser Religionsunterricht einen breiten Raum im Stundenplan einnahm, war er weder imstande, den allgemein verbreiteten Geist antireligiöser Weltlichkeit einzudämmen noch die Leere auszufüllen, in die dann die dämonischen Mächte des nazistischen Heidentums einbrechen sollten.

Dieses Beispiel zeigt, wie begrenzt von letzter Sicht her die Bedeutung eines erweiterten Religionsunterrichts ist. Es macht deutlich, daß das eigentliche und ungemein ernste Problem lautet: Wie steht es um die religiöse Grundlage unseres Unterrichts überhaupt? Dabei ist die heutige Situation in Amerika geschichtlich durchaus verständlich. Der Kampf der Konfessionen und Sekten gegeneinander, der die mittelalterliche Einheit der Lebensauffassung zerbrach, führte schließlich zu einer

Form der Weltlichkeit, die entweder gleichgültig, kompromißbereit oder gar feindlich gegenüber allen religiösen Bekenntnissen war. Die physische, moralische und geistige Zerstörung, die die Religionskriege bewirkt hatten, führte notwendig dazu, daß sich der Staat, die Wissenschaft, das sittliche Leben, das Erziehungswesen sowie die Gesellschaft insgesamt und die Wirtschaft vom Einfluß einer bekenntnismäßig gebundenen Religion frei machten. Diese Entwicklung war natürlich und unvermeidlich. Aber heute hat sich die Situation völlig geändert. Sowohl die enge Bindung an religiöse Bekenntnisse wie auch der Geist einer kulturell ausgerichteten Weltlichkeit sind heute überholt. Sie sind altmodisch geworden; die Wirklichkeit unserer Zeit hat sie weit hinter sich gelassen. Diese Erkenntnis, die mir in meinen früheren Jahren als ein großes Wagnis erschien, ist jetzt für mich und viele andere Menschen, die den Finger am Puls der Zeit haben, eine unmittelbare Gewißheit, etwas, das sich geradezu sinnlich wahrnehmen läßt. Und bei den fortschrittlichsten Vertretern sowohl der Kirchen als auch der säkularisierten Gesellschaft kann man Anzeichen des gleichen, vielleicht nur halb bewußten Empfindens bemerken. Man glaubt nicht mehr an die unbedingte Gültigkeit der eigenen Konfession. Aber man glaubt ebenso wenig an den letzten Sinn eines nicht-religiösen Weltverständnisses. Und das hat seinen guten Grund. Eine neue, nichtkonfessionelle, aber doch religiöse Grundlegung für alle Bereiche des weltlichen Lebens einschließlich des Unterrichts- und Erziehungswesens ist eine Forderung, von deren Erfüllung der Fortbestand unserer Kultur abhängt, und zwar in einem viel höheren Grade als von aller militärischen Verteidigung. Denn die Mächte, die unsere Existenz und Lebensform bedrohen, wurden nur darum mächtig, weil das Gefühl der Sinnlosigkeit, der Leere, des Zynismus und der Verzweiflung in der jungen Generation aller demokratischen Völker so verbreitet ist. Von diesem Tatbestand bin ich immer wieder erschüttert worden, als ich in den Jahren vor dem Krieg durch die demokratischen Länder Europas reiste. Die Demokratie als solche – das hat sich schließlich klar gezeigt – kann sich auf lange Sicht nicht behaupten, wenn sie nicht den religiösen Grund findet, der tief und tragfähig genug ist, um die Belastung einer der schicksalsträchtigsten Umwandlungen auszuhalten, die die Weltgeschichte je erlebt hat. In ruhigen Zeiten mag es angehen, wenn man Leben und Unterricht mit vordergründigen Inhalten ausfüllt. Das ist heute unmöglich geworden. Wir sehnen uns nach einer neuen Deutung der menschlichen Existenz und unseres geschichtlichen wie auch persönlichen Schicksals, aber auch des Guten, das wirklich das höchste Gut ist. Wir halten Ausschau nach Anforderungen und Verheißungen voll unbedin-

ter Macht, nach einem unbedingten Ergriffensein, das uns und unsere Kultur mit unwiderstehlicher und erhabener Gewalt ergreift.

46. ZUR FRAGE CHRISTLICHER GRUNDBEGRIFFE

Ein Beitrag in Form eines Briefes

Aberdeen, Scotland, Nov. 15. 1953
Sehr geehrter Herr Dr. Schröder!
Im Anschluß an die Aussprache, die ich in Düsseldorf u. a. mit Ihrer Gruppe hatte, schreiben Sie über die christlichen Grundbegriffe, daß diese häufig mit einer Naivität behandelt werden, „die nichts mehr von der elementaren Tiefe, die ihnen eigen ist, spüren läßt". Ich stimme dieser Bemerkung völlig zu und möchte sie noch dahin verschärfen, daß ich die Schuld für diesen bedauerlichen Zustand nicht nur bei denen suche, die selbst naiv sind, sondern bei denen, die aus dieser Naivität einen Glaubensartikel machen, bei Pfarrern und Theologen. Es ist darum mein theologisches Anliegen, dieser – nicht Naivität, sondern – Vernaivierung der christlichen Botschaft entgegenzutreten. Ich glaube, der beste Weg, es zu tun, ist zu zeigen, daß die religiösen Grundbegriffe einmal echte Antworten auf echte Fragen waren – und noch sein können, wenn die Fragen echt, d. h. aus unserem Bewußtsein, gestellt werden.
    Ich denke dabei z. B. an Begriffe wie „Sünde" und „Erbsünde". Das Wort „Sünde" wird gemeinhin in der Mehrzahl gebraucht: Sünden. Aber Paulus spricht von „Sünde" als einer Macht, die wie ein personhaft vorgestellter Dämon die Menschheit beherrscht. Und wenn wir näher zusehen, wie er diesen Dämon beschreibt, so findet man, daß er von der Entfremdung des Menschen spricht, der Entfremdung von seinem Ursprung, der Zerspaltung in sich selbst, der verborgenen Feindschaft gegen die anderen. Das sind alles Dinge, die wir ständig erleben und über die uns die moderne Tiefenpsychologie sehr viel Tatsächliches sagen kann. Es ist des Menschen Lage, entfremdet zu sein von dem, was er wesenhaft ist, und darum im Widerspruch zu stehen zu seinem wahren Wesen. Das ist Sünde; die Sünden folgen daraus. Aber nicht sie sind entscheidend, sondern *die* Sünde, d. h. die Selbstentfremdung.
    Von da aus fällt auch ein Licht auf das fragwürdige Wort „Erb-

sünde". Im Englischen sagt man dafür „Ursprungs-Sünde". Aber auch das muß erläutert werden. Lassen wir beide Worte beiseite und blicken wir auf die Wirklichkeit der menschlichen Situation. Die Entfremdung, von der ich sprach, ist universal. Jeder einzelne Mensch gleitet vom Tage der Geburt, ja der Empfängnis an, in sie hinein und bleibt in ihr bis zu seiner letzten Stunde. Er ist darum nicht unschuldig, aber seine Schuld hat immer ein Element allgemein-menschlicher Verfallenheit in sich. Es ist, wie die Griechen es nannten, niemals nur persönliche, sondern auch tragische Schuld. Wer das leugnet, wer glaubt, daß er in jedem Moment nach Belieben gut und böse handeln kann, der weiß nicht um die menschliche Situation, der weiß vor allem nichts über sich selbst. Er ist nicht naiv, sondern schuldig unwissend. Darauf kam es der Kirche an, als sie den fragwürdigen Begriff „Erbsünde" gebrauchte. Ich würde allen Pfarrern raten, dieses Wort völlig zu verbannen, das Wort „Sünde" nur mit Vorsicht und vor allem im Singular zu gebrauchen, und statt dessen eine direkte Beschreibung der Lage des Menschen zu geben, und zwar mit Hilfe all des Materials, das Psychologie und Dichtung in unserem Jahrhundert zur Verfügung gestellt haben. Wir alle wissen, was Entfremdung des Menschen von sich selbst ist, auch wenn wir nicht mehr wissen, daß dies der ursprüngliche Sinn von Sünde ist.

Mit herzlichem Gruß
Ihr sehr ergebener
Paul Tillich

47. DIE RELIGION UND IHRE INTELLEKTUELLEN KRITIKER

Ansprache an die Studentinnen des „Union Theological Seminary" am 25. 1. 1954

Es gibt viele Arten von Kritik; intellektuelle Kritik ist nur eine unter anderen. Die Religion zum Beispiel ist nicht nur der Kritik der Intellektuellen ausgesetzt; sie wird auch aus ihrem eigenen Lager kritisiert. Besonders schroff und radikal ist diese Kritik von den Propheten geübt worden. Sie wandten sich gegen das überlieferte religiöse System, das, von der priesterlichen Tradition bewahrt, im Laufe der Geschichte entartete. Der Prophet kritisiert also auch, aber seine Kritik ist nicht intellektuell. Er beruft sich auf die unbedingte Kraft und Wahrheit

eben der Religion, die er kritisiert, um das, was an ihr gut und schlecht ist, aufzuzeigen. So war es auch bei den Reformatoren; sie bekämpften die hierarchischen Entartungen in der römischen Kirche im Namen letzter Prinzipien, mit denen sie die entarteten Formen beurteilten und auf diese Weise gut und schlecht, wahr und falsch, schön und häßlich unterschieden.

Was ist nun intellektuelle Kritik an der Religion? Wie jede intellektuelle Kritik kommt sie mit Argumenten und Gründen. Dabei greift sie den Wahrheitsanspruch der Religion überhaupt an, den Anspruch, in einem unbedingten Sinne für den Menschen und seine Situation gültig und für die Deutung seiner Stellung in der Welt notwendig zu sein. Die intellektuelle Kritik an diesem Anspruch kann dabei total sein oder nur bestimmte Seiten betreffen. Zweifellos ist sie in vielen Fällen mit politischen, emotionalen und allgemein religiösen Motiven durchsetzt, aber das enthebt uns nicht der Aufgabe, das, was oft nicht voneinander zu trennen ist, doch zu unterscheiden.

Die intellektuelle Kritik wurzelt in der Kraft des Verstandes. „Intelligenz" bedeutet wörtlich „zwischen" den Tatsachen und Erfahrungen unseres täglichen Lebens zu „lesen". Dieses „Dazwischen-Lesen" bedeutet: von den Tatsachen auszugehen, jedoch ihren Sinn, ihren inneren Zusammenhang, ihre Ursachen und Wirkungen zu verstehen. „Intellektuell" heißt also, sich auf Tatsachen zu stützen, aber sie gleichzeitig zu überschreiten, nämlich erkennen, das Erkannte einzuordnen, es als gewiß anzuerkennen und in ihm einen Teil des Sinnganzen zu finden. Ein Intellekt, der auf diese Weise „zwischen" den Tatsachen „liest", ist immer kritisch. Kritik gehört zu seinem eigensten Wesen. Wenn er sich selbst treu bleibt, erkennt er niemals etwas an, ohne es auf sein Wesen und seine Geltung hin befragt zu haben. In dieser Weise richten sich die kritischen Fragen des intellektuellen Kritikers auch auf die Religion. Bei seinen intellektuellen Argumentationen können „emotional aufgeladene" Erinnerungen aus der eigenen Jugend, unbewußte Enttäuschungen über die Entartungen der Religion oder politische Motive die treibenden Kräfte sein – stets ist jedoch seine Kritik mit Begründungen untermauert, kurz, er ist ein intellektueller Kritiker.

Die letzten Bemerkungen führen mich zu einer zweiten Betrachtung. Sie richtet sich auf den Intellektuellen als solchen und seine Widerstände gegen die Religion, die aus seiner eigenen Struktur erwachsen. Der Intellektuelle stellt alles, was ihm begegnet, in Frage. Er nimmt nichts hin, ohne es – zumindest seiner Absicht nach – zu befragen. Diese menschliche Fähigkeit, Fragen zu stellen, sollten wir nicht verachten. Denn Fragen ist ein wesentlicher Ausdruck menschlicher Freiheit, ein

Ausdruck dafür, daß wir mit der Wirklichkeit, die wir sind, in der wir stehen und die uns umgibt, nicht übereinstimmen. Wir haben sie, aber wir haben sie zugleich auch nicht. Darum fragen wir nach ihr. Fragen bedeutet immer, daß wir mit dem, was wir haben, teils übereinstimmen, teils von ihm getrennt sind. Und es gibt wohl keinen besseren Schlüssel zum Verständnis des menschlichen Seins als eine Analyse dessen, was Fragen bedeutet. Fragen ist zugleich das Einfachste und Tiefste in aller Wirklichkeit.

Der Intellektuelle ist der, der fragt. Fragen – obwohl allgemein menschlich – gehört zum Intellektuellen in besonderer Weise, es formt seinen Charakter, es beherrscht sein geistiges Leben. Wenn das richtig ist, muß eine Spannung entstehen zwischen dem radikalen Willen des Intellektuellen, Fragen zu stellen, und der unmittelbaren Gewißheit des Glaubens mit seinen Erfahrungen, Traditionen und Symbolen. Dieser Konflikt läßt sich nicht vermeiden. Denn der Intellektuelle unterwirft seinem kompromißlosen Fragen auch die religiöse Wirklichkeit, und das bedeutet für ihn, er verhält sich neutral und distanziert. Der genuin religiöse Mensch kann diese Haltung nicht billigen. Er mißt alles an dem, was ihn unbedingt angeht, was für ihn das Höchste und Entscheidende ist.

Und ein zweites: das Fragen des Intellektuellen ist seinem Wesen nach skeptisch. Er bezweifelt alles. Dabei gibt es zwei Arten des intellektuellen Zweifels. Es gibt den methodisch-wissenschaftlichen Zweifel, wie ihn Descartes in seinen „Meditationen" beschrieben und damit die moderne Philosophie begründet hat. Er zweifelte, um ein neues System von Vernunfteinsichten, die möglichst gewiß, zumindest aber wahrscheinlich sind, zu begründen. Zweifeln kann aber viel mehr sein als nur eine wissenschaftliche Methode, deren sich jeder Wissenschaftler und Denker bedienen muß. Es kann zu einer Haltung werden, einer Haltung, die jede Gewißheit unmöglich macht, die selbst das Wahrscheinliche bezweifelt, auf diese Weise jeden Lebensinhalt verliert und in Leere oder gar Verzweiflung endet. Gleichgültig, ob das eine oder andere geschieht, ein Konflikt zwischen dem Zweifel und der unbezweifelbaren Gewißheit des ungebrochenen Glaubens kann nicht ausbleiben. Der Skeptiker ist für den Gläubigen eine Gefahr und wird von ihm aus religiösen und moralischen Gründen abgelehnt.

Und eine dritte Eigenschaft des Intellektuellen: er ist anti-autoritär. Darauf kam ich schon im Zusammenhang der emotionalen Motive seiner Impulse zu sprechen. Aber seine anti-autoritäre Haltung äußert sich auch als rationaler Angriff auf jede mögliche Autorität. Natürlich leugnet auch der Intellektuelle nicht, daß es faktische Autorität gibt.

Als Wissenschaftler weiß er, daß er auf den Historiker wie jeder Mensch überhaupt auf faktische Autorität angewiesen ist. Aber der Intellektuelle erkennt Autorität als Prinzip nicht an, etwa einen Ort oder eine Person, die prinzipiell Autorität erheischen. Wenn beispielsweise die Religion behauptet, daß ihre Inhalte auf Offenbarung beruhen, dann beansprucht sie Autorität an sich, prinzipielle Autorität, die nicht bezweifelt werden darf, und eben diese lehnt der Intellektuelle ab.

Ein weiteres Charakteristikum des Intellektuellen ist Schärfe und Folgerichtigkeit im Denken. Jede seiner Aussagen wird sorgfältig verifiziert und überhaupt nur mit größter Vorsicht gemacht. Auch durch diese Haltung gerät er in Konflikt mit den gefühlsbetonten, nicht verifizierbaren, mit Wagnis behafteten Glaubensaussagen.

Als Letztes muß etwas Negatives über den Intellektuellen als solchen gesagt werden. Es fehlt ihm oft oder beinahe immer die kritische Haltung gegenüber dem eigenen Intellekt. Wohl die meisten Intellektuellen, viele Wissenschaftler, viele Philosophen, erheben die intellektuelle Funktion zur alles beherrschenden. Trotz ihrer radikalen Skepsis und Denkschärfe sind sie in diesem Punkt naiv. Die Voraussetzung, daß die Wirklichkeit als ganze nur über den Verstand zugänglich sei, wird von ihnen nicht in Frage gestellt. Wenn sie kompromißlose Skeptiker sind, so behaupten sie sogar, daß eigentlich die Wirklichkeit in ihren tieferen Schichten dem Menschen verschlossen sei und durch keine Art des Denkens erreicht werden könne. Der intellektuelle Denker müsse sich damit zufriedengeben, daß er es lediglich mit den Formen und Strukturen des Denkens und dem wissenschaftlichen Stoff zu tun habe; alles andere solle er dem Gefühl überlassen. Indem er so denkt, leugnet er jeden anderen Zugang zur Wirklichkeit und zum eigenen Wesen außer dem über den Intellekt. Hätte er recht, so erhöbe die Religion ihren Anspruch, Schlüssel zur unbedingten Wirklichkeit zu sein, allerdings zu unrecht, denn sie nähert sich der Wirklichkeit nicht mittels der Verstandesfunktion, sondern mit Hilfe einer anderen Funktion, die wir die „Erfahrung des Heiligen" nennen. Diese Möglichkeit wird von den reinen Intellektualisten abgelehnt.

Welches sind nun die konkreten Fragen, an denen sich der intellektuelle Angriff auf die Religion entzündet? Einmal ist es der Konflikt, der zwischen den Aussagen der Wissenschaft oder der Philosophie einerseits und der Religion andererseits entstehen kann. Ein solcher Konflikt, der für die neuere Zeit insgesamt als Beispiel gelten mag, war der zwischen der Astronomie des Kopernikus und Galilei sowie den traditionellen Aussagen und Symbolen der Bibel und der Kirche über den Aufbau des Universums. Ein anderer war die Kontroverse um die bio-

logische Entwicklung des Menschen, die der Darwinismus auslöste; sie brach aus, als die Kirche den nicht-biologischen Ursprung sogar der leiblichen Existenz des Menschen verteidigen wollte. Ein weiterer, heute höchst aktueller Konflikt entbrannte an der historischen Erforschung der biblischen Literatur, an der sogenannten „Bibel-Kritik", die mit der Bibel und ihren Urkunden umgeht wie mit jedem anderen literarischen Dokument auch: sie benutzt ganz selbstverständlich die wissenschaftlich exakten und intellektuell redlichen Methoden, die die Historiker für die Interpretation geschichtlicher Dokumente entwickelt haben. Dieser Konflikt ist noch im Gang und hat seit zweihundert Jahren nichts von seiner Schärfe eingebüßt.

Die Kritik an der Religion schlägt aber auch andere Wege ein. Sie versucht beispielsweise die Religion zu erklären, indem sie sie in nichtreligiöse Begriffe und Vorstellungen aufzulösen versucht. So in der psychologischen und soziologischen Erklärung der Religion, die vor allem durch drei Männer repräsentiert wird. Der eine, Feuerbach, erklärte, in der Religion projiziere der Mensch seine Sehnsucht nach Leben und Liebe in den Himmel des Absoluten. Ihm folgte Sigmund Freud, der diesen Gedanken in rein psychologischen Begriffen formulierte und die Religion als eine Projektion des Vaterbildes verstand. Der dritte und wahrscheinlich erfolgreichste aber war Karl Marx. Er erklärte die Religion als eine Projektion des sozialen Ideals einer klassenlosen Gesellschaft. Weil dieses Ideal bisher nicht realisiert sei, werde es eben in den primitiven Vorstellungsbereich eines transzendenten Himmels projiziert. Überblicke ich die Geschichte des christlichen Denkens und der christlichen Apologetik, so scheint mir, daß diese drei Angriffe die mächtigsten waren und noch sind. Sie prägen sich dem menschlichen Geist mit suggestiver Kraft ein. Viel vom heutigen Säkularismus, von der Verneinung der Religion, geht auf diese drei mächtigen Angriffe des kritischen Verstandes zurück.

Schließlich gibt es noch einen dritten, positiveren Weg: Der Intellektuelle errichtet Denksysteme, die die Religion entweder umformen oder leugnen. Die Umformung nennt man gewöhnlich Idealismus. Viele Christen sind der Auffassung, daß der Idealismus die Religion rette; aber das ist keineswegs der Fall, wie die Geschichte des christlichen Denkens gezeigt hat. Denn im Idealismus wird die Religion lediglich als *ein* Element unter anderen in ein rationales System hineingenommen, das die Welt als ganze umschließen soll; dabei werden aber gerade *die* Elemente der Religion, die das Paradoxe, rational nicht Auflösbare der Religion bezeichnen, eliminiert. Das andere System, das die Religion nicht umformt, sondern leugnet, ist der Naturalismus. Er be-

seitigt einfach die religiösen Gehalte, um die Welt nach einem einzigen Prinzip denken zu können: alles Sein ist ihm naturhaftes Sein, ob es sich nun um Anorganisches, um Lebendiges oder um den Menschen selbst handelt. Ich halte diesen zweiten und radikaleren Angriff für weniger gefährlich als den ersten.

Welches Recht hat nun die intellektuelle Kritik, und wie kann die Religion auf sie antworten? Die erste und generelle Rechtfertigung des Angriffs der Intellektuellen liegt darin, daß der Mensch Gottes Ebenbild gerade auch als denkendes Wesen ist, als das er alles ihm Gegebene transzendieren, in Frage stellen und kritisieren kann. Als Ebenbild Gottes hat er damit auch das Recht, die Kritik auf den Bereich der Religion auszudehnen. Mehr noch, er muß diese Kritik sogar als ein Gebot seines Glaubens akzeptieren und sollte niemals so arrogant sein, in ihr von vornherein den Ausdruck menschlicher Anmaßung zu sehen. Das also ist die generelle Rechtfertigung der intellektuellen Kritik an der Religion. Der Glaube muß sie bejahen, weil sie auf der Freiheit des Menschen beruht.

Intellektuelle Kritik ist auch da berechtigt, wo sich die Religion mit anderen Wissenschaften in Konkurrenz begibt, indem sie Behauptungen über Natur oder Geschichte aufstellt. Denn damit mutet sie dem Menschen zu, um des Glaubens willen intellektuell unredlich zu werden. Dieser Punkt wiegt besonders schwer. Denn gerade im Namen des Glaubens muß die Religion die Autonomie und die Freiheit wissenschaftlichen Forschens anerkennen, wie sie in allen Bereichen den wissenschaftlichen Methoden entsprechen. Sie sind zwar immer im Wandel begriffen, aber in ihrer jeweiligen Zeit sind sie die besten. Nur auf Grund besserer Einsichten des wissenschaftlichen Geistes selbst ändern sie sich. Die Religion sollte sich darum nie in die Arena begeben, in der die Wissenschaften kämpfen, ob es nun die Naturwissenschaften sind, die Soziologie oder die Psychologie (die gerade heute sehr wichtig ist) oder die Geschichtswissenschaft. Die Religion gehört als Religion nicht auf dieses Kampffeld.

Die intellektuelle Kritik besteht auch da zu Recht, wo die Religion in ein System von Sätzen umgeformt wird, die wie Sätze über die endliche Welt von Raum und Zeit erscheinen. Wenn etwa jemand die Frage stellt, ob es Gott gebe oder nicht, dann macht er Gott zu einem Ding in Raum und Zeit und fragt danach nicht anders als nach der Existenz eines weiteren Milchstraßensystems. Man lästert Gott, wenn man über sein Dasein diskutiert, denn er ist, wie alle klassische Theologie gewußt hat, jenseits solchen Daseins. Hier wiederum hat die Religion deutlich zu machen, daß es verschiedene Dimensionen gibt,

einmal die, in der der Glaube Wahrheit erfährt, zum anderen die, in der es die Menschen mit der Welt des Endlichen in Zeit und Raum zu tun haben. Existenz gehört zu der Welt der Zeit und des Raums und nicht zu jener Dimension der Wirklichkeit, die wir die heilige oder die göttliche nennen.

Intellektuelle Kritik ist auch berechtigt gegenüber einem Buchstabenglauben, wie er bei den primitiven Völkern früher sein Recht gehabt haben mag, aber auch heute noch in den Köpfen vieler gebildeter Menschen herumspukt. Wer vom Unterschied weiß zwischen der objektiven Welt in Zeit und Raum und dem Sinn des Glaubens, der versündigt sich gegen den Glauben, wenn er seine Symbole buchstäblich nimmt, denn so provoziert er unausweichlich den fragenden Intellekt, seine Kritik, seine Skepsis und seinen radikalen Zorn. Der Glaube muß wiederentdecken – und das geschieht heute weithin in der Theologie –, daß alles Religiöse symbolisch ist. „Symbolisch" heißt dabei keineswegs unwirklich. Es bedeutet im Gegenteil: wirklicher als alles Wirkliche in Zeit und Raum. Gerade darum kann die intellektuelle Kritik den Glauben und seinen Inhalt nicht zerstören, und die intellektuelle Verteidigung kann ihn nicht retten. Das gilt auch für die biblischen Symbole. Sie werden absurd und gotteslästerlich, wenn man sie buchstäblich nimmt, aber sie sind jeweilig angemessener Ausdruck der Wahrheit, wenn man sie als Symbole versteht.

Der Glaube sollte auch die schärfste Kritik des Intellektuellen annehmen, seine Forderung nämlich, daß die Symbole sich wandeln müssen, weil sich die Beziehung zum Unbedingten verändert hat. Nicht der unbedingte Bezug zu Gott selbst ist es, der sich wandelt, wohl aber seine konkrete Gestalt. Auf die Frage, ob das auch für den Christus gelte, würde ich freilich antworten: Für ihn gilt es nicht, denn der Christus opferte ja gerade sein Dasein in Zeit und Raum, damit aber verpflichtete er uns nicht mehr auf besondere Formen des Symbolischen, sondern transzendierte sie. So wurde er der „Geist", auf den sich die Kirche gründet.

Auch die Theologie sollte sich der intellektuellen Kritik nicht entziehen. Sie betrifft das Problem der Verifizierung. Die hier zur Debatte stehende Frage ist: Wann ist eine Glaubensaussage wahr? Der Intellektuelle antwortet darauf: „Wir brauchen streng objektbezogene Beobachtung; wir brauchen empirische Erfahrung." Der Glaube antwortet: „Natürlich braucht man sie. In gewisser Weise brauchen wir sie auch. Was wir aber vor allem brauchen, ist noch etwas anderes, nämlich die Teilhabe an der letzten Wirklichkeit, und die stellt ein Wagnis dar." Glaube ist immer Hingabe, die Wagnis einschließt. Und der Wahrheits-

erweis in der Religion ist niemals der Wahrheitsbeweis des physikalischen Experiments, sondern vollzieht sich stets im Einsatz der ganzen Existenz. In diesem Sinne sind folgende Sätze Glaubensaussagen: „Ich habe mein Leben für meinen Glauben eingesetzt; ich habe mein Schicksal bejaht; ich habe eine neue Möglichkeit ergriffen; und all das tat ich nicht, weil es mir als das Richtige bewiesen werden konnte, denn es ist möglich, daß ich scheitere. Und wenn ich nicht scheitere, so war es vorher unmöglich, das zu wissen." So vollzieht sich der Wahrheitserweis des Glaubens: als Beweis des Glaubens und der Kraft, wie das Neue Testament sagt. Das Element des persönlichen Wagnisses kann nicht ausgeschaltet werden, es steht gegen jeden dogmatischen Absolutismus.

Ich möchte meine Beobachtungen mit einem Gedanken abschließen, der mir kam, als ich über all diese Probleme nachdachte: „Wie soll sich die Kirche gegenüber dem intellektuellen Kritiker verhalten?" Das beste, was sie tun kann, ist, ihn in sich selbst aufzunehmen. So handelte die alte Kirche, und so hat man es seitdem immer in den Kirchen gehalten. Der Mann, der ein Intellektueller ist und doch gleichzeitig im religiösen Leben der Kirche steht, ist der „Theologe". Damit wird klar, was Theologe-Sein eigentlich bedeutet. Der Theologe ist zugleich beides: intellektueller Kritiker und Repräsentant dessen, was er kritisiert. Er trägt in sich selbst den ganzen Konflikt aus, den ich beschrieben habe, den Konflikt zwischen dem radikalen Fragen und der unmittelbaren Glaubensgewißheit. Er trägt ihn aus in seiner ganzen Schärfe. Das ist sein Elend und bisweilen vielleicht sein Ruhm.

Es gibt verschiedene Weisen, in denen sich die Religionen dieser Situation stellen. Die römische Kirche hat den Theologen im Verlauf ihrer 2000jährigen Entwicklung immer mehr der Tradition und Autorität der Kirche unterworfen. So hat der römisch-katholische Theologe eigentlich die Möglichkeit verloren, wirklich zu fragen, jedenfalls zu fragen in einem radikalen und kompromißlosen Sinne. Die protestantische Kirche dagegen hat den Theologen wiederentdeckt als einen, der, obwohl er mitten darinsteht im religiösen Leben seiner Kirche, doch die Kritik aushalten kann, die sich in den vielerlei Formen, wie ich sie beschrieben habe, in ihm selbst vollzieht. Und es ist die Größe und zugleich die Schwäche des Protestantismus, daß er den intellektuellen Kritiker der Religion in seiner eigenen Mitte zu halten vermag. Ja, vielleicht ist das auf die Dauer überhaupt der einzige Weg, auf dem diese beiden menschlichen Möglichkeiten ins rechte Verhältnis zueinander kommen können. Bei uns in Amerika ist die Lage jedenfalls noch so, daß die Intellektuellen im allgemeinen großem Argwohn begegnen und heftigen Angriffen ausgesetzt sind.

Manche Kirchen-Christen freuen sich darüber, daß die Intellektuellen an öffentlichem Einfluß verlieren und daß man ihnen immer mehr die Möglichkeit nimmt, ihre radikalen Fragen zu stellen. Im Namen des Glaubens jedoch sollte man sich darüber nicht freuen. Denn es ist faschistische Art, die sich immer – ich spreche aus eigener Erfahrung mit dem Nationalsozialismus – zuerst gegen die Intellektuellen wendet, weil sie die radikalen Fragen nicht verträgt. Noch bedrohlicher als diese politische Gefahr eines Kampfes gegen die intellektuellen Kritiker ist jedoch die geistige Gefahr, die ein solcher Kampf mit sich bringen muß, die Gefahr, daß der Glaube zum Aberglauben wird. Jede Religion aber, die das radikale Fragen ihrer intellektuellen Kritiker letztlich nicht vertragen kann, ist Aberglaube.

b) Der Zeitkritiker

Auch in Tillichs zeitkritischen Betrachtungen steht das religiöse Element im Mittelpunkt. Anders konnte er seine Aufgabe als Theologe nicht verstehen – getreu seinem Grundsatz „Religion ist die Substanz der Kultur". Als er einen Beitrag zu dem Thema Wie ist das Dilemma unserer Zeit zu überwinden? *(48) liefern sollte, beschrieb er das Dilemma als den Gegensatz von „Autonomie" und „Heteronomie". (Vergl. seinen Aufsatz „Das Christentum und die Moderne" von 1928!) Konnte er sich in den zwanziger Jahren noch die „Theonomie" als Ausweg erhoffen, so war diese Hoffnung jetzt weitgehend verschwunden. Für seinen geänderten Standpunkt sind die folgenden Selbstbetrachtungen aufschlußreich: „Die nach dem ersten Weltkrieg gehegte Erwartung, daß ein ‚Kairos', eine ‚erfüllte Zeit' angebrochen sei, ist zweimal erschüttert worden, zuerst durch den Sieg des Faschismus und später durch die Situation nach seiner militärischen Niederlage... Anstelle eines schöpferischen ‚Kairos' sehe ich ein Vakuum, das nur dann schöpferisch werden kann, wenn es bejaht und durchgestanden wird. Jede vorzeitige Lösung muß vermieden werden. Nur dann kann das Vakuum in eine ‚Heilige Leere' der Erwartung verwandelt werden*[2]*."*

---

[2] Beyond Religious Socialism. In: The Christian Century. Juni 1949, S. 732 f.

48. WIE IST DAS DILEMMA UNSERER ZEIT ZU ÜBERWINDEN?

Wenn ich richtig verstanden habe, so soll diese Vorlesung nicht nur die Lage analysieren, sondern konstruktive Vorschläge bringen; sie soll nicht kritisch, sondern positiv sein. Das ist eine schwierige Aufgabe. Was für die meisten Predigten gilt, gilt auch für die meisten Reden und Schriften heute in Europa und Amerika: vier Fünftel sind negativ, und nur ein Fünftel ist positiv, und selbst in diesem einen Fünftel wird auf Neues, das vielleicht kommen wird, nur hingewiesen, aber es wird nicht konkret beschrieben. Dieses negative Verhalten ist, glaube ich, symbolisch für die Problematik unserer Situation in der Mitte des 20. Jahrhunderts – dieses Jahrhunderts, dem an Schrecken nur wenige gleich sind und das wie kein anderes sich dieser Schrecken bewußt ist.

Als mir das Thema in einem Brief mitgeteilt wurde – „Das moderne Dilemma" –, war meine erste Frage: Welches Dilemma ist hier gemeint? Offenbar gibt es eines, das so in die Augen springt, daß es keiner besonderen Bezeichnung mehr bedarf. Gibt es solch ein Dilemma, in dem wir uns alle befinden und dessen wir uns alle bewußt sind?

Ein Dilemma hat zwei Hörner[3]: entgeht man dem einen, stürzt man in das andere. So muß man, um Aggressionen zu bekämpfen, aggressiv werden. Verteidigung ist, im Leben des Einzelnen und des Staates, Aggression. Man vernichtet um der Demokratie willen den Militarismus, aber um die Demokratie zu schützen, muß man den Militarismus zu neuem Leben erwecken, und wenn man das tut, stürzt man ein ganzes Volk in Neurose und extremen Zynismus. Man verteidigt die liberale Freiheit gegen die etablierte Autorität, und wenn man das tut, muß man jeden Tag die Freiheit ein bißchen mehr beschneiden. Nicht jedes Dilemma läßt sich so leicht wie diese drei aufdecken. Aber jene, die verborgener sind, sind zugleich auch viel bedeutsamer.

Der Ruhm der abendländischen Geschichte ist die Entwicklung der wissenschaftlichen Methode. Keiner möchte sie aufgeben, aber jeder lebt unter der bedrückenden Vorstellung von einer Welt, die mit Hilfe der wissenschaftlichen Methodik geschaffen wurde und die sich gegen ihren Schöpfer gewandt hat. In der ersten Hälfte dieses Jahrhunderts haben wir eine Entwicklung der Massenmedien erlebt, wie es sie derart noch

---

[3] Im englischen Text gebraucht Tillich die Redensart *to be on the horns of a dilemma*. Die entsprechende deutsche Redensart „sich in einer Zwickmühle befinden", konnte in der Übersetzung nicht verwendet werden, weil der Text das Bild der „beiden Hörner" aufnimmt und weiterführt. (D. Hrsg.)

nie gegeben hat: Film, Rundfunk, Fernsehen. Aber je besser man verbreitet, desto weniger hat man zu verbreiten. „Weniger" ist hier nicht im quantitativen Sinn gemeint – den Managern der Massenmedien stehen die Schätze der gesamten Geschichte zur Verfügung. Aber im Übermittlungsprozeß verändern diese Schätze ihr Gesicht: wie sie vor uns stehen, wie wir ihnen begegnen, das verändert sich, wenn sie aus ihrem ursprünglichen Zusammenhang gelöst werden. Werden sie uns dargestellt ohne die Forderung, daß wir mit ihnen und ihrem Sinn zu ringen haben, verlieren sie ihren Ernst und werden kommerzialisierte Unterhaltung. Sollen wir deshalb aufhören, sie den Massen zu geben? Unmöglich! Aber wie lange können wir sie überhaupt geben, wenn der traditionelle Gehalt immer stärker seiner Macht und seines Sinnes entleert wird und an seiner Stelle nichts Neues geschaffen wird?

Das führt zu dem entscheidenden Dilemma, der Wurzel eines jeden anderen Dilemmas: Hier wird die Frage nach einer Lösung für jeden Einzelnen, für jede Gruppe, ja für die Menschheit zu einer Sache auf Leben und Tod. Es ist das Dilemma zwischen der vom modernen Menschen erreichten Autonomie und dem verzweifelten Wunsch nach einer neuen Heteronomie, das sich aus dem Zerfall unserer autonomen Existenz ergibt. Der klassische Begriff der Autonomie – abgeleitet von *autos* = selbst und *nomos* = Gesetz – bedeutet, daß der Mensch das Gesetz seines Seins und der Wirklichkeit als eines Ganzen in sich selbst findet. Autonomie bedeutet nicht, daß der Einzelne seiner eigenen Willkür folgt, sondern daß sich der Mensch dem Gesetz der Vernunft unterwirft, das er als seine menschliche Würde und Macht empfindet – das, was ihn nach der Bibel zum Ebenbild Gottes macht und in griechischer Denkweise zum Träger des universalen Logos, des Prinzips der Ordnung und des Sinnes, das jegliche Wirklichkeit durchdringt. Nimmt man dem Menschen seine Autonomie, so nimmt man ihm seine Würde als Mensch. Aus diesem Gefühl heraus hat der moderne Mensch seit dem 15. Jahrhundert den Versuch unternommen, eine Kultur auf der Grundlage uneingeschränkten autonomen kulturellen Schöpfertums zu bauen. Er hat dabei in erstaunlichem Maße Erfolg gehabt, aber er hat dort versagt, wo Autonomie mit Notwendigkeit versagen muß. Er hat die geistige Substanz, die Antwort auf die Frage nach dem letzten Sinn eines jeden autonomen Schöpfertums verloren. Die Autonomie ist leer geworden und ist zerfallen. Die unausschöpfliche Quelle des Sinnes wurde verschüttet.

Bei der Suche nach einer neuen Quelle des Sinnes ist der Mensch durch das andere Horn des Dilemmas, durch die Heteronomie, in Versuchung geführt worden. Heteronomie ist abgeleitet von *heteros* = anders, das,

was nicht mein Eigenes ist, das, was von außen kommt, und *nomos* = Gesetz, das Gesetz, das uns von außen befiehlt, ein Gesetz, das uns von einer fremden Autorität auferlegt wird. Die zerfallene Autonomie treibt in die Heteronomie, und das ist unsere Situation im zwanzigsten Jahrhundert. Das ist das fundamentale Dilemma, aus dem wir befreit werden müssen, falls dieser Zerfall nicht in einer alles vernichtenden Katastrophe enden soll.

Beginnen wir mit einer Analyse der geistigen Situation der meisten jungen Menschen in den höheren Schulen, Colleges und Universitäten. Man kann, grob gesagt, drei Gruppen unterscheiden: die Gleichgültigen, die Zynischen und die Autoritären. Ihnen allen ist eines gemeinsam: Die Systeme von Werten und Sinngehalten, die das Erbe der abendländischen Welt bilden, haben jegliche Macht über sie verloren. Die Grundlage, auf der sie standen – ein letztgültiger Sinn und Wert –, ist unsichtbar geworden. Etwas, das unbedingt angeht, gibt es nicht mehr, es gibt keine geistige Mitte, kein Unbedingtes im Sein. In ihnen und in ihrer Welt hat sich das vollzogen, was Nietzsche den Tod Gottes genannt hat. Diese Voraussetzung gilt, bewußt oder unbewußt, in gleichem Maße für alle drei Gruppen. Aber von da gehen sie in verschiedene Richtungen. Die größte Gruppe, die der Gleichgültigen, bilden diejenigen, die sich ernste Mühe geben, sich den Forderungen der Gesellschaft und ihrer konventionellen Wertungen, auch den religiösen Wertungen, anzupassen, nicht, weil sie an sie glauben, sondern weil sie das Ideal der Anpassung an das Gegebene hinnehmen und nicht nach letztgültigen Kriterien fragen.

Die zweite Gruppe wird von denjenigen gebildet, die nach Letztgültigem gefragt haben und von den erhaltenen Antworten enttäuscht sind und nun darüber verzweifeln, ob überhaupt eine Antwort möglich ist. Sie sind die Skeptiker – keine akademischen Skeptiker, für die Skepsis ein methodisches Hilfsmittel ist, sondern existentielle Skeptiker, die wie die Skeptiker der Antike bereit sind, in die Wüste zu gehen, in die Wüste einer leeren Seele. Sie sind zynisch, bitter und aggressiv in ihrer Begegnung mit den traditionellen Werten und Lebensformen und verzweifeln nun über ihre möglichen Motive, ihre Antriebe. Sie haben in den Abgrund der Sinnlosigkeit geblickt und werden von der Angst über den Verlust des Sinnes der Existenz gefoltert. Diese Menschen bilden das Hauptthema existentialistischer Darstellungen, die sie in Philosophie und Literatur beschreiben. Sie können die gebrochenen Formen der modernen Kunst als Symbole ihrer eigenen Gebrochenheit verstehen, wohingegen die Gruppe der Sich-Anpassenden mit Wut auf die Kunst der letzten Jahrzehnte reagiert, weil sie

angesichts der Kraft dieser Kunst ihren eigenen Mangel an letztgültiger Wirklichkeit und ihre Unsicherheit fühlen.

Die Menschen der dritten Gruppe vermögen nicht die Angst der Leere auszuhalten, resignieren jedoch nicht zur Gleichgültigkeit der Mehrheit. Sie wenden sich einer neuen Absolutheit zu und sind willens, den Preis dafür zu bezahlen, nämlich das Opfer ihrer Autonomie. Sie repräsentieren die andere Seite des fundamentalen Dilemmas unserer Zeit, die Seite, die den Gegensatz zu den Zynikern bildet. Sie wenden sich jeder Autorität zu, die sie erblicken. Es läßt sich nicht bezweifeln, daß in der Mitte des 20. Jahrhunderts die autoritären Methoden eine überlegene Anziehungskraft haben trotz der totalitären Schrecken, die mit ihnen verbunden waren und sind. Diese Tendenz – mögen es nun die pseudoreligiösen politischen Autoritätssysteme sein, der römische Katholizismus, der protestantische Fundamentalismus oder die jüdische Orthodoxie, mögen es kleine, esoterische Kreise von Sektencharakter sein, möge es die Rückkehr zu stärker autoritären Formen in Erziehung und Moral sein – überall ist die gleiche Tendenz sichtbar. Und jeder Psychiater kann berichten, wieviel an Angst und Leiden das Dilemma zwischen einer zerfallenen Autonomie und einer verzweifelt ersehnten Heteronomie für unzählige einzelne mit sich bringt.

Ich bin gebeten worden, das Problem einer „Lösung" vom religiösen Standpunkt aus zu erörtern. Das scheint anzudeuten, daß man die Religion für eine Lösung hält. Aber das ist sie nicht. Es sind gerade die religiösen Symbole – mehr als alle anderen –, die zuerst Opfer der Autonomie und später Opfer des Zerfalls der Autonomie geworden sind. Noch früher als alle anderen Formen der Kultur ist die Religion in den Abgrund der Sinnlosigkeit hineingezogen worden. Das gilt für die Religion allgemein, in allen ihren Formen. Ich meine hier das Christentum, auch die protestantische Form des Christentums, die ich theologisch vertrete. Es wäre sinnlos, ja grausam, den Menschen in ihrem fundamentalen Dilemma zu sagen, daß sie sich für eine Religion oder für Religion überhaupt entscheiden sollen. Denn die Religion wäre für sie ja wieder nur eine andere Autorität. In der Stimme der Religion würden sie entweder den Klang autoritärer Propaganda oder den Klang konventioneller Gleichgültigkeit vernehmen. Religion ist keine Lösung, aber sie weist auf etwas hin, das vielleicht eine Lösung ist. Auch andere Formen der Kultur, wie Philosophie und Kunst, weisen, wenn auch nur mittelbar, darauf hin. Die Aufgabe der Religion ist es, unmittelbar darauf hinzuweisen.

Dieses „Etwas" wird umschrieben durch seine Fähigkeit, das fundamentale Dilemma zu überwinden. Wie läßt sich ein Dilemma über-

winden? Nicht dadurch, daß man ihm aus dem Weg geht; das ist die Methode der Gleichgültigkeit und der Anpassung, denn das Dilemma bleibt ungelöst bestehen. Es kann auch nicht dadurch gelöst werden, daß man sich an das eine Horn klammert, um dem anderen zu entgehen; das zerstört letztlich beide Seiten. Sondern durch etwas, das jenseits des Dilemmas liegt: der Ausweg aus dem Dilemma ist eine neue Wirklichkeit, die dem Dilemma nicht ausgesetzt ist.

Eine neue Wirklichkeit ist das, worauf die Religion hinweist: ein neues Sein, ein neuer Zustand aller Dinge. Religion weist nicht auf sich selbst hin, sie weist auf etwas Letztgültiges, Unbedingtes hin, von dem alles, auch die Religion, unter das Gericht gestellt wird.

Eine sehr schöne Bestätigung dieser Ansicht erhielt ich in einem Gespräch, das ich vor zwei Tagen in New York mit Martin Buber geführt habe, diesem prophetischen Juden, den ich aus meinen Jahren in Deutschland kenne und der jetzt Professor an der Universität in Jerusalem ist. Ich fragte ihn nach seiner Einstellung zum Ost-West-Dilemma, zu der Frage, ob der Westen Stellung beziehen oder neutral bleiben solle. Er bezog sich in seiner Antwort nicht auf dieses Dilemma. Er sagte, daß man hierauf keine allgemeine Antwort geben könnte. Er betonte, man müsse in der Situation stehen und innerhalb der Situation jeden Tag sich aufs neue entscheiden, es gebe aber keine allgemeine und prinzipielle Entscheidung. Er gebrauchte sogar das Wort „Opportunismus", als er die erforderliche rechte Haltung umriß. Stärker gedrängt, bekannte er, daß er eine neue Wirklichkeit, in der das unausweichliche und tödliche Dilemma überwunden ist, erwarte oder zumindest nicht ausschließe. Was er da äußerte, das war die prophetische Hoffnung.

Das heißt: die Lösung ist nicht unser Werk, nicht einmal unser religiöses Werk. Wenn das Dilemma ein echtes Dilemma ist, würfe uns alles, was wir tun, nur wieder auf eines der Hörner. Versuchten wir, dadurch religiös zu werden, daß wir die autonome Vernunft ausschließen, fallen wir in Heteronomie, in die Knechtschaft unter Gesetze, die unserem Wesen fremd sind und daher letztlich unser Menschsein zerstören werden. Versuchen wir andererseits, autonom zu werden, indem wir die Ausschließlichkeit der Religion abweisen, dann sind wir alleingelassen in einer Leere, in die rasch dämonische zerstörerische Kräfte eindringen werden. Und das ist der Grund, weshalb eine Enttäuschung nach der anderen die großen Hoffnungen vereitelt hat, mit denen die Menschheit in das 20. Jahrhundert getreten ist. Das Autonomiestreben des Menschen hat sich gegen den Menschen gewandt, die Versuche zur Wiedererweckung der Religion und die pseudoreligiösen politischen Ersatzbewegungen haben das Menschsein verraten oder ver-

nichtet. Wenn es jemals in der Geschichte eine Zeit gegeben hat, in der humane Zielsetzungen, getragen von einem unendlichen Maß guten Willens, eine Katastrophe nach der anderen über die Menschheit gebracht haben, dann ist es das 20. Jahrhundert. Wenn es jemals in der Geschichte der rechte Augenblick, der *kairos*, gewesen ist, auf eine neue Wirklichkeit zu harren, die nicht durch bessere Methoden oder größeres Wissen oder durch noch größere menschliche Anstrengungen geschaffen wird, dann ist es das 20. Jahrhundert. Wir müssen uns jetzt wieder die Situation vergegenwärtigen, wie sie überall in der Bibel ausgedrückt wird: Das, was not tut, ist das Erwarten, Empfangen, Bereitsein. Bei anderer Gelegenheit habe ich dies das Erlebnis der „heiligen Leere" genannt; sie ist heilig, wenn sie geduldig erlebt und nicht mit Aktivitäten und Kurzschlußlösungen ausgefüllt wird. Es ist Bereitsein und Erwarten.

Sie werden jetzt vermutlich fragen: Sprechen Sie denn nicht vom christlichen Standpunkt aus zu uns, und ist es nicht das Kennzeichen des Judentums, daß es eine Religion der Erwartung ist, wohingegen das Christentum lehrt, daß das Neue Sein bereits in Christus erschienen ist? Das ist richtig und nicht richtig. Das Christentum behauptet, daß etwas geschehen ist, aber zugleich behauptet es, daß etwas noch geschehen muß. Es verwendet hierfür das Symbol von der Wiederkunft Christi, das wir nicht verstehen sollten als ein phantastisches Ereignis in Raum und Zeit, sondern als ein Symbol der Situation (in der sich Juden wie Christen befinden), daß etwas gegeben ist und etwas nicht gegeben ist. Was den Juden gegeben ist, ist der Bund mit einem Volk; was den Christen gegeben ist, ist das Neue Sein für die Welt, und in der Macht dessen, was ihnen gegeben ist, können sie erwarten. Ohne dieses würden sie weder wissen, was sie erwarten sollen, noch hätten sie die ungeheure Kraft, die dies Erwarten erfordert. Man könnte es so sagen: Das, was wir erwarten, gibt uns die Kraft, es zu erwarten.

Denn Erwarten ist kein Gegensatz zum Tun. Erwarten geschieht im Tun als das, was das Tun daran hindert, in ein Dilemma zu fallen, durch das es zur Nichtigkeit verdammt wäre. Ein Tun, dessen innerster Kern Erwartung ist, ist zunächst der Akt des Sich-Bereithaltens. Das, was uns dem Kommen der neuen Wirklichkeit verschließt, ist unsere Neigung, vorläufige Wirklichkeiten als letzte Wirklichkeiten anzusehen. In unserem politischen Handeln z. B. halten wir eine besondere Lebensform für die letzte Form menschlicher Existenz – insonderheit, wenn diese einen so guten Namen wie „Demokratie" trägt. Wir handeln, aber ohne zu erwarten. Wenn wir indes handeln – und wir müssen handeln – und inmitten unseres Handelns erwarten, dann ist alles anders.

Die falschen Endziele verschwinden, und die letzte Wirklichkeit bricht augenblicklich wie ein Blitz ins Sein. Wenn wir erziehend handeln und eine besondere Erziehungsmethode als die letztgültige Form ansehen, Werte und Erfahrungen zu vermitteln – insonderheit, wenn sie einen so guten Namen trägt wie „fortschrittlich" –, dann handeln wir, ohne zu erwarten. Wenn wir nach denselben Grundsätzen handelten, zugleich aber offen in unserer Erwartung seien, wäre alles anders. Wir handeln religiös und halten eine spezielle Religion für die letztgültige Form des Sinnes, der neuen Wirklichkeit – insonderheit, wenn sie einen so guten Namen wie Christentum trägt –, dann handeln wir – und wir müssen mutig innerhalb unserer eigenen Religion handeln –, aber ohne zu erwarten. Handelten wir dagegen so, wie es das Christentum selbst fordert, offen *und* in Erwartung, dann wäre uns das Neue Sein der Dinge in höherem Sinne offenbar, als es jetzt ist.

Und wieder werden Sie fragen: Ist das alles, was uns das Christentum für die Lösung zu sagen hat? Ja, das ist alles. Und wenn Sie fragen: Untergräbt das nicht das Christentum? Dann antworte ich: Es untergräbt jede Form des Christentums, die nicht unter der Kritik des prophetischen protestantischen Prinzips stehen kann – des Prinzips, nach dem keine Kirche den Anspruch erheben kann, zu sein wie Gott und jede Kirche in jedem Augenblick wachsam und offen sein muß für das Neue Sein. Denn die neue Wirklichkeit, die uns fehlt und die wir erwarten, ist das Gericht, auch über die Kirche.

Ist dies nun eine Antwort auf die Frage nach einer Lösung des Dilemmas? Es ist eine Antwort, weil sie sich weder auf das eine noch das andere Horn des Dilemmas stützt. Es ist keine Antwort, wenn man unter Antwort eine bessere Methode, um mit der Lage fertig zu werden, versteht. Aber es ist eine Antwort, die einzige Antwort, wenn man sich vergegenwärtigt, daß die Umwandlung unserer Wirklichkeit nicht aus Teilen dieser Wirklichkeit selbst kommen kann. Das heißt: sie muß von etwas kommen, das unsere Wirklichkeit unendlich transzendiert und dennoch in unserer Wirklichkeit gegenwärtig ist und durch uns und unsere Handlungen auf das unbekannte und dennoch wohlbekannte Ziel und Ende der menschlichen Geschichte hin handelt.

c) Der Hochschullehrer

Das Leben am „Union Theological Seminary" unterschied sich sehr stark von dem Leben an einer deutschen Universität. Tillich schreibt in

seinen „Autobiographischen Betrachtungen"[4]*: „Die Arbeit am ‚Union'
ist in erster Linie eine Arbeit mit Studenten. Sie kommen aus dem ganzen Kontinent einschließlich Kanada. Sie sind sorgfältig ausgewählt,
und ihre Zahl wird durch Austauschstudenten aus der übrigen Welt
noch vergrößert. Vom ersten Tage an liebte ich sie wegen der menschlichen Haltung gegenüber jedermann – auch mir gegenüber. Ich liebte
ihre Offenheit für alle Gedanken, auch für die ihnen fremden, und
sicher waren meine Gedanken ihnen fremd. Ich liebte ihren Ernst in
Studium und Selbsterziehung trotz der manchmal verwirrenden Situation, in der sie sich an einem Ort wie dem ‚Union Seminary' befanden..." (Siehe auch den Bereich von Tillichs damaligem Assistenten
Werner Rode, Anhang XVI.) Am „Union" war es Sitte, daß ein
Professor zu Semesterbeginn oder -ende eine Ansprache hielt.
Auch Tillich fiel gelegentlich diese Rolle zu, und ihr verdanken wir
seine Ansprache an die Studenten (49). Die Ansprache liegt nur als
hektographiertes Manuskript ohne nähere Angaben vor und konnte
leider bisher nicht datiert werden. – Während seiner zehn Deutschlandreisen zwischen 1949 und 1963 hielt Tillich nicht nur Gastvorlesungen an deutschen Universitäten, er erhielt auch Einladungen zu besonderen Anlässen. Wenn es sich mit seinem überfüllten
Programm vereinbaren ließ, versäumte er keine dieser Gelegenheiten,
obwohl dadurch seine Kontinentalreisen äußerst anstrengend wurden.
Als die Universität Marburg 1952 ihr 425jähriges Bestehen feierte und
die Veranstalter erfuhren, daß Tillich sich gerade in Deutschland aufhielt, übertrugen sie ihm die Festrede. Genau dreißig Jahre nach seiner
Marburger Professorenzeit stand er wieder am Vortragspult dieser Universität und hielt die „Ansprache zur Gründungsfeier der Universität
Marburg (50).*

49. ANSPRACHE ZUM SEMESTERBEGINN DES „UNION THEOLOGICAL SEMINARY"

Meine Freunde!

Sie haben mich gebeten, in dieser Stunde zu Ihnen zu sprechen, in der unsere *Union Theological Seminary*-Arbeitsgemeinschaft das neue Semester eröffnet und die Gedanken auf unsere kommende Arbeitsgemeinschaft, unser Leben und Werk richtet. So lassen Sie mich über die

---
[4] G.W., 12, S. 73.

drei Grundlagen, die drei Gefahren und die drei Hoffnungen unserer Gemeinschaft zu Ihnen als Studenten und Dozenten des *Union Theological Seminary* sprechen.

I.

Die erste Grundlage unserer Gemeinschaft beruht auf der einfachen Tatsache, daß wir uns aneinander in gegenseitiger Sympathie erfreuen, daß wir hoffen, gute Kameraden zu finden und, wenn möglich, vertraute Freunde. Der Mensch ist ein gesellschaftliches Wesen, und das gilt insbesondere vom jungen Menschen. Der junge Mensch ist immer in der Erwartung, daß ein anderer in die wohlbehütete Feste seines eigenen Lebens eindringe. Er ist scheu und zu gleicher Zeit voll Sehnsucht, daß der andere diese Scheu besiege. Er sehnt sich nach dem älteren und reiferen Freund, um sich ihm anzuschließen, ihm seine inneren Nöte anvertrauen und ihn als ein vollkommeneres Abbild seines eigenen Strebens achten zu können. Er wartet auf den jüngeren Freund, um ihm das, was er selbst empfangen hat, weitergeben zu können, damit beide bereichert werden, und er wartet auf den Freund gleichen Alters und gleicher Reife, um ihm die Fülle seiner neuen Erfahrungen im Leben und Erkennen mitteilen zu können. Junge Männer und Mädchen erhoffen, innerhalb ihres gemeinsamen Arbeits- und Lebensbereiches miteinander Erfüllung zu finden. Jeder Mensch ist in sich verschlossen, und jeder verlangt danach, durch die Macht des Eros über sich selbst hinauszukommen. Plato sagt uns, daß Eros, halb Gott und halb Dämon, aus der Vermählung von Armut und Überfluß geboren sei, daß er diese beiden charakteristischen Eigenschaften in sich trage. Er ist mehr als ein Mensch und weniger als ein Gott. Er ist eine Kraft in jedem Wesen, das nach der Vollendung strebt, die es vermißt. Der Eros treibt das schwächere Wesen an, nach einem stärkeren zu verlangen, das niedere Wesen, sich nach einem höheren zu sehnen, und das Männliche das Weibliche zu suchen, und umgekehrt; er treibt den unwissenden Menschen an, den Weisen zu suchen, und den Menschen überhaupt, sich zu Gott zu erheben. Er ist die Quelle jeglicher Bewegung in der Welt, weil jedes endliche Sein ein Verlangen nach der unendlichen Wirklichkeit hat und sich darauf zubewegt. Dieser Eros, dieser Dämon, der mehr ist als Sehnsucht und weniger als Liebe, ist die erste Grundlage unseres Kreises.

Wenn auch Eure Lehrer außerhalb Eures unmittelbaren Jugendkreises stehen, so gibt es doch eine Möglichkeit, diesen Unterschied des Alters und der Erfahrung zu überwinden, nämlich durch die gleiche

Macht des Eros, die Eure natürliche Gemeinschaft schafft. Das Symbol für diese Art der Gemeinschaft ist die Beziehung zwischen Sokrates und seinen Schülern. Das ist ein Symbol und eine Idee, die nur in wenigen, aber großen Augenblicken der Geschichte der Menschheit verwirklicht wurde. Aber ich bin überzeugt, daß ohne das Mitwirken des Eros in der Beziehung zwischen Lehrer und Schüler eine fruchtbare Gemeinschaft im Lehren und Lernen unmöglich ist. Deshalb kann, ohne es zu wollen, ein älterer Freund in manchen Fällen ein besserer Lehrer für Euch sein als ein Dozent. Wir Lehrer haben die Hoffnung, daß viele von uns durch die Macht des Eros zu Euren älteren Freunden werden.

Jede natürliche Gemeinschaft befindet sich in einer Gefahr. Eros ist nicht ein Gott, sondern ein Dämon zwischen Gott und Mensch. Und jeder Dämon hat zwei Seiten. Er wirkt schöpferisch und zugleich zerstörerisch. So sind auch im Eros zerstörerische Kräfte wirksam. Es gibt eine ungezügelte Leidenschaft, die Täuschung, Haß, Rivalität, Unreinheit, Lüge und Zorn im Gefolge hat. Wer dem Eros folgt, muß auf seine zerstörerische Macht sorgfältig achten, die in manchen Fällen schwer von seiner schöpferischen zu unterscheiden ist. Laßt uns hoffen, daß in unserem Kreise die schöpferischen Kräfte die der Zerstörung in Grenzen halten werden.

II.

Zur Erfüllung dieser Hoffnung ist eine zweite Grundlage unseres Kreises wichtig. Während der Eros ein Dämon ist, ist Apollo, das Symbol jeder rationalen Zivilisation, ein Gott. Das heißt: die Wahrheit, der wir in unserem Kreis dienen, ist eine ewige Macht. Gott selber ist die Wahrheit. Durch den Dienst an der Wahrheit haben wir eine Gemeinschaft, die über unserer gegenseitigen Sehnsucht steht, haben wir eine Grundlage für unser Leben und unsere Welt, die unabhängig ist von unseren individuellen Nöten, von Armut und Fülle, von dem, was uns bewegt und anzieht. Wer der Wahrheit dient, steht in einem ernsten, heiligen Dienst. Er ist aufgerufen, Sehnsucht und Liebe zu vergessen angesichts der heiligen Forderung, die selbst das geringste Stück Wirklichkeit und das scheinbar unwichtigste Gesetz an ihn stellen. Gehorsam und Hingabe an die reine Objektivität ist die Ehre und das Leiden einer jeden Wissenschaft.

Unsere Gemeinschaft ist eine Gemeinschaft des Lehrens und Lernens. Das würde uns jedoch nicht von der Gemeinschaft einer Schule unterscheiden. Es besteht vielmehr ein Unterschied zwischen den beiden. Unsere Arbeit, ob wir lehren oder lernen, hat eine gemeinsame Grund-

lage, nämlich die des Fragens. Die Wahrheit ist zu allererst Gegenstand des Fragens, der radikalen Frage, der Frage ohne jegliche Schranken und Vorurteile. Auf jedem wissenschaftlichen Gebiet von Bedeutung sind die Untersuchungen wichtiger als die Antworten. Die rechte Frage, die radikale Frage zu stellen, ist der erste und schwerste Schritt zur Wahrheit. Deshalb soll unser Kreis ein Kreis von Menschen sein, die fähig sind, radikal zu fragen. Skeptizismus als Methode – und das heißt: nicht als Haltung – soll unser Weg zur Erkenntnis sein. Das ist die Würde und die Bürde jeder Gemeinschaft, die danach strebt, den hohen Namen „Akademie" zu verdienen, der an die erste, die Platonische Akademie erinnert.

Darum, Dozenten und Studenten, laßt uns unsere Gemeinschaft im *Union Theological Seminary* als ein Hilfsmittel betrachten, das uns an die Wahrheit heranführt, indem wir lernen, tiefer gegründete und radikalere Fragen zu stellen. Eure täglichen Auseinandersetzungen können Euch vor allem anderen zu der Einsicht führen, daß alle Erkenntnis in einem Nein und einem Ja lebendig ist, und daß es nur durch ein Nein zu einem Ja kommt. An sich ist dialektisches Denken nicht eine besondere, sondern die allgemeine methodische Denkweise; aber echtes dialektisches Denken wird nur möglich durch ein echtes Nein und ein echtes Ja, das heißt durch ein Ringen, in dem die Leidenschaft lebendiger Menschen für die Wahrheit sowohl das Nein als auch das Ja zur Geltung bringt. Und solch eine echte dialektische Arbeit soll auch von uns als Lehrern und von Euch als Lernenden geleistet werden. Natürlich brauchen wir eine Fülle von reinem Forschungs- und Studienmaterial. Aber Material, das nicht Antworten auf lebendige Fragen enthält, ist in sich selbst tot. Und glaubt mir: Jede Lernschwierigkeit beruht darauf, etwas lernen zu wollen, wonach man nicht gefragt hat. Im Gegenteil: nichts, was in unserer Arbeitsgemeinschaft besprochen wird, braucht auswendig gelernt zu werden; es ist ja bereits in Eurem Herzen lebendig. Ihr habt es nur wieder in Euer Gedächtnis zurückzurufen. Und so steht es auch bei Euren Lehrern. Die Autorität liegt nicht darin, daß sie mehr als Ihr gelernt haben, sondern daß sie mehr ihre Unwissenheit kennen, oder mit anderen Worten, daß sie fähiger geworden sind, zu fragen. Sokrates meinte nicht, daß er viele Antworten geben könne, sondern er wurde durch seine erworbene „Unwissenheit" fähig, zu fragen und Antworten zu geben, auf die er selbst nur gekommen war durch den Geist derer, die er befragte. Eine wirkliche Arbeitsgemeinschaft zwischen Dozenten und Studenten besteht in Wirklichkeit nur dann, wenn man nicht lehrt und Vorlesungen in sich aufnimmt, sondern sich gegenseitig fragt und Antworten miteinander findet.

Und das radikale Fragen soll auch der Sinn unserer gemeinsamen praktischen Arbeit innerhalb und außerhalb des Seminars sein. Ihr tut recht daran, das Praktische, das, was Erfahrung schafft, zu fordern, nicht allein um des Broterwerbs willen, sondern vielmehr, um in Euren Studien Theorie und Praxis zu verbinden. Ihr braucht praktische Erfahrung, weil manche Probleme nur vom praktischen Gesichtspunkt aus verständlich sind. Aber sofern Ihr Studenten seid, soll Eure praktische Tätigkeit auf dem Gebiet der Erziehung und der sozialen Arbeit, des Unterrichts und der Politik um der Theorie willen und nicht als Praxis um der Praxis willen betrieben werden. Arbeitet auch Ihr mit der Gewissenhaftigkeit, die jede Arbeit verlangt und die nichts ist ohne jene besondere Gewissenhaftigkeit, die in aller Erfahrung die Wahrheit sucht und die jede zur Gewohnheit gewordene Praxis durch radikale Fragen außer Kraft setzt!

Wenn Ihr danach handelt, kann eine große Gefahr unserer akademischen Gemeinschaft gebannt werden: Die Welt der Praxis ist eine Welt der Feindschaft, die oft zu einem Kampf auf Leben und Tod führt. Gebt acht, daß dieser Kampf nicht in die vier Wände unserer akademischen Gemeinschaft eindringt. Deshalb muß es ein Nein und ein Ja und eine Leidenschaft für das Nein und ebenso für das Ja in unseren Reihen geben, aber deshalb darf es keinen anderen Willen zur Macht geben als den Willen zur Macht der Wahrheit durch gemeinsames Fragen und Suchen. Und wenn Ihr für Euch selbst praktische Überzeugungen habt, vergeßt nicht, sie als Erfahrungen zu behandeln, durch die Ihr lernen sollt, immer tiefer zu fragen, selbst auf die Gefahr, daß Ihr Eure bisherigen Überzeugungen in diesem Prozeß methodischen skeptischen Fragens aufgeben müßt. Glaubt mir, daß Ihr später in der langen Spanne Eures Lebens viel nützlicher seid, wenn Ihr Euch mit den Grundlagen jeder Praxis und jeder praktischen Überzeugung in den wenigen Jahren befaßt, in denen Ihr den Vorzug hattet, einer akademischen Gemeinschaft anzugehören.

Wenn Ihr das bedenkt, werdet Ihr diese Gemeinschaft nie aufs Spiel setzen; im Gegenteil, Ihr werdet für sie die Leidenschaft aufbringen, ohne die auch jede Erkenntnis nutzlos bleibt. Ich bitte, mich richtig zu verstehen. Die abstrakteste Frage ist nicht immer die radikalste. In einigen Fällen kann es radikal sein, nach Sein oder Nichtsein oder nach den Grundlagen der physikalischen Erkenntnis zu fragen. Es kann sehr radikal sein, nach der Existenz oder Nicht-Existenz Gottes zu fragen. Und es kann anderseits radikaler sein zu fragen, inwiefern der Gott, an den ich glaube oder eine soziale Schicht glaubt, das ist, was Luther einen selbstgemachten Gott nannte, der für die Stärkung der Macht

einer herrschenden Schicht nützlich ist. Beide Arten von Fragen können radikal sein. Sie sind es, sofern sie unsere Existenz wirklich erschüttern. Es ist nicht ihr abstrakter oder konkreter Charakter, der sie radikal macht, sondern ihre Fähigkeit, unser soziales und persönliches Leben zu bedrohen und eine Erschütterung unserer gesamten Existenz hervorzurufen. Ohne solche Bedrohung und Erschütterung kann die Wahrheit nicht gefunden werden.

Aber es bestehen noch andere Gefahren für unsere akademische Gemeinschaft: Trägheit, voneinander zu lernen; grundsätzliche Weigerung, auf die verschiedenen Argumente zu hören; Hochmut, der sich dem gemeinschaftlichen Fragen entzieht; Absonderung, die nur ichbezogen ist und zu einer egoistischen Haltung wird, in der man sich mehr nach einem guten Verdienst umsieht als nach der Wahrheit; Feigheit, die nicht den Mut hat, radikal zu fragen, da sich ja ein Abgrund auftun könnte, der unsere gegenwärtige Sicherheit verschlingt. Helft einander, diese Gefahren zu bannen durch die Kraft unserer akademischen Gemeinschaft und durch die Hoffnung, daß die Wahrheit in uns mächtig wird und die uns ergreift, wenn wir nicht auf sie pochen.

III.

Und nun zu der dritten Grundlage unserer Gemeinschaft. Wir haben nicht nur eine naturgegebene und nicht nur eine akademische, sondern außerdem noch eine religiöse Gemeinschaft. Unser Kreis ist ein Teil der großen christlichen Gemeinde. Das ist der Unterschied zwischen der Theologie und jeder anderen Wissenschaft, daß Theologie nur möglich ist auf der Grundlage der christlichen Gemeinde, ihres Fundaments, ihrer Traditionen, ihres Glaubens und ihrer Liebe, ihrer Anbetung und ihrer Hoffnung. Deshalb sollte es der Theologie nie erlaubt sein, die christliche Gemeinschaft aufzugeben. Sie kann nie fern von wirklichem christlichen Leben in den Gedanken isolierter Denker oder in einer rein akademischen Welt bestehen. Folglich, sofern unsere Aufgabe Theologie ist, muß eine akademische Arbeitsgemeinschaft zu gleicher Zeit eine christliche Gemeinschaft sein. Wir haben die große Christengemeinde in dem Kreis unserer kleinen Gruppe zu repräsentieren. Nur wenn wir dies tun, haben wir einen Grund, auf dem sich Theologie entwickeln kann. Es ist ein erhebender Gedanke, daß unser kleiner Kreis die christliche Gemeinde im großen zu repräsentieren hat. Das bedeutet, daß wir uns, und das heißt unsere soziale und individuelle Gestalt, zu durchschreiten haben. Es gibt unzählige Individuen, Charaktere, Situationen, es gibt viele Gruppen von Nationen und Rassen,

die alle zur christlichen Gemeinde gehören und die in unserem Kreis nicht in irgendeiner Weise vertreten sind. Trotzdem haben sie das Recht, in unserer Theologie vertreten zu werden. Wenn wir ihnen dieses Recht verweigern, so haben sie das Recht, den universalen Charakter unserer Theologie zu verneinen. Eine Theologie, die sich wissentlich oder unwissentlich darauf beschränkt, nur eine besondere Nation oder soziale Klasse oder eine rassische Gruppe oder einen menschlichen Sondertyp zu repräsentieren, ist überhaupt keine Theologie. Deshalb laßt uns auf das Anrecht eines jeden Christen jeder Nation und Klasse, jeder Eigenart und Situation hören. Laßt uns sie im Geiste in unsere Gemeinschaft aufnehmen dadurch, daß wir sie verstehen, mit ihnen leiden, für sie arbeiten. Wir sind ein kleiner Kreis, aber sofern wir eine christliche Gemeinschaft sind, sind wir für jedermann verantwortlich, zuerst und vor allem für den Leidenden, den Unterdrückten, den Verfolgten.

Aber nun werdet Ihr mich vielleicht fragen: Besteht nicht ein Widerspruch zwischen einer akademischen und einer christlichen Gemeinschaft? Hat nicht das radikale Fragen vor dem christlichen Glaubensbekenntnis haltzumachen?

Ich antworte: Es hat nicht haltzumachen! Gott hindert unser radikales Fragen nicht, weil er die Wahrheit selbst ist. Deshalb ist Gott dem radikalen Forscher, der ihn leugnet, näher als dem, der nicht die Frage stellt. Wer denkt, erkennt Gott. Manch einer hat Gott als konkretes Bild aufgeben müssen, um ihn als den Abgrund der Wahrheit zu suchen, und Gott offenbart sich diesem vielleicht in einem ganz anderen Bild als zuvor. Vielleicht muß ein anderer diesen Weg nicht gehen. Sein Glaube ist immer stärker als sein Zweifel. Beide können Theologen sein, beide sind für diese Arbeit nötig.

Aber Ihr erwidert vielleicht: Wird nicht solch eine Haltung, welche die christliche Grundlage leugnet, einen Riß in unsere religiöse Gemeinschaft bringen? Und wieder antworte ich: Sie wird es nicht tun, solange die christliche Gemeinschaft in Liebe und Gebet lebendig und auf Gemeinschaft ausgerichtet ist. Nur der Mensch, der nicht in dieser Umgebung zu leben gewillt ist, kann ihr nicht angehören. Jeder, der zu verbleiben wünscht, sich ihr zuneigt, sich unter ihren Geist stellt, gehört zu ihr, selbst wenn er dem Nichts gegenübersteht. Dies ist die schwerste Aufgabe, aber die überzeugendste Bewährung und die höchste Hoffnung unserer Gemeinschaft, daß ihre Kraft so stark ist, die natürliche Gemeinschaft des Eros und die akademische der radikalen Frage und die christliche des Glaubens und der Liebe mit all ihren Gefahren und Spannungen zu vereinigen. Laßt uns hoffen, daß sie dazu fähig ist und wir so unsere kommende Aufgabe erfüllen!

50. ANSPRACHE ZUR 425 JÄHRIGEN GRÜNDUNGSFEIER DER UNIVERSITÄT MARBURG AM 26. 5. 1952

Eure Magnifizenz, verehrte Kollegen, liebe Kommilitonen, meine Damen und Herren!
Es ist mir eine Ehre und Freude, an diesem Tage als Gast zu Ihnen sprechen zu dürfen. Als Gast, und doch nicht als Fremder. Denn vor einem Vierteljahrhundert war ich selbst ein Lehrer an dieser alten, ehrwürdigen Universität und erlebte an ihr einige meiner schwersten und fruchtbarsten Semester, für die ich niemals aufgehört habe, dankbar zu sein, auch in der Ferne nicht. Und diese Ferne ist ja nicht nur Ferne. Wo immer ich hinkam im neuen großen Kontinent, der sich die Vereinigten Staaten von Amerika nennt, gab es Menschen, die zu mir begeistert von ihrer Marburger Studienzeit sprachen, besonders auch in der Fakultät von *„Union Theological Seminary"* in New York, der ich seit 15 Jahren angehöre. Die Namen von Marburger Universitätslehrern, gegenwärtigen und vergangenen, haben einen guten Klang jenseits des Ozeans. Und ich weiß, daß ich im Sinne meiner amerikanischen Kollegen spreche, wenn ich ihre herzlichen Glückwünsche zu der Feier des Gründungstags der Universität Marburg überbringe. Es werden jetzt Brücken über die Abgründe gebaut, die sich zwischen dem deutschen Volk und den anderen großen Völkern aufgetan haben. Ich selbst könnte mir nichts Besseres wünschen als ein Teilchen einer solchen Brücke zu sein, von der ich hoffe, daß sie nie wieder abgebrochen wird.
Seine Magnifizenz hat die Frage nach der Einheit der Wissenschaft von der religiösen Grundlage aller wissenschaftlichen Arbeit aus beantwortet. Es ist meine Aufgabe, über die Verwirklichung dieser Einheit in der Kooperation der Wissenschaften zu sprechen. Eine solche Kooperation ist sachlich notwendig und tatsächlich im Werden.

I.

Sie ist sachlich notwendig, denn die Sache, um die es in der Wissenschaft geht, ist ja *eine*, die Wirklichkeit selbst. Ihr will sich jede Wissenschaft nähern. Sie als Ganzes will die Wissenschaft als Ganzes greifen und begreifen. Die einzelnen Wissenschaften sind verschiedene Wege der Annäherung zu der gleichen Sache und nicht die Bearbeitung verschiedener Sachen. Wenn die Mikrophysik ihre Gleichungen aufstellt,

spricht sie doch von Vorgängen, die sich in dem Physiker selbst im Augenblick seiner Arbeit vollziehen und darum zum vollen Verständnis dieser Arbeit unumgänglich notwendig sind. Und doch gibt es keine Möglichkeit, von den physikalischen Gleichungen den Vorgang, in dem diese Gleichungen gefunden und formuliert werden, abzuleiten. Die Gleichungen sind eine äußerste Abstraktion von den Lebensprozessen des Physikers, der sie findet. Sie sind wahr in den Grenzen ihrer wissenschaftlichen Methodik. Aber sie bedürfen der Reintegration in die Ganzheit und Konkretheit des Wirklichen. Und um dieser Reintegration willen muß der Biologe von den Lebensprozessen sprechen, in deren umfassenderen Einheit sich die mikrophysikalischen Vorgänge vollziehen. Und der Psychologe muß über die Natur des schöpferischen Denkens etwas aussagen können und der Philosoph über die Natur jener Freiheit, die wahre und falsche Urteile möglich macht. Selbstverständlich ist damit noch nicht alles gesagt, was über diesen *einen* Vorgang, das Auffinden physikalischer Gleichungen, gesagt werden kann. Historische und soziologische Betrachtungen wären nötig. Aber eins ist schon an diesem Beispiel deutlich geworden: Der Einheitspunkt der Wissenschaften ist für den Menschen der Mensch. Es ist eine alte Weisheit, daß in ihm als dem Mikrokosmos alle Schichten des Wirklichen vereinigt sind. Um über den Menschen als Menschen eine völlig konkrete Aussage wissenschaftlich machen zu können, ist eine Zusammenarbeit *aller* Wissenschaften nötig. Man kann unzählige abstrakte Aussagen machen. Und in dieser Möglichkeit ist der Glanz und das Elend der Wissenschaft begründet: der *Glanz,* sofern die Abstraktion es möglich macht, die Wirklichkeit zu zwingen, bestimmte ihrer Geheimnisse zu offenbaren. Das *Elend,* insofern um dieses Zieles willen das Lebendige seines Lebens und das Konkrete seiner Konkretheit beraubt werden muß, und daß bei diesem Prozeß der wirkliche Mensch dem wissenschaftlichen Blick entschwindet.

Nirgends wohl war der Prozeß der Entmenschlichung der Wissenschaft so weit getrieben worden wie in Amerika. Darum ist dort der aus Europa kommende sogenannte logische Positivismus so erfolgreich. „Ich verstehe die Frage nicht", ist die äußerlich überhebliche, innerlich allzu bescheidene Antwort, die man erhält, wenn man an Vertreter dieser Richtung eine konkrete Frage nach etwas Menschlichem stellt. Aber der Mensch fragt vor allem nach sich selbst, seiner Natur und seiner Bestimmung. Und diese Frage ist in den letzten Jahren mit immer größerer Leidenschaft gestellt worden. Eine Lehre vom Menschen hat sich entwickelt. Man kann sie nicht „*anthropology*" nennen, weil das charakteristischerweise durch „Schädellehre" übersetzt werden müßte.

Man nennt sie „*doctrine of man*", Lehre vom Menschen. Und es ist erstaunlich zu beobachten, wie schnell sich dieser Begriff durchgesetzt hat. – Von der Theologie her ist es selbstverständlich, daß sie von dem ganzen Menschen spricht, denn der ganze Mensch ist es, der von etwas ergriffen ist, das ihn unbedingt angeht, d. h. der religiös ist. Die Philosophie blieb nicht zurück, wenn sie als Existentialphilosophie das menschliche Dasein als Eingangspforte zum Sein überhaupt ansah, die Tiefenpsychologie erarbeitete eine Fülle konkreten Materials über den Menschen in seiner Angst, seinen neurotischen Zwängen, seiner Endlichkeit, die sogenannte psycho-somatische Medizin achtete auf die Einheit des menschlichen Seins, das nicht in eine psychische und eine physische Schicht auseinandergerissen werden kann.

Einen bedeutungsvollen Beitrag zur Entwicklung einer Lehre vom Menschen haben die Atomphysiker geliefert, die unmittelbar nach der Anwendung der Atombombe mit schlechtem Gewissen erklärten, daß ihre Wissenschaft sie gezwungen hätte, Dinge zu offenbaren, die besser verborgen geblieben wären – und die nach der Soziologie riefen als Hilfe gegen die zerstörerischen Kräfte, die durch ihre Arbeit entfesselt waren. In diesen immer wiederholten Erklärungen der Atomphysiker äußerte sich so klar wie nie zuvor das Elend der Wissenschaft, ihre mögliche Unmenschlichkeit. Daß gerade die Soziologie zur Hilfe gerufen wurde, war zweifellos ein Mißgriff, noch diktiert durch den Wissenschaftsbegriff der Vergangenheit. Denn kaum eine Wissenschaft ist mehr in der Periode des statistischen Spezialinteresses steckengeblieben als gerade die Soziologie. Aber nicht dieser Irrtum ist wichtig. Wichtig ist, daß Vertreter *der* Wissenschaft, mit der an Glanz sich keine andere vergleichen kann, zuerst ihr Elend erkannten.

II.

Es ist nicht erstaunlich, daß weitsichtige Universitätspräsidenten diese Situation verstanden und Einrichtungen trafen, die über die Zerspaltung der wissenschaftlichen Arbeit hinausführen sollten. Man reservierte bestimmte Stunden für Vorlesungen allgemeinen und umfassenden Charakters. Naturgemäß blickte man dabei auf die Philosophie. Aber die Philosophie war in den meisten Fällen nicht darauf gerüstet. Sie wurde als ein Fach neben anderen betrieben und besann sich nur selten auf ihren ursprünglichen Sinn, nämlich *sapientia* zu vermitteln, das Wissen um die menschliche Existenz, und nicht nur *scientia*, Erkenntnis von Objekten, zu sein. Nur als *sapientia*, als der Versuch, die

Frage nach dem Sinn des Seins selbst zu stellen und zu beantworten, kann sie die Einheit der Wissenschaft in sich selbst darstellen.

Ein anderer Weg, der in den letzten Jahren von einigen führenden Universitäten begangen wurde, ist, alle Studierenden der Naturwissenschaften zu verpflichten, eine bestimmte Anzahl Vorlesungen in den sogenannten *humanities*, den geisteswissenschaftlichen Fächern, zu hören und alle Studierenden der Geisteswissenschaften zu verpflichten, eine Zeitlang Naturwissenschaften zu studieren. Es ist das freilich weniger die Konstituierung einer Einheit der Wissenschaft selbst als ein Versuch, verschiedenartiges Wissen in dem erkennenden Subjekt zu vereinigen. Aber eine solche Vereinigung kann ja nur gelingen, wenn sie in der Sache selbst begründet ist.

Darum hat man noch eine dritte, vielleicht die meistversprechende Methode versucht. Man hat sogenannte *University Seminaries* eingerichtet, in denen Vertreter verschiedener Fakultäten sich gemeinsam mit *einem* Gegenstand beschäftigen. Obgleich dieser Versuch noch in den Anfängen ist, hat er schon heute viel zur Sprengung der Fakultätswälle beigetragen. Man behandelt in diesen Seminaren, zu der nur eine kleine Anzahl ausgewählter Doktoranden neben den Dozenten zugelassen ist, Themen wie Religion und Demokratie, Religion und Gesundheit, Verbrechen und Verbrecher, Vergleich und Deutung verschiedener Literaturen usw. Ich selbst gehöre dem Seminar über Religion und Gesundheit als Vertreter der Theologischen Fakultät an und treffe dort Vertreter der psychologischen, medizinischen, ethnologischen, sozialwissenschaftlichen, philosophischen und anderer Abteilungen. Und wir alle sind uns einig, daß es sich in jeder unserer Wissenschaften um den Menschen als Menschen handelt, und nicht um die verschiedenen Schichten, in die er aufgeteilt werden kann und für bestimmte Zwecke aufgeteilt werden muß. Wir sind uns einig, daß, wenn wir vom Seelischen reden, wir eben damit vom Körperlichen reden und umgekehrt, und daß, wenn wir von beiden reden, wir Bausteine beibringen zur Erkenntnis dessen, was diese Gebiete in sich enthält, umfaßt und überragt, die Persönlichkeit, die das Objekt allen Heilens ist. Und von da aus ergab sich unmittelbar die Frage, ob denn die Einzelpersönlichkeit ganz und heil sein kann in einer zerrissenen und heillosen Gesellschaft, ob die Heilung neurotischer Zwänge erfolgreich sein kann, wenn die Gesellschaft in jedem Moment neue desintegrierende Zwänge auf den einzelnen ausübt. Und das führte zu der letzten und umfassendsten Frage, der Frage nach der Heillosigkeit und der Heilung der menschlichen Existenz selbst in ihrer Verbundenheit mit aller Existenz. Damit ist die theologische Frage gestellt. Und ich kann Ihnen versichern,

daß die medizinischen und soziologischen Kollegen diese Frage mit der gleichen und zuweilen mit noch größerer Leidenschaft stellen als die Theologen selbst.
Damit bin ich zu dem zurückgekommen, auf das Magnifizenz hingewiesen hat, die Grundlage, aus der die Einheit der Wissenschaft quellen muß. Es ist die Bezogenheit alles wissenschaftlichen Fragens auf den, der fragt, den Menschen. Und wenn der Mensch radikal fragt, so fragt er nach dem Sinn seines Seins und damit allen Seins. Daß über den unzähligen Einzelfragen der wissenschaftlichen Arbeit diese Frage nicht mehr gehört wurde, ist einer der Gründe für die Katastrophe, die wie über unsere ganze Kultur, so auch über unsere Wissenschaft hereingebrochen ist. Und das gilt nicht nur für hier, wo die Katastrophe äußerlich so sichtbar geworden ist, sondern auch für drüben, wo in der jüngeren Generation der Wissenschaftsglaube ins Wanken geraten ist und kein anderer Glaube da ist, der ihn ersetzen kann. Daß die Wissenschaft so entmenschlicht und in dieser entmenschlichten Form vergötzt worden war, ist der Grund, daß sie weder sachlich noch menschlich jener Katastrophe einen kräftigen Widerstand entgegensetzen konnte. Heute, wo wir überall auf Trümmer und wankende Traditionen sehen, sollten wir nicht versuchen zu repristinieren, sondern neu zu schaffen. Ungetrennt durch Ozeane und geschichtliche Klüfte sollten alle, die der Wissenschaft dienen, einer einheitlichen, einer menschlichen, einer für den göttlichen Grund alles Seins transparenten Wissenschaft zustreben, hier, wo es einmal eine solche Einheit gab, und drüben, wo wir sie zum ersten Mal mit vollem Bewußtsein suchen.

d) Der Beobachter der europäischen Situation

Tillich gehörte im Jahre 1948 zu den verhältnismäßig wenigen, die von den Vereinigten Staaten nach Deutschland reisen durften. Er tat es, wie erwähnt, mit Unterstützung der amerikanischen Regierung. Nach seiner Rückkehr nach Amerika fühlte er sich verpflichtet, in einem größeren Artikel Besuch in Deutschland – 1948 *(51) über seine Reiseeindrücke zu berichten. Was diese Reise für ihn bedeutet hat, kommt noch stärker in einem Rundbrief zum Ausdruck, den er im gleichen Jahr an seine deutschen Freunde als Weihnachtsgruß schickte: „Es war eine der großen Erfahrungen meiner Reise, daß die fünfzehn Jahre oder länger unterbrochenen Beziehungen im Augenblick des Wiedersehens da waren, als ob nichts geschehen wäre. So würde es auch jetzt*

sein, wann immer ich zurückkäme. Briefwechsel ist eine Freude und einer der Reichtümer des Lebens. Aber sein Ausfall bedeutet keineswegs die Zerstörung einer wirklichen Gemeinschaft. Darum bitte ich Euch: Schenkt mir den Reichtum und die Freude Eurer Briefe, soweit es Euch möglich ist und Euch Freude macht und hört nicht auf, wenn die Antworten selten und kurz sind! Jedes Wort, das über den Ozean kommt, ist ein Teilchen in einer Brücke und hat auf den Stand der Welt einen Einfluß, auch wenn es allerpersönlichst ist. Ich habe das vielfach erfahren... Persönlich hat mir die Reise nach Deutschland eine Last aufgeladen, die mir zu tragen zu schwer ist... Diejenigen unter uns, die hier ein Lebenswerk gefunden haben, arbeiten durchweg über ihre Kräfte... und nun hat das Versprechen, eine Brücke von und nach Deutschland zu sein, eine neue ganz große Verantwortung auf uns gelegt..., aber trotz dieser Last untragbarer Schulden gibt es seit Jahrzehnten kein Ereignis in meinem Leben, das mich so gelöst, erfüllt, dankbar gemacht hätte wie die Reise nach Deutschland und jeder einzelne Moment darin, sachlich und menschlich." – Der nächste Reisebericht Europäische Impressionen – 1956 *(52)* gehört streng genommen in Tillichs nächste Lebensperiode, soll aber an dieser Stelle stehen, da er einen gewissen Abschluß seiner europäischen Reiseeindrücke bedeutet.

51. BESUCH IN DEUTSCHLAND
1948

Aufgrund einer Einladung meiner alten Universitäten Frankfurt und Marburg und mit Unterstützung des *World Church Service* und der *Rockefeller Foundation* besuchte ich in diesem Sommer Deutschland zum ersten Mal seit mehr als fünfzehn Jahren. Meine Aufgabe war es, vor der Theologischen Fakultät in Marburg und der Philosophischen Fakultät von Frankfurt einige Wochen Vorlesungen und daneben in möglichst vielen größeren Orten Vorträge zu halten. Mit Hilfe des *Education Department* der Militärregierung in Wiesbaden und der Unterstützung vieler meiner alten deutschen Freunde konnte ich für kürzere oder längere Zeit Berlin, Hamburg, München, Köln, Nürnberg, Heidelberg, Kassel, Mainz und noch andere Städte besuchen.

Der erste äußere Eindruck, der mir in die Augen fiel, waren die Trümmer in allen größeren Städten, die Spuren einer fast übermenschlichen inneren Belastung in den Gesichtern von fast allen Menschen,

die unglaublich überfüllten Räume in Häusern, Kellern und ungelüfteten Bunkern, die Mahlzeiten ohne Fett, Eier, Fleisch oder Milch, die große Zahl der Verkrüppelten und Blinden und die geringe Anzahl von Männern im Alter von zwanzig bis fünfzig Jahren. Tiefere Eindrücke entstanden aus der Begegnung mit Tausenden von Menschen bei Vorlesungen, Ansprachen und Diskussionen in kleineren oder größeren Gruppen. Stark beeindruckt hat mich der ungeheure Widerhall der von mir vorgetragenen Gedanken, die lebendige Anteilnahme von immer mehr Zuhörern, der Ernst, mit dem die Probleme als Anliegen von äußerster Wichtigkeit behandelt wurden, und schließlich der Wunsch, Fragen aller Art zu stellen, sowohl informatorisch wie grundsätzlich. Aber der tiefste Eindruck entstand aus dem persönlichen Gedankenaustausch mit Hunderten von Deutschen, seien es Verwandte, Freunde, frühere Mitarbeiter oder Bekannte. Das war ein Erlebnis, das mich vieles in einem neuen Licht sehen ließ und an die letzten Dinge rührte. Es war ferner ein überwältigendes Erlebnis, von der tiefen Not zu erfahren, durch die sie hindurchgemußt hatten, erst unter dem Naziterror, der Furcht und Gewissenskonflikte über jeden brachte, selbst über die, die zu Kompromiß und Anpassung bereit waren, dann unter dem Bombenhagel, dessen Schrecken sie noch immer nicht überwunden hatten, dann in der verzweifelten und meist vergeblichen Hoffnung auf die Rückkehr der Ehemänner, Söhne und Väter (über sechs Millionen Tote und Hunderttausende von Vermißten im Osten, auf deren Rückkehr Hunderttausende entgegen aller Wahrscheinlichkeit hoffen), dann während des Einmarsches der feindlichen Truppen, besonders der Russen mit ihrer Verwüstung, mit Vergewaltigungen und Deportationen, dann der furchtbare Winter 1946/47, der in ihren Erinnerungen noch genauso lebendig ist wie die Bombenangriffe, dann die Ausbreitung von Krankheiten, besonders der Kindertuberkulose, dann die Enttäuschung über jene, die sie als Befreier erwartet hatten und die natürlich in erster Linie als Eroberer kamen; dazu kam die Fortdauer, ja Verschärfung des Hungers und viel anderes Elend nach dem Sturz Hitlers, und schließlich litten sie unter der Hoffnungslosigkeit ihrer politischen Lage, die im wesentlichen durch ihre eigene politische Unfähigkeit verursacht, aber zum Teil auch durch die Besatzung und die Weltlage bedingt war. Alle diese Erlebnisse haben die Menschen, die in eine Katastrophe von unvorstellbaren Ausmaßen gestürzt sind, verwandelt. Sie reagieren darauf mit Panik, schockartiger Bestürzung und Verwirrung und versuchen, die Erschütterungen ihrer gesamten Lebensgrundlagen zu ertragen, indem sie sich wieder den kulturellen Werten ihrer Vergangenheit zuwenden und Halt im Religiösen suchen.

Alles in ihrer Haltung und in ihrem Benehmen ist die Folge dieser katastrophalen Situation. Aus ihr erklären sich auffallende emotionale Widersprüche, die ein ausgeglichenes Urteil über ihre wirklichen Gefühle unmöglich machen und eine zutreffende Beschreibung der Einstellung selbst einer kleinen Gruppe oder eines einzelnen sehr schwierig machen. Ihre Katastrophensituation hat eine versteckte Feindschaft jedes einzelnen gegen jeden anderen und aller gegen die Welt außerhalb Deutschlands hervorgerufen. Die ganz und gar zweideutige Haltung der meisten Deutschen zur Frage ihrer Schuld muß auch unter diesem Gesichtspunkt verstanden werden. Es gibt natürlich einige Leute, die unzweifelhaft die Schuld der deutschen Nation als ganze bekennen, wie es z. B. die Vertreter der evangelischen Kirche in der „Stuttgarter Erklärung" getan haben. Aber obwohl sich die Kirchen in die allgemeine Schuld eingeschlossen haben und obwohl sie dieses Schuldbekenntnis nicht gegenüber anderen Nationen, sondern gegenüber Gott gemacht haben, verwarf doch die Mehrheit außerhalb und selbst innerhalb der Kirche diese Erklärung und ist heute nicht geneigt, das Problem ihrer Schuld zu diskutieren. Das bedeutet nicht, daß es kein Schuldgefühl bei der Masse des deutschen Volkes gibt. Es war sehr stark unmittelbar nach dem Zusammenbruch und war (und ist noch) bei den meisten bewußt oder unbewußt, selbst bei früheren Nazis vorhanden. Aber es hat weder den Charakter einer nationalen Reue noch den der vollen Anerkennung persönlicher Verantwortung für das Geschehene. Das Wachsen eines nationalen Reuegefühles im Sinne einer *metanoia*, einer Sinnesänderung, in breiten und gewichtigen Kreisen des Volkes ist im Empfinden aller Deutschen verhindert worden dadurch, daß sie eine Bestrafung erhalten haben, die ihre Schuld auslöscht, ja mehr als auslöscht. Eine nationale Reue ist weiterhin durch die Schuld der Sieger verhindert worden, die, ehe sie von Hitler angegriffen wurden, ihn unterstützten und ihm so weit entgegenkamen und die später, besonders im Osten, dieselben Dinge tun und taten, für die die Deutschen bestraft werden. Es ist ziemlich sicher, daß in Zukunft keinerlei Reue erwartet werden kann, um so weniger, als inzwischen ein schnelles Wiederaufleben des deutschen Nationalismus und Militarismus im Gange ist, und diese Entwicklung wird auf beiden Seiten der Elbe durch die früheren Alliierten gefördert, deren gegenseitige Feindschaft die Welt in zwei Lager teilt.

Diese Gründe werden zum Teil von kleineren Gruppen und einzelnen vorgebracht, um ihre Ablehnung einer persönlichen Verantwortung zu motivieren. Es werden aber noch andere Gründe angeführt. Die meisten Menschen, mit denen ich sprach, hatten unter den Nazis zu

leiden, selbst wenn sie zu gewissen Zeiten Nazis gewesen waren. Sie lebten in Angst unter einem schrecklichen Druck, sie gingen Kompromisse ein, aber nicht vollständig. Ihr Verhalten war, wie einer meiner Freunde es ausdrückte, wie ein vielverschlungenes Gewebe, gewoben aus Idealismus, aus Feigheit, aus Unkenntnis und halb unbewußter Unterdrückung ihres Wissens um die Naziverbrechen, aus dem Bemühen, „das Schlimmste zu verhüten" dadurch, daß man in einer verantwortlichen Stellung ausharrte, und aus dem Wunsch nach Sicherheit, die ihnen diese Stellung gab. Wegen dieser Zweideutigkeit ihres Verhaltens erkennen sie keine eindeutige Verantwortlichkeit an. Niemand, der die Menschen kompromißlos in gute und böse teilt, kann dem deutschen Volk oder überhaupt irgendeinem Volk helfen. Die einzige Möglichkeit, ihnen zu begegnen, ist, diese Zweideutigkeit ihrer Haltung unter Hitler einerseits und den Schockcharakter ihres gegenwärtigen Verhaltens andererseits zu verstehen. Die einzige Möglichkeit, Einfluß auf sie zu gewinnen, ist, mit ihnen Kameradschaft zu pflegen und nicht als Richter oder Erzieher aufzutreten, noch von Rache zu sprechen, sondern als ein Freund zu kommen, der bereit ist, zu schenken und sich von ihnen beschenken zu lassen. Diese Haltung, die bedingungslose Verurteilung des Nazismus einschließen kann und muß, öffnet ihre Herzen, während die Haltung jener, die sie nur zu „Objekten" machen, ihre Herzen verschließt. Sie wissen, daß sie nur Objekte bei allen wichtigen politischen Entscheidungen, daß sie Objekte der Militärregierung, daß sie Objekte der Hilfe sind. Aber sie lehnen es radikal ab, Objekte einer Generalverdammung oder einer selbstgerechten Propaganda oder einer selbstsicheren Umerziehung zu sein. Sie wollen Gemeinschaft und Austausch von Erfahrungen. Sie wollen *agape*, Liebe in dem Sinne, wie sie das Neue Testament versteht. Und es war kein Zufall, daß ich die Gedanken vieler meiner Vorlesungen mehr aus einem Gefühl heraus als aus klarer Einsicht um die Idee der *agape* kreisen ließ und dabei den leidenschaftlichsten und schöpferischsten Widerhall fand.

Vor diesem Hintergrund muß die kulturelle und geistige Lage des deutschen Volkes und insbesondere die Situation der deutschen Kirchen verstanden werden. Auch sie ist sehr verworren und fast paradox. Es gibt eine lebhafte kulturelle Betätigung. Zum Teil bedeutet sie eine Flucht aus der fast unerträglichen Wirklichkeit, zum Teil ist sie eine Rückkehr zur klassischen europäischen Tradition, die unter Hitler unterbrochen war, zum Teil geht sie zurück auf ein starkes Sehnen nach etwas Neuem, komme es aus eigener Kraft oder vom Ausland. Daher der begeisterte Empfang der ausländischen Redner. Es fehlt jedoch diesem neuen Humanismus ein zugrundeliegendes Prinzip. Nationalis-

mus als Prinzip hat allen Kredit verloren, obwohl die große Gefahr besteht, daß er mit Hilfe der Alliierten zum beherrschenden Prinzip wird. Ebenso wird die Demokratie als Prinzip zurückgewiesen, denn das Wort Demokratie bedeutet für fast alle Deutschen die sechsunddreißig Parteien der Weimarer Republik oder den amerikanischen Kapitalismus mit seinem Lobbyismus und seiner Manipulation der Wählerstimmen. Der wahre Inhalt der Demokratie als Ausdruck einer menschlichen Haltung und als Anerkennung der Menschenrechte ist für sie dunkel und kann ihnen selbstverständlich durch eine Militärregierung nicht nahegebracht werden. Daher ist das einzige Prinzip, das übrigbleibt, da bisher ein neues nicht aufgetreten ist, das Christentum, sei es katholischer, sei es protestantischer Prägung. Das führt aber zu einer seltsamen Situation: Es erzeugt einen Konflikt zwischen dem Protestantismus und der Wiederbelebung einer humanistischen Bewegung einerseits und zu einem Bündnis zwischen Humanismus und Katholizismus andererseits, und das führt letzten Endes zu einem starken katholischen Einfluß, sowohl in humanistischen als auch in protestantischen Kreisen.

Katholizismus und Protestantismus hatten Seite an Seite im deutschen Kirchenkampf gefochten. Sie bildeten eine gemeinsame Front gegen die Nazis und die sogenannten Deutschen Christen, welche Nazismus und Christentum miteinander zu verbinden suchten. In diesem Kampf konnte die römisch-katholische Kirche das bleiben, was sie immer gewesen war. Sie brauchte nur ihre Überlieferung, ihre Autoritäten, ihre Institutionen und ihre Lehre vom Staat und von der Gesellschaft zu verteidigen, die alle der Nazitheorie und -praxis entgegenstanden. So kämpfte die deutsche katholische Kirche einen höchst erfolgreichen Verteidigungskampf mit großem Mut und viel Martyrium, besonders im niederen Klerus. Ihre augenblickliche Stellung in Deutschland kann kaum überschätzt werden. Die katholische Kirche führt zur Zeit einen Kampf auf Leben und Tod mit dem Kommunismus und erhält jede nur denkbare Unterstützung von den westlichen Alliierten. Die katholische Kirche ist ein Felsen der Sicherheit in der allgemeinen Unsicherheit der menschlichen Existenz und in der besonderen Unsicherheit in Europa und in Deutschland. Die katholische Kirche hat echte Beziehungen zum kulturellen Leben und kann eine christliche Kultur schaffen. Die katholische Kirche (und das ist eine brennende Frage für den deutschen Protestantismus) hat eine Fülle von Symbolen und Sakramenten, und das sind Dinge, die der Protestantismus und der Humanismus nötig haben, besonders nachdem die Symbole und Pseudosakramente der faschistischen Bewegung untergegangen sind. Aus diesen Gründen ist es ver-

ständlich, daß in der verzweifelten Lage der Deutschen und anderer Europäer nicht nur viele hochgebildete Menschen zum Katholizismus übertreten, sondern daß das katholische Schrifttum in apologetischer Theologie, Philosophie und Literatur, z. B. in einigen Zeitschriften, in den Augen vieler Protestanten und Humanisten die meisten Bemühungen des Protestantismus auf diesem Gebiet übertrifft. So war es nicht nur auf den *genius loci* zurückzuführen, daß auf dem Philosophen-Kongreß im (katholischen) Mainz die katholischen Philosophen das Feld beherrschten, obgleich die meisten protestantischen und humanistischen Philosophen anwesend waren.

Während also die katholische Kirche sich behaupten und dabei ihre historische Struktur erhalten konnte, mußte die protestantische Kirche sich umwandeln, um den Angriffen der Nationalsozialisten zu widerstehen. Sie mußte in ihren eigenen Reihen jene Elemente ausmerzen, durch die die „Deutschen Christen" fast die Kirche erobert hätten. Diese Elemente kamen zur Geltung in einer Art liberaler Theologie. Sie leugnete nicht nur die Einzigartigkeit des Ereignisses „Christus". Sie verwarf auch die pessimistische Auslegung der menschlichen Natur, die absolute Bedeutung der Bibel für das christliche Denken und die Kirche als Verkörperung der neuen Wirklichkeit, die Sinn und Ziel der Geschichte ist. Die Zurückweisung dieser Prinzipien bereitete den Weg für die Nazi-Doktrin, daß das deutsche Volk und sein „Führer" eine neue Quelle der Offenbarung und die höchste Verkörperung einer neuen Wirklichkeit seien. Indem sie derartige Ideen ablehnte, mußte die Kirche auch einige Grundgedanken der liberalen Theologie ablehnen. Dabei war aber von Anfang an die „Bekennende Kirche" in dieser notwendigen Selbstreinigung über das Ziel hinausgeschossen. Sie verdammte voll und ganz die sogenannte neuprotestantische Periode von 1730 bis 1930. Ihren Ausdruck fand diese Haltung in der Bildung der „Evangelischen Kirche in Deutschland". Die radikalen Formen der Bibelkritik werden abgelehnt und ihre Vertreter der Irrlehre bezichtigt und einem Lehrzuchtverfahren unterworfen. Ein solches Verfahren ist bereits durchgeführt worden, wenn auch mit negativem Ausgang. Die Verteidiger der historisch-kritischen Methode in der Theologie und des Gebrauchs philosophischer Begriffe speziell in der systematischen Theologie stoßen manchmal auf eine Verbindung von Ignoranz und Fanatismus, die vor fünfzehn Jahren noch unbekannt war.

Dieser Haltung liegt eine Art eschatologisches Gefühl zugrunde. Die Katastrophe Europas und besonders Deutschlands wird als „Ende" in einem sehr konkreten Sinne empfunden, vielleicht sogar als das Ende der menschlichen Geschichte, sicher aber als das Ende jeder „Kultur-

religion". Es kann nicht geleugnet werden, daß in dieser Haltung viel religiöse Kraft steckt und daß sie manchem Menschen eine transzendente Sicherheit gibt. Es muß auch anerkannt werden, daß die deutschen Kirchen einen kontinuierlichen Gedankenaustausch mit jenen „außerhalb der Kirche" aufrecht zu erhalten suchen. Andererseits ist es aber klar, daß viele „Humanisten", die unter dem Druck der gegenwärtigen Katastrophe letzte religiöse Fragen stellen, keine Antwort von dieser Art Neo-Fundamentalismus bekommen. Die Einwände der Nichttheologen, besonders der Naturwissenschaftler, die in übergroßer Zahl meine Vorlesungen besuchten, machten mir die Tragik der Situation klar. Sie werden zurückgestoßen durch den engen Dogmatismus und Konfessionalismus der protestantischen Kirche, und sie wenden sich entweder einem negativen „Existentialismus" (Deutschland ist voll von existentialistischen Ideen) oder einem radikal-autoritären Katholizismus zu. Das ist eines der vielen tragischen Elemente in der deutschen Kultur der Gegenwart. In einigen Fällen wird vielleicht der gesunde Menschenverstand, der dem deutschen Gemüt so sehr abgeht (Barth wünscht dem deutschen Volk, daß es diesen bald erwerben möge), diesen tragischen Zirkel durchbrechen können. Für die allgemeine religiöse Lage in Deutschland ist dieses Rezept nicht anwendbar. Der gesunde Menschenverstand kann die Frage der Zukunft des Protestantismusses in einem Augenblick der Geschichte nicht lösen, in dem die protestantische Kultur einer im wesentlichen protestantischen Nation in ihrer Grundlage erschüttert ist und die Kirche versucht, sich von dieser Kultur abzusetzen. Gibt es überhaupt eine Möglichkeit zu protestantischer Selbstkritik in einer Lage, die nach transzendenter Sicherheit, Autorität und Fülle ruft? Gibt es überhaupt eine nicht-autoritäre Antwort auf die Frage, die in der gegenwärtigen deutschen Existenz sich darbietet?

52. EUROPÄISCHE IMPRESSIONEN
1956

Ansprache vor der „Colgate Rochester Divinity Faculty"
am 9. 10. 1956

In diesem Sommer war es mir vergönnt, fünf Monate lang Europa zu besuchen. Es war meine sechste Reise seit dem Krieg, und ich möchte Ihnen einiges von meinen Eindrücken berichten. Eindrücke – Impressionen – sind etwas Subjektives, wie mir jeder von Ihnen, der mit der

impressionistischen Malerei vertraut ist, ohne weiteres zugeben wird. Dennoch können solche Eindrücke, die den Beobachter beeindruckt haben, objektiv wahre Züge der Wirklichkeit aufzeigen.

Ich möchte zunächst ein wenig abschweifen und aus vollem Herzen über die ersten beiden Maiwochen berichten, als ich mit 70 Jahren zum erstenmal in meinem Leben in Griechenland war. Um etwas vom Geist Europas zu verstehen, um tiefer in ihn einzudringen, muß man seinen Blick auf jenes kleine und kahle Land richten, das sich Griechenland nennt.

Vier Dinge möchte ich in diesem Zusammenhang erwähnen, und die werden vielleicht einige von Ihnen dazu anregen, auf einer gelegentlichen Europareise auch an einen Besuch Griechenlands zu denken. Und wenn Ihnen eine solche Reise versagt sein sollte, mögen Sie dazu angeregt werden, sich durch eigene Studien, vielleicht auch durch Sprachstudien, mit der griechischen Kultur und Religion vertraut zu machen, denn hier haben wir die Grundlage aller europäischen Kultur.

Das erste, was sich einem in Griechenland aufdrängt, ist der überwältigende Eindruck von der Wirklichkeit der Götter, einer Wirklichkeit, die nicht überholt, sondern immer noch gegenwärtig ist. Diese Götter offenbaren sich dem Betrachter als wirkliche Seinsmächte, nicht als mythologische Wirklichkeit, die sie natürlich auch sind, sondern als wirkende schöpferische Kräfte, wie sich das etwa in den Säulen des Parthenon von Athen zeigt.

Zweitens, der Geist des rechten Maßes, eines wahrhaft menschlichen Maßes, offenbart sich in den griechischen Statuen. Ich erlebte das zum erstenmal vor mehr als 30 Jahren in Süditalien, wo sich einige der besterhaltenen Tempel aus dem 6. Jahrhundert v. Chr. befinden. Das Erstaunlichste an ihnen, wenigstens für einen Menschen aus dem nordischen Kulturkreis, ist das menschliche Maß, ihre verhältnismäßig geringe Größe. Und dieser menschliche Charakter alles Griechischen, dieses menschliche Maß, ist das zweite eindrucksvolle Erlebnis. So werden Sie verstehen, daß alles, was mit dem Humanismus zusammenhängt, seine Wurzeln in diesen kleinen Inseln und diesem kargen Land hat.

Und drittens, etwas, was ich zuvor nie erlebt hatte, ist die Einheit von Natur und Religion und somit natürlich auch von Natur und Kultur. Jeder Ort ist in einem solchen Maße mit Erde, Wasser, Himmel, Bergen und Meer verbunden, daß man sie nicht voneinander trennen kann. Und jene Klage, die sich durch die ganze Geschichte des Christentums zieht, daß das Christentum diese unmittelbare Verbindung zur Natur zerstört hat, wird angesichts der griechischen Welt und Kunst begreiflich.

Der vierte Punkt, den ich hervorheben möchte, ist die Einheit von Tragik und Menschengröße. Es ist einer der landläufigen Irrtümer in den Darstellungen der griechischen Kultur, zu meinen, daß die Griechen nur die Freude kannten, daß sie sich des Lebens freuten und unbekümmert um das waren, was hinter dem Leben steht. Das trifft keineswegs zu. Die Berechtigung dieser Ansicht zeigt sich in jeder griechischen Stadt, in jeder griechischen Kunstschöpfung, auch in solchen, die das Leben zum Ausdruck bringen. Die tragische Seite des Lebens, das durch den Tod begrenzt wird, spiegeln Architektur und Plastik wider.

Das sind also die vier stärksten Eindrücke von meinem Besuch Griechenlands, und was ich Ihnen damit sagen möchte, ist das: Denken Sie daran, daß das Christentum nicht die einzige Manifestation der göttlichen Macht alles Seienden ist; es gibt noch andere Manifestationen. Und das empfand, gerade wie ich es empfand, auch Paulus, als er auf dem Areopag von Athen, an der Stelle, wo sich heute eine Tafel mit seiner Ansprache (Apg. 17) befindet, den Athenern sagte, daß sie ein sehr religiöses Volk und innig mit dem Heiligen vertraut seien, das allerdings in einer Weise, die, wie er ihnen zu verstehen gab, bedeutungslos und dämonisch geworden war.

Nun komme ich zu meiner zweiten Betrachtung, zu politischen und sozialen Fragen. Hier kann ich zunächst weiterhin von meinen griechischen Reiseeindrücken ausgehen. Eine unserer erstaunlichsten Erfahrungen war, daß uns die jungen Burschen feindselig bedrängten und uns fast beschimpften und tätlich angriffen, wenn wir englisch miteinander sprachen. So entschlossen wir uns, in der Öffentlichkeit nur deutsch zu sprechen, und von da an geschah nichts mehr, und jedermann war freundlich zu uns. Nun liegt die deutsche Besetzung Griechenlands nur einige Jahre zurück, und gerade das zeigt die veränderte Lage. Die Griechen, wie auch so viele andere kleinasiatischen Völker, befinden sich in einem tiefen Konflikt mit den westlichen Mächten, der englisch sprechenden Welt. Und die Erfahrung, die wir beim Gebrauch des Englischen machten, enthüllte uns die Stärke dieser Animosität, die den alten Ost-West-Konflikt zwischen Amerika und Rußland durchkreuzt und einen ganz anderen Konflikt erzeugt.

Jetzt möchte ich auf Deutschland zu sprechen kommen. In Deutschland ist natürlich das Hauptproblem die Teilung des Landes. Ganz offensichtlich beschäftigt diese Teilung unaufhörlich das Denken jedes Deutschen. Das Erstaunliche daran ist jedoch die resignierte Hinnahme der Tatsache, daß in absehbarer Zeit an dieser Lage nichts zu ändern ist. Natürlich redet man viel von Wiedervereinigung; es ist das zweite Wort in jeder öffentlichen Rede. Aber man hat das Gefühl, daß die

Deutschen selbst nicht daran glauben. Sie, meine Zuhörer, wissen ja auch, daß geradezu ein Wunder geschehen muß, um das Patt zu überwinden, das gegenwärtig in der deutschen Frage besteht. Viele Deutsche neigen der Ansicht zu, daß das Bündnis der westlichen Mächte, die NATO, im wesentlichen für diese Lage verantwortlich ist, und darum lehnen sie dieses Bündnis ab, ja, sie bekämpfen es sogar. Die zweitgrößte Partei in Deutschland, die SPD, ist gegen die NATO und gegen alle westlichen Militärbündnisse überhaupt. Und da Bundeskanzler Adenauer sich nachdrücklich dafür einsetzt, verliert er zunehmend seine Popularität, teils weil er alt und ziemlich starrköpfig ist, teils auch wegen seiner einseitig westlichen Orientierung und seiner mangelnden Bereitschaft, das Problem der deutschen Teilung anzupacken.

Das führt zu einem anderen Problem, der Wiederaufrüstung. Da zeigt sich nun etwas sehr Erstaunliches, wenn man, wie ich, mit der deutschen Geschichte vertraut ist und bis zu seinem 47. Lebensjahr in Deutschland gelebt hat. Heute ist die Auflehnung gegen die aufgezwungene Wiederaufrüstung einer der wichtigsten Faktoren in der Innenpolitik Deutschlands. Dafür gibt es zwei Gründe. Da sind einmal die beiden verlorenen Kriege und der Verlust von sechs Millionen Menschen im Zweiten Weltkrieg allein. Daraus erwächst eine tiefe Abscheu vor allem, was mit Militär zusammenhängt, und dazu kommt die Reaktion gegen die Herrschaft des Militarismus während mehr als 100 Jahren. Aber dahinter steht etwas, das noch tiefer geht, vor allem bei den Deutschen, die die Lage objektiv beurteilen können. Es besteht nämlich die Furcht, die ich übrigens teile, daß die Wiederaufrüstung zur Wiederbelebung des Militarismus führen und daß dieser Militarismus Deutschland erneut in eine Katastrophe stürzen wird. Der Sieg des Militarismus hätte zur Folge, daß von allen Berufen und Ständen in Deutschland ausgerechnet die Militärkaste wieder ans Ruder käme und daß dann die politischen Entscheidungen von militärischen Gesichtspunkten bestimmt würden, was natürlich das Land erneut in einen selbstmörderischen Krieg stürzen müßte.

Diese Befürchtung bewegt viele Deutsche, und darum lehnen sie sich leidenschaftlich dagegen auf, daß der Westen, besonders aber unser Land, sie so bedrängt, wieder ein möglichst starkes Heer aufzustellen. Das wahrhaft Tragische an der Sache ist, daß während der ersten Nachkriegsjahre das Hauptanliegen der amerikanischen Umerziehung die Entmilitarisierung war. Dann hieß auf einmal über Nacht die Parole: Wiederaufrüstung, und der Schock über diesen unvermittelten Umschwung ist von den Deutschen auch heute noch nicht überwunden.

Es gibt nun etwas, was das deutsche Wunder genannt wird, näm-

lich der wirtschaftliche Aufschwung. Als ich vor zwei Jahren von London nach Hamburg flog, war es mir, als ob ich aus der Dunkelheit, dem Hunger und der Kälte eines besiegten Landes in ein Land kam, wo es Nahrung in Fülle, Licht in Fülle und Kleidung und Wärme in Fülle gab. Das besiegte Land zeigte das Bild eines siegreichen Landes und umgekehrt. Dieser Unterschied hat sich inzwischen noch verschärft, und so ist Hamburg heute eine der erregendsten Städte in Europa.

Was sind die Gründe für dieses Wirtschaftswunder? Da ist als erstes die amerikanische Hilfe zu nennen; und ich muß sagen, daß die Deutschen das dankbar anerkennen. Deutschland ist heute das einzige Land, das ich kenne, in dem es kein antiamerikanisches Ressentiment gibt. Natürlich ist man kritisch gegenüber Amerika, aber es besteht keine tief verwurzelte Ablehnung. Der zweite Grund ergibt sich aus einem Tatbestand unseres industriellen Zeitalters. Es ist nämlich heute ein Vorteil, wenn viel zerstört worden ist, weil man dann wieder neu aufbauen kann, und dabei ist die Industrie voll beschäftigt. Der dritte Grund ist eine deutsche Charaktereigenschaft, die ich nicht unbedingt loben möchte, die aber doch eine Wirklichkeit darstellt: der ungeheure Fleiß der Deutschen. Alles andere ist unwesentlich im Vergleich zu ihrer Arbeit. Das ist zum Teil alte Tradition, zum Teil eine Überkompensation vieler Minderwertigkeitskomplexe, die sich aus der Niederlage in zwei aufeinander folgenden Weltkriegen erklären. So hat dieser Fleiß zwei Wurzeln. Aber wenn man ihn mit dem gemächlichen Leben, das ich in England vorfand, vergleicht und wenn man dieses rastlose Leben betrachtet, das an Intensität selbst das Geschäftsleben im Herzen New Yorks übertrifft, so begreift man, woher das deutsche Wunder kommt.

Und das führt mich nun unmittelbar zu einem dritten Punkt, der geistigen Situation. Viele Deutsche haben bei der Betrachtung des Wirtschaftswunders ein ungutes Gefühl. Sie haben den Eindruck, daß das alles nicht von Dauer ist und ständig unter der Drohung einer plötzlichen Katastrophe steht, der Katastrophe eines neuen Krieges. Das ist nach meiner Beobachtung das allgemeine Empfinden aller denkenden Menschen in Westdeutschland; man fürchtet, einem Schicksal ausgeliefert zu sein, das man nicht ändern kann.

Falls einige von Ihnen in den nächsten Jahren nach Deutschland reisen sollten, müssen Sie unbedingt nach Berlin fahren. Das ist neben Hongkong die interessanteste Stadt der Welt, und zwar weil Hongkong und Berlin die einzigen Orte sind, wo sich Ost und West berühren. Und die Berliner sind – ich selbst stamme aus Berlin, und so ist es vielleicht ein wenig Eigenlob, aber ich will es sagen, weil es ein jeder sagt! –

die prächtigsten Menschen, die man heute in Deutschland trifft. Sie stehen ihrer Lage mit so viel Mut, Humor und Überlegenheit gegenüber, daß man dabei nur staunen kann; und jedes Gespräch mit einem beliebigen Taxifahrer ist ein reines Vergnügen.

Wenn ich mich der religiösen Lage zuwende, möchte ich zunächst von Ostdeutschland sprechen. Was dort auffällt, ist die Intensität des religiösen Lebens. Die Kirche in jenem Teil Deutschlands ist sicherlich die lebendigste christliche Kirche in Europa, weil sie die gefährdetste ist. Es ist nicht so, wie es manchmal in der westlichen Propaganda heißt, daß die Kirche verfolgt wird. Ich habe dort mit Professoren der Theologie und Pfarrern gesprochen. Sie werden nicht verfolgt. Sie sind frei in der Ausgestaltung ihrer religiösen Wirksamkeit und auch in ihrer theologischen Arbeit. Aber man steht doch wie beim Schachspiel in einem ständigen Ringen um die bessere Stellung. Besonders heftig ist der Kampf um die junge Generation. Das kommunistische Regime möchte etwas durchsetzen, was in Wettbewerb mit der Konfirmation treten kann, vor allem die Jugendweihe, etwa das weltliche Gegenstück zu unserer Konfirmation. Die Kirche hat so energisch und erfolgreich dagegen angekämpft, daß es der Staat noch nicht gewagt hat, die Jugendweihe allgemein einzuführen. Aber jedenfalls fühlen sich diese Menschen in ständiger Unsicherheit. Sie können nicht voraussagen, wie der Wechsel in der hohen Politik des Kreml ihr tägliches Leben beeinflussen wird.

Das religiöse Leben in Westdeutschland ist nicht so intensiv wie im östlichen Teil des Landes, aber es ist immerhin stärker als vor der Machtergreifung Hitlers. Wiederum ist es nicht so stark wie während der Hitlerzeit selbst, weil sich damals ganz Deutschland in der gleichen Lage befand, wo die meisten Deutschen der Unterdrückung durch den Staat und vielfach auch direkter Verfolgung ausgesetzt waren.

Dennoch war die Hitlerzeit für die Kirchen nicht fruchtlos. Sie gab ihnen ein neues Selbstbewußtsein, das Empfinden, daß sie zuerst und am entschiedensten gegen die Tyrannen des Nationalsozialismus ankämpften. Und dieses Gefühl ist noch heute lebendig und äußert sich besonders in der Aktivität der Laien in den Kirchen, ein ganz neues Phänomen. Die deutschen lutherischen Kirchen waren früher hauptsächlich Pastorenkirchen. Der Pastor tat alles, und die Laien hatten sich seine Predigten anzuhören. Das ist nun anders geworden. Die Laienbewegung äußert sich beispielsweise in den Kirchentagen, jenen Massenversammlungen der evangelischen Kirchen. Der Kirchentag in Leipzig war besonders denkwürdig. Einer seiner Führer berichtete mir, wie er mit einem Vertreter der kommunistischen Regierung auf der Redner-

tribüne gestanden hatte. Und der habe ihm gesagt, wie neidisch sie im Anblick der versammelten Menge wären, es würde ihnen niemals gelingen, selbst unter Anwendung von Druck, eine solche Versammlung von Hunderttausenden zustandezubringen, die wie hier aus allen Teilen Deutschlands zusammengekommen waren.

Es gibt da ferner etwas, das Sie als Theologen interessieren wird, und das sind die Evangelischen Akademien, der Stolz der deutschen Kirchen heute. Es sind das Stätten, wo verschiedene Gruppen von Laien aus allen Berufen und Ständen zusammenkommen, um religiöse Probleme und Tagesfragen vom Standpunkt des Laien und des Theologen zu erörtern. Ich war von einer solchen Akademie zu einer Begegnung zwischen der Kirche und Journalisten aus ganz Deutschland eingeladen, konnte allerdings der Einladung nicht folgen. So besteht in Deutschland immer noch ein starkes religiöses Interesse und eine rege religiöse Aktivität. Es ist nicht so erregend und aufgewühlt wie unter Hitler, wo die Kirchen der Ort waren, wohin man ging, weil sie die einzige Stelle waren, wo man etwas hören konnte, was nichts mit dem Nazismus zu tun hatte.

Nun möchte ich einiges zur theologischen Situation sagen. Es gibt hier eine Richtung, die im Gefolge des Widerstands der deutschen Kirchen gegen Hitler entstand. Diese Richtung ist gekennzeichnet durch eine Verengung der geistigen Weite und der Freizügigkeit der Lebensauffassung, wie sie früher in der deutschen Kirche anzutreffen waren. Diejenigen von Ihnen, die sich mit Kirchengeschichte zu befassen haben, können diese Erscheinung überall beobachten. Jedesmal, wenn die Kirche angegriffen war und sich im Innern oder nach außen gegen Feinde verteidigen mußte (und im nationalsozialistischen Deutschland war Widerstand gegen innere und äußere Feinde nötig), dann verengte sich ihr Horizont. Diese Verengung des Lebens und Denkens in den Kirchen zeigte sich beispielsweise im Katholizismus der Gegenreformation, der sich aus der Gegnerschaft zum Protestantismus erklärt und der deutlich hervortritt, wenn man ihn mit dem Katholizismus des Hochmittelalters vergleicht. Der Katholizismus dieser Zeit war ungemein schöpferisch und vielseitig, dagegen ist der Katholizismus heute, der gegenreformatorische Katholizismus, eng und in einem solchen Maße dogmatisch verhärtet, daß wenig Veränderung möglich erscheint.

Aus diesem Zusammenhang erklärt sich die Gefahr der deutschen Situation. Es war die neu-orthodoxe Theologie, die mehr als alles andere in der Zeit des Nazismus not tat, eben wegen ihres radikalen Nein gegen eine Vermischung von deutschem Nationalismus und der christlichen Botschaft. Das erzeugte den entschiedenen Widerstand gegen

den Nazismus, zugleich führte das aber auch zu einer Betonung des Fundamentalismus und zu neu-orthodoxen Formulierungen des christlichen Glaubens.

Noch eine andere Folge ist hier zu berücksichtigen. Als Hitler verschwand, übernahm natürlich die kämpferische Gruppe die Führung in den Kirchen, und viele Führer der christlichen Widerstandsbewegung haben nun leitende Stellen in ihrer Verwaltung inne. Der Geist des Kirchenkampfes liegt diesen Männern heute noch im Blut, aber die gegenwärtige Situation verlangt nicht mehr eine solche kämpferische Einstellung. Das führte dazu, daß sich viele deutsche Pfarrer und Theologiestudenten von der kirchlichen Hierarchie unterdrückt fühlen. Aber vor einigen Jahren erfolgte ein Vorstoß gegen die festgefügte Macht dieser Gruppe, und zwar unter der Führung von Rudolf Bultmann aus Marburg, der sich der älteren, von Schleiermacher herkommenden Tradition der protestantischen Theologie verpflichtet fühlt. Die jungen Pfarrer stehen dieser Bewegung positiv gegenüber; die dem Alter nach mittlere Gruppe, die Neu-Orthodoxen, sind dagegen, während sich die ältere Schicht wiederum zustimmend verhält, weil sie vor einer Generation von demselben Liberalismus geprägt wurden.

So ist die Lage heute. Bultmanns Aufsatz über die Entmythologisierung des Neuen Testaments wirkte wie ein Sturm. Die ganze Gruppe um Barth verschloß vor dem historischen Problem die Augen; es durfte nicht erörtert werden und wurde darum vollkommen übergangen. Die dogmatischen Probleme standen so sehr im Vordergrund, daß Bultmann selbst die historische Frage unterdrückte, obgleich sie ihm in seinen jüngeren Jahren durchaus bewußt war. Er wollte aber nicht, daß man sie aufgreife, weil die anderen Probleme für ihn entscheidend waren. Jetzt hat sich die Lage geändert, und niemand ist ein besserer Zeuge hierfür als Barth. In seiner kleinen Schrift über Bultmanns Entmythologisierung zeigt er eine ganz ungewöhnliche Besorgnis darüber, daß diese Probleme nun an die erste Stelle rücken könnten und das theologische Denken über ihn hinweggehen wird. Es gibt dagegen andere Theologen wie Gogarten in Göttingen, die Bultmanns Linie temperamentvoll verteidigen.

Und nun zum Schluß noch einige Worte über die allgemeine kulturelle Lage. Die entscheidende Tatsache, die in diesem Zusammenhang eine Rolle spielt und auch so oft von den Deutschen hervorgehoben wird, ist der Ausfall der mittleren Generation. Das ergibt sich nicht nur daraus, daß sechs Millionen Menschen ihr Leben verloren, sondern auch daraus, daß zur Zeit Hitlers die besseren Elemente unter der Jugend nicht studieren durften, weil sie während der ganzen Nazizeit in Op-

position standen. Und so ist in der akademischen Welt meine Generation vertreten, also die etwa 70jährigen (Barth beispielsweise ist in diesem Jahr 70 geworden), dazu die jüngere Generation, die vielleicht eine neue theologische Entwicklung einleiten wird. Ich könnte Ihnen hier keine Namen nennen, doch gibt es solche jüngeren Kräfte. Aber die mittlere Generation, normalerweise die eigentlich tragende Schicht, ist sehr schwach vertreten.

Daneben besteht das Problem der Ost-West-Spannung. Diese Spannung belastet jeden einzelnen Deutschen in ähnlicher Weise, wie das auch bei uns der Fall ist.

Und wenn Sie mich nun fragen, was das entscheidend Neue ist, das sich herauskristallisiert, kann ich Ihnen darauf keine Antwort geben. Das ist eine bedauerliche Situation. Doch muß ich bekennen, daß die amerikanische Betonung der Freiheit nicht genügt, um den Ländern Europas einen wirklichen inneren Gehalt und eine Idee von dynamischer Kraft zu geben; denn unsere Freiheit ist nicht eigentlich das, was ihnen fehlt. Sie brauchen einen neuen Inhalt, sie brauchen geistige Substanz, und sie fragen sich oft: „Kann uns Amerika neben der Idee der Freiheit eine geistige Substanz geben?". Und da haben sie doch große Zweifel.

Andererseits machte ich sowohl in Deutschland wie auch in Frankreich eine erstaunliche Erfahrung, und das ist der große Einfluß der amerikanischen Literatur. Alle berichteten mir, daß sie vor allem die großen amerikanischen Romane, die großen amerikanischen Dramen und die große amerikanische Poesie lesen. Die Europäer sind fasziniert von Schriftstellern wie Faulkner, Hemingway, Tennessee Williams, Arthur Miller, Thornton Wilder und anderen. Hier begegnen sie einer Art von Realismus, an die sie nicht gewöhnt sind und für die sie offensichtlich keine Begabung haben. Dieses Interesse ist besonders bemerkenswert in Frankreich, das mehr als 200 Jahre lang auf dem gesamten Gebiet der Kunst führend war.

Diese Situation, und mit dieser Bemerkung möchte ich schließen, beweist die große Verantwortung unseres Landes für Europa, und zwar nicht nur auf wirtschaftlichem Gebiet, wo es so viel getan hat, was auch dankbar anerkannt wird, besonders in Deutschland; nicht nur auf politischem Gebiet, wo uns die Verteidigung gegen den Ostblock obliegt, sondern vor allem auf geistig-kulturellem Gebiet. Doch man kann die so notwendige geistige Substanz nur vermitteln, wenn man sie selbst besitzt. Aber die Frage, die sich jeder nachdenkliche Amerikaner stellt, wenn er Europa bereist hat, lautet: „Haben wir wirklich diese Substanz?" Ich will hierauf keine Antwort geben, aber ich möchte, daß

Sie sich selbst diese Frage stellen, denn schließlich kommt es auf den Einzelnen in diesem Lande an und auf jene Menschen, die aus der Tiefe ihres persönlichen Seins eine geistige Substanz entwickeln, wie sie nicht nur in Amerika benötigt wird, sondern wie sie von hier an Europa weitergereicht werden kann.

Sie müssen sich darüber im klaren sein, daß die Alternative dazu die Zuwendung zum Osten ist, nicht allein zum russischen Osten, sondern zum Osten überhaupt. Das mag in Gottes Vorsehung beschlossen sein. Aber in unserer heutigen Lage sind wir auf jeden Fall verpflichtet, uns zu fragen: „Was können wir Europa geben, was über die stets wiederholte und sicherlich auch zutreffende Formel von der Konfrontation der freien Welt mit der Welt der Knechtschaft hinausgeht?" Denn diese Konfrontation ist nicht das wichtigste Problem nach der Ansicht der Europäer. Das entscheidende Problem liegt auf einer anderen Ebene. Welchen Beitrag kann Amerika zur Lösung dieses Problems leisten?

e) Der Prediger

Tillichs Deutschlandaufenthalt im Sommer 1948 und die damit verbundenen Freundschaftsbeziehungen belebten aufs neue seine Kontakte zu Deutschland. Er konnte 1949 und 1950 nicht nach Europa reisen, weil ihn die Arbeit an seiner „Systematischen Theologie" in Amerika festhielt. So bediente er sich des Rundfunks, um zu den ihm nahestehenden deutschen Menschen zu sprechen. Er wollte ihnen mehr sagen, als in einem wissenschaftlichen Vortrag möglich ist, und wählte darum die Form der Predigt. In der Ansprache Das Ja zum Kreuze (53) versucht er, das schreckliche Geschehen in Deutschland während des Krieges zu deuten und in dem Leiden der Kriegs- und Nachkriegsjahre einen Sinn aufzuzeigen.

53. DAS JA ZUM KREUZE

Radioansprache über „Die Stimme Amerikas"
an die deutschen Freunde im Jahre 1949

Meine deutschen Freunde!

Vor einem Jahr um diese Zeit rüstete ich mich auf meine Fahrt nach Deutschland und auf das erste Wiedersehen nach 15 Jahren. Ich rüstete mich unter Furcht und Zittern. Was würde ich wiederfinden? war die

bange Frage. Dinge waren geschehen, so furchtbar und erschütternd wie das Ereignis des Kreuzes auf Golgatha. Das deutsche Volk hatte durch seine Oberen und durch seine Henkersknechte Völker, insonderheit *ein* Volk, ans Kreuz geschlagen. Und während das geschehen war, hatte sich Finsternis gesenkt über die deutsche Erde, die Sonne hatte ihren Schein verloren in rauchenden Städten, die Wälle der Häuser waren gefallen, als die Erde bebte vor dem Donner der Bomben, der Vorhang war zerrissen zwischen dem Alltag und den verborgenen Tiefen des Lebens, die Menschen hatten sich an ihre Brust geschlagen über dem Unfaßbaren, Ungeheuerlichen dieser Jahre. – Wie würde man das Volk wiederfinden, das all dies getan und erfahren hat? Würde man nicht ein ganz Fremder sein und zum zweiten Male ausgestoßen werden? Man kam, und man wurde aufgenommen wie nie zuvor an irgendeinem anderen Ort. Und man fragte sich: Was ist geschehen? Und nun, nachdem man längst nicht mehr dort ist, fragt man sich: Was geschieht jetzt? Jeder Brief, jeder Bericht gibt eine andere Antwort! Aber vielleicht gibt es eine Stelle, wo man *eine* Antwort über den vielen finden kann. Und vielleicht ist diese Stelle gerade der Ort, dessen wir heute gedenken, der Ort, wo drei Kreuze aufgerichtet wurden und all das auch geschah, was das deutsche Volk in den letzten Jahren erlebt hat.

Laßt uns zusehen, ob dort vielleicht eine Antwort zu finden ist auf die Frage: Was geschieht jetzt? Ans Kreuz heften, das heißt ausstoßen, ausstoßen aus der Gemeinschaft des Volkes, der Menschheit, des Lebendigen. Aber wenn immer wir einen Menschen ausstoßen, dann stoßen wir in ihm *den* Menschen aus, der auch in dem Bösesten und Jämmerlichsten noch sichtbar ist. Wenn wir aber den Menschen ausstoßen, dann stoßen wir Gott aus, der in Menschengestalt sichtbar geworden ist, und wenn wir Gott ausstoßen, stoßen wir uns selbst aus, geben wir uns selbst der Vernichtung preis. Das ist es, was geschehen ist und noch geschieht, nicht nur in Deutschland, sondern überall in der Welt, auch in dem Lande der Fülle und des Wohlwollens und der Achtung der Menschenwürde – auch in dem Land, aus dem diese Worte zu Euch gesprochen werden. Auch wir, wie alle Völker, schlagen Menschen ans Kreuz, stoßen Menschengruppen aus und damit *den* Menschen, und damit Gott und uns selbst. In allen Völkern gibt es heute solche, die, wenn sie nach Golgatha blicken, wissen, daß auch sie mitgekreuzigt haben und daß auch sie mitgekreuzigt sind. Es ist nicht schwer, Gründe dafür zu finden, daß wir einen Menschen ausstoßen. Verbrecher müssen ja ausgestoßen werden; sonst kann die Gesellschaft nicht leben. Und gegen Angreifer muß man sich verteidigen, vor allem, wenn der Angreifer

im Namen eines Glaubens angreift. Und Fremdkörper, Menschen, die sich nicht einfügen können, muß man ausscheiden, damit das Ganze gesund bleibe. Und manche einzelnen muß man von sich stoßen, weil man sonst Schaden leiden würde an seiner Seele. Man muß ausstoßen, man muß kreuzigen. Wie sollte sonst die Gesellschaft, wie sollte man selbst leben? Man muß ausstoßen und kreuzigen, wie Pilatus, der römische Gouverneur, es mußte, und wie die Pharisäer, die demagogischen Volksführer, es mußten, und wie die Hohenpriester, die Vertreter der aristokratischen Oberschicht, es mußten, und wie die Volksmassen, unterworfen der Propaganda, und die Soldaten, unterworfen der Disziplin, und die Jünger, unterworfen der Furcht und dem Zweifel, und die Zuschauer, unterworfen der Gleichgültigkeit und Trägheit des Herzens – wie sie alle es mußten. Und mit ihnen das deutsche Volk, dessen Führer und Agitatoren und Feldherren und Beamten auch kreuzigen mußten, dessen Volksmassen und Soldaten, dessen Gleichgültige und Zuschauer auch kreuzigen mußten. Und was für die Juden zur Zeit Jesu und für die Deutschen zu unserer Zeit gilt, das gilt für die Völker zu allen Zeiten. Es gilt für die Amerikaner *und* für die Deutschen, auch heute. Es gilt für die Russen *und* die Juden, auch heute. Alle stoßen aus, alle kreuzigen. Und sie müssen es ja. Aber weil sie nicht nur die Menschen und Menschengruppen, sondern weil sie *den* Menschen und damit Gott ausstoßen, so stoßen sie sich selbst aus. Das ist das Gericht, das, meistens verborgen, oft, wie jetzt in Deutschland und wie damals in Jerusalem, sichtbar über alle die ergeht, die ausstoßen und kreuzigen. Plötzlich erfahren sie, daß sie selbst ausgestoßen sind, daß sie selbst am Kreuze hängen. Das ist es, was in Deutschland geschehen ist und heute wieder geschieht. Es geschieht auch anderswo. Aber jetzt sprechen wir von dem, was Karfreitag dem deutschen Volk zu sagen hat.

Der Karfreitag hat noch ein zweites zu sagen. Er spricht von dem Wege, auf dem das verhängnisvolle „Muß" des Ausstoßens und Kreuzigens durchbrochen ist, ein für alle Mal, für alle, auch für die Juden, auch für die Deutschen. Das Verhängnis ist durchbrochen, wo ein Mensch oder ein Volk *ja* sagt zu dem, daß es ausgestoßen ist und das Kreuz auf sich nimmt. In einem solchen *Ja* ist das Kreuz nicht mehr Fluch und das Ausgestoßensein nicht mehr Verlassenheit. Wer ja sagen kann zu seiner Verlassenheit, der kann es nur im Namen einer Geborgenheit, die ihm nicht genommen werden kann, durch alle, die ihn ausstoßen. Wer ja sagen kann zu seinem Kreuz, der kann es nur in einer inneren Macht, die ihm nicht genommen werden kann von denen, die ihn kreuzigen. Vielmehr das Umgekehrte geschieht: Der Ausgestoßene schafft eine höhere Gemeinschaft, der Gekreuzigte führt zur Auf-

erstehung. Aus dem Fluch, der freiwillig getragen ist, wird eine neue Schöpfung.

Das gilt auch für das deutsche Volk. Es nützt Euch nichts, meine deutschen Freunde, wenn Ihr alle die ausstoßt, die Euch zuwider sind, wenn Ihr die Gemeinschaft mit ihnen abbrecht, seien es Deutsche, seien es Fremde, die Macht über Euch haben. Das bedeutet ja nur, daß Ihr wieder einmal anderen flucht und diesen Fluch unausweichlich auf Euch selbst zieht. Sondern sagt *Ja* zu Eurem Kreuz, sagt *Ja* zu dem, daß Ihr ausgestoßen seid, Euch selbst ausgestoßen habt. Es bedarf nur dieses einen Jas und Ihr seid nicht mehr ausgestoßen, Ihr seid Mitträger einer Gemeinschaft, die größer ist, als alles Verstoßen-Sein. Ihr, das deutsche Volk ist auferstanden. Aber es gibt keinen anderen Weg dazu, als ja zu sagen zu seinem Kreuz. Wird das deutsche Volk und mit ihm manches andere Volk die Kraft zu einem solchen Ja aufbringen? Das ist die Frage des Karfreitag, die Frage dessen, der das Kreuz auf sich genommen hat dazu, daß er ausgestoßen war.

VII. UNIVERSITÄTSJAHRE IN CAMBRIDGE UND CHICAGO 1956–1965

In einem Lebensalter, in dem für die meisten Menschen der Ruhestand beginnt, fing für Tillich eine neue akademische Tätigkeit an – eine Zeit höchster Aktivität und philosophisch-theologischer Fruchtbarkeit. Nach seiner Pensionierung am „Union Theological Seminary" erhielt er einen Ruf als sogenannter „University Professor" an die Harvard Universität. In einem Rundbrief von Mai 1954 teilt er es seinen deutschen Freunden mit: „Im April ist etwas für uns überaus Wichtiges geschehen: Ich bin vom Herbst 1955 an als ‚University Professor' an die Harvard Universität berufen worden. Der Ruf muß, da es sich um eine Nach-Pensionierungs-Position handelt, von Jahr zu Jahr erneuert werden. Das kann bis zu meinem 75. Lebensjahr geschehen. ‚University Professor' in Harvard ist in jeder Beziehung das Höchste, was in den USA akademisch möglich ist. Man ist keiner Fakultät unterstellt, sondern frei, in jeder Fakultät zu lesen – oder nicht zu lesen. Tatsächlich werde ich à la suite der Theologischen Fakultät stehen, die sich in einem Stadium völliger Erneuerung befindet. Es gibt nur wenige ‚University Professors' – Whitehead, der Philosoph, war einer; Werner Jäger, früher Berlin, ist einer. Ihr werdet verstehen, was das für unser Alter bedeutet, und wir sind unendlich dankbar dafür. Die Frage, ob ich, wie es jetzt aussieht, ein halbes oder, was durchaus möglich ist, ein ganzes Jahr in Harvard sein werde, ist noch in der Schwebe. Jedenfalls müssen wir Ende September dort anfangen." Tillich entfaltete während seiner Harvardjahre eine seine Kräfte übermäßig beanspruchende Vortragstätigkeit. Er sah darin eine größere Wirkungsmöglichkeit als im Schreiben von Aufsätzen und Büchern. Walter Leibrecht, damals Assistant Professor in Cambridge, hat in seinem Bericht (Anhang XVII) Tillichs Wirken an der Harvard Universität beschrieben. Wie Tillich selbst über seine Tätigkeit dachte, entnehmen wir seinem Rundbrief vom 24. April 1957: „Die Arbeit in Harvard ist weiter sehr befriedigend, sowohl in der Theologischen Fakultät wie in der Gesamtuniversität. Im Herbstsemester gab ich einen Kurs über klassische Philosophie. Im Frühlingssemester lese ich über Geschichtsphilosophie vor einer sehr großen Hörerschaft. All das ist (mit zahlreichen Extravorlesungen und Sitzungen) auf die Tage Dienstag, Mittwoch, Donnerstag zusammengedrängt.

Die übrigen vier Tage sind fast jede Woche durch auswärtige Verpflichtungen in Anspruch genommen, Vorlesungen, Predigten, Konferenzen, meistens innerhalb des Dreiecks Boston, Chicago, Washington, manchmal auch darüber hinaus. Es ist sehr schwer, wenigstens für mich, gegenüber starkem Drängen Nein zu sagen. So ist das Leben während der Semestermonate bis zur letzten Stunde gefüllt, und persönliche Briefe sind praktisch unmöglich. Aber auch Lesen wichtiger oder schöner Bücher ist fast ausgeschlossen, ein Zustand, der auf die Dauer nicht haltbar ist."
Noch vor Tillichs Wechsel von New York nach Cambridge bot ihm die neugegründete Theologische Fakultät in Hamburg einen Lehrstuhl als ordentlicher Professor an. Verhandlungen gingen hin und her und führten schließlich zu einer Gastprofessur mit zweijährigem Turnus. Dreimal nahm er diese Aufgabe wahr: in den Sommersemestern 1956, 1958 und 1961. Auf diese Weise gewann er in Deutschland allmählich wieder theologisch an Boden. Sichtbarer Ausdruck dafür waren eine Reihe von Ehrungen: 1956 Ehrendoktor der Freien Universität Berlin und Goetheplakette der Stadt Frankfurt, 1958 Goethepreis der Stadt Hamburg, 1962 Friedenspreis des deutschen Buchhandels. Im Jahre 1959 begann die Herausgabe seiner „Gesammelten Werke" in Deutschland, nachdem schon eine Anzahl einzelner Bücher, darunter der erste und zweite Band seiner „Systematischen Theologie", ins Deutsche übersetzt worden waren. – Zwei große Reisen unterbrachen seine akademische Tätigkeit: die Japanreise im Sommer 1960 und die Israelreise im Herbst 1963. An die Israelreise schlossen sich Gastvorlesungen in Zürich an. Es war sein letzter Aufenthalt in Europa. Kurz vor Semesterschluß fuhr er noch einmal nach Berlin und traf dort mit Pfarrern und Laien aus der DDR in Ostberlin zusammen. Über dieses letzte Treffen berichten uns Erik Schmidt und Otto Haendler (Anhang XVII). Inzwischen war Tillichs Professur in Harvard sechsmal erneuert worden. Nach seinem 75. Geburtstag war eine Verlängerung nicht mehr möglich. Aber wiederum bedeutete die Pensionierung nicht die Beendigung seiner akademischen Laufbahn. Die Theologische Fakultät der Universität Chicago bot ihm für weitere drei Jahre einen Lehrstuhl an, und Tillich sagte zu. Obwohl seine Gesundheit zeitweilig beeinträchtigt war, konnte er dennoch seine Lehrtätigkeit bis elf Tage vor seinem Tode ausüben. Am 9. Oktober 1965 hielt er in voller geistiger Frische noch einen glänzenden, mit großem Beifall aufgenommenen Vortrag: „Die Bedeutung der Religionsgeschichte für den systematischen Theologen"[1]. In der darauffolgenden Nacht erlitt er einen Herzinfarkt, von dem er sich nicht wieder erholte. Er starb am 20. Oktober 1965.

---
[1] Werk und Wirken Paul Tillichs. Ein Gedenkbuch. Stuttgart 1967.

a) Der theologische Kritiker von Religion und Kultur

Im Rahmen des für Tillich immer aktuellen Problems „Religion und Kultur" hielt er Anfang der sechziger Jahre zwei Vorträge Das Verhältnis von Naturwissenschaft und Religion *(54) und* Der Einfluß der modernen Wissenschaft auf den Gottesgedanken *(55). Es war dies das erste Mal, daß er sich – abgesehen von kürzeren Ausführungen in seiner „Systematischen Theologie" – thematisch mit der Naturwissenschaft auseinandersetzte. – In eine ganz andere Richtung geht sein Vortrag* Meine veränderte Stellung zum Zionismus *(56). Tillich hatte zeitlebens viele jüdische Freunde, mit denen er u. a. Probleme des Judentums erörterte. In seinen früheren Jahren konnte er für die zionistische Bewegung kein Verständnis aufbringen. Die Existenz des neugegründeten Staates Israel und die Rolle der Juden in und nach dem zweiten Weltkrieg zwang ihn jedoch zu einer Revision seines Standpunktes. – Seit dem zweiten Weltkrieg hatte er keinen Artikel mehr über den Religiösen Sozialismus geschrieben. Aber die Japanreise brachte es mit sich, daß er über die Hauptgebiete seines Denkens Referate hielt, und dazu gehörte zweifellos der Religiöse Sozialismus. Wie er selbst im Bericht über seine Japanreise schreibt, mußte er für die Japaner seine bereits ausgearbeiteten Vorträge neu fassen und in vieler Hinsicht vereinfachen. Er nennt seine Darstellung* Grundgedanken des Religiösen Sozialismus *(57). Obwohl Tillich den früheren Aufsätzen über Religiösen Sozialismus keine wesentlich neuen Gedanken hinzufügt, ist die auf japanische Studenten zugeschnittene Darstellung nicht uninteressant. Sie ist letztlich für Tillich eine Vergegenwärtigung seiner eigenen Vergangenheit. – Im Jahre 1962 erlebte Tillich eine besondere Ehrung. Ihm wurde in der Frankfurter Paulskirche der „Friedenspreis des deutschen Buchhandels" verliehen. Für seinen Vortrag wählte er das Thema* Grenzen *(58). – In den letzten zwanzig Jahren hatten sich in Amerika immer weitere Kreise Tillichs Gedankenwelt geöffnet. Man bemühte sich, ihn als Redner bei den allerverschiedensten Anlässen zu gewinnen. Am bemerkenswertesten unter diesen Anlässen war eine Einladung zu einem Festessen beim 40jährigen Jubiläum der Wochenzeitschrift „Time Magazine". Eine große Anzahl von Persönlichkeiten war ins Hotel Waldorf-Astoria in New York eingeladen worden, darunter vor allem diejenigen, die einmal auf der Titelseite der Zeitschrift abgebildet waren. Dazu gehörte auch Tillich. Seine besondere Aufgabe an diesem Abend war es, die Festrede zu halten; er sprach über* Die Situation des Menschen *(59). Er schätzte es, zu einer bunt zusammengewürfelten Menge von Diplomaten, Industriellen, Bankiers, Filmschauspielern, Opernsängern, Malern*

und Jazz-Sängern, Sportlern und ähnlichen Berufen zu sprechen und in weltlicher Form „Unweltliches" zu sagen. – Den Vortrag Der schöpferische Durchbruch *(60) hatte er zur Eröffnung des Neubaus im „Museum of Modern Art" ausgearbeitet, konnte ihn aber nicht selbst halten, weil er erkrankt war. Jemand anderes las ihn an seiner Stelle vor.* – *In seinem letzten Lebensjahr beteiligte sich Tillich noch an zwei großen Konferenzen, einer Friedenskonferenz „Pacem in Terris" in New York mit einem Vortrag* Probleme des Friedens *(61) und einer Architektur-Tagung in Chicago mit einem Vortrag* Wahrhaftigkeit und Weihe in der religiösen Kunst und Architektur *(62).*

54. DAS VERHÄLTNIS VON NATURWISSENSCHAFT UND RELIGION

I. Grundlagen

Wenn sich ein Theologe mit der Naturwissenschaft auseinandersetzt, befindet er sich in einem Zwiespalt. Er ist versucht, entweder ein summarisches Urteil über Wissenschaftlichkeit abzugeben und damit das Problem des Verhältnisses von Religion und Naturwissenschaft abzutun, oder er erliegt der Versuchung, das ganze Problem zu umgehen, weil er vor der Naturwissenschaft ungeheuren Respekt hat. Sowohl seine Überheblichkeit wie sein mangelndes Selbstbewußtsein sind gleichermaßen Ausdruck der Tatsache, daß sein Unterbewußtsein von den Folgen der langen Auseinandersetzungen zwischen Religion und Naturwissenschaft[2] und durch deren verheerende Auswirkungen auf die Theologie geprägt worden ist. Fast jeder Theologe, der sich mit den Beziehungen zwischen Naturwissenschaft und Religion beschäftigen muß, ist voll ängstlicher Befangenheit, und ich will nicht verschweigen, daß auch ich etwas davon verspüre.

Schon das Wort *science* bereitet große Schwierigkeiten, besonders für einen, der vom europäischen Kontinent kommt. Man weiß nicht, ob mit *science* nur die mathematischen Wissenschaften gemeint sein sollen oder die Naturwissenschaften ganz allgemein oder aber eine be-

---

[2] Das Wort „*science*" des englischen Textes ist nicht gleichbedeutend mit dem deutschen Wort „Wissenschaft". Es findet in Amerika fast nur für die Naturwissenschaften Verwendung, hat aber in letzter Zeit seinen Geltungsbereich erweitert (D. Hrsg.).

stimmte wissenschaftliche Einstellung überhaupt, wie sie das Wort „Wissenschaft" im Deutschen ausdrückt. Mir scheint, daß die Thematik, die dieser Vortragsreihe zugrunde liegt, die Beschränkung auf die Naturwissenschaft verlangt. Auch wenn eine solche Beschränkung nicht prinzipiell gerechtfertigt ist, erlaubt sie doch, sich auf Probleme zu konzentrieren, die für das Verhältnis von Religion und Naturwissenschaft in unserer Zeit besonders charakteristisch sind.

Die Feststellung, Religion und Naturwissenschaft stünden ihrer eigentlichen Natur nach nicht in Widerspruch zueinander, erfordert zunächst einmal eine klare Definition dessen, was hier unter Religion verstanden ist. Eine solche Definition ist das Ergebnis einer ganzen Religionsphilosophie, die hier vorausgesetzt werden muß. Aber damit wird keineswegs ein völlig wesensfremdes Element in unser Problem hineingetragen, denn die von mir vorausgesetzte Religionsphilosophie ist weitgehend unter dem Einfluß des hier behandelten Problems entstanden. Sie ist zum Teil aus der Notwendigkeit erwachsen, eine so klare Grenzlinie zwischen Religion und Naturwissenschaft zu ziehen, daß sie gar nicht miteinander in Konflikt geraten können.

Religion kann definiert werden als die Begegnung mit dem Heiligen, und das Heilige kann man als die Manifestation dessen bezeichnen, was uns unbedingt und in absolutem Ernst angeht. Das Heilige ist eine Dimension der Wirklichkeit, die durch die Träger des Heiligen hindurchscheint, ob es sich nun um Sterne oder Bäume, Land oder Meer, Gemälde oder Gebäude, Musik oder Worte, Menschen oder Ereignisse handelt. Sie alle können uns die Begegnung mit dem Heiligen vermitteln, durch sie alle sind Menschen dem Heiligen begegnet, wenn auch keines von diesen Dingen für sich selbst heilig ist. Sie sind heilig als Träger des Heiligen. Sie sind heilig, weil in ihnen etwas erfahren wird, was uns unbedingt angeht, etwas, in dem die Frage nach dem Sinn unseres Lebens anklingt und beantwortet wird durch Symbole und Mythen.

Der unbedingte Ernst der Begegnung mit dem Heiligen offenbart sich in der doppelten Wirkung des Heiligen auf uns. Es hat eine unwiderstehliche Faszination als das, was unserem Leben letzte Tiefe verleiht, aber es hat auch eine Fremdheit, die uns Scheu einflößt. Wir können es weder mit den Händen greifen noch mit dem Verstand erfassen wie die Dinge in Raum und Zeit. Wir können die Träger des Heiligen berühren, aber nicht das Heilige selbst. Es bleibt das unbegreifliche Geheimnis des Seins.

Wenn man Religion so versteht, dann kann es zwischen ihr und der Naturwissenschaft keinen Konflikt geben. Nun könnte jemand sagen:

„Ich habe das Heilige niemals so erfahren, wie es hier beschrieben ist." Vielleicht ist das richtig. Daraus folgt aber noch nicht, daß man niemals etwas erlebt hat, was einen unbedingt angeht, und das heißt, was einem heilig ist. Ich habe niemals ein menschliches Wesen gefunden, dem nicht irgend etwas heilig gewesen wäre – und wäre es auch nur der Zynismus seines Versuchs gewesen, nichts unbedingt ernst zu nehmen. Aber ein solcher Mensch wird dann antworten: „Das ist schließlich nicht das, was üblicherweise mit dem Wort Religion bezeichnet wird." Und darin hat er recht.

Denn es gibt eine andere Auffassung von Religion, aus der sich unausweichlich ein Konflikt mit der Naturwissenschaft ergibt. Es ist die Auffassung von Religion als Glauben an die Existenz eines Wesens, das Gott genannt wird, das alles andere an Macht und Wert übertrifft und mit dem die Menschen durch Wissen, Anbetung und Gehorsam in Berührung kommen. Die Taten dieses Wesens bringen in unserer Welt außerordentliche Wirkungen hervor, beispielsweise Wunder oder Offenbarungen, die man wie jedes andere Ereignis erfahren kann. Gerade die eben von mir gebrauchten Worte zeigen, woher der Konflikt mit der Naturwissenschaft kommt. Der Bereich, in dem Gott in dieser Weise in unsere Welt eingreift, ist der Bereich, in dem Naturwissenschaft und Religion miteinander in Konflikt geraten.

Um so zum Rivalen der Religion zu werden, mußte die Naturwissenschaft jenen Zustand hinter sich lassen, in dem sie, wie in einem Mutterleib, noch mit dem Mythos vereinigt war. In diesem Zustand hatte es keinen Konflikt geben können, weil die Welt „voller Götter" war, wie Thales, der erste griechische Philosoph, gesagt hat. Das Göttliche war nicht übernatürlich, und die Dinge waren nicht natürlich. Bei Homer war das Göttliche allgegenwärtig und bewirkte das Schicksal des Menschen. Der Gang der Dinge und die Taten der Götter waren ein und dasselbe.

Die große Wende trat ein, als die griechischen Philosophen das, was sie *physis* nannten (d. h. das, was aus sich selbst wächst, *natura*, die Natur), durch exakte Beobachtung und Berechnung zu erfassen anfingen. In diesem Augenblick begann ein langer Prozeß der Entmythologisierung der Welt, und es kam zu den ersten Konflikten mit der Religion. Im 5. Jahrhundert unternahm Anaxagoras den gewaltigen Schritt, die Himmelskörper ihres göttlichen Charakters zu berauben, indem er sie als bloße Körper beschrieb. Für diesen frühen Akt der Entmythologisierung wurde er ins Exil geschickt. Andere Schritte in dieser Richtung folgten; Sokrates selbst wurde nicht wegen solcher Entmythologisierung zum Tode verurteilt, sondern darum, weil er als die

Verkörperung des reinen kritischen Verstandes und als Zerstörer der bis dahin unbezweifelten Autorität der traditionellen Lebensauffassung erschien. Aber die von ihm ausgehenden Schulen trieben die Entmythologisierung weiter. Euhemeros zum Beispiel erklärte die Götter als vergöttlichte Helden und Herrscher der Vergangenheit, während spätere Schulen versuchten, sie aus dem Bereich der wissenschaftlichen Erörterung überhaupt zu verbannen: die Epikuräer, indem sie ihnen einen glückseligen Schlaf in den leeren Räumen zwischen den Welten anwiesen; die Stoiker, indem sie die Götter als Sinnbilder für Naturkräfte verstanden.

Dies sind Beispiele für Konflikte zwischen wissenschaftlichem Denken und Religion. Langsam und zum Teil mit Hilfe des alles umfassenden und alles wiederherstellenden neuplatonischen Systems kehrten die Götter als zweitrangige Mächte zurück, bis das Christentum sie schließlich vollständig verstieß und durch Engel und Heilige ersetzte. Die Naturwissenschaften, mit Ausnahme der Mathematik und der ptolemäischen Astronomie, wurden unterdrückt; Augustinus war der Auffassung, der Umgang mit Gegenständen der Natur sei eine Angelegenheit der Dämonen, weil er den Geist in Dinge verwickle, die vom Göttlichen am weitesten entfernt seien. Unter diesen Umständen konnte es keine ernsthaften Konflikte geben. Natürliche und wunderbare Vorgänge hatten gleichen Wert. In der dreigeteilten Welt, die Himmel, Erde und Hölle umfaßte, herrschte wieder der Mythos.

Aber unter der Oberfläche gewann die naturwissenschaftliche Einstellung an Kraft. Gegen Ende des Mittelalters konnte sie nicht mehr länger aufgehalten werden. Die Lehre von der zweifachen Wahrheit schützte die Philosophen vor Verfolgung, bis sie in der Renaissance offen hervortraten und damit neue Konflikte hervorriefen. Als Galileo Galilei das kopernikanische System verteidigte, war es nicht die neue astronomische Theorie, gegen die sich der Protest der Kirche richtete, sondern die Verdrängung der Erde und damit die Verdrängung der Menschheit und Christi aus der Mitte der Welt. Die Menschheit wurde ein winziges Teilchen in einem unbegrenzten Universum, in dem die Raumvorstellungen von oben und unten, Himmel und Hölle, jede Bedeutung verloren. Als Kepler die Lehre verfocht, die Planeten liefen nicht auf Kreisbahnen, sondern auf Ellipsen, zerstörte er die aus dem Mythos stammende Annahme, daß sich die Himmelskörper, entsprechend ihrer göttlichen Natur, in einem vollkommenen Kreis bewegen müssen. Als Newton die Mechanik der Himmelskörper im Sinne der klassischen Physik entwickelte, erfuhr er Widerstand und scharfe Ablehnung, weil der Mensch befürchtete, er könne als ein Teil dieser

Maschine angesehen werden und dadurch seine menschliche Würde verlieren. Darwin zog sich die Feindschaft der Kirche zu, weil er in seiner Evolutionstheorie alle Arten des Lebens, einschließlich des menschlichen, auf mechanistische Weise voneinander ableitete und damit auch die Abstammung des Menschen auf vormenschliche Lebensformen zurückführte. Auch in diesem Falle war es nicht die wissenschaftliche Analyse als solche, die den Konflikt hervorrief, sondern die entmythologisierende Wirkung, die sie auf das Selbstverständnis des Menschen ausübte.

Diese Beispiele, die einen kurzen Überblick über die wesentlichsten Konflikte zwischen Naturwissenschaft und Religion im Lauf der Geschichte geben, machen eines deutlich: Jedes wissenschaftliche Vorgehen enthält zwei Elemente. Das erste ist – rein wissenschaftlich – die Erfassung der Wirklichkeit durch Beobachtung, Hypothese, Experiment und Theorie, und das alles ist bezogen auf Prozesse, wie sie in Raum und Zeit zu beobachten und durch mathematisch-logische Kategorien erfaßbar sind. In dieser Hinsicht ist die Naturwissenschaft autonom, wird ausschließlich von ihrem Gegenstand bestimmt und muß jede fremde Einmischung abwehren, von welcher Seite auch immer sie kommen mag, ob von der Religion, von einer quasi-religiösen politischen Organisation, von demokratischem Konformismus oder von irgendwelchen Konventionen. Solche Kräfte bedrohen die Wissenschaft auf allen Gebieten, und zwar nicht nur die Naturwissenschaft, sondern auch die Psychologie, die Soziologie und die Geschichtswissenschaft. Die Bedrohung ist um so ernster, wenn diese Kräfte im Inneren des Wissenschaftlers selbst unbewußt wirken, wie es unter dem Druck des demokratischen und sozialen Konformismus praktisch der Fall ist.

Es gibt nun aber noch ein anderes Element in der Wissenschaft, nämlich ihre Teilhabe am Ganzen des geistigen Lebens und somit am Selbstverständnis des Menschen und an einer Auffassung von seiner Stellung in der Welt. Die Wissenschaft ist vor Zeiten aus dem Versuch entstanden, auf mythologischem und metaphysischem Wege ihr eigenes Wesen zu begreifen. Auf keiner Stufe ihrer Entwicklung hat sich die Naturwissenschaft von diesem Ursprung völlig gelöst. Das ist nun aber der Punkt, wo sie selbst in die Dimension des Religiösen hineinragt, denn sowohl Mythos wie Metaphysik drücken in Symbolen oder Begriffen die Begegnung des Menschen mit der letzten Wirklichkeit aus. Hier liegt das Feld der Konflikte, die menschlich gesehen vielleicht unvermeidlich sind, die aber weder mit der Natur der Religion noch der der Wissenschaft verknüpft sind. Dieser Sachverhalt ist seit dem zweiten Drittel unseres Jahrhunderts immer mehr anerkannt worden, nachdem

der Geist des 19. Jahrhunderts endgültig überwunden war. Der entscheidende Gesichtspunkt, der meiner eigenen Analyse zugrundeliegt, ist die Unterscheidung der verschiedenen Dimensionen, in denen Religion und Naturwissenschaft der Wirklichkeit begegnen. In der Naturwissenschaft erfaßt der menschliche Verstand die Gesamtheit der endlichen Gegenstände, ihre gegenseitigen Beziehungen und ihre Wirkungen. In der Religion dagegen begegnet der Mensch in umfassender Weise dem, was seinem Leben Sinn gibt und ihn deshalb unbedingt und letztgültig angeht. Die beiden Dimensionen überschneiden sich, aber sie stehen miteinander nicht in Konflikt. Konflikte entstehen nur, wenn der Unterschied zwischen den Dimensionen nicht erkannt wird und die beiden Seiten, die das geistige Leben des Menschen ausmachen, auf ein und dieselbe Ebene gestellt werden. Dies geschieht auf zweierlei Weise: einmal dann, wenn die Naturwissenschaft ihren religiösen und metaphysischen Urgrund mit ihren methodisch erzielten Ergebnissen verwechselt. Wo dies geschieht, wird der Naturwissenschaftler ein Theologe und in gewissem Sinn ist jeder Naturwissenschaftler ein Theologe, denn er ist ein menschliches Wesen. Wenn er aber seine Theologie aus seiner wissenschaftlichen Methode ableitet oder als Ergebnis seiner Forschung darstellt, verwechselt er die Dimensionen, und dann ist es unvermeidlich, daß Menschen mit einer anderen Theologie ihm widersprechen.

Dasselbe Problem zeigt sich auch in der Religion und Theologie. Auch sie verwechseln fortgesetzt die Dimensionen. Alle Aussagen über Tatsachen, Strukturen, Entwicklungen und Ereignisse in der Natur, im Menschen und in der Geschichte erwachsen aus wissenschaftlicher Forschung, und sie können deshalb nicht im Namen der Religion gemacht werden. Deshalb kann es auch in der Aussage über Tatsachen zwischen Religion und Naturwissenschaft grundsätzlich keine Konflikte geben. Aber die Religion ist ständig in Gefahr, diese Grenzlinie zu überschreiten, und einige Theologen haben diese Grenzüberschreitungen nicht nur verteidigt, sondern sind noch darüber hinausgegangen: sie haben versucht, naturwissenschaftliche Erkenntnisse, die ihnen für die Theologie nützlich erschienen, zur Stützung theologischer Behauptungen heranzuziehen. Aber ob die Theologen nun die Naturwissenschaft benutzt oder bekämpft haben – in jedem Falle sind sie dem Irrtum verfallen, die Dimensionen zu vermengen. Und jedesmal hat die Religion davon den größten Schaden gehabt.

In der Sprache der modernen Semantik könnte man sagen, daß sie zwei Sprachen miteinander vermischt haben, die diskursive und die symbolische. Die religiöse Sprache ist symbolisch, denn das Heilige läßt

sich nicht wie ein Ding unter anderen erfassen. Es kann nicht unmittelbar und wörtlich erfaßt werden, und jeder Versuch, dies zu tun, ist eine unbewußte Entweihung des Heiligen. In dem Streit zwischen dem Atheisten und dem Theisten scheint der Theist mehr als der Atheist in Gefahr zu sein, sich gegenüber dem Religiösen zu versündigen. Ich habe die Absicht, für diese grundlegende These einige Beispiele anzuführen, indem ich gewisse religiöse Symbole untersuche, die zum Konflikt zwischen Religion und Naturwissenschaft geführt haben. In diesen Fällen hat sich die Religion auf das Gebiet der Naturwissenschaft begeben, aus dem Glauben heraus, daß die göttliche Macht in die wissenschaftlich erfaßbare Welt eingreife.

II. Beispiele

1. Das Symbol der Schöpfung und die ontologische Beziehung zwischen Gott und Welt

Schöpfung ist ein grundlegendes religiöses Symbol, das zweierlei ausdrückt. Einmal besagt es, daß sich der Mensch seiner Kreatürlichkeit bewußt ist, philosophisch gesprochen, seines endlichen Seins, zum anderen weist es auf etwas hin, wovon der Mensch seine kreatürliche Existenz herleitet – auf den Schöpfer, oder allgemein ausgedrückt, den schöpferischen Grund seines Seins. Wenn das Symbol der Schöpfung wörtlich genommen wird, dann macht man aus Gott ein Wesen, das, thronend im *Raum* des Himmels, vor langer *Zeit* einmal eine neue *Substanz erschuf*. Eine solche Deutung bedient sich all der Kategorien, wie sie gewöhnlich für die Beziehung zwischen existierenden Dingen gebraucht werden – Raum, Zeit, Substanz, Kausalität. Auf solche Weise wird auch Gott zu einem Ding und die Welt zu einem anderen Ding. Man vergißt, daß die Beschreibung der Beziehung zwischen Dingen die Aufgabe der Wissenschaft ist, und so kommt es dazu, daß eine wissenschaftliche These etwa über die Entstehung der Welt entweder für die Richtigkeit eines religiösen Symbols zeugen muß oder im Namen eines religiösen Symbols verworfen wird. Beispielsweise gibt es radikale Fundamentalisten, die behaupten, daß die Welt vor ein paar tausend Jahren in sechs Tagen geschaffen worden sei, während Papst Pius XII. erklärte, daß alle naturwissenschaftlichen Thesen darauf hinausliefen, daß die Welt von Gott vor fünf Billionen Jahren geschaffen sei. Beide Positionen sind unhaltbar. Sie beruhen auf einer Verwechslung der Dimensionen.

2. Das Symbol des Weltendes und die Beziehung von Zeit und Ewigkeit

Das Weltende ist wie die Schöpfung ein grundlegendes religiöses Symbol, das sich in den meisten Hochreligionen findet. In ihm kommt ebenso wie im Symbol der Schöpfung die Endlichkeit des Menschen und seiner Welt zum Ausdruck, und zwar nicht von der Seite des Weltanfangs her, sondern des Endes. Gewöhnlich wird das Weltende im Symbol einer kosmischen Katastrophe erfaßt, die den Übergang vom Zeitlichen ins Ewige anzeigt. Wenn man dies in einem buchstäblichen Sinn auffaßt, dann wird Ewigkeit zu einer endlosen Fortsetzung der Zeit. Und auch der unsterblichen Seele wird solch endloses Sein zugeschrieben. Aber die Zeit ist kein Flußbett, in dem die Dinge dahintreiben wie in einem Strom, sondern sie ist vielmehr eine Art Form, die vom Charakter der Dinge abhängt, zu denen sie gehört. Atome, Bäume, Tiere, der Mensch – sie alle haben eine verschiedene Zeit. Und die Zeit des Menschen ist die Zeit, die aus dem Ewigen kommt und in das Ewige zurückkehrt. Hier und jetzt, in jedem gegenwärtigen Zeitpunkt, kann Ewigkeit erfahren werden. Sie ist weder Zeitlosigkeit noch endlose Zeit. Darum ist auch das „Ende"[3] hier und jetzt, für jeden Menschen und jede Sache – und es ist unabhängig davon, wie sich die Wissenschaft das Ende aller Lebewesen auf der Erde, des Sonnensystems oder des Universums als ganzem vorstellen mag. So ist kein Konflikt zwischen Wissenschaft und Religion möglich, wenn die Dimensionen des Ewigen und des Zeitlichen klar auseinandergehalten werden.

3. Das Symbol der Vorsehung und die Wechselbeziehung zwischen Gott und Welt

Das grundlegende Symbol, das die Beziehung zwischen Gott und der Welt ausdrückt, ist das der Vorsehung. „Vorsehung" ist das ständige „leitende Schaffen"[4] des schöpferischen Grundes hier und jetzt, in Vergangenheit und Zukunft. Das Symbol der Vorsehung sollte nicht mit einer deterministischen Auffassung des Seinsprozesses verwechselt wer-

---

[3] Auch hier muß das Wort des englischen Textes *end* in Betracht gezogen werden. Es enthält – anders als das deutsche Wort „Ende" – auch die Vorstellung von Ziel. (D. Hrsg.)
[4] Im englischen Text stehen hier die Worte *directing creativity*. Entsprechend der vom Autor in seiner „Systematischen Theologie" gewünschten Übersetzung bedient sich auch hier der Übersetzer des *terminus technicus* „leitendes Schaffen".

den. Und ganz gewiß sollte das göttliche Wirken in diesem und durch diesen Prozeß nicht als ein im voraus geplanter göttlicher Mechanismus beschrieben werden, in den Gott von Zeit zu Zeit eingreift. Als solches Eingreifen Gottes werden die Wunder in falsch verstandener Weise dargestellt. Ursprünglich bedeutete Wunder etwas, das Verwundern und Erstaunen erregte, und zwar durch ein besonderes Zusammentreffen von Umständen, und das auf die Dimension des Ewigen hinwies. Wenn „Wunder" als eine Zerstörung der Strukturen und Gesetze der natürlichen Prozesse verstanden wird, dann protestiert die Wissenschaft mit Recht gegen eine solche Vermengung der Dimensionen. Doch kann andererseits die Wissenschaft keine Grundlage für eine indeterministische Deutung der Wirklichkeit abgeben. Manche Theologen erliegen dem Versuch, den Indeterminismus für ihre Zwecke ins Feld zu führen. Die Vorsehung „schafft" und „leitet", indem sie sich der menschlichen Freiheit „bedient", genauso wie sie sich der Spontaneität aller Lebewesen und der sinnvollen Strukturen von allem, was existiert, „bedient".

4. Das Symbol der Offenbarung und die wissenschaftliche Behandlung der Religion

Das letzte große Symbol, das ich als Beispiel anführen möchte, ist das der Offenbarung. Es bringt die ekstatische Erfahrung der göttlichen Gegenwart zum Ausdruck, aus der heraus neue religiöse Symbole entstehen. Auch hier verzerrt ein buchstäbliches Verständnis dieses Symbol zu einer unmittelbaren göttlichen Mitteilung oder zu einer wörtlichen Eingebung. So aufgefaßt verleiht das Symbol den Worten derer, die ihr Wissen unmittelbar aus dem Munde Gottes erhalten zu haben meinen, göttliche Autorität. Mit einer solchen Auffassung von Offenbarung würde die wissenschaftliche Erforschung mit der Entstehung der heiligen Texte in Konflikt geraten müssen. Ein Buchstabenglaube in diesem Sinne ist eine folgenschwere Verwechslung der Dimensionen und hat darum verheerende Folgen für das Leben des einzelnen wie der Gesellschaft. Er schafft unheilvolle Konflikte zwischen religiösem Glauben und wissenschaftlicher Redlichkeit. Solche Konflikte können vermieden werden, wenn die Dimension des Unbedingten unterschieden wird von der Dimension, in der sich Prozesse in Raum und Zeit abspielen. Das erstere ist eine Sache religiöser Erfahrung, das zweite wissenschaftlicher Forschung. Die Dimensionen sind miteinander verbunden, sie liegen aber nicht auf derselben Ebene und können sich darum nicht feindlich gegenüberstehen.

55. DER EINFLUSS DER MODERNEN WISSENSCHAFT AUF DEN GOTTESGEDANKEN

Vortrag in der „Church of Our Father" (Unitarian)
in Lancaster/Penn. am 27. 11. 1957

I.

Die Formulierung unseres Themas gibt zu mancher Frage Anlaß, denn sie erinnert an eine Gleichung mit mehreren Unbekannten. In unserem Fall entsprechen die Unbekannten der Bedeutung der einzelnen Begriffe im Titel dieses Vortrags. Da ist zunächst das Wort „Gottesgedanke". Was heißt das? Es kann sich auf das Symbol „Gott" beziehen, das in jeder religiösen Sprache gebraucht wird, oder es kann den Begriff „Gott" meinen, der eine abstrakte Ausprägung des Symbols „Gott" ist. Auch das Wort „modern" ist vieldeutig, es kann für alles stehen, was sich seit der Renaissance – dem Beginn der modernen Geschichtsperiode – ereignet hat. Aber es kann auch als „zeitgenössisch" verstanden werden. Für das Wort „Wissenschaft" gibt es im Lateinischen zwei Ausdrücke, *scientia* und *sapientia*. Das eine entspricht mehr unserem Wort „Wissenschaft", das andere dem Wort „Weisheit". Beide sind Weisen des Wissens.

Darum muß ich, bevor ich mit meinem eigentlichen Vortrag beginne, einige Definitionen geben. Da der Titel des Vortrags andeutet, daß der Gottesgedanke vom modernen Wissen beeinflußt wird, ist offensichtlich der Begriff und nicht das Symbol „Gott" gemeint. Damit ist jedoch nicht ausgeschlossen, daß ein Wandel im Gottesbegriff auch einen indirekten Einfluß auf das Symbol „Gott" hat, wie wir es in unserer religiösen Sprache gebrauchen. Da Gott sich eigentlich jeder Begriffsbildung entzieht, ist es notwendig, das Wort „Wissen" sowohl im Sinne von „Wissenschaft" als auch von „Weisheit" zu gebrauchen. Und das hat zur Folge, daß wir gelegentlich den wissenschaftlichen Bereich überschreiten und uns der Kunst zuwenden müssen, in der gewöhnlich mehr Weisheit steckt als in der Wissenschaft, ja sogar der Philosophie. Was das Wort „modern" anlangt, entscheide ich mich für die Bedeutung „zeitgenössisch", obwohl wir eigentlich über nichts Heutiges mit Ernst und Gewicht sprechen können, ohne die gesamte Neuzeit im Auge zu haben.

Mein Vortrag zerfällt in zwei Hauptteile. Im ersten werde ich zeigen, warum der Gottesgedanke nicht unmittelbar vom modernen Wissen beeinflußt werden kann, im zweiten Teil will ich zeigen, wie er indirekt beeinflußt wurde und beeinflußt werden kann. Bevor ich mich dem

ersten Teil meines Vortrags zuwende, möchte ich zunächst an verschiedene religiöse Gesellschaften erinnern, ähnlich der, die Träger der heutigen Veranstaltung ist. Sie waren gegen Ende des 19. oder Anfang des 20. Jahrhunderts gegründet worden. Ihre Begründer waren einerseits erfüllt von der geistigen Reife ihrer Zeit, andererseits aber ernstlich besorgt um die Art, wie das Gottesproblem damals behandelt wurde. Zu der Gründung der damaligen Religionsgesellschaften führte die Auffassung, daß der Angriff auf den Gottesgedanken keine letzte Wahrheit enthalte und daß die Leugnung der Existenz Gottes durch philosophische Überlegungen überwunden werden könne. Aus diesem Grunde betrachtete man die erwähnten Gesellschaften als Bollwerke gegen eine bestimmte Ausprägung der naturalistischen Philosophie, die alles Seiende auf die einfachsten Naturelemente zurückführte; sie versuchte, eine Welt durchweg aus Atomen aufzubauen und auf diese Weise das geistige Leben des Menschen in seiner Eigenständigkeit zu leugnen und auch dem Gottesgedanken keinerlei Wahrheit zuzubilligen. Heute, im Jahre 1957, ist eine solche Auffassung längst überwunden.

Als Karl Barth aufgefordert wurde, die *Gifford Lectures* in Schottland zu halten – die in der oben erwähnten Epoche begründet worden waren und in denen von dem jeweiligen Vortragenden die Entfaltung einer natürlichen Theologie erwartet wurde mit dem Ziel, den Gottesgedanken mit philosophischen Gründen zu verteidigen –, begann er seine Vorlesungen mit dem Satz: „Ich muß bekennen, daß ich nicht an die Existenz einer natürlichen Theologie glaube." Das war genau das Gegenteil von dem, was der Begründer der *Gifford Lectures* beabsichtigt hatte. Aber dessenungeachtet hielt Karl Barth diese Vorlesungen.

Ich habe behauptet, daß die grundlegende Voraussetzung der natürlichen Theologie heute weder von denen angenommen wird, die den Gottesgedanken angreifen, noch von denen, die ihn verteidigen. Beide Seiten sind heute äußerst kritisch gegenüber der einen Voraussetzung jener Zeit, nämlich, daß Gott ein Wesen neben und über anderen Wesen sei, über dessen Existenz oder Nicht-Existenz man streiten könne. Man stellte damals Gott auf dieselbe Ebene mit aller anderen Wirklichkeit, für deren Existenz ein Für und Wider ins Feld geführt werden kann. Aber diese Art von Diskussion ist heute nicht mehr möglich. Vor allem die Voraussetzung selbst, nämlich, daß der Gottesgedanke auf solch ein höchstes Wesen abzielt, ist fragwürdig geworden, und zwar mehr noch auf Seiten der Verteidiger des Gottesgedankens als auf der der Angreifer. Die Angreifer neigen dazu, Gott in die Gesamtheit der existierenden Wesen einzureihen, weil es dann für sie leichter ist, Gottes Existenz zu leugnen.

Wenn Gott tatsächlich so wäre, wie seine Kritiker und Verteidiger von ihm behaupten, nämlich ein Wesen neben anderen, dann sollte es möglich sein, solch ein Wesen in der Wirklichkeit zu entdecken, entweder durch direkte Sinneswahrnehmungen oder wenigstens durch indirekte Schlüsse, die von Sinneswahrnehmungen ausgehen, wie es beim Erforschen aller anderen Gegenstände befolgt wird. Aber diese Methode hatte niemals Erfolg. Gott wurde niemals dabei entdeckt. Und die Naturalisten des 18. und 19. Jahrhunderts, die darauf pochten, daß Gott auf diese Weise nicht gefunden worden war, waren im Recht. Aber sie schauten auf den falschen Ort!

Wenn also Gott weder durch Sinneswahrnehmungen noch durch Schlüsse aus diesen gefunden werden kann, so gibt es die andere Möglichkeit, daß er sich als ein geistiges Wesen offenbaren könnte, als ein Selbst wie andere Selbste, durch innere psychische Erfahrung oder außersinnliche Wahrnehmung – eine Kommunikation zwischen einer unendlichen und einer endlichen Person. Aber das ist eine ebenso fragwürdige Methode wie alle sogenannten spiritualistischen Erfahrungen. Ich hörte, daß einer meiner Vorgänger in den *Garvin Lectures* die ganze Unsterblichkeitslehre auf solchen Erfahrungen aufgebaut hat. Aber ich meine, wir sollten weder den Gedanken vom „ewigen Leben" (wie ich mit der Bibel statt „Unsterblichkeit" sagen würde) noch den Gottesgedanken auf solch schwankendem Boden begründen.

Es gibt noch eine dritte Methode, die sehr viel höher steht als die beiden eben erwähnten, die ich bereits im Zusammenhang mit den *Gifford Lectures* erwähnte, das ist die der natürlichen Theologie. Darunter ist eine Theologie zu verstehen, die sich nicht auf Offenbarung, sondern auf die naürlichen Fähigkeiten des menschlichen Geistes gründet. Dieses Verfahren erlebte seinen Höhepunkt, als Thomas von Aquin seine berühmten fünf Gottesbeweise entwickelte. Bei diesen wird Gott selbstverständlich nicht als ein Wesen neben anderen betrachtet oder als erfahrbar durch Sinneswahrnehmungen oder psychische Erfahrungen. Sondern diese Gottesbeweise führen zu dem, was das Wort Gott in allen Religionen bedeutet – das, was letztgültig ist in Sein und Sinn, das, was der Grund allen Seins ist und nicht *ein* Seiendes neben anderem Seienden.

Diese Art der Beweisführung ist gegen Einwände der Wissenschaft und der Weisheit geschützt, aber nicht gegenüber der philosophischen Kritik. So wurden die Gottesbeweise im Mittelalter von einem Mann kritisiert, der an kritischer Kraft sogar Thomas von Aquin überragte – Duns Scotus. Er widersprach Thomas, indem er sagte, daß man niemals das Unendliche vom Endlichen aus erreichen könne. Keiner der

sogenannten Gottesbeweise kann Gott jemals erreichen. In diesem Punkt sind sich Duns Scotus und viele protestantische Theologen einig. Gott kann nur durch sich selbst erkannt werden, aber nicht durch das Werk des Intellekts, der versucht, Gott zu beweisen und dann diese menschliche intellektuelle Anstrengung als Grundlage für die Beziehung zwischen Gott und Mensch ausgibt. Was lediglich durch unsere höchsten intellektuellen Anstrengungen erreicht werden kann, ist allein die *Frage* nach Gott, aber nicht Gott selbst. Gott ergreift uns, wo und wann er will, aber er kann von uns nicht vom Himmel auf die Erde herabgeholt werden – weder durch gutes moralisches Verhalten noch durch intellektuelle Bemühungen. Die Gottesbeweise führen nicht zu ihm hin.

Wenn aber Gott kein Seiendes ist, wenn er nicht im Bereich der endlichen Gegenstände, die der wissenschaftlichen Forschung zugänglich sind, vorgefunden wird, dann kann der Gottesgedanke nicht unmittelbar durch Wissenschaft beeinflußt werden. Das ist ein sehr wichtiger Schluß, denn alle Konflikte zwischen Religion und Wissenschaft wurzeln in einer Vermengung der Dimensionen des Seins, jener, die zu Gott gehören, und dieser, die zu der von uns erfahrenen Welt gehören[5].

Wir wollen diese Situation sorgfältig betrachten. Sind die erwähnten Konflikte durch die moderne Wissenschaft hervorgerufen? Ich sage: Nein! Sie entstehen hingegen, wie schon gesagt, durch eine Vermengung der Dimensionen. Dimension ist eine Metapher, die ich gern gebrauche, wenn es sich darum handelt, die Beziehung zwischen dem Unendlichen und dem Endlichen, dem Göttlichen und dem Menschlichen zu beschreiben. Diese Beziehung spielt sich nicht auf der Ebene der existierenden Dinge ab, die aufeinander bezogen sind, die man gemäß einer allgemein anwendbaren Methode erkennen kann, die nach ihren Qualitäten bewertet werden können, deren Existenz man behaupten oder bestreiten kann. Das ist ein berechtigtes Verfahren, wenn es sich um irgendeine Wirklichkeit in Raum und Zeit handelt. Aber wenn man es auf Gott und seine Beziehung zur Welt anwendet, ist es falsch, denn es ist eine Vermengung der Dimensionen. Die Wurzeln für solch ein Verhalten liegen wohl tiefer: Der Mensch versucht, der ewig gegenwärtigen und ihn störenden Wirklichkeit des Göttlichen in der Welt zu entgehen. Es ist eine Welt, die durch die industrielle Gesellschaft mit ihrem Wissen und ihrer Beherrschung der Wirklichkeit bestimmt ist und in der es keinen Platz mehr für Gott gibt. Wenn man Gott erst herunterzieht auf die Ebene eines Dinges innerhalb der Welt der Dinge und dann seine

---

[5] Die folgenden Zeilen des englischen Textes wurden weggelassen, weil sie eine Wiederholung von Gedankengängen aus dem Aufsatz „Das Verhältnis von Naturwissenschaft und Religion" darstellen. Siehe dort S. 392–394.

Existenz bestreitet, so tut man dasselbe, was die führenden Geister am Anfang der industriellen Gesellschaft im frühen 18. Jahrhundert getan haben.

Warum gebrauche ich so gern die Metapher „Dimension"? Gewöhnlich spricht man von Ebenen oder Schichten der Wirklichkeit, beginnend mit dem anorganischen Bereich, der die niedrigste Ebene darstellt, darauf aufbauend die nächsthöhere Ebene der Lebewesen, auf dieser der psychische Bereich, noch eine Stufe höher der geistige oder kulturelle Bereich, dann der religiöse Bereich und auf der höchsten Ebene die supranaturale Welt: Gott und die „göttlichen" Dinge. Das ist jedoch keine angemessene Weise, über unsere Welt und über Gott zu reden. Es gibt keine Ebenen; es gibt statt dessen Dimensionen. Und Dimensionen liegen immer ineinander. Sie schneiden sich in einem Punkt. (Soviel können wir von der räumlichen Metapher übernehmen.) Und diese ihre Vereinigung im Schnittpunkt bewirkt, daß sie nicht in Konflikt miteinander geraten können. Das ist der große Vorteil der Metapher Dimension. – Wenn wir von der Dimension des Anorganischen sprechen, so dürfen wir von ihm sagen, daß es in den geistigen Dimensionen immer anwesend ist – und umgekehrt –, aber die beiden Dimensionen stören sich gegenseitig nicht. Und wenn wir von der letztgültigen Dimension sprechen, so ist die Situation die gleiche: Das Göttliche kann nicht mit irgend etwas in den anderen Dimensionen in Konflikt geraten oder davon beeinträchtigt werden.

Wenn das so ist, können wir zwei Folgerungen daraus ziehen. Die erste ist, daß wir auf Gott nicht die Kategorien unserer endlichen Welt anwenden können; z. B. Gott kann nicht als eine Ursache aufgefaßt werden, die mit anderen Ursachen konkurriert. Gott ist niemals *eine* Ursache, wie er auch niemals *ein* Wesen ist. Wenn wir die Kategorie der Kausalität auf Gott anwenden, was wir immer tun müssen, so müssen wir das in symbolischer Weise tun. Gott ist nicht *eine* Ursache, sondern der Grund der ganzen Kette von Ursache und Wirkung.

Wir wollen noch eine andere Kategorie betrachten, die Kategorie der Substanz. Gott ist keine Substanz für sich, ein Wesen neben anderen. Wenn er das wäre, so wäre er dem Ganzen des Seins und dem Grund des Seins untergeordnet, aber er selbst *ist* der Grund des Seins. Wenn wir daher solche Worte wie Persönlichkeit auf ihn anwenden, tun wir es symbolisch und nicht in der Weise, wie wir das Wort auf uns selbst beziehen.

Oder wenn wir von unserer Welt reden, so gebrauchen wir räumliche Begriffe. Und wir beziehen die Kategorie des Raumes auch auf Gott – er ist im Himmel und wir sind auf der Erde. Aber wie alle klassische

Theologie wußte und oft betont hat, ist Gott uns und jedem Sandkorn näher, als wir uns selbst oder das Sandkorn sich selbst nahe ist. Und dies sagen wir von Gott aus trotz der Tatsache, daß er gleichzeitig alles, was ist, transzendiert. Darum sind alle räumlichen Kategorien – wenn auf Gott angewandt – in ihrem eigentlichen Sinn aufgehoben.

Oder wenn wir auf unsere Welt die Kategorie der Zeit anwenden und Gott in den Zeitbezug setzen und von der nie endenden Zeit sprechen, in der Gott lebt, dann meinen wir in Wahrheit nicht die Zeit, die eine Form der Endlichkeit ist. Wir meinen Ewigkeit, die die auseinandergerissenen Momente des zeitlichen Prozesses transzendiert.

Das Gesagte ist die eine Folgerung, die wir ziehen müssen, wenn wir den Begriff der Dimension gebrauchen. Und es gibt noch eine zweite Folgerung, eng verknüpft mit dieser – unser Reden ganz allgemein von Gott. Religiöse Sprache ist symbolische Sprache. Doch ist ein Symbol kein Zeichen, das willkürlich austauschbar ist. Das Symbol steht für eine Wirklichkeit, die es durch sich zum Ausdruck bringt, auf die es hinweist und die es repräsentiert. Deshalb müssen wir sagen, daß die religiöse Sprache als symbolische Sprache nicht weniger wahr und nicht weniger angemessen ist als die Alltagssprache, sondern im Gegenteil wahrer und angemessener. Hingegen würde ein buchstäbliches Verständnis von Worten und Begriffen in bezug auf Gott ihn herunterzerren auf die Wirklichkeit, die wissenschaftlich und praktisch erforscht werden kann.

II.

Im ersten Teil meines Vortrags versuchte ich zu zeigen, daß der Gottesgedanke von der Wissenschaft nicht direkt beeinflußt werden kann. Nun will ich über die verschiedenen Weisen sprechen, in denen der Gottesgedanke indirekt durch die zeitgenössische wissenschaftliche Entwicklung beeinflußt worden ist. Als der Mensch anfing, mit seiner Welt umzugehen im Sinne eines berechenbaren und machbaren Gegenstandes, tauchte das Problem auf, das wir heute abend erörtern: Wie verhält sich diese unsere Welt – die so verschieden ist von der Welt im mythischen und vormythischen Zeitalter der frühen Menschheit – zu den religiösen Symbolen? Diese Frage kann auf zweifache Weise beantwortet werden: Es gibt zwei Dimensionen und daher auch zwei verschiedene Sprachen – die Dimension des Endlichen, die die Alltagssprache und die Sprache der Wissenschaft gebraucht, und die Dimension des Unendlichen, die sich der Sprache der Symbole bedient. Die Notwendigkeit dieser Unterscheidung ist der erste Einfluß des modernen Denkens auf

den Gottesgedanken. Lassen Sie mich diesen Gedankengang an speziellen Beispielen durchführen.

Nehmen wir das Kopernikanisch-Newtonsche Weltbild und vergleichen wir es mit dem griechischen, mittelalterlichen und biblischen Weltbild. Im biblischen und mittelalterlichen Weltbild haben wir eine dreigeteilte Welt: eine Überwelt, eine Unterwelt und dazwischen die Erde. Gott gehört zu der einen, die dämonische Sphäre zu der anderen, und der Mensch ist das Schlachtfeld zwischen beiden. Kräfte gehen von der oberen zu der unteren Welt und umgekehrt, und das letzte Schicksal des Menschen ist in räumlichen Symbolen ausgedrückt, in den Symbolen von Himmel und Hölle. Dieses Weltbild wurde zerstört, als die Erde nicht mehr der Mittelpunkt des Kosmos war, sondern nur einer unter vielen Sternen. Die Welt wurde zu einem unendlichen Universum. Der Gedanke kam auf, daß es auch noch andere Welten, die ebenfalls eine Gottesbeziehung haben, geben könne. Die Menschen reagierten auf den Verlust ihrer zentralen Stellung im Universum mit einem ungeheuren Schock, und die dadurch hervorgerufene Angst sehen wir als Untergrund im Leben und Denken vieler Menschen im 18. und 19. Jahrhundert. Selbst heute erweckt der Blick in den unendlichen Himmel oft Angst, weil der Mensch erkennen muß, daß seine Erde nur ein winziges Teilchen im gesamten Universum ist, aber nicht mehr. Die Theologie müßte sich mit dieser Situation viel mehr auseinandersetzen, als sie es in der Vergangenheit getan hat.

Die Geschichte ist der andere Bereich wissenschaftlichen Denkens, der eine große indirekte Wirkung auf die religiösen Ideen hatte. Wenn gewisse theologische Kreise versuchten, den christlichen Gedanken auf der historischen Forschung zu begründen, taten sie gerade das, was man eben nicht tun kann. Ihre Bemühungen beruhten auf Verwechslung der Dimensionen, und so verwechselten sie auch die religiöse Sprache mit der Sprache des Alltags und der Wissenschaft. Das führte zu Folgerungen, die wir heute grundsätzlich ablehnen müssen. Aber mittelbar hatte die historische Forschung einen großen befreienden Einfluß auf die protestantische Christenheit: Sie führte zu einem historischen Verstehen der Symbole, die im Alten und Neuen Testament auf Gott und den Christus angewendet werden; sie schied die abergläubischen Elemente in den Texten und bei deren Auslegung aus; sie unterschied in der Bibel historische, legendäre und mythische Elemente. In dieser Hinsicht ist der Protestantismus die einzige Religion, die die historische Erforschung ihrer eigenen Quellen nicht nur erlaubte, sondern die sogar dazu ermutigte.

Einen dritten, mittelbaren Einfluß seitens der Wissenschaft hat die

Tiefenpsychologie auf die Religion ausgeübt. Die Tiefenpsychologie ist mehr als eine wissenschaftliche Richtung. Sie hat das ganze geistige Klima unseres Jahrhunderts verwandelt. Die Wiederentdeckung der verschiedenen Schichten im Menschen, die vom Rationalismus und der Aufklärung so völlig ausgeschaltet waren, hatte einen entscheidenden Einfluß auf die Religion. Eine intellektualistische und moralistische Deutung des christlichen Glaubens war nun nicht mehr möglich; statt dessen erfuhr die klassische christliche Lehre vom Menschen erneute Würdigung. Man gewann wieder Einsicht in die Zweideutigkeit der menschlichen Existenz, sowohl in die dunklen Dämonien wie in die Helle der Vernunft. Die Wiederentdeckung des Unbewußten im Menschen machte es ferner möglich, ein Symbol wie „göttliche Gnade" neu zu verstehen, nämlich als eine Wirklichkeit im Lichte der Gegenwart Gottes, der uns annimmt trotz unserer Absonderung von ihm. Darin liegt eine mittelbare Hilfe, die die Wissenschaft für ein neues Verständnis des Gottesgedankens leistet.

Schließlich komme ich zu dem Gebiet, das wie kein anderes das christliche Denken heute mittelbar beeinflußt hat – die Philosophie, die für gewöhnlich existentialistisch genannt wird (und die nicht mit der Philosophie von Sartre gleichgesetzt werden sollte). Der Existentialismus ist eine Reaktion des Menschen auf seine Objektivierung durch eine bestimmte Art der Wissenschaft und auf seine Manipulation in der industriellen Gesellschaft seit dem 18. Jahrhundert. Tatsächlich war der erste, der das in voller Klarheit und in bedeutsamen Begriffen aussprach, Pascal. Als Mathematiker war er selbst einer derjenigen, die die Entwicklung der Wissenschaft förderten, aber als Mensch protestierte er gegen den Verlust, der jeden Menschen bedrohte – den Verlust seines Selbst in der industriellen Gesellschaft. Daraus leitete er eine Beschreibung der menschlichen Situation ab, die vieles vorwegnimmt, was die Kunst, Literatur und Dichtung des 20. Jahrhunderts an Weisheit hervorgebracht hat. Der Existentialismus – gewissermaßen der Stil unseres Jahrhunderts – enthüllt die Situation des Menschen: sein Sterbenmüssen, sein Entfremdetsein, sein Bedrohtsein durch Sinnverlust und sein Objektiviertsein inmitten anderer Objekte.

Dies alles ist, wie ich meine, das Größte, was das moderne Denken zum Gottesgedanken beigetragen hat. Wir können wieder verstehen, daß „Gott" die Antwort ist auf die Frage, die in der Existenz des Menschen beschlossen liegt – in seiner Endlichkeit und seiner Entfremdung. Gott ist kein Objekt eines Beweises, in dem seine Existenz oder Nicht-Existenz erörtert wird. Er ist auch kein Gegenstand eines Lehrgebäudes, zu dem uns kirchliche Autoritäten verpflichten, sondern er ist die be-

freiende Antwort auf unsere Fragen – auf unser Sterbenmüssen, auf unser Schuldigsein, auf unser Bedrohtsein durch Verlust des Lebenssinnes. In diesen Zusammenhängen hat der Gottesgedanke für unsere Zeit wieder eine neue Bedeutung gewonnen. Das moderne Denken hat dazu verholfen, uns den Sinn von „Gott" in neuer Weise zu erschließen. Und dem sollten wir uns öffnen, statt uns in Debatten über die Existenz und Nicht-Existenz Gottes einzulassen.

Obwohl ich auf die Erörterung des Gottesgedankens, wie sie um die Jahrhundertwende üblich war, eingegangen bin, hoffe ich doch, daß ich etwas zeigen konnte von dem Verhältnis von Gottesgedanken und modernem Denken, wie wir es in der gegenwärtigen Situation – sowohl der Religion wie der Wissenschaften – verstehen sollten.

56. MEINE VERÄNDERTE STELLUNG ZUM ZIONISMUS

Vortrag beim christlich-jüdischen Kolloquium über „Israels Wiedergeburt im Mittleren Osten" in Chicago am 21. 1. 1959

Ich hoffe, daß man mir den Titel meines Vortrages nicht als persönliches Bekenntnis oder als eine zufällige politische Meinung auslegen wird. Das Thema wurde nur deshalb so persönlich formuliert, weil mir mein eigenes Denken als bestes Beispiel erschien, mit dem man die letzte Tiefe des Problems aufdecken kann. Es ist durch die Beziehung von Judentum und Christentum, speziell durch den Zionismus, an uns gestellt.

Meine grundlegende Auffassung geht auf Vorstellungen und Gedanken aus der Zeit kurz nach dem ersten Weltkrieg zurück. Ich nahm damals an revolutionären Bewegungen starken Anteil und gewann eine Reihe jüdischer Freunde, die zum Teil noch heute zu meinen engsten Freunden gehören. Damals beschäftigte mich äußerst stark die Beziehung der Geschichte – die uns gerade in jenen Jahren hart bedrängt hatte – zu den zwei fundamentalen Kategorien menschlicher Existenz, Zeit und Raum. Eins lehrt uns die Geschichte und wird auch in den biblischen Geschichten und Legenden ganz deutlich: daß eine historisch bedeutsame Gruppe in erster Linie sich Raum schaffen muß. Religiös gesprochen: sie muß Raum von ihrem Gott erhalten. Ohne einen Raum auf dieser Erde zugewiesen bekommen zu haben, kommt ihr keine

Existenz zu, gleich, welch andere Existenz sie auch haben mag. Das ist der Grund für die innige Beziehung zwischen dem Gott und dem Land einer Nation – das gilt für alle Nationen –, und ich sehe hierin den Ursprung allen Polytheismus – Raum liegt neben Raum. Man könnte darum Raum definieren als „Nebeneinander". In einem Raum leben heißt nebeneinander leben, und da jeder Raum durch den Gott dieses besonderen Raumes gegeben wird, ist es ein heiliger Raum. Das „heilige Land" ist ein Land, das, wie jedes Volk glaubt, ihm von Gott zugewiesen wurde. Vom „heiligen Land" sprechen ist der Versuch, in kurzer Form diesen Sachverhalt auszudrücken.

Das ist die erste Voraussetzung für jedes Verständnis von geschichtlichen Ereignissen und für das eigentliche Wesen des Polytheismus. Wir sollten nie über den Polytheismus sprechen, als sei er eine Angelegenheit der Zahl, nämlich der Zahl der Götter, an die man glaubt. Polytheismus muß qualitativ verstanden werden. Wie ich es auf dem Hintergrund dieser Gedanken sehe, hat das Schicksal Israels immer darin bestanden, aus seinem gegebenen Lebensraum herausgerufen zu werden, um die Nation der Zeit zu werden. Das ist in allen grundlegenden Symbolen ausgedrückt, die uns die Geschichten des Alten Testaments vermitteln. Zuerst die Berufung Abrahams, dann der Auszug aus Ägypten – der noch heute der Mittelpunkt für jüdisches geschichtliches Denken ist –, die verschiedenen Verbannungen in fremde Räume, die Zerstörung des Tempels und schließlich der Auszug aus den heiligen Stätten. Aber in all diesen Geschichten wird Raum nicht vollkommen ausgeschaltet. Der Berg Zion behält durch alle Ereignisse hindurch seine empirische und symbolische Bedeutung.

Wie schon erwähnt, wurde das Volk Israel berufen, um das Volk der Zeit zu werden. Was bedeutet der Ausdruck „ein Volk der Zeit"? Er hat mehrere Aspekte: erstens gründet er sich auf strengen Monotheismus, und strenger Monotheismus unterscheidet sich von jeder anderen Form des Monotheismus. Die Strenge drückt sich in der Anerkennung der Gerechtigkeit aus, im Gegensatz zu der anmaßenden Behauptung, daß der eigene Raum allen anderen Räumen überlegen sei. Sie beruht auf demselben Prinzip der Gerechtigkeit, das in dem hebräischen Wort „Zedaka" enthalten und das religiös wie ethisch zu verstehen ist. Die Götter des Raumes begünstigen den besonderen Raum, zu dem sie gehören. Opfer ohne Gerechtigkeit binden den Gott fest an die Nation. Das ist ihr Ziel. Und hierin liegen auch die Gründe für den prophetischen Angriff gegen diese Haltung, gegen alle Formen von heiliger Ungerechtigkeit. Ungerechtigkeit kann heilig sein, und das Heilige kann dämonisch oder auch göttlich sein. Das Wort „heilig" – jeder, der sich

mit dem Alten Testament beschäftigt, weiß das – darf nie mit moralisch gut gleichgesetzt werden, obwohl das moralisch Gute ein Element in ihm ist. Das Heilige erscheint in der Menschheitsgeschichte immer in der zweifachen Form des Göttlich-Schöpferischen und des Dämonisch-Zerstörerischen. Und die falschen Propheten sind die Propheten des Nationalismus, die Gott an die Nation binden wollen, selbst, wenn die Heiligkeit mit Ungerechtigkeit verbunden ist. Die Verbindung von Boden, Opfer, Gott und der Ausschaltung der Gerechtigkeit ist das, wogegen sich die wahren Propheten wenden. Es ist das erste und grundlegende Element.

Das zweite Element in dem strengen Monotheismus ist die Auffassung, daß die Geschichte ein Kampf für den Gott der Gerechtigkeit ist. Hier ist der wahre Inhalt der Geschichte die Verwirklichung des Reiches Gottes in der Geschichte. Nach dieser Auffassung ist der Sinn der Geschichte in historischen Ereignissen sichtbar, die als Taten Gottes gedeutet werden. Die Ereignisse führen zur Aufstellung des göttlichen Gesetzes, dem natürlich fortgesetzt dämonische Kräfte widerstreiten – das wird besonders deutlich in den späteren apokalyptischen Visionen, die endlich das Ende der Geschichte herbeiführen. In dieser Weise hat man erstmalig Geschichte gedeutet. Die persische Geschichtsdeutung war ein Vorläufer, aber erst die prophetische Abkehr vom Raum und die Hinwendung zur Zeit brachte den vollen Durchbruch. Getragen wurde dieser Kampf für die Herrschaft Gottes auf Erden vom auserwählten Volk. Es ist auserwählt, obwohl es von den anderen Völkern unterdrückt wird, aber schließlich wird es siegen, weil sein unschuldiges Leiden zur Ehre Gottes ihm schließlich Gottes Eingreifen zusichert – das Gericht über alle Völker und die Versammlung der Völker und ihre Einigung zur einen Menschheit unter dem Berg Zion. In den apokalyptischen Schriften verliert diese Vorstellung allmählich an Konkretheit. Man erwartet das Ende nicht mehr in der Geschichte, weil die tatsächliche Geschichte enttäuschend ist, veranlaßt durch die ständigen Kriege der damaligen Imperien.

Der dritte Punkt: All dies ist die Grundlage für das besondere Schicksal des jüdischen Volkes. Seine Berufung ist daran geknüpft, daß das jüdische Volk den Bund mit Gott hält, und das ist seine Gerechtigkeit. Die Verletzung des Bundes führt zur Verwerfung des Volkes. Sie ist endgültig, wie es zum Beispiel im ersten Buch des Propheten Amos steht. Das Band zwischen Gott und dem Volk ist zerschnitten. Die Auffassung, daß das Volk verworfen wird, weil es den Bund nicht hält, scheint mir religionsgeschichtlich ein Wendepunkt zu sein: es ist der Beginn einer echten Geschichtsdeutung, der Sieg der Zeit über den

Raum. Ich sehe eines der größten Ereignisse der Religionsgeschichte darin, daß es einmal einem Volk, das sich in der Macht des Heiligen befand, möglich war, das Band zwischen dem Raum und dem Gott des Raumes zu zerschneiden. Aber diese Abkehr ist nicht absolut. Es gibt den „Rest", und die zu ihm gehören, werden ihre Haltung ändern und werden fortfahren, die Träger der Geschichte zu sein. Die Bedingung dafür ist das Festhalten am Gesetz. Nachdem sie Palästina verloren und sich in alle Völker zerstreut haben, wird es die Grundlage ihres Lebens und ihrer Hoffnung sein. Raum ist nur noch der geliehene Raum in anderen Ländern. Israel hat keine eigenständige geschichtliche Existenz mehr. Sein Schicksal scheint erfüllt. Judentum, das Volk der Zeit ohne Raum, Judentum, eine Warnung für die Christen vor der heiligen Ungerechtigkeit religiösen Nationalismus und religiösen Sakramentalismus!

Aber die christlichen Völker mißachteten die doppelte Warnung und behandelten die, die ihnen den Spiegel der Gerechtigkeit vorhielten, mit größter Ungerechtigkeit. Die Ungeheuerlichkeit solchen Vorgehens in der Nazizeit stellt uns unausweichlich vor das Problem des Raumes für das jüdische Volk. Da es so offensichtlich geworden ist, müssen wir uns die Frage stellen – und ich glaube, daß ich sie mit großen Zweifeln stelle, nachdem ich sie mit großem Ernst in unzähligen Gesprächen erörtert habe –, ob die Forderung nach Raum nicht der Bestimmung des „Volkes der Zeit" zuwiderläuft. Meine erste Reaktion war ein glattes Ja. Sie wurde gestützt durch persönliche Begegnungen mit jüdischen Männern und Frauen, die als Freunde und Kritiker, und meist als beides, mein Gewissen wachhielten. Denn auch in mir lebte die heidnische Tendenz, das Christentum im Denken und Handeln zu verfälschen, nämlich die grundlegende prophetische Kritik am Sakramentalismus und Nationalismus zu überhören. Diese jüdische Kritik war ein Schutzwall für jeden Menschen – so empfand ich sie wenigstens –, seinem natürlichen Streben nachzugeben und die Forderung der Gerechtigkeit zu mißachten. Einen solchen Schutzwall sollte es aber geben, meinte ich, solange es Heidentum gibt, Heidentum, das mit heiliger Ungerechtigkeit gleichbedeutend ist, und das gibt es im Christentum und außerhalb des Christentums, es besteht seit Anbeginn der Geschichte, und das heißt, seit Anbeginn der Zeit.

In früheren Jahren hatte ich aus diesen Erfahrungen und diesen Gedanken den Schluß gezogen, daß Judenmission abzulehnen sei. Darum freute ich mich, als ich vor einigen Tagen eine Deutung des Epheserbriefes von Karl Barth las, der aus den Paulusbriefen oder genauer, dem nachpaulinischen Epheserbrief den gleichen Schluß gezogen hat.

Statt Mission sollte man, wie ich selbst erfahren habe und empfehlen würde, einen ständigen jüdisch-christlichen Dialog führen, so wie ich es mit einem jüdischen Freund 30 Jahre lang getan habe und wie es zwischen uns weitergehen wird, solange wir leben und uns begegnen können. Unser Dialog drehte sich vor allem um eine in jeder menschlichen und religiösen Beziehung bedeutsame Sache, nämlich um die Aussage des Christentums, daß Jesus der Christus sei, was vom Judentum bestritten wird. Diese Behauptung ist seit 2000 Jahren Gegenstand des jüdisch-christlichen Dialogs. Und wenn ich auf meine eigenen Erfahrungen blicke, bin ich der Auffassung, daß dieser Dialog jeden Christen veranlassen sollte, die Aussage, daß Christus der Messias sei, von aller Vergötzung fernzuhalten. Wenn man Jesus als den Christus anerkennt und nicht gleichzeitig jedes Abgleiten in irgendeine Art von Götzendienst ausschließt, etwa, indem man ihn auf eine Ebene mit Gott oder als einen zweiten Gott gegen Gott stellt, so sollte man sich die jüdische Kritik zu eigen machen und die eigenen Aussagen und Frömmigkeitsformen kritisch bedenken. Auf der anderen Seite könnte der Dialog jeden Juden, der an ihm teilnimmt, mahnen, die Substanz seiner Tradition nicht zu vergessen anstatt sich in bloße Aufklärung, sei sie moralistisch oder mechanistisch-rituell, zu verlieren. Aus diesen Gründen, diesem wechselseitigen Geben und Nehmen, glaube ich, sollte der Dialog, solange es ein Christentum geben wird, niemals abreißen.

Im Laufe meiner unzähligen Gespräche mit Juden kam mir noch eine andere Einsicht: Die Massen der Juden können nicht dem historischen Schicksal des Volkes, das Volk der Zeit zu sein, unterworfen werden. Der durchschnittliche Jude ist nicht die Verkörperung der Gerechtigkeit, und das ist teilweise der Grund, warum die anderen Völker ihn ungerecht behandeln. Er, der durchschnittliche Jude, braucht einen Raum, um geschichtlich existieren zu können, und es war diese Einsicht, die meine Einstellung zum Zionismus änderte. Ich sah ein, daß mein Versuch, Vorsehung zu spielen, indem ich jeden Juden dazu zwang, eine prophetische Rolle einzunehmen – zumindest in der Idee –, eine Art metaphysisches Unrecht war. Darum wurde ich Mitglied im „Palästina-Komitee". Aber das hatte zur Folge, daß die Situation in Israel – ich meine jetzt den Staat Israel – nicht als das „verheißene Land" angesehen werden kann. Heute ist es eine politische Realität geworden, es hat einen bestimmten Raum, mit einer offenkundigen Machtstruktur, mit allen Ungerechtigkeiten, die sich aus der Handhabung des Gesetzes gegenüber den eigenen Landsleuten ergeben und die die Tatsache ihrer geschichtlichen Existenz als Staat mit sich bringt. Gegen beide Formen von Unrecht haben manche Juden in ihren Gastländern immer ge-

kämpft. Darum darf Israel als Nation mit der Bestimmung des „Volkes der Zeit" nicht gleichgesetzt werden. Es bleibt allein die Hoffnung, daß es Juden in Israel und auch in anderen Ländern geben möge, die für das prophetische Prinzip der Gerechtigkeit einstehen und die Hoffnung repräsentieren, daß das Reich Gottes sich in der Geschichte und zugleich im übergeschichtlichen Sinne verwirklicht. Dafür steht das Judentum – solange es Geschichte gab und geben wird – innerhalb und außerhalb des Staates Israel.

57. DIE GRUNDGEDANKEN DES RELIGIÖSEN SOZIALISMUS

Vortrag vor dem „Japan Committee for Intellectual Interchange" in Tokio im Sommer 1960

Um Sie in mein Thema einzuführen, möchte ich die damalige geschichtliche und gleichzeitig persönliche Situation schildern, in der wir die Bewegung, die wir Religiösen Sozialismus nannten, begründeten. Es war die Situation Deutschlands nach dem ersten Weltkrieg: das Kaiserreich war zusammengebrochen; die vorher unterdrückte sozialdemokratische Partei war an die Macht gekommen, und damit war für mich und meine Freunde, die wir aus dem ersten Weltkrieg zurückgekommen waren, das erste Problem entstanden. Die damalige Sozialdemokratie war ein gemäßigter Marxismus, der davon überzeugt war, daß sich die Geschichte zweifellos auf dem richtigen Wege befände und sich mit unausweichlicher Notwendigkeit auf das Ideal aller sozialistischen Denker und Propheten zubewegen würde, nämlich auf die klassenlose Gesellschaft. Die damaligen Sozialdemokraten bezeichneten diese Denkweise als „wissenschaftlichen Sozialismus". Und dieses Wort „wissenschaftlicher Sozialismus" gab ihnen die innere Berechtigung, sich wie ein Naturwissenschaftler zu verhalten, nämlich beobachtend und abwartend, weil der Geschichtsprozeß ohnehin zu dem gewünschten Ziel führen würde. Das hatte zur Folge, daß es in der Partei und in der ganzen Bewegung wenig revolutionäre Impulse gab. Von einem bestimmten Gesichtspunkt aus könnte man sagen: Gott war ersetzt durch die notwendige Bewegung der Geschichte. Man vertraute nicht auf etwas Letztgültiges oder Göttliches, sondern auf den notwendigen Gang der Geschichte; und das große Symbol des Christentums – be-

sonders des amerikanischen Protestantismus –, das „Reich Gottes", wurde durch das Symbol der „klassenlosen Gesellschaft" ersetzt. Es wurde allerdings keineswegs als Symbol verstanden, denn man glaubte, daß die klassenlose Gesellschaft eines Tages, und zwar sehr bald, in Raum und Zeit hier und jetzt Wirklichkeit werden würde. Es gab in der damaligen sozialdemokratischen Bewegung keine vertikale Linie – wie ich mich gern metaphorisch ausdrücke –, eine Linie, die sich aufwärtsbewegt, auf etwas Letztgültiges, Überzeitliches zu. Die einzige Linie, die es gab, war eine horizontale, die Linie nach vorn, und die Hoffnung richtete sich ebenfalls auf etwas, das in der Horizontalen lag – auf die vollendete klassenlose Gesellschaft.

Wie war nun die Situation bei den deutschen Kirchen? Die deutschen Kirchen der damaligen Zeit waren zu zwei Dritteln protestantisch, und zwar lutherisch. Der lutherische Kirchentyp hatte eine ganz bestimmte Haltung gegenüber den sozialen und politischen Problemen, die durch zwei Faktoren bestimmt war, einmal durch die geschichtliche Entwicklung, unter deren Einfluß sogar im 19. Jahrhundert noch ein wirklich revolutionäres Bürgertum fehlte – anders als in England, Frankreich und den Vereinigten Staaten. Statt dessen gab es ein Bürgertum, das sich dem feudalistischen System, soweit es noch vorhanden war, anzupassen suchte. Dieses System war besonders in Ostdeutschland stark, wo ich geboren war und aufwuchs, ganz als Kind dieser feudalistischen Zeit, so wie sie sich seit Hunderten von Jahren auf deutschem Boden gehalten hatte. Ein solches System läßt den Wunsch nach radikaler Änderung kaum aufkommen, ja unterbindet ihn völlig. Aber es gab noch einen anderen Faktor, der aus der lutherischen Theologie stammte – das, was man den „lutherischen Pessimismus" nennen könnte, die negative Bewertung des Menschen und der Geschichte. Luther selbst hat immer wieder seiner Abneigung gegenüber der Geschichte Ausdruck verliehen. Er glaubte nicht, daß sich in der Geschichte Erfüllung ereignen könnte; er sehnte sich nach dem „lieben jüngsten Tag", dem Tag, an dem die Geschichte ihr Ziel erreicht hätte.

Ganz offensichtlich kann sich niemand, der unter diesen soziologischen Bedingungen und unter dem Einfluß der lutherischen Theologie aufgewachsen ist, irgendeine revolutionäre Änderung der Wirklichkeit vorstellen. Die einzig mögliche Haltung ist geduldige Unterwerfung unter die gottgewollte Autorität. Das berühmte Wort von Paulus: „Seid untertan der Obrigkeit, die Gewalt über euch hat" wurde damals oft im Munde geführt und gleichzeitig für bestimmte Zwecke mißbraucht, wie es auch heute der Fall auf lutherischem Boden ist, beispielsweise durch den derzeitigen höchsten Bischof der „Evangelischen

Kirche in Deutschland". Wir entdeckten jedoch damals im Luthertum ein versöhnliches Element, das – wie ich meine – zu feudalistischen oder patriarchalischen Systemen gehört, nämlich die Pflicht der „Oberen", für die unter ihnen Stehenden zu sorgen – ein Element, das immer auf lutherischem Boden zu finden war. Ich besinne mich, wie mein Vater, der Superintendent war, mir einmal sagte: „Ich sorge für diese alte Frau, denn sie kommt täglich in unser Haus, aber ich bin ganz entschieden gegen die sozialistische Bewegung, weil sie etwas zwischen uns stellt – etwas Gesetzliches, Objektives, und ich möchte nicht, daß persönliche Beziehungen durch gesetzliches Reglement zerstört werden." Diese Einstellung war, wie ich später erkannte, eine rein romantische Sehnsucht nach der Vergangenheit, denn zur gleichen Zeit gab es Millionen und Abermillionen von Arbeitern in den Berliner Vorstädten, die keinerlei derartige persönlichen Beziehungen besaßen und auch nicht in der Lage waren, solche zu gewinnen außer in den politischen Organisationen, denen sie beitraten. Die Einstellung meines Vaters war echte und gutgemeinte, wenn auch falsch angewandte lutherische Theologie. Es gab im Luthertum keine horizontale Linie, und vielleicht sehe ich es nicht falsch, wenn ich diese Auffassung mit dem traditionellen Buddhismus hier und in allen anderen buddhistischen Ländern vergleiche, wo die horizontale Linie ebenfalls fehlt. Im Buddhismus – wie im Luthertum – gibt es Mitleid, aber kein Bestreben, die Wirklichkeit zu verändern. Darum ist es für mich vielleicht etwas leichter, die Situation hier zu verstehen, weil ich in den lutherischen Kirchen in Deutschland dieselbe Erfahrung gemacht habe.

So also sah die Situation aus: Auf der einen Seite, bei den Arbeitern und der ganzen Arbeiterbewegung, gab es nur die horizontale Linie: das „Reich Gottes", das „übermorgen" kommt und das „klassenlose Gesellschaft" heißt, und auf der anderen Seite nur die vertikale Linie, die Erlösung des einzelnen aus einer Welt von Sünde und Ruhelosigkeit. Und in dieser Situation meinten wir – eine Gruppe Christen, Juden, Humanisten –, daß wir in eine weltgeschichtlich einmalige Situation gestellt seien mit der weltgeschichtlich einmaligen Chance, die horizontale und die vertikale Linie auf irgendeine Weise zu vereinigen. Wir nannten unsere Bewegung „Religiösen Sozialismus" und nicht christlichen Sozialismus, wie eine ähnliche Bewegung später in den USA von Reinhold Niebuhr genannt wurde. Die Situation in Europa war nicht dafür geeignet, daß ein solcher Name sinnvoll gewesen wäre, schon wegen unserer jüdischen und humanistischen Freunde, die dieselbe Bedeutung und die gleiche Einstellung wie die christlichen Glieder unserer Bewegung hatten. Aber diese Bezeichnung bedeutete keineswegs, daß

wir heute den Sozialismus eine Religion nennen würden – ein Schlagwort, das die Sozialisten damals gelegentlich benutzten und auf die Mauern in unseren Großstädten schrieben. Nein, der Sozialismus ist keine Religion, aber, was die sozialistische Bewegung braucht, ist eine vertikale, sprich, religiöse Dimension. Oder genauer: Wir wollten zeigen, daß selbst in der profanen Sprache und in den Aktionen dieser Bewegung etwas verborgen war, das man als ein religiöses Anliegen bezeichnen muß – ein ernsthaftes Suchen nach dem Sinn des Lebens, und zwar nicht nur für ausgewählte Einzelne, sondern auch für die Massen. Dies aufzuzeigen war unsere erste Aufgabe. Wir wollten der sozialistischen Bewegung eine vertikale Dimension geben oder genauer, ihre verborgene vertikale Dimension bewußt machen, und das in einer besseren Weise, als sie es selbst in ihrer säkularisierten Sprache tun konnte.

Auf der anderen Seite wollten wir dem lutherischen Christentum klarmachen, daß Gnade nicht Erlösung des einzelnen ist. Gnade ohne die Gerechtigkeit, die die Propheten immer gefordert haben, ist, wenn auf den Einzelnen beschränkt, eine Form von „transzendentem Egoismus" – egoistisch deshalb, weil sie sich als etwas ausgibt, das uns unbedingt angeht, aber das Göttliche nur für das eigene Heil in Anspruch nimmt und die Welt in ihrem selbstzerstörerischen Zustand beläßt. Wir versuchten zu zeigen, daß das nicht der Sinn der christlichen Botschaft ist. Der Erlösungsgedanke steht im Widerspruch zur christlichen Botschaft, wenn er nicht mit der Forderung nach sozialer Gerechtigkeit verbunden ist. Dies zum Bewußtsein zu bringen, sahen wir als unsere Aufgabe an. Zweifellos reichte sie nicht aus, um ein Parteiprogramm darauf zu gründen. Der Religiöse Sozialismus war darum niemals eine politische Partei, er war eine Bewegung innerhalb vieler Parteien und vieler Gruppen.

Ich möchte jetzt drei unser Anliegen charakterisierende Gegensatzpaare aufzeigen: erstens, die Vertikale und die Horizontale (und ihre Wiedervereinigung); zweitens, das Unbedingte und das Zeitliche; drittens, die Veränderung der Wirklichkeit und das Transzendieren der Wirklichkeit.

Wie ich schon ausführte, hatten wir damals das Gefühl, eine einmalig weltgeschichtlich bedeutsame Chance zu haben. Da wir sie im religiösen Sinne als eine Art „Vorsehung" betrachteten, belegten wir sie mit dem neutestamentlichen Wort *Kairos*. Es ist ein Wort, das älter ist als das Neue Testament; es stammt aus dem klassischen Griechentum und bedeutet soviel wie die rechte Zeit für ein bestimmtes Tun, der rechte Augenblick hier und jetzt. Es gibt im Griechischen noch ein anderes Wort für Zeit: *Chronos*, das soviel wie „Uhrzeit" bedeutet. *Kairos*

dagegen bedeutet, daß jetzt ein Augenblick gekommen ist, in dem wir etwas tun können, das wir zu einer anderen Zeit nicht tun könnten. Im Neuen Testament wurde das Wort *Kairos* im Zusammenhang mit dem Kommen des Christus gebraucht. Es war die richtige Zeit für sein Kommen; er hätte nicht zu jeder Zeit kommen können, er mußte zur richtigen Zeit kommen, nämlich, als die Zeit dafür reif war, als die Sehnsucht der Völker der Mittelmeerkultur sich auf etwas Neues richtete. Eine Zeit der Vorbereitung mußte vorausgegangen sein. Sie geschah in der Religion des alttestamentlichen Judentums und seiner benachbarten Völker und auch in der philosophischen Religion der Griechen und in den mystischen Religionen des Orients. Nur diese Situation war die richtige Zeit, in der das Ereignis erwartet werden konnte, das das „Kommen des Christus" genannt wurde, d. h. dessen, der eine neue Wirklichkeit bringt.

Wir könnten auch sagen, *Kairos* in diesem Sinne bedeute den Augenblick, in dem etwas Vertikales, etwas aus der Dimension des Ewigen, in das Horizontale, in die zeitliche Dimension, einbricht. Wenn aber das Ewige in das Zeitliche einbricht – sei es in einem einzelnen Menschen, sei es in einer Gesellschaftslage in einem bestimmten historischen Moment –, dann geschieht etwas: dann werden die bisherigen Fundamente erschüttert, ein Prozeß der Veränderung hat begonnen. Dieser Gedankengang leitet sich ganz offensichtlich vom prophetischen Denken her. Prophetie bedeutet nicht Prophezeiung, daß ein bestimmtes Ereignis eintreten wird und ein anderes nicht; Prophetie bedeutet die Aussage, daß in einem besonderen Augenblick, auf eine besondere Weise das Ewige sich im Zeitlichen bekundet. Wir nahmen diese prophetische Idee wieder auf, wenn wir *Kairos* auf andere Zeitmomente anwandten, in denen die Geschichte auf besondere Weise eine Prägung erhielt. Etwas Ewiges brach in sie ein; und es war unser kühner Glaube, daß das Ende des ersten Weltkriegs und besonders die Niederlage Deutschlands einen Einbruch des Ewigen in das Zeitliche bedeutete. Es war ein partikularer *Kairos* in einem besonderen Augenblick. Ein solcher Augenblick hat immer zwei Seiten: die eine Seite stellt eine Gabe dar, die andere eine Forderung. Die Gabe war die unvergleichliche Chance, und durch diese uns verliehene Chance wurde uns eine ungeheure Verantwortung auferlegt.

Die Frage, ob wir mit dieser Auffassung recht oder unrecht hatten, kann nicht unmittelbar beantwortet werden. Man könnte sagen, daß wir im Unrecht waren, weil wir die Zeichen der Zeit falsch deuteten, wie es, beiläufig gesagt, vielen der großen Propheten erging, ja sogar Jesus. Aber andererseits waren wir im Recht, da wir fühlten, daß der

damalige geschichtliche Augenblick ein Augenblick von besonderer Bedeutung war. Wir meinten, etwas Ewiges sei in der Geschichte sichtbar geworden. Niemand kann uns jemals dieses Erlebnis streitig machen. Obwohl äußerlich gesehen die Bewegung des Religiösen Sozialismus vollständig vernichtet wurde und ihre Anhänger untertauchen oder emigrieren mußten, so sind doch ihre Spuren überall deutlich zu finden. In der Sozialdemokratischen Partei Deutschland sind heute Menschen in führenden Stellungen, die damals, als sie jung waren, die Gedanken des Religiösen Sozialismus in sich aufgenommen hatten. Und auf der anderen Seite hat die lutherische Kirche in Deutschland gelernt, soziale Verantwortung zu übernehmen, nicht nur so, daß sie Menschen aus ihren Nöten hilft, sondern daß sie die Wirklichkeit verändert, damit diese Nöte aufhören. Und das ist ein ungeheurer Wandel! So war unser Wirken, auch vom Standpunkt äußeren Erfolges betrachtet, nicht ganz nutzlos.

Als Nächstes betrachte ich einen weiteren Begriff: Wenn ich gefragt werde, was sich in einem *Kairos* ereignet, so ist meine Antwort, daß eine besondere dämonische Struktur erkannt und bekämpft wird. Wir entdeckten (oder besser, entdeckten wieder) den Sinn der Begriffe „Dämon" und „dämonisch" und des „Dämonischen". Diese Begriffe beherrschen die ganze Religionsgeschichte: Die höchsten Götter werden von den niederen Göttern unterschieden, oder – in anderer Sicht – den bösen Geistern werden Kräfte der Zerstörung zugeschrieben. In dieser Form spielen die Begriffe in biblischen Aussagen eine hervorragende Rolle; bei Paulus, in den Evangelien, wo wir überall von dämonischen Mächten hören; sie beherrschen die Welt, sie „fahren" in die Menschen, machen sie „besessen" und geisteskrank. „Dämonisch" war für uns ein symbolischer Ausdruck, der keineswegs im wörtlichen Sinne zu verstehen war. Dämonen sind keine „bösen Geister", sondern, wie ich es philosophisch ausdrücke, „Strukturen der Destruktion".

Ich möchte nun näher darauf eingehen, was für uns Erfahrungsquellen solcher Strukturen waren. Das war als erstes die Psychotherapie. Wir lernten, daß in der Neurose und vor allem in der Psychose, besonders der Schizophrenie, das Bewußtsein gespalten ist. Hier liegt eine Struktur der Destruktion vor, wo kein sogenannter guter Wille mehr helfen, kein Bemühen heilen kann. Das Wort „Besessensein", wie es immer in der Religionsgeschichte gebraucht wurde, ist für einen solchen Zustand genau das richtige Symbol. Dem „Besessenen" müssen heilende Kräfte zu Hilfe kommen, die die menschlichen Kräfte übersteigen. Und der zweite Bereich, von dem wir lernten, war der soziale Bereich, und hier war vor allem Marxens Analyse unserer westlichen Gesell-

schaft eine ähnliche Quelle der Erkenntnis, nämlich der Erkenntnis, daß in gesellschaftlichen Strukturen der „gute Wille" nur die Spaltung vertieft, in unserem Fall die Klassenspaltung in der Industriegesellschaft des 19. Jahrhunderts. Diese Erfahrungen führten uns auf die Idee des Dämonischen, jenes alte mythische Symbol, und wir gebrauchten es, um diese neuesten Erkenntnisse der Psychologie und Soziologie zu beschreiben. Und dann kam Hitler, geradezu ein Musterbeispiel des Dämonischen, und er erwies sich stärker als wir. Er machte in dämonischer Weise die Nation zu einem Gott, unter dem weitere Götter standen, die alle Eigenschaften des Dämonischen aufwiesen. Sie spalten die Welt, denn wenn sich eine Nation über die anderen erhebt, so spaltet sie die menschliche Gemeinschaft, und eine solche Spaltung ruft neue Spaltungen hervor. Diesen Vorgang sahen wir als eine dämonische Struktur an, und wir lernten von ihr, daß der Begriff des Dämonischen geeignet war, die Situation in angemessener Weise zu beschreiben.

Nicht erst in dem Augenblick, in dem die Nationalsozialisten zur Macht kamen, sondern schon früher verhielten sie sich so, wie im Matthäus-Evangelium der Satan dargestellt wird – als Lügner und Mörder von Anbeginn. Sie logen und gewannen das deutsche Volk durch Lügen, und wo Lügen nicht mehr ausreichten, mordeten sie. Das ist die Folge der dämonischen Spaltung. Wenn ich denselben Sachverhalt in religiösen Begriffen ausdrücken soll, so würde ich sagen: Es ist die Erhebung von etwas Vorläufigem zu etwas Unbedingtem – und das ist Götzendienst. Wenn etwas Endliches, das an sich gut ist, einen unendlichen Anspruch erhebt, wird es schlecht, und mehr noch, es wird zu einem Idol und schließlich zu einem Dämon. Wir meinten nun, daß gegen eine solche Struktur der Destruktion nur Strukturen der Schöpfung und der Gnade helfen könnten. Der gute Wille ist machtlos. So erging es auch uns mit unserem guten Willen und ebenso vielen anderen Deutschen und vielen Japanern: Sie konnten diese übermächtige Schizophrenie des zweiten Weltkrieges nicht verhindern.

Zum Dämonischen gehört, daß es oft dort auftaucht, wo das Religiöse vom Säkularismus ausgelöscht worden ist – ein verständlicher Vorgang, weil reiner Säkularismus nach kurzer Zeit entleert ist. Aber ohne etwas Letztes, ohne einen letzten Sinn des Lebens kann niemand leben, und so strömten in die Leere, die wir im Vor-Hitler-Deutschland so stark spürten, dämonische Mächte ein. Wir konnten beobachten, daß die junge Generation – wenn sie dem Nationalsozialismus in die Arme getrieben wurde – innerlich leer war. Wenn etwas auf sie zukam, wovon sie glaubten, daß es ihnen einen neuen Sinn des Lebens gab, so gaben sie sich ihm hin. Aber dieses Etwas war ein Dämon! In

der geschilderten Gefahr befindet sich jede säkularisierte und im Prozeß der Säkularisierung befindliche Kultur. Jede Bemühung, eine säkularisierte Kultur am Leben zu erhalten, ist vergeblich, weil sie entleert ist. Nicht das Göttliche, sondern das Dämonische strömt in sie ein – es sei denn, daß heilende Kräfte, Kräfte der Gnade, dem entgegenwirken. Soviel über den Begriff des Dämonischen.

Überwindung des Dämonischen in einem *kairos*bestimmten Augenblick der Geschichte ist immer unvollkommen. Es gelang uns damals nicht, das Dämonische zu besiegen, aber auf irgendeine Weise führte der zweite Weltkrieg die Vernichtung der dämonischen Strukturen herbei. Doch auch heute ist es nur bruchstückhaft überwunden, und aus dieser Erfahrung ergab sich für uns eine bedeutsame Einsicht: wir können keinerlei Utopie anerkennen. Wenn man etwas – was auch immer es sei – an die Stelle dämonischer Strukturen setzt, so ist es wiederum der Boden für das Entstehen neuer dämonischer Formen. Zwar ist von uns gefordert, gegen jede dämonische Macht, die wir entdecken, anzukämpfen, aber wir dürfen nicht meinen, daß damit alles in Ordnung sei. Dafür zwei Beispiele: Viele Menschen in der Hitlerzeit glaubten, wenn nur erst Hitler beseitigt wäre, dann sei die Welt gerettet und für alles Gute aufnahmefähig. Und heute meint man, wenn nur die Kommunisten beseitigt sind, dann ist die ganze Welt in Ordnung. Das ist keineswegs so, denn das Leben ist zweideutig in allen seinen Formen.

Und nun komme ich zum dritten Begriff, den ich erörtern möchte. Er geht zurück auf zwei Begriffe von Immanuel Kant. Der eine Begriff ist der der Autonomie. Er bedeutet, daß der Mensch in sich selbst das Gesetz der Vernunft besitzt, und zwar ohne jegliche Beeinflussung von außerhalb der Vernunft, sei es durch Wünsche oder Ängste, sei es durch äußere Autorität. Dabei sei angemerkt, daß Autonomie und Aufklärung nicht dasselbe sind. Der Gegensatz zu Autonomie ist Heteronomie, abgeleitet von den griechischen Worten *heteros* (fremd) und *nomos* (Gesetz). Während Autonomie sich von *autos* (selbst) ableitet und soviel wie Selbstbestimmung bedeutet, bedeutet Heteronomie Fremdbestimmung. Aber es gibt noch den dritten Begriff, der weder mit Selbstbestimmung noch mit Fremdbestimmung identisch ist, das ist der Begriff Theonomie. Theonomie ist Bestimmung durch das göttliche Gesetz. Diese Aussage könnte leicht mißverstanden werden. Gemeint ist folgendes: Wenn es wirklich das göttliche Gesetz ist, dann ist das Gesetz in Wahrheit aufgehoben, denn dann ist Gott immer gegenwärtig – er ist kein fremder Gesetzgeber. Vielmehr ist ein bestimmter Zustand des Geistes und der Wirklichkeit gemeint, in dem sich das Göttliche ausdrückt. So können wir sagen, daß in allem menschlichen Stre-

ben ein Ansatzpunkt für Theonomie vorhanden ist. In allen Kulturformen und ihren autonomen Schöpfungen wie bildende Kunst, Musik, Wissenschaft, Politik, Ethik, Gesellschaft – gibt es einen Ansatzpunkt, von dem eine vertikale Linie ausgeht, das heißt, ein letztgültiger Sinn drückt sich in ihnen aus. Ereignisse der Geschichte können ebenso diesen letzten Sinn offenbaren wie Ereignisse des täglichen Lebens, wie Schöpfungen der Kultur in allen Bereichen. Dann wird offen oder verhüllt eine Antwort sichtbar auf die Frage eines jeden menschlichen Wesens, die Frage: Was ist der Sinn meines Lebens?

So ist der Begriff „Theonomie" zu verstehen; er hat nichts mit Utopie zu tun. Theonomie hat es zu allen Zeiten in der Geschichte gegeben, und sie kann auch in Zukunft wiederkehren. Darauf hoffen wir. Natürlich sind wir alle abhängig von der Vergangenheit und stehen in einer bestimmten großen Tradition, aber diese große Tradition sollte uns nicht in die Heteronomie treiben. In gleicher Weise sind wir alle abhängig von der modernen Autonomie der Wissenschaft, aber das sollte uns nicht in eine Autonomie geraten lassen, in der das Leben keinen letzten Sinn hat. Wir als religiöse Sozialisten forderten und hofften auf einen Zustand der Gesellschaft, in dem alle Formen des Lebens einschließlich der Marktgesetze der Weltwirtschaft – alles, was es gibt – nicht nur an sich gut sind (im Sinne der Vollkommenheit, die zum Beispiel ein guter Künstler anstrebt), sondern darüber hinaus ein Element enthalten, das die Antwort auf die Frage nach dem Sinn des Lebens gibt. Gerade das aber vermißte die Arbeiterbewegung in erster Linie und mit ihr Millionen von Arbeitern, für die die Sinnfrage auch die Frage nach sozialer Gerechtigkeit einschloß. Ihr Dasein war völlig sinnentleert; sie wohnten in grauenhaften Vorstädten, wie sie am Ende des 19. Jahrhunderts gebaut wurden, ohne daß ihnen irgendein Symbol ihrer ländlichen Herkunft verblieben wäre, ohne irgendeinen Lebenssinn, außer dem ihrer täglichen Arbeit und ihres dürftigen Lebensunterhalts. Das war die Situation, angesichts derer wir unter Einbeziehung aller Einzelforderungen zuallererst darauf hinarbeiteten, daß in diesem Dasein die Erfahrung einer „Vertikalen" wieder sichtbar werde.

Ich komme nun zu meiner Schlußbetrachtung: Was haben die drei behandelten Begriffe – „Kairos", das „Dämonische" und „Theonomie" – in unserer gegenwärtigen Situation in Ost und West für eine Bedeutung? Sind sie für die Deutung unserer Situation hilfreich? Können sie das Verhältnis zwischen Religion und sozialer Bewegung klären helfen? Beginnen wir mit dem Begriff des *Kairos*, der rechten Zeit. Es gibt immer eine richtige Zeit für eine richtige Entscheidung in einer richtigen Richtung. Daran ist nicht zu zweifeln. Man darf nicht auf einen großen

Kairos warten und die Hände in den Schoß legen, denn es gibt weite Strecken in der Geschichte ohne einen solchen großen *Kairos*. Ich denke dabei an meine eigenen Erfahrungen nach dem zweiten Weltkrieg in Amerika und ein wenig später in Europa. Überall herrschte das Gefühl vor, daß ein großer *Kairos* fehlte, es war, als ob sich das Ewige hinter einer großen Wolke verborgen hätte – Gott sprach nicht mehr zu uns. Solche Situationen sind in der Geschichte nicht selten, aber trotzdem kann man nicht wissen, ob sich das nicht plötzlich ändert. Ich vermute, daß Sie hier in Japan zum Beispiel nach dem zweiten Weltkrieg ähnliche Erfahrungen gemacht haben wie wir in Deutschland nach dem ersten Weltkrieg, als viele Menschen von etwas Ewigem erfaßt wurden, das in das Leben einbrach und auf die offenen Fragen eine Antwort gab. Niemals kann eine Antwort von außen kommen. Nur wenn sich der prophetische Geist in den Herzen regt, kann in voller Verantwortung von einem *Kairos* gesprochen werden, und ich glaube, daß das nicht unmöglich ist.

Nun zu dem zweiten Begriff, dem Dämonischen. Das Dämonische ist immer gegenwärtig in der Geschichte, das heißt, es ist die Zurückweisung jeglicher utopischen Selbsttäuschung, sei sie profan-fortschrittlich wie im 19. und frühen 20. Jahrhundert oder christlich (speziell calvinistisch), wie sie vorherrscht bei den christlichen Sekten in den Vereinigten Staaten. Im Gegensatz zu dem sehr machtvollen amerikanischen Protestantismus, der dadurch gekennzeichnet ist, erliegen die asiatischen Religionen wie auch der Katholizismus und das Luthertum weniger der Utopie, die Erfüllung der Geschichte *in* der Geschichte zu erwarten. Der erste Schritt, den man tun muß, um dieser Täuschung zu entgehen, ist, das Dämonische zu entdecken. Wie die alten Mythen wissen, hat es das Dämonische an sich, sich zu verstecken, und so ist der erste Schritt zu seiner Entmächtigung, es zu entlarven. Welches sind nun heute in unserem Zeitpunkt der Geschichte die dämonischen Mächte? Das Charakteristikum des Dämonischen ist die Spaltung, wie wir sie in Menschen innerhalb der Nationen und der Nationen untereinander kennengelernt haben.

Nach meiner Auffassung ist die verbreitetste Erscheinung heute der Gegensatz von Beherrschung der Natur durch den Menschen einerseits und der Furcht des Menschen, von den Erzeugnissen seiner Naturbeherrschung beherrscht zu werden, andererseits. Er produziert und gerät dann in die Gewalt dessen, was er produziert hat – das ist unsere Existenz als Industriegesellschaft. Die Technik hat den Menschen befreit, sie hat ihm die Herrschaft über die Natur gegeben und drängt ihn nun in eine Knechtschaft hinein, in der er mehr und mehr sein Sein,

das heißt, sein Personsein, verliert. Gegen diese Form der Entmenschlichung kämpften wir im frühen Religiösen Sozialismus, wenn auch mit anderen Symbolen, und wir müssen heute diesen Kampf auf einer viel breiteren Ebene fortsetzen.

Das zweite dämonische Symbol unserer Zeit ist die Spaltung zwischen Ost und West. Zwei Ideologien haben sich entwickelt, beide erheben einen absoluten Anspruch, und das führt notwendig zu der Bedrohung, daß sie sich in jedem Augenblick gegenseitig vernichten. Es ist nicht so, daß die eine Seite für das Göttliche steht, mit der wir uns natürlich identifizieren, und die andere Seite für das Dämonische, das wir der anderen zuschieben; vielmehr ist die Spaltung an sich eine dämonische Struktur, und das bedeutet, daß sie unüberwindlich ist.

Das dritte dämonische Symbol unserer Zeit vereinigt in sich Elemente der beiden zuvor besprochenen. Und in diesem Zusammenhang möchte ich etwas über die Situation in Japan sagen: Es ist der Konflikt zwischen Vergangenheit und Gegenwart im japanischen Bewußtsein. Man hat ihn als Schizophrenie bezeichnet, und ich meine, daß dieses Wort zutrifft: Das japanische Bewußtsein ist gespalten, und Spaltung ist immer ein Ausdruck des Dämonischen. Spaltung gibt es in den Kämpfen eines Volkes und manchmal im Verhältnis des Menschen zur Natur. Was wir angesichts solcher Spaltung tun sollten und was eine Fortsetzung des frühen Religiösen Sozialismus wäre, ist die Beschreibung der dämonischen Strukturen in ihrer wirklichen Tiefe. Das müßte allerdings ohne die üblichen Schlagworte geschehen, die besonders in den nationalen Streitigkeiten eine solche große Rolle spielen. Dann würde die rätselhafte menschliche Situation bloßgelegt, die dämonischen Strukturen der Destruktion würden entlarvt, und der menschliche Geist würde aufgeschlossen für eine neue Theonomie, die in jedem Augenblick anbrechen kann. Dieser letzte Gedanke veranlaßt mich, noch einige Fragen in bezug auf Theonomie aufzuwerfen. In Amerika stellt sich eine Frage im Zusammenhang mit dem sogenannten Wiederaufleben der Religion während des letzten Jahrzehnts. Wir wissen nicht, ob es nur eine Reaktion kirchlicher Kreise oder eine emotionale Welle ist oder ein Anzeichen für mehr. Ich glaube das letztere; es ist die Sehnsucht nach einer neuen Theonomie. Das ist alles, was ich darüber sagen kann. Was nun Japan anlangt, so scheint mir, daß trotz der großen alten Tradition und trotz der christlichen Kirchen und der anderen Religionen sich letztlich eine Gleichgültigkeit gegenüber der religiösen Frage ausbreitet. Während der kurzen Zeit meines Hierseins habe ich viele Menschen getroffen, die sehr stark auf eine neue Theonomie gerichtet sind. Und ich habe auch Bücher gelesen, die meine Auffassung

unterstützen. Aber die Frage bleibt offen. Bis jetzt ist nicht mehr sichtbar als die Frage, und ich kann nichts anderes tun, als meinen Vortrag mit dieser Frage zu beschließen.

58. GRENZEN

Rede bei der Verleihung des „Friedenspreises des Deutschen Buchhandels" in Frankfurt am 23. 9. 1962

I.

Die hohe Ehre dieser Stunde vedanke ich, wie ich glaube, drei Grenzüberschreitungen, die der Vorstand des Börsenvereins des Deutschen Buchhandels begangen hat: Er hat die nationale Grenze überschritten und, wie mehrfach zuvor, dem Bürger eines anderen Landes den Friedenspreis verliehen. Er hat die Grenze zwischen politischem Handeln und geistigem Schaffen nicht beachtet und den Friedenspreis jemandem gegeben, der, wenn überhaupt, mehr durch Gedankenarbeit als durch politische Tat dem Frieden, das heißt der Verwirklichung einer universalen menschlichen Gemeinschaft, gedient hat. Und er hat den von beiden Seiten stark befestigten Wall zwischen Kultur und Religion durchbrochen und als kulturelle Organisation einem Theologen den Friedenspreis zugesprochen. Diese dreifache Grenzüberschreitung ist ein weithin sichtbares Symbol für den Geist, in dem der Friedenspreis gestiftet ist. Mein Dank in dieser Stunde kann nur der Versuch sein, diesem Geist mit meinen Worten einen philosophischen und damit zugleich religiösen und politischen Ausdruck zu geben, denn auch hier sind die Grenzen nicht letztgültig.

Über „Grenzen" möchte ich sprechen, einen Begriff, der von jeher mein philosophisches wie mein persönlichstes Interesse erweckt hat. „*On the Boundary Line*", „Auf der Grenze", nannte ich eine kleine Schrift zur Selbstcharakterisierung, mit der ich mich kurz nach der Emigration in Amerika einführte. Und „Auf der Grenze" heißt das Büchlein, das das Evangelische Verlagswerk für die heutige Feier herausgebracht hat. Die amerikanische Schrift berichtet von mancherlei Grenzen, die allgemein menschlich und zugleich eigenes Schicksal sind: von der Grenze zwischen Land und Stadt, zwischen Feudalität und Beamtentum, zwischen Bürgertum und Boheme, zwischen Kirche und Gesellschaft, zwischen Religion und Kultur, zwischen Theologie und Philo-

sophie – und schließlich, ganz persönlich, zwischen zwei Kontinenten. Das Dasein auf der Grenze, die Grenzsituation, ist voller Spannung und Bewegung. Sie ist in Wirklichkeit kein Stehen, sondern ein Überschreiten und Zurückkehren, ein Wieder-Zurückkehren und Wieder-Überschreiten, ein Hin und Her, dessen Ziel es ist, ein Drittes jenseits der begrenzten Gebiete zu schaffen, etwas, auf dem man für eine Zeit stehen kann, ohne in einem festen Begrenzten eingeschlossen zu sein. Die Situation der Grenze ist noch nicht das, was man Frieden nennen könnte; und doch ist sie der Durchgang, den jeder einzelne gehen muß und den die Völker gehen müssen, um zum Frieden zu gelangen. Denn der Friede ist das Stehen im Übergreifenden, das im Überschreiten und Rücküberschreiten der Grenze gesucht wird. Nur wer Anteil an den beiden Seiten einer Grenzlinie hat, kann dem Übergreifenden und damit dem Frieden dienen, nicht, wer sich in der momentanen Ruhe eines fest Begrenzten sicher fühlt. Friede erscheint, wo im persönlichen wie im politischen Leben eine alte Grenze ihre Wichtigkeit und damit ihre Macht, Unfrieden zu stiften, verloren hat, auch wenn sie noch als Teilgrenze fortbesteht. Friede ist nicht spannungsloses Nebeneinander; er ist die Einheit im Umfassenden, in der das Gegeneinander lebendiger Kräfte und die Konflikte zwischen dem Alten und dem jeweils Neuen nicht fehlen, in der sie aber nicht zerstörerisch ausbrechen, sondern gehalten sind im Frieden des Übergreifenden.

Wenn das Überschreiten und Rücküberschreiten der Grenze der Weg zum Frieden ist, dann ist die Angst vor dem, was jenseits liegt, und der daraus geborene Wille, es zu beseitigen, die Wurzel des Unfriedens und der Kriege.

II.

Wen das Schicksal an die Grenze seines Seins geführt, ihn seiner selbst bewußtgemacht hat, der steht vor der Entscheidung, auf das, was er ist, zurückzufallen oder sich selbst zu überschreiten. Jeder Mensch wird dann und wann an die Grenze seines Seins geführt. Er sieht das andere jenseits seiner selbst, es erscheint ihm als eigene Möglichkeit und erweckt in ihm die Angst des Möglichen. Er sieht im Spiegel des anderen seine eigene Beschränktheit, und er erschrickt; denn diese Beschränktheit war zugleich seine Sicherheit, und sie ist bedroht. Die Angst des Möglichen zieht ihn zurück in seine begrenzte Wirklichkeit und deren momentane Ruhe. Doch die Situation, zu der er zurückkehren will, ist nicht mehr dieselbe. Seine Erfahrung des Möglichen und sein Versagen

ihr gegenüber hinterläßt einen Stachel, der nicht zu beseitigen ist, der nur noch durch Verdrängung aus dem Bewußtsein entfernt werden kann. Und wo das geschieht, entsteht jenes seelische Phänomen, das wir Fanatismus nennen. Der ursprüngliche Sinn des Wortes ist „göttlich inspiriert". So empfindet der Fanatiker; aber das Wort selbst hat seinen Sinn gewandelt, und man könnte sagen „dämonisch inspiriert", nämlich geboren aus einer gestörten seelischen Struktur und darum zerstörerisch sich auswirkend. Das kann in kleineren, in größeren und in ungeheuren Maßen in Erscheinung treten, in Personen und in Gruppen.

Ich denke an junge Studenten, vielleicht Theologen, vielleicht Naturwissenschaftler, die aus der Sicherheit fest umgrenzten Denkens und Glaubens auf die Universitäten kommen, dort an die Grenze anderen Denkens und Glaubens geführt werden, ihr eigenes So-Sein im Spiegel des anderen sehen, das Mögliche erleben, ihm aber nicht gewachsen sind, auf die alten Sicherheiten zurückfallen, sie nun aber fanatisch bejahen mit dem Ziel, die Grenzen, die sie nicht überschreiten konnten, zu beseitigen, alle geistigen Möglichkeiten den eigenen zu unterwerfen, sie in die eigene Wirklichkeit aufzulösen. Die Aggression des Fanatikers ist die Folge seiner Schwäche, seiner Angst, die eigene Grenze zu überschreiten, und seiner Unfähigkeit, das, was er in sich selbst unterdrückt hat, im anderen verwirklicht zu sehen. Es geschieht aber auch, daß man im Zweifel an der eigenen geistigen Welt die Grenze überschreitet, in dem neuen Glauben eine neue fest umgrenzte Sicherheit findet, nicht mehr zurückgeht und eine Gegen-Aggression entwickelt, den oft besonders heftigen Fanatismus des Renegaten, des religiösen wie des antireligiösen. Das ist der Boden, aus dem die Religionskriege hervorgehen, und wenn es heute nicht mehr blutige Kriege sind, so doch seelenzerstörende Kämpfe, in denen die Waffen des Hasses – nämlich Lüge, Verzerrung, Ausstoßung, Unterdrückung – benutzt werden, um die Grenzen zu beseitigen, die zu überschreiten man zu schwach war. Religiöse Gruppen, ganze Kirchen können in diese Haltung hineingetrieben werden. Und es mag hier am Platze sein, ein Wort über die deutschen protestantischen Kirchen zu sagen.

Vielleicht gab es vor dem Kirchenkampf Gruppen in ihnen, die zwar die Grenze überschritten, die aber nicht zurückgefunden hatten und die Enge dessen, wohin sie gingen, ein kritisch entleertes Christentum, mit der Enge dessen, woher sie kamen, einem traditionell erstarrten Christentum, vertauschten. Gegenüber den radikal antichristlichen Angriffen des Nationalsozialismus mußten die Kirchen sich auf die Tradition zurückziehen und um den Preis der Verengung ihre Wesensgrenze, ihre Identität, verteidigen. Heute aber ist ihr Auftrag, zur Grenze

zurückzukehren, sie zu überschreiten und im Hin und Her zwischen Kirche und Kultur um das Übergreifende zu ringen. Wagen die Kirchen dieses Überschreiten der Grenzen ihrer eigenen Wirklichkeit nicht, so werden sie belanglos für Unzählige, die essentiell zu ihnen gehören. Und der Stachel des Versagthabens kann eine fanatische Selbstbejahung bewirken, die die Kultur sich einverleiben und die Grenzen zu ihr aufheben will.

Ein anderes Beispiel für den Ruf zur Grenzüberschreitung soll gegeben werden. Es beginnt auch mit dem Individuellen und führt zur Situation von Gruppen, hier und jetzt. Ich denke an Menschen, die vor die Möglichkeit gestellt sind, über ihre nationalen und kulturellen Grenzen hinauszugehen, sei es durch Studium, sei es durch persönliche Begegnungen im eigenen oder fremden Land. Die Grenzen ihres eigenen kulturellen Seins, ihre nationale oder kontinentale Beschränktheit sind für einen Augenblick für sie sichtbar geworden. Aber sie können die Sicht nicht ertragen, sie können die Grenze nicht überschreiten und nach etwas Übergreifendem suchen. Die Angst des Möglichen packt sie und treibt sie zurück. Und die Begegnung mit dem Fremden, die eine Aufforderung zum Überschreiten der Grenze ist, wird zur Ursache eines das Fremde hassenden Fanatismus. Man will die Grenze, die man nicht überschreiten konnte, auslöschen, indem man das Fremde zerstört.

Es gibt eine soziale Klasse in allen Industrievölkern, die vorzüglich durch diese Struktur charakterisiert ist: die untere Mittelklasse, das Kleinbürgertum oder – in einem soziologisch umfassenderen Symbol – der Spießer. Er kann geradezu charakterisiert werden – in welcher sozialen Klasse er auch vorkommt – als jemand, der sich durch die Angst, an seine eigene Grenze zu geraten und sich selbst im Spiegel des Andersartigen zu sehen, nie über das Gewohnte, Anerkannte, Festgelegte zu erheben wagte. Möglichkeiten, die jedem Menschen dann und wann gegeben sind, über sich hinauszukommen, ließ er unverwirklicht: ob es ein Mensch war, der ihn aus seiner Enge hätte herausreißen können, oder ein ungewohntes Werk der Kunst, das ihn hätte erschüttern können, oder ein Wort aus der Dimension des Ewigen, das ihm die Selbstsicherheit seines Daseins hätte umwerfen können. Um sich herum aber sieht er Menschen, die über die Grenzen gegangen sind, die er nicht überschreiten konnte. Und der heimliche Neid wird zum Haß.

Und wenn dann wie in Deutschland zur Hitlerzeit der Haß die uneingeschränkte Macht erhält, sich auszuwirken, dann schließt er zunächst die Grenzen, so daß es einem ganzen Volk unmöglich wird, über sich selbst hinauszusehen. Und dann wird der Versuch gemacht, die Grenzen zu beseitigen durch Unterwerfung oder durch Vernichtung

dessen, was jenseits der Grenze liegt, seien es andere Rassen oder benachbarte Nationen, seien es gegnerische politische Systeme oder neue künstlerische Stile, seien es höhere oder niedere soziale Klassen, seien es im Überschreiten der Grenze gereifte Persönlichkeiten. Es ist der dämonische Trieb, der vielleicht in jedem ist, seine Grenzen auszulöschen, um selbst das Ganze zu werden.

Darum fühle ich, daß ich meinen Auftrag als Theologe nicht erfüllen würde, wenn ich nicht ein Zweifaches hinzufügte: einmal, daß in allen Ländern und auch in den Vereinigten Staaten Schichten da sind, die der beschriebenen Struktur des Spießers entsprechen. Sie erheben immer wieder ihr Haupt, noch ohne Erfolg, aber im gegenwärtigen Moment in neuen Formen und mit zahlreichen Anhängern. Und das zweite, das ich als jemand, dem Berlin für Jahre seines Lebens nicht nur Heimat, sondern auch Mythos war, nur zögernd ausspreche: Alles, was ich vom Überschreiten der Grenze gesagt habe, gilt auch für das Überschreiten *der* Grenze, die heute für die westliche Welt am schwersten zu überschreiten ist, die Grenze nach dem Osten. Es ist falsch, wenn die westlichen Völker durch Erziehung, Literatur und Propaganda davon abgehalten werden, diese Grenze mit ihren zahlreichen Mauern, die nicht nur in Berlin aufgerichtet sind, zu überschreiten. Wir müssen auch sehen, was drüben in der Tiefe vor sich geht und es menschlich – nicht nur polemisch – zu verstehen suchen. Und ich wünschte, ich wäre fähig, das auch zu denen auf der anderen Seite der Grenze zu sagen.

Die politisch und geistig Verantwortlichen des Westens aber sollten dafür kämpfen, daß die Erziehung der Völker nicht nur der Einprägung und Vertiefung des Eigenen, so groß es auch sein mag, dient, sondern daß sie über die Grenze hinausführt: im Kennen, im Verstehen, im Begegnen, auch wenn das Begegnende das nur Entgegen-Stehende zu sein scheint. Ermutigung zum Überschreiten des nur Eigenen, das ist es, was Erziehung zur Schaffung des Friedens beitragen kann. Und hier ist wichtiger als alles andere die Erziehung zu einer Geschichtsbewußtheit, die geschichtliches Wissen mit geschichtlichem Verstehen vereinigt und in keiner Weise auf den Geschichtsunterricht beschränkt ist.

III.

Vom Überschreiten der Grenze haben wir bisher gesprochen. Aber Grenze ist nicht nur das, was überschritten, sie ist auch das, was verwirklicht werden muß. Grenze gehört zur Form, und Form macht je-

des Ding zu dem, was es ist. Die Grenze zwischen Mensch und Tier macht es möglich, vom Menschen Dinge zu fordern und zu erwarten, die man vom Tier weder fordern noch erwarten kann. Die Grenze zwischen England und Frankreich machte die Entwicklung zweier großer wesenhaft verschiedener Kulturen möglich. Die Grenze zwischen Religion und Philosophie macht die Freiheit des philosophischen Fragens und die Leidenschaft der religiösen Hingabe möglich. De-finition ist Ab-grenzung, und ohne sie gäbe es keine Möglichkeit, das Wirkliche zu greifen oder zu erkennen.

Keine Kultur war sich so der Bedeutung der Grenze bewußt wie die griechische. Plato und seine pythagoreischen Vorgänger schrieben dem Begrenzten alles Positive, dem Unbegrenzten alles Negative zu. Der Raum, ja das Sein selbst sind begrenzt. Die Göttergestalten und die Tempel, in denen sie verkörpert sind, bleiben dem Maße des Menschlichen angemessen. Begrenzendes Denken muß die ins Grenzenlose treibende Leidenschaft bändigen. Der tragische Heros, der über seine Wesensgrenze hinausstößt, wird von den Göttern, den Hütern der Grenzen, zurückgestoßen und vernichtet. Es sind die Wesensgrenzen des Menschen, von denen Orakel und Seher, Tragiker und Philosophen reden. Zu ihr wollen sie zurückrufen aus den falschen, zu engen oder zu weiten Wirklichkeitsgrenzen. Denn Wesensgrenze und Wirklichkeitsgrenze decken sich nicht. Die Wesensgrenze steht fordernd, verurteilend, zielgebend über der Wirklichkeitsgrenze.

In der jüngeren Generation innerhalb und wohl auch außerhalb der Vereinigten Staaten hat sich in den letzten Jahren ein Problem gezeigt, das unter dem Titel „*The Search for Identity*", das Suchen nach Identität, in Literatur und Gespräch immer wieder behandelt wird. Es ist der Ausdruck einer Periode, in der viele außerstande sind, in und über ihren fließenden Wirklichkeitsgrenzen ihre Wesensgrenze zu finden, und zwar nicht nur als einzelne, sondern auch als Glieder von Gemeinschaften, nationalen, kulturellen, religiösen. Wie können Personen, wie können Völker ihre Identität finden und damit die wahren Grenzen, denen gegenüber die wirklichen Grenzen ihre letzte Bedeutung verlieren? Das ist der Punkt, an dem die Frage der Grenze und die Frage des Friedens ineinander übergehen. Denn wer seine Identität und damit seine Wesensgrenze gefunden hat, hat es nicht nötig, sich einzuschließen oder auszubrechen. Er will verwirklichen, was sein Wesen ist. Sicherlich, in der Verwirklichung kehren alle Fragen des Überschreitens der Grenze wieder, aber nun geleitet von einem Bewußtsein seiner selbst und seiner eigensten Möglichkeit. Die Menschheit hat zu allen Zeiten und an allen Orten etwas über ihr Wesen und seine Grenzen vernommen. Die Über-

mittler dieser Einsichten, auf deren Urerfahrungen, genannt Offenbarungen, alle Religion und alle Kultur beruht, haben in Gesetzen und Ordnungen die Wesensgrenzen alles Menschlichen in mannigfacher Weise ausgedrückt. Sie haben das Gewissen des einzelnen, die Stimme seines Wesens zum Sprechen gebracht, und sie haben das Ethos der Gruppen für lange Perioden bestimmt. Aber kein Lebensprozeß erschöpft sich im Gesetz, in ihm allein kann sich das Wesen des Lebendigen nicht ausdrücken. Im Wesen ist auch das Ziel enthalten, und manche Worte für Grenze drücken auch das Ende aus, zu dem ein Lebensprozeß strebt, wie das lateinische *finis*, das griechische *telos*. Sokrates hat das Bewußtsein dieses Zieles als Stimme seines Daimons erlebt, der ihm in schweren Entscheidungen seine Wesensgrenze zeigte. Im Christentum ist es das Bewußtsein religiösen Geführtseins oder, dynamischer, des Vom-Geist-Getriebenseins. In Völkern ist es das Berufungsbewußtsein, in dem sich die Identität und mit ihr die Wesensgrenze eines Volkes ausdrückt. Die weltgeschichtlichen Wirkungen des Berufungsbewußtseins sind außerordentlich. Sie haben weithin über die Art des Friedens und des Unfriedens in der Völkerwelt entschieden. Das Berufungsbewußtsein der Griechen, das Humane gegenüber dem Barbarischen zu vertreten, hat Europa vor der persischen Invasion gerettet; das Berufungsbewußtsein Roms, Träger der Rechtsidee zu sein, hat die Einheit der Mittelmeer-Kultur geschaffen; das Berufungsbewußtsein Israels ist die Grundlage der drei prophetischen Religionen des Westens; das Berufungsbewußtsein des deutschen Kaisertums hat die religiös-politische Einheit des Mittelalters geschaffen; das italienische Berufungsbewußtsein der Renaissancehöfe hat die Wiedergeburt der westlichen Welt aus dem Geist der römischen und christlichen Antike bewirkt, das französische Berufungsbewußtsein die Zivilisation der oberen Klassen und die Emanzipation des Bürgertums, das englische Berufungsbewußtsein die Aufschließung der Welt im Geiste eines christlichen Humanismus, das russische Berufungsbewußtsein vor *und* nach der bolschewistischen Revolution die Hoffnung auf die Erlösung des Westens von seiner individualistischen Verderbnis in eine religiös oder ideologisch begründete Einheit. Und das amerikanische Berufungsbewußtsein hat den Glauben an einen neuen Anfang und den Kreuzzugsgeist für seine universale Durchführung geschaffen. In allen diesen Fällen von Berufungsbewußtsein fand ein Volk seine Wesensgrenzen und suchte aus ihnen Wirklichkeitsgrenzen zu machen.

Dabei aber geschah das, was für die Friedlosigkeit und Tragik der Weltgeschichte verantwortlich ist. Die Macht, die zu jeder Verwirklichung eines Lebendigen nötig ist, hat die Tendenz, wie im Persön-

lichen so im Politischen, sich von dem Ziel, dem sie dienen soll, nämlich der Verwirklichung der Berufung, zu lösen, selbständig zu werden und dann eine Grenzen vernichtende, weseswidrige Wirksamkeit zu entfalten. Nicht Macht, sondern die von der Wesensgrenze sich loslösende Macht ist böse. Am gewaltsamsten wird sie, wenn das Berufungsbewußtsein seine schöpferische Kraft verloren hat, zuweilen auch, wenn das Berufungsbewußtsein ganz fehlt.

Und das scheint im Deutschland des 19. und 20. Jahrhunderts der Fall zu sein. Das Versagen Deutschlands seit der Mitte des 19. Jahrhunderts lag darin, daß es Macht entwickelte, ohne daß diese Macht in den Dienst einer Berufung gestellt war. Was Bismarck Realpolitik nannte, war Machtpolitik ohne ein leitendes Berufungsbewußtsein. Und darum konnte Hitler mit dämonischer Genialität das absurde rassische Berufungsbewußtsein weiten Kreisen des deutschen Volkes suggerieren, ein Vorwand, aber ein wirksamer Vorwand, für eine durch kein echtes Berufungsbewußtsein geleitete Machtentfaltung.

Friede ist möglich, wo Macht im Dienst eines echten Berufungsbewußtseins steht und das Wissen um die Wesensgrenze die Wirklichkeitsgrenzen in ihrer Wichtigkeit herabsetzt. Daß dieser Grundsatz der Politik nicht aufgenommen wurde, ist die Ursache für die deutsche Friedlosigkeit im 20. Jahrhundert. Daß er wieder aufgenommen werde, sollte das Ziel aller Friedensbestrebungen in Literatur und Politik sein. Man vermeide Friedensreden, die dadurch, daß sie nicht helfen können, schaden, denn die Weltgeschichte ist zu tief im Dämonischen verwurzelt. Pazifistische Gesetzlichkeit fordert das unbedingte Festhalten an den Grenzen, wie sie heute und hier tatsächlich gezogen sind. Sie vergißt die Dynamik der Weltgeschichte und das schöpferische und richtende Wirken der Wesensgrenze.

Daraus folgt eine zweite Forderung für die deutsche politische Erziehung und schließlich für die Politik selbst. Die erste war: zum Überschreiten der Grenze, nämlich der Wirklichkeitsgrenze, zu führen und die Angst vor dem, was jenseits liegt, zu überwinden. Die zweite Forderung ist, zur Selbstbesinnung auf die eigene Wesensgrenze hinzuleiten und in ihrem Licht das größere oder geringere Gewicht der wirklichen Grenzen zu beurteilen. In diesem Licht könnten enge politische Grenzen der Wesensgrenze eines Volkes angemessener sein als weitere. Es könnten verschiedene Grenzen für Teile einer sprachlich, aber nicht politisch geeinten Menschengruppe dem geschichtlichen Wesen dieser Gruppe entsprechen. Es könnte das Hineingenommenwerden engerer Grenzen in umfassendere die Forderung der Wesensgrenze sein und der Weg, auf dem ein Volk seine Identität findet und erhält. Gerade das

hat sich im Laufe der Geschichte immer wiederholt, und wir sind heute in einem historischen Augenblick, wo die Verwirklichung der Wesensgrenzen der meisten Länder, zum mindesten der westlichen Welt, davon abhängt, daß sie sich in umfassendere Wirklichkeitsgrenzen einfügen.
Könnten es allumfassende Grenzen sein? Im Prinzip ja! Denn die Wesensgrenzen aller menschlichen Gruppen sind enthalten in den Wesensgrenzen der Menschheit. Die Identität jeder einzelnen Gruppe ist eine Manifestation der Identität der Menschheit und der Natur des Menschseins. Aber mit den Wirklichkeitsgrenzen steht es heute anders. Sie sind charakterisiert durch eine der tiefsten Spaltungen in der Weltgeschichte zwischen Ost und West im politischen Sinn, der beides einschließt, Machtwillen und Berufungsbewußtsein, und zwar ein Berufungsbewußtsein, das auf beiden Seiten den Charakter der Ausschließlichkeit hat und darum, unter den Bedingungen der gegenwärtigen Technik, die Menschheit mit Selbstzerstörung bedroht.

IV.

Das führt zu dem tiefsten und entscheidenden der Grenzprobleme: Alles Seiende ist einer gemeinsamen Grenze unterworfen, der Endlichkeit. *Finis* im Lateinischen heißt Grenze und Ende.
Die letzte Grenze steht hinter jeder anderen und gibt jeder anderen die Farbe der Vergänglichkeit. An ihr stehen wir immer, aber niemand kann sie überschreiten. Es gibt nur eine Haltung ihr gegenüber, nämlich die des Hinnehmens. Das gilt vom einzelnen und von Gruppen, Familien, Stämmen, Nationen. Aber nichts ist schwerer, als die letzte, unüberschreitbare Grenze hinzunehmen. Alles Endliche will sich ins Unendliche erweitern. Der einzelne will sein Leben endlos fortsetzen, und in vielen christlichen Ländern hat sich in- und außerhalb der Kirchen der Aberglaube entwickelt, der Ewiges Leben als endlose Fortdauer mißdeutet und nicht sieht, daß Endlosigkeit des Endlichen das Symbol der Hölle sein könnte. In gleicher Weise widerstreben Familien und Stämme ihrer Endlichkeit zeitlich wie räumlich und zerstören sich im Kampf um Aufhebung der Grenze gegenseitig. Am wichtigsten aber für die Möglichkeit des Friedens ist die Hinnahme ihrer eigenen Endlichkeit durch die Völker, ihrer zeitlichen, ihrer räumlichen und der Endlichkeit ihres Wertes. Die Versuchung, sie nicht hinzunehmen, sich selbst ins Unbedingte, Göttliche zu erheben, geht durch alle Geschichte. Wer dieser Verlockung verfällt, zerstört seine Welt und sich selbst. Daher die Drohungen der Propheten gegen die Völker, vor allem gegen

das eigene; daher die Warnungen in den Klagegesängen der griechischen Chöre gegen die Hybris der ganzen Geschlechter; daher die Charakterisierung, die wir den politischen Absolutheits-Systemen unserer Tage geben müssen, nämlich daß sie furchtbarste Manifestationen der dämonisch-zerstörerischen Kräfte in der Tiefe des Menschen sind. Alle Moloch-Mächte der Vergangenheit zusammen haben nicht die Zahl der Opfer aufzuweisen, die für jene gebracht worden sind.

Und wieder steht die Menschheit vor einer dämonischen Versuchung, nämlich den Schöpfungsakt, der in Jahrmillionen die Menschheit ins Dasein gebracht hat, in *einem* geschichtlichen Moment rückgängig zu machen. Es gibt keine menschliche Gruppe, die das Recht hätte, um ihrer Grenzen willen etwas zu beginnen, dessen Fortgang zur Zerstörung ihrer selbst und aller anderen menschlichen Wirklichkeit führen müßte. Die Zurücknahme des göttlichen Schöpfungsaktes ist dämonische Grenzüberschreitung und Erhebung gegen den göttlichen Grund und das gottbestimmte Ziel unseres Seins. Etwas anderes ist der Widerstand gegen solchen Versuch, alle Grenzen zu beseitigen. Er ist nötig, um dem, der den Anfang macht, zu zeigen, daß er nicht zum Herrn über Leben und Tod alles Menschlichen geworden ist, sondern in den Untergang, den er herausgefordert hat, selbst hineingezogen ist.

Kein Endliches kann seine Endlichkeit zum Unendlichen hin überschreiten. Aber etwas anderes ist möglich: Das Unendliche kann von sich aus seine Grenze zum Endlichen überschreiten. Es wäre nicht das Unendliche, wenn das Endliche seine Grenze wäre. Von diesem Überschreiten zeugt alle Religion, zeugen die, von denen wir sagten, daß sie den Völkern Gesetz und Berufung vermitteln. Es sind die heilenden Kräfte aus dem Unbegrenzten, Grenze-Setzenden, Gründenden und Führenden allen Seins, die Frieden möglich machen. Sie sind es, die aus der Enge heraus zum Überschreiten der Grenze führen. Sie sind es, die ein Berufungsbewußtsein geben und damit im Wirrsal der Wirklichkeitsgrenzen die Wesensgrenze offenbaren. Sie sind es, die davor bewahren, die letzte Grenze, die Grenze zum Unendlichen, erstürmen zu wollen. Diese heilenden Kräfte sind immer da. Aber sie können nur wirksam werden, wenn man sich ihnen öffnet. Und es ist mein Wunsch für das deutsche Volk, von dem ich komme und dem ich diese Ehrung verdanke, daß es sich offenhält, seine Wesensgrenze und seine Berufung erkennt und im Wandel der Wirklichkeitsgrenzen erfüllt.

59. DIE SITUATION DES MENSCHEN

Rede zum 40jährigen Bestehen des „Time Magazine"
in New York am 6. 5. 1963

Zunächst möchte ich meinen Dank für die Ehre aussprechen, zu diesem bedeutenden Anlaß die Festrede halten zu dürfen. Ich verdanke dies nur dem Umstand, daß die amerikanische Tradition keinerlei Vorurteile kennt und mich zum Festredner gewählt hat, obwohl ich kein gebürtiger Amerikaner bin, wie mein Akzent es sofort verrät. Als ich die Einladung annahm, wurde ich gebeten, über die Situation des Menschen im Hinblick auf das Jubiläum des *Time Magazine* zu sprechen. Während die Situation des Menschen ein Gegenstand von bleibender philosophischer Bedeutung ist, soll sich unser Interesse heute abend auf die jüngste Vergangenheit und die nahe Zukunft richten. Dennoch kann man nichts über die gegenwärtige Situation des Menschen aussagen, ohne eine Vorstellung von seiner allgemeinen Situation zu haben. Nun ist es meine Überzeugung, daß die Situation des Menschen wie die allen Lebens durch die Tatsache der „Zweideutigkeit" bestimmt ist. Zweideutigkeit in diesem Sinne ist die untrennbare Mischung von Gut und Böse, von Wahr und Falsch, von schöpferischen und zerstörerischen Kräften – sowohl im individuellen wie im gesellschaftlichen Bereich. Natürlich gibt es Gradunterschiede darin, wie die eine oder die andere Seite überwiegt, aber es gibt nichts unzweideutig Schöpferisches und nichts unzweideutig Zerstörerisches, beide sind untrennbar miteinander verknüpft.

Manchmal habe ich das Gefühl, daß die amerikanische Ironie, die auch den Stil des *Time Magazine* prägt, etwas von der Zweideutigkeit des Lebens zum Ausdruck bringt – wenn sie nicht in reinen Zynismus ausartet. Das Erkennen der Zweideutigkeit in den größten menschlichen Leistungen (wie auch in den größten Niederlagen) ist ohne Zweifel ein Symptom menschlicher Reife. In einer Versammlung wie dieser, die so große Errungenschaften auf vielen Gebieten des Lebens repräsentiert, mag es angebracht sein, von der „Zweideutigkeit der Vollkommenheit" zu sprechen. Wer nicht die Zweideutigkeit in sich selbst und in seinem Werk – auch dem vollkommensten – erkennt, ist nicht menschlich reif, und eine Nation, die nicht die Zweideutigkeit ihrer Größe gewahr wird, zeigt einen Mangel an Reife. So müssen wir uns fragen: Sind wir als Nation reif, erkennen wir die Zweideutigkeit auch des Besten in uns?

Es gibt für eine solche Erkenntnis manches Zeichen an vielen Stellen. Schon die Tatsache, daß ich aufgefordert wurde, über die Situation des Menschen zu sprechen, läßt Unsicherheit erkennen. Einsicht in die Zweideutigkeit unserer Errungenschaften ist bei all denen vorhanden, die meinen, daß die amerikanische Form der Demokratie – obwohl sie den meisten anderen politischen Systemen vorzuziehen ist – keineswegs als Ziel geschichtlicher Vorsehung gelten kann. Und auch in denen lebt diese Einsicht, die meinen, daß unser auf breiter Grundlage aufgebautes Erziehungssystem zwar vieles für sich hat, aber trotzdem voller Gefahren für die Zukunft unserer Kultur ist. Kritisches Bewußtsein zeigen auch die, die anerkennen, daß unser Wirtschaftssystem – wenn es auch durch seinen ungeheuren Erfolg gerechtfertigt ist – kein unzweideutiger Maßstab für alle anderen Wirtschaftssysteme ist. Und in den Kirchen herrscht diese Einsicht, sofern sie erkennen, daß sie nicht unzweideutige und alleinige Vermittler der Offenbarung des Seinsgeheimnisses sind.

Das alles sind Zeichen wachsender Reife. Aber dagegen stehen andere Kräfte. Für sie ist alles Menschliche eingeteilt in zwei Bereiche. Der eine Bereich umfaßt alles, was unzweideutig richtig ist – und zu dem sie sich selbst zählen –, und der andere Bereich umfaßt alles, was unzweideutig falsch ist – und wenn es die Hälfte der Menschheit wäre. Das ist Unreife, die sich von Unwissenheit und Fanatismus nährt und von einer auf Furcht und Haß gegründeten Propaganda. Ich meine, es sollte die Aufgabe all derer sein, die ihre Stimme erheben können, die geschilderte Situation zu erkennen. Dazu gehören die Regierungen, die Parteien, die Kommunikationsmittel einschließlich der großen Zeitschriften. Die Kräfte, die für sich unzweideutige Vollkommenheit beanspruchen, zerstören das Beste im amerikanischen Geist, das, was einst eine Verfassung schuf, die auf der Erkenntnis der Zweideutigkeit in allen Trägern der Macht beruhte.

Während die „Zweideutigkeit der Vollkommenheit" auf alle menschlichen Lebensumstände zutrifft, gibt es eine andere Form der Zweideutigkeit, der in besonderem Maße unsere Zeit ausgesetzt ist. Sie beruht auf der Tatsache, daß unsere Kultur eindimensional ist, bestimmt durch Tendenzen, die sich in der horizontalen Linie bewegen, zum Beispiel das Bestreben, in den Weltraum vorzustoßen, die Produktion immer neuer und besserer Werkzeuge, die Vermehrung der Kommunikationsmittel, oder die wachsende Zahl derjenigen Menschen, die an Kulturgütern teilhaben – all dies ist eindimensionale, horizontale Ausdehnung. Und darum ist es der „Zweideutigkeit der Expansion" unterworfen.

Zweideutigkeit ist nicht gleichbedeutend mit böse. Die rein negativen Kritiker unserer Situation verwechseln diese beiden Begriffe; sie sind nicht einmal in der Lage, die positiven Quellen zu erkennen, aus denen selbst ihre Kritik gespeist wird. Wenn alles negativ wäre, könnte es nicht als negativ erkannt werden. Das Leben ist nicht rein negativ, bei tieferer Betrachtungsweise erkennen wir, daß es in seinem innersten Wesen zweideutig ist.

Ich möchte die letzte Behauptung an einem Beispiel erläutern, nämlich am Beispiel der Kulturgüter, die heute immer größeren Kreisen zugänglich werden. Es ist ganz gewiß bedeutsam, daß die Schöpfungen aller Jahrhunderte heute durch breite Bildungsmöglichkeiten und durch die öffentlichen Kommunikationsmittel breiten Kreisen des Volkes erreichbar sind, aber dieser Prozeß ist voller Zweideutigkeit, wenn die Schöpfungen der Vergangenheit und Gegenwart zu Kulturgütern werden, die gekauft und verkauft werden können. Die damit verbundene Zweideutigkeit ist kaum vermeidbar, aber man kann sie bekämpfen; und es ist eines meiner schönsten Erlebnisse, daß an vielen Orten in den Vereinigten Staaten kleine Gruppen bestehen, die sich Woche für Woche zur gemeinsamen Besprechung eines bedeutsamen Buches zusammenfinden und auf solche Weise diesen mühsamen Kampf auf sich genommen haben, vielleicht sogar, ohne darum zu wissen.

Denn es ist ein mühsamer Kampf. Die treibenden Kräfte unserer eindimensionalen Kultur sind äußerst stark: Wenn Kulturgüter gekauft und verkauft werden können, ist es für den schöpferischen Menschen der heutigen Zeit eine beinahe unwiderstehliche Versuchung, sie um des Verdienstes willen herzustellen. Oft widerstehen sie dieser Versuchung und kommen dann in Gefahr, von der Gesellschaft nicht beachtet zu werden. Aber wer kann schließlich die Konsumenten daran hindern, die größten Schöpfungen der Vergangenheit für ihre Unterhaltung, ihr soziales Prestige oder als Gesprächsstoff zu benutzen? Niemand kann das; und darum erleben die Konsumenten die großen Werke unserer Kultur niemals als Ausdruck letzter menschlicher Möglichkeiten, die für ihre eigene Existenz und den Sinn ihres Lebens von großer Bedeutsamkeit sein könnten. Es liegt auf dieser Linie, wenn ich meine Auffassung von Bildung in der Forderung zusammenfasse, daß Bildung durch innere Aneignung von Kulturschöpfungen zur „Einführung" werden muß, nämlich zur Einführung in die Tiefe des Lebens und den Sinn der menschlichen Existenz. Aber wir müssen fragen: Ist das in einer eindimensionalen Kultur möglich? Denn das Geheimnis des Lebens liegt in der Dimension der Tiefe.

Jedes große kulturelle Werk hat einen tiefen, unausschöpfbaren Sinn.

Es bedurfte großer Selbstverleugnung, um es zu schaffen, und es bedarf ebensolcher Selbstverleugnung, es sich anzueignen. Wir müssen endlich aufhören, uns eindimensional weiterzubewegen. Wir müssen zur Muße kommen, wir müssen in das Werk eindringen und uns mit seiner inneren Mächtigkeit vereinigen. Diese Forderung gilt für die bildende Kunst, die Literatur, die Philosophie, die Symbole der Religion und für die Beziehung von Mensch zu Mensch. Aber es ist schwierig, in einer eindimensionalen Kultur die erforderliche Muße zu finden. Die endlose Zahl von Möglichkeiten, die Faszination des Neuen, die Forderung, stets an der Spitze der Entwicklung zu sein, machen Warten und Besinnung beinahe unmöglich. Der Handel mit Kulturgütern erzwingt eine immer weiterwachsende Produktion und einen daraus folgenden Konsum. Dieser Mechanismus ist das, was „Zweideutigkeit der Expansion" bedeutet.

Dem schöpferischen Kritiker fällt die Rolle zu, die „Zweideutigkeit der Vollkommenheit" in jeder Kultur aufzudecken. Und wir hatten große Kritiker in jüngster Vergangenheit und hoffen, daß wir sie auch in Zukunft haben werden. Auch sie stehen in ständigem Kampf in einer eindimensionalen Kultur. Ihr Kampf ist nicht der gleiche wie der der Kritiker früherer Kulturen, der zum Märtyrertum führen konnte; ihr Kampf richtet sich gegen eine Kultur, die als „Kulturgut" mißbraucht wird. Der unbequeme „sokratische Frager" wird eingesperrt, wenn auch nicht getötet. Seine Kritik wird zwar honoriert, aber er hat nicht die Freiheit, aus der Dimension des Vertikalen ein Urteil abzugeben, das die Gesellschaft, die ihn erhält, in ihren Grundlagen erschüttert.

Sie werden den Eindruck bekommen haben, als ob meine Ausführungen Worte eines Theologen sind, der das älteste Kulturgut, die Religion, verkaufen möchte. Das stimmt keineswegs! Selbst wenn man die Erfahrung in der vertikalen Dimension religiös nennt, ist Religion nicht gleichbedeutend mit dem, was dieses Wort für gewöhnlich bedeutet. Religion geht nicht auf in dem, was ich manchmal den „Religionsbegriff der illustrierten Zeitungen" genannt habe, Religion nämlich als eine der kulturellen Funktionen des menschlichen Geistes, über die beispielsweise zwischen den Sport- und Wirtschaftsnachrichten berichtet und die als der „Job" der *religionists* angesehen wird – das unreligiöseste Wort der englischen Sprache. Religion als Erfahrung der vertikalen Dimension wirkt in jedem schöpferischen Werk – sei es künstlerisch, wissenschaftlich, ethisch, politisch, technisch, wirtschaftlich, ja sogar in der Fähigkeit zum Spiel, diesem großen Symbol der menschlichen Freiheit. Religion in diesem Sinn ist der Zustand, in dem wir von dem unendlichen Ernst der Frage nach dem Sinn unseres Le-

bens ergriffen werden und bereit sind, auf Antworten zu hören und unser Handeln nach ihnen zu richten. Diese Fragen und Antworten werden für gewöhnlich in den Systemen des religiösen Denkens und religiöser Lebensordnung zur Sprache gebracht. Aber nicht nur in ihnen. Die vertikale Dimension der Tiefe ist im profanen wie im religiösen Bereich gegenwärtig. Sie ist auch gegenwärtig in unserer eindimensionalen Kultur, wenn auch verdunkelt und unterdrückt von den Kräften der Horizontalen und ihrer rastlosen Betriebsamkeit.

Es ist meine Hoffnung für die Zukunft, daß diese Kräfte weit stärker und für mehr Menschen enthüllt werden, als es in der heutigen Situation des Menschen möglich ist. Und ich glaube, daß es die Pflicht derer ist, die heute zu uns sprechen – *Time Magazine* eingeschlossen –, mit Leidenschaft und Weisheit zu helfen, daß die letzte Frage in unserer westlichen Kultur und in unserer Nation wieder machtvoll sichtbar wird.

60. DER SCHÖPFERISCHE DURCHBRUCH

Rede zur Eröffnung des Neubaus im „Museum of Modern Art" in New York am 25. 5. 1964

Als wir im Jahre 1933 als Flüchtlinge aus Hitler-Deutschland nach New York kamen, war es für uns ein großes Erlebnis, als wir das „*Museum of Modern Art*" entdeckten. Es war die erste Stelle in dieser verwirrenden Stadt, wo wir sagen konnten: Das ist Heimat. Es war Heimat, nicht weil es deutsche und europäische Erinnerungen erweckte, sondern weil es gut war. Es stellte alles das für uns dar, für das wir einstanden und kämpften und was uns zu Fremden in dem alten Land machte, als jenes Land sich von den Mächten des Bösen besiegen ließ. Dieses Museum erschien uns damals als eine Verkörperung von Ehrlichkeit im schöpferischen Ausdruck sowohl in der Architektur wie in den Künsten, denen die Architektur Raum und Rahmen gibt.

Wenn ich mich an dieses Erlebnis erinnere, betrachte ich es als eine große Ehre, daß ich jetzt jenen meinen Dank sagen kann, die solch eine Erfahrung möglich machten; den Stiftern und Erbauern dieses Hauses, denen, die als Hüter seiner Integrität unendlich viele richtige Entscheidungen getroffen haben, und vor allem den Künstlern, ohne deren Werke selbst das schönste Haus ein leeres Gebäude bliebe. Mein Aus-

druck der Dankbarkeit ist gewiß persönlich, aber er ist als Ausdruck des Gefühls all derer gemeint, die wie ich weder Künstler noch Kunstkenner sind, aber die bildenden Künste lieben und mindestens in einigen ekstatischen Augenblicken die öffnende und offenbarende Macht erfahren haben, die Kunst haben kann. Schließlich möchte ich im Namen der vielen Millionen danken, die diesen Ort besucht und wenigstens einen Blick unter die Oberfläche ihres gewöhnlichen Lebens getan haben.

Denn die Künste tun beides: sie erschließen eine Dimension der Wirklichkeit, die sonst verborgen bleibt, und sie öffnen unser eigenes Wesen zur Aufnahme dieser Wirklichkeit. Nur die Künste können das tun. Wissenschaft, Philosophie, moralisches Handeln und religiöse Hingabe können es nicht. Der Künstler vermittelt unseren Sinnen und durch sie unserem ganzen Sein etwas von der Tiefe unserer Welt und von uns selbst, etwas vom Mysterium des Seins. Wenn wir von einem Kunstwerk ergriffen sind, werden uns Dinge sichtbar, die uns vorher unbekannt waren, Möglichkeiten des Seins, ungeahnte Mächte, die in der Tiefe des Lebens verborgen sind und uns nun ergreifen. Sie erreichen uns durch die Sprache der Kunst, eine Sprache, die von der unseres täglichen Lebens verschieden ist, eine Sprache der Symbole, wie realistisch der künstlerische Stil auch sein mag. Das trifft für alle Kunst zu, besonders aber für die bildende Kunst, in deren Dienst dieses Gebäude erneuert worden ist.

Wenn die Kunstwerke erschließen und offenbaren, was verschlossen und verborgen war, dann muß in jeder künstlerischen Begegnung mit der Wirklichkeit ein Durchbruch geschehen, ein Durchbruch durch die vertraute Oberfläche der Welt und unseres eigenen Selbst. Nur wenn die Dinge, wie man sie gewöhnlich sieht, hört und berührt, zurückbleiben, kann die Kunst etwas aus einer anderen Dimension der Welt offenbaren. Ohne unsere natürliche Anhänglichkeit an das Vertraute zu durchbrechen, kann die Macht der Kunst uns nicht ergreifen. Deshalb haben neue Wege, die Welt zu sehen, immer den Widerstand derer erweckt, die im Vertrauten bleiben wollten.

Das ist nicht das Schicksal eines besonderen Stiles, zum Beispiel des expressionistischen, es ist das Schicksal jeder unvertrauten Weise, mit der man die Welt betrachtet. Es war das große Verdienst dieses Museums und der Künstler, deren Werke es auswählte, daß sie für das Unvertraute und Unsichere kämpften. Viele schöpferische Durchbrüche vom Vertrauten zum Unvertrauten, von der Oberfläche zur Tiefe, sind auf diesen Wänden gezeigt worden. Und wir, die wir heute als dankbare Freunde des alten Museums hier sind, hoffen, daß dies im erneuerten Haus so bleiben wird. Es gibt eine Regel im Leben des Geistes, eine

unglückliche, aber unausweichliche, „das Gesetz des vergessenen Durchbruchs". Der ursprüngliche, schöpferische Durchbruch ist das Ergebnis großer Spannungen, innerer Kämpfe, Siege und Niederlagen, eines Schwankens zwischen Hoffnung und Verzweiflung, Überwindung von äußerlichen Widerständen und schließlich ein Gefühl von innerer Sicherheit, Befreiung und Stolz. Aber wenn es geglückt ist und die schöpferische Macht sichtbar wird, dann wird das Unvertraute langsam ein Teil des Vertrauten. Dinge der Tiefe werden Teile der Oberfläche, was sich einst als neuer Weg geöffnet und offenbart hat, hat seine Macht verloren. Was Durchbruch war, ist Wiederholung geworden. Die Mühe und der Ruhm der ersten Erfahrungen sind vergessen. Gewiß können immer Künstler erscheinen, die innerhalb einer gegebenen Form ungesehene Möglichkeiten offenbaren, indem sie das Unvertraute innerhalb der Grenzen des Vertrauten erschaffen. Sie sind selten und denen gleich, durch die der erste Durchbruch geschah. Und ihre Werke behalten wie die der anderen ihre offenbarende Macht für den Betrachter aller späteren Generationen. Sie sind die bleibende Ernte eines Durchbruchs, weil sie in ihrer reifen Schöpfung die Überraschung, die Echtheit, die offenbarende Macht des Durchbruchs verkörpert haben. Dies rechtfertigt die Museen der klassischen Kunst, und sicherlich muß ein Museum moderner Kunst versuchen, zum Teil zu einem Museum klassischer Kunst zu werden. Aber um morgen klassisch zu sein, muß ein Museum heute revolutionär sein.

Das Museum blickt zurück auf eine Epoche beständiger künstlerischer Revolutionen und vieler Durchbrüche innerhalb einer kurzen Zeit. Es gibt indessen einen gemeinsamen Zug in der ganzen Epoche seit der Jahrhundertwende: die Vorherrschaft des expressionistischen Elements gegenüber dem realistischen und idealistischen. Eine Folge davon war ein radikaleres Aufbrechen der Oberfläche der Dinge, ein intensiveres Eindringen in ihre Bestandteile, eine stärkere Wahrnehmung ihrer dämonischen Tiefe, als es Jahrhunderte vorher geschehen war. Und als Theologe möchte ich sagen, daß trotz ihrer Armut an religiösen Bildern und Plastiken im traditionellen Sinne des Wortes es eine Epoche ist, in der die religiöse Tradition mit erstaunlicher Macht in nicht-religiösen Werken erschienen ist. Die Sammlungen dieses Museums und viele seiner Ausstellungen sind die bedeutendsten Zeugnisse für diese Situation.

Wenn wir von der Vergangenheit zur Zukunft blicken, bemerken wir eine radikale Bewegung, die wirklich an die Wurzeln geht. Lassen Sie mich sie die „Kunst der Nicht-Kunst" nennen oder in einer radikaleren Form den „Tod des Begriffs Kunst". Es ist kein isoliertes Er-

eignis: man spricht heute von der „Religion der Nicht-Religion", von einer „Theologie ohne Gott", von der Sprache des „Seins ohne Sein". In der Kunst der Nicht-Kunst versucht man, Stücke der trivialen Wirklichkeit zusammenzufügen, die durch eine magische, unheimliche Komposition die Trivialität unserer gegenwärtigen Existenz zeigen. Aber sie zeigen es in einer nicht-trivialen Weise. Dieses Sterben traditioneller Begriffe mag ein echter Durchbruch sein, denn diese Begriffe sind oft ein Hindernis für eine unbefangene Begegnung mit der Wirklichkeit. Und wenn sie das sind, sollten sie fortgeräumt oder wenigstens sollte ein „Nicht" vor sie gesetzt werden, wie in „Religion der Nicht-Religion" und „Kunst der Nicht-Kunst".

Was hat all das mit unserem täglichen Leben zu tun, in dem wir gewöhnlich stehen? Der Durchbruch ist eine Vorbedingung, um die tieferen Dinge des Lebens in unser Leben zu bringen. Aber es ist nicht das Ende; dem Weg in die Tiefe muß eine Rückkehr zur Oberfläche folgen. Die Bilder unserer täglichen Begegnung, die Gestalten und Gesichter müssen umgeformt werden mit Hilfe der Elemente, aus denen sich die Wirklichkeit zusammensetzt. Solche Rückkehr hat begonnen. Wir wissen nicht, wohin das führen wird. Aber eines wissen wir: Nicht jene, die im Vertrauten geblieben sind und den Wandlungen der letzten Epoche widerstanden haben, werden diese Entwicklung bestimmen, sondern jene, die zur Tiefe gingen, die wagten, das radikal Unvertraute zu zeigen, und dann zurückkehrten. Wir hoffen, daß, während die vergangene Geschichte des Museums meist ein Hinabsteigen unter die Oberfläche war, die zukünftige Geschichte auch ein umformender Aufstieg zu der Oberfläche, in der wir leben, sein wird. Aber entscheidend ist, daß die Kunstwerke, die in diesem Museum ein Heim finden werden, die offenbarende Macht, die sie in der ersten Epoche seiner Geschichte hatten, behalten.

61. PROBLEME DES FRIEDENS

Rede anläßlich der Konferenz „Pacem in Terris" in New York
am 18. 2. 1965

Es ist meine Aufgabe, einige Gedanken zum Thema dieser Konferenz beizutragen und zu dem ihr zugrundeliegenden Dokument, der Enzyklika *„Pacem in Terris"* von Papst Johannes XXIII. Ich tue das als Theologe, der sowohl in der protestantischen wie in der humanisti-

schen Tradition steht und seit Jahrzehnten die letzte Einheit dieser Traditionen zu zeigen versucht hat.

Meine erste Reaktion auf die Enzyklika war die allgemein übliche. Ich betrachtete ihr Erscheinen als ein bedeutsames Ereignis in der Geschichte des religiösen und politischen Denkens, das praktische Konsequenzen für die geschichtliche Existenz des Menschen haben kann. Am wichtigsten scheint mir die Betonung, die das Dokument von Anfang bis Ende auf das letzte Prinzip der Gerechtigkeit legt, nämlich die Würde eines jeden Menschen als Person anzuerkennen, woraus sich seine Rechte und Pflichten in den mannigfachen Begegnungen zwischen den Menschen ergeben. In diesem Punkt gibt es keinen Unterschied zwischen Juden, Protestanten und Humanisten. In der prophetischen Überlieferung der Juden tauchte das Prinzip zum ersten Mal auf und ist dann immer wieder neu formuliert worden bis hin zu Martin Bubers Beschreibung der Ich-Du-Begegnung zwischen Person und Person. Die Protestanten sollten nie vergessen, daß Gerechtigkeit das Rückgrat der Liebe ist und daß ohne das Fundament der Gerechtigkeit Liebe zu Sentimentalität wird. Die Humanisten haben in Kants kategorischem Imperativ der Achtung einer jeden Person als Person das höchste Kriterium der *humanitas*. Alle drei stimmen mit dem Grundprinzip der päpstlichen Enzyklika überein.

Auf dieser Grundlage erheben sich Fragen, die zum Teil in anderen Überlieferungen wurzeln und als Übergang zur praktischen Arbeit der nächsten Tage dienen können.

Das erste Problem ergibt sich meiner Meinung nach aus der Tatsache, daß die Zustimmung zu dem entscheidenden Prinzip der Enzyklika nur so weit reicht wie die westliche christlich-humanistische Kultur, aber nicht wesentlich darüber hinaus. Daher dürfen wir bei der Frage von „Friede auf Erden" nicht aus den Augen verlieren, daß es große Kulturgruppen gibt, von denen einige durch Jahrtausende von einer religiösen Tradition geprägt sind, für die die Würde des Menschen kein letztes Prinzip ist. Nur eine längere gegenseitige Beeinflussung, in der der Westen geben wie nehmen müßte, könnte diese Situation ändern. Das sollte diejenigen, die am Geist der Enzyklika festhalten, von Versuchen abhalten, einige sich aus der Enzyklika ergebende Prinzipien, besonders das Prinzip von Freiheit und Gleichberechtigung, gegen Menschen mit anderen Prinzipien gewaltsam durchzusetzen.

Das zweite Problem bezieht sich auf die Frage nach dem Widerstand gegen diejenigen, die die Würde des Individuums verletzen. Ein solcher Widerstand gehört zweifellos zu den Rechten der Person wie auch der Gruppe, die sich zur Würde der Person und zu den sich daraus er-

gebenden Prinzipien bekennen und zu deren Verteidigung bereit sind. Ein derartiger Widerstand kann aber zur Rebellion werden, die Rebellion zur Revolution, und die Revolution kann zum Kriege führen. Die Geschichte läßt keinen Zweifel daran, daß Kriege, die aus sich widersprechenden Ideen der Gerechtigkeit entstehen, die grausamsten, langwierigsten und verheerendsten sind. Das beweisen die Religionskriege, in denen die Rechte des Menschen mit der Wahrheit über den Menschen gleichgesetzt wurden. So ist es heute in den ideologischen Kriegen, in denen die Rechte des Menschen mit dem Gesellschaftssystem gleichgesetzt werden, das diese Rechte garantiert. Es gibt kaum eine Situation, in der die Würde der Person stärker verletzt wird als in den Kämpfen um die Systeme, die diese Würde garantieren sollen. Das gilt ebenso für zwischenmenschliche Beziehungen wie für die Beziehung von Individuen zu Gruppen und von Gruppen zu Gruppen. Es gibt Situationen, in denen ein Widerstand ohne Waffengewalt möglich ist, aber selbst dann sind zerstörerische Folgen kaum zu vermeiden, gleich, ob es sich um einen Zusammenstoß psychologischer, ökonomischer oder soziologischer Art handelt. Es gibt aber auch Situationen, in denen einzig und allein der Krieg die Würde der Person wahren oder wiederherstellen kann. Nichts ist bezeichnender für die tragische Seite des Lebens als die Tatsache, daß im Kampf um Gerechtigkeit Ungerechtigkeit unvermeidbar ist.

Auch ein drittes Problem muß man betrachten, das einen Übergang von der Enzyklika zu dem politischen Leitgedanken der Konferenz herstellt. Es ist die Rolle der Macht im Verhältnis zur Gewalt und zu den Prinzipien der Gerechtigkeit. Man darf Macht weder mit Gewalt noch mit Autorität gleichsetzen. In verschiedenen Thesen der Enzyklika ist das geschehen; es fehlt eine klare Stellung zur Zweideutigkeit der Macht, ohne die es unmöglich ist, das Problem des Friedens realistisch zu behandeln.

Es gibt keine wirksame Autorität ohne eine Machtstruktur, auf die sie sich stützt. Unter den Bedingungen der Existenz kann sich Macht nur durchsetzen, wenn sie Zwang anwendet gegen diejenigen, die die Macht zu untergraben suchen. Denn Macht ist etwas Positives, eine Grundeigenschaft des Seins. Es ist die Kraft, dem zu widerstehen, was die Strukturen des Seins zu entstellen und zu zerstören sucht. Ich erinnere die Theologen an die Tatsache, daß sie ihre meisten Gebete mit Worten wie „allmächtiger" oder „allgewaltiger Gott" beginnen und damit die Macht an sich heiligsprechen. Und ich erinnere die Philosophen daran, daß Potentialität „Seinsmächtigkeit" bedeutet. In jedem Individuum und in jeder Gruppe ist eine gewisse Macht des Seins vor-

handen sowie die Bejahung dieser Macht und der Wille, sie zu verteidigen und zu vermehren. Aus den Begegnungen von Macht mit Macht entsteht sowohl Vereinigung wie Konflikt. Die Konflikte aber führen zur Anwendung von Gewalt mit der Absicht, Zwang auszuüben. Daraus erhebt sich die schwerwiegende Frage: Wann ist Zwang als Ausdruck der Macht berechtigt, wann unberechtigt? Wir erkennen einen berechtigten Zwang an, wenn es sich um die Durchsetzung des Gesetzes handelt. Gibt es auch einen berechtigten Zwang in der Beziehung von Machtgruppen zueinander? Diese Frage ist viele Jahrhunderte lang mit dem Begriff des gerechten Krieges beantwortet worden. Aber dieser Begriff hat seinen Sinn verloren durch die Tatsache, daß es in einem atomaren Krieg weder Sieger noch Besiegte geben wird, mit anderen Worten, daß weder der Zwang Ausübende noch der Bezwungene überleben wird.

Nur für geringere Konflikte hat der alte Begriff noch Bedeutung und wird vielleicht zu einer Art Weltpolizei führen. Aber ein Konflikt zwischen denen, die solch einer Weltpolizei Macht und Autorität verleihen, wäre in dieser Weise nicht zu lösen. Die Lösung des Problems ist weder Macht noch Zwang, sondern die Frage, ob bei dem notwendigen Gebrauch der Macht ein Zwang mit oder ohne Gerechtigkeit ausgeübt wird.

In diesem Zusammenhang erhebt sich ein viertes Problem, nämlich die Frage, in welchem Maße eine politische Gruppe, zum Beispiel eine soziale Gruppe, mit einem Machtzentrum, das zu politischem Handeln fähig ist, ebenso beurteilt werden kann wie ein Individuum. Eine solche Analogie führt, ernstgenommen, zu gefährlichen Konsequenzen, denn eine zufällige Regierung wird als das entscheidende und verantwortliche Zentrum der Gruppe betrachtet. Man verlangt dann von der Regierung, daß sie moralischen Geboten, die wesensmäßig für das Individuum gelten, zum Beispiel den Zehn Geboten, der Bergpredigt oder dem natürlichen Sittengesetz folgt (wie es der legalistische Pazifismus fordert). Aber keine Regierung darf ihr Volk total opfern, so wie das Einzelwesen sich opfern kann und es manchmal auch sollte. Dennoch wird und sollte das eine Regierung nicht daran hindern, ihr Volk dahin zu beeinflussen, daß es für das gemeinsame Wohl einer Gruppe von Völkern – einschließlich des eigenen – das Opfer der Selbstbeschränkung bringt, auch wenn ein gewisser Verlust des fragwürdigen und gefährlichen Besitzes, Prestige genannt, damit verbunden ist. Die Personifizierung einer Gruppe kann noch etwas anderes zur Folge haben. Betrachtet man die Regierung als das entscheidende Zentrum des sozialen Körpers, dann hat kein Individuum das Recht, ihr Widerstand zu leisten.

Damit beschreitet man aber den Weg, der am sichersten und häufigsten zum Despotismus führt. Die Gruppe liegt in einer anderen Seins-Dimension als das Individuum. Die für ein Individuum geltenden Moralgesetze kann man auf die Gruppe nur indirekt und mit wesentlichen Abänderungen anwenden. Es ist unmöglich, die Rechte und Pflichten des Individuums direkt auf die Gruppe zu übertragen. In Verbindung mit den drei anderen erwähnten Problemen zeigt diese Tatsache die Grenzen jeder realistischen Hoffnung auf einen „Frieden auf Erden".

Diese Feststellung zwingt mich dazu, das Problem des irdischen Friedens umfassender und grundsätzlicher zu betrachten. Wir müssen fragen: Welche Voraussetzungen in der menschlichen Natur und im Wesen der Geschichte dienen der Erfüllung dieses Zieles? Die meisten Meinungsverschiedenheiten über die Probleme des Friedens beruhen letztlich auf verschiedenartigen Deutungen der menschlichen Natur und folglich des Sinnes der Geschichte. Hier muß ich sowohl als protestantischer Theologe wie als existentialistischer Philosoph sprechen. Wie ich es sehe, ist die menschliche Natur bestimmt durch den Konflikt zwischen dem Guten im essentiellen Sein des Menschen und der Zweideutigkeit seines tatsächlichen Seins, das heißt seines Lebens unter den Bedingungen der Existenz. Das Gute seines essentiellen Seins verleiht dem Menschen seine Größe, seine Würde und das ihm angeborene Verlangen, als Person anerkannt zu werden. Andererseits treibt ihn die schwierige Lage, in der er sich findet, die Entfremdung von seinem wahren Sein, in die entgegengesetzte Richtung, da sie ihn hindert, sein essentielles Sein im tatsächlichen Leben zu verwirklichen. Dadurch wird all sein Tun, alles, was durch ihn geschieht, zweideutig, sowohl böse wie gut; denn sein Wollen ist zweideutig, gut und böse. Daher sollte man sich nicht an „alle Menschen, die guten Willens sind", wenden, wie es die Enzyklika tut. Man sollte sich an alle Menschen wenden in der Erkenntnis, daß in dem besten Willen ein Element des bösen Willens enthalten ist und in dem bösesten Willen ein Element des guten Willens. Aus dieser Auffassung von der Zweideutigkeit der moralischen menschlichen Natur lassen sich unmittelbare Schlüsse ziehen auf die Art, wie eine Friedenskonferenz die Chancen für einen künftigen Frieden betrachten soll.

Sie sollte echte Hoffnungen von utopischen Erwartungen unterscheiden. Wer in der Vergangenheit voller Hoffnung war und es in der Gegenwart ist, mußte und muß das lernen, meist durch schmerzliche Erfahrungen. Das klassische Buch der Hoffnung, das Alte Testament, ist eine Geschichte zerbrochener und wieder erneuerter Hoffnung. Seine Grundlage war zunächst der Glaube an Gottes Handeln und ferner das

Vertrauen auf das rechte Antworten des Menschen. Beide wurden enttäuscht. „Meine Wege sind nicht eure Wege", sagte Gott durch den Propheten zu den Enttäuschten. Über nichts reden die Propheten häufiger als über den unzuverlässigen Charakter der Menschen, die sich abwenden von dem Bunde, der die echte Hoffnung rechtfertigte. Dennoch besteht bis heute eine echte Hoffnung in Israel, die das Volk am Leben gehalten hat.

Es besteht eine tiefgründige Analogie zwischen der Geschichte der religiösen Hoffnung in Israel und der Geschichte der säkularen Hoffnung in der westlichen Welt, von den großen Utopien der Renaissance bis in unsere Tage. Die Bewegungen, die in neuerer Zeit einen Zustand des Friedens und der Gerechtigkeit anstrebten, gründeten ihre Hoffnung teils auf den Glauben an ein allgemeingültiges Gesetz des Fortschritts, teils auf den Glauben an die zunehmende Vernunft des Menschen. Beide Hoffnungen wurden enttäuscht, am entschiedensten vielleicht in unserem Jahrhundert. Wir können uns nicht länger der Tatsache verschließen, daß jeder Gewinn, zum Beispiel durch wissenschaftlichen oder technischen Fortschritt, auch einen Verlust mit sich bringt und daß alles in der Geschichte geleistete Gute von einem Schatten begleitet wird, einem Bösen, das sich des Guten bedient und es entstellt. Gerade durch unser besseres Verständnis für das persönliche und soziale Leben des Menschen wissen wir, daß die menschliche Vernunft nicht nur durch die natürlichen Gesetze der Vernunft begrenzt ist, sondern auch durch dunkle Elemente im gesamten menschlichen Wesen, die gegen die Vernunft ankämpfen. Betrachtet man die zwei Hauptbeispiele für diese menschliche Lage, die Zweideutigkeit von Segen und Fluch in der Atomforschung sowie den klug kalkulierten zerstörerischen Ausbruch der Anti-Vernunft im Hitlerismus und im italienischen Faschismus, so begreift man, daß große Massen der westlichen Völker, besonders der jüngeren Generation, der Hoffnungslosigkeit verfallen sind. Man begreift auch, daß eine Konferenz wie diese weitverbreiteter Skepsis begegnet, vielleicht sogar bei einigen von ihren Teilnehmern.

Es gibt aber in unserer Zeit nicht nur utopische Erwartungen, es gibt auch echte Hoffnung, auch auf das, was wir hier und jetzt zu tun versuchen, genauso wie bei den Menschen des Alten Testaments. Eine realistische Auffassung vom Menschen und der Geschichte braucht nicht zum Zynismus zu führen. Aber sie mag oft Hoffnung fordern, „wo nichts zu hoffen ist", und sie verlangt den Mut zum Wagnis, selbst wenn ein Scheitern wahrscheinlicher ist als ein Erfolg.

Wo liegt also der Unterschied zwischen utopischen Erwartungen und echter Hoffnung? Eine echte Hoffnung gründet sich darauf, daß etwas

von dem, auf das man hofft, schon gegenwärtig ist, so wie in dem Samen etwas von der künftigen Pflanze gegenwärtig ist, während utopische Erwartungen keine Grundlage im Gegenwärtigen haben. Daher müssen wir fragen: Aus welchen Samen kann sich der künftige Friedensstaat entwickeln?

Die erste Grundlage für eine echte Hoffnung ist etwas Negatives, was dennoch positive Auswirkungen haben kann und teilweise gehabt hat: die Bedrohung durch den atomaren Krieg und die Furcht vor gegenseitiger Zerstörung. Der uns durch diese Drohung aufgezwungene begrenzte Friede ist an sich rein negativ. Aber er bewirkt etwas, das in gewisser Hinsicht positiv ist: Er bringt den feindlichen Gruppen zum Bewußtsein, daß es eine Menschheit mit einem gemeinsamen Schicksal gibt. Diese Erfahrung einer „Gemeinsamkeit der Furcht" ist noch schwach und kann leicht besiegt werden durch das stärkere Gefühl, das durch nationale und ideologische Konflikte hervorgerufen wird. Als kleiner Keim aber existiert sie.

Eine zweite Grundlage für eine echte Hoffnung auf Frieden ist die technische Zusammenarbeit der Menschheit in der Eroberung des Raumes. Natürlich kann Nähe die Feindseligkeit steigern, und die Tatsache, daß das erste Resultat der technischen Einheit unserer Welt zwei Weltkriege waren, beweist diese Möglichkeit. Nähe kann sich aber auch entgegengesetzt auswirken. Sie kann das Bild des anderen so verändern, daß er nicht mehr fremd und gefährlich scheint. Sie kann Selbstbehauptung schwächen und Offenheit für andere Möglichkeiten der menschlichen Existenz bewirken und – besonders in der Begegnung der Religionen – für andere Möglichkeiten echten Glaubens.

Eine dritte Grundlage für eine echte Hoffnung auf Frieden ist die wachsende Zusammenarbeit auf Gebieten, die über Nationen und Ideologien hinausgreifen. Diese Zusammenarbeit ist wünschenswert, zum Beispiel in Fragen der Kultur und der Religion, in anderen Fällen ist sie wesentlich, zum Beispiel in den Wissenschaften, wieder in anderen ist sie notwendig für die Zukunft der Menschheit, zum Beispiel in den Problemen der Ernährung, der Medizin, der Übervölkerung und des Naturschutzes.

Eine vierte Grundlage für eine echte Hoffnung ist die Existenz und der, wenn auch noch so begrenzte, Einfluß einer gesetzlich geregelten Dachorganisation für alle diese in ihrer Art beschränkten Gruppen. Nur der Mensch kann das Reich des Friedens vergrößern, die Natur kann es nicht. Er allein kann eine gesetzliche Organisation errichten, die denen, die sich ihr unterstellen, den Frieden, wenn auch nicht absolut, so doch bis zu einem gewissen Grade garantiert. Nicht absolut, weil

jeder, der sich der gesetzlichen Organisation unterstellt, wieder aus ihr ausbrechen kann, um eigenen Interessen oder seiner Überzeugung zu folgen.

Darum ist mehr als eine gesetzliche Organisation nötig, um den Frieden zu erhalten, nämlich ein sogenannter *consensus*. Dieser *consensus* ist aber nicht etwas so Theoretisches wie das Wort besagt. Es ist „der Eros der Gemeinschaft", jene Art Liebe, die sich nicht auf ein Individuum, sondern auf eine Gruppe richtet. Es heißt, man könne ein anderes Volk nicht lieben. Das mag in bezug auf einen Nationalstaat gelten, nicht aber für die Beziehung zu den Menschen der anderen Nation. Man kann Liebe für die Menschen dieser Nation empfinden im Hinblick auf ihre Einmaligkeit, ihre Tüchtigkeit und ihre Leistungen, trotz ihrer Unzulänglichkeiten und Fehler. Ohne diesen Eros scheint eine Weltgemeinschaft nicht möglich zu sein. Er transzendiert sowohl Interessen wie Gesetze. Jeder Ausdruck eines solchen Eros berechtigt zur Hoffnung auf Frieden, jede Ablehnung eines solchen Eros verringert die Aussichten auf Frieden.

Und nun ein letztes Wort über das, was wir als Friedenskonferenz erhoffen dürfen. Vor allem: Wir können lediglich *hoffen*. Wir können nicht berechnen, wir können nicht wissen. Die Ungewißheit bleibt bestehen. Alle erwähnten Hoffnungskeime können vernichtet werden, ehe sie sich entwickelt haben. Und weiter: Es gibt keine Hoffnung auf ein Endstadium der Geschichte, in dem Friede und Gerechtigkeit herrschen. Die Geschichte ist nicht erfüllt, wenn sie empirisch zu Ende ist, sondern die Geschichte ist erfüllt in den großen Augenblicken, in denen etwas Neues geschaffen wird, oder – religiös gesprochen – wenn das Reich Gottes in die Geschichte einbricht und die zerstörenden Strukturen der Existenz überwindet, zu denen als eine ihrer mächtigsten der Krieg gehört. Das bedeutet, daß wir auf keinen Endzustand der Gerechtigkeit und des Friedens innerhalb der Geschichte hoffen dürfen. Wir können aber auf Teilsiege über die Mächte des Bösen in einem besonderen Augenblick der Geschichte hoffen.

In dieser Hoffnung – ohne utopische Erwartungen – sollte diese Konferenz ihre Arbeit beginnen!

62. WAHRHAFTIGKEIT UND WEIHE IN DER RELIGIÖSEN KUNST UND ARCHITEKTUR

Vortrag vor der „National Conference on Church Architecture"
in Chicago im Jahre 1965

Ich möchte anfangen mit einer Art autobiographischen Berichtes, wie ich zu den beiden Prinzipien „Wahrhaftigkeit" und „Weihe" gekommen bin, die ganz grundsätzlich religiöse Kunst und im besonderen religiöse Architektur bestimmen sollten.

In meiner Jugend wollte ich Architekt werden, und erst am Ende meines 20. Lebensjahres siegte der andere Wunsch, nämlich Theologe und Philosoph zu werden. Ich entschied mich, statt in Eisen, Stein und Glas in Begriffen und Sätzen zu bauen. Denn das Bauen blieb meine Leidenschaft, sowohl in Stein als auch in Gedanken, und wie die Beziehung der mittelalterlichen Kathedralen zu dem scholastischen System zeigt, liegen diese zwei Wege nicht weit voneinander entfernt. Beide sind Ausdrucksformen für den Sinn des Lebens als ganzem.

Meine Liebe zur Architektur ließ nie nach. Bedeutende Bauwerke erregten meine Bewunderung, und ich nahm jede Gelegenheit wahr, sie persönlich kennenzulernen. Immer, wenn ich von solch vollkommener Architektur umgeben war, hatte ich ein Gefühl innerer Befriedigung. Die Tatsache, daß ich bis zu meinem 14. Lebensjahr in dem Pfarrhaus meines Vaters und gegenüber einer gotischen Kirche aus dem 15. Jahrhundert in einer ostdeutschen Stadt aufgewachsen bin, hat meine Entscheidung, Theologe zu werden, und einige grundlegende Elemente meines theologischen Denkens beeinflußt. Viel später, während der Schrecken und Widerwärtigkeiten des ersten Weltkrieges, in dem ich als Feldgeistlicher in der deutschen Armee diente, und direkt nach dem Kriege wurden meine Augen für den Glanz der Malerei geöffnet. In einem protestantischen Pfarrhaus, ob in Deutschland oder Amerika, ist das für gewöhnlich nicht möglich, und erst mein ältester Freund, ein Kunstkritiker, hat mir die expressive Kraft aller modernen Kunst erschlossen.

Dadurch wurde ich seither zu einem Verteidiger der modernen Kunst, selbst wenn ich einiges nicht mochte oder nicht verstand. Aber noch mehr: ich wurde nicht nur zu einem Verteidiger, sondern auch zu einem strengen Kritiker in zweierlei Hinsicht: 1. auf dem Gebiet der Malerei, besonders der religiösen Malerei. Die sentimental verzerrte Darstellung

des Christus (z. B. bei Guido Reni), die auf allen kirchlichen Broschüren, in Sakristeien und Pfarrhäusern in Deutschland um sich griff, zeigte mir, was Unwahrhaftigkeit in der Malerei bedeutet. Ich kam zu der Einsicht, daß alle diese Bilder gerichtet und verworfen würden durch das größte Werk aller religiösen Malerei, das Bild des Gekreuzigten von Matthias Grünewald Ende des 15. Jahrhunderts. Die schrecklichen Wunden dieses Leibes sind eine Vorwegnahme des modernen Expressionismus. Das Bild ist weder eine Kopie noch eine Entstellung, es ist ein künstlerischer Ausdruck der Wahrheit, die sich auf Golgatha ereignet hat.

Auf diese Art lernte ich, den verschönernden Naturalismus in der religiösen Kunst der Jahrhundertwende abzulehnen. Er hatte trotz der großen Tradition Eingang in den Katholizismus und in das Protestantentum gefunden. Ich begann zu erkennen, was künstlerische Wahrhaftigkeit bzw. Unwahrhaftigkeit bedeutet.

Aber ich machte zu dieser Zeit eine ebenso wichtige Erfahrung mit der kirchlichen Baukunst. In Europa hatten wir viele echte romanische und gotische Bauwerke. Man besuchte sie, besonders die größten, aber ein kleines Bauwerk dieser Art stand auch in meinem Heimatdorf. Trotz der großen Tradition wurden dann eine lange Zeit in Deutschland pseudo-gotische und pseudo-romanische Nachbildungen gebaut.

Dann machte ich Bekanntschaft mit den architektonischen Ideen und den Menschen des „Bauhauses", und wieder erkannte ich in einer plötzlichen Eingebung die Unwahrhaftigkeit in den Nachbildungen des gotischen und romanischen Stiles, den man in heutigen Kirchen und in Bauwerken ganz allgemein findet.

1933 kam ich nach Amerika und lebte 22 Jahre lang im *Union Theological Seminary* in New York im Schatten einer pseudo-gotischen Kirche, der *Riverside Church,* die ich in mancherlei Gesprächen zum Mißfallen vieler ständig angriff. Aber ich muß gestehen, es war nicht einfach, weil mich diese Kirche innen mehr als außen an die echte gotische Kunst erinnerte und deshalb einigen Eindruck auf mich machte. Ich würde es heute eine Versuchung nennen, der ich widerstand. Und in meiner „Systematischen Theologie", in der ich die religiöse Kunst erörterte, stellte ich die Beurteilung der religiösen Kunst unter das Prinzip der Wahrhaftigkeit – eines der beiden Hauptprinzipien, unter denen religiöse Kunst beurteilt werden muß.

Das Falsche an der Nachahmung alter Stile liegt darin, daß sie nicht aus der schöpferischen Eingebung der Erbauer der ursprünglichen Werke geboren sind. Die Nachbildungen entstehen vielmehr aus der wissenschaftlichen Beschäftigung mit der Vergangenheit. Sie entstehen

ohne Beteiligung des Unbewußten, aus dem die Symbole erwachsen, wie es zum künstlerischen Schaffen gehört. Außerdem ist die Nachahmung ein Akt des Schmückens zum Zwecke der Verschönerung. Wenn ein Bauwerk in sich vollkommen ist, d. h. gänzlich seinem Zweck entspricht, braucht man nichts mehr hinzuzufügen, um es zu verschönern. Die Schönheit muß in der Angemessenheit und der Ausdruckskraft seiner Gestalt liegen, aber nicht in zufälligem Beiwerk, und ich glaube, daß das Wort Ausdruckskraft das entweihte Wort „schön" ersetzen müßte, das entweiht war durch die religiöse Kunst Ende des 19. Jahrhunderts.

Solche Betrachtungen können zu einem asketischen Radikalismus des Prinzips der Wahrhaftigkeit führen. Vor Jahren gab es einen Kampf um die Idee der „Wohnmaschine", dem Haus, das in jeder technischen Beziehung perfekt ist, aber in dem man nicht leben kann, weil bei seinem Entwurf das Leben als Ganzes nicht mit in Betracht gezogen wurde. Den Wunsch zumindest einiger Leute, sich aus dem offenen Raum und seiner Unendlichkeit zurückzuziehen, den Wunsch nach einer individuellen Privatsphäre, nicht nur nach familiärem Privatleben, den Widerwillen einiger Menschen gegen tote Materialien wie Eisen und Beton, die sie schon beim Anblick verletzen – all das hatte man nicht bedacht. Diese Menschen, zu denen ich gehöre, wünschen sich Materialien organischer Herkunft, z. B. gewebte Stoffe und Holz. Das Problem ist dann, wie die Architektur die gefühlsbetonte Vorstellung von Gemütlichkeit mit der Forderung nach Wahrhaftigkeit verbinden kann. Wieviel architektonische Wahrhaftigkeit muß der Architekt opfern, um ein gemütliches gutbürgerliches Haus zu bauen? Wieviel seiner sentimentalen Idee vom „zu Hause" muß der Bewohner opfern, um die Idee der Wahrhaftigkeit, der sich der Architekt verpflichtet fühlt, anerkennen zu können?

In der Kirchenarchitektur sehen wir uns dem Problem der Wahrhaftigkeit und Weihe gegenüber. Eine Lösung des Problems ist erst möglich, wenn wir uns mit dem Begriff der Weihe näher auseinandergesetzt haben. Wie vorher schon gesagt, duldet Wahrhaftigkeit weder Nachahmung noch Verschönerung. Aber sie stellt noch etwas in Abrede, nämlich die willkürliche Lösung des modernen Kirchenbaus und seiner Sucht nach Neuem. Auf meinen häufigen Reisen sah ich überall, hier und in Europa, sowohl in der katholischen als auch in der protestantischen Kirche, Versuche neuer architektonischer Formen im Kirchenbau. Die Modernität sowie die Mannigfaltigkeit der Entwürfe ist überwältigend, selbst wenn man nur die herausragenden Beispiele ins Auge faßt. Sogar die durchschnittlichen Bauwerke sind interessant.

Viele überraschen sehr. Aber die Überraschung geht vorbei, und das Neue wird bald langweilig und unerträglich, wenn es keinen echten Bezug zur inneren Funktion des Kirchenbaus hat.

Es gibt zwei Gründe für diese Situation: einmal die vielen Möglichkeiten, die durch das neue Material Beton und durch verwandte Materialien gegeben sind, und zum anderen die allgemein gültige Wahrheit, daß Möglichkeit Versuchung ist. Ein weiterer Grund ist der Bruch mit der Tradition, der das Experiment notwendig macht. Es kam zu diesem Bruch, als man begann, die historischen Stile nachzuahmen. Der einzig redliche Ausweg aus dieser Situation ist die schöpferische Eingebung des Architekten, der sich mit den objektiven Forderungen einer besonderen Situation auseinandersetzen muß und gleichzeitig etwas Bedeutungsvollem Ausdruck geben möchte. Weder Nachahmung noch Willkür erlaubt das Prinzip der Wahrhaftigkeit.

Die Forderungen, die den Kirchenarchitekten von der theologischen Seite her gestellt sind, beruhen auf dem Prinzip der Weihe. Es stellt uns vor eine Reihe wichtiger theologischer Fragen. Die erste ist ziemlich paradox: Ist es ehrlich, heute überhaupt noch Kirchen zu bauen? Brauchen und wünschen wir heute eigentlich noch Orte der Weihe? Es gibt schwerwiegende Gründe gegen diesen Wunsch.

Zuerst soziologische: Es gibt große Bevölkerungsgruppen, für die die Kirche zum Klassensymbol geworden ist, vielleicht in Europa mehr als in Amerika. Ich denke an die Arbeiter in Deutschland nach dem ersten Weltkrieg und die Vorstellung, die man in einer Bewegung hatte, zu der auch ich gehörte. Wir machten Pläne, wie man in den Hinterzimmern billiger Restaurants religiöse Zusammenkünfte abhalten könnte, wo sich die Arbeiter zu Hause fühlten und wo man zu ihnen über die Probleme der Religion und des Sozialismus sprechen konnte. Es gibt Analogien zu dieser Vorstellung im gegenwärtigen Amerika, in der Schöpfung von „*frontstore*"-Kirchen in Harlem (New York).

Aber auch eine andere Seite der Frage ist ernstlich zu bedenken. Ich denke an die gebildeten Christen in Japan, die die Missionskirchen ablehnen, die meistens von europäischen oder amerikanischen Missionaren geleitet werden, und sich deshalb Sonntag für Sonntag in Privathäusern treffen. Oder ich denke an die Diskussionsgruppen, die ich auf meinen Vorlesungsreisen im ganzen Land entdeckte. Sie trafen sich, weil sie sich durch den traditionellen Gottesdienst nicht angesprochen fühlten und sich deshalb in einem Privathaus trafen, um sich mit Predigten, Bibelauslegung, theologischen und philosophischen Problemen zu beschäftigen. Oder ich denke an die Arbeiterpriester in Frankreich oder an die Diskussionsgruppen von Theologen und Arbeitern in eng-

lischen Fabriken. Ich denke weiter an religiöse Vorträge und Diskussionen im Rundfunk, besonders an die Rundfunkgottesdienste.

All das ist ein Ausdruck unserer Situation der Säkularisierung, in der man gegenüber der christlichen Botschaft gleichgültig geworden ist. Das betrifft unzählige Menschen in allen sozialen Klassen, aber ganz besonders die Intelligenz der westlichen Welt, und es betrifft auch die kommunistischen Länder, die die Hälfte der Menschheit ausmachen. Es gibt wahrscheinlich keine neuen Kirchen in Rußland und keine neuen buddhistischen Tempel in China.

Die Menschen, von denen jeder in der westlichen Welt begeistert ist, sind Künstler, Musiker und besonders in den letzten Jahren Dramatiker, Schriftsteller, Maler, Architekten, also Menschen, die in ihrer Mehrheit keine Beziehung zum kirchlichen Leben haben – manchmal nicht einmal jene Architekten, die Kirchen bauen. Ich denke an Matisse, dessen Kapelle ich in Vence in Südfrankreich sah und die ich in ihrer Einfachheit als großes Kunstwerk bewunderte. Nachdem ich die Kapelle verlassen hatte, sagte ich zu meiner Frau: „Ich habe nichts daran auszusetzen, und doch hat sie jemand gebaut, der keine Beziehung zur Kirche hat."

Aber die radikalsten Angriffe gegen den Kirchenbau kommen von der Theologie selbst. Sie beginnen im Alten Testament. Schon zur Zeit Salomos gab es einen Widerstand gegen den Kirchenbau, und Salomo selbst sprach in dem „Weihegebet" (1. Kön. 8, 22 ff.) über die Unmöglichkeit, das Unendliche in einen endlichen Raum zu bannen. Noch radikaler ist der Angriff gegen den ganzen Tempelkult in den Worten des Propheten Amos: „Tue nur weg von mir das Geplärr Deiner Lieder, denn ich mag Dein Psalterspiel nicht hören!" (Am. 5,23). Als die Jünger Jesu auf die Schönheit des Tempels hinwiesen, erinnerte Jesus an seine Prophezeiung, daß der Tempel zerstört werde. Luther lehnte die Kirchenbauwerke nicht ab, aber er nahm ihnen ihre Sonderstellung als „heilige Orte", genauso wie er den Sonntag als „heiligen Tag" nicht anerkannte. Und über das himmlische Jerusalem lesen wir in dem letzten Buch der Bibel: „Und ich sah keinen Tempel darin; denn der Herr, der allmächtige Gott, ist ihr Tempel, und das Lamm" (Offb. 21,22).

Alle diese Gedanken sind Ausdruck für Gottes Unabhängigkeit von der Religion, und nicht nur Unabhängigkeit, sondern sogar Kampf gegen sie, wie er in der ganzen Kirchengeschichte immer wieder bezeugt wird. Gott nimmt sich die Freiheit, sich der Welt zuzuwenden, wie Dietrich Bonhoeffer leidenschaftlich betont hat.

In meiner Theologie haben mich diese Gedankengänge zu der Lehre von den zwei Religionsbegriffen geführt, einmal dem weiteren und

fundamentaleren Begriff: Religion ist der Zustand, von etwas Unbedingtem ergriffen zu sein, das die Kluft zwischen Heiligem und Profanem übersteigt, bildlich gesprochen, zwischen Tempel und Marktplatz. Aber es gibt auch einen enger gefaßten Begriff von Religion: Religion als das Leben einer sozialen Gruppe, die ein gemeinsames letztes und unbedingtes Anliegen ausdrückt, eine Erfahrung des Heiligen, sowohl in mythischen und kultischen Symbolen als auch in moralischen und gesellschaftlichen Lebensformen.

Der erste Religionsbegriff ist die Grundlage für den Gehalt des zweiten Begriffes. Er prägt unmittelbar den zweiten Religionsbegriff und mittelbar alle kulturellen Formen. In philosophischen und wissenschaftlichen Werken, in Literatur und bildender Kunst kann eine letzte Wirklichkeit durchscheinen, vielleicht unbeabsichtigt, aber doch machtvoll, vielleicht beabsichtigt, aber ohne besondere religiöse Symbole. Vielleicht finden religiöse Symbole Verwendung, aber dann als säkulare Elemente.

Die Behauptung, daß ein Haus als solches eine religiöse Aussage darstellt, stimmt, wenn man den weitergefaßten Religionsbegriff zugrundelegt. Ein Wohnhaus, das materialgerecht und seinem Zweck entsprechend gebaut ist, kann einiges von dem letzten Sinn des Lebens ausdrücken. Mit anderen Worten: es enthält ein Element der Heiligkeit. Ähnliche Beispiele lassen sich auch auf anderen Gebieten finden, z. B. auf ethischem, sozialem und politischem Gebiet. Es gibt unkirchliche Bewegungen, von denen wir sagen können, daß sie Erscheinungsformen der latenten Kirche sind. In der latenten Kirche gibt es eine Bewegung, die sich für soziale Gerechtigkeit einsetzt und die Erziehung zur sittlichen Persönlichkeit anstrebt. All das kann den Eindruck machen, als ob sich das Weltliche selbst genüge und daß deshalb keine Kirche als soziale Gestalt und daher auch kein kirchliches Bauwerk nötig sei.

Aber so ist es nicht. Die Stadt ohne Tempel ist das himmlische Jerusalem, aber keine irdische Stadt. Und alle, die gegen heilige Orte gekämpft haben, haben selber heilige Orte und heilige Zeiten geschaffen. Es ist die menschliche Situation, nämlich die umfassende Entfremdung des Menschen von seinem wahren Sein, die die Kirche – im allgemeinsten Sinne dieses Wortes – nicht entbehren kann. Religionen, Tempel und Kirchen zeugen gegen die Menschheit, da sie den Zwiespalt zwischen dem, was der Mensch essentiell ist und was er tatsächlich darstellt, aufzeigen. Heilige Orte, heilige Zeiten, heilige Handlungen sind als Gegenpole zum Weltlichen nötig, das die Neigung hat, die Verbindung zu dem Letzten, dem Grund unseres Seins, aufzuheben und das Er-

leben des Heiligen durch das Einerlei des Alltags zu verhindern. Kirchen sind wie heilige Gefäße, in denen die Offenbarungserfahrungen bewahrt werden, allerdings oft in solcher Weise, daß sie unerreichbar geworden sind. Und das genau ist unsere heutige Situation.

Es müßte die Aufgabe der Kirchen sein, sich selbst mit ihrem Reichtum so zu öffnen, daß sie auch heute noch verstanden werden können. Das gilt für alle Funktionen der Kirche. Das gilt für die Theologie, und das gilt auch für die religiöse Kunst, die heute wegen ihrer neuen stilistischen Formen noch nicht imstande ist, den Menschen zu erreichen. Aber sie sollte trotzdem nicht in die Unehrlichkeit, die verschönernde Sentimentalität der nahen Vergangenheit oder einiger früherer Perioden zurückfallen.

Es ist die Aufgabe der Kirchenarchitektur, Orte der Weihe zu schaffen, wo die Menschen in der Lage sind, das Heilige inmitten ihres weltlichen Lebens zu erfahren. Kirchen sollten nicht als etwas empfunden werden, das die Menschen von ihrem alltäglichen Leben und Denken abtrennt. Sie sollten sich für das weltliche Leben aufschließen, und ihre religiösen Symbole sollten für das Letzte und Unbedingte durchscheinend sein und die Ausdrucksformen unseres Alltags erfüllen.

Wie drückt ein architektonisches Werk nun die Gegenwart des Heiligen aus? Und wie ist es zur gleichen Zeit möglich, daß es sich der Welt und dem, was in ihr erfahren wird, öffnet? Das Prinzip, unter dem der Kirchenarchitekt arbeiten muß, ist in den Worten des mystischen Dichters Tersteegen in seiner großen Hymne ausgedrückt: „Gott ist gegenwärtig, lasset uns anbeten." Durch die Art, wie der Architekt den Raum gestaltet hat, muß die Gegenwart des Heiligen erfahren werden, und zwar noch bevor sich irgendetwas in dem Raum abspielt. Da die Erfahrung des Heiligen niemals unmittelbar möglich ist, weil es alles Endliche überschreitet, muß es in symbolischer und analoger Weise vermittelt werden.

Welche Art von Ausdruck angemessen ist, hängt von dem Charakter der Beziehung einer religiösen Gruppe zu der letzten Wirklichkeit, dem Heiligen selbst, ab. Es gibt viele Weisen, durch die Menschen das Heilige erfahren haben, und es gibt große Unterschiede darin, selbst innerhalb der gleichen religiösen Tradition. Ein entscheidender Unterschied beruht auf der Natur der letzten Wirklichkeit selbst. Einerseits übersteigt es alles Endliche, und andererseits ist es der schöpferische Grund alles Endlichen. Es übersteigt alles, was durch Worte oder Denken begriffen werden kann, und es ist doch gleichzeitig der schöpferische Grund, der in allem gegenwärtig ist. Diese Polarität ist gleicherweise für den Theologen, den Künstler wie den Architekten wichtig.

Wenn man die eine Seite dieser Polarität betont, nämlich die Transzendenz, und das in radikaler Weise tut, so kann man auf etwas stoßen, das „heilige Leere" genannt werden könnte; und es gibt viele architektonische Schöpfungen, die diese „heilige Leere" ausdrücken. Sie hatten ihren Ursprung meist in Israel und sind wichtig geworden für die beiden Religionen, die von Israel abstammen – Christentum und Islam. Wenn man Worte wie „Schönheit der Heiligkeit" gebraucht, so kann man diese Art, das Heilige auszudrücken, „Schönheit der Leere" nennen. Diese Leere ist nicht eine Leere an sich, sondern eine Leere, die auf Inspiration beruht. Darum empfinden wir sie nicht als leer, im Gegenteil, wir fühlen, daß der leere Raum durch die Gegenwart von etwas erfüllt ist, das man durch keine endliche Form ausdrücken kann.

Zu dieser Richtung gehören Bewegungen, die gegen die Bilder in der Kirche gekämpft haben. Sie führten zu blutigen Kämpfen im 8. und 9. Jahrhundert in der östlichen Kirche; sie flammten während der Reformation wieder auf, besonders im Calvinismus; ihr Geist beeinflußte einige der großen amerikanischen Kirchenbauten zu einer Zeit, bevor die Stilnachahmung einsetzte.

Man kann die Gegenwart des Heiligen auch in entgegengesetzter Weise empfinden. Ich denke dabei an Indien mit seinem vegetativen Überschwang an Formen in allen heiligen Gebäuden, mit ihren Hunderten von Gliedern an einem menschlichen Körper und der unendlichen Mannigfaltigkeit der göttlich-dämonischen Wesen. Das Christentum hat solchen Überfluß niemals erreicht. Wegen der monotheistischen Grundlage des Christentums ist das schon im Prinzip unmöglich.

Trotzdem hat sich in einigen katholischen Kirchen Ähnliches entwickelt, begünstigt durch das Dogma der Inkarnation, das die konkrete Anwesenheit Gottes in Zeit und Raum betont. Ich denke dabei an einige kirchliche Bauwerke, die ich in Mexiko gesehen habe mit ihren überwuchernden heiligen Formen und Gestalten.

Welchen Bezug hat diese Polarität nun zu unserer gegenwärtigen Situation? Der Reichtum von Inhalten und Formen, durch die die Gegenwart des Heiligen dargestellt wird, ist nur so lange möglich, wie diese Formen unmittelbar verstanden werden. Aber heute geschieht es oft, daß traditionelle Symbole erneuert werden und daß sie nur einige wenige verstehen, so daß ein „Dolmetscher" benötigt wird. Ich empfand das, als ich an einigen Orten – innerhalb und außerhalb des Sakralen – auf symbolische Zeichen traf, die einmal verständlich waren, die aber dem heutigen Durchschnittskirchgänger fremd sind. Sie haben ihre symbolische Kraft verloren. Aber es ist ja der Sinn eines Symbols, etwas offenbar zu machen, was nicht durch Worte und Erklärungen ausge-

drückt werden kann. Es stellt sich also die Frage: Haben wir heute solche Symbole?

In der Mitte der zwanziger Jahre gab es eine Bewegung in Deutschland, von der vielleicht einige von Ihnen gehört haben, die sogenannte Berneuchener Bewegung. Es war eine Gruppe noch relativ junger Theologen und Laien, die sich einmal im Jahr trafen, um die Liturgie des 19. Jahrhunderts mit ihrer Sentimentalität und Kargheit zu erneuern und zu dem Reichtum der liturgischen Vergangenheit zurückzukehren. Aber bald geschah folgendes: Die Gruppe teilte sich. Der eine Teil vergrub sich in der Vergangenheit mit dem Ziel und in der Hoffnung, sie für die Gegenwart wiederzubeleben. Der andere, kleinere Teil, zu dem ich selbst gehörte, war eine religiös-sozialistische Bewegung. Wir warfen die Frage auf: Was sagen diese Symbole, diese liturgischen Formen dem Arbeiter z. B. im Norden Berlins? Da gab es große Kirchen mit Tausenden von Mitgliedern, aber nur 200 ältere Frauen, die sich zum Gottesdienst einfanden, keine Männer, keine Jugend. Was kann man in solcher Situation tun? Kann man der Jugend, den Arbeitern, den Intellektuellen liturgische Formen des christlichen Glaubens anbieten, die vor 1500 Jahren im Mittelmeerraum geschaffen worden sind?

Den andauernden Diskussionen wurde durch den Beginn des Nazismus ein Ende gesetzt. Die verbleibende Gruppe, die „Altertümler", wie wir sie nannten, setzten sich durch. Sie sind noch aktiv, aber sie waren nicht in der Lage, ihre Ideen zu verbreiten, außer in kleinen Gruppen innerhalb der Kirche.

Heute ist die Schwierigkeit, die Menschen zu erreichen, noch größer geworden. Und das sollte in den Liturgien, den kirchlichen Bauwerken und selbst in der Theologie zum Ausdruck kommen. „Heilige Leere" sollte die vorherrschende Haltung für die nächste Zeit sein. Man sollte unsere Erfahrung, die die Erfahrung von dem „abwesenden Gott" genannt worden ist, ausdrücken. Dies bedeutet nicht eine Verneinung Gottes, aber es bedeutet wohl: Gott hat sich zurückgezogen, um uns zu zeigen, daß unsere religiösen Formen in allen Dimensionen Würde und Weihe haben vermissen lassen. Wenn man sagt, Gott habe sich zurückgezogen, so heißt das gleichzeitig, daß er zurückkehren kann. Dann wird er jene Atheisten enttäuschen, die glauben, daß er ihren Atheismus durch sein Sich-Zurückziehen bekräftigt habe. Was durch den Sieg der Säkularisierung geschehen sein kann, ist, daß sein falsches Bild durch ihn selber zerstört worden ist. Darum müßte der Ausdruck der kirchlichen Bauten das „Warten" sein, das Warten auf die Rückkehr des verborgenen Gottes, der sich zurückgezogen hat und auf den wir wieder warten müssen.

b) Der Zeitkritiker

Nicht nur zu Problemen der Philosophie, der Psychologie und der Kunst sollte Tillich Stellung nehmen, auch in aktuelle Tagesfragen wurde er hineingezogen, und man erwartete von ihm das Urteil des Theologen. Die Atombombe und ihr Abwurf auf Hiroshima beunruhigte noch immer die Menschen. Angesichts der fortschreitenden Atomforschung wurde in der amerikanischen Öffentlichkeit leidenschaftlich die Frage diskutiert, ob ein Atomkrieg überhaupt politisch und ethisch zu vertreten sei. Erstmalig äußerte sich Tillich im Jahre 1954 zu diesem Komplex. Er lieferte einen kurzen Beitrag Die Atombombe *(63) zu einem Symposium, das unter dem Thema „Die Kobalt-Wasserstoff-Bombe" stand. – Die Herstellung des ersten künstlichen Satelliten durch die Russen rief in Amerika große Bestürzung hervor. Man fühlte sich in der Raumforschung überrundet und politisch bedroht. Aber auch die traditionelle Frömmigkeit war beunruhigt. Es kam zu öffentlichen Diskussionen über die religiösen Konsequenzen der Raumfahrt. Was würde geschehen, wenn der „erdgebundene" Mensch vielleicht eines Tages den Mond betreten würde? Tillich wurde gebeten, innerhalb eines Symposiums „Die Theologen und der Mond" zu diesem Problem Stellung zu nehmen. Er tat es mit einem Beitrag: „Was bedeutet die Eroberung des Mondes für unser religiöses Bewußtsein?" (64). – Im Jahre 1960 wurde Tillich von Eleanor Roosevelt zu einem Fernseh-Interview eingeladen, bei dem das Für und Wider des Atomkrieges diskutiert wurde. Tillichs Gesprächspartner waren Henry Kissinger und Max Freedman. Wegen seiner weitgehend ablehnenden Haltung zum Atomkrieg wurde er von gewissen amerikanischen Kreisen heftig angegriffen, fand aber auch Zustimmung. Als die Zeitschrift „Christianity and Crisis" zum gleichen Thema ein Symposium veranstaltete, wurde er aufgefordert, seine Meinung zu vertreten. Der hier abgedruckte Artikel* Das Problem des Atomkrieges *(65) ist sein Beitrag zu diesem Symposium. – Die auch in Amerika umstrittene Geburtenkontrolle hatte zur Gründung einer Organisation geführt, die sich „Planned Parenthood Association" nannte. Zur Durchführung ihrer Ziele benötigte sie zustimmende Äußerungen von Persönlichkeiten, die in der Öffentlichkeit etwas galten. So trat sie an Tillich mit der Bitte heran, seine Ansicht zu äußern. Er schrieb hierfür den kurzen Artikel* Das Problem der Geburtenkontrolle *(66).*

63. DIE ATOMBOMBE

Beitrag zu einem Symposium „Die Wasserstoff-Kobalt-Bombe"
im Jahre 1954

Die zunehmende und anscheinend unbegrenzte Macht der Mittel zur Selbstzerstörung, die in die Hand des Menschen gelegt sind, stellt uns vor die Frage nach dem letzten Sinn dieser Entwicklung.

Das erste, was sich mir dabei aufdrängt, ist das Anerkennen der Möglichkeit, daß das Ende der historischen Menschheit nicht durch ein kosmisches Ereignis herbeigeführt wird, sondern durch die innere Tendenz ihres eigenen Seins und ihrer Geschichte.

Im Hinblick auf diese Möglichkeit – und das ist mein zweiter Gesichtspunkt – sollten wir uns darüber klar sein, daß der Sinn der menschlichen Geschichte wie der jedes einzelnen nicht davon abhängt, wann und wie die Geschichte an ihr Ende gelangt. Denn der Sinn der Geschichte liegt jenseits der Geschichte.

Der dritte Gesichtspunkt ist, daß jeder, der die Selbstzerstörung der Menschheit fürchtet, mit allen Mitteln gegen sie angehen sollte. Denn das Leben und die Geschichte haben Anteil an der „Dimension des Ewigen" und sind darum wert, gegen selbstmörderische Instinkte – soziale wie individuelle – verteidigt zu werden.

Und der vierte Gesichtspunkt ist die Forderung, daß der Widerstand gegen die selbstmörderischen Absichten der menschlichen Rasse auf allen Ebenen geleistet werden muß – auf der politischen Ebene durch Verträge zwischen solchen Mächten, die sich gegenseitig in tragischer Verstrickung zur Produktion immer stärkerer Mittel der Selbstzerstörung antreiben; auf der moralischen Ebene durch Einschränkung der Propaganda und Verpflichtung zur Wahrheit (über sich selbst und den möglichen Feind); auf der religiösen Ebene durch heiligen Ernst, der die zweitrangigen Belange hintenanstellt, und durch neue Erfahrungen und neue Ausdrucksformen für das, was uns unbedingt angeht und die geschichtliche Existenz des Menschen bestimmt und gleichzeitig übersteigt.

Daraus folgt fünftens, daß der Widerstand gegen die selbstzerstörerischen Folgen der technischen Beherrschung der Natur in einer Weise erfolgen muß, die die religiösen, moralischen und politischen Forderungen miteinander eint und einfallsreiche Weisheit mit schöpferischem Mut verbindet.

64. WAS BEDEUTET DIE EROBERUNG DES MONDES FÜR UNSER RELIGIÖSES BEWUSSTSEIN?

Beitrag zum Symposium „Die Theologen und der Mond"
im Jahre 1958

Der Vorstoß des Menschen in den Weltraum hat keine unmittelbaren religiösen Folgen, auch wenn der Mensch einmal den Mond oder andere Planeten betreten sollte. Der göttliche Grund von allem, was existiert, ist allem und jedem gleich nah und gleich fern, sei es einem Sandkorn oder den fernsten Milchstraßen. Und die göttliche Selbstbekundung in der menschlichen Geschichte gilt für alle Perioden der Geschichte in Vergangenheit und Zukunft. Aber indirekt hat die Eroberung des Weltraums doch religiöse Bedeutung, und zwar in ähnlicher Weise, wie der Sieg der kopernikanischen Astronomie indirekt religiös bedeutsam wurde. Er kann dem Menschen in eindringlicher Weise seine Freiheit zum Bewußtsein bringen – Freiheit vom Gebundensein an seine jeweilige Umweltsituation, beispielsweise an das Schwerefeld der Erde.

Die großen Errungenschaften der Raumfahrt können den Menschen jedoch in Versuchung führen, seine Kraft, die ihm das unendliche Vordringen in den Weltenraum ermöglicht, falsch einzuschätzen. Sie könnte ihm die innere „Unendlichkeit" seiner geistigen Natur verdecken, das heißt, er könnte versucht sein, sich ganz auf die horizontale Linie einzustellen und die vertikale Linie darüber zu vergessen.

Noch etwas Drittes: die Öffnung des Weltraums könnte unseren, die Erde zum Maßstab machenden Provinzialismus überwinden und uns eine neue Vision von der Größe der Schöpfung vermitteln, nämlich die Einsicht, daß Erde und Menschheit, ihr Raum und ihre Zeit nur ein Teil des Ganzen sind.

65. DAS PROBLEM DES ATOMKRIEGES

Beitrag zu einem Symposium „Das Dilemma der Atomforschung"
im Jahre 1961

John Bennetts Darstellung beantworte ich am besten mit meinen nachfolgenden Thesen, die ich ursprünglich für eine unter Eleanor Roosevelts Leitung stattfindende Fernsehsendung vorbereitet hatte. Der Titel war: „Aussichten für die Menschheit". An ihr nahmen außer mir teil: Dean Rusk, Max Freedman, Henry Kissinger und James Reston. Es ist mir eine Freude, die Thesen in Zusammenhang mit John Bennetts Aufsatz[6], der meine volle Zustimmung hat, veröffentlichen zu können.

1. Alle politischen Erwägungen beruhen letztlich auf ethischen Problemen. Sie treten in den Vordergrund, wenn die politische Situation Entscheidungen von den Staatsmännern verlangt, denen sie sich durch Kompromisse nicht entziehen können. Staatsmänner müssen die Alternativen schon voraussehen, wenn die auf einen Kompromiß zielenden Verhandlungen noch im Gange sind.

2. Das ethische Problem ist heute nicht mehr wie in den Diskussionen einer überlebten Form des Pazifismus das Recht oder das Unrecht der Gewaltanwendung einer Machtgruppe. Die Ablehnung dieses Rechts steht erfreulicherweise nicht mehr zur Debatte. Die primitive Identifizierung von personaler und sozialer Ethik tritt kaum noch in Erscheinung. Dennoch gibt es eine Sozialethik, und die Frage nach ihrem Prinzip muß tatsächlich gestellt werden. Dieses Prinzip ist die schöpferische Gerechtigkeit, wie ich sie nenne, eine Gerechtigkeit, deren Endziel die Erhaltung oder Wiederherstellung einer Gemeinschaft sozialer Gruppen ist – sei es der Völker untereinander, sei es im eigenen Volk, seien es Gruppen innerhalb eines Volkes.

3. Die Mittel, dieses Ziel zu erreichen, müssen dem Ziel angepaßt sein: Verhandlungen, Diplomatie, Krieg (wenn notwendig) und ein Friede, der nicht nur keine Zerstörung hinterläßt, sondern eine neue Gemeinschaft ermöglicht. Ein Krieg bricht aus, wenn sich eine soziale Gruppe angegriffen fühlt und sich zur Verteidigung ihrer letzten Prinzipien entschließt (z. B. der demokratischen Freiheit Amerikas).

4. Die Entscheidung, einen Krieg zu beginnen, ist nur dann gerechtfertigt, wenn sie im Dienst schöpferischer Gerechtigkeit getroffen wird. Doch enthält jede solche Entscheidung nicht nur ein politisches und militärisches, sondern auch ein moralisches Risiko.

---
[6] *Christianity and Crisis* (New York), Jg. 21, Nr. 19. 1961. S. 200.

5. Betrachtet man das Ziel der Gerechtigkeit, die sich die Gruppen gegenseitig gewähren sollten, so kann ein mit Atomwaffen geführter Krieg keine ethische Rechtfertigung finden, bringt er doch Vernichtung ohne die Möglichkeit schöpferischen Neubeginns. Er vernichtet das, was er verteidigen will.

6. In der heutigen Situation führt dieses ethische Prinzip zu folgenden politisch-militärischen Forderungen:

a) Die politische und militärische Verteidigung nicht nur der eigenen Existenz, sondern auch ihrer fundamentalen Prinzipien ist eine klare ethische Forderung dessen, der bedroht ist, und derer, die an denselben Prinzipien festhalten und unter der gleichen Bedrohung stehen.

b) Ist eine solche Verteidigung mit konventionellen Waffen in besonderen Situationen unmöglich (wie im Falle Berlins und vielleicht von Teilen Westeuropas), wäre dennoch der Gebrauch von Atomwaffen nicht gerechtfertigt, weil sie nicht Mittel der Verteidigung, sondern nur Mittel gegenseitiger Vernichtung wären.

c) Trotzdem ist atomare Rüstung gerechtfertigt, denn sie zeigt dem potentiellen Feinde, daß auch in seinem eigenen Lande genausoviel zerstört würde wie auf der anderen Seite, wenn er zuerst zu Atomwaffen griffe.

d) Für die amerikanische Strategie bedeutet das: Atomwaffen dürfen nicht gebraucht werden, bevor der Gegner zu ihnen greift. Und auch dann nicht zwecks „Vergeltung", sondern nur, um den Gegner dazu zu bringen, sie weiterhin nicht zu gebrauchen. (In Wirklichkeit ist die bloße Existenz von Atomwaffen ein ausreichendes Abschreckungsmittel.)

e) Sollte die Folge dieser Tatsachen – und das wäre wahrscheinlich – auch ein zeitweiliger militärischer Rückzug unsererseits in Europa sein (keinesfalls eine totale Aufgabe), so wäre das eine in vielen Kriegen übliche Erscheinung und kann durch den Eingriff der gesamten alliierten Militärmacht rückgängig gemacht werden.

7. Auf Grund ethischer Prinzipien unterscheidet dieser Vorschlag scharf zwischen Atomwaffen totaler Vernichtung (einschließlich taktischer Atomwaffen) und sogenannten konventionellen Waffen, die sich gegen die feindliche Armee und ihre Operationsbasen richten. Natürlich sollen die Atomwaffen im Hintergrund vorhanden bleiben, aber unser Wissen um den sozial-ethischen Imperativ muß uns davor bewahren, sie noch einmal als erste zu gebrauchen.

66. DAS PROBLEM DER GEBURTENKONTROLLE
Erklärung für die „Planned Parenthood Association"
in Chicago am 6. 3. 1961

Die Diskussion über die Geburtenkontrolle hat die Frage des „Naturrechts" (d. h. des natürlichen moralischen Rechts) wieder in den Blick der Öffentlichkeit gebracht. Während die katholische Kirche lehrt, daß es ein Naturrecht gibt, demzufolge Geburtenkontrolle verboten oder zumindest streng zu beschränken ist, bestreiten der Protestantismus und der Humanismus, daß es ein derartiges Naturrecht gibt. Der Grund für diese Meinungsverschiedenheit liegt in der verschiedenen Auffassung von „Naturrecht".

Für den Protestantismus ist das letzte Prinzip des natürlichen Moralgesetzes *agape*, das biblische Wort für Liebe. Es ist die Größe der Liebe – wenn sie in ihrer universalen Bedeutung aufgefaßt wird –, daß sie immer dieselbe ist und zugleich die einmalige Situation und deren Forderungen vernimmt. „Gesetzestafeln", wie z. B. die Zehn Gebote, sind abstrakte Formulierungen der moralischen Erfahrungen des Menschen. Sie müssen einerseits im Lichte des *agape*-Prinzips interpretiert werden und andererseits nach der Forderung der besonderen Situation. Eine derartige Interpretation darf nicht autoritär vorgenommen werden. Sie ist Sache der Einsicht und des Gewissens von Gruppen und Einzelnen und erfordert das moralische Wagnis, das sich aus der geistigen Freiheit ergibt.

Angewandt auf das Problem der Geburtenkontrolle bedeutet dies, daß es Situationen gegeben hat und noch geben kann, in denen Geburtenkontrolle das Gesetz der Liebe verletzen würde, wie beispielsweise in einem unterbevölkerten Land. Andererseits wäre es eine Verletzung des Gesetzes der Liebe und demgemäß des natürlichen Moralgesetzes, wenn in einer überbevölkerten Welt die Geburtenkontrolle verboten oder streng beschränkt würde. Auf der Grundlage dieser Überlegungen sollten alle Entscheidungen getroffen werden, die die Probleme der Geburtenkontrolle allgemein und die damit verbundenen Einzelprobleme betreffen.

c) Der Hochschullehrer

Die Liebe zu seinen Studenten hat Tillich in vielen privaten Gesprächen, gelegentlich aber auch schriftlich zum Ausdruck gebracht. So ist z. B.

der erste Band seiner „Systematischen Theologie" seinen Studenten gewidmet. Seine Sympathie schloß aber keineswegs Kritik aus. Er sah Ende der fünfziger Jahre eine große Gefahr für die amerikanische Jugend in dem immer weiter um sich greifenden Konformismus. Zweimal nahm er öffentlich zu diesem Problem Stellung, das erste Mal in einer Predigt „Seid keine Konformisten!", das zweite Mal in einer Rede, die er an der „New School for Social Research" in New York hielt: Gefahren des Konformismus (67). – Dem Artikel Die Rolle der Religion im Leben der Universität (68) liegt ein Vortrag zugrunde, den Tillich vor dem „Board of Overseers" der Harvard Universität hielt. – Fünfzehnmal wurde Tillich die Ehrendoktorwürde verliehen. Von seinen zu diesem Anlaß in Amerika gehaltenen Festreden ist nur eine erhalten geblieben; es ist seine Ansprache an die Studenten und die Fakultät der „Bucknell University" mit dem Titel Schöpferisches Zuhören (69). – Tillichs Japanreise verdanken wir den Vortrag Der philosophische Hintergrund meiner Theologie (70). Er hielt ihn vor einer akademischen Zuhörerschaft in Tokio. Der Vortrag ist bemerkenswert, weil wir weder aus früherer noch aus späterer Zeit einen solchen Rückblick auf die Wurzeln seines Denkens von ihm haben. Er hatte wohl das Gefühl, daß er sich den japanischen Studenten besser verständlich machen könnte, wenn er ihnen die geistesgeschichtlichen Hintergründe aufzeigte, von denen seine theologische Entwicklung geprägt war.

67. GEFAHREN DES KONFORMISMUS

Semesterrede an der „New School for Social Research"
in New York am 11. 6. 1957

Konformismus ist nicht notwendigerweise nur negativ. Wir alle müssen uns gewissen Lebens- und Denkweisen anpassen. Jede Erziehung, nicht nur diejenige, die die Angleichung der Persönlichkeit an ihre Umgebung anstrebt, hat die Formung des Menschen zum Ziel. Das bedeutet aber, daß der Mensch Vorbildern und den Vertretern eines bestimmten Ideals nachstreben soll. Es gibt Kulturen, primitive ebenso wie hochentwickelte, die sich auf diese Art lange ihre Geschlossenheit bewahrt haben. Meine ursprüngliche entschiedene Ablehnung jeder Art von Konformismus wurde in England erschüttert; denn hier begegnete ich zum ersten Mal einer Form der Anpassung, die die schöpferischen Mög-

lichkeiten des Menschen nicht zerstört. Ich sah ein, daß das in England möglich ist, weil man sich hier ganz stark der Tradition bewußt ist und sich ihr verpflichtet fühlt. Die Konformität ist hier historisch verankert. Konformismus ist nur dann negativ, wenn die individuelle Eigenart, die der Person ihre Besonderheit und Würde verleiht, dem Kollektiven untergeordnet wird. Wenn dies geschieht, wie das häufig bei dem Verlust der historischen Dimension der Fall ist, bildet sich eine Struktur heraus, die man wohl am besten mit dem englischen Wort *patternisation* (Schematisierung) bezeichnet. An die Stelle der Tradition tritt ein Muster, ein Schema, das dem Menschen als Vorbild dient. Die Prägung nach einem solchen Muster kennzeichnet Leben und Denken unserer Zeit. Die Frage, die mich in diesem Zusammenhang interessiert, lautet: Welche Mächte in unserer heutigen Kultur bedingen diese Uniformierung, und können wir ihnen noch widerstehen? Können wir uns auf wichtigen Gebieten unseres Lebens noch gegen den ungeheuren Einfluß der uniformierenden Mächte zur Wehr setzen?

In den letzten Jahren sind zahlreiche wissenschaftliche Darstellungen über den Prozeß der Uniformierung erschienen, und in ihnen wird warnend und kritisch auf die damit verbundenen Gefahren hingewiesen. Diese Gefahren sind bereits vorher von Schriftstellern aufgezeigt worden, so von Aldous Huxley in *Brave New World* und von Orwell in seinem Buch „1984". Beide Romane sind eine Art negativer Utopie, eine radikale Umkehr der positiven Utopien, die die europäische Neuzeit einleiteten. Die Beherrschung der Natur durch die Vernunft, die in der Renaissance als der wichtigste Beitrag zur Freiheit des Menschen galt, wird heute als ein Mittel der Versklavung des Menschen betrachtet, da sie das menschliche Leben und Denken einer schematischen Lebensform unterwirft, die dem Individuum die Möglichkeit der freien Selbstbestimmung raubt. Nach der Darstellung der negativen Utopien der letzten Jahrzehnte sind wir heute von einer totalen Uniformierung bedroht.

Diese Diagnose wird durch eine Reihe soziologischer Analysen bestätigt. Solche Diagnosen liefern uns die amerikanischen Bücher *The Lonely Crowd, The Organisation Man, The Hidden Persuaders, Mass Culture* und zahlreiche beachtenswerte Zeitschriftenartikel. Der Titel eines deutschen Buches „Die Zukunft hat schon begonnen" ist bezeichnend für den Tenor dieser bedeutsamen Untersuchungen.

Man kann drei Hauptursachen für den gegenwärtigen Prozeß der Uniformierung unterscheiden: die Technisierung unserer Kultur, die planmäßige Beeinflussung der Massen nach bestimmten Prinzipien, die dem Interesse gewisser Gruppen dienen, und schließlich das Bedürfnis

nach Sicherheit, das vor allem in der jungen Generation anzutreffen ist. Daß heute die technische Zivilisation durch ihre jetzige Struktur zur Uniformierung führt, widerspricht völlig dem Geist, aus dem sie entstammt. Sie verdankt nämlich ihre Entstehung dem Mut, mit dem Menschen diejenigen Fragen aufwarfen, die alsbald die Sicherheit der mittelalterlichen Welt erschüttern sollten. Wie konnte es nun geschehen, daß die Antworten auf diese Fragen die Prinzipien enthielten, die zur Entstehung des heutigen Konformismus führten? Es konnte geschehen, weil in der modernen Gesellschaftsstruktur das menschliche Individuum, das einst die kritischen Fragen aufgeworfen hatte, seine beherrschende Stellung immer mehr einbüßte und heute fast völlig ausgeschaltet ist. Für den Menschen, der einmal den Mut besaß, sich gegen tausend Jahre geheiligter Konformität aufzulehnen, gibt es heute keinen Platz mehr in einer Welt, die er sich selbst geschaffen hat. Theoretisch wird der Mensch heute als ein Bündel bedingter Reflexe ohne eine selbständig entscheidende Mitte verstanden, er wird praktisch wie ein Rad in dem großen Mechanismus der Gütererzeugung und des Konsums behandelt, wie eine Sache, die berechnet und manipuliert werden kann. Selbst diejenigen, die an den Schalthebeln unserer industriellen Gesellschaft sitzen, werden von der Struktur der Gesellschaft geprägt, deren Schicksal sie bestimmen. Die kommunistischen Revolutionen haben ja gezeigt, daß die Beseitigung der herrschenden Gruppe und Ersatz durch eine neue keine Veränderung in der Struktur der industriellen Gesellschaft bewirkt.

Dies ist die Lage. Sie ist wie jede menschliche Lage Ergebnis von menschlichen Handlungen und menschlichen Reaktionen auf diese Handlungen. Unter denen, die die Entwicklung zum Konformismus fördern, sind vor allem die Politiker zu nennen, die das Verhalten der Massen zu manipulieren wissen. Aber die Manipulation von Menschen ist natürlich keine einseitige Angelegenheit. Sie hat nur dann Erfolg, wenn die Masse sich nicht dagegen wehrt. Auch die totalitären Systeme konnten von den Truppen der Revolution nur errichtet werden, weil die Massen ihnen keinen ernsthaften Widerstand entgegensetzten. Um an der Macht zu bleiben, müssen auch die Führer der totalitären Systeme ständig die Reaktion des Volkes beachten und in gewisser Hinsicht ihre Methoden der Volksstimmung anpassen. Schließlich führt jedoch jede politische Uniformierung, ob sie nun auf einseitigem Druck beruht oder die Stimmung der Massen berücksichtigt, zu einem Zustand, der jeglichen Widerstand gegen das herrschende System ausschließt. Die Arbeits- und Konzentrationslager sind weniger Mittel zur Ausrottung wirklicher Feinde als sichtbare Zeichen für die Verwandlung menschlicher Wesen in manipulierbare Gegenstände.

In der demokratischen Welt ist die politische Manipulation nicht eine eingleisige Angelegenheit, sondern ein wechselseitiger Prozeß; aber auch hier werden Millionen von Menschen zur Anpassung an ein bestimmtes Modell veranlaßt. Die schizophrene Spaltung der Welt in Ost und West und die damit verbundene gegenseitige Abkapselung machen den meisten Menschen eine unabhängige politische Meinungsbildung unmöglich. Niemand wagt, im politischen Denken neue Wege zu gehen, da jeder nicht-konformistische politische Gedanke als neutralistisch oder noch Schlimmeres verdächtigt wird. Selbst von einem Studenten verlangt es Mut, abweichende politische Meinungen zu vertreten, da es sein berufliches Fortkommen beeinträchtigen kann. Aber wo kann sich die Stimme des Widerspruchs erheben, wenn nicht in der jungen Generation? Diese Stimme wird bestimmt nicht laut im Lager der herrschenden Wirtschaftsmächte, der Reklame und der Unterhaltungsindustrie, diesen drei wichtigen Werkzeugen der Uniformierung.

Was die erste dieser Mächte betrifft, so brauche ich nicht erst den Ausleseprozeß und die mannigfachen Prüfungen zu beschreiben, denen Anwärter selbst auf die bescheidensten Führungsstellen in der Großindustrie und der staatlichen Verwaltung unterworfen werden. Es ist bekannt, daß man in die verborgenen Bereiche des Unterbewußtseins eindringt und alle Tatsachen des Privatlebens erforscht, daß man sich für das Eheleben interessiert und daß man die Haltung der Ehefrau zu dem Unternehmen prüft, sowie ihre Bereitschaft und Fähigkeit, die gesellschaftlichen Pflichten auf sich zu nehmen, die sich aus der Stellung ihres Mannes ergeben. Soziologen haben die Meinung vertreten, daß der Manager im Begriff ist, zum Vorbild für alle Gesellschaftsschichten zu werden. Von diesem Ideal soll sogar die gegenwärtige Hinwendung zur Religion bestimmt sein; und wahrscheinlich ist ihre Diagnose richtig.

Die politische und wirtschaftliche Manipulation unserer Gesellschaft wird durch die moderne Werbung gefördert und oft beherrscht. Auch hier ist die Beeinflussung gegenseitig. Die Werbung kann Bedürfnisse nur schaffen, wenn die geheimen Wünsche des Publikums bekannt sind. Aus der Notwendigkeit, diese Bedürfnisse anzusprechen, hat sich die auf die Tiefenpsychologie gestützte Werbetechnik entwickelt. Als ich zum ersten Mal von dieser Methode hörte, die es auf die in der Tiefe des Menschen liegenden Wünsche abgesehen hat, schauderte mir, denn ich hatte über die Bedeutung der „Tiefe" gepredigt. Auch Freud würde sich wahrscheinlich entsetzen, wenn er wüßte, welchen Gebrauch die Werbetechnik von den Erkenntnissen der Tiefenpsychologie macht. Es ist sicher richtig, daß verborgene Motive einen Menschen zum Kauf

einer gewissen Rasiercreme oder eines bestimmten Autos anregen. Aber wenn man in der Politik und im Geschäftsleben von diesen geheimen Motiven Gebrauch macht, um unser Leben und Denken in eine gewisse Richtung zu zwingen, dann fördert man gerade diejenigen Elemente im Menschen, die nicht das eigentlich Menschliche in ihm ausmachen, sondern durch Kindheitserinnerungen, Ressentiments, Luftschlösser und zufällige Bedürfnisse bedingt sind. Diese Elemente sind zwar Teil unseres Selbst, aber sie sind nicht identisch mit unserer Persönlichkeit, unserer Verantwortlichkeit, unserer Freiheit und unserer menschlichen Würde, also dem Zentrum unserer Person. Dieses Zentrum wird von den Drahtziehern einer solchen Werbung gerade umgangen, denn aus ihm könnte ein spontanes „Nein" kommen, das alle Versuche einer solchen Beeinflussung zunichte machen würde. Wir würden dann aufhören, berechenbare Objekte zu sein, und alle Methoden der Manipulation wären zum Scheitern verurteilt. Der Mensch würde sich wieder als Person erweisen, die sich nicht einem der Verhaltenstypen gleichsetzen ließe, die die nach der Tiefenpsychologie orientierte Meinungsforschung angeblich gefunden hat.

Das Problem der Massenzivilisation und ihre gleichmachende Wirkung ist ein unerschöpfliches Thema. Sie ist weder nur gut noch vollkommen schlecht, sondern zweideutig wie alles Leben. Auf jeden Fall ist sie eine der Hauptursachen für die Tendenz zur Konformität. Sie beruht auf der Herstellung und Verteilung von Massengütern, und schon aus diesem Grund kann sie das Stereotype, die Normung und die Anpassung an den niedrigsten „gemeinsamen Nenner" nicht vermeiden. Man kann sich des Eindrucks nicht erwehren, daß die modernen Massenmedien, durch die diese „Kulturgüter" an jeden herangetragen werden, aus Kindern viel zu früh Erwachsene machen, während sie die Erwachsenen im Zustand der Unreife hält. Denn persönliche wie auch geistige Reife ist nicht möglich, ohne daß der Mensch mit Problemen ringt, vor die Notwendigkeit der Entscheidung gestellt wird und die Möglichkeit wahrnimmt, „nein" zu sagen. Leider sind die Methoden, die von einigen angewandt werden, um die Menschen zur Religion zurückzuführen, nicht wesentlich verschieden von denen, die zum Vertrieb der Massenkulturgüter gebraucht werden. Das ist tragisch, denn die Religion sollte gerade der Ort sein, an dem sich die letzte Quelle und Macht manifestiert, die sich aller Konformität widersetzt, der Ort, an dem das prophetische „Nein" zu jeder Art von Modell, dem religiösen wie dem nicht-religiösen, vernommen und ausgesprochen wird.

Die Kräfte, die die Konformität fördern, wären weniger mächtig, wenn nicht eine geistige Bereitschaft vorhanden wäre, sich ihnen zu

unterwerfen. Besonders in der jungen Generation fällt das ausgesprochene Verlangen nach innerer wie äußerer Sicherheit auf, der Wunsch, um jeden Preis von der Gruppe akzeptiert zu werden, die Scheu davor, individuelle Eigenart zu zeigen, bei der älteren Generation eine bewußte Ablehnung aller nichtkonformistischen Haltungen und die Zufriedenheit mit einem Zustand bescheidenen Glücks, der kein ernsthaftes Wagnis erfordert. Meiner Generation ist diese Haltung schwer verständlich, aber deshalb sollten wir sie nicht verurteilen; aber es kann kein Zweifel bestehen, daß sie die Behauptung bestätigt, daß „die Zukunft schon begonnen hat".

Dies sind die Tatsachen. Wie sollen wir uns zu ihnen stellen? Vor einigen Wochen habe ich zu einer großen Architektenvereinigung gesprochen und darauf hingewiesen, daß die Menschen durch die Art des modernen Wohnungsbaus in den Vorstädten in die Konformität getrieben werden, nicht nur durch die Eintönigkeit der Gebäude, sondern noch mehr durch die Abwesenheit irgendeines privaten Bereiches, der dem Menschen die Möglichkeit gibt, mit sich selbst allein zu sein. Die Reaktion auf meine Behauptung war die Frage, ob die menschliche Natur den Kollektivismus nicht unvermeidbar mache. Schon die Tatsache, daß eine solche Frage gestellt werden konnte, beweist, daß sie verneint werden muß, denn der vollkommen konforme, total bedingte Mensch könnte diese Frage weder stellen noch über ihre Beantwortung nachdenken. Er hätte aufgehört, Mensch zu sein.

Heute wie eh und je gibt es Anzeichen des Widerstandes gegen den Zwang zur Konformität, die etwas über die menschliche Natur offenbaren. Das erste dieser Anzeichen ist das, was die Franzosen mit *ennui* bezeichnen, die Langeweile am Leben. Sie ist eine wichtige Möglichkeit des Menschen; sie bewahrt unsere Kinder davor, sich völlig den *Comics* und dem Fernsehen zu überlassen. Sie zwingt die Manager der Massenkultur dazu, von Zeit zu Zeit den Stil der Musik, des Tanzens und all ihrer übrigen „Kulturprodukte" zu ändern. Dazu aber bedürfen sie der Anregung durch die weniger konformistische Minderheit.

Ein weiteres Anzeichen des Widerstandes gegen den Druck zur Konformität ist die Tatsache, daß Kunst und Wissenschaft die Gefahr dieser Entwicklung erkannt haben. Wir sind uns der drohenden Entmenschlichung bewußt: die von mir erwähnten Schriftsteller haben uns diese Gefahr aufgezeigt, und, wie uns ein altes religiöses Symbol lehrt, verliert ein Dämon viel von seiner Macht, wenn er erkannt ist. Aus diesem Grund versuchen die Drahtzieher der Konformität oft mehr instinktiv als bewußt, aus den Büchern, die zur Aufdeckung der Situation beitragen, Waren zum Massenverbrauch zu machen.

Ein drittes Anzeichen antikonformistischer Kräfte im Menschen ist der Geist der Auflehnung, dem man vielfach in der westlichen Welt begegnet und der sich auch in dem äußert, was man die *lonely-crowd*-Haltung der jungen Generation genannt hat. Er findet seinen besten Ausdruck in dem Mut, Ja zu sagen zu unserem menschlichen Erbe, einmalige, freie und verantwortliche Persönlichkeiten zu sein, und folglich auch Nein zu sagen zu allem, was Freiheit und Würde des Menschen zerstört, selbst wenn es gesellschaftliche Unannehmlichkeiten und Gefahren mit sich bringt. Ein solcher Mut vermag zu leisten, was noch schwerer ist, als sich äußerem Druck zu widersetzen, nämlich innerem Zwang zu widerstehen, wie er beispielsweise in einem durch gesellschaftliche Normen beunruhigten Gewissen entstehen kann. Nicht Willkür, sondern der Mut, ein moralisches Wagnis auf sich zu nehmen, hat das Recht, Nein zu sagen selbst zu den Geboten eines ängstlichen Gewissens.

Der Mut, der Konformität zu widerstehen, hat seine Wurzeln letzten Endes in einer Dimension der menschlichen Erfahrung, die Moden und Modelle, Angst und Zwang, Generation und Nation transzendiert. Es ist die Dimension, die sich uns öffnet, wenn wir mit unbedingtem Ernst die Frage nach dem letzten Sinn unseres Lebens stellen. Gleich, ob wir diese Frage als eine religiöse Frage verstehen oder nicht, es ist eine Frage, die in der wahren, unerforschlichen Tiefe eines jeden Menschen lebt, der Tiefe, aus der uns der Mut kommt, der Konformität zu widerstehen. Man könnte diesen Mut in religiöser Sprache als „prophetischen Geist" bezeichnen, denn dieser ist nicht auf die geschichtlichen Religionen beschränkt, die ihn sogar oft verraten haben. Er kann und muß sich in unserem täglichen Leben zeigen, in unserem Beruf, in unserer sozialen Haltung, in unseren politischen Überzeugungen, in unseren kulturellen Werten, in unseren menschlichen Beziehungen und in unserem schöpferischen Eros.

Unsere Zukunft wäre lichter, wenn zumindest einige junge Menschen von jeder Universität ihr Berufsleben mit dem Entschluß begönnen, den scheinbar unwiderstehlichen Mächten der Konformität zu widerstehen. Es ist mein Wunsch und meine Hoffnung, daß viele der hier anwesenden Studenten entschlossen sind, ihre menschliche Integrität zu bewahren und die Kraft zu zeigen, Nein zu sagen, selbst unter dem starken Druck der Konformität im Leben und Denken, die die Gesellschaft fordert. Wir setzen unsere Hoffnung auf die Nicht-Konformisten unter Ihnen, um Ihrer selbst willen, um der Nation und der Menschheit willen.

68. DIE ROLLE DER RELIGION IM LEBEN DER UNIVERSITÄT

Vortrag vor dem „Board of Overseers" der „Harvard University" in Cambridge am 24. 11. 1959

An den meisten Universitäten gab es im Lauf ihrer Geschichte eine Theologische Fakultät. Diese hat immer einer doppelten Aufgabe gedient: der beruflichen Ausbildung und der wissenschaftlichen Forschung. Solche doppelte Funktion bringt auch eine Spannung mit sich, die wir in allen beruflichen Ausbildungsstätten finden z. B. denen für Recht, Politik, Verwaltung, Wirtschaft, Erziehung. Auf der einen Seite wird der Student in einen bestimmten praktischen Lebensbereich eingeführt. (Nicht das Recht an sich oder die Politik an sich stehen im Vordergrund.) Zugleich führt sie zur Beschäftigung mit den Prinzipien, an denen man die konkrete Situation mißt, mit anderen konkreten Lösungen vergleicht, den Entwicklungsprozeß bestimmter Berufe aufzeigt, ihn von seinem Ursprung her verständlich macht und die Beziehungen der Berufe untereinander und zur Kultur im besonderen erörtert. Auf diese Weise sind Tradition und Fortschritt miteinander verknüpft. Ohne Einbeziehen der Praxis ist geistiges Forschen nicht möglich, wie auch ohne In-Frage-Stellen von Fakten geistiges Leben ganz allgemein unmöglich ist.

Wir haben von konkreten Situationen gesprochen: Was sollen wir nun unter einer konkreten religiösen Situation verstehen, die in einer Theologischen Fakultät in Betracht zu ziehen wäre? Das ist die Wirklichkeit der christlichen protestantischen Kirchen, deren Pfarrer eine berufliche Ausbildung erhalten müssen. (Das gleiche würde auch für Fakultäten gelten, die dieselbe Aufgabe gegenüber der katholischen Kirche zu erfüllen haben. Jede Universität müßte darum eigentlich zwei theologische Fakultäten haben, wie es vielfach in Deutschland der Fall ist.) Im Hinblick auf diese doppelte Funktion der Theologischen Fakultäten müssen theologische Ausbildung und Vorbereitung auf die Aufgaben des Pfarrers Hand in Hand gehen. Um dieser Forderung zu genügen, ist eine theoretisch-wissenschaftliche Ausbildung im strengmethodischen Sinn erforderlich. Geschichtliche Fächer dürfen ebenso wenig vernachlässigt werden wie die Philosophie. Dabei darf nichts von dem Prozeß radikalen Fragens ausgenommen sein, sonst gehörte eine solche Ausbildung nicht in den Rahmen einer Universität. Nicht nur das geistige Leben der Universitäten würde Schaden erleiden, der

ganze Staat wäre in Mitleidenschaft gezogen, denn der künftige Theologe ist in der Lage, im Staat einen weit größeren Einfluß auszuüben als jede andere Berufsgruppe. Kann man es sich danach leisten, den theologischen Ausbildungsstand auf einer primitiven, mit abergläubischen Elementen durchsetzten Stufe zu belassen? Oft hat man das Gefühl, daß bei denjenigen, die die Theologischen Fakultäten abschaffen wollen, eine gewisse Furcht vor wirklich gebildeten Vertretern der Kirche im Hintergrund steht.

Die Theologischen Fakultäten dienen aber noch einer anderen Aufgabe: Im Gesamt der Wissenschaft repräsentieren sie das religiöse Element. Und sie tun das nicht abstrakt, sondern auf dem Boden einer bestimmten konfessionellen Überzeugung mit besonderen Ausdrucksformen und Ämtern. Dadurch stehen sie in einem beständigen kulturellen Austausch mit anderen wissenschaftlichen Disziplinen, z. B. der Geschichte, der Psychologie, der Soziologie und der Philosophie. Ich denke dabei an solche großen Theologen wie Schleiermacher, Harnack, Troeltsch, Otto, Wellhausen, Bultmann. Die Tatsache, daß sie Theologen waren, hinderte sie nicht daran, in großem Ausmaß zum Verständnis der Kultur und des Menschen in allen Bereichen beizutragen. Im Gegenteil, gerade *weil* sie Theologen waren, besaßen sie die Gabe zu radikaler Selbstkritik. Und ihre Selbstkritik führte sie zu einer schöpferischen Kritik am religiösen Leben, zu dessen Läuterung sie beitrugen. Ohne diese Mittler zwischen dem konkreten Logos, wie er von Christus bezeugt wurde, und dem universalen Logos, wie ihn die Universitäten bezeugen, können wir uns keine christliche Epoche denken.

Religionsunterricht ist ein notwendiges Fach in den Humanwissenschaften, weil alle kulturellen Bereiche zu allen Zeiten miteinander zusammenhängen. Für gewöhnlich wird er so wenig gut erteilt, daß ein riesiges Maß von Unwissenheit die Folge ist – weit größer als auf jedem anderen Gebiet unserer allgemeinen Bildung. Diese Unbildung erstreckt sich nicht nur auf die Studenten, sondern auch auf Lehrer aller Schularten.

Dabei müssen wir berücksichtigen, daß der Religionsunterricht in den Colleges und Universitäten ganz verschiedenartig erteilt wird. Manchmal ist Religion ein Fach in den „*religious departments*"[7] der Colleges. Manchmal ist sie ein Fach innerhalb bestimmter Lehrstühle der Universität, beispielsweise der Kirchengeschichte innerhalb der allgemeinen Geschichte, Religionsphilosophie innerhalb der allgemeinen Philosophie, Religionspsychologie und Religionssoziologie innerhalb

[7] Da wir in Deutschland nichts Entsprechendes haben, muß dieser Ausdruck unübersetzt bleiben.

der Psychologie und Soziologie. Das ist der Brauch seit langer Zeit, aber die Frage erhebt sich: Wie sollte der Religionsunterricht erteilt werden und, wenn diese Frage entschieden ist: Wer kann diese Aufgabe wahrnehmen? Die zwei Pole in der Wissenschaft vom Menschen sind Trennung und Partizipation. Ohne Trennung ist kein Erkenntnisprozeß möglich. Sonst wäre das Ergebnis nicht Erkenntnis, sondern ein emotionaler Ausbruch. Die geforderte Trennung findet ihren Niederschlag in philologischer Genauigkeit, historischer Einordnung und Bewertung aufgrund vorliegender Quellen, folgerichtigem Gebrauch der verwendeten Begriffe und in exakter Beobachtung. Andererseits würde ohne Partizipation eine geistige Schöpfung dem Verstehen nicht zugänglich werden. Partizipation in diesem Sinne sollte aber nicht mißverstanden werden als Identifikation mit einer konkreten Religion. Partizipation heißt vielmehr „Eingehen" in die Sache, wie es auf allen Gebieten der Wissenschaft vom Menschen gefordert ist. Gefordert ist also eine Einheit von Teilhabe und Distanz, die „existentielle Hypothese" genannt werden könnte. Alle distanzierte Erkenntnis bleibt Hypothese. Sie ist vorläufig. Aber Partizipation ermöglicht uns ein „Eingehen" in den zu erkennenden Gegenstand oder sein „Eingehen" in uns. Solche Partizipation erzeugt den Eros und die Leidenschaft, die die Tätigkeit des Lehrens schöpferisch machen, ohne dabei wissenschaftliche Sorgfalt und Redlichkeit zu zerstören. Ohne die Dualität von Partizipation und Trennung stehen wir vor folgender Alternative: Entweder gehört die religiöse Bildung nicht in den Rahmen einer Universität, oder sie ist in Wahrheit keine religiöse Bildung, sondern nur ein zufälliger Einfluß auf das Verhalten der Menschen.

Die religiöse Frage ist die Frage nach dem Sinn der menschlichen Existenz und nach Existenz überhaupt. Das Wort „Sinn" weist auf die Fragen: Was bin ich? Wofür lebe ich? Hat es einen Wert, daß ich lebe? Ist das Sein als Ganzes ein großer Zufall, oder hat es ein letztes inneres Ziel? Die Religion gibt in ihren Symbolen auf diese Fragen Antwort. Aber die Fragen selbst werden in jedem Lebensbereich und auf jeder Ebene menschlicher Existenz gestellt. Die Möglichkeit, solche Fragen zu stellen, macht den Menschen zum Menschen. Die Antworten sind von der jeweiligen religiösen Tradition beeinflußt. Da die Fragen in jedem Bereich menschlichen Lebens gestellt werden, so entstehen auch in jedem Bereich menschlichen Erkennens die Antworten. In vielerlei Weise hat sich das im letzten Jahrzehnt gezeigt: Reden, öffentliche Erklärungen und Bücher, deren Autoren alle Seiten höherer Bildung repräsentieren, legen davon Zeugnis ab.

Fragen von letzter Bedeutung werden in den verschiedenen Wissenschaftsbereichen gestellt. In der Physik z. B. stehen folgende Probleme höchster Bedeutsamkeit zur Debatte: die Grenzen unserer Welt und die Größe des gesamten Kosmos, die aufbauenden und die zerstörerischen, die schöpferischen und die destruktiven Kräfte in ihrem gegenseitigen Zusammenspiel. Viele große Naturwissenschaftler haben sich mit diesen Problemen beschäftigt und darüber geschrieben.

Angewandte, d. h. technische Naturwissenschaft kommt zu letzten Fragen in dem Moment, in dem das Problem auftaucht: Wofür schaffen wir eigentlich neue technische Möglichkeiten? Warum ist diese besondere Herstellung für das innere Leben der Menschen so gefährlich geworden? Und was bedeutet es, daß die Technik eines Tages vielleicht das Instrument wird, durch das das Leben ausgelöscht werden kann?

Die Wissenschaften, die das Leben erforschen, stoßen auf Probleme, die unmittelbar Fragen hervorrufen wie die nach Leben und Tod, nach Art und Individuum, nach den Funktionen von Schmerz und Lust, nach dem Verhältnis der verschiedenen Dimensionen im Menschen. Und wenn wir die Anwendung der wissenschaftlichen Erkenntnis auf das Leben betrachten, begegnen wir den großen Problemen, die die Medizin bewegen: dem Problem der Krankheit, des Zieles und der Grenzen des Heilens, der positiven Funktion des Krankseins.

Diese Betrachtungen führen von selbst in das psychologische Gebiet, und zwar zur Frage der Persönlichkeitsgewinnung im moralischen Akt und darüber hinaus zu der Frage nach dem, was uns unbedingt angeht. Und daraus entstehen die weiteren Fragen nach der Beziehung der verschiedenen Dimensionen im Menschen, nach der Bedeutung von „Leib", „Seele" und „Geist" in der Gesamtpersönlichkeit.

Die Anwendung der Psychologie sowohl auf den geistig gesunden wie den geistig kranken Menschen läßt neue Probleme entstehen: das Problem von Freiheit und Zwang, das Verhältnis von Bewußtem und Unbewußtem, die Gefahren psychologischer Tests, die Grenzen geistigen Heilens – alles Probleme, von denen jedes einzelne auf die Dimensionen des Unbedingten hinweist.

Im Bereich der Soziologie und der Sozialwissenschaften häufen sich die Berührungspunkte zwischen den Problemen dieser Wissenschaften mit Fragen letzter Bedeutsamkeit, und das bedeutet: mit religiösen Fragen.

Dabei entsteht die Frage: Gibt es Symbole für die Integration einer sozialen Gruppe, und wie sind sie beschaffen? Wie ist Gemeinschaft überhaupt möglich? Welches sind die zerstörerischen Kräfte einer Gesellschaft? Welche Rolle spielt die Religion in gesellschaftlichen Grup-

pen der Vergangenheit und der Gegenwart? In welchen symbolischen Formen drückt sich Konformismus und Non-Konformismus aus? Und wie steht es mit deren Zwängen?

Die „Law School" kann dem Problem des Naturrechts mehr oder weniger ausweichen, nämlich der Frage nach seinem letzten Ursprung und seiner kritischen Funktion gegenüber dem positiven Recht, aber sie kann anderen Fragen von letztem und unbedingtem Charakter nicht ausweichen, wie der Frage der Strafe, des Privateigentums, der Rechte des einzelnen und der Gruppe.

In der Politik finden die Ergebnisse der Rechts- und Sozialwissenschaften ihre praktische Anwendung. So können die politischen Wissenschaften z. B. niemals die Fragen des Verhältnisses von Staat und Mensch, von Macht und Recht, von egalitärer oder hierarchischer Gerechtigkeit, von Realismus und Utopismus außer acht lassen.

In den Schulen für Wirtschaftswissenschaften gibt es entsprechende Fragen: die nach dem Sinn der Erzeugung immer neuer, oft überflüssiger Industrieprodukte, die nach Profit, Konkurrenz, Wohlstand und nach den menschlichen Beziehungen zum Arbeitnehmer.

Auf mehr theoretischem Gebiet ist der erste Berührungspunkt mit der religiösen Frage die Deutung der Geschichte. Es gibt einfach keine Geschichtsschreibung ohne eine bewußte oder unbewußte Auseinandersetzung mit dem Sinn der Geschichte.

Auf dem Gebiet der Kunst begegnen wir der religiösen Frage in der Form des Stilproblems. Der Stil enthüllt für das Bewußtsein wie für das Unbewußte die Selbstinterpretation einer geschichtlichen Periode. Die künstlerischen Symbole der dargestellten Themen, die bevorzugten Formelemente – das alles bringt die Antwort zum Ausdruck, die eine bestimmte Zeit und eine bestimmte menschliche Gruppe auf die Frage nach dem Sinn des Lebens gibt.

Die Geschichte der Philosophie ist unter anderem eine Geschichte rationaler Symbole dessen, was den Menschen unbedingt angeht.

Auf die beschriebene Weise tritt in vielen Bereichen wissenschaftlicher Arbeit an der Universität die religiöse Dimension zutage, und zwar ganz unabhängig von einer konkreten religiösen Tradition.

Die Bildung an der Universität sollte beides umfassen: strenge, wissenschaftliche Arbeit und Eröffnung des Horizonts, in dem die letzten Fragen des Lebens im Lichte der Wissenschaft gesehen werden müssen. Das ist das, was unsere besten Studenten suchen, und sie sollten nicht enttäuscht werden.

69. SCHÖPFERISCHES ZUHÖREN

Rede anläßlich der Verleihung der Ehrendoktorwürde
der „Bucknell University" in Lewisburg/Penn. am 21. 9. 1960

Herr Präsident, verehrte Kollegen, liebe Kommilitonen! Es ist für mich eine große Ehre, anläßlich des Empfangs der Ehrendoktorwürde Ihrer Universität zur Eröffnung eines neuen akademischen Jahres hier in Bucknell zu sprechen. Als ich nach dem Thema meines Vortrages gefragt wurde, war ich gerade mit einer Arbeit über den schöpferischen Charakter geschichtlichen Handelns beschäftigt. Dabei wurde mir bewußt, daß der Ausdruck „schöpferisch" eines der am meisten mißbrauchten Worte in unserem täglichen Umgang geworden ist, und das gleiche gilt für die Werbung, ja sogar für die Sprache der Pädagogik und Wissenschaft. Darum erschien es mir gerade in einer Rede an neuimmatrikulierte Studenten, aber auch an die Studentenschaft insgesamt ein nützliches Unterfangen, diesen Begriff von allen falschen Zutaten zu befreien und seinen eigentlichen Gehalt neu zu durchdenken. Denn Ihr werdet dieses Wort sehr häufig während Eurer Studienjahre hören und auch lesen, vielleicht sogar in einem Vorlesungsverzeichnis, etwa bei der Ankündigung von besonderen Kursen über „schöpferisches" Schreiben oder Malen, vielleicht sogar in Verbindung mit dem Kochen, eine Sache, die ich durchaus schätze, die aber vielleicht zu weit weggeführt von der ursprünglichen Bedeutung dieses einst sehr gewichtigen Wortes.

Es war gewichtig, weil es für den schöpferischen Grund von allem, was ist, gebraucht wurde. Symbolisch gesprochen galt schöpferisches Handeln immer als das Vorrecht Gottes. Und wenn theologisches Denken das Symbol der Schöpfung zu deuten versuchte, so fügte es die Worte „aus dem Nichts" hinzu, um auf einen Akt letzter Freiheit hinzuweisen, in dem das, was noch kein Sein hatte, zum Sein gebracht wurde. Man sollte aus diesem ursprünglichen Mythos kein Zerrbild machen, indem man ihn wörtlich nimmt und sich in primitiver und oft törichter Weise eine himmlische Person vorstellt, die tun kann, was sie will, und sich eines Tages entschloß, eine Welt zu schaffen, um ihre Einsamkeit zu überwinden. Mythen sind für unser an der Technik orientiertes Denken oft schwer verständlich. Aber sie haben immer einen tiefen Sinn, und so verweltlicht eine Kultur auch sein mag, in ihrer Sprache und in allen anderen bedeutsamen Kulturschöpfungen lebt sie dennoch von den Mythen, die ihr zugrundeliegen. Nicht die Mythen

selbst, die großen Mythen der Bibel eingeschlossen, sind töricht, sondern die Menschen, die sie wörtlich nehmen und sie auf die Ebene wissenschaftlicher Aussagen und technischer Weltbewältigung stellen. Das gilt auch vom Symbol der Schöpfung, das, ob wir uns dessen bewußt sind oder nicht, dem zugrundeliegt, was wir in unserer täglichen Sprache menschliches Schöpfertum nennen.

Ist es gerechtfertigt, das Wort „schöpferisch" auf das kulturelle und geschichtliche Wirken des Menschen anzuwenden? Der Mensch ist samt allem, was in Raum und Zeit lebt, Geschöpf, und als solches bestimmt durch die Kette von Ursache und Wirkung. Er ist eine Kreatur, d. h. er ist endlich. Geschöpf zu sein bedeutet Endlichkeit. Und dieses endliche Wesen hat die Kühnheit, sich „Schöpferkraft" beizulegen, etwas zum Sein zu bringen, das zuvor nicht da war. Es beansprucht gleichsam Teilhabe an der ursprünglichsten und höchsten Schöpferkraft. Solche Feststellungen sollten uns davor warnen, das Wort „schöpferisch" allzu leichtfertig auf menschliches Tun anzuwenden. Aber es ist nun wohl zu spät; unsere Sprache wimmelt förmlich von Ausdrücken, die sich auf „menschliches Schöpfertum" beziehen. Was wir trotzdem dagegen tun können, ist, dem Wort „schöpferisch" seine Würde zurückzugeben.

Wenn wir das Wort „Schöpfung" hören, denken wir zuerst an den schöpferischen Künstler und sein Werk. Das ist ganz natürlich, denn in keinem anderen Bereich menschlichen Schaffens ist die Hervorbringung von etwas Neuem so augenfällig. Die künstlerische Phantasie überfliegt in ihrer Freiheit alle Grenzen der Wirklichkeit, sie benutzt das Wirkliche nur als Material, gibt ihm aber eine Form, die alles, dem man im gewöhnlichen Leben begegnet, übersteigt. Das Kunstwerk ist nicht unwirklich, aber es gehört zu einer anderen Dimension der Wirklichkeit, einer Dimension, die durch nichts anderes als durch die Kunst sichtbar gemacht werden kann. Jedoch wäre es falsch, wenn man das Schaffen des Künstlers als das Urbild schöpferischen Tuns bezeichnen würde. Ich möchte einige der alten Bauersfrauen, denen ich in meiner Kindheit begegnete, schöpferisch nennen, und ebenso einen alten Bauern – einen Dorfältesten –, den ich in diesem Sommer in Japan traf. Das, was ich an ihnen schöpferisch nennen würde, war einmal ihr unmittelbares, ganz und gar nicht mechanisches Eingehen auf die Erfordernisse, die ihr Vieh, ihr Garten und ihre Enkelkinder an sie stellten, wie auch die Art, wie sie mit den Menschen sprachen. Ihr schöpferisches Verhalten war ein Ausdruck ihrer kernhaften Gesundheit. Wenn wir das nicht-mechanische, lebendige Eingehen auf die Anforderungen des täglichen Lebens schöpferisch nennen würden, so würde das Wort „schöpferisch" etwas von seiner ursprünglichen Kraft zurückgewinnen.

Es scheint mir, daß dieser Gesichtspunkt von äußerster Bedeutung für unsere heutige amerikanische Kultur ist. Die Frage, ob unser nationales Leben noch gesund genannt werden kann, eine Frage, die heute so häufig gestellt und von vielen Menschen, jungen wie alten, negativ beantwortet wird, ist eng verbunden mit der Frage nach der schöpferischen Bewältigung unserer gegenwärtigen Probleme. Ein starres Verhalten, das im gesellschaftlichen Bereich Konformismus genannt wird, erstickt die Freiheit, ohne die schöpferisches Handeln nicht möglich ist. Vor einigen Jahren sind eine Reihe von akademischen Festreden gehalten worden – auch von mir –, die vor den verhängnisvollen Folgen eines feigen oder gleichgültigen Konformismus warnten[8]. Die Warnung ist auch heute noch angebracht, denn ungesunde Resignation gegenüber den gegebenen Verhältnissen ist im Denken und Verhalten weiter Kreise unseres Volkes verbreitet, und zwar nicht nur bei den Älteren, sondern vielleicht noch stärker bei der jungen Generation, in der man vielleicht noch mehr gleichgültigen und auf die eigene Sicherheit bedachten Konformismus antrifft. Wo das der Fall ist, gibt es wenig Gesundheit und noch weniger schöpferisches Handeln. Ein Volk, das von vornherein und uneingeschränkt von der Richtigkeit seiner Grundsätze und Ziele überzeugt ist und die, welche andere Überzeugungen haben, verurteilt, ist krank und unfähig, auf die Erfordernisse neuer Situationen schöpferisch einzugehen.

Um aber schöpferisch handeln zu können, müssen wir schöpferisch zuhören können. Der Nonkonformist aus Prinzip, d. h. der unfruchtbare Skeptiker und Zyniker, der alles außer seinem eigenen Zynismus verneint, ist ebenso unschöpferisch wie der an die Tradition oder Konvention gebundene Konformist. Sie sind unschöpferisch, weil sie nicht zuhören wollen und zu reden beginnen, noch ehe sie in schöpferischem Schweigen zugehört haben. Beide meinen, stets zu wissen, was sie zu denken und zu tun haben. Wer aber fähig ist zuzuhören, weiß eben, daß er nicht so genau weiß, was zu denken und zu tun ist und verhält sich zu sich selbst kritisch. Und gerade aus dieser Einsicht kann schöpferisches Denken und Handeln erwachsen.

Worin aber besteht schöpferisches Zuhören? Es gibt kaum eine wichtigere Frage für Studenten und ihre Lehrer. Was der Student während seines Studiums tut, besteht zu einem großen Teil aus Zuhören, wenn er Vorlesungen hört oder Bücher liest. Vielfach meint er, daß dies eine unschöpferische Weise sei, für das Leben oder auch nur für einen bestimmten Beruf ausgebildet zu werden. Er hört nur zu, weil er muß. Er lernt, was er gehört oder gelesen hat, und er vergißt nach den

---

[8] Vgl. den vorangegangenen Beitrag „Gefahren des Konformismus", S. 459.

Prüfungen wieder sehr viel davon. Das geschieht sogar, wenn die Vorlesungen anregend und die Bücher interessant sind, aber erst recht, wenn das nicht der Fall ist. Aber muß das so sein? Kann Zuhören nicht doch schöpferisch sein, auch wenn das, dem man zuhören muß, in wenig schöpferischer Weise dargeboten wird? Ich meine, daß das möglich ist, weil das, was an unseren Universitäten geboten wird, zu schöpferischem Verhalten anregen kann, wenn sich der Student nicht dagegen stemmt. Der große deutsche Dichter und Lebenskünstler Goethe hat einmal gesagt, daß das Leben interessant ist, wo immer man es anpackt. Heute hat das Wort „interessant" die Kraft verloren, die es für Goethes Ausspruch hatte. Wir gebrauchen es als eine höfliche Floskel, bei der Würdigung einer Erzählung, einer Rede oder eines Buches, die uns gelangweilt haben. Aber „interessant" deutet auf etwas hin, das uns in sich hineinzieht, so daß wir mitten in ihm sind – *inter esse!* Und das ist die erste Bedingung des schöpferischen Zuhörens: hineingezogen werden in die Sache selbst, nicht weil sie in interessanter Weise dargeboten wird, sondern weil sie an sich interessant ist und unseren Eros zu erwecken vermag. Eros ist die Liebe, die in allen Dingen und allem Geschehen das Erhabene sucht. Und in allem lebt etwas Erhabenes, im Reich der Natur wie im menschlichen Bereich. Durch ihre verborgene Würde sprechen die Dinge unseren Eros an, ziehen sie uns an, ziehen sie uns in sich hinein. In den Werken der Kunst, in der Musik und Literatur verspüren wir unmittelbar die Kraft, die den Eros erweckt. Aber sie lebt auch in der geheimnisvollen Vernunft der Zahlen und in den mathematischen Formeln, in der unerschöpflichen Tiefe der mikrokosmischen und makrokosmischen Strukturen unseres Universums. Und ganz gewiß zeigt sie sich in den Bewegungen der Geschichte und in der Größe und Tragik der geschichtlichen Persönlichkeiten und Nationen.

Aber auch in den wechselnden Strukturen gesellschaftlicher Gruppen und in der lebendigen Kraft unseres Bewußtseins wie auch seiner unbewußten Tiefe stoßen wir auf jene Macht. Das Leben ist in all seinen Ausdrucksformen zugleich geheimnisvoll und offen, tief und oberflächlich, groß und tragisch, erhaben und profan. Und das gleiche gilt auch für uns, die wir das Leben in seiner ganzen Fülle und Mannigfaltigkeit repräsentieren. Und weil das Gleiche nach dem Gleichen sucht, kann jeder Teil und jede Dimension des Universums ein Gegenstand des Eros und des Verlangens werden, an ihm teilzuhaben. In poetischer Sprache können wir sagen, daß die Dinge darauf warten, von uns entdeckt und geliebt zu werden, und daß sie den Wunsch haben, sich mit uns zu vereinigen. Sie fordern uns auf, auf sie zu hören. Der Eros, der

uns mit solchen Dingen verbindet, ist die erste Bedingung schöpferischen Zuhörens. Ich kenne keinen Mann und keine Frau mit überlegenen schöpferischen Fähigkeiten auf irgendeinem Gebiet des Lebens, in deren Werken nicht eine schon früh geübte Offenheit für das, was die Dinge ihnen zu sagen haben, zu spüren wäre. In ihnen allen lebt ein starker und beständiger Eros zu den Dingen, auf deren Stimme sie demütig hören.

Viele junge Leute haben das Gefühl, daß sie bestimmte schöpferische Fähigkeiten besitzen. Sie mögen darin recht haben. Aber keiner von ihnen wird etwas Wertvolles oder Großes schaffen, der nicht vorher auf die Stimme der Wirklichkeit gehört hat, auf welchem Wege sie auch zu ihnen gedrungen sein mag. Wartet nicht auf den „anregenden" Lehrer! Macht Euch nicht von dem Zufall abhängig, einen solchen Lehrer zu finden. Versucht statt dessen, auf das zu hören, was die Dinge Euch mitzuteilen haben. Niemand möchte in seinen College-Jahren auf menschliche Bereicherung verzichten, und ergäbe sie sich auch nur aus dem Bestehen von Prüfungen oder dem Erwerb akademischer Grade. Aber wem von Euch dies nicht genügt, der höre in schöpferischer Weise auf die Dinge, mit denen er vertraut gemacht wird.

Eros ist die erste und wichtigste Voraussetzung für schöpferisches Zuhören. Die zweite bezieht sich auf manche kleinen Dinge, die aber für uns unbedingt bedeutsam werden können. Man kann Vergangenes wie auch Gegenwärtiges lieben, ohne daß es für uns letzte Bedeutsamkeit erlangt. Aber es wäre traurig, wenn von dem vielen, was Euch während Eures Studiums nahegebracht wird, Euch nichts ernsthaft angehen würde. Der Eros führt zur Teilhabe an dem Gegenstand, dem er sich zuwendet. Aber ein wirkliches Anliegen bewirkt mehr: Es erzeugt den Willen, das zu verwandeln, was man liebt. Vielleicht fühlt Ihr Euch schon früh von dem Wunsche beseelt, eines Tages den künstlerischen Stil, die philosophische Methode, die Einstellung gegenüber dem Mitmenschen und der Gesellschaft, die wirtschaftliche Lage einer Gesellschaftsklasse, die Zielsetzungen der nationalen Politik zu ändern. All dies ist dann ein ernstes Anliegen für Euch geworden. Ihr alle wißt, wie gleichgültig viele College-Studenten gegenüber den Gegenständen ihres Studiums sind. Diese Gleichgültigkeit, dieses uninteressierte „Pauken" fürs Examen ist eine schwere Belastung für jeden Lehrer, der an dem, was er zu lehren hat, selbst leidenschaftlich beteiligt ist. Er hat das Empfinden, daß alle seine Mühe umsonst war, selbst dann, wenn seine Klasse beim Schlußexamen sehr gut abgeschnitten hat. Und er fühlt sich dafür verantwortlich, daß nur sehr wenige, vielleicht sogar niemand, von dem Lehrgang persönlich berührt wurden. Vielleicht

trifft ihn überhaupt keine Schuld daran, weil die schwunglose Gleichgültigkeit der Klasse einfach unüberwindlich war. Vielleicht sollte er dennoch verzweifeln, nämlich über die große Anzahl derjenigen, die nicht bereit sind, mit Eros und verantwortlicher Hingabe, d. h. schöpferisch, zuzuhören.

Und das führt zur dritten Voraussetzung schöpferischen Zuhörens – daß Ihr Euch verantwortlich fühlt für das, was Ihr hört. Es kann sich hierbei um eine Idee handeln, deren Gültigkeit Ihr nicht anerkennen könnt, um die Darstellung einer Situation, die Ihr ablehnen müßt, eine Beurteilung der Vergangenheit, die Euren eigenen Erfahrungen widerspricht, oder schließlich um ein Zukunftsziel, das Ihr für völlig falsch haltet. Manchmal begünstigen solche Reaktionen ein arrogantes Gefühl von Überlegenheit. Aber manchmal – und dies sind die Fälle, die das Leben eines Lehrers sinnvoll machen – führen sie zu einem durch Verantwortung und inneres Betroffensein bestimmten und darum schöpferischen Hören. Ein Schüler, der aufgrund seines Wissens und eines leidenschaftlichen Betroffenseins „nein" zu den Ausführungen des Lehrers sagt, ist für ihn die beste Bestätigung. Er hat dann zu schöpferischem Hören erzogen.

Ich möchte noch einige Worte hinzufügen, obwohl sie nicht unmittelbar mit dem Studium zu tun haben. Es gibt ein schöpferisches Zuhören, das auf einen anderen Menschen gerichtet ist. Ein großer Teil des Bildungsgangs in einem Institut wie dieser Universität vollzieht sich im engen Zusammenleben mit anderen Studenten. In einer solchen Umgebung ist nichts so wichtig wie ein schöpferisches Hinhören des einen auf den anderen. Wir teilen uns gern anderen mit, aber bringen es schwer fertig, dem anderen zuzuhören. Unser gewöhnliches Zuhören ist eine Sache der Neugier, eine Angelegenheit von Klatsch oder Wissensbedürfnis – oder es ist nur ein Mittel, um zu einer schnellen Antwort zu kommen, um möglichst bald wieder selbst sprechen zu können. Solche Arten des Zuhörens bereiten vielleicht Vergnügen, befördern vielleicht das Lernen, aber sie schaffen keine Gemeinschaft zwischen Menschen. Sie können sogar eine höfliche Art sein, Gemeinschaft zu verhindern. Schöpferisches Zuhören fängt an, wenn Schweigen zwischen zwei Menschen möglich wird – eine sehr schwierige Sache –, und wenn durch dieses Schweigen hindurch jemand ohne Worte zu uns spricht und wir so zuhören, daß eine wirkliche Gemeinschaft entsteht. Aber nicht nur im beiderseitigen Schweigen geschieht das schöpferische Zuhören; es kann auch in einer scheinbar oberflächlichen Unterhaltung vorkommen, wenn man viel mehr vernimmt, als vom anderen tatsächlich gesagt wird. Hören, was der andere sagen möchte, aber nicht auszusprechen

vermag, ist schöpferisches Hören. Je mehr Ihr dazu fähig seid, um so kostbarer werden Eure menschlichen Beziehungen sein. Je mehr Ihr selbst redet und je mehr Eure Antworten sich nur auf den offensichtlichen Sinn der Worte des anderen beziehen, um so weniger Gemeinschaft wird entstehen. Andererseits kann es geschehen, daß wir durch echtes schöpferisches Zuhören dem Mitmenschen für sein ganzes Leben eine große Hilfe leisten, auch wenn es sich um Menschen handelt, die nicht unsere Freunde sind. Darum hört erst zu, bevor Ihr antwortet. Sonst hat Eure Antwort keinen Wert.

Ich möchte schließen mit dem Hinweis auf eine andere Art schöpferischen Zuhörens, des Hörens auf uns selbst. Es ist nicht das in uns gemeint, was geräuschvoll an die Oberfläche unseres Bewußtseins drängt, unsere Befürchtungen, Wünsche, Ressentiments, unsere Haßgefühle oder Sympathien, sondern das, was mit einer sanften, aber eindringlichen Stimme spricht und uns fragen läßt: Was ist der Sinn meines Daseins? Wofür lebe ich, wofür sollte ich eigentlich leben? Was bedeutet es, ein Mensch zu sein? Die Stimme, die uns zu solchen Fragen treibt, weist uns auf das eigentlich Erhabene in uns und in allem anderen hin. Haben wir den Mut, solchen Fragen standzuhalten? Sind wir noch fähig, in den seltenen Stunden des Alleinseins darauf zu hören? Oder ist der Lärm unseres Alltags zu laut geworden? Wäre das der Fall, dann würde uns höchstes Schöpfertum versagt bleiben, denn nur der kann es erreichen, der fähig ist, schöpferisch auf die Stimme zu hören, die aus der Tiefe unseres Seins zu uns spricht. Es ist die Stimme, die aus der Dimension des letzten Erhabenen *durch* uns *zu* uns spricht. Und darum sage ich zu Euch in dieser Stunde: Lernt es, schöpferisch zuzuhören, und Ihr werdet lernen, schöpferisch zu handeln.

70. DER PHILOSOPHISCHE HINTERGRUND MEINER THEOLOGIE

Vortrag an der „St. Paul's University" in Tokio am 17. 5. 1960

Herr Präsident, Professor Kan, meine Damen und Herren!
Es ist eine große Ehre für mich, daß der erste Vortrag, den ich in Ihrem Lande halte, ein Vortrag über meine Theologie sein soll. Und ich muß Ihnen gestehen, daß ich noch nie zuvor aufgefordert wurde, über dieses Thema zu sprechen. So war ich gezwungen, über mich selbst

nachzudenken und mich sozusagen zu einem Objekt meiner selbst zu machen, und ich glaube, daß man das kaum in einer objektiven Weise tun kann. Aber vielleicht kann man es in existentieller Weise tun. Wenn existentiell Teilhabe bedeutet, so heißt das, an der eigenen Vergangenheit teilhaben.

Als erstes möchte ich ein paar historische Vorbemerkungen über meine Beziehung zur Philosophie machen und dann zeigen, wie diese Beziehung – eigentlich eine Beziehung zu vielen Philosophen – mein theologisches Denken beinflußt hat. Die Vorlesung wird also zwei Teile haben, einen historischen und einen mehr systematischen.

Ich erinnere mich sehr gut an den ungeheuren Eindruck, den die Fragmente der sogenannten Vorsokratiker auf mich machten, als ich sie zum ersten Mal las. Sie sind der Anfang aller Philosophie in der Welt des Westens und nur als Fragmente auf uns gekommen. Aber ich hatte das Gefühl, daß in diesen Fragmenten mehr Gehalt und Tiefe steckt als in den meisten der späteren philosophischen Versuche. Ich war ergriffen von ihrem tiefen tragischen Empfinden angesichts der Endlichkeit und Torheit des Menschen. In ihrem Stil hatten sie etwas Archaisches, als ob sie einer uralten Zeit anzugehören schienen. Ich hatte die Vorstellung von alten Mauern, aus großen Steinen gebaut, die ohne Mörtel zusammengehalten werden, wie man sie in den frühesten Zeiten aller Geschichte findet. Und etwas Mystisches war ihnen eigen, so mystisch wie das Lächeln der archaischen Götter und Göttinnen. Aber zu gleicher Zeit besaßen sie eine große Kraft der Abstraktion. Hier entstand zum erstenmal in der Geschichte des Westens der Begriff des Seins, besonders in der Philosophie des Parmenides. Wo aber der Begriff des Seins auftaucht, da findet sich auch der Begriff des Nichtseins. Und ich fühle es noch heute, wie mein ganzes Verhältnis zum Leben sich unter dem Eindruck dieser Männer veränderte.

Als nächstes möchte ich den Philosophen erwähnen, der mich während meines ganzen Lebens ständig begleitete – Plato! Denn Plato ist so reich. Ich will nur auf zwei Punkte in dem großen Reichtum des platonischen Denkens hinweisen: zunächst die Unterscheidung der Welt der Ideen oder Essenzen, die die Welt der Wahrheit ist, von der Welt, in der wir leben, die die Welt der Wahrheit zu sein scheint, aber nicht die Wahrheit ist. Das beschreibt Plato im Mythos vom Fall der Seele aus der Welt der ewigen Wesenheiten in die Welt der sich ständig ändernden Wirklichkeit. Den Rest, der von jener Welt in uns verblieben ist, könnte man „übergeschichtliche Erinnerung" nennen, Erinnerung über Zeit und Raum hinaus an die Welt, zu der die Seele einst gehörte. Und das andere, was ich von Plato sagen möchte, bezieht sich

auf sein Verhältnis zu Mythos und Symbol besonders in einem Punkt: Wenn er vom Übergang der Welt der Essenzen in die Welt der Existenz spricht, der Welt der Wahrheit in die Welt des Scheins, dann gebraucht er Mythen und Symbole. Oder wenn er von der Rückkehr der Seele aus der Welt von Zeit und Raum in die Welt über Zeit und Raum spricht, dann tut er das nicht in Begriffen, sondern ebenfalls in Mythen und Symbolen. Allgemein gesagt bedeutet das, wann immer man über das Verhältnis von Essenz und Existenz spricht, kann man es nicht begrifflich tun, sondern muß Symbole zu Hilfe nehmen.

Als drittes möchte ich die Stoiker erwähnen. Sie müssen aus vielen Gründen beachtet werden. Schon früher in Europa, aber besonders seitdem ich in Amerika lebe, bin ich zu der Überzeugung gekommen, daß der Stoizismus die entscheidende Alternative zum Christentum ist. Der säkulare Stoizismus hat heute viele Gesichter, entstand aber gegen Ende der griechischen Geschichte. Der Hauptgedanke der stoischen Philosophie, den ich erörtern möchte, ist die Lehre vom „Logos", vom Wort, von der Vernunft, oder wie man es übersetzen will. In der indischen Sprache kommt ihm vielleicht der Ausdruck „Karma" am nächsten, diese Macht, die sowohl im menschlichen Geist wie in der Welt als ganzer gegenwärtig ist, die ermöglicht, daß der Mensch denken und die Wirklichkeit ergreifen kann, daß er fragen und vernünftig in Übereinstimmung mit den Naturgesetzen handeln kann. Dieser große Gedanke des Logos und – wenn ich mich nicht irre – des Karma verbindet den Menschen mit der ihm begegnenden Welt. Er wurde, wie Ihnen bekannt sein wird, von der christlichen Theologie aufgenommen und wurde zur Grundlage ihrer Christologie. Als der Christus mit dem Begriff „Logos" bezeichnet wurde, war das der Anfang einer christlichen Theologie. Darum ist dieser Begriff von größter Bedeutung, und darum sollte er in der Theologie niemals fallengelassen werden. Zudem ist die geschichtlich bedeutsame Lehre, daß das Naturgesetz in der physikalischen Welt und das Naturgesetz im menschlichen Geist aufeinander zugeordnet sind – eben die Logoslehre – ein philosophisches Element, das tief im christlichen Denken verwurzelt ist.

Die letzte griechische Schule, die ich erwähnen möchte, ist die der Neuplatoniker. In ihr hat sich etwas ereignet, das das westliche Denken dem östlichen Denken nähergebracht hat, als es vorher der Fall war. Gemeint ist die Vereinigung des Rationalen mit dem Mystischen, wie es der Gründer dieser Schule, Plotin, vollzogen hat und nach ihm alle seine großen Schüler. Einer der wichtigsten von Plotin entwickelten Begriffe ist der Begriff der „Ekstase". Ekstase bedeutet: über sich hinausgehen, ohne sich zu verlieren. Und das Interessante bei Plotin ist: er

bezweifelte niemals, daß das ganze System der Vernunft – und er war ein ebenso logischer Denker wie unsere heutigen logischen Positivisten – schließlich zu einem Punkt führt, an dem die Vernunft sich zwar nicht verneint, aber sich transzendiert. Und diesen Punkt nannte er „Ekstase". Den Begriff „Ekstase" habe ich in meine Theologie aufgenommen und bin deshalb oft nicht „für voll genommen", sondern als „Mystiker" beschimpft worden.

Nun möchte ich zur westlichen Philosophie übergehen, wie sie sich unter christlichem Einfluß entwickelt hat. Ich mache gleich einen Sprung zu Augustin, den ich als die größte Gestalt der alten Kirche ansehe. Bei ihm beginnen zwei verschiedene Linien des Denkens, die seitdem die ganze westliche Philosophie durchziehen. Darüber möchte ich jetzt sprechen. Die eine Linie leitet sich her von der Idee der „Unendlichkeit". Im griechischen Denken ist „Endlichkeit" das Höchste und nicht Unendlichkeit. Unendlichkeit ist etwas Minderwertiges, und darum versuchten die Griechen, sich dem Gedanken der Unendlichkeit des Raumes zu widersetzen. Im Christentum aber wurde der Gedanke der Unendlichkeit auf Gott angewandt. Dadurch wurde Unendlichkeit die höchste Qualität des Höchsten. Aus diesem Problemkreis entwickelte sich die eine Linie, die man als „unmittelbare religiöse Erfahrung" bezeichnen könnte. Augustin lebte zu einer Zeit, in der die Skepsis das griechische Denken ergriffen hatte. Und er selbst machte eine Zeit der Skepsis durch. Aber er besiegte sie in sich mit dem Gedanken, daß in der Tiefe der Seele – nämlich der eigenen Seele – die Wahrheit wohnt, und daß sie in der eigenen Seele aufgefunden werden kann. Aus dieser Augustinischen Erfahrung entstand in der westlichen Welt immer wieder die Einsicht, daß der Zweifel überwunden werden kann, indem man in sich hineinschaut. Das trifft sogar auf einen solchen Mann wie Descartes zu, den Begründer der modernen Philosophie, der in dieser Beziehung in der Augustinischen Tradition steht und auch die Wahrheit in sich fand. Und es trifft noch auf einen anderen Mann zu, der mich besonders beeinflußt hat, Nikolaus Cusanus, den römisch-katholischen Kardinal im 15. Jahrhundert. Er gab der gleichen Erfahrung Ausdruck durch sein Prinzip der *coincidentia oppositorum,* nämlich des Zusammenfallens des Unendlichen und des Endlichen. Er hat dafür teils mathematische, teils philosophische Formulierungen gefunden. Die Einheit von Unendlichem und Endlichem wurde zum grundlegenden Prinzip meiner Lehre von der religiösen Erfahrung, und hier fühle ich mich mit vielen Formen östlichen Denkens verwandt.

Aber diese Linie des Denkens, die Einheit von Unendlichem und Endlichem, hat auch ihre Gefahren. Sie kann dem Menschen das Gefühl

verleihen, als ob er sozusagen im Zentrum des Unendlichen selbst säße. Diese Gefahr wurde sehr deutlich in der deutschen klassischen Philosophie und hier besonders bei Hegel, speziell in seiner Geschichtsphilosophie. Hegel unterstellte die Geschichte seinem von ihm geschaffenen System. Die Elemente des Ewigen, die der Philosoph kennt, erscheinen in der Geschichte. Der Philosoph hat sie in seinem Kopf, und daher weiß er, was Geschichte ist. Hier würde ich nun sagen, daß ein solcher Standpunkt *hybris* (wie die Griechen sagten) oder philosophische Anmaßung ist, weil die Geschichte alles, was wir wissen, übersteigt. Sie trägt in sich das Element des Unberechenbaren, des rein Existentiellen. Und darum kam der Umschlag. Der Widerstand gegen Hegel war der Punkt, von dem der heutige Existentialismus ausging. Dies führt mich zu der anderen Linie des Denkens, die ihren Ursprung auch bei Augustin hat und in Widerstreit liegt mit der ersten Linie, wie wir sie eben beschrieben haben.

Augustin war ein außerordentlicher Willensmensch. Für ihn war der Wille die wesentlichste Eigenschaft der Wirklichkeit. Alles, was es gibt, lebt in jedem Moment durch den göttlichen Willen, der für Augustin der Wille der Liebe ist – hier und jetzt, in jedem Augenblick. In der franziskanischen Schule der mittelalterlichen Philosophie wurde dieser Wille immer irrationaler und schließlich unberechenbar. Es ist der Wille Gottes, den niemand kennt, und Er kann ihn ändern in jedem Augenblick. Der größte Denker des Mittelalters, Duns Scotus, trieb diesen Gedanken bis zu diesem Punkt. Und bei Jakob Böhme, dem deutschen Schuhmacher und Philosophen, haben wir die volle Ausfaltung dieses Gedankens: In den Tiefen des Göttlichen ist beides, das Göttliche und das Dämonische; etwas Irrationales ist in ihm, das niemand versteht. So sieht es auch Schelling (der in besonderem Maße mein philosophischer Lehrer war – wenn auch nur durch seine Bücher). Er starb vor mehr als 100 Jahren, aber er war der eigentliche Begründer des modernen Existentialismus, noch vor Kierkegaard. Das in dieser Linie des Denkens hervorgekehrte dämonische Element erhielt seine volle Ausprägung bei Nietzsche, der auf die heutigen existentialistischen Philosophen einen großen Einfluß ausübte, so auf Sartre und Heidegger.

Ich möchte noch eine Bemerkung hinzufügen. Ich glaube, daß dieses dämonische Element, von dem ich gesprochen habe, außerordentlich stark in gewissen Gestalten der Hindureligion, insbesondere in ihrer Darstellung göttlicher Wesen, zum Ausdruck kommt. Hier erscheint es in symbolischen Figuren und Formen, während es in der westlichen Philosophie begrifflich erfaßt wird. Dieses Prinzip des Göttlich-Dämonischen im Grund des Seins war die Voraussetzung oder eine der

Voraussetzungen für mein Verständnis des heutigen existentialistischen Denkens. Es betont, daß die Situation des Menschen und seiner Welt zweideutig ist. Gutes und unbestreitbar Schlechtes sind stets miteinander gemischt. In jedem Lebensprozeß finden wir beide Elemente, wir können niemals sagen, daß etwas unzweideutig gut oder unzweideutig schlecht ist. Sondern überall, in jedem Lebensprozeß, sind diese zwei Elemente gegenwärtig. Ich bin der Meinung, daß die existentialistische Bewegung diesem zentralen Gedanken in der Literatur, der Philosophie und der Kunst zum Ausdruck verholfen und ihn auf die ganze menschliche Situation übertragen hat.

Zwei Männer habe ich bisher ausgelassen, und Sie werden sich schon gefragt haben, warum ich sie nicht vor allem zu Beginn meiner Darstellung erwähnt habe – Aristoteles und Kant. Als Grund dafür kann ich nur sagen, daß ich sie als die beiden Philosophen betrachte, die uns allen, zumindest in der Welt des Westens, das philosophische Rüstzeug geliefert haben. Ohne sie hinge jedes philosophische System in der Luft, wäre vage und unexakt. Von beiden habe ich meine philosophische Strenge und von jedem einzelnen ganz bestimmte grundlegende philosophische Einsichten. Von Aristoteles lernte ich zwei Seinsweisen unterscheiden, das potentielle und das aktuelle Sein – eine Unterscheidung, die für mein theologisches Denken wichtig wurde und mein ganzes Denken bestimmte. Potentielles Sein ist Macht des Seins, das seine Macht noch nicht aktualisiert hat, aber in jedem Augenblick aktualisieren könnte. Es ist nicht Nichtsein, es ist mehr als Nichtsein. Und aktuelles Sein ist Sein, das in Raum und Zeit erscheint und von bestimmten Kategorien geprägt ist. Die letzte Betrachtung führt mich unmittelbar zu Kant. Außer den erkenntnistheoretischen Elementen und der Subjekt-Objekt-Beziehung, die ich schon in Verbindung mit dem Stoizismus erwähnte, habe ich bei Kant noch etwas anderes gelernt, nämlich die Einsicht, daß der menschliche Geist von den Kategorien Zeit und Raum, Kausalität und Substanz, Quantität und Qualität bestimmt ist und daher seine Grenzen hat und aus eigener Kraft über diese Grenzen nicht hinausgehen kann. Diese Einsicht ist sozusagen eine Warnungstafel, die Kant aufgestellt hat, deren beständige Warnung sich gegen alle philosophische Anmaßung richtet, die die Grenzen unserer Endlichkeit durchbrechen möchte. Von hier aus habe ich einen zweiten Zugang zum Existentialismus gefunden.

Ich habe versucht, in meinem bisherigen historischen Überblick zwei philosophische Linien auszuziehen. Sie beginnen beide bei Augustin. Die eine Linie möchte ich die essentialistische, die andere die existentialistische nennen. Die erste betont in aller empirischen Erfahrung das

wahre Wesen des Seins, die andere schaut auf die Situation des Menschen in seiner Existenz mit all ihren Fragwürdigkeiten, ihrer Zweideutigkeit und Endlichkeit. Meine Theologie stellt einen Versuch dar, diese beiden Linien zu vereinigen. Zuweilen hat man mich einen „existentialistischen Philosophen" genannt, öfter noch einen „existentialistischen Theologen". Beides ist unzutreffend, denn der Existentialismus formuliert nur die Fragen, die mit der menschlichen Existenz gegeben sind, gibt aber keine Antwort. Die Theologie versucht durch Interpretation der religiösen Symbole die Fragen zu beantworten. Bei diesem Versuch stützt sie sich auf den die ganze Philosophiegeschichte durchziehenden Existentialismus. Nur die Einheit beider Linien kann der Theologie hilfreich sein. Wenn wir uns ausschließlich auf eine der beiden philosophischen Linien berufen, kommen wir niemals zu einem Verständnis der religiösen Symbole.

Ich gehe jetzt über zum zweiten Hauptteil meines Vortrags. Darin möchte ich Ihnen zeigen, wie ich das philosophische Rüstzeug gebraucht habe, um die christlichen Symbole zu deuten. Welcher Mittel habe ich mich bedient, um das Gebäude meines theologisch-systematischen Denkens zu errichten? Ich kann nur einiges herausgreifen, aber ich hoffe doch, daß diese wenigen Beispiele genügen, um zu zeigen, daß philosophische Begriffe für die Theologie absolut notwendig sind und niemals vermieden werden können.

Wenn man zum Beispiel die Frage stellt: „Ist Gott?", dann steht die ganze Philosophiegeschichte im Hintergrund, die sich immer zu verstehen bemüht hat, was dieses kleine Wort „ist" bedeutet, oder anders ausgedrückt, was „Sein" bedeutet. (Jedes Kind stellt diese Frage, weil es noch nicht durch Vorurteile verdorben ist, seien es Vorurteile im geistigen oder auch im physikalischen Bereich. Wenn wir in dieser Hinsicht wieder zu Kindern würden und ernste Lebensfragen stellten, dann wäre unsere erste Frage „Ist Gott?".) Eine Antwort auf diese Frage setzt eine ganze Philosophie voraus, die wiederum genaue Kenntnis der Philosophiegeschichte und die Fähigkeit zu philosophischem Denken voraussetzt. Dringt das Denken immer tiefer vor, so stößt es auf das Problem von Sein und Nichtsein. Kein Theologe kann diesem Problem ausweichen. Wenn der Theologe sagen würde, „Gott ist ein Seiendes", dann wäre die logische Konsequenz dieses Satzes, daß es noch etwas über Gott gäbe, nämlich das Sein selbst, die Macht des Seins, das, was Gott zu einem Seienden macht. Aber das widerspricht dem unbedingten Charakter des Göttlichen, es widerspricht der Heiligkeit Gottes. Daraus folgt, daß die Theologie sich auf eine Seinslehre gründen muß, die auch Nichtsein einschließt. Auch der „antiphilosophische" Theologe

kann einer solchen Seinslehre nicht entgehen, denn auch er fragt – wenn auch versteckt – nach Sein und Nichtsein, wenn er die Frage stellt: „Was bedeutet es, daß Gott ist?" oder „Warum ist überhaupt etwas und nicht vielmehr nichts?" An diesem Punkt möchte ich auf eine Analogie zum östlichen Denken eingehen. Ich habe gerade einen Aufsatz von Professor Takeuchi gelesen, in dem er sich mit dem absoluten Nichtsein auseinandersetzt und es definiert als etwas, das jenseits von Sein und Nichtsein ist. Welche Formulierung wir auch wählen – ich würde lieber vom „Sein" statt vom absoluten Nichtsein sprechen, wie es nach Professor Takeuchi die ganze westliche Welt tut –, das Problem selbst ist Ost und West gemeinsam, und keine Theologie kann ihm ausweichen.

Ich komme nun zu einem zweiten Punkt, dem Problem des „lebendigen Gottes". Was heißt lebendiger Gott? Es bedeutet, daß Gott keine tote Identität ist, sondern in sich eine unendliche Mannigfaltigkeit vereinigt. Oder ausführlicher: Wir können die grundlegende Erkenntnis der Lebensphilosophie – zum Beispiel eines Böhme, Schelling, Heidegger oder Nietzsche – heranziehen, wonach alles Leben über sich hinausgeht und zu sich zurückstrebt. Wo das Leben aufhört, über sich hinauszustreben, zum Beispiel über eine gegebene Situation, eine kulturelle Tradition, ein vorhandenes Dogma, eine philosophische Lage – wo immer das der Fall ist, da ist Tod und nicht mehr Leben. Und andererseits, wenn das Leben über sich hinausgeht, möchte es dennoch bleiben, was es ist, es möchte sich nicht verlieren, es möchte zurückkehren. Wenn es aber nicht zurückkehren kann, dann hat der Tod ebenfalls das Leben verdrängt. So bewegt sich das Leben ständig zwischen diesen beiden Polen: der Situation verhaftet bleiben – unfähig, über sich hinauszugehen – und sich so weit wegbewegen, daß es nicht zurückkehren kann. Alle Lebensprozesse haben diesen Charakter.

Ich möchte nun diese allgemein gültige Lebensphilosophie zur Erklärung des Gedankens vom lebendigen Gott heranziehen: Gott kann weder als tote Identität verstanden werden, noch kann man von ihm aussagen, daß er aus sich herausgeht, ohne zu sich zurückzukehren. Diese Grunderkenntnis ist die Voraussetzung für trinitarisches Denken in einigen großen Religionen. Ich denke dabei an Indien wie an das Christentum und einige andere Religionen, besonders in der Zeit, als das Christentum in die antike Welt vordrang. Das trinitarische Problem ist kein Zahlenspiel, wie einige törichte Leute meinen: eins gleich drei und drei gleich eins. Trinität ist vor allem – in Indien und im Christentum – die Erfahrung Gottes als eines lebendigen Gottes; er geht über sich hinaus in der Schöpfung, er nimmt teil an unserem Leiden, indem er das Leiden überwindet und die Schöpfung erfüllt. Darin geht das Gött-

liche über sich hinaus. Aber es verliert sich dabei nicht, sondern kehrt zu sich zurück. Gott bleibt in Ewigkeit Gott. In dieser Weise müssen wir das Symbol „lebendiger Gott" verstehen. Darum sind die Symbole des trinitarischen Denkens ein machtvoller Ausdruck und sollten nicht so töricht verstanden werden, als ob irgendwann einmal sich das göttliche Mysterium auf dreifache Weise zu erkennen gegeben habe. Im Laufe der Zeit wurden die trinitarischen Symbole zu einem heiligen Mysterium, das niemand zu berühren wagt – man stellt es auf den Altar und verehrt es, aber es hat in keiner Weise mehr offenbarende Kraft. Wenn ein solcher Zustand eingetreten ist, muß man versuchen, ihn zu ändern.

Ich möchte nun in einem weiteren Schritt zu zeigen versuchen, wie die zwei Hauptlinien des abendländischen Denkens, die ich kurz als die „essentialistische" und die „existentialistische" gekennzeichnet habe, für die Lehre vom Menschen fruchtbar gemacht werden können. Der Mensch steht ja immer im Zentrum jedes theologischen Denkens. Wenn wir die Frage stellen: „Was ist der Mensch?", können wir niemals nur eine Antwort darauf geben. Wir müssen immer zwei oder genauer drei Antworten geben. Die erste Antwort: Der Mensch ist zuerst das, was er seinem Wesen nach ist, nämlich essentiell gut. Diese Idee, wie Plato sagt, oder diese Wesenheit (Essenz), wie ich lieber sagen würde, ist das, was den Menschen zum Menschen macht – in seiner Größe und Einzigartigkeit. Wenn ich diesen Gedanken voll entfalten wollte, müßte ich ein ganzes Semester zur Verfügung haben. Darum kann ich nur das Ergebnis kurz zusammenfassen. Der Mensch sollte charakterisiert werden als „endliche Freiheit". Damit meine ich keineswegs nur die „Willensfreiheit", diese Einschränkung auf das Rationale, sondern unter anderem die Freiheit, Sprache zu haben. Sprache haben aber ist gleichbedeutend mit Allgemeinbegriffe haben, und das wiederum schließt ein, daß der Mensch imstande ist, die Natur zu erkennen und zu beherrschen. Diese Freiheit ist gemeint; die moderne Philosophie nennt sie die Möglichkeit, die Situation der „bedingten Reflexe" zu durchbrechen. Der Mensch kann eben nicht als „bedingter Reflex" angesprochen werden, denn seine Handlungen kommen aus der Totalität und Mitte seines Seins. Er reagiert nicht automatisch auf äußere Reize, sondern durch Nachdenken, Abwägen und Entscheiden. Diese Freiheit des „zentrierten Handelns", die nur beim Menschen im vollen Sinn verwirklicht ist, macht den Menschen zum Menschen. Natürlich vollzieht es sich in den Grenzen seiner Endlichkeit. Soweit die essentielle Seite des Menschen.

Und nun die andere Seite: die existentielle Situation des Menschen. Im Englischen gibt es dafür das schöne Wort *predicament*, welches be-

sagt, daß es sich um eine negative Situation handelt, die Situation, die Pascal „das Elend dessen, der groß ist" genannt hat. Diese existentielle Situation hat die existentialistischen Denker zu ihren Analysen veranlaßt.

Wie haben die existentialistischen Gedankengänge nun meine Theologie befruchtet? Wenn ich über den „Fall" spreche, der natürlich als Mythos zu verstehen ist, dann spreche ich in rationaler und unmythischer Weise vom „Übergang von der Essenz zur Existenz". Dieser Übergang hat sich nicht irgendwann einmal in der Vergangenheit ereignet, sondern ereignet sich in jedem neugeborenen Menschen hier und jetzt und in allen von uns hier und jetzt. „Wir sind entfremdet von unserem wahren Wesen", möchte ich mit den existentialistischen Philosophen sagen. In vielerlei Weise läßt sich das beschreiben. Man ist dabei keineswegs auf die existentialistischen Philosophen wie Kierkegaard, Heidegger, Sartre, Marcel und andere angewiesen. Wenn Sie wissen wollen, was Existentialismus ist, rate ich Ihnen, Romane und Dramen zu lesen und in Kunstausstellungen zu gehen. Da erfahren Sie, was Existentialismus ist. Ob bildende Kunst oder Literatur, sie stimmen darin überein, daß sie die menschliche Situation als eine Situation der Gebrochenheit beschreiben. Die essentielle Gutheit ist zerbrochen, das Sein ist entfremdet von dem, was es wesenhaft ist und darum sein sollte. Leider kann ich jetzt nicht mehr darüber sagen, aber Sie brauchen nur bildende Kunst und Literatur zu befragen, um mehr darüber zu erfahren. Dann erst sollten Sie bei den Philosophen Ausschau halten.

Nun komme ich zur dritten Beschreibung dessen, was der Mensch ist, und sie ist die einzige, die der Wirklichkeit entspricht. Die erste, die Beschreibung des essentiellen Seins, ist abstrakt, das heißt, essentielles Sein ist nirgends direkt auffindbar; wir erfahren es nur, insofern es durch das existentielle Sein hindurchscheint. Als zweite gab ich eine Beschreibung der existentiellen Entfremdung des Menschen. Als dritte gebe ich eine Beschreibung des wirklichen Seins, nämlich des Lebens mit all seinen Zweideutigkeiten. Zweideutigkeit in diesem Sinne heißt, daß essentielles und existentielles Sein ineinander verflochten sind. Und in diesen Zusammenhang gehört auch die Kraft, von der die Religion spricht, die Kraft des Heilens. Im Lateinischen haben die Worte für heilen und erlösen die gleiche Wurzel *(salvare – salvatio)*. Darum können wir sagen, daß Erlösung ihrer inneren Natur nach Heilung bedeutet: Heilung geschieht durch Aufdecken der Kluft zwischen unserem essentiellen Sein und unserer existentiellen Entfremdung. Dadurch wird die Rückkehr zu unserem essentiellen Sein unter den Bedingungen der Existenz möglich. Für das christliche Bewußtsein ist die Kraft des Heilens im Christus

verkörpert. In ihm ist es in einer solchen Weise verkörpert, die ganz anders ist als ein neues Gesetz, das niemand erfüllen kann. In ihm ist die heilende Macht, wie sie in aller Geschichte am Werk ist, in allen Religionen, allen Kulturen, aber – wie die Christen glauben – im Christus in besonderer Weise zum Ausdruck kommt und das Kriterium für alle anderen Ausdrucksformen darstellt. Sie werden nicht abgelehnt, aber sie stehen unter einem Kriterium, dem Kriterium der *agape*, der Liebe, der Selbsthingabe des Göttlichen an das Menschliche. Auch hier kann ich in diesem Rahmen nicht mehr sagen, aber einen Begriff von höchster Bedeutung möchte ich noch erwähnen, den Begriff des „Neuen Seins". „Neues Sein" ist Sein jenseits von Essenz und Existenz, es ist heilendes Sein.

Der Begriff des „Neuen Seins" gewinnt Bedeutung für unser Verständnis der Geschichte. Die Geschichte erhält den Aspekt des „Neuen", die Schöpfung des Neuen hier und jetzt. Das lernte ich vor allem von der zweiten Linie des Denkens, die von Augustin herkommt: in der Entfaltung der Geschichte verwirklicht sich das Neue, das Unerwartete. Es gibt in ihr Augenblicke, in denen sich etwas wirklich Neues ereignen kann, jetzt und in aller Zukunft. Solche Augenblicke habe ich mit dem griechischen Wort „*Kairos*" benannt, es bedeutet: der rechte Augenblick. Ähnliche Worte gibt es im Indischen. Auch da bedeuten sie die Möglichkeit, daß sich etwas wirklich Neues in der Geschichte ereignen kann. Diese positive Bewertung der Geschichte hat, wie mir scheint, einen inneren Bezug zu dem philosophischen Begriff des „Neuen Seins", der nur dann ein sinnvoller Begriff ist, wenn er einen bestimmten Inhalt hat, nämlich den der *agape*, der Liebe, wie sie im Christus erschienen ist.

Nachdem ich den zweiten Teil meines Vortrages beendet habe, möchte ich mit einigen allgemeinen Bemerkungen meine Ausführungen beschließen: Bei allen Philosophen steht im Hintergrund ihres Denkens ein bestimmtes religiöses Selbstverständnis, ob sie sich dessen bewußt sind oder nicht, ob sie dafür das Wort religiös gebrauchen oder nicht. Denn jeder Mensch hat etwas, das er absolut ernst nimmt. Religion aber handelt von dem, was der Mensch unbedingt ernst nimmt. Um es zu entdecken, brauchen wir nur in die tieferen Denkschichten eines Philosophen zu blicken, ja schon der Stil seines Denkens verrät es. Und umgekehrt, es gibt keine Theologie, von den Anfängen der Kirche bis heute, die nicht beständig Begriffe aus dem philosophischen Bereich gebraucht hätte, zum Beispiel Natur, Mensch, Geschichte, Zeit, Raum, Ursache, Substanz, Welt, Geist, Körper oder was es sonst sein mag. Kein Philosoph kann sich von seinem religiösen Hintergrund befreien,

und kein Theologe kann der philosophischen Begriffe entraten. Jeder Theologe ist ein versteckter Philosoph, wenn auch ein schlechter Philosoph, weil er sich niemals bemüht, die von ihm gebrauchten philosophischen Begriffe einer strengen philosophischen Kritik zu unterziehen.

Ich muß dem eine zweite allgemeine Bemerkung hinzufügen: Wenn auch die Philosophie vom Theologen nicht entbehrt werden kann, so bedeutet das keineswegs, daß er von irgendeinem philosophischen System abhängig ist, ebensowenig wie die christliche Kunst an irgendeinen künstlerischen Stil gebunden ist. Wir sind nicht an Plato gebunden, wie es bei der griechisch-orthodoxen Kirche für gewöhnlich der Fall ist, oder an Aristoteles, wie bei der römisch-katholischen Kirche, oder an Kant, wie bei vielen Protestanten, auch nicht an Hegel oder an meinen Lehrer Schelling, oder an Hume, wie oft bei den Engländern, oder an Heidegger, wie beim heutigen Existenzialismus.

Alle die erwähnten Philosophen haben etwas entdeckt, das sie an die Theologen weitergaben, und nicht nur an die Theologen, sondern auch an alle anderen – Künstler, Politiker, Rechtsgelehrte. Die Theologen übernahmen die Einsichten der Philosophen und legten mit ihrer Hilfe die christliche Botschaft aus, aber sie gaben den philosophischen Begriffen eine Prägung, die den rein philosophischen Gebrauch überstieg.

Nun meine letzte Bemerkung: Es wäre falsch, wenn in Ihnen der Eindruck entstünde, als ob philosophische Begriffe und Erörterungen für das unmittelbare Glaubensleben notwendig seien. Es gibt durchaus fromme Menschen, die niemals etwas von Philosophie verstanden haben. Aber das philosophische Rüstzeug ist in dem Augenblick unentbehrlich, in dem die religiösen Symbole zum Gegenstand der kritischen Untersuchung und der Interpretation werden, d. h. in dem Augenblick, in dem theologisches Denken einsetzt. Bedenken und In-Frage-Stellen von allem, dem wir begegnen, ist eine der menschlichen Fähigkeiten, die den Menschen zum Menschen macht. Und diese menschliche Möglichkeit sollte niemals und kann auch auf die Dauer niemals von irgendeiner Autorität unterdrückt werden, auch nicht von der Autorität der Kirche oder ihrer heiligen Schriften. Der Mensch muß denken. Wenn er aber zu denken begonnen hat, muß er radikal denken, das heißt, er muß bis zu den Wurzeln in der Tiefe alles Denkens vorstoßen.

d) Der Beobachter des Nahen und Fernen Osten

Als Tillich von der Zeitschrift „The Christian Century" Ende des Jahres 1960 gebeten wurde, einen Beitrag zum Thema zu liefern „Wie sich mein Denken im letzten Jahrzehnt gewandelt hat", schrieb er u. a.: „Wenn man sein ganzes Leben der Faszination und der Disziplin des Denkens gewidmet hat, vergißt man leicht, daß sich die Wirklichkeit nur dem erschließt, der existentiell an ihr teilnimmt. Nur wer in der Situation darinsteht, kann über sie rationale Aussagen machen ... Vielleicht war die bedeutsamste Erfahrung in dieser Hinsicht meine Reise nach Japan von Mai bis Juli dieses Jahres. Einer meiner Freunde, dessen politischem Urteil ich unbegrenzt vertraue, fragte mich vor einigen Jahren: ,Warum beziehen Sie die östliche Welt in ihr religiös-politisches Denken nicht ein?' Seitdem bin ich diese mich beunruhigende Bemerkung nicht mehr losgeworden, es steckte der Wunsch dahinter, meinen Provinzialismus abzustreifen, wie ich in meinen Vorträgen in Japan mehrfach bekannte. Ich kann jetzt noch nicht beurteilen, wieweit mir das gelungen ist, aber ich spüre seit der Japanreise eine ungeheure Bereicherung meiner Substanz. Substanz in diesem Zusammenhang bedeutet mehr als neue Einsichten oder etwa eine bessere Kenntnis eines anderen Teils der Welt. Es bedeutet, daß man sich irgendwie gewandelt hat allein durch die Tatsache der existentiellen Teilhabe."[9]

Nach der Rückkehr aus Japan hatte Tillich den Wunsch, seinen Freunden von seinen Erfahrungen zu berichten. Er tat es mit einer ausführlichen Darstellung Meine Vortragsreise nach Japan – 1960 *(71)*. – Ziemlich spät in seinem Leben konnte sich Tillich zwei zeitlebens gehegte Wünsche erfüllen: die persönliche Begegnung mit der griechischen und mit der biblischen Welt. Über seine Griechenlandreise 1956 haben wir leider keine schriftlichen Aufzeichnungen, wohl aber über seine Israelreise 1963. Den Auftakt dazu bildete ein 10tägiger Aufenthalt in Ägypten, daran schloß sich ein zweieinhalbwöchiger Aufenthalt im Staat Israel – zu Tillichs Leidwesen hatte er wegen der gespannten politischen Lage keinen Zutritt zum arabischen Jerusalem erhalten –, und von dort flog Tillich direkt zu Gastvorlesungen nach Zürich. Seine Eindrücke von einer Israelreise *(72)* geben seine Erlebnisse wieder.

---

[9] On the Boundery Line: In: *The Christian Century*. Dezember 1960. S. 1435.

71. MEINE VORTRAGSREISE NACH JAPAN
1960

Mein Japan-Reisebericht soll interessierten Freunden einen Eindruck von unseren Erlebnissen vermitteln, aber keine „objektive" Beschreibung von Japan in Vergangenheit und Gegenwart sein. Trotzdem hoffe ich, daß meine „Impressionen" etwas von der Wirklichkeit Japans eingefangen haben und weitervermitteln. Auf jeden Fall haben die Erlebnisse meiner Japanreise auf mich eine große Wirkung ausgeübt, persönlich wie philosophisch.

Der absichtlich begrenzte Rahmen meines Berichts hat zur Folge, daß er in keiner Weise vollständig sein kann, weder in bezug auf Orte und Ereignisse noch auf konkrete Situationen, kurz, er ist kein Tagebuch. Das gilt besonders für die Begegnungen mit Menschen, da sie für mich eine große Rolle gespielt und zu dem unglaublichen Reichtum meines Reiseerlebnisses in besonderem Maße beigetragen haben. Aber wenn ich sie mit ihren Namen erwähnte, würde das für die meisten meiner Freunde wenig besagen.

I.

Zuerst möchte ich etwas über die äußeren Umstände meiner Reise sagen. Ich hatte eine Einladung vom *Committee for Intellectual Interchange* erhalten, das auch in New York und Tokio Unterkomitees unterhält. Die Einladung erhielt ich bereits im Sommer 1959, und ich nahm sie gerne an. Als Termin kamen das Ende meiner Vorlesungen in Harvard und der Beginn der Universitätsferien in Japan in Frage, also die Zeit vom 1. Mai bis 30. Juni. Außerdem nahm ich noch zehn weitere Tage Urlaub hinzu. Wir entschlossen uns zu fliegen. Unser Flugzeug war eine Jet-Maschine, die auf dem Hinweg in Los Angeles und Hawaii zwischenlandete und auf dem Rückweg in Hawaii und San Franzisco und mir dadurch die Möglichkeit gab, drei Wochen in Hawaii zu verbringen. Die Nachtflüge mit Jet von Hawaii nach Tokio und umgekehrt waren für mich ein neues Erlebnis, das durch das Überfliegen der Datumslinie besonderes Interesse gewann. Wir übersprangen den 2. Mai auf dem Hinweg und erlebten den 10. Juli zweimal auf dem Rückweg. In jedem Fall – wir erlebten das Jet-Zeitalter auf unserem Planeten.

Als wir auf dem Flugplatz in Tokio angekommen waren, war mein

erster großer Eindruck die japanische Gastfreundschaft. Trotz der frühen Morgenstunde – es war 6 Uhr – waren die meisten Mitglieder des Komitees zu unserem Empfang erschienen, das bedeutete für sie, sie hatten schon um 4 Uhr oder noch früher aufstehen müssen. Glücklicherweise sprachen einige von ihnen ein gutes Englisch. Sie begrüßten uns und halfen uns von diesem Augenblick an bis zur letzten Minute unserer Abreise. Das bringt mich auf eine teils drollige, teils weniger angenehme Seite unseres Japanaufenthalts. Wir kamen uns wie kleine Kinder vor, die weder lesen noch schreiben, noch sprechen, noch alleine reisen konnten (ebensowenig Taxi fahren, wenn der Fahrer nicht genaue Anweisungen erhalten hatte). Und wir konnten auch nicht allein in einem japanischen Restaurant mit seinen unzähligen kleinen Speisen essen. Wir waren von einem japanischen Begleiter vollständig abhängig; er führte alle Verhandlungen für uns und half uns auf Schritt und Tritt mit unendlicher Geduld und Freundlichkeit.

Die neun Wochen unseres Aufenthaltes teilten sich in drei Wochen Tokio, drei Wochen Kyoto, zweieinhalb Wochen erneut in Tokio und eine halbe Woche in den Bergen, in Karuizawa. Aber sowohl von Tokio wie von Kyoto fuhren wir zu anderen kulturell oder religiös bedeutsamen Orten, z. B. Kamakura, Nara, Nikko und Sendai usw. Alle diese Ausflüge wie überhaupt mein ganzes Arbeitsprogramm waren sorgfältig vom *Exchange Committee* ausgearbeitet worden. Es hatte darin eine glückliche Hand gehabt; unter zahllosen Möglichkeiten waren die wirklich bedeutungsvollsten ausgewählt worden, und zwar in zweifacher Hinsicht, bedeutsam für unsere japanischen Gastgeber wie auch für uns. Das Komitee hatte viele Bitten um Vorträge, Diskussionen oder Interviews abschlagen müssen, und das war oft nicht leicht gewesen. Aber diese Entscheidung schonte meine Kräfte, so daß ich die wirklich wichtigen Vorlesungen und Diskussionen wahrnehmen konnte. Ich brauchte Zeit zum Vorbereiten, denn ich wußte schon nach den ersten Tagen, daß ich meine amerikanischen Vorlesungen ohne gründliche Änderungen nicht gebrauchen konnte. Die japanische kulturelle, religiöse und politische Lage erforderte das, und die Japaner dankten es mir.

In Tokio wohnten wir im *International House*. Im Unterschied zu den gleichen Häusern in anderen Ländern ist es keine Unterkunft für ausländische Studenten, sondern ein Treffpunkt für japanische und ausländische Wissenschaftler. Es ist als Tagungsstätte gedacht, aber auch zum persönlichen Austausch. Ein ausgezeichnetes Hotel gehört dazu, ein wunderbarer Garten mit Felsen, hohen Bäumen, einem Teich mit Brücken und herrlichen bunten Blumen. Das Haus selbst ist im „west-

lichen" Stil erbaut. Da meine Ankunft wegen meines Nierenanfalls im April bis zuletzt ungewiß war, brachte man uns zunächst zwar im selben Gebäudekomplex, aber im zweiten Stock eines japanischen Hauses unter, das von einem amerikanischen Mitglied des Leitungsgremiums bewohnt war: Mr. Eugene Lengston. Wir wurden bald Freunde. Nach unserem Aufenthalt in Kyoto zogen wir in das Hauptgebäude. Ein echt japanisches Haus verlangt von seinem Besucher zuallererst, daß er beim Betreten des Hauses seine Schuhe ausziehen und Pantoffeln anziehen muß. Sie stehen in reicher Auswahl zur Verfügung. Wenn er das Haus verlassen will, kann er mit Hilfe eines Schuhanziehers wieder in seine eigenen Schuhe schlüpfen. Das ständige Schuh-An-und-Ausziehen ist etwas umständlich, aber das Haus bleibt sauber, die Fußböden gebohnert, und es werden vor allem die Sitzkissen und Sitzmatten in den Innenräumen geschont. Dort darf man nicht einmal die Pantoffeln anbehalten. Es ist erstaunlich, wie schnell man sich an solche Sitten gewöhnt, besonders wenn sie – wie in diesem Fall – sinnvoll sind. Die Augen gewöhnen sich sehr schnell an die Architektur eines japanischen Hauses, an seine Einfachheit, seine Schiebetüren und -fenster, teilweise sogar Schiebewände, die Holzkonstruktion, die ausgewogenen Proportionen und vor allem an das völlige Fehlen der Möbel. Man ist immer wieder entzückt von der in jedem Raum vorhandenen Nische mit ihren Pergamentrollen und Blumenarrangements. Oft sind es nur wenige Blumen, manchmal eine, niemals viele, die sehr einfach und doch überlegt, aber stets dreidimensional gesteckt sind. Ich habe in einem meiner Vorträge auf das „Blumenstecken" als ein Beispiel hingewiesen, wie die Japaner es fertigbringen, die Dinge auf ihr Wesentliches (ihre Essenzen) zurückzuführen. Dafür zeugt die ganze japanische Stilentwicklung, die sich – wie auch so manches andere – zunehmend von den chinesischen Einflüssen freigemacht hat. Ungefähr 1500 Jahre lang dominierten chinesische Formen.

Im *International House* trafen wir mit Amerikanern, Europäern, Japanern, Indern und noch anderen Nationalitäten zusammen; teilweise kannten wir sie von früher, teilweise machten wir neue Bekanntschaften. Von besonderer Wichtigkeit für uns waren die beiden Leiter des Hauses, Professor Takagi, der Vorsitzende des *Interchange Committee,* und Mr. Matsumoto, der oberste Leiter des Hauses selbst. Beide bestimmen den Geist des *Committee* wie des Hauses. Sie vereinigen in sich beste aristokratische japanische Tradition und tiefes Verständnis für westliche Kultur. Mit beiden schlossen wir Freundschaft, in die auch Mrs. Matsumoto einbezogen war. Sowohl Takagi wie Matsumoto spielen im öffentlichen Leben Japans eine bedeutende Rolle, obwohl

sie zu der kleinen Gruppe der *non-denominational Christians* gehören, der sogenannten *Non-Church*-Bewegung. Politisch stehen sie dem nahe, was wir bei uns Religiösen Sozialismus nennen, einen religiös begründeten demokratischen Sozialismus. Aus dieser Haltung erwächst ihre scharfe Kritik an der herrschenden konservativen Partei, den *Tories*, wie sie genannt werden.

Von den vielen Mitarbeitern des *International House*, die uns in den Problemen unseres „Analphabetentums" behilflich waren, möchte ich meine Sekretärin, Mrs. Kako, erwähnen, mit der ich jeden Vormittag wenigstens eine halbe Stunde arbeitete und die auch tagsüber zu jeder Hilfe bereit war.

Bald machten wir die überraschende Erfahrung, daß wir die rassischen Unterschiede nach kurzer Zeit kaum noch bemerkten. Die Menschen, mit denen wir näher bekannt wurden, verloren ihre Fremdheit und gewannen an Individualität. Das ging uns nicht nur bei Freunden so, sondern auch bei größeren Gruppen und schließlich auch bei den Leuten auf der Straße. In der Verbundenheit alles Menschlichen wuchs unsere Fähigkeit, individuelle Unterschiede zu erfassen und die Begrenzung der rassischen und nationalen Unterschiede zu durchbrechen – nicht sofort, aber nach kurzer Zeit. Viel schwerer war es dagegen, die Fremdheit der Kultur und Tradition zu überwinden, wahrscheinlich ist es überhaupt unmöglich, die Kluft gänzlich zu überbrücken. Diese Situation spürte ich sehr deutlich, und manchmal erschien sie mir sogar ausweglos, wenn ich meine Vorträge ausarbeitete, oder auch bei den häufigen Diskussionen.

II.

An dieser Stelle möchte ich etwas zu dem Sprachenproblem sagen. In meinem Alter lag es außerhalb jeder Möglichkeit, auch nur die geringsten Brocken Japanisch zu lernen, etwa soviel, um sich im Restaurant verständlich zu machen. So mußte jeder Vortrag und jede Diskussion übersetzt werden. Für gewöhnlich sprach ich drei Minuten und hörte dann, wie meine Gedanken in unverständlichen Lauten wiederholt wurden, wobei ich ebensowenig die Richtigkeit kontrollieren konnte wie bei meinen sechs ins Japanische übersetzten Büchern. Die ganze Prozedur hatte zur Voraussetzung, daß ich dem Übersetzer eine Stunde vor Beginn eine Einführung in meinen Vortrag geben mußte und der Vortrag selbst zwei bis zweieinhalb Stunden dauerte. Für die japanischen Studenten war das anscheinend nicht zu viel. Sie hörten auf-

merksam zu, sowohl meinem Englisch wie der japanischen Übersetzung. Ungefähr 20 Prozent der Studenten hatten englische Sprachkenntnisse, aber sie reichten nicht aus, um meine Vorträge ohne Übersetzung zu verstehen. Eine Situation an der Universität Kyoto werde ich in diesem Zusammenhang nicht vergessen. Der Hörsaal war überfüllt, und einige Studenten hörten von außen durch die offenen Fenster über mehr als zwei Stunden zu, wobei sie gegen die plötzlich auftretenden Regenfälle teilweise ihre Regenschirme aufspannten. Leider hatte ich wenig Gelegenheit, mit den Studenten persönlich zu sprechen. Der Grund dafür war einmal mein überfüllter Terminkalender, zum anderen die Scheu der Studenten, in Gegenwart ihrer Professoren Fragen zu stellen – ein Relikt ihrer autoritären Erziehung, darin sehr ähnlich den deutschen Studenten, aber ganz im Gegensatz zu den amerikanischen Studenten.

Meine Vorträge befaßten sich meist mit einem Thema, das in den Problemkreis „Religion und Kultur" gehört, z. B. ein Vortrag mit dem Titel „Religion und Kultur" und vier Vorträge über „Religionsphilosophie" an der Universität Kyoto, ein Vortrag über „Religionsphilosophie" an der Universität Tokio und der gleiche Vortrag in drei Teilen für den Rundfunk. Weitere Vorträge waren: „Philosophie und Theologie", „Der Einfluß der Philosophie auf mein Denken", „Prinzipien des Religiösen Sozialismus", zweimal zwei Vorträge über „Die geistigen Grundlagen der Demokratie", ein Vortrag über „Essentialismus und Existentialismus". Die Vorträge verteilten sich auf ungefähr zehn Universitäten, darunter Tokio und Kyoto. Bei jedem Vortrag übernahm ein Professor das „Dolmetschen", das sich auch auf den Inhalt bezog und weit mehr ist als bloßes Übersetzen. Am häufigsten begleitete mich Professor Ariga in Kyoto, ein aktiver Christ und Delegierter beim „Weltkirchenrat". Wir bildeten bald ein gut eingespieltes Team, das die *United Church of Christ in Japan* repräsentierte. Vor jedem Vortrag nahmen wir eine Tasse grünen Tee zu uns, entweder beim Dekan oder beim Rektor in deren Dienstzimmer. Nach der Vorlesung gab es häufig ein gut zusammengestelltes Dinner, wozu der Rektor in ein Restaurant oder einen japanischen Club einlud.

Wir hatten sehr oft solche Dinner-Einladungen. Bemerkenswert war die Zahl der Gänge – es können bis zu vierzehn sein –, aber die Portionen sind so klein, daß man von allem essen kann: viele Sorten Fisch, auch roher Fisch, und unzählige Sorten von Gemüse. Junge Mädchen servierten, indem sie uns die Speisen im Knien reichten. Sie trugen Kimono und Obi (die breite stoffreiche Schärpe), beides war geschmackvoll aufeinander abgestimmt in hellen oder gedämpften Farben. Als Gast sitzt man auf einem niedrigen Kissen mit verschränkten Beinen,

eine Haltung, an die man von früher Jugend an gewöhnt sein muß. Ich erfand mehrere Methoden, um die Dinners in dieser Haltung zu überstehen, manchmal erhielten wir auch eine Stütze für den Rücken. Aber das Essen mit Stäbchen ging über meine Fähigkeiten, so daß ich gewöhnlich um eine Gabel bat. Zum Essen wird „Saki", der japanische Reiswein, getrunken, der warm serviert wird und sehr gut schmeckt. Die Mädchen passen gut auf, daß die Gläser niemals leer werden. Am Ende des Dinners gibt es Reis und statt Reiswein grünen Tee. Die Sitzordnung ist durch Rang und Alter genau geregelt. Manchmal dauert es fünf Minuten und mehr, bis die richtige Person gefunden ist, die neben dem Ehrengast sitzen darf und die entsprechende Reihenfolge der anderen Gäste ermittelt ist. Der Hausherr hält sich im Hintergrund und dirigiert das Ganze. Nach dem Dinner erhebt sich der Ehrengast, und das ist das Zeichen für den Aufbruch.

III.

Es gibt noch andere Formen des gesellschaftlichen Umgangs, die an die noch nicht lange zurückliegende feudale Periode erinnern: die tiefen und sich ständig wiederholenden Verbeugungen (sie entsprechen unserem Händeschütteln), die demütige Höflichkeit aller Untergebenen, die Abhängigkeit eines jeden von der Familie, die unterwürfige Haltung der Frau gegenüber dem Mann, ihr Ausschluß aus dem öffentlichen Leben, das Zeremoniell bei Festen, etwa Hochzeiten, die wir im *International House* beobachten konnten und die nur an astronomisch bedeutsamen Tagen gefeiert werden, die Abhängigkeit der Studenten von ihren Professoren trotz revolutionärer Aufstände, die Sitte der Abschiedsgeschenke, auch nach Dinnereinladungen (wovon wir außerordentlich profitierten, denn wir wurden geradezu überschüttet mit großen und kleinen Geschenken: u. a. mit Büchern über Kunst, Kunstdrucken, Faksimiledrucken alter buddhistischer Sutra-Texte, Fächern, Schachteln aus Lack, Silbersachen, Perlen und anderem mehr), die traditionellen wunderschönen Frauenkimonos, die man bei Einladungen im Haus und noch häufig auf der Straße trägt (mit Ausnahme der Geschäftsviertel), die zeremoniellen Geisha-Parties, wovon wir eine besuchten, und die rituellen Tänze und Paraden.

Aber gegen diese traditionellen Dinge wird ein ständiger Kampf geführt; Japan befindet sich letztlich in einer hoffnungslosen Verteidigung gegenüber den westlichen Lebensformen. Der sich immer stärker durchsetzende Geist der industriellen Gesellschaft und die Demokrati-

sierung des gesamten Lebens verdrängen die feudalistischen Reste, und das vollzieht sich oft unter schmerzlichen persönlichen Konflikten. Solche Konflikte spielen sich zwischen den Generationen ab, denn die jüngere Generation will die Familientradition nicht mehr anerkennen. Einmal fragte mich ein hochintelligenter und sehr gebildeter junger Mann: „Was können uns unsere Traditionen noch bedeuten, wenn unser Alltag keinen Bezug mehr zu ihnen hat?" Ein anderer Grund für die Konflikte liegt im beginnenden Berufsleben der Frauen. Der Umschwung kam erst im letzten Krieg. Er bewirkte vor allem, daß die Frauen allmählich das Gefühl verloren, dem Manne nicht ebenbürtig zu sein. Früher war diese Haltung für die japanische Frau ganz natürlich, und auch heute ist sie es noch in vieler Hinsicht. Dienen ist für sie eine Quelle des Glückes; darum sind Dienstleistungen in Japan so leicht und vielseitig zu haben wie in Amerika Konsumgüter.

Ein drittes Element, das das Ende der patriarchalischen Tradition begünstigt, ist die Entwicklung gewerkschaftlich organisierter Arbeit, die sich in großen Unternehmen ganz erfolgreich durchgesetzt hat. Aber das ist nur die eine Seite des Wirtschaftslebens. Als wir durch die kleineren Straßen der großen Städte fuhren, sahen wir in endloser Reihe ein kleines Geschäft neben dem anderen; in jedem wurde etwas anderes verkauft, und wir fragten uns, wie die Leute davon leben können. Sie leben aber! Wir konnten oft durch den Laden hindurch einen Blick in ihre Wohnräume tun und sie dort auf ihren Matten sitzen sehen – bei Essen, Spiel und Arbeit. So ein kleines Geschäft ist ein Familienunternehmen, es fördert den Familiensinn und damit die alten Traditionen. Ganz ähnlich ist die Situation bei den Bauern, die noch immer die Mehrzahl der Gesamtbevölkerung ausmachen. Unsere Freunde führten uns auf mehrere Bauernhöfe. Mir ist da besonders ein Dorfältester in Erinnerung geblieben, ein eindrucksvolles Beispiel bäuerlicher Elite. Diese beiden Gruppen im Verein mit der kapitalistischen Wirtschaft stellen die konservative Mehrheit Japans dar, die Japan wahrscheinlich auf unbestimmte Zeit beherrschen wird –, trotz der berechtigten Kritik fortschrittlicher Kräfte, die die undemokratischen Praktiken der Majorität und ihre persönlichen Beziehungen zu den früheren Kriegstreibern anprangern.

Ein japanischer Freund sagte mir einmal: „Wir sind eine schizophrene Nation, gespalten durch den Widerstreit von Alt und Neu." Als ich den Ausspruch einem hochgestellten Amerikaner gegenüber wiederholte, erwiderte er: „Wie lange kann sich ein solcher Zustand halten, ohne die Existenz der Nation zu gefährden?" Das ist die Kardinalfrage, die auch von vielen verantwortungsbewußten Japanern ge-

stellt wird. Die Frage ist um so ernsthafter, als die junge Generation die überlieferten Lebensformen abgestreift und keine neuen entwickelt hat. Dadurch ist eine Leere entstanden, in die fragwürdige und gefährliche Kräfte eindringen können. Es fehlt der Jugend ein letztes Ziel, etwas, was sie unbedingt angeht und ihre Frage nach dem Sinn des Lebens beantwortet. Viele Jugendliche haben ein Empfinden dafür. Ich merkte es in meinen Vorlesungen; je stärker ich auf dieses Problem einging, um so stärker war die Reaktion unter meinen Hörern. Die Angst mancher älterer Leute, daß eine völlige moralische Auflösung bevorstehe, scheint mir äußerst übertrieben. Ich konnte bei den meisten noch viel überlieferte moralische Substanz beobachten, die aus jahrhundertealter konfuzianischer Erziehung stammt. Das traf jedenfalls auf die Studenten zu, die meine Vorlesungen besuchten und mit denen ich gelegentlich auf dem Universitätsgelände ins Gespräch kam. Allerdings muß man zugeben, daß die Tradition ständig angegriffen und Schritt für Schritt aufgeweicht wird.

IV.

Die letzten Bemerkungen bringen mich auf die politischen und religiösen Zustände, denen ich begegnet bin. Ich hatte dazu unzählige Gelegenheiten. Die religiösen Verhältnisse lernte ich kennen, weil ich als Gast-Theologe mit ihnen konfrontiert wurde; die politischen, weil ich mich in Tokio gerade in den kritischsten drei Wochen im Juni aufhielt. Zunächst mein Eindruck von der politischen Situation. Ich gewann ihn aus vielen Gesprächen mit Japanern und Ausländern, die in die Ereignisse stark hineingezogen waren, und auch aus der Weltpresse. Ich möchte meine Eindrücke wie folgt zusammenfassen: Als erstes, die Demonstrationen waren weder antiwestlich noch antiamerikanisch. Zweitens: sie waren von kommunistischen Studentengruppen organisiert worden, unter der Führung ihrer höchst radikalen, oft trotzkistisch genannten Majorität. Drittens: die überwiegende Mehrzahl der Demonstranten waren keine Kommunisten; oft hatten sich ihnen ihre Professoren und auch Arbeiter unter Führung der zwei sozialistischen Parteien angeschlossen. Viertens: das Motiv dieser Gruppen war ein zweifaches, die Angst, durch den Sicherheitspakt in einen neuen Krieg hineingezogen zu werden, und der Widerstand der gesamten „Linken" gegen die undemokratischen Methoden der Kishi-Regierung, besonders in der Art, wie sie den Sicherheitspakt abschloß. Fünftens: die antiamerikanischen Aktionen waren durch den Eindruck hervorgerufen, daß Eisen-

hower durch seinen beabsichtigten Besuch zu einem Werkzeug in der Partei der Kishi werden würde.

Diese kurzen Aussagen bedürfen einer Ergänzung. Man muß vor allem darauf hinweisen, daß in Japan eine überraschende Sympathie für Amerika vorhanden ist. Mac Arthur, der Sieger und gleichzeitige Befehlshaber der Besatzungsarmee, ist beinahe ein japanischer Nationalheld. Die Japaner vergessen nicht, daß er sie von der verhaßten Wojo-Regierung befreit hat, (die Situation ist ähnlich wie in Deutschland, wo gegen Hitler ebensolcher Haß erwachsen war), und sie vergessen ferner nicht, daß er ihnen eine demokratische Regierung gegeben hat, ohne die symbolische Funktion des Kaisers zu zerstören. Diese Grundstimmung war keineswegs durch die letzten Ereignisse verändert, aber es hatte sich einiges Ressentiment gebildet (bei Amerikanern noch mehr als bei Japanern) gegenüber der oberflächlichen offiziellen amerikanischen Version wie auch gegenüber der Presse, die beide den Eindruck zu erwecken versuchen, als ob es nur einen Grund für alles Schlechte gäbe, nämlich die kommunistische Propaganda. Aber schließlich kann die Propaganda nur das bewirken, was bereits latent vorhanden ist. Jedenfalls waren die Amerikaner und Japaner sehr erleichtert, als einige Senatoren und Sprecher des *State Department* die ersten irreführenden Berichte richtigstellten.

Die Haltung der überaus großen Mehrzahl der Japaner zum Kommunismus ist negativ. Sogar der linke Flügel der Sozialisten ist antikommunistisch. Die radikale studentische Bewegung wurde von der kommunistischen Partei als zu unabhängig abgelehnt, obwohl sie in den Demonstrationen unterstützt wurde. Wir verstanden allmählich, daß die japanische Situation sich durch einige Merkmale besonders auszeichnet. Das erste ist die 1500 Jahre alte Beziehung zu China, das „der Kontinent" genannt wird. Es ist schließlich der Ursprung der japanischen Kultur und Religion. Viele bedeutende japanische Wissenschaftler studieren chinesische Geschichte – Kultur- und Religionsgeschichte aller Schattierungen – und tragen so von der asiatischen Seite her zur Ost-West-Begegnung in Japan bei. Die Begründer und Heiligen der großen buddhistischen Sekten sind Chinesen. China ist die Mutter, es blieb die Mutter im chinesisch-japanischen Krieg, und es hat nicht aufgehört, die Mutter zu sein, obwohl es vom Kommunismus erobert wurde. Dieses emotionale Element sollte nicht unterschätzt werden.

Bei den Demonstrationen konnte man beobachten, daß viele Studenten und auch andere Leute aus emotionalen Gründen daran teilnahmen. Aber auch hier müßte man mehr sagen, wenn das Bild wahrheitsgetreu

sein soll. Für mich und viele andere war es überraschend, daß die Studenten bei den Demonstrationen vorherrschten. Als Grund dafür sagte man uns, daß sich die Studenten als die künftigen Führer der Nation betrachten; das ist ganz anders als bei uns in Amerika. Sie wollen die „Mandarine" in der gesellschaftlichen Hierarchie werden und sind sich dessen ganz sicher. Das ist eine gänzlich unmarxistische Auffassung und geht auf die bürokratische Hierarchie in Japan und China zurück. Einige japanische Beobachter begrüßten die Demonstrationen, weil sie meinten, daß die Studenten aus ihrer politischen Gleichgültigkeit aufgeweckt würden. Ohne intensive Unterstützung durch zumindest einige bedeutsame Kreise, so meinen sie, könne sich die junge japanische Demokratie nicht erfolgreich entwickeln. Aus dieser Einsicht heraus nahm, wenigstens zum Teil, eine große Zahl von Professoren an den Demonstrationen teil oder unterstützten sie indirekt. Viele von ihnen gehören einer gemäßigten sozialistischen Richtung an und versuchen, einen mäßigenden Einfluß auszuüben. Nur wenige sind wirkliche Kommunisten. So sah ich die Situation und wurde in meiner Ansicht durch die Tatsache bestärkt, daß am Tag der heftigsten Demonstrationen die große Halle, in der mein Vortrag über „Religion und Kultur" an der Universität in Tokio stattfand, total überfüllt war. Die Studenten hörten von 15.30 bis 18.00 Uhr aufmerksam zu, bevor sie an den Demonstrationen teilnahmen. Wir waren währenddessen mit anderen Professoren Gäste des Präsidenten der Universität, der uns zu einem Dinner eingeladen hatte. Später geriet er übrigens in Schwierigkeiten mit der Regierung, weil er sich gegen das Kishi-Regime geäußert hatte.

Über das Mißfallen, das die Kishi-Regierung durch ihre unparlamentarischen Methoden beim Abschluß des Sicherheitspaktes mit Amerika erregt hat, kann ich nicht mehr sagen, als allgemein bekannt ist. Man kann allerdings nicht bestreiten, daß sich beide Seiten unparlamentarisch verhalten haben. Noch bedeutsamer ist die Furcht, der Sicherheitspakt könne Japan in einen Krieg mit den kommunistischen Mächten hineinziehen. Die Sehnsucht nach Frieden ist überall sehr groß. Darum hat der Wandel in der amerikanischen Politik – von der Entwaffnung (wie in Deutschland) zur Wiederbewaffnung (ebenfalls wie in Deutschland) – manche Erbitterung hervorgerufen, vor allem deshalb, weil die Entwaffnung ein Teil der von Mac Arthur gegebenen Verfassung darstellt. Darüber hinaus ist Japan durch seine geographische Lage ein Vorposten gegenüber dem asiatischen Kontinent, und daraus erwächst der Wunsch dieses Neunzigmillionen-Volkes, seine politische Rolle zu wechseln und politisch unabhängig zu werden. Im Blick auf die gegenwärtige Weltlage ist dieser Wunsch naiv, obwohl verständ-

lich. Alle diese Betrachtungen zeigen, daß selbst dem heute tief bedauerten gegen Hagerty gerichteten Gewaltakt keine feindselige Haltung gegenüber Eisenhower zugrundelag. Wenn er nach einer halbwegs erfolgreichen Gipfelkonferenz und nach einem Freundschaftsbesuch in Rußland – wie es ursprünglich geplant war – seinen Japanbesuch gemacht hätte, wäre er stürmisch begrüßt worden. Aber ohne diesen Hintergrund war er nicht mehr der „Friedensbote", wie mir höchst verantwortungsbewußte Japaner versicherten. Er war in ihrer Sicht zu einem Werkzeug der reaktionären, wie viele meinen, militaristischen politischen Parteien geworden.

Japans Wunsch nach demokratischer Reife kommt unter anderem darin zum Ausdruck, daß es nicht nur eine große Zahl von Zeitungsabonnenten aufweist, sondern auch Zeitschriften von hohem Niveau herausbringt, die einen großen Leserkreis haben. Zwei dieser Zeitschriftenverlage luden mich zu einem Dinner mit nachfolgendem zwei- bis dreistündigem Interview ein. Die Interviews wurden auf Tonband aufgenommen und in den beiden Zeitschriften veröffentlicht, bei beiden drehte es sich um politische und kulturelle Fragen.

Einige unserer Freunde bedauerten, daß wir gerade in einer so kritischen Zeit in Japan waren, und sie befürchteten, es könnte uns etwas zustoßen. Diese Furcht war völlig unbegründet. Schon eher hätten meine Vorlesungen unter den politischen Wirren leiden können, aber auch das war nicht der Fall. Die Studenten und die Professoren waren durchaus offen für die letzten Probleme, auf die sich zwangsläufig die weltgeschichtlichen und nationalen Probleme zuspitzen. Und für mich war es eine erste Einführung in die soziale und politische Situation des Fernen Ostens und ein neuer Einblick in die weltpolitische Lage ganz allgemein.

V.

Ich sprach schon über das Problem, wie die Japaner ihren Ost-West-Konflikt lösen wollen, oder anders ausgedrückt, den Widerstreit zwischen Hergebrachtem und Neuem. Daraus erwächst die Frage: „Was wird letztlich für sie Bedeutung erlangen, das heißt ihr religiöses Anliegen sein?" Es gehörte zum Ziel meiner Vorträge, eine Antwort aufzuzeigen, die die Gleichgültigkeit überwand, sich aber von jeder abergläubisch-dogmatischen Lösung fernhielt und nicht das wiederholte, was die institutionellen Religionen einschließlich der protestantischen zu bieten haben. In Verbindung mit diesem Ziel meiner Vorlesungen wurde ich vom ersten bis zum letzten Tag in das religiöse Leben Japans

hineingezogen. Das „Komitee" hatte mein Japanprogramm in diesem Sinne ausgearbeitet. Tatsächlich aber ging der Verlauf weit darüberhinaus. Ich hatte ständigen Kontakt mit christlichen und buddhistischen Gruppen der verschiedensten Art und gelegentliche Zusammenkünfte mit Shintoisten und verschiedenen Formen der sogenannten „neuen Religionen". So besuchte ich Tempel, heilige Schreine, Gebetshäuser und Kirchen (ich predigte in Tokio und Kyoto) und hatte viele Gespräche – teils beabsichtigt, teils zufällig mit führenden Vertretern der verschiedenen Gruppen.

Mein Besuch von Tempeln und Schreinen verlief meist ganz anders, als es für Touristen möglich ist. Meist wurden wir von einem oder mehreren Kollegen begleitet, oft auch Kunstwissenschaftlern. Am Eingang der Tempel oder Schreine, wo wir die Schuhe ausziehen mußten, wurden wir von einem Priester oder dem Hausherrn des Tempels empfangen und vor oder nach der Besichtigung zum „zeremoniellen Tee" eingeladen. Der dabei gereichte Tee ist ein äußerst bitteres Getränk, das nur aus bestimmten Teeblättern und nach genauer Vorschrift zubereitet wird. Die Teetassen könnten wegen ihres Alters und ihrer Schönheit Museumsstücke sein. Eine Tasse enthält drei bis vier Schluck; die aber genügen, um einen wieder frisch zu machen. Mehr davon zu trinken, geht aufs Herz, wie ich feststellen mußte. Vor dem Tee gibt es Süßigkeiten, die für unseren Geschmack zu süß sind. Man sollte sie aber im Mund mit dem bitteren Tee vermischen. Während der Tee-Zeremonie sitzen alle auf niedrigen Kissen und werden vom Gastgeber oder jüngeren Mitgliedern des Tempels oder Schreins bedient. Wenn ein Gespräch beabsichtigt ist, stellt der Gastgeber an den Ehrengast die erste Frage. Lange und sehr aufschlußreiche Gespräche haben sich dann meist ergeben.

Ein Gespräch ist mir ganz besonders in Erinnerung geblieben. Der Zen-Meister Hisamatsu, den ich schon von Harvard her kannte, zeigte uns den berühmten 700 Jahre alten Felsengarten, der mit seinem Tempel verbunden ist. Der Garten, der nicht größer als ein länglicher Hof ist, wird von einer überraschend farbigen Mauer umschlossen. Die Natur hat sie selbst in ungefähr 500 Jahren hervorgebracht. Der Boden besteht aus Kies, der in einem bestimmten Muster geharkt ist; aber noch imposanter sind die ungefähr 15 Felsen, die zu zwei oder drei in Gruppen angeordnet sind. Ihre Entfernung zueinander, ihre Zuordnung in Höhe und Breite stellen eine vollkommene Harmonie dar. Nach der Besichtigung des Gartens kam es zwischen Mr. Hisamatsu und mir zu einer mehr als einstündigen Diskussion darüber, ob der Felsengarten und das Universum identisch seien (die Auffassung der Buddhisten),

oder nicht identisch, aber durch Partizipation geeint (meine Auffassung). Noch so viele Bücher über dieses Problem hätten dieses persönliche Gespräch nicht ersetzen können.

An einem anderen Tag besuchten wir den Haupttempel der größten buddhistischen Denomination, die sich *Jodo-Shinshu* = das wahre, reine Land nennt. Die *Jodo-Shinshu*-Religion stellt sozusagen den Gegenpol zum Zen-Buddhismus dar. Während dieser die Kraft des Individuums betont, durch den Zustand der Unwissenheit zum Zustand der Erleuchtung durchzudringen, fordert die Sekte der *Jodo-Shinshu* die vollkommene Hingabe an die Buddha-Macht, wie sie in der Amida- oder Kannon-Gestalt verkörpert ist. Ihren Namen anzurufen, schafft Erlösung. Der Gegensatz beider Richtungen kann auch als Glaube an die „Kraft des eigenen Selbst" und an die „Kraft von außen" beschrieben werden. Im Christentum finden wir dazu eine Analogie bei Pelagius und Augustin. Beide Haltungen haben den Buddhismus religiös wie kulturell in verschiedener Weise geprägt. Der Amida-Buddhismus war eine populäre Laienbewegung gegen den monastischen und aristokratischen Heian-Buddhismus. Seine Kunst ist weniger abstrakt, und seine Tempel sind farbiger.

Der „Erzbischof" einer großen Gruppe des *Jodo-Shinshu* ist der Vater eines jungen Japaners, der in unserem Haus in New York ein Jahr lang wohnte, als er an der Columbia-Universität studierte, Mr. Kosho Otani. Als der älteste Sohn ist er der Erbe des „Episkopats" und selbst Priester. Er arrangierte für uns eine längere Diskussion (2 bis 3 Stunden) an der Universität, die dem Erzbischof untersteht. Es ist eine anerkannte Universität von hohem Rang. Unter anderem diskutierten wir das Problem des „historischen Gautama", der der Buddha genannt wurde, so wie Jesus der Christus genannt wurde. Das Problem wird in der großen Buddha-Literatur kaum behandelt, und erst jetzt gibt es einige Wissenschaftler, die sich mit solchen Fragen befassen. Die Mehrzahl übernimmt die traditionelle Auffassung, und einige Gruppen, so vor allem der Zen-Buddhismus, sind der Ansicht, daß die historischen Fragen religiös nicht bedeutsam sind.

Im Haupttempel von *Jodo-Shinshu* waren wir zu einem exklusiven japanischen Dinner eingeladen. Wenn man Tempel sagt, ist nicht nur ein Gebäude, sondern ein großer Komplex von Gebäuden gemeint. Er umfaßt die Häuser der Priester, mehrere Gebetshallen, eine Schatzkammer, ein oder zwei Pagoden und verschiedene Gärten. Das alles ist von einem äußerst kunstvollen Zaun eingeschlossen, nur unterbrochen von riesigen Toren höchster architektonischer Vollendung. Kosho Otanis Mutter ist eine Schwester der Kaiserin; sie war meine

Tischnachbarin, eine schöne und edle Frau in mittleren Jahren, lebendig und aufgeschlossen. Leider konnten wir uns nur mit Hilfe des Dolmetschers, Richard De Martino, verständigen. Er war mein Schüler in Amerika und arbeitet jetzt als Dolmetscher für Suzuki und Hisamatsu, wenn die beiden sich in den Vereinigten Staaten aufhalten. Für gewöhnlich lebt er in Hisamatsus Tempelbereich. Meist machte er den Dolmetscher, wenn ich Gespräche mit den Buddhisten hatte. Am Tage meines Tempelbesuchs erlebten wir den Erzbischof selbst, als er eine Art Gedächtnis-Zeremonie für eine große Familie zelebrierte. Bei Tisch verhielt er sich meist still. Auch hier erhielten wir herrliche Faksimile-Drucke von Sutra-Texten, heiligen Schriften dieser Denomination. Noch zweimal trafen wir uns zu langen Diskussionen mit einem Priester und einem Philosophen der Otani-Gruppe. Am letzten Tag in Kyoto, als wir gerade eine Ausstellung alter buddhistischer Gemälde in einem Tempel (er gehörte zum sogenannten „Esoterischen Buddhismus") besichtigen wollten, wartete Kosho Otani mit noch einigen anderen auf uns und überbrachte eine Einladung vom Hauptpriester zu einem japanischen Lunch. Die anschließende Diskussion, in der es um die Lehre vom Menschen ging, war sehr aufregend. An einem anderen Tag, als ich nach einem offiziellen Vortrag in Karuizawa, einem Erholungsort in den Bergen, ausspannen wollte, kamen die gleichen überraschend an und baten mich inständig um eine weitere Diskussion. Für die Fahrt dahin hatten sie einen ganzen Tag mit der Eisenbahn auf sich genommen. Unser Gespräch fand in einem Hotel (mit heißen vulkanischen Quellen, in denen wir auch badeten) statt und erstreckte sich über vier Stunden; es verlief außerordentlich anregend. In dieser Art war es die letzte Diskussion, die wir in Japan erlebten.

VI.

Es gab aber auch andere Diskussionen, vor allem mit buddhistischen Philosophen, die teilweise Religionsphilosophen waren. Unter ihnen muß ich vor allem unseren Freund, Professor Takeuchi von der Universität Tokio, erwähnen, der auch für die Festschrift zu meinem 70. Geburtstag („Religion and Culture") einen Beitrag geschrieben hat. Darin stellte er meinen Begriff des „Seins-Selbst" seinem Begriff des „absoluten Nichtseins" gegenüber. Er begleitete uns auf vielen Ausflügen und Tempelbesichtigungen und organisierte für uns vieles, noch bevor wir den Wunsch danach ausgesprochen hatten; z. B. machte er Fotoaufnahmen von Gemälden, die schwer zugänglich waren. Es ging

von ihm etwas aus, wovon ich nicht weiß, ob ich es die buddhistische *compassio* oder die christliche *agape* nennen soll. Und dann möchte ich noch Professor Nishitani erwähnen. Er ist buddhistischer Philosoph, sehr spekulativ, jedoch scharfsinnig und logisch und voll ausgezeichneter Kenntnis der alten und neuen westlichen Philosophie. Bei einem Treffen mit ungefähr 20 buddhistischen Gelehrten leitete er die Diskussion. Dabei wurde ich über die verschiedensten philosophischen und theologischen Probleme befragt, und ich wiederum hatte Gelegenheit, Fragen über den Buddhismus als lebende Religion zu stellen, z. B. über die abergläubischen Entstellungen der Symbole im populären Buddhismus, über Reformen in Gegenwart und Vergangenheit, über die Auffassung vom Gebet. Ich habe das Gefühl, als ob der populäre Buddhismus für die meisten von ihnen ein ungelöstes Problem darstellt.

Ich erinnere mich weiter an einen Besuch bei Dr. Suzuki, den ich gut von New York und Ascona her kannte. Er wohnte in einem der Tempel von Kamakura, wo er sein Haus und eine seltene Bibliothek von buddhistischer und westlicher Literatur besitzt. Trotz seiner 92 Jahre war er noch in der Lage, ein langes Gespräch mit uns zu führen und ein ebenso langes und ausgezeichnetes japanisches Dinner mit uns einzunehmen.

In einer der Diskussionen mit einem Gelehrten der *Jodo-Shinshu*-Bewegung kam die Frage der Kommunikation zur Sprache. Der Buddhist behauptete: „Wenn das Individuum eine ‚Substanz' ist (im Sinne des ‚Auf-sich-selbst-Stehens'), ist keine Kommunikation möglich." Ich dagegen vertrat den Standpunkt, daß nur auf einer solchen Grundlage – im Gegensatz zur Identitäts-Theorie – Kommunikation möglich sei. Diese und andere Diskussionen mit den Buddhisten haben mir gezeigt, daß die Hauptunterschiede zwischen uns die folgenden sind: die verschiedene Bewertung der individuellen Persönlichkeit, der religiösen und sozialen Reformen, der Bedeutung der Geschichte, der zwischenmenschlichen Beziehungen, der Endlichkeit und der Schuld. Letztlich beruhen diese Unterschiede auf dem Gegensatz von Identität und Partizipation. Und es scheint mir, obwohl die beiden Prinzipien sich gegenseitig ausschließen, daß im Vollzug des religiösen Lebens Christentum (vor allem das protestantische) und Buddhismus (vor allem der monastische) gegenseitig Elemente voneinander aufnehmen können, ohne darum ihren Charakter einzubüßen.

VII.

Die letzte Bemerkung führt mich zur Frage des japanischen Christentums. Nach meinen Beobachtungen und Gesprächen stellt es ein komplexes und ernsthaftes Problem dar. Zahlenmäßig ist das Christentum sehr schwach. Weniger als ein Prozent der Bevölkerung sind Christen, aber der christliche Einfluß ist viel größer, als diese Zahlen zum Ausdruck bringen. Hervorragende christliche Persönlichkeiten, Lehrer in christlichen Schulen, Professoren an den Universitäten (an denen nur 20 oder weniger Prozent der Studenten Mitglieder der christlichen Kirche, aber alle vom Geist der Schule beeinflußt sind), ständiger Austausch mit Menschen, die aus einer christlichen Kultur kommen, christliche Elemente, die das Eindringen der westlichen Zivilisation ins japanische Leben mit sich bringt – das alles trägt zum Einfluß des Christentums in Japan bei. Es gibt drei protestantische Gruppen: die größte ist die *United Church of Christ*, die zweite die lutherisch-episkopalische (letztere trennte sich von der lutherischen erst während des Krieges) und drittens die sogenannten „nichtchristlichen Christen", eine kleine Gruppe kritischer Menschen, die aus den verschiedensten Konfessionen stammen und sich regelmäßig zu Gottesdiensten in ihren Privathäusern treffen. Mit den japanischen Katholiken, die noch kleiner an Zahl sind als die Protestanten, kam ich nicht in Berührung.

Es ist ein merkwürdiges Gefühl, wenn man das erste Mal in einem heidnischen Land in einer kleinen christlichen Kirche vor einer kleinen Gruppe von Christen predigt. Man fühlt sich an die erste Christenheit erinnert, und das Problem der Missionierung erfaßt einen ganz existentiell. Alle christlichen Kirchen in Japan sind in der jüngsten Vergangenheit von Missionaren gegründet worden und sind darum echte Missionskirchen. Das unterscheidet sie so stark von den Kirchen des Westens, wo die lebendigen christlichen Gemeinden von großen Massen Gleichgültiger oder feindlich Gesinnter umgeben sind, die aber noch in einer christlich bestimmten Kultur leben. Auch sie haben christliche Substanz in sich, und ihre Kultur ist christlicher, aber nicht heidnischer Humanismus. Das ist völlig anders in Japan, wo die christliche Substanz fehlt, gleich, ob die Betroffenen sich noch an eine der traditionellen Religionen halten oder gegenüber jeder Religion gleichgültig geworden sind, wie es bei den großen Massen der Japaner der Fall ist. Daraus ergeben sich die verschiedensten Probleme. Aus meinen Gesprächen mit Pfarrern und Missionaren habe ich ungefähr das folgende Bild gewonnen: Als erstes lernte ich, daß das Wort „Missionar" nicht das bedeutet, was das Wort selbst nahelegt, nämlich einen Mann, der die

Heiden zum Christentum durch Predigen zu bekehren sucht. Die Missionare suchen vielmehr nach indirekten Wegen – die ich schon andeutete – und warten darauf, daß man zu ihnen kommt. Soweit ich Einblick erhielt, gibt es nur wenige Ausnahmen. Als zweites erfuhr ich, daß es nicht die heidnischen Religionen wie Buddhismus, Shintoismus und die sogenannten neuen Religionen sind, mit denen der Missionar in erster Linie zu tun hat, sondern die religiös gleichgültigen Massen. In meinen Vorlesungen habe ich darum gesagt, das Christentum dürfe sich nicht als eine weitere Religion darstellen, sondern als das, was es in Wahrheit ist, nämlich eine Botschaft, die gegen jede Religion steht, auch gegen das Christentum, insofern es eine Religion ist. In dieser Hinsicht ist das Problem des Christentums in West und Ost das gleiche. Die letzten Betrachtungen führen zu der dritten Frage: Auf der Grundlage welcher Theologie ist christliches Predigen überhaupt möglich? Die vorherrschende Theologie in Tokio ist barthianisch (nicht zu verwechseln mit der Theologie von Barth selbst). Das steht im Einklang mit der dort herrschenden analytischen Philosophie. In Kyoto ist es anders: Dort trifft man auf eine metaphysische Philosophie und einen gemäßigten Liberalismus. Zwei theologische Fragen sind für diese Situation wichtig: erstens, ob eine Theologie in der Lage ist, zwischen dem „christlichen Ereignis" und der Aufnahme dieses Ereignisses in der christlichen Religion zu unterscheiden, und zweitens, ob eine Theologie fähig ist, das „christliche Ereignis" begrifflich und gedanklich so darzustellen, daß ein kulturell hochstehendes Volk wie die Japaner es in ihrer Sprache verstehen kann. Die letzte Frage bringt mich auf das vierte Problem des Christentums in Japan, das Problem der Vermittlung. Es gibt fundamentalistische Gruppen, die die Sprache des Alten und Neuen Testaments als die einzige und ausschließliche Sprache der Offenbarung betrachten. Sie versuchen deshalb, sie auch für die Japaner verbindlich zu machen. Die Mehrzahl jedoch merkt, daß die christlichen Kirchen sich immer der Sprache bedient haben, die für die Menschen ihrer Umgebung verständlich war. Daraus folgt ein fünftes ernstes Problem: Gibt es nur eine Sprache oder zumindest zwei, die Sprache der Gebildeten (die oft durch den Buddhismus beeinflußt sind) und die Sprache der sich auf dem Niveau eines primitiven Shintoismus oder magisch entstellten Buddhismus Bewegenden? Und gibt es vielleicht noch eine dritte und vierte Möglichkeit, die der konfuzianischen Ethik einerseits und der westlichen Skepsis und Gleichgültigkeit andererseits?

Die vier Haltungen sind vorhanden, und die Kirchen sollten es lernen, zu jeder Gruppe in der ihr eigenen Sprache zu reden. Dazu aber

müßten sie sich zuerst von dem Vorurteil freimachen, als ob es nur eine Sprache gäbe, in der die christliche Botschaft verkündet werden könne. Unter „Sprache" verstehe ich hier jede Ausdrucksform des Christentums, der sich die Missionare bedienen. Die amerikanische Mission ist vorwiegend methodistisch, die europäische lutherisch. Wenn beide ihren Konfessionalismus nicht abstreifen und sich auf den Kern der christlichen Botschaft besinnen, ist kein Weg zu erkennen, wie sie das Herz des japanischen Volkes erreichen wollen. Mir scheint, als ob nur wenige japanische Theologen diese Situation richtig erkennen. Einer von ihnen ist mein Freund und Übersetzer Ariga, der andere meine frühere Schülerin Mrs. Chow, die jetzt Professorin an der internationalen Universität in Tokio ist. Aber der Weg ist voller Hindernisse, und es ist notwendig, neu zu durchdenken, welche Rolle das Christentum in der asiatischen Welt zu spielen hat.

VIII.

Ich habe schon einige Male den Shintoismus erwähnt und möchte nun über meine Begegnung mit ihm berichten. Wir haben die zwei bedeutendsten Schreine besucht, den Meiji-Schrein in Tokio und den Ise-Schrein im Süden. Letzterer ist religiös, ersterer politisch bedeutsam. In beiden Schreinen wurden wir von Priestern herumgeführt. In Tokio nahmen wir zufällig an einer Hochzeitsfeier teil. Wir wurden zuerst an das Wasser der Reinigung geführt und betraten dann das Innere des Schreines, wo die äußerst farbenprächtige Hochzeit stattfand. Wir durften aber nicht den innersten Teil mit dem heiligen Spiegel betreten, der dem Kaiser vorbehalten ist. Nach der Feier wurden wir zu einem Teehaus in einem besonderen Garten geführt, wo wir den zeremoniellen Tee bekamen und sich eine lange Diskussion anschloß. Das Gesprächsthema war die Beziehung der Shinto-Götter zum Universum (das sie repräsentieren) und der Weg des Shinto-Gläubigen zu seinem Heil. Im Laufe des Gesprächs gab der Hohepriester zu, daß das Problem von Sünde und Schuld seinem Denken fremd war. Die religiöse Form des Shinto-Pantheismus (hier ist das Wort am Platz, aber nicht beim Buddhismus) scheint mir eine zweifache zu sein: einmal, das Gedächtnis und die Bewunderung für die Generationen der Vergangenheit wachzuhalten, sowohl innerhalb der Familie wie im Volke. Im Meiji-Schrein ist der Geist des Kaisers Meiji „gegenwärtig". (Er war der Kaiser, der eine der bedeutendsten Wandlungen in der japanischen Geschichte in der zweiten Hälfte des 19. Jahrhunderts herbeiführte.) „Geist" bedeutet in

diesem Zusammenhang nicht „unsterbliche Seele", obwohl die feierliche Verehrung, die ihm gezollt wird, diese Auffassung nahelegt. Auch im Sinne der platonischen Wesenheiten darf „Geist" nicht interpretiert werden, obwohl diese philosophische Deutung möglich ist. Vielleicht kommt man dem Sinn des Wortes am nächsten, wenn man an die römischen Manen, die Seelen der Verstorbenen denkt, etwa an die der Kaiser, denen Opfer dargebracht wurden. Als Eisenhowers Besuch in Japan bevorstand, wurde darüber gestritten, ob er den Meiji-Schrein besuchen sollte oder nicht. Die christlichen Kirchen und einige buddhistische Gruppen waren dagegen, weil sie fürchteten, daß es nicht nur dem Shintoismus Auftrieb geben, sondern auch die Verbindung von Kirche und Staat stärken würde. Gerade das aber hatte Mac Arthur gänzlich aufgehoben und durch seine Verfassung bekräftigt. Als wir auf diesen Punkt zu sprechen kamen, wiesen uns die Shinto-Priester auf den Unterschied zwischen Verehrung und Anbetung hin, wie ihn auch die griechisch-katholische Kirche macht, um die Rolle, die die Ikonen in ihrem Kultus spielen, zu rechtfertigen. Die Shinto-Priester gingen sogar so weit, daß sie die religiöse Bedeutung gänzlich fallen ließen und nur die kulturelle Sehenswürdigkeit betonten. Diese Episode zeigt deutlich die ursprüngliche Einheit des Religiösen und Nationalen im Shintoismus. Der Kaiser leitet seine Abstammung von der Sonnengöttin her, die als eine Manifestation des Universums angesehen werden muß.

Die andere Seite des Shinto-Einflusses gründet in dem Verständnis aller japanischen Klassen zur Natur. Als wir den Ise-Schrein besichtigten, beeindruckte uns am meisten eine ungeheuer große Zeder und andere Nadelbäume. Als im letzten Taifun einige davon vernichtet wurden, trauerte jeder Japaner tief darum. Der Teehaus-Garten des Meiji-Schreins hat im Sommer die schönsten Wasserlilien und Schwertlilien. An einem Sonntagmorgen besuchten wir ihn noch einmal für uns und bewunderten nicht nur den unglaublichen Geschmack der Blumenzusammenstellungen, wir beobachteten auch große Massen von Japanern, die in ehrfürchtiger Haltung an den Blumenbeeten entlang pilgerten. In einer meiner ersten Vorlesungen stand auf dem Pult eine Pinie, ungefähr halb so groß wie ich, in einer großen Blumenvase; ihr Anblick erinnerte mich an die Darstellungen auf den japanischen Bildern, und ich konnte nicht widerstehen, an einer Stelle meines Vortrags auf sie einzugehen. Darstellungen von Kranichen und Phönixen schmücken die Wände in den Palästen und Tempeln. Und die Gärten und die Blumenarrangements (das Blumenstecken wird in besonderen Kursen gelehrt) spielen im Leben eines jeden Japaners eine große Rolle. Darin steckt shintoistischer Einfluß. Er ist lebendiger Pantheismus. Aber seine reli-

giöse Kraft ist begrenzt. Darum hatte der Buddhismus es verhältnismäßig leicht, von China und Korea nach Japan vorzudringen, wie es seit dem 5. Jahrhundert der Fall ist. Und wie er in China chinesische Züge annahm, so nahm er in Japan japanische Züge an. Darum können shintoistische Elemente im japanischen Buddhismus aufgezeigt werden. In Nikko gibt es sogar einen buddhistischen Tempel, der Teil eines Shinto-Schreins ist. Doch brachte der Buddhismus etwas hinzu, das dem Shintoismus fehlte: eine Antwort auf das Problem des Leidens und des Todes. Die ganze Situation kommt symbolisch in der Tatsache zum Ausdruck, daß die meisten Japaner gleichzeitig Buddhisten wie Shintoisten sind. Sie nehmen für die Hochzeitsfeier den Schrein in Anspruch und für das Begräbnis den buddhistischen Priester.

IX.

Die vergleichsweise geringe Lebendigkeit von Buddhismus und Shintoismus hat der großen Gruppe der sogenannten „neuen Religionen" Aufschwung gegeben. Sie stehen teilweise auf buddhistischem, teilweise auf shintoistischem Boden und sind mehr oder weniger synkretistisch, d. h. sie vereinigen Elemente verschiedener Religionen und Ebenen. Ihre starke Anziehungskraft auf die Massen hat verschiedene Gründe: der äußerlichste ist die durch die neue Verfassung bestätigte religiöse Freiheit. Befähigte und Unfähige, religiös veranlagte und unreligiöse Menschen sammeln um sich Gruppen und behaupten von sich, eine neue Offenbarung erhalten zu haben. Denn, und das ist der zweite Grund: die Sehnsucht nach einer unmittelbaren göttlichen Bekundung, die unbezweifelbare Autorität ausübt, ist sehr stark. In keinem Fall war es, wie ich feststellen konnte, der Inhalt der Offenbarung, der solchen großen Eindruck machte. Er war keineswegs neu. Aber es war die Weise, in der er den Menschen vermittelt wurde. In Tendri hat sich die größte Gruppe, die ich kennenlernte, gebildet (sie existierte schon vor der neuen Verfassung, getarnt als Shinto-Sekte). Sie geht auf die Offenbarungserfahrungen einer einfachen Bauersfrau zurück, deren Aussprüche heute für 3 Millionen begeisterte Anhänger kanonische Geltung erlangt haben. Wir besuchten die selbst erbauten Gebäudekomplexe mit dem Tempel und wurden von dem Erzbischof zu einem ausgezeichneten Dinner eingeladen. Es ist erstaunlich, welche Opfer die Führer dieser Sekte Tag und Nacht von ihren Mitgliedern verlangen können, Opfer an Geld, Pilgerfahrten, freiwilligen Diensten, oft niedrigster Art. Der Erfolg davon zeigt sich in dem Reichtum der Sekte. Sie besitzt große Ge-

bäude, Schulen, eine Universität, ein Museum und eine Bibliothek, beide voller künstlerischer und literarischer Schätze. Der Kultus enthält shintoistische Elemente: magische Tänze und Anbetung der Gründerin, der täglich Speiseopfer gebracht werden.

Eine andere Art von „neuer Religion", auf dem Buddhismus fußend, lernten wir in Tokio kennen[10]. Auch sie hatte eine große Zahl von Mitgliedern, die zu jedem Opfer bereit waren. So bauten sie ein rosa Haus nach dem anderen (rosa ist ihre Farbe). Ihr neuer Tempel wird eines der größten Gebäude in Tokio werden, es soll eine Kuppel erhalten, die den Petersdom übertrifft. Das Interessanteste an dieser Sekte ist die Art ihrer Seelsorge. In großen Hallen setzen sie sich zu 15 bis 20 in einem Kreis zusammen, die Mehrzahl sind arme Frauen, und bringen ihre Probleme vor. Sie erhalten dann Antworten von dem Führer der Gruppe, der gewöhnlich eine Frau ist. Hunderte bevölkern so jede der großen Hallen, und viele Tausende werden auf diese Weise jeden Tag betreut. Man könnte von Gruppen-Beratung oder Gruppen-Seelsorge an Menschen sprechen, die sonst niemanden haben, zu dem sie mit ihren Sorgen gehen können. Darin liegt vielleicht der wichtigste Schlüssel zu dem riesigen Anwachsen dieser Sekten (wie es auch in den Vereinigten Staaten auf die neuen Sekten zutrifft) – das atomisierte Individuum findet eine Gemeinschaft, in der seine Nöte ernstgenommen werden. Der Gründer, ein Mann zwischen 50 und 60 Jahren, war früher Milchmann, er hatte seine Erleuchtung vor ungefähr dreißig Jahren. Er führte uns in seinem Bereich herum, wurde von jedem ehrerbietig gegrüßt, lud uns zum üblichen Tee ein und beschenkte uns zum Schluß.

Im Hinblick auf diese „neue Religionen" muß das Christentum und auch der Buddhismus ernste Fragen an sich selbst stellen, es sind die gleichen Fragen, die auch aus der großen religiösen Gleichgültigkeit erwachsen. Als Theologe habe ich mich gefragt: Welche Aufgabe hat die Theologie angesichts dieser erfolgreichen Eruptionen primitiver Religionen – sowohl im Osten wie im Westen?

X.

Wenn ich meine Eindrücke von der politischen und religiösen Situation wiedergab, bin ich häufig auch auf Kunstbetrachtungen zu sprechen gekommen. Ich möchte jetzt im besonderen auf die bildende Kunst in Japan eingehen. Die ersten Eindrücke gehen natürlich von der japanischen Architektur aus – von Häusern, Tempeln oder Schreinen. Was

---

[10] Es handelt sich hier um die Sekte *Rissho-Kosei-kai*. (D. Hrsg.)

dabei überrascht, ist, daß Holz das einzige Baumaterial ist. Verständlicherweise gibt es daher nur sehr wenig wirklich alte Gebäude. Aber es gibt sehr viele alte Formen, sie gehen oft bis ins 7. Jahrhundert zurück. Nach jedem Feuer hat man die Gebäude in genau der gleichen Weise aufgebaut, wie sie das erste Mal errichtet wurden. Sie zeigen den Stil der Zeit, in der sie entworfen wurden. Manchmal sind sie absichtlich abgerissen und neu erbaut worden, oft alle zwanzig Jahre, wie beispielsweise der Ise-Schrein. An der Seite des jetzigen Gebäudes befindet sich ein leerer Platz, wo der frühere Schrein stand und der nächste errichtet werden soll. Der Gedanke, der hier zugrundeliegt, ist, daß das Heilige nicht dem Verfall preisgegeben werden darf. Eine andere allgemein gültige Regel billigt den japanischen Häusern nur ein Stockwerk zu. Dadurch sind sie mehr den menschlichen Maßen angepaßt und stellen gleichzeitig eine innige Verbindung zur Natur her. Das Haus ist stets auf den Garten ausgerichtet, so klein er auch sein mag, und der Garten erstreckt sich durch die beweglichen Wände in das Haus hinein. Auch die Blumen, die zumindest in der Nische stehen müssen, unterstützen die Verbundenheit. Man hat den Eindruck eines Zeltes, wozu die Leere des japanischen Hauses und das Fehlen der Möbel (keine Stühle, sehr niedrige Tische, keine Betten, nur Matten und Decken, keine Kommoden, aber Schränke) beitragen und eine gewisse Beweglichkeit gestatten. In den ersten Wochen, in denen wir in einem halbjapanischen Haus wohnten und jeden Abend und Morgen die Wände und Fenster verstellen mußten, hatte ich manchmal das Gefühl, in einem Zelt zu schlafen, besonders wenn wir mit Regen oder Wind zu kämpfen hatten.

Über die Architektur der Tempel kann ich nicht mehr sagen, als was allgemein bekannt ist und was ich bereits erwähnt habe. Man kann die Kunst der Baumeister nicht genug bewundern, die diese oft großen und hohen Tempel, Pagoden und Paläste erbaut haben, ohne jemals einen Nagel zu verwenden. Die Idee der Vollkommenheit auch im kleinsten Teil eines Werkes, die man überall in Japan bemerken kann, erfüllt diese Gebäude wie auch die kaiserlichen Paläste und Häuser. Eines dieser Gebäude, Katsura, hat solche vollkommenen Proportionen, daß der berühmte Architekt Walter Gropius immer wieder während seines monatelangen Aufenthaltes in Japan dahin zurückkehrte. Wenn wir originale japanische Bauwerke mit indischer, arabischer, antiker und moderner Architektur vergleichen, müssen wir zugeben, daß sie verhältnismäßig klein sind. In ihrer Kleinheit aber zeigen sie eine seltene Vollkommenheit.

Die buddhistischen Tempel sind voll von großen Werken der Plastik,

vor allem Darstellungen des Buddha, seiner Trinität (Buddha selbst und seine Kräfte, Barmherzigkeit und Weisheit), den Bodhisattvas, den halbdämonischen Hütern des Heiligen, und großen Weisheitslehrern und Heiligen. Die größten Buddhastatuen stehen in Nara (eine der früheren Hauptstädte Japans) und in Kamakura (einer späteren Hauptstadt, bevor Kyoto Hauptstadt wurde). Die Buddhastatue in Kamakura steht im Freien, ohne Dach. Sie ist in ihren Ausmaßen und ihrer Schönheit überwältigend. Wir sahen sie einige Tage nach unserer Ankunft, und das Gefühl, nun zwei Monate in ihrem Schatten zu leben, ergriff mich – auch wenn ich nicht unmittelbar religiös, sondern nur kulturell davon beeindruckt war. Es gibt Buddhastatuen in vielen Stilarten und Ausdrucksformen. Aber das ist ein unendliches Studium, worüber ich in diesem Rahmen nicht sprechen kann. Ich möchte nur sagen, daß wir fast immer von der Heiligkeit beeindruckt waren, die von diesen Statuen ausging. Sie stellen keinen Gott oder Götter dar, sie repräsentieren die Buddha-Macht, die den Geist, die Augen und Sinne für die Wahrheit öffnet und erweckt – die Wahrheit über sich selbst und die Welt und über das, was höher ist als sie und im Buddha-Geist gegenwärtig ist.

Über die großen Malereien der Vergangenheit kann ich nur ein paar persönliche Bemerkungen machen. Wir waren Gäste des Direktors und Begründers des berühmten Museums für Volkskunst, der uns zuerst die herrliche Handwerkskunst von Korea, China und Japan zeigte, uns dann zum zeremoniellen Tee einlud und mit mir ein langes Gespräch über den Einfluß der Religion auf die Kunststile führte. Er zeigte uns verschiedene Papyrusrollen, die vom Zen-Buddhismus, der Religion der „Kraft des eigenen Selbst", und solche, die vom Shin-Buddhismus, der Religion der „Kraft von außen", beeinflußt waren. Der Vergleich beider war äußerst aufschlußreich. Später fanden wir selbst heraus, wohin die jeweilige Darstellung gehörte. Der Zen-Stil hat eine starke Neigung zur Konzentration oder, wie ich mit einem Begriff von Schelling sagen möchte, zur „Essentifikation". Im Anblick eines berühmten Gemäldes in diesem Stil „Die vier Dattelpflaumen" erlebten wir das Tee-Zeremoniell, das diesmal nach strengen Zen-Riten vor sich ging. Jede der vier Früchte ist so dargestellt, daß sie das „Sein-Selbst" repräsentiert, wie ich sagen würde, oder das „Nichtsein", das für den Buddhismus nicht Nichts ist, sondern ein Sein, das in Richtung auf das absolute Nichtsein jenseits von Subjekt und Objekt transzendiert wird. Darum sind die bevorzugten „Farben" auf solchen Gemälden viele Schattierungen von Schwarz und Weiß, in denen die Farbe sozusagen verneint ist. Im Gegensatz zu dieser Kunst hat der Shin-Buddhismus, die Amida-

Religion der göttlichen Barmherzigkeit, die bis zur leidenden Welt herabreicht, eine farbige Kunst hervorgebracht. Sie ist weniger stilisiert und eckig, abgerundeter und auf eine Mitte bezogen, wie in der „Mandala"-Art. Es überrascht nicht, daß der Konfuzianismus mit seiner ausschließlichen Betonung der sozialen und politischen Ethik wenig zur bildenden Kunst beigetragen hat. Ohne das Eindringen des Fernen Osten auf dem Wege des Mahayana-Buddhismus würde es weder in China noch in Japan große Kunst geben.

XI.

In zeremoniellen Akten geht Religiöses und Ästhetisches ineinander über. Wir besuchten zwei Tee-Zeremonien, bei denen der Zeremonienmeister die verschiedenen Akte des zeremoniellen Tees zelebrierte. Für gewöhnlich läßt man sie aus, wie es bei allen Tee-Einladungen war, von denen ich bisher berichtete. In früheren Zeiten mußten die Teilnehmer einer solchen Tee-Zeremonie durch eine niedrige Tür kriechen, wodurch sie ihre Demut vor dem Heiligen bewiesen. Selbst die Samurai (die Ritter) mußten das tun und ihre Schwerter draußen lassen. Die Vorbereitungen für die Tee-Zeremonie werden im Beisein der Teilnehmer getroffen. Sie bestehen in einer Anzahl von Handgriffen, die mit dem Wasser, dem Tee, den Tassen und den Geräten, die für die Bereitung eines vollkommenen Tees nötig sind, vorgenommen werden. Dadurch wird ein Gefühl der Zusammengehörigkeit und des gemeinsamen Erlebnisses der Vollkommenheit geschaffen. Ernste oder heitere Gespräche können die Vorbereitungen begleiten. Wir erlebten einmal eine solche Tee-Zeremonie in einem Restaurant für ungefähr 100 Personen, die wir aber als Sakrileg empfanden. Diese Dinge sind für den Export bestimmt und wurden zu allem Unglück von hochgestellten Zen-Anhängern mit der Behauptung verteidigt, mit der sie auch ihren eigenen Problemen begegnen: „Das Gute hat auch noch in seiner Entstellung erleuchtende Kraft." Sie wollen nicht wahrhaben, daß es auch dämonische Symbole gibt. „Der Buddhismus ist nicht dämonisch", war die Antwort auf meine Einwände.

Im Ise-Schrein erlebten wir zeremonielle Tänze. Der eine Tanz war eine öffentliche Veranstaltung und wurde von jungen Mädchen ausgeführt, der andere Tanz wurde nur für uns veranstaltet. Zwölf Männer tanzten ihn, und es waren riesig eindrucksvolle Bewegungen von Händen und Füßen zu einer göttlich-dämonischen Musik. Eine Schallplatte davon wurde extra für uns angefertigt. Bevor die Tanzveranstal-

tung begann, spielte sich erst ein religiöses Zeremoniell ab, bei dem jedem eine Tasse Reiswein gereicht wurde. Nach den Aufführungen lud uns der Priester noch zu sich ein und gab uns etwas von der heiligen Speise als Geschenk.

Das klassische japanische Theater kennt vier verschiedene Arten, von denen wir drei besuchten. (Die vierte ist dem Kaiser und den von ihm geladenen Gästen vorbehalten.) Die älteste und zeremoniellste Form ist das „No"-Spiel. Wir erlebten eine Aufführung, die sich über ungefähr sechs Stunden hinzog. Es dürfen nur Männer mitspielen, auch in den weiblichen Rollen. Sie tragen wunderschöne Kostüme im alten Stil. Die Schauspieler, die die Hauptrollen spielen, tragen zudem noch Masken, die reine Kunstwerke sind. Die Art des Sprechens ist bemerkenswert, die Stimme muß dafür besonders geschult sein. Das Sprechen wird von Musik begleitet, die nur eine begrenzte Zahl von Tönen umfaßt und in der die rhythmisch hervorstechende Trommel den Ton angibt. Die Handlung benutzt alte Legenden und Mythen. Früher war es das Theater des Hofes und der Adligen, die dabei selbst mitspielten. Die zweitälteste Form des Theaters ist das Puppentheater, das für das ganze Volk gedacht war. Es wird in einer eigenen Weise gespielt. Jede Puppe wird auf offener Bühne von drei Leuten bewegt, wobei einer den Hauptakteur macht. Sein Gesicht ist frei, seine Helfer sind schwarz verschleiert. Der Hauptakteur bewegt den Kopf, den Oberkörper, die rechte Hand und vor allem die Finger, die Augenlider und die Lippen, die zwei anderen die linke Hand und die Beine. Zehn Jahre Training braucht man, bis man das Puppenspiel vollkommen beherrscht. Die wichtigste Rolle kommt jedoch dem Sprecher zu, der bei den Musikern sitzt und dessen Sprechen von Musik begleitet wird. Er spricht jede Rolle, die er durch Stimme und Gebärden in besonderer Weise verkörpert. Wir wurden aufgefordert, hinter die Bühne zu kommen, wo uns der innere Mechanismus der Puppe und die Art ihrer Bewegung gezeigt wurden. Die dritte Form des Theaters, „Kabuki" genannt, ist die späteste Form, die sich aber im Volk durchgesetzt hat. Wir besuchten eine Aufführung, die ungefähr sechs Stunden dauerte, einschließlich der Pause fürs Dinner. Da man dieses Theater jetzt in Amerika sehen kann, möchte ich nicht viel mehr darüber sagen. Es ist dramatischer, naturalistischer, weniger stilisiert als das „No"-Spiel, aber es hat uns nicht so tief beeindruckt wie dieses.

All das ist große Vergangenheit, die zwar in die Gegenwart hineinreicht, aber nicht mehr aktuell ist. Der junge Japaner hat sich davon entfremdet und interessiert sich für Neues. Und doch versucht man, etwas für die Erhaltung der Tradition zu tun. Das merkten wir auf dem

Gebiet der Malerei. Wir besuchten mehrere Ausstellungen moderner japanischer Kunst, wo wir auch einige Holzschnitte kauften. Nicht zu übersehen sind die mächtigen Anstrengungen, die darauf abzielen, sich von den alten Traditionen zu lösen, ohne jedoch bloße Nachahmer der verschiedensten Stile des Westens zu werden. Nur selten trifft man auf jemanden, der dieses Problem bis zu einem gewissen Grad gelöst hat. Das ist kennzeichnend für die ganze Situation in Japan und überhaupt für weite Teile Asiens.

XII.

Ich möchte noch etwas über die Landschaft sagen, aus deren Boden die japanische Kultur erwachsen ist. Sie erinnerte mich mehr an Europa als an Amerika. Es fehlen die weiten eintönigen Ebenen. Die Natur ist vielgestaltig, und der Mensch hat jedes Stück Land zu nutzen versucht. Nur die unendlich großen Reisfelder können eintönig wirken, obwohl sie in kleinere Felder unterteilt sind, die persönlich bearbeitet werden. – Wir hatten das seltene Glück, zweimal eine ganze Zeitlang den Fudschijama zu sehen. Alle Postkarten der Welt können den Eindruck seiner göttlichen Größe nicht zerstören. Auch der Ashama hat die klassische Form eines tätigen Vulkans, an dessen Fuß wir fünf Tage verbrachten, als wir Karuizawa besuchten. Die kleineren Berge und Hügel erinnern an Süddeutschland. – Das erste Mal in unserem Leben konnten wir die Arbeit in den Reisfeldern beobachten. Sie werden die größte Zeit des Jahres künstlich bewässert. Die Bauern arbeiten darin entweder barfuß oder in hohen Stiefeln. Dann sahen wir Tee- und Maulbeerplantagen, und schließlich machten wir noch zwei Fahrten in wunderschönen Meeresbuchten mit vielen Inseln, wo Perlen und Austern gezüchtet werden. Das Meer ist überall ganz nahe.

Viel wäre über die großen Städte zu sagen, vor allem die zwei, in denen wir für längere Zeit lebten, Tokio und Kyoto. Kyoto, Nara und noch eine andere Stadt blieben vom Bombenkrieg verschont, weil sich ein amerikanisches Komitee von Kunstsachverständigen dafür eingesetzt hatte. Die Japaner sind noch heute dankbar für diese Tat, die beinahe einen legendären Charakter erhalten hat. Die riesigen Zerstörungen in Tokio, der rasche und planlose Aufbau und das ungeheure Wachstum dieser größten Stadt der Welt (sie hat unter Einschluß der äußersten Vorstädte neun Millionen Einwohner) hat Tokio zu einer Stadt mit mehreren Zentren gemacht. Jedes dieser Zentren hat einen eigenen großen Bahnhof, der von Geschäftsstraßen und Vergnügungs-

vierteln umrahmt ist. Zwischen den Zentren liegen die Regierungsviertel. Es gibt jedoch ein Zentrum des Ganzen; es liegt in der Nähe der großen, von Wasser umgebenen Insel, auf der sich der kaiserliche Palast befindet, der, in einem großen, nicht öffentlichen Park gelegen, allen Blicken entzogen ist. Schön ist auch der Anblick der schmalen Straßen mit ihren Geschäften, Restaurants, Bars, Teestuben usw. In allen erstrahlt am Abend die durch Neon-Licht farbenprächtig leuchtende Reklame, besonders anziehend durch die japanischen bilderähnlichen Buchstaben. Der Verkehr ist ungeheuer, die Menschenmassen sind überwältigend und manchmal erschreckend. Yoshiwara, der sogenannte Rotlicht-Distrikt, ist zwar abgeschafft, aber seine Straßen mit ihren Nachtclubs und Bars erfüllen noch die frühere Funktion. Die Prostitution ist zwar verboten, aber natürlich blüht sie im geheimen. Einige Japaner, darunter Menschen mit höchstem ethischem Empfinden, äußerten sich darüber sehr kritisch und meinten, daß sich die Verhältnisse verschlechtert hätten. Nicht zu verwechseln damit ist die Einrichtung der Geishas, deren Aufgabe die Unterhaltung der Gäste ist, seien es Einzelgäste oder Gruppen. In einer Art von lokaler Hierarchie sind sie organisatorisch zusammengeschlossen. Ihre Inanspruchnahme ist überaus teuer, oft unerschwinglich; eine sterbende Tradition wird aufrechterhalten, in der Schönheit und Tragik ineinander verwoben sind. So jedenfalls wurde es uns von Freunden dargestellt, die unsere Geisha-Party inszeniert hatten und daran teilnahmen.

Nach einem dreiwöchigen Aufenthalt in Tokio fuhren wir in einem sehr schönen Zug in sechs Stunden nach Kyoto. Wer von Kyoto erzählt, tut es mit Begeisterung, und er hat recht. Was Landschaft und Kunstschätze anlangt, ist es mit Florenz vergleichbar. An das alte Florenz erinnert seine geistige Lebendigkeit. Kyoto und die anderen Universitäten, Doshisha, Otani usw. sind Zentren der Geistigkeit. Wir blieben drei Wochen in Kyoto in dem wunderschön gelegenen Miyako-Hotel, von dem man weit über das Tal und die Stadt sieht und auch einen Ausblick auf die umgebenden Berge hat. Die drei Wochen in Kyoto waren die intensivste Zeit meines Japan-Aufenthaltes und eine der intensivsten Zeiten meines Lebens überhaupt. Die Intensität bezog sich auf meine Arbeit, auf die Ausflüge (z. B. zwei Tage Nara, zwei Tage Ise-Schrein) und die ständigen Gespräche. Diese alte Hauptstadt mit ihren unzähligen Tempeln, mehreren Palästen und kaiserlichen Villen hat einen großen Charme, und das Entdecken immer neuer Dinge nimmt kein Ende. Aber man kann darüber eigentlich nicht schreiben, man muß es sehen.

Lange Zeit war ich im Zweifel, ob eine Japanreise für mich zu recht-

fertigen sei, vor allem mit Rücksicht auf mein Alter und die schweren Verpflichtungen meiner anderen Arbeit. Aber der Zweifel schwand, als ich in Japan war. Ich kann vorläufig noch nicht zum Ausdruck bringen, was mir Japan tatsächlich bedeutet hat. Die vielen Eindrücke müssen erst verarbeitet werden, und auch dann wird wahrscheinlich meine Umgebung den Einfluß, den Japan auf mich ausgeübt hat, stärker bemerken als ich selbst. Aber eines weiß ich: Ich werde von jetzt an jeden westlichen Provinzialismus in meinem Denken und Arbeiten bekämpfen, und ich bin meinen japanischen Freunden sehr dankbar, die viel Zeit und Mühe aufwenden mußten, um mir die Japanreise und damit diese Einsichten zu ermöglichen. Ich möchte ihnen sagen, daß ich Japan und seine Menschen lieben gelernt habe.

72. EINDRÜCKE VON EINER ISRAELREISE
1963

Dieser Bericht über meine Reise nach Israel kann nicht in der Art einer Reportage über die Verhältnisse in diesem Lande erstattet werden. Solche Reportagen werden uns ständig von offiziellen und auch privaten Beobachtern gegeben, und sie sind auch vielfach sehr gut. Mein Bericht will dagegen nur persönliche Eindrücke von der Begegnung mit einer bedeutsamen und unendlich verwickelten Wirklichkeit wiedergeben. Ich hoffe jedoch, daß diese Eindrücke in mancher Hinsicht objektive Gültigkeit haben und deshalb auch Interesse finden, zumindest bei den Freunden, denen dieser Bericht zuging, aber vielleicht auch bei einigen Mitgliedern der israelischen Regierung, deren freundliche Einladung, Unterstützung und Beratung meiner Frau und mir diese Reise ermöglichten und sie zu einem unvergeßlichen Erlebnis machten. So ist diese kurze Darstellung auch ein Ausdruck meines Dankes an diejenigen, die diese Reise in die Wege geleitet haben und so viel zu ihrem Erfolg beitrugen.

Die israelische Regierung sprach die überraschende und von mir mit größter Freude angenommene Einladung vor mehr als zwei Jahren aus. Aber erst im Herbst 1963 ließ sie sich verwirklichen. Im November und Dezember dieses Jahres hatte ich Gastvorlesungen an der Theologischen Fakultät der Universität Zürich zu halten. So konnte der September und Oktober für die Reise in den Mittleren Osten ins Auge gefaßt werden. Ich sage bewußt „Mittlerer Osten", denn es war sehr

naheliegend, daß wir den Wunsch hatten, unseren Besuch in Israel mit einem Abstecher nach Ägypten zu verbinden, nicht nur aus geographischen, sondern auch aus historischen Erwägungen; denn der Auszug aus Ägypten ist das entscheidende Ereignis für die jüdische Deutung der Geschichte. Ich traf in New York einige Vertreter der *Islamic Foundation,* die mich aufforderten, an einer oder zwei Universitäten in Kairo Vorträge zu halten. Ich nahm die Einladung an, und die Herren besorgten uns ein kostenloses Visum für Ägypten. Das erwies sich allerdings als ein Nachteil; denn das jordanische Konsulat machte darauf sein bereits für Jordanien erteiltes Visum wieder rückgängig. Der Grund für diese Maßnahme war die Feindschaft zwischen Jordanien und Ägypten; die gemeinsame Feindschaft gegen Israel zählte offenbar nicht. Dabei muß man bedenken, daß der Weg nach Israel im allgemeinen über Jordanien führt, und zwar durch das Mandelbaum-Tor. Nun hatte das Verhalten des jordanischen Konsuls zur Folge, daß ich die Altstadt von Jerusalem samt dem Ölberg, Gethsemane, Golgatha, der Via Dolorosa usw. nur von einigen erhöhten Plätzen im israelischen Teil der Stadt sah und nicht durch die Straßen der Altstadt wandern konnte, eine schmerzliche Enttäuschung!

Als wir in Kairo mit einem Flugzeug aus Zürich eintrafen, konnten wir keinerlei Vorbereitungen für meine Vorträge feststellen, und so entschlossen wir uns, privatim als Touristen zu reisen. Wir haben das auch keineswegs bereut. Aber nach einer Woche trafen wir mit mehreren sehr sympathischen Ägyptern in hoher Stellung zusammen, beim Tee und bei den Mahlzeiten, und unterhielten uns mit ihnen über Fragen der Wirtschaft und Erziehung im Lichte der ägyptischen Bevölkerungsexplosion. Es ist ein brennendes Problem, und ich mußte oft daran denken, wieviel die arabischen Völker auf diesem Gebiet durch eine Zusammenarbeit mit Israel gewinnen könnten. Aber selbst wenn es dazu käme, scheint mir keine dauerhafte Lösung ohne eine drastische Beschränkung ihres Bevölkerungszuwachses möglich zu sein, und das gilt natürlich auch für viele andere Länder der Welt.

Das Geheimnis des alten Ägypten packte mich immer stärker, je mehr ich sah und erfuhr. Ich stellte mir die Frage, aus welchen Regungen der menschlichen Natur die auffälligsten Züge der Pharaonen-Kultur zu erklären seien, vor allem jener Drang, die Endlichkeit des Menschen in Raum und Zeit zu überwinden. Die übermenschlichen Größenverhältnisse der Tempel, Statuen und Pyramiden stehen im Einklang mit der unendlichen Mühsal, der das ganze Volk unterworfen wurde, um wenigstens dem Leben *eines* Menschen Dauer zu verleihen, dem Pharao, dessen göttlicher Charakter sich in seinem Anspruch auf

Unsterblichkeit bekundet. Aber es ist eine Unsterblichkeit, die an die Erhaltung des Körpers gebunden ist. Und körperliche Existenz bedeutet individuelle Existenz. Wohl den stärksten Eindruck machte auf mich der Anblick der Mumien von ungefähr 20 Pharaonen, einigen ihrer Frauen und einer Reihe von Würdenträgern, alle mit unverhüllten Köpfen und ausgeprägt individuellem Gesichtsausdruck. Man war von Bewunderung erfüllt, aber man empfand zugleich, daß dies kein wirklicher Sieg über den Tod ist. Diese Gesichter, in einem Zustand künstlich aufgehaltener Verwesung, sind ungemein lebendig und haben oft etwas Kraftvolles, wie das bei guten Porträts der Fall sein kann, aber sie gehören der Vergangenheit an, und auch ihre Gegenwärtigkeit ist Teil dieser Vergangenheit; wohl ist sie für die Gegenwart erhalten, aber sie gehört ihr nicht an. Wenn man sich die ungeheuren Schätze vor Augen hält, die den Königsgräbern beigegeben wurden, begreift man, wie sehr das wirkliche Leben dieser Menschen, das in allen Einzelheiten auf den Wandbildern der Gräber dargestellt ist, vom Problem des Todes überschattet war, oder vielleicht zutreffender, vom Problem der Vergänglichkeit alles Lebens und vom Versuch, sich dem unvermeidlichen Ende zu widersetzen.

Die Weigerung Jordaniens, uns ein Einreisevisum zu erteilen, zwang uns, über Athen nach Tel Aviv zu fliegen. So konnten wir die zwei Kulturen vergleichen, etwa beim Besuch der Akropolis und des Museums, dessen Einrichtung seit unserem letzten Aufenthalt in Athen sehr gewonnen hatte. Ich hatte befürchtet, daß mich die griechische Architektur bei einem Vergleich mit der ägyptischen recht enttäuschen würde; aber das war keineswegs der Fall. Im Gegenteil, ich hatte das Gefühl der Vertrautheit, als mir in den Tempeln und den Statuen wieder ein menschliches Maß begegnete und übermenschliche Maßverhältnisse nicht mehr gebraucht wurden, um das Göttliche zu repräsentieren.

Die Reise durch Israel war von Anfang bis Ende vom Außenministerium des Landes geplant, und ich muß dankbar bekennen, daß die Planung ausgezeichnet war. Für alle Fahrten wurde uns von der Regierung ein Wagen und Führer zur Verfügung gestellt. Die Hotelzimmer waren im voraus bestellt, und alle Besprechungen, an denen mir lag, waren in die Wege geleitet worden. An jedem Tag wurde etwas besonders Sehenswürdiges geboten, und trotz einiger Abänderungen unseres Reiseprogramms, die sich aus der Verweigerung des jordanischen Visums und einer vorübergehenden Erkrankung von mir ergaben, konnte unser Vorhaben fast völlig durchgeführt werden. Die erstaunliche Fülle unserer Eindrücke in Israel läßt sich unter drei Gesichtspunkten zusammenfassen: 1. Die Landschaft, 2. die Geschichte,

und 3. die gegenwärtige Lage. Natürlich lassen sich dabei Überschneidungen nicht vermeiden, weil der Mensch imstande ist, die Landschaft zu verändern, und in Israel geschieht das fortwährend; und dann kann das Wissen um die Geschichte der Landschaft einen Akzent geben, der ihr von Natur aus nicht eignet. Dennoch erscheint mir die gewählte Einteilung gerechtfertigt.

Von den mannigfaltigen Landschaftsformen waren für mich am eindrucksvollsten der See Genezareth, die Hügel, auf denen Jerusalem erbaut ist, das Tote Meer und das Negeb bei Eilath. Der See Genezareth mit seiner tiefblauen Färbung, seiner schönen Form und dem Reiz seiner näheren und weiteren Umgebung (zuerst ein fruchtbarer Uferstreifen, dann die Berge von Galiläa und Transjordanien) begeisterten mich so sehr, daß ich mich gar nicht von der Stelle losreißen konnte, wo man den letzten Blick auf den See hat. Aber ich bin mir dessen bewußt, daß die geschichtliche Erinnerung daran, daß Jesus hauptsächlich in den Dörfern und auf den Hügeln in der Umgebung des Sees wirkte, den Eindruck dieser Landschaft auf mich wesentlich vertiefte.

Die Berge von Judäa, auf denen Jerusalem teilweise liegt, haben nichts Besonderes an sich, was die Höhe oder ihre Gestalt betrifft. Aber sie sind das Gelände, auf dem Jerusalem mit seinen alten Mauern erbaut ist. Auch hier erhielt das Landschaftsbild durch die geschichtliche Erinnerung eine besondere Färbung. Als ich eines Abends von meinem Balkon im *King David Hotel* auf die alte Stadtmauer blickte, auf die Dächer und Türme sowie auf die dazwischen verstreuten Haine, sah ich im Geiste Jesus und seine Jünger nach Gethsemane, einem dieser vor meinen Augen liegenden Haine, gehen. „Und es war Nacht." Aber die Berge von Judäa erstrecken sich weit über das eigentliche Jerusalem hinaus. Man kann von einigen Stellen über die welligen Hügel bis auf das Tote Meer blicken. Das Tote Meer selbst (400 m unter dem Meeresspiegel) ist ein ungeheures Erlebnis. Das Bewußtsein, sich auf dem tiefsten Punkt der Erde zu befinden, erzeugt ein unheimliches Gefühl, das sich noch steigert durch die große Hitze, selbst im Oktober, die Dürre jedes Fleckchens Erde, das einmal vom Salzwasser überspült wurde, die gebirgigen Wüsten auf beiden Seiten des Sees, die phantastischen Felsbildungen, die denen weiter im Norden ähneln, in deren Höhlen die Schriftrollen gefunden wurden. Die Geschichte von Sodom und Gomorrha spiegelt in legendärer Form dieses unheimliche Gefühl, das einen beim Anblick dieser Landschaft überfällt.

Ähnliche Eindrücke hat man auch in Eilath, dem südlichsten Punkt des Negeb, und somit von ganz Israel. Aber hier kommt etwas Neues hinzu: Eilath liegt nicht nur auf der Höhe des Meeresspiegels, sondern

auf dem Meere selbst, dem Roten Meer, einer Bucht des Indischen Ozeans. Beim Anblick dieses Hafens hat man das Gefühl, daß ein Ausweg aus der bedrückenden Enge Israels in die ungeheuren Weiten Ostasiens und Afrikas möglich ist. Von Eilath aus erreicht man die „Kupferminen König Salomos", die in einem sehr zerklüfteten Gebirge der Wüste liegen. Die Felsen dort zeigen eine unglaubliche Vielfalt von Farben, am schönsten aber sind die grünen, kupferhaltigen Malachite.

Es gibt noch andere Landschaftstypen in Israel, die Küste, die Wanderdünen, die landwirtschaftlich intensiv genutzten Ebenen, die Berge von Galiläa. Aber am stärksten beeindruckt waren wir vom See Genezareth, von den Bergen Jerusalems, vom Toten und Roten Meer. Von nun an wird alles bildhaft vor mir stehen, wenn ich die Geschichten des Alten und Neuen Testaments lese, und dadurch werde ich alles in einem neuen Lichte sehen. Der Spielraum eigener Phantasie wird wesentlich begrenzt, wenn man mit eigenen Augen die Landschaft erschaut hat, in der sich die Ereignisse der Bibel zugetragen haben.

Das führt zu dem zweiten Gesichtspunkt, mit dem sich mein Bericht befaßt. Nie zuvor in meinem Leben hatte ich ein Land betreten, das von einer solchen Fülle uralter Geschichte zeugt. Oft befiel mich ein Gefühl tiefer Trauer über die Tragödie der Menschheit angesichts des unaufhörlichen Kreislaufs von Aufbau, Eroberung und Zerstörung. Jedesmal war die Niederlage eines Volkes eine vollkommene Katastrophe, ganz gleich, ob sie sich aus politischer oder religiöser Vergewaltigung ergab. Andererseits spricht jeder Stein in den Ruinen von der großartigen Schöpferkraft wie auch von der tragischen Seite der menschlichen Geschichte. Solche Gedanken überkamen mich, als wir Stätten wie Cäsarea oder Akkon besuchten, Orte mit Denkmälern hellenistischer und noch älterer Kultur, mit ihren Ruinen aus der Zeit der Kreuzzüge, mit ihren erfreulichen wie bedauernswerten Spuren wiederholter arabischer und türkischer Einfälle bis hin zu den kriegerischen Unternehmungen der Stadtstaaten der Renaissance und den Kämpfen unserer Zeit um Machtpositionen im östlichen Mittelmeer. Die turbulente Weltgeschichte hat das Land, das jetzt Israel heißt, mit unglaublicher Häufigkeit und Gewalt heimgesucht, und zwar bis auf den heutigen Tag. Immer wieder ging mir Hegels Wort durch den Kopf, wonach die Weltgeschichte keinen Raum für das Glück des Individuums hat.

Aber das Problem der Geschichte erschöpft sich für Israel nicht mit solchen Bemerkungen über das Land und seinen Zusammenstoß mit den Mächten der Weltgeschichte. Das alte Israel hat seine eigene geschichtliche Entwicklung, und sie ist zu einem großen Teil mit erstaunlicher Zuverlässigkeit aufgezeichnet. Einer unserer Führer meinte, daß

die Bibel der beste Führer für einen Israel-Reisenden sei. Und damit wiederholte er nur das, was wir von der modernen archäologischen Forschung wissen.

Am wichtigsten war natürlich für mich die Frage, ob die persönliche Anschauung von den Stätten, wo Jesus gelehrt, gewirkt und gelitten hat, mein Denken als systematischer Theologe irgendwie nachhaltig beeinflussen würde. Jetzt, nachdem mein Erlebnis einige Monate zurückliegt, kann ich folgendes sagen: Was sich geändert hat, ist die bildhafte Vorstellung, die sich mir mit den biblischen Geschichten seit der Zeit verband, als ich sie zum erstenmal gehört hatte. Nun ist Nazareth z. B. nicht mehr die kleine ostdeutsche Stadt, wo ich meine Kindheit verbrachte, sondern ein arabisches Dorf auf den Abhängen der Berge von Galiläa, das von der Ebene gegen Süden hin sichtbar wird.

Aber die eigentliche Frage ist, ob sich irgend etwas von theologischer Bedeutung für mich ereignet hat, und ich kann nur antworten: Nein! Die anschaulichen Bilder dessen, was sich dort ereignet hat, haben mich in dem Glauben bestärkt, daß die „Ent-Literalisierung" der legendären und mythologischen Elemente der Evangelienberichte eine Notwendigkeit ist. Wenn man die zerstörte Synagoge von Kapernaum sieht und dort am Ufer des Sees sitzt, dann gewinnt man eine sehr lebendige Vorstellung von dem, was sich damals ereignet hat. Aber das schließt nicht aus, daß das Ereignis selbst, das die Mitte und die Sinnerfüllung der Geschichte ist, interpretiert werden muß. Wenn ich in Zukunft von dem „Menschen Jesus" reden werde, „der mit seinen Jüngern auf den staubigen Wegen Israels wandelte", dann werde ich zwar deutlich vor mir sehen, was das bedeutet. Aber ich kann aus diesem anschaulichen Wissen nicht ableiten, wie ich über ihn zu denken habe. Die Antwort auf diese Frage hängt davon ab, wie wir das Sein Jesu auf Grund des Bildes verstehen, das uns im Neuen Testament gegeben ist. Kein historisches Wissen kann uns in dieser Hinsicht die eigene Entscheidung abnehmen. Und ich bin dankbar dafür, daß mir meine Israel-Reise dies klarer als je zuvor zum Bewußtsein gebracht hat. Ich dachte dabei an die Maler, die Begebenheiten aus dem Leben Jesu oder Geschichten des Alten Testaments darstellten, und zwar in einer Art, die völlig unhistorisch und unrealistisch ist. Man kann sich der Einsicht nicht verschließen, daß eine genaue Kenntnis der historischen Stätten völlig unerheblich ist für den Glauben und die Beurteilung des religiösen Sinnes und der Gewalt des Geschehens selbst.

Die schwierigste und wichtigste Frage, die einem Israel-Reisenden gestellt wird, lautet: Was denken Sie über Israels Stellung in der heutigen Welt? Meine erste Antwort darauf lautet, daß Israel eine einzig-

artige, mit nichts zu vergleichende Realität ist. Es war immer schon offensichtlich, daß die rechten Kategorien fehlen, um die Juden als eine soziologische Gruppe zu erfassen, und das gleiche gilt hinsichtlich des Staates Israel. Gewiß ist es ein Staat mit einem bestimmten Gebiet, einer zentralen Regierung, mit Polizei und einer Armee, einer gemeinsamen Sprache, einheitlichem Recht und geordnetem Erziehungssystem. Wegen seiner internationalen Lage und seiner Wirtschaft ist Israel straffer organisiert als viele andere Staaten. Aber all das beantwortet nicht die Frage nach der geschichtlichen Rechtfertigung seines Bestehens. Man mag hier innehalten und sich fragen, ob dieses Problem überhaupt zu lösen ist. Aber erhält nicht ein Staat, der seine Lebensfähigkeit beweist, seine Rechtfertigung bereits aus dieser Tatsache? Eine solche Auffassung ist in gewisser Hinsicht richtig. Sie hat in all den Fällen großes Gewicht, wo ein Staat natürliche geographische Grundlagen hat. Aber sie ist unzureichend, wenn solche Grundlagen nicht gegeben sind, wie das für das heutige Israel zutrifft. Ein Bewußtsein für diese Lage zeigt sich in der Vorstellung, der man in Israel häufig begegnet, daß das Land und das Volk Israel eine unlösbare Einheit sind, obgleich beide 2000 Jahre hindurch getrennt waren. Einige der leidenschaftlichsten und bewegendsten Rechtfertigungen für die Existenz des Staates Israel wurden mir aus diesem Gefühl heraus gegeben. Einer der uns zugeteilten Führer sagte im Anblick eines Feldes, das mit Felsblöcken übersät war, sich aber in fruchtbares Ackerland verwandeln ließe: „Zu lange haben wir uns um unser Land nicht gekümmert." Zu lange, nämlich 2000 Jahre! Und eine hochgebildete Frau äußerte: „Es ist unser Land, denn wir haben dafür die göttliche Verheißung empfangen!" (eine Verheißung, die Abraham gegeben wurde!) Hier tritt ein Glaube, der sich in mystischer Form äußert, an die Stelle einer Rechtfertigung vor der Vernunft. Mir scheint aber, daß sich ohne einen solchen Glauben der Heroismus des Volkes in den ersten Kibuzzim und im Kampf um seine Freiheit nicht erklären läßt. Aber das ist nicht der Glaube des weltlich eingestellten Teils des israelischen Volkes, und er wird gewiß auch von keinem nichtjüdischen Ausländer geteilt.

So weist man auf die Rechtfertigung des Landes Israel aus menschlichen Gründen. Israel ist danach die Zufluchtstätte für alle Juden, die in anderen Ländern verfolgt werden. Dieser Gesichtspunkt leuchtet unmittelbar ein, und er liegt auch der politischen Entscheidung zugrunde, jeden Juden in Israel aufzunehmen, der darum nachsucht. Indessen steht diese Rechtfertigung des iraelischen Staates in keiner Verbindung mit der Wahl des Raumes, in dem er heute existiert. Jeder andere Platz auf der Erde hätte gewählt werden können, es sei denn, man teilt den

Glauben, daß dieses Land Israel gebührt auf Grund göttlicher Verheißung.

Angesichts dieser Problematik versuchte ich, eine Antwort auf eine mehr empirische Frage zu finden, nämlich die: Welches ist die einigende Kraft im wirklichen Leben des gegenwärtigen Israel? Jede Antwort, die ich auf meine Frage erhielt, wurde nur mit Zögern gegeben, aber man stimmte doch in gewisser Hinsicht darin überein, daß diese einigende Kraft im Bewußtsein einer gemeinsamen Überlieferung liegt, wie sie im Alten Testament erscheint und in all den folgenden Jahrhunderten bewahrt wurde.

Man könnte versucht sein, diese Antworten so zu deuten, daß eine bestimmte Religion die zusammenhaltende Kraft des Staates Israel sei; und ich hörte diese Auffassung auch von arabischen Kritikern Israels. Sie warfen den Israelis vor, ihren Staat allein von der Religion her zu rechtfertigen. Aber ganz offensichtlich ist diese Ansicht falsch. Die Juden in Israel, die aktive Mitglieder der Synagoge sind, befinden sich in der Minderheit, und die radikalen religiösen Gruppen sind sogar nur eine sehr kleine Minderheit. Aber das öffentliche Leben des Volkes, das Erziehungssystem und Rechtswesen sind tief beeinflußt von den alten religiösen Überlieferungen. Der Sabbat wie auch die hohen Festtage sind gesetzlich geschützt und werden strikt eingehalten. Das Hebräisch der Bibel, das den Erfordernissen des modernen Lebens angepaßt wurde, ist die offizielle Sprache des Landes, und die Berichte der Bibel sind die Grundlage des Geschichtsunterrichts in jeder öffentlichen Schule; dem Rabbinat steht die Rechtsprechung in Scheidungssachen zu usw. Aber das muß alles als ein Teil der nationalen Tradition und nicht als Ausdruck religiöser Einstellung verstanden werden. Die radikalen religiösen Gruppen, die den Staat ablehnen, weil er nicht ihren messianischen Erwartungen entspricht, haben sich selbst in eine Art Ghetto begeben, in dem sie sich streng gegen jede Einmischung von außen abkapseln. Das ist eine Tatsache, die die Richtigkeit meiner Analyse bestätigt.

Zusammenfassend kann ich sagen, daß ich Israel für einen echten Staat halte, der sich auf eine national-religiöse Tradition stützt, die im ersten Jahrhundert n. Chr. erlosch, aber als Erinnerung weiterlebte und in unserer Zeit zu neuem Leben erweckt werden soll. Israel ist ein Nationalstaat und keine Theokratie. Aber das nationale Element in seiner Tradition ist nicht von seinem religiösen Element zu trennen, und die Spannung zwischen beiden trägt sowohl zum Reichtum wie auch zu den Gefahren dieses Staates bei.

In dieses Israel waren wir für zwei Wochen eingeladen, und das Pro-

gramm dieser Reise war glänzend vorbereitet. Sie führte uns zu all den oben erwähnten Orten und brachte uns in Berührung mit Persönlichkeiten des öffentlichen Lebens und wichtigen Einrichtungen des Landes; auch ermöglichte uns das Programm die Teilnahme an Diskussionen, Empfängen usw. Alles war hochinteressant, einige Begegnungen bewegten uns tief, und der Reise verdanke ich bleibende Einsichten, nicht nur über Israel.

Der stärkste Eindruck war für uns die erneute Fruchtbarmachung des Landes; und das gleiche wird wohl von jedem Besucher Israels empfunden. Man hat das Gefühl, daß sich die alttestamentlichen Prophezeiungen von der Verwandlung der Wüste in fruchtbares Land erfüllen. Aber die Zeichen, unter denen das geschieht, sind anders als in der Bibel. Heute ist es nicht ein göttliches Eingreifen, das das Neue bewirkt, sondern mühevolle menschliche Arbeit, die Anwendung der besten wissenschaftlichen Methoden und technischen Hilfsmittel. Dennoch ist das alles ein Wunder in der ursprünglichen Bedeutung des Wortes. Es entspricht der prophetischen Vision und erfüllt sie zumindest teilweise. Von arabischer Seite kann man oft hören, daß diese Entwicklung nur durch die reichen Geldspenden, die von den Juden in aller Welt nach Israel flossen, ermöglicht wurde. Das trifft gewiß zu, übersieht aber den entscheidenden Punkt, nämlich, daß dieses Geld tatsächlich für die Entwicklung des Landes und nicht für private Zwecke verwandt wurde. Außerdem wurde es eingesetzt in Verbindung mit einer strengen Arbeitsdisziplin und den besten wissenschaftlichen und technischen Methoden. Es ist durchaus möglich, daß unter den weithin feudalistischen Lebensbedingungen, wie sie noch in vielen arabischen Ländern herrschen, das gleiche Kapital einen weit geringeren Nutzen gestiftet hätte. Und umgekehrt: Gäben diese Länder die Gewähr einer sinnvollen Verwendung des Geldes, würden sie auf größere Unterstützung von außen rechnen können.

Die Pionierarbeit bei der erneuten Erschließung des Landes wurde von den Kibbuzim geleistet. Auch über sie ist bereits so viel berichtet worden, daß ich mich auf einige persönliche Beobachtungen und Erlebnisse in diesen Siedlungen beschränken kann. Interessieren wird vor allem unser Aufenthalt in einem Kibbuz, der von einer konservativen religiösen Gruppe bewirtschaftet wurde. Wir hielten uns dort zwei Tage lang am Ende des Laubhüttenfestes auf. So erwarteten wir den *Jom Hatorah,* den Tag, an dem das „Gesetz" mit Musik und Tanz gefeiert wird, wobei man die Torah-Rollen herumträgt und um sie herum tanzt, oft in einem Zustand höchster Ekstase. Dieses Ereignis zeigte mir sehr eindrucksvoll, daß für den gläubigen Juden das Gesetz etwas

ganz anderes ist als für Paulus und Luther, wo es vor allem etwas Befehlendes, Bedrückendes, Drohendes und Strafendes bedeutet. Für den gläubigen Juden ist es ein Geschenk, das große Geschenk, auf das man stolz ist und das man freudig annimmt.

Aber diese freudige Annahme des Gesetzes hat auch eine problematische Seite. Und die zeigte sich, als wir die landwirtschaftlichen Einrichtungen dieses Kibbuz besichtigten, und zwar mit seinem Generalsekretär, einer sehr eindrucksvollen und sympathischen Persönlichkeit. Da tauchte dann die Frage auf: Wie kann eine Landwirtschaft nach den modernsten wissenschaftlichen Methoden in Einklang gebracht werden mit den strengen Vorschriften eines Gesetzes, das vor zweieinhalb Jahrtausenden aufgezeichnet wurde und damals sinnvoll war? Die Antwort darauf lautete, daß das in der Tat äußerst schwierig ist und daß in vielen Fällen der einzige Ausweg eine solche Auslegung der Gesetzesvorschriften ist, die sich an die ursprüngliche Absicht des Gesetzes hält, aber nicht auf seiner wörtlichen Befolgung besteht. Hier gibt der oberste Rabbiner vielfach hilfreichen Rat, vor allem für die Betreuung des Viehs und der Maschinen. Hier wurde aber auch die Grenze jedes konkreten Gesetzes offensichtlich, ebenso wie die Richtigkeit der Ansicht, daß das Gesetz, und das gilt auch für das Sabbat-Gebot, für den Menschen da ist und nicht der Mensch für das Gesetz.

Einen Tag besuchten wir auch einen weltlichen Kibbuz. Er wurde wie alle Kibbuzim sozialistisch verwaltet. Es gibt somit für seine Mitglieder kein Privatvermögen. Was sie verdienen, gehört dem Kibbuz. Was sie brauchen, erhalten sie von ihm. Das funktioniert recht gut, bis zu dem Punkt, wo der Kibbuz sich auf die Anforderungen einer nichtsozialistischen Gesellschaft einstellen muß. Wir haben sehr eingehend eines der sich hier ergebenden Probleme erörtert, nämlich die Erziehung und Ausbildung. Der Kibbuz sorgt für die Erziehung seiner Mitglieder und deren Kinder. Und er erwartet, daß die Kinder zurückkehren und auf ihm an den Stellen arbeiten, die für den Kibbuz wichtig sind. Aber das macht es für die Jugendlichen, die auf Grund ihrer Begabung gern Ärzte, Rechtsanwälte oder Professoren werden wollen, schwer, eine entsprechende Ausbildung zu erhalten. Und das scheint einer der Gründe dafür zu sein, daß sich die jüngere Generation immer mehr von den ursprünglichen Kibbuzim, ihrem Pioniergeist und ihrer sozialistischen Lebensform abwendet.

Andererseits erfüllte uns diese jüngere Generation mit großer Bewunderung. Wir begegneten ihr, Jungen und Mädchen, bei der Feldarbeit, in der Armee, in Fabriken und Geschäften, auf den Straßen, aber kaum in Cafés oder Liegestühlen am Strande. Sie wirken geistig

und körperlich gesund und beeindrucken durch ihren Wirklichkeitssinn, ihre Nüchternheit und Entschlossenheit. Es stellte sich jedoch die Frage, wie diese Jugend zu den traditionellen Kräften des Judentums steht. Aber diese Frage kann im Augenblick wohl niemand beantworten.

Als Religionsphilosoph kam ich natürlich nicht an der Frage vorbei, was dieses einzigartige Ereignis, die Gründung des Staates Israel, für die Religionsgeschichte und auch für die Weltgeschichte bedeutet. Diese Frage darf nicht mit jener anderen verwechselt werden, was das Judentum für die Religion und die Weltgeschichte bedeutet. Diese Frage ist unzählige Male gestellt und beantwortet worden. Aber die Frage nach dem jüdischen Staat ist so jungen Datums wie der Staat selbst. Vielleicht ist es zu früh, diese Frage überhaupt zu stellen. Da jedoch von vielen Menschen praktische Entscheidungen verlangt werden, müssen alle denkbaren theoretischen Lösungen so eingehend wie möglich geprüft werden.

Heute ist Israel eine politische Realität und zugleich ein machtvolles religiöses Symbol. Es ist ein kleiner Staat unter den Staaten des Mittleren Osten, und es ist eine Mischung von verwirklichter und unerfüllter Hoffnung. Es ist ein Symbol für das Reich Gottes, aber es ist nicht identisch mit ihm, wie das auch für die mittelalterliche Kirche gilt. Das läßt zwei Möglichkeiten für die Zukunft offen. Die eine besteht darin, daß sein politischer Charakter dem Staat Israel eine Richtung gibt, die ihn ungeeignet macht, für die gläubigen Juden in aller Welt das Symbol der Hoffnung zu sein. Es gibt viele Umstände, die zu diesem Ergebnis führen könnten, etwa eine vollständige Säkularisierung und damit der Verlust der jüdischen Tradition, oder eine politische und gesellschaftliche Entwicklung, die grundlegende jüdische Prinzipien leugnen würde, wie das eine Wendung zum Faschismus oder Kommunismus täte, oder eine Orientalisierung Israels, die es dem kritischen Judentum des Westens unmöglich machen würde, sich mit ihm zu identifizieren und es als ein Symbol der Hoffnung anzuerkennen. In all diesen Fällen wäre allein der Boden das Symbol der Hoffnung für das jüdische Volk, wie er es vor 2000 Jahren war. Und der Versuch, durch die Gründung eines eigenen Staates ein Symbol der Hoffnung zu schaffen, wäre zum Scheitern verurteilt. Das bedeutet, daß Israel, falls es eine solche Entwicklung verhindern will, sich die Fähigkeit erhalten muß, ein Symbol für die Juden außerhalb seiner Grenzen zu bleiben. Dazu gehört vor allem, daß Israel weiterhin allen Juden offensteht, die in das Land einwandern wollen, und das gilt besonders für die in anderen Ländern verfolgten Juden. Aber darüber hinaus

muß an Israel die Forderung gestellt werden, daß es in jeder Hinsicht dem prophetischen Geist des Judentums verpflichtet bleibt, wenn auch die Wirklichkeit unendlich hinter der Erfüllung zurückbleibt. Aber selbst wenn es eine zweideutige und fragmentarische Erfüllung sein sollte, könnte es doch auch künftig ein einzigartiges Symbol der Hoffnung jenseits aller Erfüllung in dieser Welt sein.

e) Der Prediger

Im letzten Jahr vor seinem Tod hat Tillich noch dreimal gepredigt, in Cambridge in der „Memorial Church" der Harvard Universität, in San Franzisco in der „Grace Cathedral" der „Protestant Episcopal Church" und in Chicago in der „Rockefeller Memorial Chapel". Jedesmal war das Thema seiner Predigt Das Recht auf Hoffnung *(73). In Tillichs literarischem Nachlaß fanden sich zwei Fassungen, die sich jedoch nicht wesentlich voneinander unterscheiden. Als Tillich aufgefordert wurde, einen Beitrag zur Festschrift für Ernst Bloch zu liefern, wählte er dafür die Fassung der Predigt, wie er sie in San Franzisco gehalten hatte und übersetzte sie selbst ins Deutsche. Die hier veröffentlichte Predigt geht auf Tillichs eigenes Übersetzungs-Manuskript zurück.*

73. DAS RECHT AUF HOFFNUNG

Predigt, gehalten in der „Grace Cathedral" der „Protestant Episcopal Church" in San Franzisco im Jahre 1965

I.

Vor einigen Jahren erschien ein zweibändiges Werk des Philosophen Ernst Bloch „Das Prinzip Hoffnung". Wenn Hoffnung ein Prinzip ist, dann gilt von ihr, was Prinzip eigentlich bedeutet: „Anfang" und „bleibende Herrschaft". Und in der Tat: Hoffnung gehört zu den ursprünglichen Kräften des menschlichen Seins, und sie begleitet den Menschen als treibende Kraft in seinem ganzen Dasein. Und doch sprechen Philosophen wie Theologen nur selten von ihr. Sie sprechen wohl von der Zukunft des Menschen in der Zeit und auch jenseits der Zeit, aber nicht oft von der seelischen Kraft, die Zukunftserwartungen schafft

und sie aufrechterhält, obgleich alle Erfahrung gegen sie spricht. Viel lieber entwertet man solche Erwartungen, indem man sie Wunschträume oder Utopien nennt. Unendlich viel ist über Glaube und Liebe von Theologen geschrieben und von Predigern gesprochen worden; aber wenig von Hoffnung. Für die Theologen ist sie eine Frage, die als Anhang im letzten Kapitel ihrer Lehrbücher behandelt wird, und die Pfarrer sprechen von ihr in den letzten tröstenden Sätzen der Predigt, vor allem aber in Begräbnis-Reden. Und die Philosophen und Wissenschaftler blicken mehr nach rückwärts auf die Ursachen als nach vorwärts auf die Ziele. Und doch ist Hoffnung ein Element, das unser tägliches Leben völlig durchdringt und ohne das die Spannung des Lebens und damit das Leben selbst verlöschen würde. Darum möchte ich die Frage stellen: Haben wir ein *Recht auf Hoffnung*, worauf gründet sie sich? Wie kann sie lebendig bleiben?

Diese Fragen sind nicht leicht zu beantworten. Ihre ganze Schwere wird offenbar in dem Paradox, das Paulus über Abraham sagt: „Er hat geglaubt auf Hoffnung, da nichts zu hoffen war", nämlich, daß Sarah in seinem und ihrem hohen Alter ihm den verheißenen Sohn gebären würde. Das ganze Alte Testament ist ein klassisches Zeugnis für den Kampf um die Hoffnung – ein Kampf, der im Neuen Testament fortgeführt wird. Hoffnung im Alten Testament richtet sich auf die Verheißung, die Abraham und seinen Nachkommen gegeben ist – nämlich, ein großes Volk zu werden und ein Segen zu sein für alle Völker der Erde. Später richtete sich die Hoffnung des einzelnen auf *seine* Errettung und Erfüllung und zugleich auf einen neuen Äon, eine Wiedergeburt des Universums und einen neuen Stand aller Dinge. Im Neuen Testament vereinigen sich die universale und die persönliche Hoffnung; und das paulinische Wort, daß Hoffnung, wie Glaube und Liebe, unvergänglich ist, drückt die Stimmung der frühen Christen aus.

Aber das ist nicht alles. Es gibt auch die andere Seite in beiden Testamenten: sie enthalten ständige Aufforderungen, die Hoffnung zu bewahren, den Verheißungen zu glauben, auf die Erfüllung des Schicksals des Volkes, des einzelnen und der Welt, in Geduld zu warten. Es gibt Aufschreie der Hoffnungslosigkeit, und es gibt den tiefen Pessimismus des Buches Hiob, wo es heißt: Während für einen Baum Hoffnung ist, daß er, abgehauen, Sprößlinge treibt, wird des Menschen Hoffnung weggespült wie Erde auf Felsgrund, und wenn ein Mensch in Todesschlaf gefallen ist, bleibt keine Hoffnung, daß er wieder aufwacht. Und bestätigend sagt der Prediger Salomo, daß es nur so lange, als man dem Leben angehört, Hoffnung gibt. Das Neue Testament ist voll vom Kampf gegen Hoffnungslosigkeit. Zweimal war dieser Kampf beson-

ders schwer: das erste Mal, als nach der Gefangennahme Jesu die Jünger sich verbargen und in völliger Hoffnungslosigkeit in ihr heimatliches Galiläa flohen, aber dann, wie es im 1. Petrusbrief heißt, „wiedergeboren wurden zu einer lebendigen Hoffnung" durch die Erscheinungen Jesu, die sie in Galiläa erlebten. – Und das gleiche gilt für die späteren Gemeinden. Sie hatten die frühe Wiederkunft des Christus und die Verwandlung dieses Äon in nächster Zukunft erwartet, und die Erwartung blieb unerfüllt von Jahr zu Jahr. Sie wurden ungeduldig und fühlten sich betrogen. Für sie schreibt Paulus: „Wir sind wohl gerettet, doch in der Hoffnung. Die Hoffnung aber, die man siehet, ist nicht Hoffnung; denn wie kann man das hoffen, das man siehet." Und ein späterer Brief des Neuen Testaments, der Hebräerbrief, ist zum großen Teil dieser Frage gewidmet. Denen, die mit Ungeduld auf den neuen Äon warteten, gibt er viele Beispiele der Geduld und des hoffenden Glaubens und mahnt sie, nicht aus Ungeduld über die Unveränderheit der Welt abzufallen. Das Christentum überstand auch diese Krise der Hoffnung; aber fast jeder Einzelne wird irgendwann einmal in sie hineingeführt, und viele überstehen sie nicht. Und auch viele Bewegungen, die voll Hoffnung beginnen, sterben am Schwinden ihrer treibenden Kraft.

Echte Hoffnung ist schwer zu bewahren. Sie muß immer wieder durch die Enge eines „Dennoch" hindurch. Ihr fehlt die Stütze des Augenscheins, der Beweisbarkeit. Darum ist Hoffnung jedem Narren möglich, aber echte Hoffnung ist etwas Seltenes und Großes. Wie nun unterscheidet sich die Hoffnung des Weisen von der Hoffnung des Narren? Was gibt uns das Recht auf Hoffnung?

II.

Es ist nicht leicht, diese Frage zu beantworten. Denn oft erscheint der Narr weise im Errechnen des Kommenden und der Weise närrisch im Festhalten an einer Hoffnung, wo nichts zu hoffen ist. Und doch gibt es einen Unterschied, der auf die Dauer nicht trügt. Wo echte Hoffnung vorliegt, hat das, was erwartet wird, schon Gegenwart, eine zum größten Teil unerfüllte Gegenwart, aber eine Gegenwart, die in die Zukunft treibt und an deren treibender Kraft man teilhaben kann. Sie bleibt Hoffnung, sie richtet sich auf Zukünftiges, das kommen oder nicht kommen mag. Wo man hofft, hat man noch nicht, was man erhofft. Aber man hat etwas, einen Anfang, und man nimmt teil an der Bewegung, die auf das Ziel zugeht, ja man ist selbst ein Teil dieser

Bewegung. Wo dieses Schon-Haben, das aber zugleich ein Noch-Nicht-Haben ist, fehlt, da wird Hoffnung zur Narrheit. Wenn zum Beispiel der Traum, daß man etwas anderes wäre als man ist, zu wirklicher Erwartung wird, entsteht Narren-Hoffnung – wie die Hoffnung auf plötzlichen Reichtum, auf Erfolg, Macht, Schönheit, Liebe –, ohne daß die treibende Kraft da ist, die dazu führen kann. Die Märchen wußten das: Der Bettler, der König werden möchte, kann es werden, weil er es, als Bettler verkleidet, schon ist. Ist es nur sein Wunschtraum, ohne daß er es im Innersten ist, so wird er zum Bösewicht und scheitert.

Es gibt Dinge, bei denen die Gegenwart dessen, was erhofft wird, deutlich gesehen werden kann – obgleich es auch da Hoffnung bleibt und nicht zur Gewißheit wird. Man sät auf Hoffnung, weil im Saatkorn Stamm und Frucht schon da und doch nicht da sind und die Bewegung beginnt, die von dem einen zum andern führt. Man sieht mit Hoffnung auf das Kind und seine Bewegung von der Unreife zur Reife – es bleibt Hoffnung und nicht Wissen. Man hofft auf Erfüllung des eigenen Wirkens, weil sie als Vision und treibende Kraft schon in uns ist. Man hofft auf eine bleibende Gemeinschaft mit dem Geliebten, weil in der Liebe des Anfangs die tragende und treibende Kraft schon da ist. Aber auch das ist Hoffnung und Noch-Nicht-Haben. Und es kann wirklich werden nur in dem Maß, in dem die Liebe des Anfangs wesenhaftes Zueinandergehören ausdrückte.

Vielleicht verstehen wir jetzt, warum im Alten Testament, auch bei den Predigern der Hoffnungslosigkeit, Gott der Grund der Hoffnung ist. Er ist beides, gegenwärtig und zukünftig. Die Hoffnung auf ihn im Alten Testament ist nicht Hoffnung auf Ewiges Leben; sondern es sind Hoffnungen für dieses Leben, im Volk wie im Einzelnen. Gott haben heißt, das Zukünftige, zum Beispiel die Errettung von Feinden, den Sieg der Gerechten, die Rückkehr Israels aus der Gefangenschaft, schon jetzt haben und doch nicht haben. Die Verbindung mit Gott ist die Realität, die aus Wunschträumen Hoffnung macht. Sie bleibt Hoffnung und nicht Wissen. Aber sie hält an ihrem Grund fest, wenn auch alle Erfahrung gegen sie spricht; am großartigsten vielleicht im 73. Psalm: „Wen hätte ich im Himmel außer dir? Und wenn ich dich habe, so wünsche ich nichts auf Erden. Mag Leib und Sinn mir schwinden, Gott ist wirklich mein Fels und mein Teil." Hier wird der Grund der Hoffnung zum Gegenstand der Gewißheit: die Verbindung mit Gott bleibt, auch wenn keine der Hoffnungen, die sich auf ihn gründen, erfüllt würde. Aber aus diesem letzten Aufschwung kommt eine neue Hoffnung: „Du leitest mich nach Deinem Rat und nimmst mich endlich in Ehren an." Auch das gilt für *dieses* Leben. – So sieht der Kampf um

das Recht der Hoffnung im Alten Testament aus: ein Auf und Ab und ein letztes „Dennoch", das Hoffnung möglich macht.

Es gibt im Alten und Neuen Testament ein Wort, das für Hoffnung steht und eine besondere Seite des Hoffens ausdrückt: das Warten. Während die Hoffnung, oft mit mächtigem Drängen, in die Zukunft vorstößt, ist das Warten mit Stillesein verknüpft und weiß um das Noch-Nicht des Erwarteten. „Sei stille dem Herrn und warte auf ihn", heißt es im Psalm. Zur Zeit Jesu gab es die Stillen im Lande, die auf die Befreiung Irsaels warteten. Warten erfordert Geduld, und die Kraft des Wartens wird durch Ungeduld zerstört. Es gibt zwei Arten des Wartens, das Warten der Trägheit und das Warten der Spannung, wie es zwei Arten der Hoffnung gibt, die des Narren und die des Weisen. Dem, der in Trägheit wartet, wird nichts zuteil werden. Wer in spannungsreicher Stille wartet, wirkt für das Kommen dessen, auf das er wartet. – Das gilt insonderheit für die Hoffnung, die wir für uns selbst haben, nämlich die Hoffnung, dem nahe zu kommen, was wir im innersten Wesen sind und darum in Wirklichkeit sein sollten, sozusagen dem Bilde nahe zu kommen, in dem Gott uns sieht. Oft fragen wir in Verzweiflung: Wie komme ich dazu? Mein guter Wille hat mich von einer Enttäuschung zur anderen geführt, aber nicht zu einem neuen Sein! Wie erreiche ich die Kraft der Umwandlung, die man Gnade nennt oder Ergriffensein durch den Geist der Erneuerung? Wir hoffen auf ein neues Sein in uns. Haben wir ein Recht dazu? Und wir erhalten die Antwort des Propheten: „Durch Stille-Sein und Hoffen würdet ihr stark sein." Und das heißt: Durch ein Warten, das gespannt ist nach vorn und sich offen hält für das, was gegeben wird, kann unsere Hoffnung für uns selbst sich erfüllen. Denn die Kraft des Wartens auf ein neues Sein ist schon ein Zeichen seiner Wirkung in uns. Und aus dem Keim kann eine volle Gestalt werden.

III.

Die Hoffnung, von der im Alten Testament die Rede ist, ist überwiegend Hoffnung für Israel. Die Propheten sprechen nur von einer Hoffnung, die sich auf die geschichtliche Zukunft ihres Volkes und der ganzen Menschheit richtet. Worauf gründet sich ihre Hoffnung? Sie nennen es den Bund zwischen Gott und Israel, mit dem Gesetz und der Verheißung, die den Kindern Abrahams gegeben sind. Sie haben etwas erlebt am Anfang ihrer Geschichte, das ihnen die Hoffnung auf Erfüllung der Verheißung gab. Und dieses Erlebnis, das immer wieder in

ihrer Geschichte bestätigt wurde, gab der Hoffnung die Spannkraft, die sich in einzigartiger Weise bis heute ausgewirkt hat. Wäre ihre Hoffnung Illusion gewesen, wäre Israel vergangen und vergessen wie die benachbarten Stämme. Aber es war die ständige Erfahrung eines Gottes, der nicht *ein* Gott, sondern der Gott der Gerechtigkeit ist, und der universal ist, weil er gerecht ist auch *gegen* das von ihm berufene Volk und bereit ist, es zu verwerfen, wenn es Gerechtigkeit verletzt. Ihre Hoffnung war nicht Narrheit, sondern echte Hoffnung, wenn auch alles gegen sie sprach, z. B. als der Rest des Volkes ins Exil nach Babylon geschleppt wurde. Aber gerade in diesem Augenblick fand die Hoffnung Israels ihren großartigsten und umfassendsten Ausdruck durch den zweiten Jesaja, den großen Propheten des Exils.

In der Geschichte Israels wird der Unterschied von törichter und echter Hoffnung oder, wie man im Leben der Völker sagt, von Utopie und Hoffnung aufs deutlichste sichtbar. Es gab und gibt auch heute noch viel utopisches Hoffen, viel Narren-Hoffnung in Israel, wie in allen Nationen. In jedem Nationalismus steckt etwas von solcher Narrheit, auch in unserem eigenen. Nationale Erwartungen sind nur insoweit echte Hoffnungen, als etwas von dem Erwarteten schon da und wirksam ist und das Urteil über andere Nationen gerecht bleibt, weil es sich auf ein gerechtes Urteil über die eigene Nation gründet. Darum ging es im Kampf der wahren gegen die falschen Propheten; und dieser Kampf zwischen echter Hoffnung und nationaler Utopie erfüllt die Geschichte der Menschheit. Angesichts des Friedhofs zerbrochener Utopien ist es verständlich, daß viele unter uns jede Hoffnung auf Geschichte verlieren. Aber im Zerbrechen der Utopien scheiden sich nur die echten und die törichten Hoffnungen, solche, die einen Grund in der Gegenwart der Nation haben, und solche, die sich auf nichts Wirkliches gründen. Echte Hoffnungen haben Völker groß gemacht, närrische Hoffnungen haben sie zerstört. Das haben wir in unserer Zeit erfahren.

Und wir haben noch etwas anderes erfahren, nämlich daß soziale Bewegungen, reformerische oder revolutionäre, nur dann ihr Ziel erreichen konnten, wenn sie auf echter Hoffnung gegründet waren, das heißt, wenn die Kräfte, die zum erhofften Ziele führten, schon im Keime da waren. Darum konnten uralte Träume von einer besseren Welt zu echter Hoffnung werden, als der demokratische Gedanke von einer Gruppe getragen wurde, deren Sein und deren Lebensmöglichkeit mit der demokratischen Idee eins war, dem Bürgertum; und als der soziale Gedanke von einer Gruppe getragen wurde, deren vorwärtsdrängende Kräfte eine neue Ordnung der Gesellschaft forderten; und als der

Gedanke der Rassengleichheit von Rassen getragen wurde, die neue schöpferische Möglichkeiten verwirklichen wollten.

Kann man in dieser Weise auch von der Hoffnung der Menschheit als ganzer reden? Man hat es bejaht und man hat es verneint, und viel häufiger verneint als bejaht. Man hat es mit Bitterkeit verneint, wenn man es bejaht hatte und dann enttäuscht wurde. In religiösen Bildern hat man mit der Bibel von der Hoffnung auf das Ende der Welt, der Wiederkunft des Christus und der Verwandlung dieser Welt gesprochen. In philosophischen Begriffen hat man von der Hoffnung auf unendlichen Fortschritt gesprochen oder von einem Zeitalter, in dem die Sehnsucht aller vorhergehenden Zeitalter erfüllt sein wird. Gibt es für solche Hoffnungen einen Grund in dem, was die Menschheit heute ist und hat? Es wäre töricht, die Fähigkeit der Menschheit zu fast unbegrenztem Fortschritt zu bestreiten – aber Fortschritt worin? Sicherlich in Wissenschaft und Technik. Aber man fragt schon: auch in Kunst und Philosophie, auch in Moral und Religion? Zweifel erheben sich, wenn man im Angesicht der vergangenen Schöpfungen auf eine größere Kunst oder tiefere Philosophie hoffen würde; vielleicht kann man die Entdeckung neuer Möglichkeiten des Ausdrucks und des Denkens erwarten, erweiterter, verfeinerter; aber vielleicht um den Preis eines Verlustes an Tiefe und Ursprünglichkeit. Und kann man auf fortschreitende Hebung des sittlichen Niveaus im Persönlichen wie im Sozialen und Politischen hoffen? Auch hier ist Verfeinerung des sittlichen Denkens und Erweiterung der sozialen Einheiten möglich und kann mit Recht erhofft werden. Aber ist nicht jeder neu geborene Mensch frei, auch auf dem höchsten Niveau sittlichen Denkens den Forderungen zu widersprechen, die an ihn gestellt werden? Und haben wir das nicht als grauenvolle Wirklichkeit in unserem Jahrhundert erlebt?

Was hoffen wir für die Zukunft der Religion? Ist in ihr Fortschritt möglich? Sicherlich nicht in der Tiefe und dem Ernst der Hingabe der Glaubenden; wohl aber im Verstehen und im Ausdruck dessen, was in der Religion gemeint ist. Ja, wir mögen auf einen Fortschritt hoffen, der die Religion selbst in Frage stellt, weil er das Recht der Spaltung zwischen Religion und Profanität, zwischen Sonntag und Alltag bestreitet. Da Gott im Profanen wie im Religiösen gegenwärtig ist, muß die Trennung der beiden als ein Zeichen unserer Entfremdung von Gott verstanden werden. Und es könnte ein Gegenstand unserer Hoffnung sein, daß die Spaltung zwischen Religion und Profanität, soweit es in den Grenzen einer entfremdeten Welt möglich ist, überwunden wird. Es ist diese Hoffnung, die in der Erscheinung Jesu vorwegnehmend verwirklicht ist.

Vorwegnehmend verwirklicht, denn die Erfüllung dieser Hoffnungen bleibt Stückwerk! Nur Narren-Hoffnung kann auf letzte Erfüllung in unserer Welt hoffen. Und da jede dieser Hoffnungen, erfüllt oder unerfüllt, über das Leben des Einzelnen hinausgeht, so fragen wir: Was bedeuten sie für mich? Kann für mich Gegenstand der Hoffnung sein, was ich nie sehen werde? Sicher nur dann, wenn ich mich eins fühlen kann mit denen, die es vielleicht sehen werden! Aber ist das je ganz möglich? Wohl war es mehr als jetzt möglich in der frühen Menschheit, auch in der Welt des Alten Testaments, und es ist zum Teil wieder wirklich in der Welt des kommunistischen Glaubens an das Kollektiv. Aber ist das die letzte Antwort? Ist es eine Antwort für den Gefangenen und den Sklaven, den unheilbaren Kranken und das sterbende Kind, für die Millionen, die durch Krieg und Hunger zerstört sind, für das Elend in persönlichen Beziehungen, für das schmerzliche Gefühl der Schuld bei uns allen? Alle diese Fragen finden keine Beantwortung durch den Fortschrittsgedanken. Und selbst wenn sie in der Zukunft durch mehr und größeren Fortschritt beantwortet werden könnten, was hilft das all denen, einschließlich uns selbst, die die Zukunft nie sehen werden? Fortschritt ist eine begründete Hoffnung in all den Momenten, in denen wir für etwas arbeiten und hoffen, daß etwas Neues und Besseres ist, das etwas Altes und weniger Gutes oder gar Übles ersetzen wird. Aber wenn ein Übel überwunden ist, erscheint ein anderes, oft gerade als Folge der Überwindung des Alten. Mit dem Wachstum des Guten wächst auch das Böse; es gebraucht das Neue, Gute, um es in ein neues Übel zu verzerren. Die letzte Hoffnung der Menschheit ist nicht Fortschritt zu einem Endstadium der Vollendung. Nur wenige, sozusagen die letzte Generation der menschlichen Geschichte, würden dieses „selige Zeitalter" erreichen, und dann könnte es geschehen, daß die letzte Generation diesem Stand der Vollendung fluchen würde und sich zurücksehnen würde nach den alten Kämpfen, Niederlagen und Siegen. Es muß eine größere Hoffnung für die Menschen geben als Fortschritt. Und das, was in der Hoffnung auf Fortschritt berechtigt ist, muß einen tieferen Sinn haben als ein Endstadium der Vollendung. In jedem Moment echten Fortschritts muß etwas geschaffen sein, das nicht nur zeitlichen, sondern ewigen Sinn hat. Es muß etwas geschehen sein, was ein Teil dessen ist, das die Bibel ein Kommen des Reiches Gottes nennt. Denn dieses ist die wahre und dauernde Hoffnung der Menschheit, die für jeden Menschen die Hoffnung auf Teilnahme am Ewigen Leben einschließt. Aber wenige Begriffe sind größerem Mißverständnis und stärkerer Verzerrung ausgesetzt gewesen, inner- und außerhalb des Christentums, als „Kommen des Reiches Gottes" und „Teilnahme am Ewigen Leben".

IV.

Wenn ich nun von der Hoffnung auf Ewiges Leben spreche, so muß ich mich auf die Frage beschränken: was gibt uns das Recht auf solche Hoffnung? Was in unserer Erfahrung, hier und jetzt, rechtfertigt diese Hoffnung? Die Antwort ist: weil wir die Gegenwart des Ewigen in uns und in unserer Welt erfahren haben. Die Gegenwart des Ewigen in diesem Leben ist die einzige Rechtfertigung der Hoffnung auf Ewiges Leben. Wir erfahren das Ewige in der Zeit in Augenblicken des Schweigens und in Stunden des Schaffens. Wir erfahren es in den Konflikten unseres Gewissens und in den seltenen Momenten des Friedens mit uns selbst. Wir erfahren es in dem unbedingten Ernst der sittlichen Forderung und in der Ekstase der Liebe. Wir erfahren es, wenn wir eine dauernde Wahrheit entdecken und wenn wir fühlen, daß wir ein großes Opfer bringen sollen. Wir erfahren es in der Schönheit, die das Leben offenbart, wie auch in seiner dämonischen Dunkelheit. Wir erfahren es, wenn immer wir fühlen: hier ist ein heiliger Ort, ein heiliger Augenblick, ein heiliges Ding, ein heiliger Mensch. Die Begegnung mit dem Heiligen geht über alle gewöhnlichen Erfahrungen hinaus. Sie gibt mehr, sie fordert mehr, sie weist auf das letzte Geheimnis meines Daseins und allen Daseins hin: sie zeigt mir, daß meine Endlichkeit, meine Vergänglichkeit, mein Mitgerissenwerden vom Strom der Dinge nur eine Seite meines Seins ist und daß die menschliche Natur nicht nur zur Endlichkeit gehört, sondern auch über ihr steht. In solchen Erfahrungen wird das Ewige erlebt, in ihnen ist es, wie fragmentarisch auch immer, gegenwärtig. Solche Erlebnisse sind Teilnahme am Ewigen. Das ist die Grundlage der Hoffnung auf Teilnahme am Ewigen Leben, das ist die Rechtfertigung unserer letzten Hoffnung.

Die Hoffnung auf Teilnahme am Ewigen Leben ist nicht Hoffnung auf Fortsetzung unseres Lebens nach dem Tode. Sie ist weder Furcht vor einem Ort, genannt Hölle, noch Erwartung von einem Ort, genannt Himmel. Sie ist nicht Hoffnung auf eine nie endende Zeit nach der Zeit, die uns gegeben ist. Endlose Zeit ist nicht Ewigkeit, und kein endliches Wesen kann ernsthaft darauf hoffen. Aber jedes endliche Wesen kann auf die Rückkehr zum Ewigen hoffen, von dem es kommt und zu dem es geht.

Echte Hoffnung auf Ewiges Leben ist nur möglich, wenn wir hier und jetzt an ihm teilnehmen. Der Grad der Gewißheit einer solchen Hoffnung hängt von dem Maß ab, in dem wir jetzt am Ewigen teilhaben. Es kann größer oder kleiner sein, aber eins bleibt: die Hoffnung ist immer gebrochen, mit Zweifel durchsetzt, schwindend und wieder-

kehrend, ekstatisch und verzweifelt. Doch ist es die einzige Erfahrung, die uns das Recht auf unsre letzte Hoffnung gibt.

Und nun wollen wir noch einmal zurückkehren zu einer Frage, die ohne endgültige Antwort geblieben war: Was ist die Hoffnung der Menschheit als ganzer und wie ist sie gerechtfertigt? Und jetzt können wir eine Antwort geben: die Teilnahme am Ewigen wird nicht dem Einzelnen als Einzelnem gegeben. Sie ist ihm gegeben in Einheit mit allem anderen, mit allem, das am Sein teilhat und darum im göttlichen Grund alles Seins wurzelt. Alle Elemente des Seins sind in uns und wir in ihm. Wir hoffen nicht für die allein, die unsre Hoffnung teilen, sondern auch für die, die keine Hoffnung hatten und haben, für die, deren Hoffnungen in diesem Leben unerfüllt geblieben sind, für die, die enttäuscht und bitter sind, für die, die am Leben verzweifelt sind, und auch für die, die Leben verletzt und zerstört haben Wenn wir nur für uns, die wir Hoffnung haben, hoffen könnten, so würde unsere Hoffnung nichtig sein. Das Ewige umfaßt Hoffende und Hoffnungslose – denn Gott wird sein alles in allem.

ANHANG

Freundesberichte

Alfred Fritz: Erinnerungen an Paul Tillich 541
Heinrich Meinhof: Leibbursch Paul Tillich 542
Maria Rhine: Tillich, der Apologet 543
Adolf Müller: Der junge Privatdozent in Berlin 545
Margot Hahl: Studentin bei dem Privatdozenten Paul Tillich
im Nachkriegs-Berlin 1919 bis 1922 548
Anna Margarete Fehling: Tillichs Berliner Zeit 550
Wilhelm Stählin: Über die Beziehungen Paul Tillichs
zu „Berneuchen" 552
Harald Poelchau: Paul Tillich in Marburg 556
Renate Albrecht: Tillichs Berufung nach Dresden 558
Leonie Dotzler-Möllering: Tillichs Begegnung mit dem
Ausdruckstanz 559
Fritz Medicus: Zu Paul Tillichs Berufung nach Frankfurt 562
August Rathmann: Tillich als religiöser Sozialist 564
Max Horkheimer: Meine Begegnung mit Paul Tillich 568
Toni Stolper: Paul Tillich und die „Selfhelp" 570
Aufruf der „Selfhelp" vom November 1938 571
Otto Heinrich von der Gablentz: Paul Tillich in der
„Deutschen Hochschule für Politik" 572
Werner Rode: Mein Lehrer Paul Tillich am „Union Theological
Seminary" 574
Walter Leibrecht: Paul Tillich während seiner Harvard-Jahre .. 576
Erik Schmidt und Otto Haendler: Tillich in Ostberlin – 1963 580

Ehrendoktorverleihungen

Ehrendoktor-Verleihungen an Paul Tillich 582
Text der Ehrung anläßlich der Verleihung der Theologischen
Ehrendoktorwürde der Universität Halle 582
Text der Ansprache anläßlich der Verleihung der Ehrendoktor-
würde der „Bucknell University" am 21. September 1960 583

Bibliographische Anmerkungen 585

I.

Alfred Fritz

ERINNERUNGEN AN PAUL TILLICH

Die gute Kameradschaft mit Paul Tillich, die dann zu einer Freundschaft fürs Leben wurde, hat sich erst ganz allmählich entwickelt. In meinem 2. Tübinger Semester tauchte als „*confux*" ein schmaler, bleicher Berliner auf, der wirklich alles andere war als ein flotter Farbenstudent. Er ging meist in tiefen Gedanken, etwas kurzsichtig und linkisch seines Wegs. Meist trug er einen Schutzverband über dem Ohr, was nicht gerade seine Couleurfähigkeit erhöhte.

Er lebte ziemlich zurückgezogen. Es hieß, er habe schon als Gymnasiast Kants „Kritik der reinen Vernunft" durchgearbeitet und machte ganz den Eindruck eines weltfremden Studierstubenmenschen. Das alles genügte, daß ich mich wenig mit diesem blassen Jünger der Philosophie, der nicht reiten und fechten konnte, befaßte. Da hieß es eines Tages, er liege im Krankenhaus nach einer schweren Mittelohroperation. So hielt ich es doch für meine Pflicht, ihn an einem Sonntagnachmittag zu besuchen. Er lag ziemlich einsam, und so blieb ich länger und las ihm Raabes „Schwarze Galeere" vor. Bald schon vor Ende des Semesters mußte Tillich dann aus Gesundheitsgründen Tübingen verlassen. Erst in Halle trafen wir uns wieder, und hier war es vor allem Tillich, der meine Gesellschaft suchte. Aber auch ich entdeckte bei näherem Umgang die vornehme, saubere Gesinnung und kindliche Weltoffenheit, die hinter der scheinbar so blutlosen Gelehrsamkeit steckte. So fanden wir uns immer mehr zusammen und bildeten bald mit Hermann Schafft zusammen eine unzertrennliche Dreieinigkeit sehr verschiedener und eben darum einander fördernder und anregender Freunde. Ich folgte im Februar 1906 seiner Einladung, anläßlich des Berliner Februarkommers in seinem Elternhaus Gast zu sein. Beim Kommers stachen wir zusammen den „Landesvater" unter dem Gesang:

„Solange wir uns kennen,
Wolln wir uns Brüder nennen,
Ein Hundsfott, der dich schimpfen soll."

Das haben wir auch in aller Verschiedenheit der Lebensführungen treulich gehalten.

II.

Heinrich Meinhof

LEIBBURSCH PAUL TILLICH

Der große Kneipsaal auf dem Hallenser Wingolfshaus. 70 Aktive, Inaktive, Philister, Keilfüxe, Gäste stehen noch erwartungsvoll. Da betritt der neue Erstchargierte Paul Tillich in Vollwichs den Saal, begibt sich mit langen wiegenden Schritten an die Spitze der gewaltigen hufeisenförmigen Kneiptafel unter dem mächtigen Wingolfswappen. Und dann ertönt eine Stimme voll Klarheit und Güte: „Denken! Durchdenken! Im Kleinsten das Größte denken!" Was ist das für ein Mann, ein sechstes Semester, dem die Führung dieser riesigen Aktivitas anvertraut ist? Das ist *mein* Mann!

Aber etwas zögernd meldet sich der Keilfux aktiv: es ist zwar meines Vaters Verbindung, aber ich einsamer Mediziner unter so viel Theologen?! – Dann wird er aktiv und soll sich den Leibburschen wählen: das kann nur Tillich sein! Die Jungburschen sagen: Du bist wohl verrückt. Du bist anmaßend. Du kümmerlicher Mediziner diesen Hervorragendsten?!

Aber er nimmt mich an als Leibfux. Ich gehe ein und aus in der Blumenthalstraße 23. Zaghafte Gespräche, ermutigt durch dieses Hinhören auf das, was den jungen Vorkliniker und Naturphilosophen bewegt.

Noch ohne Band zieht man zum Wartburgfest 21. bis 24. Mai: harte Prinzipienkämpfe, von deren Tragweite der Fux nur erst wenig ahnt. Der Hallenser x und xx stehen auf dem gewaltigen Bild im Wartburghof ganz vorn, nicht zufällig.

Am 7. 6. 1907 die feierliche Rezeption: „Ich schmücke Dich mit dem schwarz-weiß-goldenen Band. Trag's lang, trag's in Ehren!" Auf dem Deckel des Liederbuches steht: Paul Tillich, th. Be. Tü. Ha. x s. l. Lbfx. Hch. Mhf., med. Ha 07, für frohe Stunden. – Und vorn schreibt er das Wort aus seiner Rezeptionsrede ein. „Sei fröhlich! – Und gib andern Fröhlichkeit! Und wenn es Dir schwer wird, so denke nicht daran, daß Du ein Student bist, sondern erinnere Dich daran, daß Du ein Christ bist!"

III.

Maria Rhine

TILLICH, DER APOLOGET

Seit Platos „Apologie" (Verteidigung des Sokrates) hat das griechische Wort *apologia* seinen ursprünglichen Sinn, Verteidigung (vor Gericht) mehrfach gewandelt. Im zweiten nachchristlichen Jahrhundert verteidigten die Apologeten Aristides, Justin und andere das Christentum gegen die aus seiner Begegnung mit der Antike sich ergebenden Vorwürfe der Staatsfeindlichkeit. Seitdem fanden alle Widerstände gegen das Christentum ihre christlichen Apologeten, sei es in dem Ringen zwischen Vernunft und Offenbarung im 18. Jahrhundert oder in dem zwischen Naturwissenschaft und Christentum seit der zweiten Hälfte des 19. Jahrhunderts. So ist es zu erklären, daß der Duden das Wort „Apologetik" noch heute schlechthin als „Verteidigung der christlichen Lehren" bezeichnet. Dabei erhielt das Wort einen ihm ursprünglich nicht innewohnenden Sinn.

Tillich fühlte sich früh zum Apologeten berufen. Aber nicht zu einem, der nur das Christentum verteidigte, sondern gemäß Kol. 4, 5: „Wandelt weise gegen die, die ,draußen' sind, und kaufet die Zeit aus ..." empfand er gerade die direkten und indirekten Ankläger des Christentums – also die „draußen" – als verteidigenswert. Der Theologie galten lange Zeit Naturwissenschaften, moderne Kunst, Sozialismus und andere Erscheinungen des 19. und 20. Jahrhunderts als absolut „draußen". Tillich verteidigte sie nicht nur, sondern holte sie „herein". Denn seine Apologetik setzt gemeinsamen Boden voraus. Um „eine echte Antwort auf eine Frage (zu) geben, muß man mit dem, der sie stellt, etwas Gemeinsames haben"[1]. „Die Kunst des Antwortens ist Apologetik"[2]. Auf diese Weise gab Tillich der Apologetik erneut einen Sinn: Kunst des Antwortens.

Es fragt sich, ob sein Aufenthalt in Amerika, sein Eindringen in die englische Sprache Tillich endgültig zu dieser Formulierung brachte, denn englische Lexika verstehen unter *apologetic* etwas anderes als etwa der Duden. Sie übersetzen *apologetic* mit Entschuldigung, Verteidigung, Rechtfertigung, Versöhnlichkeit. Wie dem auch sei, seinem

[1] Syst. Th. I, S. 13.
[2] Syst. Th. III, S. 226.

innersten Wesen nach war Tillich schon vor Amerika ein Apologet. Ist denn nicht Tillichs ganze „Systematische Theologie" letztlich eine einzige große Apologetik?

Vor mir liegen Aufzeichnungen des verstorbenen Dr. Richard Wegener, eines langjährigen Freundes von Paul Tillich aus den Jahren vor dem ersten Weltkrieg, die manchen Aufschluß über den jungen Tillich und seine theologische Entwicklung geben. Die beiden Freunde diskutierten eine Zeitlang viel über eine theoretische und praktische Neuverwirklichung der Apologetik. Uns Kindern, die wir diese Gespräche teilweise mit anhörten, wurden Wörter wie „Apologet" und „Apologetik" frühzeitig vertraut. Tillich (damals Hilfsprediger meines Vaters und auch später noch viel bei uns) stellte für uns den Apologeten schlechthin dar. Wir wußten, daß Tillich und Wegener die Absicht hatten, als Apologeten von der Kirche angestellt zu werden. So sahen wir die Apologetik als einen Beruf an. Daß es sich letztlich nicht um einen Beruf, sondern eine Berufung handelte, erkannten wir erst viel später.

Richard Wegeners Aufzeichnungen geben über Einzelheiten von seinem und Tillichs apologetischem Bemühen Aufschluß. Er schreibt:
9. 8. 1912: „... Heute war ich mit Tillich zusammen und sprach mit ihm viel über Nominalismus und über einen Vortragszyklus für Gebildete im Winter ..."
Dezember 1912: „... Tillich geht morgen zu Steinhausen" (damaliger Präsident des Berliner Konsistoriums), „um ihm noch einmal die Apologetik vorzutragen. Dann geht er eventuell nicht nach Halle. Dann gründen wir einen Apologetenorden. Das Ordenshaus habe ich schon ausgesucht. Es steht hinter dem Hegel-Denkmal in der Dorotheenstraße..." Tillich und Wegener planten damals, „Apologeten" für ganz Berlin zu werden. Die Idee, Orden zu gründen, war nicht neu. So gab es etwa einen „Orden vom wahren Leben", in dem auch Martin Buber gelegentlich Vorträge hielt[3].
29. 12. 1912: „Morgen treffe ich Tillich im Englischen Café, um mit ihm die Themata für die nächsten Vernunftabende festzusetzen ... Er hat seine Bewerbung um die Pfarrstelle an der Erlöserkirche zurückgezogen ... Vom 3. bis 7. Januar ist er in Halle, um die Habilitation zu besprechen ..." („Vernunftabende" waren Diskussionen, in denen man apologetisch versuchte, religiöse und andere Fragen mit Menschen von draußen, Künstlern, Sozialisten, Wissenschaftlern, zu besprechen. Das Wort „Vernunftabend" sollte die Verneinung jeglicher Werbung für irgendeine Idee ausdrücken.)

---

[3] Hermann Kesten: Dichter im Café, München 1959. S. 418.

20. 8. 1913: „... Ich habe Tillich weidlich zugesetzt, die Vernunftabende zu lassen. Ich bin überzeugt, daß sie ganz oberflächlich und ohne Salz werden, wenn Krethi und Plethi aus der Gesellschaft Referate übernehmen ... Tillich muß uns noch mancherlei leisten. Das kann er aber nur, wenn er fünf Jahre in der Stille arbeitet, ein Buch schreibt und sechs Bücher entwirft. Darum habe ich ihn gedrängt, nach Bonn am Rheine zu gehen, worüber er jetzt mit denen, die es angeht, verhandelt ..."

Es kam anders. Im August 1914 brach der erste Weltkrieg aus, und Tillich wurde Feldprediger. Seine Erfahrungen als Apologet waren ihm hilfreich, als er zu Menschen in Todesnot sprechen mußte. Die erhaltenen Weltkriegspredigten bezeugen es.

IV.

Adolf Müller

DER JUNGE PRIVATDOZENT IN BERLIN

Die Generation der Kriegsteilnehmer bezog 1919 bis 1920 die Universität Berlin. Sie trug noch fast allgemein feldgraue Uniform, eine Seltenheit war es schon, wenn sie auf Zivil umgeschneidert war. Alle waren durch die Materialschlachten um Verdun, an der Somme oder in Flandern und den Zusammenbruch des Bismarckreichs kritisch oder skeptisch gegen das Christentum, ja überhaupt gegen jede Religion. Für die meisten war Gott „tot", das Ende einer Utopie. Und nun hielt da ein junger Privatdozent Tillich eine Antrittsvorlesung über Ludwig Feuerbach, in der er nachzuweisen suchte, daß Feuerbachs Religionstheorie, die Religion sei ein reiner Wunschtraum, nicht nur falsch, sondern Feuerbachs Atheismus selbst eine Selbsttäuschung sei, weil Atheismus gar keine menschliche Möglichkeit wäre. Die Gedankenführung und die Selbstgewißheit des jungen Dozenten ließen aufhorchen. Als er für das nächste Semester eine Vorlesung über „Religionsphilosophie" ankündigte, drängte gut ein halbes Hundert alter Kriegsteilnehmer in den Hörsaal, erwartungsvoll, aber äußerst kritisch, auf jeden Fall voller Zweifel, ob Religion nach den schreckensvollen Erfahrungen

im Weltkrieg noch als Denkmöglichkeit oder gar als Wirklichkeit erwiesen werden könnte.

Aber schon nach der Einleitung der ersten Vorlesung war zur allgemeinen Überraschung zweierlei klar: dieser Theologe hatte den Krieg nicht anders mit all seinen Schrecknissen und Dämonien erlebt als seine Hörer, aber auch verarbeitet und bewältigt. Er stand ganz mit beiden Füßen in der Gegenwart und ihrer grundstürzenden Problematik, aber er war auch durchdrungen von dem Bewußtsein, daß ein *Kairos* angebrochen und ein Neues im Kommen sei. Etwas von diesem Umbruch hatte Deutschland in seinem militärischen und politischen Zusammenbruch erfahren und erfährt es in den Wirren der Nachkriegszeit noch immer – aber diese Erfahrung ist gerade unser Kriegsgewinn, der wichtiger ist als das Gewinnen des Krieges.

Wenn heute allenthalben Diskussion gefordert wird, so hat sie Tillich schon vor mehr als einem halben Jahrhundert in seinen Vorlesungen eingeführt. So oft er ein Kapitel beendet hatte, legte er eine Diskussionsstunde ein. Er bestieg dann nicht das Katheder, sondern stellte sich unmittelbar vor seine Hörer und forderte sie zur Aussprache auf. „Je kritischer, desto besser" – konnte er sagen. Begann die Diskussion meist mit der Bitte um weitere Erklärung seiner ungewohnten und überraschenden Ausführungen, so meldete sich bald die Kritik. Nach allen Seiten mußte er seinen Religionsbegriff verteidigen. Hier zeigte sich sein pädagogisches Geschick – er hat zwar immer behauptet, kein Pädagoge zu sein –, er nahm die Einwände wie ihm zugeworfene Bälle auf, begann mit ihnen zu spielen, indem er sie zerlegte und womöglich schärfer akzentuierte – man war häufig beschämt, wieviel besser er einen verstand, als man die eigene Kritik verstanden hatte –, und dann ruhte er nicht, bis er den Hörer wie den ganzen Hörerkreis überzeugt hatte. Von selbst ergab es sich, daß man nicht bei seiner Vorlesung stehen blieb. Man kam auf Steiners „Anthroposophie" zu sprechen, auf Rittelmeyers „Christengemeinschaft", auf Karl Heims Versuch, die Religion durch eine neue Interpretation Kants zu begründen, auf Spenglers „Untergang des Abendlandes" oder auf Simmels „Rembrandt". Die Diskussionsstunde wurde von selbst zur aktuellen Stunde. Bei diesen Auseinandersetzungen ging Tillich nicht direkt auf sein Ziel los, er ging es zunächst von allen Seiten an, zeigte das Für und Wider, bis aus der Umfassung schließlich in einem scharf formulierten Satz die Antwort sich herausschälte.

Die Offenen Abende in Tillichs Wohnung in Berlin-Friedenau

Alle zwei Monate etwa lud Tillich seine Studenten an einem Sonntagabend zu einem „Offenen Abend" in seine Wohnung in Berlin-Friedenau ein. Man fand sich kurz vor 20 Uhr ein, wurde von Tillich empfangen und jedem Anwesenden mit ein paar Worten – er kannte seine Studenten – vorgestellt und an einen Platz gewiesen. In seinem Arbeitszimmer waren zwei Tische aufgestellt: ein Tisch für die Herren, ein Tisch für die Damen. An dieser Einteilung wurde streng festgehalten. Zur Erfrischung gab es Zitronenlimonade; alle seine Abende mußten alkohol- und nikotinfrei sein. Er setzte sich in seinen Armstuhl an die obere Seite des Herrentisches und leitete mit einem Überblick über aktuelle Dinge den Abend ein. Da er an seinem Buch „Das System der Wissenschaften nach Gegenständen und Methoden" arbeitete, wollte er sich über die Themen der Vorlesungen und Übungen in allen Fakultäten unterrichten, um von dem neuesten Stand der Forschung in möglichst allen Disziplinen sich ein Bild zu machen. Es war aber meistens so, daß er selber viel besser orientiert war als seine Studenten. Der Theologe lernte, daß er über sein Fachgebiet hinaussehen muß, daß akademisches Studium eine universale Bildung verlangt und daß man nie ausstudiert. Aber man lernte auch, daß Akademikertum mehr ist als bloßes Vielwissen, daß es Aneignung des *Humanum* heißt und eine höhere Stufe des Lebens bedeutet. Der zweite Teil des Abends bestand in Besprechungen neu erschienener Bücher. Es war erstaunlich, was Tillich alles tagtäglich zu lesen imstande war und verarbeitete. Dankbar war er für jeden Hinweis auf eine Neuerscheinung, die ihm noch unbekannt war. Am belesensten erwies sich meist Alexander Rüstow, wenn er aus seiner Reserve heraustrat und von seinen Studien berichtete. In jenen Jahren erschien Karl Barths „Römerbrief", den Tillich sehr positiv beurteilte, Heinrich Scholz' „Religionsphilosophie", deren Religionsbegriff er ablehnte, Max Webers „Wirtschaft und Gesellschaft", die er hoch einschätzte, und Ernst Troeltschs „Historismus und seine Probleme", die er für das wichtigste Werk zur geistigen Lage der Gegenwart hielt, während er Hans Blühers „Aristie des Christus von Nazareth" ablehnte. Wie Tillichs Vorlesungen gründliche Kenntnisse der Geschichte der Philosophie voraussetzten, so konnte an seinen „Offenen Abenden" nur mitreden, wer literarisch sich auf dem laufenden hielt. Deswegen ging die Zahl der Teilnehmer nie über ein Dutzend hinaus. Aber sie hatten reichen Gewinn. Tillich ließ sie an seinen Arbeiten teilnehmen, er diskutierte mit ihnen als seinen Mitarbeitern die ihn beschäftigenden Probleme und wollte von ihnen lernen.

V.

Margot Hahl

STUDENTIN BEI DEM PRIVATDOZENTEN PAUL TILLICH IM NACHKRIEGS-BERLIN 1919 BIS 1922

Es muß kurz nach dem Kriegsende 1918 gewesen sein, als ich in dem Kreis um Rittelmeyer oder auch bei einer Tagung des Evangelisch-Sozialen Kongresses unter Harnack Paul Tillich in der Diskussion reden hörte, wie er mutig Harnack widersprach – äußerlich noch ein „Provinzler" mit Schnurrbart und Kneifer –, aber sein Protest machte Eindruck bei den Anwesenden.

Im Sommer 1919 schrieb mir ein theologischer Mitstudent: „Ich habe Tillichs Kolleg besucht, vieles mitgeschrieben. Er suchte die Gesellschaftsprobleme der Gegenwart, den Konservativismus, Liberalismus, Sozialismus, den Kommunismus mit seinen Abarten ‚kulturtheologisch' zu entwickeln. Ich habe eine Fülle geschichtsphilosophischer Feinheiten entdeckt und die Verfassungskämpfe der Gegenwart von einer Basis aus beurteilen gelernt, so eigenartig und geistvoll, daß ich nur wünschte, alle Theologen hätten dies Kolleg gehört. Mir will es nur nicht gefallen, daß Tillich in dem föderalistischen Anarchismus nach Landauerschem Programm das alleinige Heil sieht. Trotzdem kann ich Ihnen Tillich nur empfehlen. Seine Diktion ist glänzend, sein Gedankenschwung geradezu berauschend, für ästhetisch veranlagte Menschen ist sein Kolleg eine Quelle geistigen Genusses, wozu sein sympathisches, menschliches Wesen zweifellos beiträgt." So vorbereitet besuchte ich selbst dann im Wintersemester 1919/20 Tillichs Kolleg „Philosophische und religiöse Grundlagen der politischen Richtungen". Auf das Podium stieg ein verwandelter, moderner junger Mann, glattrasiert mit Hornbrille, offenbar äußerlich und innerlich zum „Großstädter" geworden. – Seine Diktion im Kolleg war ähnlich der Troeltschs, ungeheuer intensiv, sprudelnd lebendig, bereit, die gleiche Sache in spontan gefundenen Definitionen neu zu formulieren, bereit, jedes Novum mit ins Kolleg hineinzunehmen – es war niemals langweilig und forderte zum Mitdenken heraus. Die Hörer, Studenten und vor allem Berliner Intellektuelle in großer Anzahl, waren stets gefesselt von dieser Form des Kollegs. Ich erinnere mich noch an die Hauptthemen: die „theonome"

Staatsauffassung des Mittelalters, die Festigung der „autonomen" durch Luthertum und Renaissance, die Begründung der Staatsautorität durch Hegel, die nationalstaatlichen Ideen Fichtes und Schleiermachers bis hin zu Marx.

Im Wintersemester 1921/22 hörte ich das Kolleg „Religiöser Gehalt und religiöse Bedeutung der Philosophie". In meiner Erinnerung lebt vor allem sein über das Ästhetische hinausgehendes Erfassen der Kunst in seiner Deutung der Bilder vom Mittelalter – zum Beispiel die Darstellung des „Führers" – bis hin zum Expressionismus. Es fand gerade die große Franz-Marc-Ausstellung im Kronprinzenpalais statt. Dieses Erlebnis griff Tillich sofort im Kolleg auf, am „Turm der blauen Pferde" erläuterte er uns das Zerbrechen der Form, das neue Farberlebnis des Malers, den „Gehalt" der Bilder (Tierschicksale) – die Bilder waren „geistige" Bilder, sie waren Symbolik, „ein pantheistisches Naturgefühl", das „mystisch überhöht wurde" – so sprach er im Kolleg über Schelling. Außerdem kam er zu den Begriffen des „Dämonischen", des „Unbedingten", des „Durchbruchs des Absoluten", des „Kairos" als erfüllte Zeit – alles dies war, wie man fühlte, persönlich er- und durchlebt, und es war in ihm das gleiche Wagnis zum Leben, die stete Neugier Menschen und Dingen gegenüber, das bohrende Fragen nach dem Lebenssinn, das Tillich nie mehr losließ. Er sprach viel von der existentiellen Not und Angst des Proletariats; ausgehend von Husserl eröffnete er uns das Verständnis für den Existentialismus. Es waren *unsere* Themen, *unsere* Fragen, die in diesem Kolleg behandelt wurden, und vielen zeigte Tillich darin den geistigen Weg fürs Leben. Seine Kollegen (damals kam man als Studentin eigentlich mit allen Professoren in persönliche Fühlung) warfen ihm vor, er bleibe nicht bei seiner sachlich-philosophisch-dogmatischen Aufgabe, sei zu abstrakt, zu konstruierend und verwirre die Studenten.

Tillich war sehr stark – für ihn wohl notwendig, um sich aus den alten Bindungen zu befreien (Pfarrhaus, Wingolf usw.) – in das „Berliner Leben" hineingeraten; man besuchte viel die Theater, das revolutionäre (Piscator-Toller) und das klassische (Reinhardt). War er doch noch ganz frei für all diese Bildungserlebnisse, nur zur Musik hatte er keine Beziehung. Man besuchte die großen Künstlerfeste, aber nicht Dionysos, sondern Pallas Athene war sein Gott.

Neben der Arbeit als Dozent entstand im Frühjahr 1922 der erste „Kairos"-Aufsatz. Ich bewunderte Tillich, mit welcher Leidenschaft er daran arbeitete, mit welcher Konzentration, vor der dann alles private Leben versank. Er versuchte darin seine Geschichtsphilosophie, er glaubte an den „Kairos", Zeitenwende zum Sozialismus hin, er wider-

sprach zum ersten Mal in diesem Artikel Karl Barth, dessen Geschichts- und Offenbarungsauffassung. Die Erkenntnisse, die Tillich aus seinem Kolleg gewonnen hatte, fanden im „Kairos"-Aufsatz ihren Niederschlag.

Die Berliner Jahre gingen 1923 zu Ende – Tillich ging dann nach Marburg. Als stärkste Erinnerungen sind mir geblieben: der intensiv arbeitende Tillich und der losgelöste, fast jungenhafte, lachende Tillich. In diesen zwei Dingen, seiner Arbeit und seiner Hingabe auch an die einfachen Freuden des Lebens, war bei ihm eine solche Intensität, wie ich sie kaum wieder erlebte.

VI.

ANNA MARGARETE FEHLING

TILLICHS BERLINER ZEIT

Als nach dem Waffenstillstand im November 1918 die dunklen politischen und praktischen Fährnisse der ersten folgenden Wochen hinter uns lagen, schon da, im Frühling 1919, begannen auf dem schwarzen Hintergrund von Krieg und Zusammenbruch die „Goldenen zwanziger Jahre". Die Befreiung vom Kriegsdruck, die das Tor zum Leben wieder öffnete, war für die junge in jeder Beziehung ausgehungerte Generation von überwältigender und berauschender Wirkung, der Nachholbedarf immens.

Ein wesentlicher Exponent dieser Zeit, aktiv an ihrer geistigen Gestaltung mitformend, zugleich notwendig mit in ihren Strudel gerissen und von ihren Irrungen und Wirrungen nicht verschont, war Paul Tillich. Geleitet von der Weite seines menschlichen Verständnisses und der Wärme seines Empfindens, ging er letztlich nur bereichert und gefestigt daraus hervor.

Der junge Privatdozent mit seinem durchschnittlich zehnjährigen Altersvorsprung vor den Studenten übte auf mich seine Anziehungskraft als Philosoph aus. Ich nahm jede Gelegenheit wahr zu einem noch so kurzen, das Fach berührenden Gespräch und war dankbar erfreut, als er mir sukzessive sämtliche philosophischen Bände seiner Schelling-

Ausgabe borgte, die ich getreulich durchstudierte und exzerpierte. Selbst bei einer Abendeinladung zu zweit im „Rheingold" ging es mir nur um Schelling.

Im Jahre 1919 hatte die Vorlesungstätigkeit Tillichs begonnen und fand, wie mir scheinen will, mit dem Kolleg über den „religiösen Gehalt und die religionsgeschichtliche Bedeutung der griechischen und abendländischen Philosophie" im Wintersemester 1920/21 seinen Höhepunkt. Ein kleinerer Hörsaal mußte bald gegen einen geräumigeren ausgetauscht werden und faßte eine nicht unbeträchtliche, auch qualitativ bevorzugte Hörerzahl. Natürlich hatte Tillich sein sorgfältig ausgearbeitetes Manuskript, doch wurde sichtlich so mancher Gedanke im Sprechen neu geformt. Er sprach mit einer gewissen nervösen Lebendigkeit, aber nicht leicht, fuhr sich durch seine braune Haarwelle, bog sich bald vor, bald zurück, aufs äußerste konzentriert, doch entging ihm andererseits nichts an der Atmosphäre und Teilnahme im Auditorium.

Zu vielen seiner Hörer hatte er persönliche Beziehungen, alle aber konnten zu seinen „Offenen Abenden" in seine Privatwohnung kommen, wo wir rundherum vor den hohen Bücherregalen hockten und wo alles zur Sprache kam, was die Gemüter bewegte. Probleme aus dem Bereich sozialistischer Weltanschauung standen naturgemäß im Vordergrund, doch anders als wohl auf sonstigen, die Studentenschaft anziehenden Diskussionsabenden, wo etwa Alexander Rüstow, Anna Bresser und andere sprachen, lag der Akzent nicht auf der Politik. Immer war es der menschliche Untergrund, der angerührt wurde und das Kriterium für die geäußerten theoretischen Gedanken wie vorschwebenden praktischen Zielsetzungen abgab. Tillich konnte wunderbar zuhören. Er ließ gelten, was immer ihm gelten zu lassen ehrlicherweise möglich war, und ließ fühlen, daß er nicht nur der Gebende, sondern auch ein Nehmender sein wollte und das auch war. Er hatte einen besonderen Kontakt zu den aus dem Felde Zurückgekehrten, die es nur zu gewohnt waren, nach ihrem jugendlichen Lebensalter und nicht nach der Schwere der hinter ihnen liegenden Jahre eingeschätzt und beiseitegeschoben zu werden. Wir verließen die Abende nicht nur angeregt, sondern erfüllt und glücklich.

Unmittelbar auf das Tillich-Kolleg folgte an einem der Wochentage ein einstündiges Publikum von Wilamowitz-Moellendorff über die Götter Griechenlands. Solange wir bei Tillich noch in den Vorsokratikern steckten, bot es sich doppelt an, hinüberzugehen und den berühmten Mann kennenzulernen. Jedoch, so sehr der gepflegte weißgescheitelte Gelehrtenkopf und sein ebenso gepflegter glatter Vortrag,

sein mit selbstverständlicher Sicherheit das große Auditorium überfliegender Blick auch bestach, wir hatten nach der Fülle des eben verlassenen Kollegs unabweislich das Gefühl, daß hier unser geistiger Hunger ungestillt blieb. Die Stunde bei Wilamowitz durfte gern einmal einem Tiergartenbummel geopfert werden, undenkbar, ein Tillich-Kolleg zu versäumen. Nicht der Stoff machte es, auch nicht die individuelle neuartige Durchdringung und das Niveau der Darbietung allein, sondern das Charisma des Dozenten hatte die faszinierende Wirkung.

Als Tillich dem Ruf nach Frankfurt gefolgt war, lockerten sich von selbst unsere Beziehungen, doch tief befriedigt nahmen wir noch 1933 zur Kenntnis, daß er zu den ersten – und wenigen – gehörte, die sich den Eingriffen nationalsozialistischer Willkür in das Universitätsleben nicht beugten und die Konsequenzen auf sich nahmen. Paul Tillich hatte uns nicht enttäuscht.

VII.

WILHELM STÄHLIN

ÜBER DIE BEZIEHUNGEN PAUL TILLICHS
ZU „BERNEUCHEN"

Die Anfänge dieser Beziehungen liegen wohl im Jahr 1924, als Paul Tillich in Marburg lehrte und einige unserer Freunde dort seine Vorlesungen hörten. Wir anderen horchten sehr auf bei dem, was uns damals als Äußerungen Tillichs berichtet wurde; ich entsinne mich sehr deutlich daran, welchen Eindruck uns damals zwei solcher Äußerungen gemacht haben: das Dogma sei die geordnete Rede von dem, „was jeden Menschen unbedingt angeht", und „die gegenständliche Begebenheit sei nicht die Seinsweise dessen, worauf sich unser Glaube richtet". Beide Sätze trafen genau auf das, was uns in unserer „Berneuchener Konferenz" beschäftigte, die sich seit 1923 in dem Rittergut Berneuchen (in der Neumark nahe bei Küstrin) versammelte, und wir luden Tillich ein, an unserer Konferenz teilzunehmen. Die menschliche Verbindung war auch dadurch erleichtert, daß Tillich dem gleichen studentischen Verband (dem Wingolf) angehörte wie der Marburger Pfarrer Karl

Bernhard Ritter, der Initiator und Leiter unserer Berneuchener Konferenz. Während ich dies schreibe, liegen vor mir Bilder aus dem Jahr 1925, die Paul Tillich mit den anderen Gliedern unseres Kreises auf der Treppe des Gutshauses von Berneuchen zeigen. Ebenso haben wir eine genaue Erinnerung daran, daß er in unserer Mitte war, als wir 1928 in dem Gutshaus unseres Freundes Herrn von Wedemeyer in Pätzig bei Königsberg in der Neumark zu Gaste waren. Was uns bei diesen Begegnungen sofort verband, war nicht nur eine sehr kritische Stellung zu der evangelischen Kirche, wie sie sich uns damals darstellte, sondern vor allem das Bemühen um ein ganzheitliches Verständnis des Lebens, das sich dazu verpflichtet wußte, auch die Dinge der „Welt", Leibhaftigkeit, Natur und Fragen der Gesellschaft, in die theologische Betrachtung einzubeziehen. Tillich selbst hat in seinem Buch „Auf der Grenze"[1] darüber berichtet, was ihn damals bewog, sich unserer „Berneuchener Bewegung" anzuschließen. So gewann sein umfassendes Denken und seine Ausdrucksweise bald großen Einfluß auf unsere Arbeit.

Im Winter 1925/26 waren wir im „Evangelischen Johannesstift" in Berlin-Spandau darum bemüht, das „Berneuchener Buch", in dem wir unsere Kritik und unseren Willen zur Erneuerung der evangelischen Kirche auszusprechen versuchten und das aus einer gemeinsamen Arbeit von Ludwig Heitmann in Hamburg, Karl Bernhard Ritter in Marburg und dem damaligen Münsterschen Professor Wilhelm Stählin entstanden war, in eine endgültige Form zu bringen; dabei hat Tillich eine entscheidende Mitarbeit geleistet. Unter anderem übernahmen wir von Tillich den Begriff des „symbolischen Denkens", der unserem entschiedenen Gegensatz zu jeder Form eines supranaturalistischen Denkens entsprach. Aber gerade dieses Wort „Symbol" hat uns dann die heftigste Kritik aus der damals herrschenden Theologie zugezogen, und wir konnten es nur mit erstaunter und lächelnder Freude zur Kenntnis nehmen, als ein Menschenalter später Otto Dibelius in seiner Laudatio bei der Verleihung des „Friedenspreises des Deutschen Buchhandels" an Paul Tillich (1962) es als besonderes Verdienst Paul Tillichs rühmte, daß er den Begriff des Symbols in die evangelische Theologie eingeführt habe (Friedenspreisträger Paul Tillich, Stuttgart 1963, S. 14). Unser „Berneuchener Buch" trug darum, als es 1926 erscheinen konnte, mit Recht unter den 60 Namen, die sich zu diesem Buch bekannten, auch den Namen Paul Tillichs. – Ein Neudruck dieses „Berneuchener Buchs" ist 1971 in der Wissenschaftlichen Buchgesellschaft, Darmstadt, erschienen.

Die innere Verwandtschaft zwischen unserem Berneuchener Buch

---
[1] G.W. 12, S. 13 ff.

und dem, was Tillich in seinem Düsseldorfer Vortrag[1] als seine „protestantische Vision" entfaltet hat, ist nicht zu übersehen.

Die Zurückhaltung, mit der Tillich in seinen eigenen Erinnerungen (a.a.O., S. 52) von den „kultischen" Bemühungen unserer Berneuchener Konferenz spricht, hinderte ihn nicht, an unseren damaligen liturgischen Arbeiten einen lebendigen Anteil zu nehmen, wie wir ihn gerade von ihm kaum erwarten konnten. Sehr genau erinnere ich mich an eine bestimmte Situation: Während einer Bahnfahrt von Küstrin nach Berlin mühten wir uns um die rechten Formulierungen in unserem damals entstehenden „Gebet der Tageszeiten"; unter dem Eindruck des neuen Naturerlebens in der Jugendbewegung, von der wir herkamen, lag uns daran, unseren Gebeten jeweils ein Wort über den Sinn der betreffenden Tageszeit voranzustellen, während das aus den Gebeten der Mönche entstandene kirchliche „Stundengebet" gar nicht die Absicht hatte, die Tageszeiten zu „begehen", sondern nur ein Gebetspensum auf die Stunden des Tages zu verteilen, woraus dann eben dieser Begriff des Stundengebets entstanden ist. Damals, während jener Bahnfahrt, entstand unser „Vorspruch" für das Morgengebet, und es war für uns ungemein wichtig, daß Tillich gerade diesem Vorspruch „Die Nacht ist vergangen, der Tag ist herbeigekommen; lasset uns wachen und nüchtern sein" begeistert zustimmte, weil er ihm in ganz profaner, aber hintergründiger Sprache die „symbolische" Bedeutung des Morgens für die christliche Existenz auszudrücken schien. Daß Tillich also auch an unserer liturgischen Arbeit solchen persönlichen Anteil genommen hat, ist weithin unbekannt geblieben und darf darum in dieser Erinnerung nicht fehlen.

Auf der ersten öffentlichen Tagung, die unsere Konferenz im Herbst 1928 in Schulpforta veranstaltete, hielt uns Tillich einen Vortrag über „Natur und Sakrament", bei dem zum ersten Mal, soweit wir wissen, die Bedeutung des sakramentalen Denkens für das tiefere Verständnis der Natur (und umgekehrt) zur Sprache gekommen ist. Die Feier der „Deutschen Messe" – wie wir uns damals noch ausdrückten – in der kleinen romanischen Kapelle in Schulpforta gab Tillich Anlaß zu der Bemerkung, die sich einem unserer Freunde tief eingeprägt hat: in einer gotischen Kirche könne er (Tillich) die Messe nicht mitmachen, wohl aber in einer romanischen Krypta. – Der damalige Vortrag steht in einem inneren Zusammenhang mit einem Aufsatz über das Wasser (in diesem Buch S. 102), den Tillich in unserem Jahrbuch „Das Gottesjahr"

---

[1] Protestantische Vision. Katholische Substanz, protestantisches Prinzip, sozialistische Entscheidung. Düsseldorf 1951 (Schriftenreihe des Evangelischen Arbeitsausschusses Düsseldorf, H. 3).

(1932) veröffentlichte; die unverkennbaren Zusammenhänge dessen, was Tillich damals über die *creatura aquae* geschrieben hat, mit dem, was uns Jahrzehnte später der Jung-Schüler Helmut Barz über die Taufe ausgeführt hat, bestätigt den Hinweis, den Tillich schon damals auf den Zusammenhang des sakramentalen Denkens mit dem tiefenpsychologischen Begriff der Archetypen gegeben hat.

Es war wohl etwa 1931, daß Paul Tillich auf einer Tagung der „Älteren" im BDJ („Bund Deutscher Jugendvereine") in Hannoversch-Münden einen Vortrag gehalten hat über „Gläubigen Realismus". Wenn auch dieser Vortrag wohl damals nicht von allen Anwesenden verstanden werden konnte, so war er doch typisch für jene Entwicklung zu einer neuen Leibhaftigkeit des Denkens und einem neuen Verständnis der Heiligen Schrift, also eben jener Entwicklung, die dann in den folgenden Jahren so viele Männer aus dem BDJ in den Kreis der Berneuchener geführt hat.

Äußere Notwendigkeiten ließen bei den Berneuchenern die liturgischen Arbeiten so sehr in den Vordergrund treten, daß der (falsche) Anschein entstehen konnte, als seien wir primär oder ausschließlich an der liturgischen Erneuerung interessiert; dieser Eindruck hinderte Tillich, uns weiterhin zu begleiten und unseren Weg zur Michaelsbruderschaft mitzugehen; er wollte, wie er selbst das ausgedrückt hat, „auf der Grenze bleiben"; aber gerade in jenen entscheidenden Anfangsjahren gehörte Tillich zu uns und hat uns wesentlich geholfen.

Nach jenen Jahren fruchtbarer Begegnungen mit Berneuchen habe ich Tillich nur noch zweimal wiedergesehen. Im Jahr 1934, etwa ein Jahr, nachdem er Deutschland verlassen hatte, war Tillich zu kurzem Besuch in Holland und lud mich ein, zu einem Wiedersehen über die Grenze nach Enschede zu kommen. Von dieser kurzen Begegnung ist mir eindrücklich geblieben, mit welcher betonten Freude Tillich in dem kleinen holländischen Städtchen einige alte Gebäude entdeckte; diesen völligen Abbruch der Tradition empfand Tillich in Amerika als einen beklagenswerten Mangel, und diese seine Sehnsucht nach Dokumenten der Vergangenheit empfand ich umgekehrt als eine mir noch unbekannte Seite im Wesen Tillichs, dem sonst ja nicht gerade die Bindung an die Tradition nachzurühmen war. – Dann habe ich Tillich erst wiedergesehen, als ich am Vorabend der Verleihung des Friedenspreises des Deutschen Buchhandels an Tillich in kleinem Kreis in Frankfurt mit eingeladen war. Er begrüßte mich mit unveränderter Herzlichkeit, und es war für den Kreis seiner Verehrer eine Überraschung, als wir dann unsere Erinnerungen an Berneuchen und seine Beziehungen zu diesem Kreis austauschten, weil diese Beziehungen

offenbar für diesen weiteren Kreis seiner Verehrer und Freunde unbekannt oder jedenfalls verborgen geblieben war; ein Grund mehr, diese Erinnerung hier wieder wachzurufen.

VIII.

Harald Poelchau

PAUL TILLICH IN MARBURG

Paul Tillichs drei Marburger Semester, 1924 bis 1925, stehen, mit den Augen eines damals jungen Studenten gesehen, unter dem Nietzsche-Wort: „In jedem Angriff ist klingendes Spiel". Tillich zitierte den Satz in der Dogmatikvorlesung bei der Entfaltung des Obersatzes: „Dogmatik ist wissenschaftliche Rede von dem, was uns unbedingt angeht." Bei dem Angehen, dem Angriff des Unbedingten, so führte er aus, ist „klingendes Spiel". Diese kleine Bemerkung war charakteristisch für die Atmosphäre der ganzen Vorlesung. Sie war mehr als exakte Wissenschaft, sie war emotional geladen und machte uns jungen Studenten Mut, die Botschaft vom Unbedingten ernst zu nehmen und darauf zuzugehen[1].

Wir empfanden den 38jährigen, durch Kriegsdienst und Pfarramt für einen Extraordinarius relativ alten Lehrer als jung inmitten seiner zum Teil nicht viel älteren bedeutenden Kollegen, Rudolf Bultmann und Martin Heidegger. Vor diesen und besonders vor dem würdigen Rudolf Otto hatten wir beträchtlichen Respekt, während Tillich es verstand, im persönlichen Gespräch auch verzagte und schüchterne Studenten aufzuschließen, weil sie spürten, daß er sich ihnen ganz zuwandte und sie mit ihren Problemen ernst nahm, indem er diese an ihrem theologiegeschichtlichen Ort einordnete und von daher kritisierte. So lehrte er uns im Gespräch auf Spaziergängen in den Lahnwiesen spielend Theologie- und Dogmengeschichte. Wir waren eine Theologengeneration, die im Begriff stand, den Historismus zu verlassen und sich dem Existentialismus zuzuwenden. Die meisten von uns wandten

---
[1] Christoph Rhein (Paul Tillich, Stuttgart 1957, S. 83 Anm.) zitiert die Stelle auf Grund einer mündlichen Überlieferung ungenau.

sich Karl Barth und Heidegger zu. Tillich setzte sich mit ihnen auseinander. Ich kann mich jedoch nicht erinnern, in Marburg von ihm polemische Äußerungen gehört zu haben. Sein Verhältnis zu Heidegger in der Marburger Zeit schildert er selbst: „In ihm begegnete ich dem Existentialismus in der Ausprägung des 20. Jahrhunderts. Erst nach Jahren wurde mir der Einfluß dieser Begegnung auf mein eigenes Denken voll bewußt. Ich widerstrebte, ich versuchte zu bejahen, ich übernahm die neue Denkmethode, weniger ihre Ergebnisse"[2].

Es gab damals keine „Tillich-Schüler", aber die, die er heranzog, ließ er an seinem Leben teilnehmen, zog sie ins Haus, feierte seine Feste mit ihnen und zog sie in seinen und seiner Familie Stil mit hinein. Ich verdanke ihm und seiner Frau die Kunst des Tanzens und das Verständnis der damals modernen Kunst, besonders des „Neuen Realismus". Häufig kam man zusammen im Hause der Freunde Spiegelberg, deren Garten für Tillich eine Quelle der Erholung war. Auch von dort her empfing die Dogmatikvorlesung ihr „klingendes Spiel".

Sein Gott war nicht der „Ganz Andere" wie bei Rudolf Otto, nicht der „Fremde" wie in Karl Barths „Römerbrief", sondern der uns unbedingt Angehende; dadurch gewannen alle Lebenserfahrungen ihren persönlichen Ernst und ihre Relevanz. Das vermittelte uns Tillich besonders eindrücklich im Anschluß an Markus 1, 16–20 in der Semesterschlußandacht im Michelchen, jener durch Friedrich Heiler berühmt gewordenen frühgotischen Friedhofskapelle, als er uns junge Theologen auf unsere Berufung zur Nachfolge ansprach. Seine persönliche Beteiligtheit dabei blieb mir und manchen Freunden unvergeßlich. Seine Bedeutung und sein Einfluß wuchs zweifellos in den späteren Jahren – in Frankfurt und den USA – weit über jene Anfangszeit hinaus, aber das „klingende Spiel" faszinierte Hörer und Freunde wohl nicht wieder so unmittelbar wie in jener Marburger Zeit.

---

[2] G.W. 7, S. 69.

IX.

RENATE ALBRECHT

TILLICHS BERUFUNG NACH DRESDEN

Sachsen, jahrhundertelang im Ruf eines konservativ-königstreuen Landes, galt nach 1918 als besonders fortschrittlich. Im Landtag hatte die Sozialdemokratie eine beherrschende Stellung, die Ministerien waren mit „demokratischen" Persönlichkeiten besetzt. Im Kultusministerium war man aufgeschlossen für reformpädagogische Pläne. Schon 1925 wurde die akademische Ausbildung der Volksschullehrer in die Tat umgesetzt. Dazu bedurfte es eines „Pädagogischen Instituts" und als Ergänzung dazu einer neu zu gründenden geisteswissenschaftlichen Abteilung innerhalb der Technischen Hochschule. Dafür waren für jedes Fach Ordinarien neu zu berufen.

Glückliche Umstände fügten es, daß sich für diese neue „kulturwissenschaftliche Abteilung" ein Kreis glänzender Persönlichkeiten zusammenfand: Richard Kroner für Philosophie, Fedor Stepun für Soziologie, Viktor Klemperer für Romanistik, Christian Janentzki für Germanistik und schließlich Paul Tillich für Religionswissenschaft. Auch Tillichs späterer Freund und Mitarbeiter, Friedrich Spiegelberg, ist hier zu nennen. So entwickelte sich sehr schnell eine geistige Atmosphäre, die einerseits für die Studenten ungemein anregend war, andererseits nicht-immatrikulierte Hörer aus der Stadt anzog. Tillichs Vorlesungen trugen sehr wesentlich zu dieser allseits offenen Atmosphäre bei. Selbst in seine Seminare kamen Menschen, die der Studentengeneration längst entwachsen waren. Sie kannten Tillich von gesellschaftlichen oder kulturellen Veranstaltungen her und waren begierig, an seiner religiösen und philosophischen Gedankenwelt teilzuhaben. Noch im Jahre 1926 hatte er eine Vorlesung über „Glaubenslehre" gehalten. Aber die Stunde verlangte jetzt mehr von ihm. Er hatte eine apologetische Aufgabe zu erfüllen, ähnlich der in den Jahren 1912/13. Die Vorlesungsthemen wurden weiter gefaßt und bewußt nicht fachtheologisch formuliert. So las er im Sommer 1928 „Die religiöse Seinsdeutung", ihr folgte im Winter „Die religiöse Geschichtsdeutung". Auch seine Vorträge zogen das interessierte Publikum an. „Die Bedeutung der Gesellschaftslage für das Geistesleben", „Der Staat als Erwartung und Forderung" und „Lessing und die Idee einer Erziehung des Menschengeschlechts" waren Vorträge, die Tillich erstmalig in Dresden

hielt. Wenn auch seine „Idee einer Theologie der Kultur" auf das Jahr 1919 zurückging, so bezog sie doch in der Dresdner Zeit neue Nahrung. Tillich schreibt in seinen „Autobiographischen Betrachtungen" über seine Berufung nach Dresden: „1925 wurde ich nach Dresden berufen und bald darauf auch nach Leipzig. Eine Berufung an die theologische Fakultät Gießen lehnte ich ab und ging nach Dresden wegen der räumlichen und kulturellen Weite der großen Stadt. Dresden war ein Mittelpunkt der bildenden Kunst. Malerei, Architektur, Tanz, Oper – mit allem kam ich in nahe Berührung." Bereit, sich nach allen Seiten hin zu öffnen, gewann er Freunde unter den Professoren der „Akademie für Kunstgewerbe" und knüpfte Beziehungen zur Wigman-Tanzschule an. Auch die lebenslange Freundschaft zu Robert Ulich (damals im sächsischen Kultusministerium) und seiner Frau (Elsa Brandström) geht auf die Dresdner Jahre zurück.

Wie in jeder Lebensperiode Tillichs – so auch in Dresden – wurden die Impressionen zu Reflexionen. Was von außen auf ihn einströmte, beeindruckte ihn stark, wurde von ihm schöpferisch verarbeitet und gewann Gestalt in seinem Werk – manchmal erst nach Jahrzehnten, wie sein kleiner Aufsatz über Tanz beweist.

X.

Leonie Dotzler-Möllering

TILLICHS BEGEGNUNG MIT DEM AUSDRUCKSTANZ

Als ich die in diesem Band veröffentlichten Artikel über Tanz las, stieg in mir zwingend die Erinnerung an Tillichs Begegnung mit dem Ausdruckstanz auf. In den zwanziger Jahren formte er sich zu einem bedeutenden Teil des künstlerischen Lebens. Namen wie Mary Wigman, Harald Kreutzberg, Gret Palucca waren in aller Munde. Aufsätze über ihre neuesten Tanzschöpfungen füllten die Spalten der Zeitungen und Kunstzeitschriften. Jeder dieser Tanzabende bedeutete ein künstlerisches Ereignis, dem das Publikum zuströmte.

Vor allem in Dresden. Die Stadt galt damals als Hochburg des neuen Tanzes. Allein vier Tanzschulen bzw. Gruppen wetteiferten, diese expressionistische Bewegungskunst weiten Kreisen zugänglich und ver-

ständlich zu machen. Die Tanzbegeisterung ergriff jung und alt. Auch Tillich erlag ihr. Besonders durch die persönliche Bekanntschaft mit den jungen schönen Schülerinnen der Wigman und der Palucca, die er im Hause des Philosophen Richard Kroner kennenlernte.

Die „herrschaftliche Villa" der Kroners war gesäumt von leerer Remise und Stallung. Der zauberhafte Garten mit seinen alten hohen Baumgruppen zog sich in sanftem Gefälle bis zur Elbe hin. Richard Kroner, eine schlanke, hochgewachsene Erscheinung mit Cäsarenkopf, war Schüler des Heidelberger Philosophen Rickert gewesen. Ministerialrat Dr. Ulich, der spätere Mann von Elsa Brandström, hatte Kroner an die von ihm propagierte und neugeschaffene Kulturwissenschaftliche Abteilung der Technischen Hochschule Dresden verpflichtet.

Kroner und seine geistig wie körperlich anmutige, zarte, fast ätherische Frau führten ein offenes Haus und pflegten eine kultivierte Geselligkeit. Ein großer Teil des geistigen und künstlerischen Dresden traf sich dort zu Vorträgen, Teestunden, Diskussionen, Theaterspiel, aber auch zu Sommerfesten unter Lampions im romantischen Garten. Ich – eine kleine unbedeutende Redakteurin – war stolz darauf, in diesem Kreis verkehren zu dürfen. Zu den ständigen Besuchern und Freunden gehörten die Professoren der Kunstakademie und Kunstgewerbeschule mit ihren Frauen, Assistenten und Studenten. So unter anderem der Bildhauer Karl Albiker, der greise Maler Ludwig von Hoffmann und die Kunstmäzenin Ida Bienert. In wahrhaft großzügiger Weise nahm sie begabte Künstler monatelang in ihrem Haus auf und förderte sie durch Ausstellungen und ähnliche Veranstaltungen. Dix, George Grosz, Klee, ja, das gesamte Bauhaus war nacheinander bei ihr einquartiert. Auch Tillich hielt Vorträge in ihrem Heim, und gelegentlich lud sie das ganze Tillichsche Seminar zu sich ein[1].

Eines Tages kündete Richard Kroner zwei neue Freunde an: Fedor Stepun und Paul Tillich. Kroner wußte ihre wissenschaftlichen Verdienste und ihre überragende menschliche Persönlichkeit nicht genug zu würdigen – ja, er geriet regelrecht ins Schwärmen. So erschienen sie denn in dem Kreis: Stepun mit breitem, vollem Gesicht, schmalen, listigen Augen und einer Haartracht ähnlich der Rasputins – halblang und graumeliert. Seine Gesten waren lebhaft, er sprach das rollende Deutsch der Russen. Er füllte physisch und psychisch den Raum aus, in dem er sich bewegte, er erinnerte in vielem an einen Theaterdirektor alten Stils.

Ganz anders sein Freund Tillich. Ich hatte mir den Theologen ält-

---

[1] In Tillichs literarischem Nachlaß findet sich die Beerdigungsansprache für ihren Mann, Erwin Bienert. (D. Hrsg.)

lich, würdevoll und gesetzt vorgestellt. Aber weit gefehlt! In Erscheinung und Haltung wirkte er überhaupt nicht wie ein Theologe: ein gutaussehender schlanker Mann mit dunkelblondem Haarschopf, einer Brille vor vergnügten Augen und einem sinnenfrohen Mund. Er trug – es war im Sommer – einen hellen Anzug und eine rote Krawatte. Wenn er lachte – und er lachte gern –, zeigte er eine Reihe starker weißer Zähne. Ein jungenhafter Charme ging von ihm aus. Dabei war er keineswegs ein Gesellschaftslöwe wie Stepun. Mitunter erschien er fast schüchtern und gehemmt. Weil er so gar nicht meinen Vorstellungen von einem evangelischen Geistlichen entsprach, beobachtete ich ihn schärfer als alle anderen.

Doch wenn es ans Tanzen ging – und es wurde viel getanzt in den mondhellen Sommernächten auf Kroners Terrasse –, war Tillich in seinem Element. Er wirkte wie elektrisiert. Er tanzte aus Freude an der Bewegung, an Rhythmus und Melodie. Dabei erfand er stets neue Variationen und überraschte durch lustige Einfälle. Phantasievolle Partnerinnen waren ihm die jungen Tänzerinnen der Steinweg-Gruppe. Mit ihrer Meisterin hatten sie meist vorher ihre neuesten Schöpfungen auf Kroners Gartenterrasse gezeigt.

Ich hatte damals meine ersten Tanzkritiken geschrieben. So kam es, daß mich Tillich sehr intensiv in Gespräche über Tanz verwickelte. Keineswegs zu meiner reinen Freude. Denn er war nicht immer meiner Meinung. Er griff mich an. Er liebte zum Beispiel die Steinweg und ihre Gruppe. Ich dagegen fand sie sektiererisch, zu intellektuell, zu gedankenbeschwert, nicht tänzerisch genug. Wir stritten uns auch über die neuesten Schöpfungen der Wigman, über den Tänzer Harald Kreutzberg, Tillich erschien er zu kunstgewerblich. Jedoch über das Ende des Balletts waren wir uns gänzlich einig – wir glaubten nicht an seine Wiederkehr. Gelegentlich sprachen wir auch über die Altartänze im frühen Mittelalter in Spanien und meinten, daß die Chorknaben und ihre Bewegungen am Altar die letzten Überbleibsel dieser Zeremonie waren. Wir malten uns aus, wie gut sich das heitere Barock der katholischen Hofkirche für solch alten Brauch eignen würde.

Ich ahnte damals natürlich nicht, daß Tillichs Interesse am Ausdruckstanz und sein eigenes enthusiastisches Tanzen ihm später bei religiösen Deutungen kultureller Erscheinungen helfen und ihn inspirieren würden[2].

---

[2] In: Die religiöse Lage der Gegenwart. G.W. 10, S. 36, spricht Tillich von den „metaphysischen Tiefen" des Tanzes und der dem Ausdruckstanz innewohnenden Richtung, „als deren Ziel man vielleicht den kultischen Tanz bezeichnen kann".

Als Tillich Ostern 1929 nach Frankfurt und Kroner nach Kiel berufen wurden, war die Ära einer ungewöhnlichen, Geist, Seele und Körper bereichernden Geselligkeit zu Ende gegangen. Das noch immer tanzfreudige Völkchen zog in die Wohnung von Friedrich Spiegelberg, dem Nachfolger Tillichs an der Dresdner Hochschule. Doch es tanzte keiner mehr so hingegeben und ausdauernd und mit so viel Freude an der Bewegung wie Tillich.

XI.

Fritz Medicus

ZU PAUL TILLICHS BERUFUNG NACH FRANKFURT[1]

In diesen Tagen ist die Frage der Wiederbesetzung des durch den Tod Max Schelers frei gewordenen Lehrstuhls der Philosophie in Frankfurt am Main entschieden worden: Paul Tillich, ordentlicher Professor der Religionswissenschaft an der kulturwissenschaftlichen Abteilung der Technischen Hochschule Dresden, hat den an ihn ergangenen Ruf angenommen. Seine akademische Lehrtätigkeit hat Tillich, der im 43. Lebensjahre steht, als Privatdozent für systematische Theologie in Berlin begonnen. Danach war er außerordentlicher Professor der Theologie in Marburg. Auch jetzt noch gehört er der Theologischen Fakultät der Universität Leipzig als Honorarprofessor an. Aber als Student schon hat er die Philosophie kaum weniger als die Theologie gepflegt. Seine Arbeiten liegen auf kulturphilosophischem Gebiet. Die beiden Dissertationen, die philosophische (1910) und die theologische (1912), sind der Lehre Schellings gewidmet; sie bezeichnen den Anfang der Schellingrenaissance in der philosophischen Bewegung der Gegenwart; für Tillich selbst bedeuteten sie die geschichtliche Anknüpfung der eigenen Leistung. Alle Gegenwart steht auf dem Grund der Vergangenheit, sie ist nie geschichtslos; und Tillich hat mit großer Sicherheit schon in seinen Lehrjahren erkannt, wohin ihn sein Genius rief. Den Dissertationen sind nicht viele Arbeiten gefolgt: „Es ist mir unmöglich,

---

[1] Dieser Beitrag stammt aus der „Neuen Zürcher Zeitung". Seine genaue Datierung ist unbekannt.

mich durch Berufungsrücksichten zu voreiliger Produktion treiben zu lassen", schrieb er mir vor acht Jahren. Aber das Feuer, das in den in mehr als einem Sinne seltenen Veröffentlichungen Tillichs unwiderstehlich lodert, hat ihnen bald aufmerkende Leser zugeführt. Damals kannte man von ihm einen vor der Kantgesellschaft in Berlin gehaltenen Vortrag, der zusammen mit einem Vortrag Radbruchs unter dem gemeinsamen Titel „Religionsphilosophie der Kultur"² erschienen war (1920). Es folgte „Masse und Geist" (1922)³, „Das System der Wissenschaften nach Gegenständen und Methoden" (1923)⁴, der in Gemeinschaft mit andern Verfassern herausgegebene Band „Kairos, zur Geisteslage und Geisteswendung" (1926)⁵, das Büchlein „Die religiöse Lage der Gegenwart"⁶ und die abgründliche kleine Schrift „Das Dämonische, ein Beitrag zur Sinndeutung der Geschichte"⁷ (auch diese beiden 1926); dazu ein paar Aufsätze in Zeitschriften.

Der Titel der letztgenannten Schrift deutet auf unheimliche Mächte. Tillich hat ein Organ für das Ungeheure, das jeder rationalen Ausglättung oder Abklärung, auf ethischem Gebiet jeder moralischen Wohltemperiertheit, spottet. Dabei ist er keineswegs ein „irrlichtelierender" Irrationalist, sondern ein im strengen Sinne systematischer Denker, Freilich verzichtet sein Denken darauf, das Ewige auf starre Formeln bringen zu wollen. Tillich weiß, daß das Ewige das in die Zeit Hereinbrechende bleibt, daß es nie das in der Zeit Fixierbare wird. Metaphysik, sagt er einmal, ist „nicht rationale Wissenschaft, sondern Darstellung einer ursprünglichen Schau des Seins-Grundes und -Abgrundes in rationalen Symbolen". Nicht absolute Erkenntnis strebt Tillich an, nicht „statische Wahrheit", sondern Verankerung des Erkennens im tragenden Sinn der jeweiligen Zeit, in ihrem „Schicksal" – wobei dieses Wort eben das Getragensein der Zeit vom Ewigen bedeutet. Dieser „dynamische Wahrheitsgedanke" ist nicht relativistisch: denn „er hat kein statisches Absolutes, auf das bezogen er relativ genannt werden könnte ... Der dynamische Wahrheitsgedanke überwindet die Alternative absolut relativ."

Vor einem Jahr hatte ich die Freude, in Davos bei den Hochschulkursen mit Tillich zusammenzutreffen. Wenn man dort miterlebte, wie sich Kollegen und Studierende um ihn drängten, ihn mit Fragen be-

---

² G.W. 9, S. 13 ff.
³ G.W. 2, S. 35 ff.
⁴ G.W. 1, S. 135 ff.
⁵ Darmstadt 1926.
⁶ G.W. 10, S. 9 ff.
⁷ G.W. 6, S. 42 ff.

stürmten, wie ein Diskussionsabend für ihn anberaumt werden mußte, da konnte man sich in einer Zeit wähnen, in der die Philosophie im Mittelpunkt der Interessen stand – vielmehr: in Davos war in jenen Tagen wirklich eine solche Zeit –, und diese, wenn auch eng umgrenzte, Wirklichkeit war ein Stück der wirklichen Gesamtlage. Was da von Tillich vorgetragen und verteidigt wurde, das waren nicht bloße Theorien, über die man so oder so denken und die man schließlich auch auf sich beruhen lassen kann, sondern das alles rührte an den Quellpunkt des verantwortlichen Lebens. Denn wenn auch Tillich an Schelling anknüpft, so nehmen doch seine Problemstellungen ihren Ausgang beim Leben von heute. Auch seine Sprache ist die heutige; er wirft nicht mit Schellingzitaten um sich. Seine Darlegungen sind unmittelbarer Ausdruck eines im Gedanken gefaßten Gegenwartslebens. Der Schellingianismus Tillichs hat nichts von antiquarischem Interesse an sich; er ist nichts anderes als geschichtlicher Grund, wie ihn alle geistige Gegenwart im Bewußtsein haben muß; er ist völlig in diese Gegenwart eingegangen und nimmt an der Dialektik, dem Ja und Nein ihres Lebens, teil. Ich schied von Davos mit der Gewißheit, daß Tillich der „kommende Mann" in der Philosophie sei. Noch in denselben Osterferien des vorigen Jahres sprach ich diese Überzeugung gegen einen deutschen Professor der Jurisprudenz aus und erregte bei ihm, der eines der Bücher Tillichs kannte, mit diesem Werturteil und dieser Hoffnung lebhafte Freude. Nun steht Tillichs Übersiedlung nach Frankfurt bevor. Von dem neuen Lehrstuhl aus wird es von seinen Worten selbst abhängen, daß sie weithin gehört werden: bis jetzt hat Tillich die Reklame verschmäht – von nun ab könnte sie ihm nicht mehr viel helfen. Für die Zukunft der Philosophie bedeutet die Neubesetzung der Schelerschen Professur eine Verheißung.

XII.

August Rathmann

TILLICH ALS RELIGIÖSER SOZIALIST

Es ist kennzeichnend für die geistige Lage des 20. Jahrhunderts, daß seine beiden bedeutendsten und einflußreichsten protestantischen Theologen, Karl Barth und Paul Tillich, entschiedene Sozialisten waren. So

gegensätzlich jedoch ihr theologisches Denken ist, so unterschiedlich ist auch ihr Verhältnis zum Sozialismus. Während Barth sich von der Exklusivität seines Glaubensbekenntnisses her nicht ernsthaft zur sozialistischen Idee bekennen kann und die Zugehörigkeit zur Sozialdemokratie für ihn lediglich eine praktische politische Entscheidung ist, gibt es für Tillich nur eine Wirklichkeit, in der Religion und Sozialismus, in ihrer letzten Tiefe gesehen, eine Einheit sind. Im religiösen Sozialismus sind seine philosophischen und theologischen Erkenntnisse eingegangen, er wurde der Kristallisationspunkt seines gesamten Denkens.

In seinen beiden Selbstdarstellungen[1] gibt Tillich etliche Hinweise auf seinen Weg zum Sozialismus. Die Wurzeln seiner Sympathie für die sozialen Probleme glaubt er in der frühen Kindheit und im Bluterbe der Großmutter zu finden, die in der Revolution von 1848 Barrikaden gebaut hatte. Aber auch die radikale Gerechtigkeitsforderung der jüdischen Propheten und Jesu Worte gegen die Reichen haben ihn tief beeindruckt. Er empfindet ein soziales Schuldbewußtsein gegenüber den im Leben benachteiligten Freunden aus der Volksschule und teilt deren Ressentiment gegen die soziale Oberschicht, der er selbst als Sohn des Pfarrers angehört. Dieses soziale Schuldbewußtsein konkretisiert sich jedoch nicht in einem politischen Willen, er steht, wie die meisten deutschen Intellektuellen dieser Zeit, der Politik im wesentlichen indifferent gegenüber. Als Tillich einige Jahre vor dem Krieg das wahlfähige Alter erreicht, entscheidet er sich trotz stärkster konservativer Tradition aus Protest gegen die politische Heteronomie für die politische Linke.

Die Todes- und Hungerjahre des Krieges, vor allem das letzte Kriegsjahr, der Zusammenbruch und die Revolution lassen Tillich die politischen Hintergründe dieser Ereignisse im Kapitalismus und Imperialismus, die Tatsache der Klassenspaltung und die Krisis der bürgerlichen Gesellschaft erkennen. Er erlebt diese Zeit als die Katastrophe des idealistischen Denkens. Im Bewußtsein der menschlichen Verantwortung für den Krieg, im Glauben an demokratische Ideale und in der Hoffnung auf eine Neugestaltung der menschlichen Gesellschaft wird die Geschichte hinfort zum Zentralproblem seines Denkens, vollendet gestaltet in der soziologisch begründeten und politisch ausgerichteten Geschichtsphilosophie des Religiösen Sozialismus. Mit Carl Mennicke, Eduard Heimann, Adolf Löwe, Alexander Rüstow und anderen Gesinnungsfreunden bildet er nach dem Kriege als Privatdozent in Berlin einen Arbeitskreis, dessen Organ von 1920 bis 1927 die „Blätter für religiösen Sozialismus" sind. Es geht dieser Gruppe ausdrücklich

---
[1] G.W. 12, S. 13 ff.

um theoretische Klärung, ihr Arbeitsziel ist jedoch letztlich politisch. Es ist ein kleiner esoterischer Kreis, der sich, wie Günther Dehn erinnert, in gründlicher Besinnung auf die echte Gestalt des Sozialismus vorbereiten will und ihn soziologisch wie philosophisch und theologisch zu begründen sucht. Aber Tillich hält auch Vorträge in sozialdemokratischen Parteiversammlungen und erfährt in der Begegnung mit der Arbeiterbewegung, daß auch hier unter der humanistischen Form einer materialistischen Popularphilosophie christliche Substanz verborgen ist. Das nicht nur für die Arbeiter, sondern für alle Kreise geltende ethische Ideal des Sozialismus ist der Liebesethik Jesu auf das engste verwandt. Tillich verlangt deshalb ausdrücklich von der Kirche und ihren Vertretern eine positive Stellungnahme gegenüber dem Sozialismus und der Sozialdemokratie, die Vereinigung von Christentum und Sozialismus wird nach der Überzeugung Tillichs zur Weiterentwicklung beider zu einer neuen Glaubens- und Lebensform führen.

Als Tillich 1924 nach Marburg, 1925 nach Dresden berufen wird, bleibt er im regen Gedankenaustausch mit den Freunden. Das ungewöhnlich hohe geistige Niveau und die weitgehend erreichte innere Übereinstimmung des „Kairos-Kreises" zeigen sich auf seiner im Oktober 1925 in Berlin stattfindenden „Akademischen Woche" in den Vorträgen von Heimann, Löwe, Mennicke, Rüstow, Hans Simons, Tillich und Arnold Wolfers. Tillich, den ich wie die meisten Redner zum ersten Mal sehe und höre, macht auf mich den weitaus stärksten, einen fast überwältigenden Eindruck. Sein Referat über „Die religiöse Lage" beweist erneut die Universalität und Entschiedenheit seines Denkens. Die tiefgründige Kritik am Geist der bürgerlichen Gesellschaft als „in sich ruhender Endlichkeit" richtet sich auch gegen den Sozialismus, soweit er – historisch bedingt – diesem Geist verfallen ist. Tillich bejaht dennoch den sozialistischen Kampf, in dem die Wendung gegen die bürgerliche Geisteshaltung zur Besinnung auf eine neue theoretische Grundlegung und praktische Ziele führen muß ...

Mit der „Akademischen Woche" beendete der „Kairos-Kreis" sichtbar die Periode der Selbstbesinnung und theoretischen Klärung. Er will jetzt von der erarbeiteten geistigen Position aus nach außen wirken und deshalb zu einer breiteren Schichten ansprechenden regulären Zeitschrift kommen. Im Verlauf der von Mennicke deshalb mit mehreren Verlegern geführten Verhandlungen wünscht Tillich, der mich als Exponent der geistigen und politischen Impulse der jungsozialistischen Bewegung sah, daß ich mich an dieser geplanten Zeitschrift verantwortlich beteilige.

So wie das Zustandekommen der „Neuen Blätter für den Sozialis-

mus", Zeitschrift für geistige und politische Gestaltung, letzten Endes nur Tillichs unermüdlicher, zielbewußter Tatkraft zu danken ist, so wird auch Inhalt und Niveau der Zeitschrift weitgehend von ihm bestimmt. An den einigermaßen regelmäßig in Berlin stattfindenden Herausgeberbesprechungen nehmen Tillich, Heimann und Löwe stets, Fritz Klatt oder für ihn Adolf Reichwein weniger oft, gelegentlich auch andere Mitglieder des Beirates teil. Es waren jedesmal Stunden einer gehobenen freundschaftlichen Atmosphäre, in der Differenzen oder Verstimmungen kaum aufkommen konnten und auch schwierige Probleme einhellig gelöst wurden. Tillich, überlegen, aber tolerant und bereit, begründete Argumente aufzunehmen, überraschte immer wieder durch die kristallene Klarheit der Gedanken und das sichere Urteil auch in politischen Tagesfragen. Es war ihm selbstverständlich, daß die Zeitschrift, entsprechend der bedrohlichen Entwicklung, ihr Schwergewicht mehr und mehr zur Politik hin verlagerte, wobei seine eigenen Beiträge vorbildlich für die zunehmend beteiligten jüngeren Führungskräfte das Aktuelle grundsätzlich kritisch und zugleich positiv radikal zu behandeln wußten. Sein programmatischer Leitaufsatz „Sozialismus" im ersten Heft ist nach dem „Kommunistischen Manifest" wohl das hervorragendste Zeugnis sozialistischen Denkens...

Tillichs Schrift „Die sozialistische Entscheidung" erscheint in der Schriftenreihe der „Neuen Blätter" Anfang 1933 – zu spät, um dem Kampf gegen den Nazismus noch eine geistig fundierte offensive Basis geben zu können. Das Buch wird sofort nach Erscheinen beschlagnahmt und eingestampft. Nur wenige Exemplare bleiben erhalten, gehen im „Dritten Reich" von Hand zu Hand, stärken die innere Emigration und helfen, den offenen Widerstand vorzubereiten, dem viele Freunde aus dem Kreis um die „Neuen Blätter" zum Opfer fallen. Nach der ersten Beschlagnahme der „Neuen Blätter" besprechen der Verleger und ich uns in Frankfurt mit Tillich, Löwe, Hendrik de Man und Theodor Haubach über die Möglichkeit der Weiterarbeit nach dem zu erwartenden Verbot. Als dieses nach weiteren Beschlagnahmungen im Juni 1933 erfolgt, sind die erörterten Pläne nicht mehr zu verwirklichen. Tillich, in der Frankfurter Besprechung optimistischer als alle anderen, war realistischer geworden, als Adolf Grimme und ich ihn und seine Frau vor der Emigration nach New York noch einmal in Berlin sprechen. Noch immer aber ist für ihn der *Kairos* noch nicht verloren. Erst später weiß er, daß ein Vakuum entstanden und uns nur die Hoffnung auf einen neuen *Kairos* geblieben ist.

Tillichs religiös-sozialistische Idee hat sich in den folgenden Jahrzehnten in mehreren Punkten gewandelt, nicht jedoch deren philo-

sophische und theologische Prinzipien. Ein „Hinaus über den Religiösen Sozialismus" hat es für Tillich nicht gegeben. Heimann, der Tillichs Genialität schon früh erkannte und zeitlebens bewunderte, bestätigt, daß Tillich dem Religiösen Sozialismus sein Leben lang treugeblieben ist und es ihm selbstverständlich war, daß das gottdurchwaltete Leben in einer industriellen Gesellschaft Sozialismus sein würde.

XIII.

Max Horkheimer

MEINE BEGEGNUNG MIT PAUL TILLICH

Eine Antwort in Form eines Briefes[1]

Montagnola/Tessin, 13. 10. 1971

Sehr verehrte Frau Albrecht,

Ihr Brief vom 10. Oktober ist gerade eingetroffen, und ich beeile mich, zu Ihren Fragen wenigstens je ein paar Worte zu sagen, denn ich bin im Begriff, für etwa eine Woche, wenn nicht länger, nach Zürich und Bern zu fahren.

Paul Tillich wurde gegen Ende der zwanziger Jahre nach Frankfurt auf den Lehrstuhl von Hans Cornelius berufen, der zunächst an Max Scheler übergegangen war. Scheler jedoch starb kurze Zeit nach seiner Ankunft in Frankfurt. Von Anfang an entwickelte sich eine freundschaftliche Beziehung zwischen uns, und ich hatte sogleich das Gefühl, daß Tillich beabsichtigte, mir so rasch wie möglich in der Fakultät zu einem Lehrstuhl zu verhelfen. 1930 wurde ich dann tatsächlich ordentlicher Professor. Als Hitler an die Macht kam, tat ich mein Bestes, um Tillich zu beweisen, daß er, wie auch ich, Deutschland verlassen sollte; unter anderem zeigte ich ihm Stellen in seinen Werken, die schon zu Beginn seine Verfolgung wahrscheinlich gemacht hätten. Nachdem zu-

---

[1] Professor Horkheimer konnte aus zeitlichen Gründen meiner Bitte, zu diesem Band einen „Freundesbericht" zu liefern, nicht entsprechen. Statt dessen erklärte er sich zu einem Gespräch bereit, das am 30. 9. 1971 in seinem Hause in Montagnola stattfand. Im Nachgang zu diesem Gespräch schrieb er diesen Brief.

erst ich, dann er selbst Emigranten geworden waren, sahen wir uns nur selten. Eine wirkliche Fortsetzung unserer philosophisch-theologischen Gespräche ergab sich erst später, als ich nach meiner Rückkehr aus Amerika, neben dem Frankfurter Lehrstuhl, 1954 von der Universität Chicago ein Ordinariat erhielt. Etwa fünf Jahre lang flog ich während der Semester immer wieder von Frankfurt auf 8 bis 14 Tage nach Chicago; dort blieben dann Tillich und ich am Abend gewöhnlich bis Mitternacht beisammen.

Wie ich selbst war auch Tillich nicht so sehr an wissenschaftlicher wie an echt philosophischer Reflexion interessiert. Das Hauptthema unserer Besprechungen – er nannte sie „das ewige Gespräch" – bildete der Symbolbegriff.

Ich möchte das näher erläutern: Wenn Tillich sagt, daß von Gott nur symbolisch geredet werden dürfe, so stimme ich ihm darin völlig zu. Diese Forderung entspricht einem unbedingt zu wahrenden Gebot: Du sollst Dir von Gott kein Bildnis machen! Aber die Schwierigkeit besteht darin, daß ich nur dann symbolisch reden kann, wenn ich weiß, wofür das Symbol steht. Ein Symbol, von dem man nicht ahnt, wofür es Symbol ist, entbehrt des Wichtigsten, nämlich der Bedeutung. Die Flagge zum Beispiel ist so lange nur ein Stück Tuch und ein Stock, so lange ich nicht weiß, ob sie die Nation, den Staat, das Volk usw. symbolisieren soll. Deshalb weiß ich nicht, ob der Symbolbegriff – wenn auf Gott angewandt – einer letzten logischen Kritik standhält. Darum möchte ich nicht so weit gehen wie Tillich und symbolische Aussagen über Gott machen; ich kann nur von einer Sehnsucht sprechen danach, daß der Grund der Welt „allgütig" und „allmächtig" sei und das Grauenvolle dieser Welt nicht das letzte Wort ist. Und ich bin mit Tillich einig, daß wir unsere Handlungen von dieser letzten Sehnsucht her zu begründen suchen, obwohl wir von einem „allgütigen und allmächtigen Wesen" eigentlich nicht sprechen dürfen. Mehr darüber zu sagen, erscheint mir als nicht erlaubt.

Ich schätzte und liebte Tillich nicht bloß als einen der hervorragendsten Denker der Gegenwart, sondern verehrte ihn als einen Menschen wie nur wenige, die in meinem Leben eine Rolle spielten. Er war ein selten gütiger, von Kollektiven unabhängiger Geist, dem Suchen nach einer nicht bloß pragmatisch-positivistischen Wahrheit zutiefst verpflichtet. Verzeihen Sie die Kürze meiner Antwort. Ich habe Ihnen gesagt, was mir jetzt rasch in den Sinn gekommen ist.

Herzliche Grüße
Ihr
Max Horkheimer

XIV.

Toni Stolper

PAUL TILLICH UND DIE „SELFHELP"

Als 1933 die ersten Opfer des Nationalsozialismus in den Vereinigten Staaten zu landen begannen, war dieser Kontinent noch fest in isolationistischer Gesinnung verankert. Wie lange würde es dauern und wieviel mußte geschehen, bis Staatsmänner und Volk einsehen würden, daß es „dort drüben" auch um die eigene Sache ging! Nur wir frühen Hitler-Emigranten konnten und wollten die Katastrophe, der wir persönlich entronnen waren, keinen Tag und keine Nacht vergessen. Denn es kam die Flut von Briefen zu uns, die wir selbst noch im Zwange standen, für uns und unsere Familien in dem so fremden Lande Fuß zu fassen, und jeder Brief von Verwandten, engeren oder recht fernestehenden Freunden rief verzweifelt: Helft uns! Helft uns sogleich!

Wohl hatte Amerika in seine Tradition auch die der Nächstenhilfe eingebaut. Jüdische, evangelische, katholische Wohlfahrtsorganisationen erkannten allmählich die Verpflichtung dieser neuen Fernsten-Not und begannen langsam, sich zu rüsten. Doch die Lebensnot war ohne Aufschub, die bürokratischen Fallstricke waren zahllos, jeder Einzelfall dem Außenstehenden eine Gleichung voller Unbekannten. Wir nur wußten genau, worum es ging, aber jeder von uns war gar bald überwältigt, weit überfordert über unsere individuellen Kräfte hinaus.

Else und Hans Staudinger gebührt das Verdienst des rettenden Gedankens, der rettenden Tatkraft. In ihrem Hause in New York, in dem Kreis ihrer persönlichen Freunde und Gesinnungsgenossen wurde der Gedanke der „Selbsthilfe" (*„Selfhelp for Emigrees from Germany"* war der erste Titel) ins Werk gesetzt. Die Statuten legten den Grundsatz der Überparteilichkeit, der religiösen Neutralität fest, und die praktische Grundlage wurde durch eine monatliche Selbstbesteuerung der Mitglieder geschaffen. Erst in der Schreibtischlade der ersten Sekretärin der Vereinigung (der Verfasserin dieser Zeilen), bald mit einer Schreibkraft in einem winzigen Büroraum am oberen Broadway, über die weiteren fleißigen Jahre in vorsichtig vergrößertem Rahmen, wurde gearbeitet. Die Mittel der Soforthilfe waren beratende Korrespondenz mit den Entwurzelten allenthalben (wie beglückend, wenn

unser Brief das rettende „*Affidavit*" enthielt, die Bürgschaft für Einwanderer, die wir teilweise von amerikanischen Wohltätern zu beschaffen vermochten!); Beratung und erste Hilfe für die mittellos Eintreffenden; vermittelnde und klärende Beziehungen mit den bodenständigen amerikanischen Hilfsorganisationen zum Verständnis der individuellen Notstände. Gerade in dieser Hinsicht wurde die „*Selfhelp*" von unschätzbarem geistigem Wert. *Diese* Emigrantengruppe imponierte durch ihr Bewußtsein der gemeinsamen Verpflichtung. Ihr tiefes Verständnis für den Sonderfall wie für den sozialen Hintergrund wirkte vielfach belehrend und klärend auf die einheimischen Hilfsgruppen und übte, auf der älteren deutschen Sozialtradition fußend, zum Teil dauernde beispielgebende Einflüsse aus.

Vielleicht wird hier zu viel Raum verbraucht, um das Hilfswerk zu charakterisieren, dem sich Paul Tillich noch im Gründungsjahr 1936 mit persönlicher Wahl und Widmung anschloß, bald als ihr erster Vorsitzender, und das auf Jahrzehnte hinaus. Es hätte nahegelegen, daß er sich dem alten evangelischen Hilfswerk in einer seiner vielfältigen kirchlichen Varianten zur Verfügung gestellt hätte. Nein, der Gedanke und die Praxis der „Selbsthilfe" waren es eindeutig, die seinem eigenen Geist und Willen entsprachen. So nahm er, trotz rasch wachsender beruflicher Inanspruchnahme als Gelehrter, Schriftsteller, Lehrer, Prediger, gewissenhaft an allen Geschäftssitzungen, allen grundsätzlichen und praktischen Beratungen seiner Vereinigung teil; und so lenkte er und belebte er dieses Werk an allen Jahresfeiern bis über das 25jährige Jubiläum hinaus mit seinen so philosophischen wie wirklichkeitsnahen Predigten, in welchen er ein Meister war. Er liebte diesen arbeitsamen Kreis von nahen und ferneren Freunden, er liebte dieses Werk und dessen Gesinnung, und wir in diesem Kreis liebten ihn und die seine.

Anhang zu XIV.

AUFRUF DER „SELFHELP" VOM NOVEMBER 1938

Sie werden mit der *Selbsthilfe Deutscher Ausgewanderter*, den Gründen ihrer Existenz und ihren Zielen vertraut sein.

Die *Selbsthilfe*, gegründet nach 1933 von deutschen Emigranten für

deutsche Emigranten, hat sich die Aufgabe gestellt, ohne Rücksicht auf Rasse, Religion und politische Einstellung dort einzugreifen, wo andere Hilfe nicht ausreicht.

Die *Selbsthilfe* hat in den letzten 20 Monaten über 17 000.00 Dollar aus Emigrantenkreisen aufgebracht und an rund 600 Familien weitergeleitet.

Die *Selbsthilfe* hat jeden eingenommenen Cent zu direkter Unterstützung verwandt und ist stolz darauf, daß alle Arbeit ehrenamtlich geleistet wird. Bürounkosten werden durch Spenden unserer amerikanischen Freunde gedeckt. Die Selbsthilfe arbeitet in engstem Einvernehmen mit den verschiedenen amerikanischen Komitees.

Wir *appellieren* heute an *Sie: Schließen Sie sich uns an!*

Die ganze Welt versucht in diesen Tagen, uns zu helfen. Wir Emigranten wollen und müssen den Beweis erbringen, daß auch wir jede Anstrengung machen, uns selbst zu helfen.

Die Tatsache *Ihrer* Zugehörigkeit zur *Selbsthilfe* ist wichtiger als die Höhe des Beitrags, den Sie heute beisteuern; doch fällt jeder zusätzliche Dollar bei unserer Arbeit schwer ins Gewicht.

Wir bitten, die beiliegende Erklärung ausgefüllt an uns zurückzusenden.

Wir danken Ihnen im Namen aller deutschen Emigranten.

Selfhelp for German Emigrees, Inc.
Paul Tillich, Präsident

XV.

Otto Heinrich von der Gablentz

PAUL TILLICH IN DER „DEUTSCHEN HOCHSCHULE FÜR POLITIK"

Es muß kurz vor der Machtergreifung Hitlers gewesen sein, daß Paul Tillich seinen letzten Vortrag in der „alten" Hochschule für Politik am Schinkelplatz – gegenüber dem Schloß an der Spree – hielt. Er sprach vor den sozialistischen Studenten. Er kritisierte ihren Sozialismus als zweidimensional. Dieser vergäße, daß es nicht nur die beiden

Dimensionen der Dingwelt und des menschlichen Gestaltens gäbe, sondern daneben auch „die dritte Dimension von oben und von unten", des Geistes von oben und des Blutes, der Leidenschaften, von unten.

Er mag an diesen Abend gedacht haben, als er im Frühsommer 1951 in der inzwischen von Otto Suhr neu begründeten „Deutschen Hochschule für Politik" über „Die politische Bedeutung der Utopie im Leben der Völker" sprach. Als wir die Vorträge damals hörten, packte uns vor allem der Aufruf: Habt Mut zur Utopie, aber vergeßt nicht, daß sie für die Geschichte zwar Maßstäbe setzen, aber nicht in ihr verwirklicht werden kann. Wenn man sie heute liest, dann hört man noch stärker die Mahnung heraus: Fanatismus verdirbt jeden positiven Sinn, der in der Utopie steckt. Ich leitete damals am „Institut für Politische Wissenschaft" eine Arbeitsgemeinschaft über „Kirche und Gesellschaft" und bat Tillich, hier einmal zu den älteren Studenten zu sprechen. Er war sehr angetan von der Nüchternheit und Offenheit der Hörer, und sie waren erstaunt, wie einfach und konkret der berühmte Gelehrte auf ihre Fragen einging. Stärker als alles Sachliche berührte uns aber, wie die alten persönlichen Verbindungen sofort wieder da waren, wie er uns neue mit seinen amerikanischen Freunden vermittelte und alle hinriß mit seiner Freundlichkeit und seiner Zuversicht.

Ein Jahr später sprach er über „Die Judenfrage als christliches und deutsches Problem". Ganz Berlin drängte sich zu den Vorträgen, nur unsere Studenten blieben weg. Sie erklärten: „Wir haben keine Juden umgebracht, wir sind nicht verantwortlich, was geht uns das an?" Ich habe ihnen gesagt: „Es geht nicht um kriminelle oder moralische Schuld, sondern um die geistige Gesundheit des deutschen Volkes." Tillich drückte denselben Gedanken so aus: „Vergessen bedeutet, daß man das, was geschehen ist, für die Gestaltung der Zukunft nicht mehr wirksam werden läßt, daß man es als Faktor für die Zukunft auslöscht." Kern der Vorträge war der Gedanke von den Juden als „Volk der Zeit", das eine ständige Anfechtung sein müsse für Völker, die im Raume ihrer Eigenart beharren wollen und damit den Wandel der Geschichte und die gemeinsame Verantwortung aller Völker für die Geschichte leugnen. Übrigens waren die Vorträge auch ein kräftiger Schock für den billigen Philosemitismus, der sich damals breitmachte. Gegenüber einer bestimmten Theologie, die den Unterschied zwischen Christentum und Judentum zu verharmlosen sucht, stellte er klar: über den fundamentalen Unterschied, daß für uns der Christus gekommen ist und daß die Juden den Messias erwarten, käme man nicht hinweg.

1953 sprach er das letzte Mal in der „Hochschule für Politik", dies-

mal über „Das Problem der Macht". Er warnte vor den beiden Einseitigkeiten: die Macht resigniert hinzunehmen und die Macht zu verteufeln. Der Sinn der Macht sei nur zu verstehen im Zusammenhang mit Liebe und mit Gerechtigkeit, wie er es ja gleichzeitig in seiner Schrift ausführlicher dargelegt hat.

Wenn Tillich später in Berlin wissenschaftliche Vorträge gehalten hat, dann tat er es in der „Freien Universität" und in der „Kirchlichen Hochschule". Die Verbindung der „Hochschule für Politik" mit der „Freien Universität" war inzwischen so eng geworden, daß er damit auch unsere Studenten und Dozenten erreichte. Der persönliche Kontakt mit den alten Freunden ist bis zum letzten Besuch geblieben.

XVI.

Werner Rode

MEIN LEHRER PAUL TILLICH
AM „UNION THEOLOGICAL SEMINARY"

Viel ist über Paul Tillich in den fünfziger und sechziger Jahren geschrieben und geredet worden, jenen Jahren, in denen Tillich in den USA berühmt und sein Name in theologischen und psychologischen Gesprächen zum Begriff wurde. Das Beste, das tief Menschliche, hat er wohl über sich selbst gesagt in den autobiographischen Reflexionen, die alle seine Bücher und seine Gedanken begleiten. Es fällt schwer, da noch etwas Neues, Unbekanntes hinzuzufügen. Daher frage ich mich: Ist da noch etwas „um" ihn, das vielleicht keiner kennen kann, der nicht mit ihm zusammen gelebt und zusammen gearbeitet hat? Was könnten wir Schüler, die mit ihm während dieser Jahre am *Union Theological Seminary*, und auch später in Harvard, verbunden waren – eine beträchtliche Reihe von Assistenten und Helfern –, zu dem allgemein Bekannten noch hinzufügen? Wenn überhaupt etwas Brauchbares, so sollte es doch wohl dem Leser dieser „Gesammelten Werke" helfen, den Menschen Paul Tillich lebendig mitzuerleben. Glücklicherweise haben wir Film-Interviews aus dieser Zeit zur Verfügung. Diese können gute Hilfsmittel sein, uns und einer neuen Generation das

„Verzaubertsein" in der Gegenwart des großen Lehrers immer wieder bewußt zu machen und uns der Inspiration, die er für uns alle war, erneut kritisch auszusetzen. Meine wenigen Worte in diesem Rahmen können das nicht erreichen. – Die Unmittelbarkeit, mit der auch heute noch Paul Tillich auf seine amerikanischen Leser wirkt, ist Grund zur Mitfreude, bleibt aber zugleich ein „kleines Wunder", denn es geschieht immer noch *„in spite of"* der tief deutschen Wurzeln seines Denkens.

In den Jahren meiner Studienzeit in New York blieb Paul Tillich für den gebürtigen Deutschen trotz tiefer Freundschaft zunächst der „Herr Professor". Und das ist sicher nicht nur mir so ergangen. Die Hochachtung, die darin lag, war ihm gar nicht so angenehm. Es klang ihm wohl ein bißchen zu sehr nach „Hackenzusammenschlagen". Eine solche formale Hochachtung in der Anrede wurde ihm von seinen jungen amerikanischen Freunden nicht zuteil. Für sie war er „Paulus" mit der ganz bewußten darin liegenden Doppelsinnigkeit – eine Anrede, die sicher nicht weniger Achtung ausdrückte. Was seine amerikanischen Schüler anzuziehen schien, war das faszinierende Element seiner Person, die synthetische Kraft seiner Gedanken, die richtungsweisende prophetische Macht seiner „Theologie der Kultur" für eine Generation, der gerade ein besonderes Sendungsbewußtsein zugeschrieben wurde. Sie fühlten sich ihm in Liebe verbunden, weil ihre Selbstkritik mit seiner Kulturkritik eigenartig zusammenfiel. Diese Achtung und Liebe kann man auch heute noch spüren, wo immer und wann immer es gelingt, Tillichs Gedanken lebendig werden zu lassen.

Uns gebürtige Deutsche zog damals zunächst der Systematiker in seinen Bann, der profunde Gedanken über die christliche Religion in einer Zeit zu äußern wagte, in der das alles andere als populär war. Er sprach zu unserer Zeit als Theologe, und wir erfuhren an uns selber, daß und wie seine Theologie den chaotischen Zusammenbruch unseres Heimatlandes, und möglicherweise der gesamten europäischen Kultur, überlebt hatte. Wir konnten das damals erfahren, weil wir das „Zwischen-den-Zeiten" und „Zwischen-den-Kontinenten" mit ihm teilten. Tillich, der auf die „Grenze" als Erfahrungsinhalt hinwies, machte diese Erfahrung nicht zur Bedingung, sondern lehrte normatives Denken als Ermöglichung. Dabei erfuhr man den „Grund" im Denken des anderen nicht als Abhängigkeit, sondern als ermutigendes, selbständiges Wagen auf eigenem Grund. Wir wurden dadurch frei zu einer eigenen Antwort wie auch unsere amerikanischen Freunde, selbst wenn wir deren Antwort nicht völlig begriffen.

Kulturtheologisch lehrte uns Tillich noch etwas anderes. Er, der

gerade ein „*success*" wurde, lehrte uns die Zweideutigkeit des Erfolges.
Er ließ uns teilhaben an der Erfahrung der immer gegenwärtigen schöpferischen und zerstörerischen Mächte im eigenen Leben. Nichts wurde hier vertuscht oder beschönigt. Hier erfuhren die, die ihm nahestanden, einen Tillich, der oft übermüdet und überarbeitet war und sich hin- und hergerissen fühlte zwischen öffentlichen und tief persönlichen Ansprüchen, und doch versuchte, beiden gerecht zu werden. Wenn wir nun heute feststellen dürfen, daß ihm das auch gelungen ist, dann sollten wir nicht vergessen, daß das nicht ohne große Opfer geschah, Opfer, die er oft nicht gern brachte und die auch nicht immer leicht hinzunehmen waren. Dies aber ist ein Tillich, den ganz sicher nur ein Mensch wirklich kennt, seine Frau Hannah, die mehr als wir alle teilhatte an dem, was er erreichen wollte und was gleichzeitig auch ihn zu überwältigen drohte. Kein Bericht über Tillich ist vollständig, der sie nicht einschließt in den dialogischen Lebensstil, der sein Leben prägte.

XVII.

Walter Leibrecht

PAUL TILLICH
WÄHREND SEINER HARVARD-JAHRE

Nicht das Erscheinen der „*Systematic Theology*" war das wichtigste Resultat des Wirkens Paul Tillichs während seiner Jahre an der Universität in Harvard, sondern der Eindruck seiner Vorträge und Vorlesungen auf die amerikanische Jugend. Die Strapazen dieser Vortragsreisen waren für den Siebzigjährigen außerordentlich, doch er spürte das starke Echo seiner Worte. Wo er erschien, kamen Hunderte, ja Tausende von meist sehr jungen Leuten zusammen, die ihm mit andächtiger Intensität zuhörten. Es waren dies nicht vor allem angehende Theologen oder Philosophen, sondern Schüler und Studenten jeder Disziplin und Richtung, ein Phänomen, wie es im Europa unserer Tage unvorstellbar ist. Was Terminologie und Diktion anbelangte, so machte es Tillich seinen jungen Hörern nicht leicht. Der Ontologe war dem jungen Amerikaner, der, zum Empiriker und Pragmatiker erzogen, immer Nominalist ist, fremd. Tillich, dessen Seinsanalyse auf der Annahme einer letzten Identität von Sein und Denken als Prinzip der

Wahrheit basiert, entsprach in keiner Weise den Vorstellungen des amerikanischen Pluralismus.

Was verstanden, auf jeden Fall aufgenommen wurde, war Tillichs Kulturkritik. Was er sagte, war für seine Hörer ungewohnte Rede, aber sie spürten, daß hier einer war, der ihre eigenen Ängste, Unsicherheiten und Hoffnungen wahr- und ernstnahm, der sie zu definieren wußte, und zwar so, daß seine Hörer an diesem Akt des Verstehens als einem sich Selbstverstehen teilhatten. Das geschah zu einer Zeit, da die Welt der mittleren und älteren Generation in Amerika noch „heil" war und diese sich im Zenit der menschlichen Entwicklung wähnten.

Auch Schüler und Studenten waren damals äußerlich wenigstens ganz auf Karriere und Beruf ausgerichtet, eifrig und diszipliniert; innerlich jedoch waren sie vor allem seit Korea unsicher geworden und als solche zu Suchenden geworden.

Tillichs Deutung menschlicher Entfremdung wirkte auf diese Jugend und vor allem deswegen, weil Tillich sich nicht scheute, eine Reihe amerikanischer Dogmen radikal in Frage zu stellen: Leer und öde wird nach Tillich das Leben zum *rat race*, wenn dem Willen zum Erfolg alles geopfert wird. Verheerend sei die Wirkung, wo immer das Wettbewerbsprinzip aus dem Bereich der Wirtschaft auf das der Erziehung übertragen wird und zu dessen Prinzip schlechthin erklärt wird.

Für Tillich resultiert Entfremdung aber auch von der Unterwerfung der Jugendlichen unter das Ideal des *„adjustment"*, der von normativen amerikanischen Sozialwissenschaftlern gepredigten höchsten Tugend. Unbedingte psychologische Anpassung resultiert nicht nur im Äußeren in einer Kultur des Konformismus, sondern führt beim Angepaßten zum Verlust des Bewußtseins seines eigenen Ichs, zur Krise seiner Identität.

Wenn Tillich von Entfremdung sprach, so war das immer konkret. Es war die Entfremdung, wie sie der moderne Mensch im politischen und gesellschaftlichen und persönlichen Leben erlebt und wie sie im Letzten durch die innere Verfallenheit seiner Existenz bedingt ist. Auch von der Angst sprach Tillich konkret und vom Tod und anderen Themen, die sonst aus dem amerikanischen öffentlichen Bewußtsein verdrängt werden.

Immer wieder kam Tillich in diesem Zusammenhang auch auf die Frage der Utopie zu sprechen. War es früher die politische Komponente, so war es jetzt mehr und mehr die anthropologische Seite des Utopieproblems, die im Mittelpunkt vieler Reden und Diskussionen Tillichs stand. Ich erinnere mich an einen Abend in Tillichs Wohnung

in Cambridge mit einer tief in die Nacht reichenden Auseinandersetzung zwischen ihm und Herbert Marcuse, der, obgleich im Grunde ein Skeptiker, die Utopie ungebrochen bejahte als ein Mittel, die Massen in Bewegung zu bringen. Tillich warnte vor der Utopie und sah ein gefährlich utopisches Element nicht nur im Kommunismus, sondern auch im amerikanischen Fortschrittsglauben. Er wies hin auf die Zusammenhänge zwischen kultureller und politischer Utopie einerseits und jenen gefährlichen Kreuzzugsgedanken, wie sie gerade im damaligen Amerika kursierten. Tillich wußte wohl die positiven Elemente des *American Dream* zu schätzen, so dies, daß der *American Dream* die Vorstellung von der einen Menschheit vermittelte. Doch wies er immer wieder hin auf die möglichen negativen Konsequenzen des national-messianischen und daher utopischen Elements im amerikanisch-politischen Selbstverständnis. Utopie, nach Tillich, führt notwendigerweise zur Versklavung des Menschen, führt zum Fanatismus und zur Brutalität. Beweis für diese These sah er in der Entwicklung des Kommunismus und des Nationalsozialismus.

Nach Tillich muß jede Nation ein Bewußtsein ihrer Sendung haben. Wenn dieses aber messianisch, das heißt utopisch wird, dann ergeben sich daraus fatale politische und militärische Konsequenzen, bis hin zum Ausbruch von Kriegen. Tillich wies schon damals in seinen Diskussionen und Reden immer wieder darauf hin, daß es auch eine Utopie der Freiheit geben kann, die, um die unbedingte Freiheit allen Menschen zu bringen, willens ist, über Leichen zu gehen. Er sah die Möglichkeit eines Vietnams voraus. Tillichs Reden von der realen Möglichkeit einer tragischen Selbstzerstörung der Nation als Resultat der Utopie fand bei den Älteren in Amerika kaum Verständnis, aber ließ die Jüngeren unter seinen Hörern aufhorchen.

Tillichs Auseinandersetzung mit den Zielen der Erziehung, der *education,* die so gar nicht den geläufigen amerikanischen Vorstellungen entsprach, und vor allem seine Analyse der erzieherischen Autorität hinterließen eine tiefe Wirkung. Der Situation einer unsicher gewordenen jungen Generation entsprach Tillichs Verständnis des Glaubens als eines unbedingten Suchens, eines mit letztem Ernst nach dem Sinn des Lebens Fragens. Daß Tillich in seinen Reden immer wieder die Sinnfrage stellte und daß seine Ausführungen immer wieder ein Ringen um Antwort auf diese Frage waren, eben dies fesselte seine jungen Hörer. Auch Erziehung *(education)* war für Tillich in erster Linie Einführung in sinnvolles Leben, ein Gedanke, der damals Ende der fünfziger Jahre in Amerika noch fremd erschien, aber jetzt so weitgehend Aufnahme gefunden hat, daß es kaum eine Universität oder ein College

in Amerika gibt, die gegenwärtig ihren Lehrplan nicht auf dieses Ziel ausrichten und verändern.

Auf die Jugend wirkte Tillich auch mit seinem von der Romantik her bestimmten Naturverständnis, mit dem er sich scharf gegen die calvinistisch-puritanistische Auffassung wandte, die die Natur primär als die von der Wissenschaft, der Technik und Moral zu beherrschende sieht. Während in der Sicht dieser amerikanisch-calvinistischen Vorstellung zwischen Persönlichkeit und Natur eine Kluft besteht und es gilt, diese Kluft zu betonen, wies Tillich immer wieder auf die Teilnahme des Menschen an der Natur hin. Auch diese Gedanken, die in den fünfziger Jahren noch auf Unverständnis stießen, gewinnen heute stark an Boden. Tillichs Einstellung zur Natur war betrachtend, miterlebend, ästhetisch, und es ist dieses Naturerlebnis, das gerade in jüngster Zeit in Amerika stark um sich greift und das vom Puritanismus bedingte Naturverständnis, das seit Jahrhunderten normativ war, in Frage stellt.

Und auch dies machte Eindruck auf die Jugend, daß hier ein Mann von religiöser Leidenschaft erfaßt zu ihnen sprach über die Frage des Schönen und Häßlichen, des Schöpferischen und Zerstörerischen, für den der Weg von der Religion zur Kunst ein natürlicher und notwendiger war. Auch dies ein ungewohntes Erlebnis für den Amerikaner, für den traditionell Religion und Ethik, aber nicht Religion und Ästhetik zusammengehören.

Tillich redete zur amerikanischen Jugend nicht als einer, der nur Probleme sieht, der schwarz in schwarz malt. Er sah auch Verheißungen. Er sah die Möglichkeit des Schöpferischen, des Neuen in der Geschichte. Gnade war für ihn kein vager Begriff, sondern etwas, das Gestalt werden kann im Leben des Einzelnen und der Gesellschaft. Von seinen Reden ging „Mut zum Sein" aus, obgleich er utopische Erwartungen in bezug auf die menschliche Existenz und Gesellschaft verwarf.

Während seiner Jahre in Harvard nahm Tillich regen Anteil an der amerikanischen Politik. Er betrachtete die politischen Tagesereignisse nicht mehr primär unter dem Gesichtspunkt der Ideologie, wie er dies früher noch bis hin zu den Jahren nach dem Zweiten Weltkrieg getan hatte. So nahm er großen Anteil an der Wahlkampagne Kennedys und wurde von diesem persönlich zur Feier seiner Inauguration nach Washington eingeladen. Die Ermordung Kennedys war für ihn ein tiefer Schlag und eine bittere Enttäuschung, obgleich Kennedy gewiß nicht aus der Schicht des Proletariats gekommen war. Daß sich Tillich in diesen Jahren den politischen Ereignissen viel unbefangener als frü-

her stellte, das wirkte sich auch auf seine Kulturkritik aus, die differenzierter verfuhr und sich mehr der tatsächlichen als der schon sozialistisch interpretierten Wirklichkeit stellte. Jedenfalls verstand es Tillich in einzigartiger Weise, das auszusprechen und bewußt zu machen, was junge Amerikaner Ende der fünfziger Jahre zum Teil noch unbewußt empfanden. Viele Gedanken Tillichs, die damals noch fremd und neu erschienen, sind in der jüngsten amerikanischen Kulturrevolution zum Allgemeingut geworden und wirken auf diesem Umweg auch wieder auf uns in Europa ein.

XVIII.

Erik Schmidt und Otto Haendler

TILLICH IN OSTBERLIN – 1963[1]

Am 25. und 26. November 1963 sprach Paul Tillich im Stephanusstift in Berlin-Weißensee im Rahmen einer wissenschaftlichen Tagung der Forschungsgemeinschaft der EKU[2]. In zwei großen Referaten entwickelte er Grundgedanken seiner Theologie und Religionsphilosophie. Am Montag sprach er über „Der Glaubenszweifel und die Wahrheit des Glaubens", am Dienstag über „Die Glaubensgemeinschaft und das Paradox der Kirche" ...
Anschließend an die beiden Referate schlossen sich mehrstündige Debatten an, in denen Tillich rund 70 Fragen ausführlich und unermüdlich beantwortete. In der Diskussion über das erste Referat ging er besonders auf das Verhältnis zum Zweifel ein und brachte interessante eigene Erfahrungen mit zweifelnden Theologiestudenten zur Sprache, denen er in echt seelsorgerlicher Weise zu helfen pflegt, indem er einen ehrlichen Zweifler, der den Zweifel nicht als Ruhekissen be-

---

[1] Zu einer Vortragsveranstaltung ist Tillich nur einmal in seinem Leben in Ostberlin gewesen. Als amerikanischem Staatsbürger war es für ihn in all den Jahren seiner Deutschlandbesuche nicht möglich, die DDR zu besuchen, und auch kurze Fahrten nach Ostberlin waren nicht ohne Schwierigkeiten zu bewerkstelligen. So kam es sehr spät – erst zwei Jahre vor seinem Tod – zu einer größeren Veranstaltung in Ostberlin, an der auch viele Pfarrer und alte Freunde aus der ganzen DDR teilnehmen konnten. Zwei seiner Freunde berichten darüber. (D. Hrsg.)
[2] EKU = Evangelischen Kirche der Union.

nutzt und jeden Zynismus meidet, aller kirchlichen Ämter für würdig erachtet. In der Diskussion über das zweite Referat brachte der Referent interessante Einzelheiten über die römische Kirche in USA und in Mexiko sowie Erlebnisse und Debatten mit den Vertretern anderer Religionen in Ostasien. Lebhaftes Interesse bei allen Teilnehmern erweckte die Verlesung einer kritischen Stellungnahme von Helmut Gollwitzer gegen den Referenten, die dieser von Karl Barth zugeschickt bekommen hatte und die Präses Hildebrandt (Berlin) mitteilte. Im Anschluß an die Verlesung dieser Stellungnahme antwortete der Referent Punkt für Punkt auf alle Einwände, so daß von Gollwitzers Kritik kaum etwas übrigblieb. Vergeblich rief Präses Hildebrandt: „Die Barthianer vor die Front!", den überlegenen Gedanken des Referenten fühlte sich kein Diskussionsredner gewachsen. Dabei waren die Ausführungen des Referenten von einer Schlichtheit und durchsichtigen Klarheit der Gedankenführung, wie sie nur selten in theologischen Referaten und Diskussionen in Erscheinung treten. Auf das Stärkste geistig angeregt, im Glauben und im Denken gestärkt und ermutigt, verließen die Teilnehmer die Tagung, nachdem dem Referenten wiederholt stürmischer Dank gespendet worden war. *Erik Schmidt*

Ein Erlebnis seltener Tiefe und Größe war die Wiederbegegnung mit Paul Tillich nach den Jahren seines Exils. Alles war bis zur letzten Reife hin durchdrungen und geschmiedet. Man spürte: er hat sich keinem Schicksal entzogen, er hat alles Schwere voll bewältigt. Und mit dieser Überlegenheit verbunden wieder das wohltuende Offensein, das feine Gespür für die Hörer, die warme Zuwendung, die gewinnende Herzlichkeit, die Freude am Frohen, nur alles noch stärker durchpulst von der hohen Reife des Seins und der Fülle tiefer Erkenntnis. Seine Vorträge: klar und durchsichtig wie Kristall und in der Gestaltung so, daß man die Vorstellung hatte, in verkürzter Darstellung den Aufbau eines Domes mitzuerleben.

Zweimal haben wir ihn getroffen, in Hamburg und in Berlin. Hamburg war tief beeindruckend. Wir begleiteten ihn bis zu seinem Hotel, bei leisem Regen. Er ging langsam durch die Glastür. Hinter ihr wandte er sich noch einmal um, winkte uns mit der Hand zu. Sein Blick war ernst und innig, wie ein Abschied für immer.

Dennoch wurde uns noch eine weitere Begegnung geschenkt, im Stephanusstift in Berlin. Da war alles froh, vielfach heiter, ganz auf Dauer gestimmt. Auch der Abschied war warm und unbeschwert, ein Lebewohl „auf Wiedersehen", das man zuversichtlich erwartete. Und das ist dann nicht mehr gekommen. *Otto Haendler*

EHRENDOKTOR-VERLEIHUNGEN AN PAUL TILLICH

1925	Doktor der Theologie	Universität Halle
1940	Doctor of Sacred Theology	Yale University
1951	Doctor of Divinity	University of Glasgow
1953	Doctor of Humane Letters	Princeton University
1954	Doctor of Divinity	Harvard University
1955	Doctor of Humane Letters	University of Chicago
1955	Doctor of Humane Letters	Clark University
1955	Doctor of Divinity	Colby College
1955	Doctor of Humane Letters	New School for Social Research
1955	Doctor of Humane Letters	Brandeis University
1956	Doktor der Philosophie	Freie Universität Berlin
1956	Doctor of Humane Letters	Franklin & Marshall College
1957	Doctor of Divinity	Wesleyan University
1960		Huron College
1960	Doctor of Humane Letters	Bucknell University

TEXT DER EHRUNG ANLÄSSLICH DER VERLEIHUNG DER THEOLOGISCHEN EHRENDOKTORWÜRDE DER UNIVERSITÄT HALLE

Vereinigte Friedrichs-Universität
Halle-Wittenberg
    Unter dem Rektorat des ordentlichen Professors der Rechte Dr. Max Fleischmann und unter dem Dekanate des ordentlichen Professors der Theologie D. Wilhelm Lütgert verleiht
    DIE THEOLOGISCHE FAKULTÄT HALLE
auf Grund einstimmigen Beschlusses dem ordentlichen Professor der Religionsphilosophie an der Technischen Hochschule in Dresden Lic. theol. Dr. phil. PAUL TILLICH, der mit begrifflichem Scharfsinn und dialektischer Gewandtheit ein religionsphilosophisches Programm entwickelt und in den Rahmen einer allgemeinen Wissenschaftslehre eingestellt sowie durch seine Lehrtätigkeit die akademische Jugend für sein Ziel, Philosophie und Gesellschaftswissenschaft mit der lebendigen Religion zu verbinden, interessiert und begeistert hat,
    ehrenhalber die Würde und die Rechte eines Doktors der Theologie.

Zum Zeugnisse dessen ist diese Urkunde ausgestellt und mit dem Siegel der Fakultät versehen worden.
Halle, am 24. Dezember 1925

Der Dekan der
Theologischen Fakultät

TEXT DER ANSPRACHE ANLÄSSLICH DER
VERLEIHUNG DER EHRENDOKTORWÜRDE
DER „BUCKNELL UNIVERSITY",
AM 21. SEPTEMBER 1960

Citation by Dr. Karl M. Hartzell,
Dean of the University

Mr. President, I have the honor to present PAUL JOHANNES TILLICH, philosopher-theologian, for the honorary degree of DOCTOR OF HUMANE LETTERS. He is native of Prussia und was a student in the Universities of Berlin, Tübingen, Halle, and Breslau. He received the degree of Doctor of Philosophy from the University of Breslau in 1911.

In 1912 he was ordained a minister of the Evangelical Lutheran Church and served throughout the First World War as a Chaplain in the German Army. Between 1919 and 1933, Dr. Tillich taught theology and philosophy in five of the leading universities in Germany. He was serving as full Professor of Philosophy at the University of Frankfurt-am-Main, when in 1933, he was dismissed from his post for opposition to the policies of national socialism. That summer he was invited to Union Theological Seminary by Dr. Reinhold Niebuhr, where he remained as a member of the faculty until his retirement as full professor in 1954. He then accepted the signal honor of an appointment as University Professor at the Harvard Divinity School.

Dr. Tillich has published more than twenty-five books on the meaning of religion in the modern world, having concentrated his thought and learning upon a reinterpretation of the christian church and faith. He is today the foremost exponent of the power of this faith to provide the fundamental cultural integration that man, regardless of time or place, has so desperateley sought. Beyond naturalism, beyond humanism, through extraordinary insight and effort,

his mind and spirit have fashioned the most compelling modern interpretation of the meaning of human existence.

In recognizing his position as the ablest Protestant philosopher-theologian of his day, Bucknell University honors itself in honoring him. It is with the greatest pride, yet in all humility, Mr. President, that we present to you, Paul Johannes Tillich, for the honorary degree of Doctor of Humane Letters.

Ascription by Dr. Merle M. Odgers,
President

By the authority committed to me by the Trustees of Bucknell University, it is my privilege to confer upon you, PAUL JOHANNES TILLICH, the honorary degree of DOCTOR OF HUMANE LETTERS, admitting you to all the rights and privileges which throughout the world pertain to that degree, in token of which I deliver this diploma into your hand and invest you with the appropriate insignia.

BIBLIOGRAPHISCHE ANMERKUNGEN

1. DER WERDEGANG EINES DEUTSCHEN THEOLOGEN. EIN BRIEF AN THOMAS MANN vom 23. 5. 1943. In: Blätter der Thomas-Mann-Gesellschaft. Nr. 5. 1965.
2. ERINNERUNG AN DEN FREUND HERMANN SCHAFFT. Ursprüngl. Titel: Hermann Schafft. In: Hermann Schafft. Ein Lebenswerk. Kassel: Stauda 1960. S. 11–16.
3. KIRCHLICHE APOLOGETIK. Bisher unveröffentlichtes Manuskript. 1912 entstanden.
4. ÜBER DIE EINSAMKEIT. PREDIGT, GEHALTEN IN BERLIN-MOABIT IM JAHR 1913. Bisher unveröffentlichtes Manuskript.
5. BERICHT AN DEN HERRN FELDPROPST. Bisher unveröffentlichtes Manuskript.
6. SILVESTER 1914/15. PREDIGT, GEHALTEN BEI DER 7. RES.-DIV. Bisher unveröffentlichtes Manuskript.
7. RELIGIÖSE KRISIS. In: Vivos Voco. Jg. 2. 1922. S. 616–621.
8. NEUE FORMEN CHRISTLICHER VERWIRKLICHUNG. EINE BETRACHTUNG ÜBER SINN UND GRENZEN EVANGELISCHER KATHOLIZITÄT. In: Reclams Universum. Jg. 47. 1930. S. 194–195.
9. NATUR UND GEIST IM PROTESTANTISMUS. Ein Rundfunkvortrag. Bisher unveröffentlichtes Manuskript. Wahrscheinlich Ende der zwanziger oder Anfang der dreißiger Jahre entstanden.
10. DIE RELIGIÖSE BEDEUTUNG DES WASSERS. Ursprüngl. Titel: Das Wasser. In: Das Gottesjahr 1932. Hrsg. v. Wilhelm Stählin. Kassel: Bärenreiter 1931. S. 65–68.
11. DER GLAUBE AN DEN SINN.
a) WEIHNACHTEN. Vorabdruck in: Überredung zu Weihnachten. Hrsg. v. Gerhard Rein. München: Ehrenwirth 1968. S. 124–130.
b) OSTERN: In: Hannoverscher Kurier. Jg. 79. 1927. Nr. 179. S. 1.
12. DAS CHRISTENTUM UND DIE MODERNE. In: Schule und Wissenschaft. Jg. 2. 1928. S. 121–131, 170–177.
13. JUGENDBEWEGUNG UND RELIGION. In: Werkland. Jg. 4. 1924. S. 61–64.
14. TANZ UND RELIGION.
a) WAS MIR DER TANZ BEDEUTET. BEITRAG ZU EINEM SYMPOSIUM ÜBER DEN TANZ. Übers. v.: The Dance. In: Dance Magazine (New York). Jg. 31, Nr. 6. 1957. S. 20. – Symposium: The Dance. What it means to me.
b) DIE GEMEINSCHAFTSSTIFTENDE KRAFT DES TANZES. BEITRAG ZUM

Prospekt der Tanzgruppe Gertrud Steinweg. Erschienen wahrscheinlich zwischen 1926 und 1928.

15. Renaissance und Reformation. Zur Einführung in die Bibliothek Warburg. In: Theologische Blätter. Jg. 1. 1922. Sp. 265 bis 267.

16. Gotteslästerung. Zum Prozess gegen Karl Einstein. In: Vossische Zeitung. Nr. 485. 1922. S. 1–2.

17. Fachhochschulen und Universität. Zum Problem der Universitätsreform. In: Frankfurter Zeitung. Jg. 76. Nr. 869. S. 11. Morgenblatt. – Symposium: Gibt es noch eine Universität?

18 Freiheit der Wissenschaft. Bisher unveröffentlichtes Manuskript. Wahrscheinlich 1932 entstanden.

19. Christentum und Sozialismus. Bericht an das Konsistorium der Mark Brandenburg. Bisher unveröffentlichtes Manuskript. 1919 entstanden.

20. Christentum, Sozialismus und Nationalismus. Eine Auseinandersetzung mit der „Marburger Erklärung" des Wingolf. In: Wingolf-Blätter. Jg. 53. 1924. Sp. 78–80.

21. Zum Fall Eckert. Eine Stellungnahme. In: Neue Blätter für den Sozialismus. Jg. 2. 1931. S. 408–409.

22. Mensch und Staat. Acht Leitartikel aus der Zeitschrift „Der Staat seid Ihr". In: Mensch und Staat. Jg. 1. 1931. S. 11, 43, 56, 107, 124, 139, 155, 187–188.

23. Die Kirche und das Dritte Reich. Zehn Thesen. In: Die Kirche und das Dritte Reich. Fragen und Forderungen deutscher Theologen. Hrsg. v. Leopold Klotz. Gotha: Klotz 1932. S. 126–128.

24. Christentum als Ideologie. Eine Stellungnahme zur Regierungserklärung des Kabinetts v. Papen. Bisher unveröffentlichtes Manuskript. 1932 entstanden.

25. Über das Wagnis. Predigt, gehalten vor der Theologenschaft der Universität Marburg im Juli 1925. In: Neuwerk. Jg. 8. 1927. S. 469–472.

26. Christentum und Emigration. Rede vor dem „American Committee for German Christian Refugees" in New York am 6. 10. 1936. Übers. v.: Christianity and Emigration. In: Presbyterian Tribune (New York). Jg. 52, Nr. 3. 1936. S. 13, 16.

27. Geist und Wanderung. Rede vor der „Graduate Faculty" der „New School for Social Research" in New York am 13. 4. 1937. Übers. v.: Mind and Migration. In: Social Research (New York) Jg. 4, Nr. 3. 1937. S. 295–305.

28. Die politische und geistige Aufgabe der deutschen Emi-

GRATION. THESEN ZUR STANDORTBESTIMMUNG DER DEUTSCHEN EMIGRATION VOM JUNI 1938. Hektogr. Manuskript.

29. DIE BEDEUTUNG DES ANTISEMITISMUS. REDE ANLÄSSLICH EINER PROTESTVERSAMMLUNG GEGEN HITLERS JUDENVERFOLGUNGEN IN NEW YORK AM 21. 11. 1938. Übers. v.: German Americans Take Stand For Democracy Against Nazis. In: Deutsches Volksecho. – German People's Echo. Jg. 2, Nr. 48. 1938. S. 1–2.

30. ETHISCHE GRUNDSÄTZE DER SOZIALEN ARBEIT. REDE ZUM 25JÄHRIGEN BESTEHEN DER „SELFHELP" IM JAHRE 1961. Übers. v.: The Philosophy of Social Work. In: Social Service Review (Chicago). Jg. 36, Nr. 1. 1962. S. 13–16.

31. DIE RELIGIÖSE LAGE IM HEUTIGEN DEUTSCHLAND. Übers. v.: The Religious Situation in Germany Today. In: Religion in Life (New York). Jg. 3, Nr. 2. 1934. S. 163–173.

32. EINE GESCHICHTLICHE DIAGNOSE: EINDRÜCKE VON EINER EUROPAREISE – 1936. Übers. v.: A Historical Diagnosis: Impressions of an European Trip. In: Radical Religion (New York). Jg. 2, Nr. 1. 1936/1937. S. 11–17.

33. LIEBE IST STÄRKER ALS DER TOD. PREDIGT, GEHALTEN AM 12. 3. 1940 ANLÄSSLICH EINES FÜRBITTEGOTTESDIENSTES IN DER RIVERSIDE CHURCH, NEW YORK. Bisher unveröffentlichtes Manuskript.

34. KRIEGSZIELE. Übers. v.: War Aims. I, II, III. In: Protestant Digest (New York). Jg. 3, Nr. 12. 1941. S. 33–38. Jg. 4, Nr. 1. 1941. S. 13–18 und in: The Protestant (New York), Jg. 4, Nr. 2. 1941. S. 24 bis 29.

35. DER EUROPÄISCHE KRIEG UND DIE CHRISTLICHEN KIRCHEN. Übers. v.: The European War and the Christian Churches. In: Direction (Darien/Conn.). Jg. 2, Nr. 8. 1939. S. 10–11.

36. LÄUTERNDES FEUER. REDE ZUM GOETHE-TAG IM „HUNTER-COLLEGE", NEW YORK AM 18. 5. 1942. In: Aufbau-Reconstruction. (New York). Jg. 8, Nr. 22. 1942. S. 10.

37. WAS SOLL MIT DEUTSCHLAND GESCHEHEN?
a) GEGEN EMIL LUDWIGS NEUESTE REDE. In: Aufbau-Reconstruction (New York). Jg. 8, Nr. 29. 1942. S. 6.
b) ES GEHT UM DIE METHODE. ANTWORT PAUL TILLICHS AN DIE KRITIKER IM „AUFBAU". In: Aufbau-Reconstruction (New York). Jg. 8, Nr. 32. 1942. S. 7–8.

38. GEISTIGE PROBLEME DES WIEDERAUFBAUS NACH DEM KRIEGE. Übers. v.: Spiritual Problems of Post-War Reconstruction. In: Christianity and Crisis (New York). Jg. 2, Nr. 14. 1942. S. 3–6, 32.

39. DIE CHRISTLICHEN KIRCHEN UND DIE AUFKOMMENDE GESELL-

SCHAFTSORDNUNG IN EUROPA. Vortrag vor der Divinity School der Yale University in New Haven im Sommer 1945. Übers. v.: The Christian Churches and the Emerging Social Order in Europe. In: Religion and Life (New York). Jg. 14, Nr. 3. 1945. S. 329–339.

40. MARXISMUS UND RELIGIÖSER SOZIALISMUS. Übers. v.: Marxism and Christian Socialism. In: Christianity and Society (New York). Jg. 7, Nr. 2. 1942. S. 13–18. – Symposium mit Eduard Heimann.

41. REDE DES CHAIRMAN PAUL TILLICH BEI DER GRÜNDUNG DES „COUNCIL" AM 17. 6. 1944. Hektogr. Manuskript.

42. PROGRAMM FÜR EIN DEMOKRATISCHES DEUTSCHLAND. Übers. v.: A Program For a Democratic Germany. In: Christianity and Crisis (New York). Jg. 4, Nr. 8. 1944. S. 3–5.

43. ZUR GRÜNDUNG DES COUNCIL. EINE ERKLÄRUNG. Übers. v.: A Statement. In: Bulletin of the Council for a Democratic Germany (New York). Jg. 1, Nr. 1. 1944. S. 1, 4.

44. OSTERN 1944. RADIOANSPRACHE AN DAS DEUTSCHE VOLK ÜBER „DIE STIMME AMERIKAS". Bisher unveröffentlichtes Manuskript.

45. RELIGION UND ERZIEHUNG. Übers. v.: Religion and Education. In: Protestant Digest (New York). Jg. 3, Nr. 11. 1941. S. 58–61.

46. ZUR FRAGE CHRISTLICHER GRUNDBEGRIFFE. EIN BEITRAG IN FORM EINES BRIEFES. In: Das Evangelische Düsseldorf. Nr. 58. 1953.

47. DIE RELIGION UND IHRE INTELLEKTUELLEN KRITIKER. ANSPRACHE AN DIE STUDENTINNEN DES UNION THEOLOGICAL SEMINARY AM 25. 1. 1954. Übers. v.: Religion and Its Intellectual Critics. In: Christianity and Crisis (New York). Jg. 15, Nr. 3. 1955. S. 19–22.

48. WIE IST DAS DILEMMA UNSERER ZEIT ZU ÜBERWINDEN? Übers. v.: Beyond the Dilemma of Our Period. In: The Cambridge Review (Cambridge/Mass.) Nr. 4. 1955. S. 209–215.

49. ANSPRACHE ZUM SEMESTERBEGINN DES UNION THEOLOGICAL SEMINARY. Übers. eines bisher unveröffentlichten Manuskriptes. In deutscher Übers. erschienen in: Freies Christentum. Jg. 6. 1954. S. 54 bis 57.

50. ANSPRACHE ZUR 425JÄHRIGEN GRÜNDUNGSFEIER DER UNIVERSITÄT MARBURG AM 26. 5. 1952. Bisher unveröffentlichtes Manuskript.

51. BESUCH IN DEUTSCHLAND – 1948. Übers. v.: Visit to Germany. In: Christianity and Crisis (New York). Jg. 8, Nr. 19. 1948. S. 147 bis 149.

52. EUROPÄISCHE IMPRESSIONEN – 1956. ANSPRACHE AN DIE „COLGATE ROCHESTER DIVINITY FACULTY" AM 9. 10. 1956. Übers. v.: Impressions of Europe – 1956. In: Colgate-Rochester Divinity School Bulletin. Jg. 29, Nr. 2. 1957. S. 22–29.

53. Das Ja zum Kreuze. Radioansprache über „Die Stimme Amerikas" an die deutschen Freunde im Jahre 1949. In: Monatsschrift für Pastoraltheologie. Jg. 38. 1949. S. 287–289.

54. Das Verhältnis von Naturwissenschaft und Religion. Übers. v.: The Relationship Today Between Science and Religion. In: The Student Seeks an Answer. Hrsg. v. John A. Clark, Waterville (Maine): Colby College Press. 1960. S. 297–306.

55. Der Einfluss der modernen Wissenschaft auf den Gottesgedanken. Vortrag in der „Church of our Father" (Unitarian) in Lancaster/Penn. am 27. 11. 1957. Übers. v.: The Idea of God as Affected by Modern Knowledge. In: Crane Review (Medford, Mass.). Jg. 1, Nr. 3. 1959. S. 83–90.

56. Meine veränderte Stellung zum Zionismus. Vortrag beim christlich-jüdischen Kolloqium über „Israels Wiedergeburt im mittleren Osten" in Chicago am 21. 1. 1959. Übers. v.: My Changing Thoughts on Zionism. Maschinenschriftliches Manuskript.

57. Die Grundgedanken des religiösen Sozialismus. Vortrag vor dem „Japan Committee for Intellectual Interchange" in Tokio im Sommer 1960. Übers. v.: The Basic Ideas of Religious Socialism.In: Bulletin of The International House of Japan, Inc. Nr. 6. 1960. S. 11–16.

58. Grenzen. Rede bei der Verleihung des „Friedenspreises des Deutschen Buchhandels" in Frankfurt a. M. am 23. 9. 1962.

59. Die Situation des Menschen. Rede zum 40jährigen Bestehen des „Time Magazine" in New York am 6. 5. 1963. Übers. v.: The Human Condition. Hektographiertes Manuskript.

60. Der schöpferische Durchbruch. Rede zur Eröffnung des Neubaus im „Museum of Modern Art" in New York am 25. 5. 1964. Privatdruck.

61. Probleme des Friedens. Rede anlässlich der Konferenz „Pacem in Terris" in New York am 18. 2. 1965. Übers. eines engl. hektograph. Manuskripts. In deutscher Übers. in: In memoriam Paul Tillich 1886–1965. Stuttgart: Evang. Verlagswerk. 1965.

62. Wahrhaftigkeit und Weihe in der religiösen Kunst und Architektur. Vortrag vor der „National Conference on Church Architecture" in Chicago. 1965. Übers. v.: Honesty and Consecration in Religious Art and Architecture. In: Protestant Church Buildings and Equipment. September 1965. S. 15, 26–29, 32, 33.

63. Die Atombombe. Beitrag zu einem Symposium „Die Wasserstoff-Kobalt-Bombe im Jahre 1954. Übers. v.: The Hydrogen Co-

balt Bomb. In: The Pulpit Digest (Great Neck/N.Y.). Jg. 34, Nr. 194. 1954. S. 32, 34.

64. Was bedeutet die Eroberung des Mondes für unser religiöses Bewusstsein? Beitrag zu einem Symposium „Die Theologen und der Mond" im Jahre 1958. Übers. v.: Theologians and the Moon. In: Christianity Today (Washington/D.C.). Jg. 3, Nr. 1. 1958. S. 31.

65. Das Problem des Atomkrieges. Beitrag zu einem Symposium „Das Dilemma der Atomforschung" im Jahre 1961. Übers. v.: The Nuclear Dilemma – A Discussion. In: Christianity and Crisis (New York). Jg. 21, Nr. 19. 1961. S. 203–204.

66. Das Problem der Geburtenkontrolle. Erklärung für die Planned Parenthood Association in Chicago am 6. 3. 1961. Schreibmaschinen-Kopie.

67. Gefahren des Konformismus. Semesterrede an der „New School for Social Research" in New York am 11. 6. 1957. Übers. v.: Conformity. In: Social Research (New York). Jg. 24, Nr. 3. 1957. S. 354–360.

68. Die Rolle der Religion im Leben der Universität. Vortrag vor dem „Board of Overseers" der „Harvard University" in Cambridge am 24. 11. 1959. Übers. v.: Religion in the Intellectual Life of the University. In: Harvard Alumni Bulletin. Jg. 61, Nr. 6. 1959. S. 298–299.

69. Schöpferisches Zuhören. Rede anlässlich der Verleihung der Ehrendoktorwürde der „Bucknell University" in Lewisburg/Penn. am 21. 9. 1960. Übers. v.: Creative Listening. Hektogr. Manuskript.

70. Der philosophische Hintergrund meiner Theologie. Vortrag an der St. Paul's University in Tokio am 12. 5. 1960. Übers. v.: The Philosophical Background of my Theology. Hektogr. Manuskript.

71. Meine Vortragsreise nach Japan – 1960. Übers. v.: Informal Report on Lecture Trip to Japan. Hektogr. Manuskript.

72. Eindrücke von einer Israelreise – 1963. Übers. eines hektogr. Manuskripts.

73. Das Recht auf Hoffnung. Predigt, gehalten in der Grace Cathedral der Episcopal Church in San Franzisco im Jahre 1965. In: Ernst Bloch zu ehren. Beiträge zu seinem Werk. Hrsg. v. S. Unseld. Frankfurt a. M.: Suhrkamp 1965. S. 265–267.

NAMEN- UND SACHREGISTER

Bearbeitet von A. Müller

Ägypten 187, 188, 404, 489, 518
Ägyptische Kultur 145
Ästhetik 48, 58, 87, 169
Ästhetische Literatur 45
Ästhetizismus 39
Aberdeen 330
Aberglaube 344, 427
Abraham 187, 188, 217, 404, 523, 529
Abgrund 123, 125, 357, 358
Absolute Position 123
Absolutheit 348
Absolutheitsanspruch 230, 236, 418, 428
Absolutismus 174, 273, 297, 343
Adenauer, Konrad 373
Adikia 103
Albiker, Karl 560
Albrecht, Renate 558–559
Adorno, Theodor 143
Aggression 421
Agape 31, 324, 363, 458, 487
Akropolis 519
Alte, das 195, 420
Altes Testament 237, 401, 404, 405, 440, 441, 448, 506, 521, 522, 524, 529, 531, 532
Altertum, klassisches 137
American business 267
Amerika 186, 193, 194, 217, 238, 254, 264, 265, 266, 267, 268, 270, 271, 273, 274, 278, 284, 285, 288, 293, 294, 298, 299, 300, 302, 303, 312, 319, 321, 322, 332, 333, 343, 345, 359, 360, 363, 372, 374, 378, 379, 417, 418, 444, 445, 447, 456, 496, 498, 499, 514, 515

Amerikaner 214, 240, 266, 279, 280, 292, 295, 498
Amos 403, 448
Analyse 225, 264, 282, 284, 287, 290, 293, 295, 310, 311, 338, 347, 391, 413, 456, 524
Anaxagoras 388
Anaximander 103
Angst 241, 242, 245, 272, 284, 288, 306, 348, 361, 401, 415, 420, 421
Anthropologie 305, 306
Anti-Christentum 36, 92, 115, 117
Antike 114, 123, 139, 144, 176, 425
Anti-Marxismus 309
Anti-Minoritäteninstinkt 206
Anti-Semitismus 206, 216–220, 278, 280
Apologetik, apologetisch 20, 33, 34, 35, 37, 38, 39, 40, 41, 42, 43, 44, 45, 46, 47, 48, 49, 50, 51, 52, 53, 56, 57, 58, 340, 369, 543–545
Aphoristik 48
Apollo 354
Arbeit 99, 208, 310
— soziale 220–226
Arbeitsethos, protestantisches 145
Architektur 121, 332, 372, 433, 444 bis 452, 492, 510, 511, 519
Arendt, Hannah 279
Arierparagraph 229
Aristoteles 138, 482, 488
Ascona 32, 504
Asien 123, 283, 515
Askese, Asket, Asketisches 92, 97, 98, 99, 199
Astral-mythologisches Element 138
Astrologie 139, 140

591

Astronomie 139, 455
Atheismus, Atheist, atheistisch 157, 158, 180, 232, 269, 270, 392, 452
Athen 193, 371, 372, 519
Atlantic Charta 315
Atombombe 454
Atomkrieg 455–456
Atomphysiker 361
Atomwaffe 457
Aufbau, kultureller 91, 152, 283, 287
Auferstehung 27, 245
Aufklärung 23, 36, 61, 87, 88, 121, 137, 231, 402, 407, 415
Augustin 115, 217, 389, 480, 481, 482, 487, 502
Ausdruckstanz 134, 559, 561
Autonom 36, 87, 88, 119, 120, 286, 290, 346, 390, 416
Autonomie 30, 36, 114, 115, 116, 117, 118, 119, 120, 121, 122, 123, 124, 125, 127, 128, 129, 130, 138, 216, 261, 341, 347, 348, 415, 416
Autoritär 244, 245, 295, 297, 348, 458, 494
Autoritativ 88, 206, 214
Autoritativ-kollektivistisch 205
Autorität 30, 36, 39, 40, 43, 48, 53, 54, 59, 61, 87, 88, 117, 153, 207, 229, 270, 272, 273, 295, 299, 338, 339, 343, 345, 346, 347, 355, 368, 370, 389, 394, 402, 409, 415, 438, 439, 488
Autoritätsprinzip 119
Avantgarde 289, 290, 291, 308, 311

Babylon 187, 193, 533
Backhaus (Divisionspfarrer) 74, 75, 76, 78
Bader, Claudia 33
Barth, Karl 26, 27, 235, 370, 377, 378, 396, 406, 506, 547, 550, 557, 564, 565, 581
Bauhaus 445
Barz, Helmut 555

Becker, Carl Heinrich (Preußischer Kultusminister) 83
Bedingte, das 91, 124
Begegnung 195, 199, 224, 241, 347, 387, 422, 434, 437, 507
Bekenntniskirche 210, 301, 369
Berdjajew, Nikolai 282
Bergpredigt 439
Bergsträsser, Arnold 329
Berlin 20, 22, 23, 28, 32, 34, 59, 64, 83, 154, 161, 292, 330, 364, 374, 384, 423, 452, 457, 545–555, 565, 567, 572, 573, 574, 580, 581, 583
Berneuchener Gruppe 33, 85, 452, 552–556
Berufsbewußtsein 425, 426, 427
Besessensein 413
Beza, Theodor 159
Bibel 47, 92, 93, 103, 230, 277, 339, 340, 346, 350, 369, 401, 472, 521, 522, 524
Bibelkritik 31
Bibelstellen siehe Bibelstellenregister 614
Bienert, Ida 560
Big business 255, 268
Bildung 38, 42, 45, 48, 88, 90, 467
Bildungskapitalismus 145
Bildungsprivileg 156
Bildungsschicht 163
Bismarck, Otto von 100, 426
Bloch, Ernst 143, 173, 528
Blüher, Hans 547
Blut und Boden 101, 187, 217, 236, 237
Böhme, Jakob 25, 100, 481, 484
Bölsche, Wilhelm 48
Bolschewismus 118, 121, 150, 243, 268
Bonhoeffer, Dietrich 448
Brandström, Elsa 559, 560
Bücherverbrennung 275–278
Büchsel, Friedrich 21
Buchstabenglaube 342, 394
Bucknell University 582–584

Buddha, Gautama 502, 512
Buddha-Statuen 512
Buddhismus, Buddhisten 197, 410, 501, 502, 503, 504, 506, 509, 510, 511, 512, 513
Bultmann, Rudolf 27, 377, 467, 536
Buße 45
Byzanz 199

Caesarismus 155
Calvin, Johannes 25, 228, 301
Calvinismus, calvinistisch 99, 100, 122, 155, 228, 229, 240, 541
Cambridge 384, 528, 578
Caritas 224
Carlyle, Thomas 48
Chamberlain, Houston Stuart 48
Champagne 70, 78
Chaos, chaotisch 102, 103, 131, 295
Charlottenburg 59
Chicago 384, 386, 528, 569
China 196, 268, 448, 498, 499, 509, 513
Chinesen 195
Christen
— Deutsche 210, 237, 368, 369
— gebildete 38, 44, 48, 51, 56, 447
— wirkliche 44, 217, 218, 228, 271, 302, 406, 407, 410, 487
Christenheit 88, 191, 238, 301, 401, 505
Christentum 25, 36, 37, 38, 41, 45, 46, 55, 92, 96, 112, 113, 115, 116, 119, 122, 123, 127, 128, 129, 138, 154, 155, 157, 158, 159, 161, 164, 177, 179, 180, 181, 187, 189, 190, 193, 197, 214, 217, 218, 219, 230, 233, 236, 237, 238, 245, 263, 267, 270, 271, 273, 302, 304, 306, 307, 309, 349, 350, 351, 368, 371, 372, 403, 407, 408, 411, 424, 451, 479, 480, 504, 505, 506
Christologie 27, 479
Christus 93, 111, 112, 123, 124, 130, 172, 176, 180, 187, 217, 237, 342, 350, 369, 389, 401, 407, 412, 445, 451, 467, 479, 486, 487, 502, 573
Churchill, Winston 266
Coincidentia oppositorum 139, 480
Colm, Gerhard 200
Complexio oppositorum 92, 93
Comte, Auguste 174
Consensus 443
Council for a Democratic Germany 312–323
Cornelius, Hans 568
Cusanus, Nikolaus 116, 138, 139, 480

Dämon(en) 102, 138, 170, 217, 231, 232, 237, 335, 353, 354, 389, 413, 414, 464
Dämonenglaube, heidnischer 101
Dämonien 177, 178, 303
Dämonisch 24, 92, 98, 100, 103, 117, 136, 138, 140, 163, 177, 189, 190, 218, 233, 262, 274, 308, 333, 349, 372, 401, 404, 405, 413, 414, 415, 416, 417, 418, 422, 426, 428, 435, 481, 513
Darwin, Charles 389
Darwinismus 47, 340
Davos 563, 564
Dehn, Günther 566
Deismus, englischer 36
de Man, Hendrik 567
Demokratie, westliche 100, 114, 115, 118, 121, 155, 168, 174, 203, 204, 205, 207, 212, 214, 228, 239, 255, 256, 257, 258, 259, 260, 263, 264, 268, 290, 294, 301, 312, 316, 317, 318, 350, 368, 430, 494
Descartes, René 338
Determinismus 48
Deutsche Teilung 372, 373
Deutschland 118, 201, 203, 204, 208, 209, 210, 211, 213, 214, 215, 216, 218, 219, 227, 230, 231, 232, 234, 237, 238, 240, 241, 254, 269, 273,

277, 283, 284, 298, 301, 313, 314, 315, 322, 323, 363, 364, 368, 369, 373, 374, 375, 376, 377, 384, 410, 412, 413, 417, 422, 426, 444, 445, 452, 466, 498, 499
Dialektik 290, 305
Dialektische Methode 40, 41, 310
Diastase 31
Dibelius, Otto 553
Dichtung 29, 90, 96, 98, 139, 140, 196, 336, 402
Diktatur 151, 173, 174, 203, 205, 242
Dilemma unserer Zeit 345–351
Dimension(en) 341, 342, 390, 391, 392, 393, 398, 399, 400, 401, 412, 422, 431, 433, 434, 440, 452, 454, 465, 469, 470, 472, 474
— vertikale 30, 411, 433
Diskussion 52, 53, 54, 55, 60, 63
Diskussions-Abende 52, 59
Doctrine of man 361
Dogma, dogmatisch 61, 125, 131, 139, 151, 229, 230, 245, 484
Dogmatik 138, 150
Dogmatismus 24, 207, 225, 309, 343, 370
Dorner, Isaak August 25
Dotzler-Möllering, Leonie 559–562
Dresden 83, 84, 85, 134, 558–562, 566, 582
Düsseldorf 331, 335, 554
Dualistische Elemente 139
Duns Scotus 397, 398, 481
Durchbruch, schöpferischer 433–436
Dynamik 115, 283, 426

Eckert, Pfarrer 153, 166–167, 253
Eden, Anthony 255
Egoismus
— der Klassen 156
— der Privat- und Profitwirtschaft 156
— nationaler 160

Einheit
— mystisch-realistische 88, 136
— mystisch-soziale 88
— ökumenische 289
— des Ganzen 93, 124, 130, 156, 437
— des Widerspruchs 170, 191
— der Kultur 371
— der Menschheit 176, 177, 219, 261, 262, 425
— der Welt 234
— der Wissenschaft 359, 362, 363
— von Endlichem und Unendlichem 480
— von Geist und Vitalität 30, 31, 32
— von Gesellschaft und Wirtschaft 156
— von Natur und Geist 96, 98, 100, 101
— von Natur und Religion 371
— von schöpferischer Unmittelbarkeit und schaffendem Formwillen 133
— von Staat und Land Israel 523
— von Theorie und Praxis 309
Einheitskultur 156
Einsamkeit 64–66, 284, 285
Einzelpersönlichkeit 88, 155, 290, 362
Eisenhower, Dwight 497, 500, 508
Emigration 187–191, 200–216, 278, 281, 319
Emigration als religiöse Kategorie 190
Ekstase, ekstatisch 25, 136, 394, 434, 479, 480, 525
Ende 369, 370, 405, 425, 436, 443, 454, 519
Endliche, das 140, 342, 397, 398, 414, 428, 450, 480
Endlichkeit 116, 393, 400, 402, 427, 428, 472, 478, 482, 483, 485, 504, 518
England 243, 264, 266, 267, 268, 270, 291, 293, 297, 298, 302, 303, 374, 409, 424, 459, 460
Entliteralisierung 522
Enschede 555

Entchristlichung 206
Entfremdung 336, 402, 440, 449, 486
Enthusiasmus 189, 234, 236, 247
Entmenschlichung 285, 288, 289, 418
Entmythologisierung 377, 388, 389
Entpersönlichung 284
Entscheidung 91, 117, 124, 157, 218, 242, 278, 281, 349, 416, 425, 433, 456, 458, 463, 523, 527
Entscheidungsstunde 89
Entwicklung
— autoritativ-kollektivistische 201, 202
— biologische 340
— bürgerliche 202, 286
— gesellschaftliche 527
— historische 163, 209, 216, 248, 283, 296, 302, 345, 361, 424, 432, 454, 521, 524, 527
— persönliche 195, 286
— politische 527
— religiöse 88, 133, 138, 139, 157, 207, 233, 304
— technische 263
— wissenschaftliche 400, 402
Enzyklika
— von Papst Paul VI. 269, 272, 436
— von Papst Johannes XXIII. 437, 438
Epikuräismus 199, 389
Erasmus, Desiderius 119
Erbsünde 335, 336
Erfahrung
— empirische 342, 351, 353, 356, 390, 397, 415, 417, 420, 435, 440, 465, 482
— moralische 458
— religiöse 332, 338, 339, 394, 432, 450, 452, 480
Ereignis, das christliche 506
Erinnerung, übergeschichtliche 478
Erkenntnis 61, 62, 155, 306, 332, 355, 356, 414, 430, 469, 484
Erkenntnistheorie 48
Erlangen 26

Erlösung 92, 286, 410, 411, 425, 486, 502
Eros, erotisch 29, 31, 99, 101, 130, 131, 132, 133, 224, 253, 354, 358, 443, 468, 474, 476
Erscheinung 24, 134
Erwartung 172, 247, 305, 307, 350, 351, 353, 440, 441, 442, 443, 524
Erweckungsbewegung 23
Erziehung und Religion 331–335
Escape-Theologie 25
Essentialismus 482, 485, 494
Essenz 478, 479, 486, 487, 492
Ethik, ethisch 48, 101, 121, 140, 155, 158, 236, 273, 286, 416, 456
Ethik, konfuzianische 506
Ethos 115, 122, 131
Euhemeros 389
Europa 189, 193, 196, 217, 238–248, 255, 260, 262, 264, 265, 266, 269, 271, 277, 278, 283, 285, 286, 290, 291, 293, 295, 296, 297, 298, 299, 300, 302, 303, 314, 315, 316, 323, 334, 345, 360, 369, 370, 371, 374, 375, 378, 379, 417, 425, 445, 446, 447, 457, 512, 515
Europäer 194, 240, 243, 292, 302
Evangelisation 46, 47
Evangelische Akademien 376
Evidenz 40
Ewige, das 140, 165, 226, 285, 412, 413, 417, 422, 481
Ewigkeit 123, 232, 239, 307, 393
Ewigkeitsproblem 113, 123–127 400, 485
Existentialismus 29, 361, 370, 402, 481, 482, 483, 486, 488, 494
Existentielles Denken 309, 310, 332, 481, 485, 486
Existentielle Hypothese 468
Existenz 24, 33, 37, 42, 89, 168, 173, 188, 199, 200, 213, 215, 225, 232, 241, 242, 244, 245, 271, 305, 306, 307, 316, 333, 334, 340, 343, 346, 347, 350, 356, 357, 362, 368, 370,

396, 398, 399, 402, 404, 406, 431, 437, 440, 442, 454, 457, 468, 478, 479, 483, 486, 487, 496, 519
Existenzform 93
Experiment 343, 447
Expressionismus, Expressionisten, expressionistisch 120, 121, 134, 169, 434, 435, 446

Fachhochschule 144–149
Fall („Sündenfall") 486
Fanatismus 29, 284, 369, 421, 422, 430
Faulkner, William 378
Faschismus, faschistisch 118, 121, 150, 202, 203, 204, 205, 208, 211, 212, 213, 214, 215, 241, 242, 243, 244, 257, 259, 268, 269, 287, 288, 299, 311, 441, 527
Fehling, Anna Margarete 550
Feiler, Arthur 200
Feldgottesdienst 71–79
Feudal, Feudalismus 180, 296, 300, 409, 410, 495, 525
Feudalität, mittelalterliche 174, 419
Feuerbach, Ludwig 340, 545
Form 87, 89, 91, 94, 95, 97, 99, 102, 115, 132, 133, 134, 139, 141, 142, 155, 169, 195, 197, 203, 285, 300, 305, 312, 332, 334, 339, 348, 350, 351, 393, 404, 407, 415, 423, 450, 451, 452, 459
Fortschritt 212, 234, 274, 286, 309
Frage, die radikale 337, 338, 355, 356, 357, 358, 362, 363, 370, 398, 432, 461, 463, 465, 466
Francke, August Hermann 23
Frankfurt/Main 84, 85, 143, 276, 330, 364, 385, 552, 557, 562, 568, 569, 583
Frankreich 197, 204, 239, 246, 265, 268, 292, 298, 301, 378, 409, 424
Französische Revolution 36

Freiheit
— endliche 485
— der Individuen 31, 41, 43, 46, 94, 98, 115, 117, 209, 216, 218, 222, 257, 260, 263, 264, 268, 290, 305, 316, 337, 341, 345, 360, 378, 432, 437, 448, 456, 460, 465, 469, 472, 473, 485, 523
— der Nationen 260, 264
— der Wissenschaft 150, 151, 152
Freiheitskriege 36
Fremde, das (auch die Fremde und die Fremdheit) 199, 200, 210, 292, 387, 422, 433
Freud, Sigmund 25, 340, 462
Frieden 269, 274, 281, 302, 317, 318, 419, 420, 424, 425, 426, 427, 428, 436–443, 456, 499
Friedrich, Caspar David 31
Fritz, Alfred 21, 28, 541
Furcht 240, 241, 246, 284, 293, 417, 442, 466, 499, 500
Futuristen 194

Gablentz, Heinrich Otto von 330, 572–574
Galilei, Galileo 339, 389
Gebet 31, 99, 217, 228, 358, 438, 504
Geburtenkontrolle 458
Gefühl 46, 47, 189, 226, 239, 240, 281, 284, 339, 346, 367, 369, 372, 375, 434, 435, 467, 478, 480, 504, 519, 521, 523, 525
Gegenreformation 87, 137, 376
Gegenwärtigkeit 129
Gegenwart 36, 40, 47, 48, 61, 86, 87, 88, 89, 90, 91, 94, 95, 100, 118, 122, 123, 127, 128, 129, 131, 145, 146, 189, 194, 234, 245, 246, 248, 370, 394, 402, 418, 450, 451, 452, 470, 519
Gegenwartsproblem 113, 127
Gehalt (= religiöse Substanz) 30, 37,

87, 88, 90, 93, 130, 132, 139, 341, 449, 478
Geheimnis des Seins 387
Geist 30, 31, 32, 41, 45, 48, 56, 62, 85, 86, 89, 95, 96, 97, 98, 99, 100, 101, 102, 114, 115, 119, 120, 121, 124, 125, 128, 129, 130, 133, 142, 145, 146, 156, 159, 164, 173, 190, 191–200, 205, 206, 218, 219, 233, 239, 245, 257, 270, 276, 280, 283, 289, 290, 292, 331, 342, 355, 358, 371, 389, 391, 415, 419, 432, 434, 461, 465, 469, 479, 528
— Heiliger 31
— prophetisch-kritischer 206
— schöpferischer 200
Geistesgeschichte 88, 124, 127
— haltung 87, 119
— kultur 41, 45, 52, 54
— lage 88, 114
— leben 37, 41, 42, 43, 47, 56, 119, 127, 157, 195
— schöpfung 123, 125
— substanz 87
— wissenschaften 87
Geistige Probleme 282–283
Geistigkeit 36, 89
Geltung 92, 337
Gemeindeabende 44, 51
Gemeinschaft 41, 42, 62, 89, 91, 131, 132, 135, 136, 141, 150, 165, 198, 216, 219, 225, 284, 285, 286, 287, 288, 290, 354, 356, 357, 358, 367, 414, 424, 456, 469, 476, 477, 510
Gemeinschaftsbewegung 90
George, Stefan 114, 277
Gerechtigkeit 98, 178, 180, 187, 188, 189, 216, 219, 274, 280, 290, 305, 307, 404, 405, 406, 407, 408, 411, 416, 437, 438, 439, 443, 449, 456, 457, 470,
Gericht 89, 93, 98, 101, 133, 141, 165, 166, 273, 349, 351
Geschichte 25, 48, 96, 137, 163, 168, 170, 176, 177, 188, 197, 207, 231, 233, 235, 239, 243, 244, 245, 247, 263, 269, 274, 292, 301, 304, 305, 306, 307, 308, 309, 323, 346, 350, 351, 354, 369, 370, 371, 401, 403, 405, 406, 408, 413, 415, 417, 427, 436, 438, 440, 441, 454, 467, 470, 474, 478, 479, 481, 487, 504, 518
Geschichts-Auffassung
— dialektisch-materialistische 211
— liberal-idealistische 211
— -Bewußtsein 423
— -Entwicklung 48
— -Philosophie 90, 137, 162, 163, 177
— -Probleme 113
— -Wissenschaft, profane 24, 341, 390
Gesellschaft
— bürgerliche 25, 50, 52, 97, 99, 100, 114, 115, 116, 117, 119, 120, 122, 127, 128, 130, 131, 141, 152, 155, 156, 163, 175, 187, 212, 214, 216, 220, 231, 232, 237, 259, 262, 274, 282, 284, 286, 290, 297, 311, 334, 347, 362, 368, 394, 395, 413, 416, 419, 431, 432, 469, 475
— feudale 257
— kapitalistische 310, 526
— klassenlose 308, 408, 409, 410
— industrielle 398, 402, 461, 495, 526
Gesellschaftsform 157, 159, 449
— ordnung 140, 141, 154, 155, 162, 163, 164, 178, 243, 257, 267, 268, 291, 292, 293, 294, 295, 296, 297, 298, 300, 301, 302, 303, 305, 311, 318
— -Struktur 311, 461
— -System 438
Gesetz 31, 46, 88, 99, 125, 131, 135, 168, 175, 191, 192, 193, 195, 222, 228, 233, 262, 271, 346, 349, 394, 405, 406, 415, 425, 435, 439, 441, 487, 525, 526
Gestalt 95, 136, 283, 342, 357, 449, 451
Gestaltlehre 120
Gewissen 230, 272, 281, 425, 458, 465

Gewißheit 41, 232, 334, 338, 343
Gifford-Lectures 396
Glauben 28, 34, 41, 45, 85, 93, 195, 197, 200, 230, 234, 240, 259, 271, 273, 290, 297, 307, 338, 341, 342, 344, 358, 363, 377, 388, 394, 402, 421, 425, 440, 442, 452, 522, 524
Gleichberechtigung von Mann und Frau 295, 437
Gleichgewicht der Kräfte 261, 262, 296
Gleichheit der Menschen 257
Gnade 41, 42, 98, 402, 411, 414, 415
Goethe, Johann Wolfgang 23, 24, 36, 48, 59, 99, 115, 275–278, 474
Gogarten, Friedrich 377
Gollwitzer, Helmut 581
Gott 31, 41, 42, 46, 47, 48, 52, 86, 87, 88, 90, 91, 93, 97, 98, 100, 101, 116, 119, 141, 155, 175, 177, 178, 179, 180, 187, 188, 190, 217, 218, 228, 230, 231, 232, 233, 270, 286, 306, 341, 342, 347, 351, 353, 356, 358, 366, 388, 392, 393, 394, 395, 396, 397, 398, 399, 400, 401, 402, 403, 404, 405, 406, 408, 414, 415, 417, 438, 440, 441, 448, 451, 452, 471, 480, 481, 483, 484, 485, 512
Gott, lebendiger 484
Gottesbeweise 397, 398
— bewußtsein 88
— dienst 97
— gedanke 395, 396, 397, 398, 400, 401, 402, 403
— lästerung 113, 140–142
Grenze 45, 46, 47, 92, 95, 116, 225, 231, 234, 286, 300, 306, 307, 354, 360, 419–428, 435, 440, 472, 482, 526, 527
Grenzsituation 212
Griechen 193, 336, 346, 372, 412, 424, 425, 428, 480, 481
Griechenland 193, 371, 372
Griechentum 411
Griechisch-orthodoxe Kirche 296, 297, 488, 508

Griechische Welt 371
Grimm, Adolf 567
Gropius, Walter 511
Grosz, George 169, 560
Grünewald, Matthias 445

Hagen, Paul 312
Hahl, Margot 548–550
Halle/Saale 20, 22, 23, 25, 28, 30, 84, 582–583
Hamburg 139, 364, 373, 384, 581
Haendler, Otto 384, 581
Harmonie 96, 258, 259, 260, 286, 310, 312
Harnack, Adolf von 23, 24, 27, 83, 467, 548
Harvard-Universität 383, 574, 576 bis 580, 583
Haubach, Theodor 567
481, 488, 521
Heidegger, Martin 171, 481, 484, 486, 488, 556, 557
Heidelberg 143
Heidentum, heidnisch 37, 92, 93, 115, 139, 177, 187, 210, 218, 236, 237, 238, 245, 257, 333, 406, 505
Heil (Heilung) 306, 362, 469, 486, 507
Heiler, Friedrich 557
Heilige, das 141, 142, 232, 308, 339, 372, 387, 388, 391, 404, 406, 449, 450, 511, 513
Heiligkeit 231, 236, 449, 451, 483, 512
Heim, Karl 546
Heimann, Eduard 200, 254, 565, 566, 567, 568
Heitmann, Karl 553
Hellenismus 139
Hemingway, Ernest 378
Hermann, Wilhelm 24, 25
Heteronomie 30, 117, 118, 119, 121, 122, 125, 128, 129, 138, 145, 149, 153, 346, 348, 349, 415, 416
Hierarchie 120, 286, 377, 499, 516

Himmel 27, 193, 371, 392, 398, 399, 401
Himmelfahrt 176, 177
Himmelsglauben 26, 389
Hindureligion 481
Hiob 102
Hisamatsu, Zen-Meister 501
Hitler, Adolf 32, 143, 208, 254, 255, 256, 268, 270, 273, 278, 281, 282, 300, 301, 312, 314, 323, 365, 366, 367, 375, 376, 377, 414, 415, 422, 426, 433, 444, 498, 568, 572
Hoffmann, Ludwig von 560
Hoffnung 440, 441, 442, 443, 452, 465, 527, 528–537
Holl, Karl 23
Hölle 27, 401, 427
Höllenglauben 26, 389
Homer 388
Hongkong 374
Hegel, Friedrich Wilhelm 25, 275,
Horizontale 277, 297, 410, 411, 412, 430, 433, 455
Horkheimer, Max 143, 200, 568–569
Horror vacui 231
Hume, David 488
Humanismus 24, 30, 96, 119, 146, 148, 149, 175, 195, 206, 214, 215, 218, 219, 233, 234, 236, 237, 238, 243, 263, 299, 371, 425, 436, 458, 505
— christlicher 233
— neuer 148, 368
— ideal 145
Humanisten 199, 370, 410, 437
Humanistische Universität 144–149
Humanität 25, 150, 152, 267, 323
Husserl, Edmund 549
Huxley, Aldous 460
Hybris 428, 481

Idealismus, idealistisch 119, 121, 123, 142, 157, 189, 219, 283, 302, 310, 340, 367, 435

Identität 191, 424, 425, 426, 427, 484, 504
Ideologie, ideologisch 179, 180, 202, 206, 209, 214, 232, 235, 243, 244, 258, 259, 272, 286, 298, 306, 308, 309, 418, 438, 442
Ikonen 509
Immanenz 79, 114, 116, 127, 235
Imperativ, sozial-ethischer 457
Imperialismus
— britischer 266
— deutscher 258
— englisch/amerikanischer 115, 260
Imperium, römisches 174, 238, 405
Impressionen 238, 370, 490
Impressionismus 121
Impulse 288, 307, 338, 408
Indeterminismus 394
Inder 195
Indianer 194
Indien 196, 245, 451
Indifferenz 42, 87
Individualismus, individualistisch 38, 43, 87, 88, 295
Individualität 41, 136, 197
Individuelle Existenz 519
Individuation 88
Individuum 222, 223, 225, 247, 260, 286, 306, 437, 438, 439, 440, 460, 504, 521
Innerlichkeit 36, 99, 130, 141, 155
Inkarnation 451
Inspirationslehre 48
Instinkt 192
Internationaler Nationalismus 170
Ironie
— amerikanische 429
— sokratische 40
Ise-Schrein 507, 511, 516
Islam 151
Israel 187, 188, 404, 406, 407, 408, 425, 441, 451, 517–528
Italien 118, 174, 240

Jäger, Werner 383
Jahwe 102, 217
Janentzki, Christian 558
Japan, Japaner 195, 267, 418, 447, 472, 489, 490–517
Jaspers, Karl 143
Jerusalem 489, 518, 520, 521
— das himmlische 449
Jesus 27, 30, 108, 111, 112, 142, 170, 171, 172, 188, 217, 406, 412, 448, 502, 520, 522
Jesuskult, sentimentaler 31
Jodo-Shinshu-Religion 502, 504
Jordanien 518
Jüdisch-christlicher Dialog 407
Jüdische Deutung der Geschichte 518
Jüdisches 92, 93, 280, 282
Jüdische Kultur 195
Jude 142, 216, 218, 229, 278, 407, 410, 437, 523, 524, 526
Judenmission 406
Judentum 187, 206, 216, 350, 403, 406, 407, 412, 427, 428
Judenverfolgung 209
Jugend 242, 243, 248, 284, 317, 337, 452, 497, 527
Jugendbewegung 30, 32, 89, 91, 112, 120, 122, 130–133
Jugendweihe 375
Julian Apostata, Kaiser 86
Jung, Carl Gustav 555

Kaas, Prälat 179
Kabbala 138
Kähler, Martin 23, 25, 28, 30
Kairo 518
Kairos 32, 91, 239, 350, 411, 412, 413, 416, 417, 487
Kant, Immanuel 25, 36, 279, 415, 437, 482, 488, 546
Kapitalismus, kapitalistisch 157, 180, 243, 247, 268, 293, 300, 310, 311, 368
Kapitalistisches Marktverhältnis 163

Kapitalistisches Prinzip 202
Karma 479
Kassel 31, 32, 33
Katholizismus
— griechischer 273
— römischer 87, 88, 90, 92, 93, 94, 95, 96, 97, 98, 99, 119, 121, 122, 124, 138, 181, 210, 227, 245, 273, 286, 297–300, 348, 368, 370, 376, 417, 445
Katholizität, evangelische 92, 93, 94, 95
Kennedy, John F. 579
Kepler, Johannes 389
Ketzer, ketzerisch 35, 229
Key, Ellen 48
Kierkegaard, Sören 24, 26, 29, 48, 119, 486
Kirche 30, 31, 33, 37, 38, 42, 44, 45, 50, 52, 53, 54, 55, 58, 61, 87, 88, 89, 90, 92, 93, 114, 118, 119, 121, 124, 127, 128, 132, 137, 140, 141, 145, 154, 155, 157, 158, 159, 160, 176, 181, 187, 188, 189, 190, 206, 207, 209, 217, 229, 234, 237, 238, 245, 248, 257, 269, 272, 273, 285, 289, 291, 292, 297, 316, 322, 332, 334, 336, 339, 340, 342, 343, 351, 366, 367, 369, 370, 409, 418, 419, 421, 422, 430, 445, 450, 467, 480, 487, 505, 506, 508
Kirche
— anglikanische 270, 303
— Bekennende 247, 271, 369
— griechisch-orthodoxe 296, 297, 488
— latente 449
— lutherische 217, 218, 235, 236, 270, 300–302, 375, 409, 413
— protestantische 343, 369, 370, 409, 446, 458, 466
— römische 92, 93, 117, 121, 122, 132, 229, 236, 237, 242, 247, 269, 270, 271, 273, 297–300, 337, 343, 368, 369, 375, 389, 446, 451, 458, 466, 488

Kirchenbau 446, 447
Kirchenidee 117
Kirchenkampf 227–230, 247, 368, 377, 421
Kirchentag 375
Kirchentum 89, 158
Kissinger, Henry 453, 456
Klassen 188, 203, 218, 232, 233, 255, 259, 263, 267, 273, 293, 294, 295, 300, 301, 305, 308, 358, 422, 425, 448, 508
— herrschaft 214
— ideologie 151
— interesse 151
— kampf 156, 180, 232, 234
— staat 160
— symbol 447
Klassik, klassisch 99, 114, 120, 148, 286, 289, 312, 333, 435, 481
Klatt, Fritz 567
Klee, Paul 560
Klemperer, Viktor 558
Kleinbürgertum 422
Kollektivismus 295, 297, 460, 464
Kollektivistisch-autoritäre Periode 201, 202, 299
Kommunismus, Kommunisten 154, 203, 229, 235, 241, 244, 257, 258, 269, 270, 272, 294, 311, 368, 461, 497, 498, 499, 527
Kompromiß, politischer 203, 204, 242, 256, 456
— religiöser 218
— wissenschaftlicher 152
Königtum, archaisches 174
Konfession 90, 130, 151, 219, 227, 236, 333
Konfessionalismus 507
Konfirmation 375
Konformismus 390, 459–465, 473
Konfuzianismus 513
Konkretheit 360
Konservativ 24, 89, 90, 241, 298, 299
Konstruktive Methode 41

Kopernikus, Nikolaus 339, 455
Korea 512, 577
Kreml 375
Kretzler, Karin 143, 186, 324
Kreutzberg, Harald 559, 561
Kreuz 93, 123, 124, 130, 165, 166, 379–382
Krieg 43, 202, 204, 241, 246, 254, 255, 256, 257, 260, 265, 266, 269, 270, 271, 281, 282–283, 284, 287, 288, 289, 294, 295, 312, 314, 323, 370, 405, 420, 421, 438, 439, 456, 457
— atomarer 439, 442
— heiliger 197
Kriegsziele 254–269
Krisis, religiöse 86, 90, 100, 133, 165
Kritik 43, 61, 140, 146, 159, 205, 214, 228, 235, 272, 286, 303, 307, 308, 309, 351, 397, 431, 488
— historische 27, 30
— intellektuelle 336–343
Kritizismus 116, 175
Kroner, Richard 558, 560, 561, 562
Kürten 175, 176
Kult, Kultisches 92, 94, 95, 124, 131, 134, 331, 449, 509, 510
Kultur 25, 37, 86, 88, 91, 99, 112, 122, 123, 127, 134, 137, 138, 144, 157, 158, 168, 169, 180, 190, 191, 193, 195, 196, 197, 198, 205, 207, 215, 218, 243, 247, 276, 286, 287, 289, 290, 332, 334, 348, 363, 368, 370, 415, 416, 419, 422, 430, 432, 433, 442, 459, 460, 467, 471, 473, 493, 505, 521
— antike 137
— bürgerliche 120
— eindimensionale 430, 431, 432, 433
— griechische 372
— logisch-ästhetische 90
— mittelalterliche 138
— profane 94
— westliche 190
— -Bewegung 90

Kultur
— -Boden 38
— -Bolschewismus 180
— -Form 86
— -Funktion 38
— -Geschichte 140
— -Kreis 137, 371
— -Krisis 86, 87
— -Leben 155
— -Politik 83, 121
— -Prozeß 88
— -Religion 370
Kunst 48, 96, 115, 135, 139, 140, 142, 169, 170, 176, 198, 284, 286, 332, 347, 348, 371, 402, 416, 422, 432, 433, 434, 435, 436, 444–452, 464, 472, 474, 482, 486, 488, 510, 512, 513
— antike 199
— -Politik 169–170
Kyoto 490, 494, 503, 506, 515, 516

Lage
— asiatische 294
— deutsche 207–210, 369, 372
— europäische 294
— geistige 90, 94, 136, 144, 146, 180, 201, 367
— gesellschaftliche 94, 136, 144, 146, 171, 461, 475, 500
— religiöse 209, 230, 232, 234, 238
Landauer, Gustav 548
Law School 470
Leben 46, 62, 89, 90, 98, 103, 115, 132, 133, 157, 164, 188, 191, 195, 196, 197, 198, 199, 243, 244, 259, 284, 286, 288, 289, 290, 308, 332, 346, 352, 354, 356, 372, 390, 396, 427, 431, 432, 434, 436, 444, 469, 474, 484, 518
Lebensfunktion 97
— philosophie 100, 484
— probleme 53, 117
— sinn 284

Leese, Kurt 20, 59, 100
Lehre, reine 98
Leib 96, 97, 98
Leiblichkeit 97, 98
Leibniz, Gottfried Wilhelm 279
Leibrecht, Walter 383, 576–580
Leipzig 23, 26, 375, 559, 562
Lengston, Eugene 492
Le Seur, Eduard 59
Liberal-bürgerliche Ordnung 297, 299
Liberal-demokratische Periode 201, 202, 205
Liberale 24, 38, 151, 240, 260
Liberalismus 26, 114, 150, 151, 206, 232, 262, 299, 310, 377, 506
Liberalität 150
Liebe 155, 156, 158, 159, 160, 167, 168, 189, 190, 223, 224, 225, 228, 249–252, 353, 354, 358, 437, 443, 458, 487
Liebestätigkeit 53, 60, 160
Liebknecht, Karl 20
Literatur, literarisch 45, 48, 55, 56, 142, 162, 198, 211, 219, 284, 295, 333, 347, 369, 402, 423, 426, 432, 449, 474, 482, 486
Liturgie 33, 452
Logos 346, 467, 497
Loheland-Tanzschule 136
Lonely-crowd-Haltung 465
Löwe, Adolf 200, 565, 566, 567
Ludwig, Emil 235, 278, 279, 280, 281
Luther, Martin 25, 29, 97, 98, 101, 104, 119, 138, 139, 180, 199, 217, 218, 228, 301, 356, 409, 448, 526
Lutheraner, Luthertum 32, 97, 98, 99, 100, 122, 155, 159, 206, 228, 229, 235, **245, 271, 273, 300, 410,** 417

Mac Arthur 498, 499, 508
Machiavell, Niccolo 98

Mächte, dämonische 98, 119, 138, 233, 238, 284, 305, 333, 414, 417, 454
Macht 98, 128, 168, 176, 189, 190, 192, 202, 205, 218, 236, 258, 264, 271, 295, 307, 314, 334, 354, 371, 372, 388, 406, 422, 426, 435, 436, 438, 439, 461, 470, 479
Machtdurchsetzung, kapitalistische 163
Machtnationalismus, kapitalistischer 132
Machtwille 101, 272, 307, 308
Madrid 292
Magdeburg 71
Magie, magisch 140, 436, 510
Mainz 364, 369
Malerei 90, 121, 134, 169, 371, 444, 445, 512, 575
Manen 508
Mannheim, Karl 143
Manifestation 372, 427, 428, 508
Manipulation 461, 462
Marburg 23, 31, 33, 83, 85, 164, 329, 352, 359–363, 364, 377, 550, 553, 556–557, 562, 566
Marburger Erklärung 153, 165
Marcel, Gabriel 486
Marcuse, Herbert 578
Marienkult 14
Markt, Freie Marktwirtschaft 262
Marx, Karl 25, 151, 162, 163, 277, 304, 306, 308, 309, 310, 340, 413
Marxismus 118, 157, 162, 163, 236, 243, 303–312, 408
Masse 37, 38, 43, 88, 94, 136, 163, 170, 190, 202, 203, 204, 208, 210, 218, 237, 243, 244, 255, 259, 263, 269, 273, 294, 297, 299, 302, 346, 366, 411, 441, 460, 461, 505
Massenmedien 345, 346
Materialismus 36, 37, 48, 157, 163, 289, 310
Mathematik 35, 389
Matisse, Henri 448
Matzumoto 492

Medicus, Fritz 84, 562–564
Mechanisierung 285, 288, 289, 290
Mechanismus, mechanistisch 25, 48, 221, 222, 287, 310, 394, 432
Meiji-Schrein 507, 508
Meinhof, Heinrich 21, 542
Melanchthon, Philipp 139
Mennicke, Carl 565, 566
Mensch 96, 98, 101, 163, 167, 177, 187, 192, 200, 220, 223, 226, 233, 284, 305, 306, 309, 336, 341, 342, 346, 353, 354, 360, 361, 362, 363, 389, 390, 393, 396, 398, 400, 401, 402, 417, 424, 429–433, 437, 438, 440, 441, 448, 454, 455, 459, 460, 461, 462, 463, 472, 477, 485, 486
— einsamer 245
— geistiger 198
— moderner 346
Menschenrechte 188, 189, 368
Menschheit 89, 171, 176–177, 178, 220, 231, 234, 260, 261, 269, 272, 288, 308, 309, 331, 348, 354, 389, 400, 424, 427, 430, 465, 521
Menschlichkeit 200, 219
Messias 407
Metaphysik, metaphysisch 25, 48, 102, 115, 120, 257, 286, 310, 391
Metternich, Clemens von 293
Metternichs Lösung 293
Mexiko 431
Meyer, Conrad Ferdinand 29
Militarismus 155, 243, 366, 373
Miller, Arthur 378
Mission
— äußere 197
— innere 37, 44
Missionar 505, 506
Mitte der Geschichte 522
Mittelalter 87, 120, 123, 138, 169, 218, 233, 237, 238, 285, 288, 376, 389, 425, 461, 481
Mittelstand 202, 203, 208, 209
Moderne, die 113–130
Modernismus 121

Mond, die Eroberung des Mondes 455
Monarchie 173–174
Monisten 59
Monopolkapitalismus 255, 287, 288
Monotheismus 404, 405, 451
Moral, moralisch 28, 131, 198, 209, 231, 449
Moralismus 24, 39, 189
Morgenthau-Plan 313
Morus, Thomas 172
Müller, Adolf 545–547
Müller, Johannes 48, 59, 77
München 162, 364
Münster (Westf.) 161, 162, 164
Musik 26, 29, 31, 32, 48, 134, 332, 387, 416, 464, 474, 513, 514, 525
„Mutter"-Symbol der Jugendbewegung für schöpferische Unmittelbarkeit 133
Mutterleib 103, 104
Mysterien 115
Mysterium des Seins 434, 485
Mystik 25, 38, 100, 115, 120, 131, 132, 133, 136, 140, 279
— anthroposophische 90
— christliche 237
— indische 237
Mystiker 87, 245, 480
Mystisch
— kultisch 117, 118, 412
— religiös 90, 117, 138, 307, 450, 478, 479
— weiblich 133
Mystizismus 296
Mythen, mythisch 92, 102, 174, 387, 388, 389, 400, 417, 449, 514
Mythologie, mythologisch 139, 390, 522
Mythos
— vom Paradies 192, 471, 472, 479, 486
— iranischer 107
— nationaler 175, 177

Nation 170, 171, 243, 246, 247, 261, 262, 271, 293, 334, 357, 366, 404, 408, 414, 417, 423, 427, 429, 433, 442, 443, 465, 474, 496
Nationale Idee 132, 156, 161, 165, 179
Nationalgefühl 119
Nationalismus, nationalistisch 26, 90, 155, 161, 170, 171, 189, 206, 236, 242, 243, 254, 258, 271, 272, 277, 293, 296, 297, 308, 323, 366, 376, 405, 406
Nationalkirche 198, 273, 297
Nationalökonomie, englische 162
Nationalreligion 165
Nationalsozialismus 32, 33, 84, 143, 177–179, 207, 208, 209, 210, 216, 260, 265, 267, 268, 269, 270, 277, 281, 284, 295, 299, 301, 313, 314, 316, 319, 323, 366, 367, 368, 369, 375, 376, 377, 414, 421, 452
NATO 373
Natur 24, 25, 26, 48, 85, 95, 96, 97, 98, 99, 100, 101, 102, 125, 131, 168, 191, 192, 196, 222, 231, 245, 306, 341, 360, 369, 371, 417, 440, 442, 454, 464, 474, 508, 511, 515
Naturalismus 286, 340, 445
Naturbeherrschung 199
— entwicklung 48
— gesetz 88, 231, 479
— grund 100, 165
— mystische Symbole 131
— philosophie 140
— recht 458, 470
— wissenschaft, naturwissenschaftlich 36, 47, 102, 137, 140, 151, 341, 386 bis 394
— wissenschaftlich — entwicklungsgeschichtliche Probleme 37
Naumann, Friedrich 48
Neofaschismus 294
Neofundamentalismus 370
Neue, das 89, 94, 135, 171, 172, 173, 195, 199, 295, 297, 345, 367, 378,

604

420, 432, 443, 447, 472, 487, 514
Neues Testament 237, 343, 367, 377, 401, 411, 412, 506, 521, 522, 529, 530, 532
Neuheidentum 236, 269, 273
Neuplatonismus 138, 199, 389, 479
Neuwerk 32
New Deal 267, 268
Newton, Isaak 389
New York 185, 219, 318, 320, 349, 359, 374, 384, 386, 447, 490, 504, 518, 567, 570, 575
Niebuhr, Reinhold 24, 185, 200, 410, 583
Niemöller, Martin 217, 228, 270, 271, 273
Nietzsche, Friedrich 25, 48, 56, 98, 100, 104, 114, 149, 219, 277, 282, 347, 481, 484, 556
Nihilismus 284
Nikodemus 103
Nishitani 504
Noah 102
Nomaden, moderne 194
Nominalismus 88
Nomos 125
Non-Church-Bewegung 493
Nottingham 330

Öffentlichkeit 54, 62, 321
Ökonomische Sphäre 310
Ökumenische Bewegung 272
Objekt 163, 225, 229, 231, 292, 306, 361, 363, 402, 463, 478
Objektivierung 402
Objektivität 43, 354
Obrigkeitsstaat 155
Offenbarung 62, 88, 97, 119, 130, 131, 187, 197, 231, 245, 339, 369, 388, 394, 397, 425, 430, 509
Offenbarungsbegriff 34
Offenbarungserfahrung 450
Ontologische Beziehung zwischen Gott und Welt 392

Optimismus, liberaler 240
Oppositum – eine unter anderen Möglichkeiten 93
Orthodoxie, orthodox 26, 29, 83, 98, 119, 120, 124, 235, 237, 245, 271, 274, 348
Orwell, George 460
Ost-Deutschland 375, 409
Osterbotschaft 172
Ostern 109–112, 324–327
Otto, Rudolf 83, 467, 556, 557
Oxford-Bewegung 245
Oxford-Konferenz 1937 207, 217, 272

Pädagoge 58, 243, 247
Pädagogik 49, 117, 471
Pätzig 33, 553
Palästina 406
Palucca, Gret 135, 559, 560
Papen, Franz von 179, 180
Papst 298, 300, 392
Pantheismus 236, 508
Paradox, paradoxal 24, 25, 26, 28, 29, 46, 92, 170, 340, 367, 447
Paris 170, 292
Parmenides 478
Pascal, Blaise 402, 486
Paulus (Apostel) 29, 31, 110, 115, 138, 199, 217, 306, 335, 372, 409, 526, 529
Paulinischer Geistbegriff 31
Pazifismus, Pazifisten 239, 242, 262, 271, 426, 439, 456
Pelagius 502
Persönlichkeit 30, 115, 117, 136, 141, 255, 271, 284, 285, 287, 288, 289, 290, 361, 399, 422, 449, 459, 463, 465, 474, 504, 505, 525, 526
Persönlichkeitsideal 25, 117, 155
Person 224, 225, 437, 471
Pfarramt, Pfarrer 50, 51, 57, 166, 302, 335, 336, 375, 377, 384, 466, 505

Pharaonen-Kultur 518, 519
Pharisäismus 24, 142, 165, 175, 176, 189
Philia 224
Philosophen, englische 36
Philosophie 25, 49, 84, 95, 96, 102, 103, 116, 118, 119, 137, 138, 139, 140, 151, 193, 196, 198, 220, 223, 338, 347, 361, 369, 396, 402, 419, 432, 434, 438, 466, 467, 470, 478, 480, 481, 482, 488, 504, 506
— der Vitalität 117
— klassische 25
Philosophische Propädeutik 45, 52
Pietismus, pietistisch 29, 87, 90, 99, 115
Planwirtschaft 244, 263
Plastik 372, 511
Plato 137, 138, 353, 355, 424, 478, 485, 488, 543
Platonismus 312
Plotin 137, 479
Poelchau, Harald 83, 556–557
Pol, Heinz 279, 280
Polarität 450, 451
Polen 298
Politik 49, 96, 140, 169, 213, 228, 258, 266, 271, 273, 291, 298, 299, 300, 302, 303, 307, 356, 416, 426, 463, 466, 470, 475, 499
Polytheismus 404
Positivismus, positiv 38, 283, 350
Prädestinierte der Reformation 87
Priestertum, priesterlich 90, 95
Prinzip
— christliches 161, 164
— der Reflexion 130, 132
— der Wirtschaft nach der Lehre des Marxismus 311
— innergöttliches 100
— innerkirchliches 31, 93
— nationales 164
— prophetisches 408
— protestantisches 28, 95, 96, 97, 101, 120, 132, 337, 351

Prinzip
— transzendentales 197
Problem(e)
— der Gegenwart 43, 92, 122, 134, 140, 165, 274, 295, 296, 343, 345, 365, 373, 377, 447, 469, 473, 500, 504, 513
— christologisches 27
— des historischen Jesus 30
Produktion um des Menschen willen 156, 205, 211, 285, 310
Profan 88, 94, 95, 131, 141, 232, 449
Profanisierung 88, 104, 231
Proletariat, proletarisch 122, 202, 208, 209, 232, 235, 243, 244, 306, 309, 311
Propheten 187, 192, 193, 336, 405, 411, 412, 427
Prophetismus 215, 234, 304, 305, 312
Prophetische(r)
— Botschaft 123
— Geist 465
— Grundlage 177, 256
— Protest 190, 404
Proselytismus, jüdischer 197
Protestantismus, protestantisch 41, 85, 87, 88, 90, 93, 94, 95, 96, 97, 99, 100, 115, 116, 117, 119, 122, 132, 133, 134, 138, 177, 179, 180, 181, 206, 227, 229, 230, 231, 237, 247, 256, 270, 271, 273, 274, 286, 297, 298, 299, 300–303, 312, 322, 333, 348, 368, 376, 401, 409, 417, 436, 437, 444, 445, 488, 500
Protestantischer Protest 94, 95, 307
Provinzialismus 193, 455, 489, 517
Psycho-analytische Bewegung 99, 103, 104, 175, 176, 225
Psychologie 59, 140, 147, 197, 284, 336, 341, 390, 414, 467, 469
Psychose 413
Psychotherapie 413
Pythagoras 424

Rasse(n) 217, 219, 236, 358, 422, 454
— -Gesetz 316
— -Konkurrenz 206
— -Theorie 236
Rathmann, August 153, 564–568
Rationalismus 36, 37, 402
Rationalisierung 131, 163
Rationalität 114, 116, 117
Raum 403, 404, 406, 407, 409, 424, 442, 446, 448, 450, 451, 455, 472, 478, 482, 518, 521, 523
Reaktion, reaktionär 121, 122, 129, 137, 274, 293, 294, 418, 476
Realismus 88, 120, 129, 213, 219, 262, 378, 470
— gläubiger 121, 129
— neuer 120
Realistik, realistisch 48, 142, 262, 434, 435, 441
Realistisch-romantische Geistesbewegung 36
Realität 307, 523, 527
Recht 92, 142, 156, 163, 168, 272, 341, 358, 438, 465, 466, 470
Recht, kanonisches 96
Rechtfertigung (aus dem Glauben) 24, 42, 139, 217
Rechtsstaat 212
Reformation, reformatorisch 31, 87, 92, 114, 115, 123, 137–140, 218, 273, 279, 288, 451
Reformatoren 25, 217, 307, 337
Reich Gottes 115, 173, 177, 178, 190, 228, 234, 235, 257, 272, 274, 304, 405, 408, 409, 410, 443
Reichsschulgesetz 117
Reichwein, Adolf 567
Reintegration 360
Relativismus 310
Religion 36, 38, 45, 48, 62, 86, 88, 91, 93, 96, 112, 113, 119, 123, 126, 130–133, 134–137, 139, 140, 142, 157, 158, 193, 197, 215, 220, 225, 230, 235, 236, 238, 243, 271, 286, 307, 308, 331–335, 336, 337, 339, 340, 348, 349, 351, 362, 371, 386, 387, 388, 401, 402, 403, 411, 412, 419, 425, 432, 442, 447, 449, 451, 462, 463, 466, 468, 469, 484, 486, 500, 504, 506, 509, 510, 524, 527
— der Nicht-Religion 236
— und Kultur 494, 498, 499, 503
— und Naturwissenschaft 386–394
Religionsbegriff 448
— geschichte, religionsgeschichtlich 88, 90, 100, 121, 138, 139, 140, 141, 406, 413
— philosophie 48, 387, 467, 494
— -Unterricht 51, 331–335, 467, 468
Religiös-sozialistische Grundlage 32, 33, 91
Renaissance 88, 97, 103, 114, 137 bis 140, 199, 218, 286, 389, 395, 441, 521
— -Mensch 98
Reni, Guido 445
Ressentiment 120, 171, 203, 219, 283, 374, 463, 477, 498
Reston, James 456
Revolution, revolutionär 159, 203, 241, 242, 293, 294, 298, 299, 300, 307, 409, 435, 438, 461
Rickert, Heinrich 560
Riezler, Kurt 143
Rhine, Maria 33, 69, 543–545
Rilke, Rainer Maria 277
Ritschl, Albrecht 24
Ritchlianer 25
Ritschlianismus 23, 24
Rittelmeyer, Friedrich 546
Ritter, Karl Bernhard 553
Rittertum 218
Rode, Werner 574–576
Rom 292, 299, 425
Romantik 48, 90, 99, 115, 117, 120, 121, 128, 129, 131, 136, 174
Romantisches Verhältnis zur Natur 26, 169, 170
Romantisch-idealistisch 38, 86, 205
— -sozial-religiös 90

Roosevelt, Eleanor 453, 456
Roosevelt, Franklin 266
Rosenstock, Eugen 143
Rüstow, Alexander 547, 551, 565, 566
Rusk, Dean 456
Rust, Bernhard 185
Rußland 118, 203, 217, 222, 242, 246, 266, 268, 269, 283, 291, 293, 294, 297, 298, 300, 302, 312, 372, 448, 500

Säkularismus 231, 232, 233, 234, 235, 236, 237, 238, 340, 414, 448, 452
Sakrament 85, 92, 368, 406
Sakramentale(s)
— Situation 104
— Element 308
Salomo 448, 521
Sapientia 361, 395
Saturn 138
Sartre, Jean-Paul 402, 481, 486
Schafft, Hermann 21, 27, 29
Scheler, Max 84, 562, 568
Schelling, Friedrich Wilhelm 25, 100, 145, 481, 484, 488, 512, 549, 551, 562, 563
Schematisierung 460
Schicksal 89, 101, 129, 138, 158, 163, 189, 191, 216, 226, 239, 247, 258, 284, 305, 314, 334, 374, 388, 405, 419, 434, 442
Schicksals-Frage 91
— -Stunde 91
Schleiermacher, Friedrich 377, 467
Schmidt, Erik 384, 581
Scholz, Heinrich 547
Schöpferische Welt 92, 130
Schöpferkraft 191, 194, 195, 198
Schöpfertum, individuelles 87, 194, 290
Schöpfung 94, 118, 125, 127, 130, 135, 137, 141, 160, 168, 169, 171, 198, 211, 226, 276, 286, 312, 331, 392, 393, 414, 431, 435, 447, 451, 468, 472, 484
Schöpfungsgedanke 26
— geschichte 47, 102, 471
Schopenhauer, Arthur 100
Schrift, Heilige 87, 88
Schuld 366, 504, 507
Schule 51, 354
Schulpforta 85, 554
Schulpolitik 121
Scientia 361, 395
Seele 90, 96, 98, 139, 142, 156, 175, 198, 218, 219, 231, 234, 274, 282, 393, 469, 478, 480, 508
Seelenforschung 117
Seelsorge 43, 45, 53, 75, 510
Seelsorger 58
Sein, Neues 101, 172, 225, 349, 350, 351, 487, 498, 509, 510
Seinsmächtigkeit 438
Sekte 90, 92, 187, 188, 333, 417
Selbst, das 193, 224, 284, 286, 397, 402, 434, 463, 512
Selbstentfremdung 194
— erkenntnis 193
— gewißheit 125, 129, 200
— verwirklichung 202
Selfhelp 220, 226, 570–572
Semantik 391
Shin-Buddhismus 512
Shintoismus 506, 507, 508, 509, 510
Shinto-Pantheismus 507
Simons, Hans 201, 566
Sinn 85, 88, 91, 92, 94, 105–114, 123, 125, 126, 176, 197, 200, 206, 243, 245, 255, 285, 286, 287, 289, 304, 305, 317, 318, 337, 351, 362, 363, 405, 408, 414, 416, 432, 439, 444, 465, 470, 477, 497, 522
— losigkeit 123, 125, 240, 242, 292, 334, 431
Sintflutsage 102
Situation 94, 189, 194, 196, 204, 208, 209, 213, 214, 222, 223, 224, 239, 240, 242, 243, 246, 247, 263, 265,

268, 269, 273, 288, 291, 323, 336, 338, 343, 363, 367, 374, 377, 407, 416, 418, 421, 429, 435, 437, 445, 447, 460, 466, 470, 473, 493, 496, 497, 514, 515, 516, 524, 527
Tragik, tragisch 24, 103, 142, 189, 216, 261, 278, 370, 425, 438, 474, 516
Transzendente(r, s)
— Grundlage 286
— Sicherheit 370
— Sinn des Evangeliums 79, 123
— Ziel 233
Transzendenz, transzendieren 116, 118, 120, 307, 351, 400, 411, 451, 465
Trennung 192, 193, 194, 246, 468
Trinität 484, 485
Troeltsch, Ernst 23, 24, 27, 83, 467, 547, 548
Tübingen 22, 28, 541, 583
Tübinger Stift 23
Typen, Typus 98, 104, 135, 211, 312

Überzeugung 41, 42, 45
Überzeugtsein 39
Ulich, Robert 201, 559, 560
Unbedingt, was uns unbedingt angeht 388, 411, 470, 487
Unbedingte, das 91, 123, 129, 140, 176, 342, 347, 349, 394, 411, 414, 427, 449, 450, 469
— das transzendente 123, 124, 125, 129
— das unbedingt Wirkliche 89, 91
Unbedingtheit 94
Unendliche, das 103, 192, 397, 405, 427, 428, 448
Unendlichkeit 97, 116, 446, 455, 480
Unglaube 39
Union Theological Seminary 24, 185, 248, 329–330, 351, 352, 353, 355, 359, 383, 445, 574–576, 583

Universal, Universalität 87, 93, 95, 122, 202
Universität 51, 84, 143, 149, 206, 225, 421, 465, 466, 468, 470, 472, 505, 582–584
Universitätsreform 143–149
Unmittelbarkeit 45, 88, 90, 130, 131, 132, 133, 174, 194
Unsterblichkeit 519
Unzufriedenheit 171, 172
Urchristentum 123, 159
Urschöpfung 89
Utopie, utopisch 146, 172, 173, 308, 415, 416, 417, 440, 441, 443, 460, 470
— Geist der Utopie 173
Utopismus 213

Vakuum 234, 237
Vansittard 280, 281
„Vater"-Symbol der Jugendbewegung für Gesetz 133
Vatikan 297, 298
Vence, Kapelle in Südfrankreich 448
Verantwortlichkeit, soziale 29
Verantwortung 127, 142, 180, 271, 366, 378, 412, 417
Verbalinspiration 47
Vereinte Nationen 316, 317
Vereinigte Staaten von Amerika 197, 255, 260, 267, 270, 298, 300, 302, 359, 363, 409, 410, 417, 423, 424, 431, 581
Verifizierung 342
Verkündigung
— evangelische 92
— kirchliche 37, 38, 61, 92, 93, 94, 123, 125, 127, 128, 129, 181, 271, 308
Vermittlungstheologie, vermittlungstheologisch 23, 24
Vernunft 34, 163, 231, 286, 346, 402, 415, 441, 469, 474, 480, 523
— Abende 34, 52, 53, 60, 61

Vernunft
— Gesetz 88
Versailler Vertrag 271
Vertikale Linie 277, 297, 410, 411, 416, 432, 455
Verwirklichung
— christliche 92, 93, 94, 95, 96, 99, 118, 160, 165
— des Sozialismus 162, 215
Verzweiflung 123, 299, 306, 334
Vietnam 578
Vision 257, 258, 405
Vitalismus 48
Vitalität, vital 30, 31, 32, 117, 134, 175, 236, 284
Voraussetzungslosigkeit der Wissenschaft, grundsätzlich 150
Vorsehung 393, 394, 407, 430
Vorsokratiker 478

Wagnis 181–184, 334, 339, 342, 343, 441, 458, 464, 465
Wahrheit 33, 35, 40, 41, 42, 46, 47, 56, 61, 62, 89, 155, 187, 192, 216, 217, 219, 245, 248, 258, 275, 306, 307, 333, 336, 342, 354, 355, 356, 357, 358, 389, 396, 438, 445, 454, 478, 480, 512
Wahrheits-Ideal 206
Wahrhaftigkeit 61, 62, 444–452
Wanderung 191–200
Ware 306
Warburg-Bibliothek 137–140
Wartburg 26
Wasser 85, 102–104, 371
Weber, Max 547
Wedemeyer, von 33, 553
Wegener, Richard 20, 59, 544
Weihe 444–452
Weihnachten 105–109
Weimarer Republik 368
Weisheit 395
Wellhausen, Julius 467
Welt 48, 90, 91, 92, 96, 101, 130, 141,

Welt
171, 175, 176, 187, 192, 196, 197, 200, 206, 219, 231, 234, 245, 247, 261, 264, 269, 274, 278, 288, **291,** 295, 302, 306, 311, 312, 341, 345, 353, 354, 356, 366, 379, 390, 392, 394, 398, 399, 400, 401, 415, 423, 427, 434, 448, 478, 479, 482, 512, 522
— anschauung 25, 35, 36, 48, 55, 96, 130, 131, 132, 139, 165, 179, 180, 209
— — antike 137
— — astrologisch-dämonische 139
— — mathematisch-naturwissenschaftliche 37
— — moderne 37, 116, 120
— anschauungsfragen 51
— bejahung 199
— bewußtsein 88, 155
— bild
— — biblisches 401
— — griechisches 401
— — mittelalterliches 401
— -Ende 313
— gefühl
— — germanisches 101
— — harmonisches 139
— geschichte 218, 425, 521, 527
— kriege 26, 27, 31, 32, 156, 204, 207, 222, 241, 257, 261, 262, 269, 272, 282, 287, 373, 374, 403, 408, 412, 414, 415, 417, 442, 444, 447
— lage 201, 205, 207, 215
— lichkeit 334
— macht 298, 299
— politik 86, 271
— raum 455
— revolution 282, 311
— situation 190
— wirtschaft 118
Werk(e) 41, 142, 349, 350, 352, 431, 433, 434, 445, 472
Werner, Hannah 83, 576
Wert(e) 25, 45, 96, 123, 189, 209,

215, 236, 244, 289, 333, 347, 357, 365, 388, 427
Wertheimer, Max 223
Wertphilosophie 25
Wesen
— des Christentums 123, 124, 155
— der Demokratie 258
— des Menschen 305, 306, 335, 353, 388, 416, 424, 434, 461, 485, 486
— des Protestantismus 133
— des Seins 483
— des Staates 168
Wettbewerb, freier 311
Wesenheit 88, 485
Whitehead, Alfred North 383
Widerstand 454, 461, 464
Wiederaufbau 282–283, 286, 287, 288
Wiedergeburt 277, 278
Wien 162, 292
Wigman, Mary 134, 135, 136, 559, 560, 561
Wilamowitz-Möllendorf, Ulrich von 551, 552
Wilder, Thornton 378
Wille 47, 58, 86, 91, 93, 115, 117, 128, 155, 158, 162, 163, 180, 189, 192, 208, 243, 247, 274, 290, 413, 414, 420, 439, 440, 481
— zur Macht 192, 356, 427
Willkür 31, 217, 261, 263, 346, 447, 465
Wingolf 26, 28, 30, 32, 163, 164, 165, 166, 549
Wingolfsblätter 153, 161
Wirklichkeit 411, 413, 415, 421, 428, 434, 436, 449, 450, 472, 475, 478, 479, 481, 486, 512, 528
Wirtschaft 90, 115, 136, 140, 156, 175, 239, 246, 263, 264, 291, 334, 434, 466, 518, 524
Wirtschaftspolitik 208
Wissen 395, 398, 476
— religiöses 331–335
Wissenschaft
— griechische 199

Wissenschaft
— historische 28, 401
— moderne 37, 90, 95, 96, 121, 136, 142, 145, 150, 151, 231, 286, 309, 341, 361, 390, 393, 394, 395, 397, 402, 403, 416, 442, 464
— praktische 35
— System (der Wissenschaft) 34, 35, 61, 62, 142, 193, 354, 357, 359, 363, 467, 468, 469, 470
Wolfers, Arnold 566
Wolff, Christian 21
Wunder, das deutsche Wirtschaftswunder 373, 374
Wunder-(glaube) 26, 27, 307, 388, 394, 524
Würde des Menschen 437, 438, 472

Zarathustra 108
Zehn Gebote (Gottes) 439, 458
Zeit 393, 394, 396, 404, 405, 406, 409, 412, 451, 455, 472, 478, 482, 518
Zeitalter, protestantisches 256, 278
Zen-Buddhismus 502, 512
Zentrum 96, 319, 439, 463, 481, 484
Zion 404, 405
Zionismus 403–408
Zivilisation 195, 196, 197, 218, 243, 284, 354, 425, 461, 505
Zufall 48, 284, 311, 367, 468, 475
Zuhören, schöpferisches 471–477
Zürich 384, 489, 517, 518, 568
Zwang 438, 439, 465, 469, 470
Zweideutigkeit 367, 402, 429, 430, 431, 432, 438, 440, 441, 463, 482, 483, 486
Zweifel 59, 61, 62, 133, 172, 232, 338, 406, 421, 429, 464, 480
Zweifler, Rechtfertigung des 28
Zwingli, Huldreich 301
Zyniker 348
Zynismus 284, 299, 318, 334, 345, 388, 429, 441, 473

VERZEICHNIS
DER BEHANDELTEN BIBELSTELLEN

1. Mose 12, 1	Seite 187	Römer 4, 18	Seite 529
1. Könige 8, 22 ff.	Seite 448	Römer 6, 8	Seite 110
Jesaja 30, 15	Seite 532	Römer 8, 24	Seite 530
Jesaja 60, 2	Seite 107	Römer 9, 16	Seite 110
Hiob 14, 7–10	Seite 529	Römer 13, 1	Seite 409
Psalm 37, 7	Seite 532	1. Korinther 3, 15	Seite 29
Psalm 73, 23–26	Seite 531	2. Korinther 6, 10	Seite 28
Prediger 9, 4	Seite 529	Galater 4, 9	Seite 138
Amos 5, 23	Seite 448	Epheser	Seite 406
Matthäus 12, 25–26	Seite 170	2. Timotheus 2, 5	Seite 75
Markus 1, 16–20	Seite 181 bis 184, 557	1. Petrus 1, 3	Seite 530
Lukas 2, 11	Seite 108	Hebräer 11, 1–40	Seite 530
Johannes 5, 7	Seite 64	Offenbarung 4, 6	Seite 103
Apostelgeschichte 17	Seite 372	Offenbarung 21, 1	Seite 103
		Offenbarung 21, 22	Seite 448

Paul Tillich
Gesammelte Werke
Über das Gesamtwerk Paul Tillichs orientiert die vorhergehende Seite.

Band I
Frühe Hauptwerke
440 Seiten, Ln. DM 39.50
(Subskr.-Pr. DM 34.70) - 1959

Band II
Christentum und soziale Gestaltung
Frühe Schriften zum Religiösen Sozialismus
380 Seiten, Ln. DM 35.50
(Subskr.-Pr. DM 31.20) - 1962

Band III
Das religiöse Fundament des moralischen Handelns
Schriften zur Ethik und zum Menschenbild
240 Seiten, Ln. DM 27.50
(Subskr.-Pr. DM 24.20) - 1966

Band IV
Philosophie und Schicksal
Schriften zur Erkenntnislehre und Existenzphilosophie
212 Seiten, Ln. DM 26.50
(Subskr.-Pr. DM 23.30) - 1961

Band V
Die Frage nach dem Unbedingten
Schriften zur Religionsphilosophie
260 Seiten, Ln. DM 29.50
(Subskr.-Pr. DM 25.80) - 1964

Band VI
Der Widerstreit von Raum und Zeit
Schriften zur Geschichtsphilosophie
230 Seiten, Ln. DM 26.50
(Subskr.-Pr. DM 23.30) - 1963

Band VII
Der Protestantismus als Kritik und Gestaltung
Schriften zur Theologie I
278 Seiten, Ln. DM 30.-
(Subskr.-Pr. DM 26.40) - 1962

Band VIII
Offenbarung und Glaube
Schriften zur Theologie II
368 Seiten, Ln. DM 32.50
(Subskr.-Pr. DM 28.60) - 1969

Band IX
Die religiöse Substanz der Kultur
Schriften zur Theologie der Kultur
402 Seiten, Ln. DM 35.80
(Subskr.-Pr. DM 31.40) - 1968

Band X
Die religiöse Deutung der Gegenwart
Schriften zur Zeitkritik
382 Seiten, Ln. DM 31.80
(Subskr.-Pr. DM 28.-) - 1968

Band XI
Sein und Sinn
Zwei Schriften zur Ontologie und Ethik (Der Mut zum Sein - Liebe, Macht, Gerechtigkeit)
240 Seiten, Ln. DM 27.50
(Subskr.-Pr. DM 24.50) - 1969

Band XII
Begegnungen
Paul Tillich über sich selbst und andere
360 Seiten, Ln. DM 31.50
(Subskr.-Pr. DM 27.80) - 1971

Band XIII
Impressionen und Reflexionen
Ein Lebensbild in Aufsätzen, Reden und Kontroversen
616 Seiten, Ln. DM 45.-
(Subskr.-Pr. DM 39.60)
Paperback-Sonderausgabe DM 38.-

Band XIV
Bibliographie- u. Registerband
(erscheint 1973/74)

Fordern Sie unseren Tillich-Prospekt an!

Evangelisches Verlagswerk, 7 Stuttgart 1, Postfach 927

Das Werk Paul Tillichs in deutscher Sprache

Das Gesamtwerk Paul Tillichs im deutschen Sprachbereich besteht aus den 13 Hauptbänden der Gesammelten Werke (der 14. Band enthält die Bibliographie, div. Register usw.), der 3bändigen Systematischen Theologie und den 3 Folgen der Religiösen Reden sowie den Ergänzungs- und Nachlaßbänden zu den Gesammelten Werken.

Gesammelte Werke

Mit dem Band XIII wurden im Herbst 1972 die Textbände der Gesammelten Werke abgeschlossen. Ein abschließender Bibographie- und Registerband (Band XIV) folgt 1973/74. Eine Übersicht über die Bände I bis XIV ist auf der folgenden Seite abgedruckt.

Systematische Theologie

Band I   1. Teil: Vernunft und Offenbarung — 2. Teil: Sein und Gott.
4. Aufl. (1968), 352 Seiten, Leinen, DM 27.80

Band II   3. Teil: Die Existenz und der Christus
3. Aufl. (1964), 196 Seiten, Leinen, DM 15.30

Band III   4. Teil: Das Leben und der Geist
5. Teil: Die Geschichte und das Reich Gottes
520 Seiten mit Register für alle drei Bände,
1. Aufl. (1966), 1.–10. Tsd., Leinen, DM 37.—

Die religiösen Reden

1. Folge: In der Tiefe ist Wahrheit
4. Auflage (1964), 176 Seiten, engl. brosch. DM 9.80
2. Folge: Das neue Sein
3. Auflage (1965), 164 Seiten, engl. brosch. DM 9.80
3. Folge: Das Ewige im Jetzt
2. Auflage (1968), 176 Seiten, engl. brosch. DM 9.80

Ergänzungs- und Nachlaßbände zu den Gesammelten Werken

Band I   Vorlesungen über die Geschichte des christlichen Denkens, Teil I: Urchristentum bis Nachreformation. 310 Seiten, Leinen, DM 35,- (Subskr.-Preis DM 30.80)

Band II   Vorlesungen über die Geschichte des christlichen Denkens, Teil II: Aspekte des Protestantismus im 19. und 20. Jahrhundert — 208 Seiten, Leinen, DM 28.40 (Subskr.-Preis DM 25.—). Stud.-Ausg., brosch. DM 23.50

Band III   „An meine deutschen Freunde". Die politischen Reden Paul Tillichs während des 2. Weltkriegs über die Stimme Amerikas. Erscheint 1973

Weitere Bände (2–3) folgen.

EVANGELISCHES VERLAGSWERK STUTTGART

PAUL TILLICH

IMPRESSIONEN UND REFLEXIONEN

Ein Lebensbild in Aufsätzen,
Reden und Stellungnahmen

GESAMMELTE WERKE
BAND XIII

EVANGELISCHES VERLAGSWERK STUTTGART

Herausgegeben von Renate Albrecht
An der Übersetzung dieses Bandes waren beteiligt:
Renate Albrecht, Gertrud Braune, Herbert Drube,
Maria Rhine, Gertie Siemsen

ISBN 3 7715 0137 7

1. Auflage

Erschienen 1972 im Evangelischen Verlagswerk Stuttgart
Gesamtherstellung: Union Druckerei GmbH Stuttgart
Printed in Germany

PAUL TILLICH · GESAMMELTE WERKE
BAND XIII